大丰年鉴

全国第五届年鉴编纂出版质量评比综合特等奖

盐城市大丰区人民政府主办
大丰年鉴编纂委员会 编

方志出版社

2016

图书在版编目（CIP）数据

大丰年鉴. 2016 / 大丰年鉴编纂委员会编. --北京：方志出版社，2016.11
ISBN 978-7-5144-2201-6

Ⅰ. ①大… Ⅱ. ①大… Ⅲ. ①大丰—2016—年鉴
Ⅳ. ①Z525.34

中国版本图书馆CIP数据核字（2016）第281780号

大丰年鉴（2016）

编　　者：大丰年鉴编纂委员会
责任编辑：张　颢
封面设计：曹　骅　周古凯

出 版 人：冀祥德
出 版 者：方志出版社
地址　北京市朝阳区潘家园东里9号（国家方志馆4层）
邮编　100021
网址　http://www.fzph.org
发　　行：方志出版社发行中心
电话（010）67110500
经　　销：各地新华书店
印　　刷：南京凯德印刷有限公司

开　　本：889 × 1194　　1/16
印　　张：26.75
字　　数：789千字
版　　次：2016年11月第1版　2016年11月第1次印刷
印　　数：0001~1000册

ISBN　978 – 7 – 5144 – 2201 – 6　　**定价**：398.00元

编辑说明

一、《大丰年鉴》是由盐城市大丰区人民政府主办,《大丰年鉴》编纂委员会筹划,《大丰年鉴》编辑部负责逐年编辑的地方综合年鉴,旨在全面系统地记载大丰区经济建设和社会发展的基本情况,为各级各部门提供决策依据,为社会各界和海内外人士了解和研究大丰,提供翔实、准确、权威的信息;同时为将来续修志书积累资料。

二、《大丰年鉴(2016)》以马克思列宁主义、毛泽东思想、邓小平理论和“三个代表”重要思想为指导,深入贯彻落实科学发展观,全面反映2015年度全区人民在中共盐城市大丰区委员会、盐城市大丰区人民政府领导下为建设强富美高新大丰而努力奋斗的历程,重点记述大丰区各项事业发展状况和最新成就。收录范围以地域为界,凡在大丰区境内的部门单位、各行各业,不论其性质、隶属关系和级别,均在收录之列。

三、《大丰年鉴(2016)》采用条目式记事体,分类编辑。基本结构分为类目、分目、条目三个层次,以条目为主要载体,标题用【 】标出。全书设特载、大事记、大丰概况、中共盐城市大丰区委员会、盐城市大丰区人民代表大会、盐城市大丰区人民政府、政协盐城市大丰区委员会、人民团体、工业、沿海开发、开放型经济、开发区·特色园区、民营经济·市场体系建设、商贸服务业、旅游·麋鹿保护、农业、水利、建筑业·房地产业、城镇建设·环境保护、财政·税务、金融、交通·邮电·供电、经济管理与监督、武装·法治、科学技术、教育、文化、卫生、体育、社会生活、人力资源·社会保障、各镇概况、驻丰农场、人物、荣誉栏、文件目录、统计资料、附录、索引,共39个类目、304个分目,收录条目1647条、表格74个,编有索引2305条。

四、《大丰年鉴(2016)》中“大丰市”与“大丰区”的表述,以2015年8月21日大丰市召开领导干部会议部署区划调整工作为时间节点,据实记述。

五、《大丰年鉴(2016)》“大丰概况”中的“组织机构及其领导人”,是指2015年在职人员名单。“文件目录”选载了区委、区人大、区政府、区政协的主要文件目录。“附录”中登载了《经济日报》《农民日报》《新华日报》《新民晚报》等主流媒体关注大丰、聚焦大丰的有关报道。

六、《大丰年鉴(2016)》采用的文字材料,大部分是由各镇、各部门提供,并经单位领导审阅。文中所列数据,有些由于统计口径、方法、时间不同而略有差异,请读者引用时注意,并以区统计局提供的年度“统计资料”为准。

七、《大丰年鉴(2016)》卷首有正文目录,同时设有中英文对照的要目;卷末有按汉语音序编排的内容分析索引,以方便读者查考。

八、《大丰年鉴(2016)》的编辑出版得到了全区各镇、各部门、各单位,尤其是上海和省驻丰各农场的大力协助,以及省和盐城市地方志办公室领导和专家的指导,在此深表谢意!由于编辑水平有限,有疏漏错误之处,恳请广大读者批评指正。

《大丰年鉴》编辑部

《大丰年鉴》编纂委员会

《大丰年鉴（2016）》编审人员

主　　编　曹　骅

执行主编　刘洪芳　周剑飞

顾　　问　张　平　茅永怀

编　　辑　丁彩前　陈一青　陈琴琴　朱晓华　顾　锋

　　　　　谢竹青

特约审稿　杨长国

图片编辑　周古凯

摄　　影　周古凯　邱　鹏

地图编制　南京星光测绘科技有限公司

《大丰年鉴》编辑部地址：江苏省盐城市大丰区大华东路1号

邮政编码：224100　　电话：（0515）87033270

电子邮箱：dsbnjk@163.com

公安

2015年7月23日，国务院批复江苏省人民政府：同意撤销县级大丰市，设立盐城市大丰区，以原大丰市的行政区域为大丰区的行政区域。

周古凯　摄

2015年6月11~12日，大丰市通过国家生态市建设考核验收组的考核验收，并按程序报环保部审核批准。 邱 鹏 摄

2015年，大丰区实现地区生产总值535.11亿元，完成一般公共预算收入69.33亿元，实现城镇常住居民人均可支配收入28752元、农村常住居民人均可支配收入17918元，人均地区生产总值76167元。第十五届全国县域经济与县域基本竞争力百强县排序名单，大丰居第45位。

邱　鹏　万　成　周古凯　摄

国家级技术中心
Fengdong
Fengdong
江苏丰东热技术股份

提高效率

2015年，江苏大丰经济开发区全年完成一般公共预算收入14.42亿元、增值税49597万元，同比分别增长18.8%、5.4%。

沈 怡 摄

大豐港海外投資控股有限公司
Dafeng Port Overseas Investment Holdings Limited
成功收購伽瑪物流集團
successfully takeover Gamma Logistics Corporation

2015年，江苏大丰港经济开发区实现地区生产总值113亿元、一般公共预算收入21.2亿元、规模以上工业开票销售251.9亿元，分别占大丰全区的21.1%、30.6%、44.3%。 周古凯 宋凯华 摄

2015年12月23日，盐城市清洁能源产业联盟在大丰经济开发区成立。　　沈 怡 摄

中国汽车技术研究中心盐城试验基地

2015年11月7日，中汽中心盐城汽车试验场在大丰港区建成启用。　　卢日伟　摄

2015年10月，大丰港仓储物流园粮食仓储项目一期工程竣工投产。　　周古凯　万　成　摄

二期工程

2015年1月27~29日，大丰市创建国家环保模范城市通过国家考核验收。
周古凯　摄

2015年7月,《大丰市城市总体规划(2014~2030)》获省政府批准。图为建设中的城东新区。　周古凯　卢日伟　摄

盐阜人民商场
大丰购物中心

2015年1月24日,《大丰市城市综合交通规划(2014~2030)》通过专家论证。图为市中心交汇点夜景。　周古凯　摄

2015年5月25日，盐城首座大丰220千伏汇流站竣工投运。该站位于港区南新村。　何绍丰　摄

2015年2月28日，在全国精神文明建设工作表彰暨学雷锋志愿服务大会上，大丰市大中镇恒北村、大丰市实验小学分别被表彰为全国文明村镇、全国文明单位。 陆 军 周古凯 摄

2015年7月2日，在中央文明办主办、中国文明网承办的“我推荐、我评议身边好人”活动中，大丰市安监局副局长陈亚平入选6月“中国好人榜”“敬业奉献好人”。

周古凯　陈　白　摄

2015年，大丰区先后举办国际篮球明星挑战赛、全国男子排球冠军赛、江苏省沿海城市体育舞蹈锦标赛等赛事，并组织各类群众性体育活动。年内，组队参加2015年江苏省青少年田径锦标赛暨县组田径比赛（第一赛区），团体成绩位居第11名。大丰籍选手於秀敏，在国际射联飞碟射击世界杯女子双向飞碟比赛中获亚军。

邱 鹏 王 越 周古凯 摄

全国城市体育舞蹈公开赛暨江苏省全民健身交谊舞

361° 全国男子排球冠军赛大丰海露赛
河北男子排球 VS 上海男子排球
第一局
15 0:0 14
0 换人 0
1 暂停 0
海露！好喝！

群舞飞扬
GROUP DANCE

2015年，大丰区开展惠民演出和节日文化活动。全年组织麋鹿生态旅游季专场文艺演出、“江苏有线杯”青年歌手大奖赛、“金丰廉韵”廉政文化巡回演出、第七届农民读书节、纪念抗战胜利暨世界反法西斯战争胜利70周年专场文艺晚会等大中型文化活动80多场次。

严正东　周古凯　摄

2015大丰市群众文艺调演
黄海风 湿地情
——2015大丰市群众文艺调演

JSCN 江苏有线
2015“江苏有线杯”
大丰市历届“十佳十优”青年歌手电视总决赛暨
第十届青年歌手大奖赛
青春飞扬

一号码头

2015年10月8日，中华麋鹿园晋级国家AAAAA级景区。

周古凯　沈　怡　摄

2015年4月4~12日，大丰举行乡约·中国恒北国际梨花季活动。其间，接待社会旅游团体56个，吸引游客约15万人次。 周古凯　摄

2015年4月11日，中国大丰麋鹿文化旅游季暨荷兰花海国际郁金香文化月开幕。

周古凯　摄

2015年5月1日，大丰港海盗王国开园。　　周古凯　邱　鹏　摄

动漫节开幕式

游客服务中心

西郊生态公园"五一"欢乐游

2015年5月，大丰西郊生态公园举行“五一”欢乐游活动。　　周古凯　摄

2015年10月15日，由中国摄影报社、江苏裕丰旅游开发有限公司主办的2015辉丰杯“荷兰花海”中国·大丰全国摄影大展获奖作品展在北京北海公园举行。

邱　鹏　摄

■银质收藏作品　锦绣花海

李宇舟　摄

■银质收藏作品　夜

■典藏作品　花海全家福　　程　刚　摄

■金质收藏作品　情定花海　　娄忠银　摄

■金质收藏作品　上帝的图画　　陆　平　摄

陈红军　摄

■银质收藏作品　蛟龙戏海　　严正东　摄

2015年12月，第十三届中国国际农产品交易会组委会授予50个水果品牌为全国“有较强影响力的果品区域公用品牌”，大丰早酥梨名列其中。
周古凯　摄

《大丰年鉴》要目

特载……1
大事记……17
大丰概况……24
中共盐城市大丰区委员会……46
盐城市大丰区人民代表大会……66
盐城市大丰区人民政府……74
政协盐城市大丰区委员会……82
人民团体……86
工业……96
沿海开发……106
开放型经济……112
开发区·特色园区……119
民营经济·市场体系建设……138
商贸服务业……142
旅游·麋鹿保护……148
农业……156
水利……167
建筑业·房地产业……171
城镇建设·环境保护……180
财政·税务……191
金融……199
交通·邮电·供电……208
经济管理与监督……220
武装·法治……236
科学技术……249
教育……254
文化……265
卫生……274
体育……277
社会生活……280
人力资源·社会保障……293
各镇概况……303
驻丰农场……336
人物……341
荣誉栏……344
文件目录……353
统计资料……356
附录……372
索引……382

DAFENG ANNUAL
CONTENTS

Special Insertion …… 1
News & Events …… 17
Brief Introduction of Dafeng …… 24
CPC Yancheng Dafeng District Committee …… 46
Yancheng Dafeng District People's Congress …… 66
Yancheng Dafeng District People's Government …… 74
Yancheng Dafeng District Committee of the Chinese People's Political Consultative Conference …… 82
People's Organizations …… 86
Industry …… 96
Coastal Development …… 106
Open Economy …… 112
Development Zones · Featured Park …… 119
Private - owned Economy · Market System Building …… 138
Commerce Service Industry …… 142
Tourism · Milu - deer Preserve …… 148
Agriculture …… 156
Water Conservation …… 167
Architecture · Estate …… 171
Urban Construction · Environment Protection …… 180
Finance · Taxation …… 191
Finance …… 199
Transportation · IT · Power Supply …… 208
Economic Administration and Supervision …… 220
Arms · Rule of Law …… 236
Science & Technology …… 249
Education …… 254
Culture …… 265
Health …… 274
PE & Sports …… 277
Social Life …… 280
Human Resources · Social Security …… 293
Facts & Information of Affiliated Towns …… 303
Farms Stationed in Dafeng …… 336
Figures …… 341
Honor Tab …… 344
File List …… 353
Statistic Data …… 356
Appendix …… 372
Index …… 382

特　载

抢抓战略机遇　加快内涵发展
凝心聚力建设强富美高新大丰
——在区委十一届六次全体(扩大)会议上的讲话 ……………………………… 倪峰　1
政府工作报告
——2016年1月7日在盐城市大丰区第十四届人民代表大会第五次会议上 ……………… 宋勇　9

大事记

1月 …………………………………………… 17
2月 …………………………………………… 17
3月 …………………………………………… 18
4月 …………………………………………… 18
5月 …………………………………………… 19
6月 …………………………………………… 19
7月 …………………………………………… 20
8月 …………………………………………… 20
9月 …………………………………………… 21
10月 …………………………………………… 21
11月 …………………………………………… 22
12月 …………………………………………… 22

大丰概况

区情简介 …………………………………………… 24
地理位置 …………………………………………… 24
地形地貌 …………………………………………… 24
自然资源 …………………………………………… 24
气候特征 …………………………………………… 25
主要气象要素分析 …………………………………… 25
灾害性天气事件 …………………………………… 25
表1　2015年大丰区气象资料(一) ……………… 25
表2　2015年大丰区气象资料(二) ……………… 25
行政区划 …………………………………………… 25
民族人口 …………………………………………… 25
建置沿革 …………………………………………… 26

2015年大丰区国民经济和社会发展情况 ………… 26
概述 …………………………………………… 26
农业和农村 …………………………………… 27
表3　2015年大丰区农林牧渔业增加值构成情况 …………………………………… 27
表4　2015年主要农产品播种面积及产量情况 …………………………………… 27
表5　2015年大丰区畜牧业生产情况 ………… 28
工业和建筑业 ………………………………… 28
表6　2015年大丰区规模以上主导行业开票销售完成情况 ……………………………… 28
服务业、旅游业和内外贸易 …………………… 29
固定资产投资和房地产业 …………………… 29
交通运输和邮政电信业 ……………………… 30
财政金融 ……………………………………… 30
表7　2015年大丰区财政收入分项情况 ……… 30
表8　2015年末金融机构本外币存贷款情况 …… 30
科学技术和社会事业 ………………………… 30
环境保护、节能降耗和安全生产 ……………… 31
人民生活和社会保障 ………………………… 31

组织机构及其领导人 …………………………… 32

中共盐城市大丰区委员会

区委重要会议…… 46
市委工作会议 …… 46
区委十一届六次全体（扩大）会议 …… 46

区委重要决策和工作部署…… 46
深入推进党的建设 …… 46
市委十一届六次全体（扩大）会议和市委工作会议召开 …… 46
转型升级 …… 47
沿海开放开发 …… 47
现代服务业 …… 47
城镇建设 …… 47
绿色生态 …… 48
民生改善 …… 48
区划调整 …… 48
党管武装工作 …… 48

信息 …… 48
概述 …… 48
信息报送 …… 48
服务党委 …… 49
大丰区情调研 …… 49

督查…… 49
概述 …… 49
督查推进 …… 49
督查考核融合 …… 49
督查反馈 …… 49

纪检监察…… 49
概述 …… 49
市纪委五次全会 …… 49
“两个责任”落实 …… 50
纪律规矩严明 …… 50
机关作风建设 …… 50
专项整治 …… 50
党风廉政教育 …… 50
纪律审查 …… 50
纪检监察“三转”工作 …… 51
队伍建设 …… 51

组织…… 51
概述 …… 51
“三严三实”专题教育 …… 51
群众路线教育实践活动后续整改 …… 52
干部管理 …… 52
人才强区战略实施 …… 52
基层党组织建设 …… 53
表9 2015年大丰区党组织、党员基本情况统计 …… 54

宣传…… 54
概述 …… 54
理论武装 …… 54
对内宣传 …… 54
对外宣传 …… 55
舆论安全 …… 55
公民道德教育 …… 55
文化建设 …… 56

精神文明建设…… 56
概述 …… 56
公民道德建设 …… 56
学雷锋志愿服务 …… 56
未成年人道德建设 …… 56
关爱贫困大学生 …… 57
基层文明创建 …… 57
文明城市创建 …… 57
文明旅游 …… 57
信息平台建设 …… 57

统战…… 57
概述 …… 57
学习《条例》…… 57
服务非公有制企业 …… 57
非公有制经济人士政治引领 …… 58
商会经济 …… 58
党外代表人士制度建设 …… 58
发挥党外人士作用 …… 58
培养党外代表人士实践能力 …… 58
基层统战工作基础夯实 …… 59

机构编制…… 59
概述 …… 59
相对集中行政许可权试点改革 …… 59
大丰区行政审批局成立 …… 59
市场监管体制“三合一”改革 …… 59
区政府机构改革 …… 59
机构编制源头管理 …… 59
区编办服务经济社会发展 …… 59

保密…… 60
概述 …… 60
组织领导 …… 60

保密宣传 …… 60
保密监管 …… 60
国家统一考试 …… 60

台湾事务 …… 60
概述 …… 60
王旭东到大丰考察 …… 60
张为到大丰考察对台交流合作基地 …… 60
台湾屏东县农业参访团到大丰考察 …… 60
“海外台商江苏行”一行到大丰考察 …… 60
赵守博到大丰考察 …… 61
赴台湾开展经贸活动 …… 61
赴台湾开展农渔业合作交流 …… 61
赴台湾推进两地旅游合作 …… 61
东方1号创意园与台湾芝柏集团签约 …… 61
参加两岸企业家紫金山峰会 …… 61

机关党建 …… 61
概述 …… 61
十八届四中、五中全会精神学习 …… 61
“星期六党校”学习模式创新 …… 62
“机关+农村”党组织联建 …… 62
科级干部挂钩服务企业 …… 62
机关党组织换届 …… 62
发展党员工作 …… 62
机关文化建设 …… 62
机关信息调研宣传 …… 62

老干部管理 …… 62
概述 …… 62
老干部“两项建设” …… 62
“两个待遇”落实 …… 63
老干部“两个阵地”建设 …… 63

党校 …… 63
概述 …… 63
“三严三实”专题教育开展 …… 63
党员干部培训轮训 …… 63
调研科研成果 …… 63
人才强校 …… 64
农民培训 …… 64

党史 …… 64
概述 …… 64
资料征编 …… 64
新四军八路军海防史迹研讨会暨抗战研究成果发布会召开 …… 64
党史宣传片拍摄 …… 64

档案 …… 64
概述 …… 64
档案新馆搬迁准备工作完成 …… 65
全区档案进馆工作 …… 65
档案业务建设 …… 65
数字档案馆建设 …… 65
民生档案服务 …… 65
档案局服务企业、农村 …… 65

盐城市大丰区人民代表大会

综述 …… 66

人大重要会议与活动 …… 67
大丰市第十四届人民代表大会第四次会议 …… 67
区人大常委会会议 …… 67
区人大常委会主任会议 …… 68
全区区镇人大工作和建设会议 …… 69

人大各工作委员会 …… 69
人事代表联络工作委员会 …… 69
内务司法工作委员会 …… 70
财政经济工作委员会 …… 70
教科文卫工作委员会 …… 70
农村工作委员会 …… 71
环境资源城乡建设工作委员会 …… 72
研究室 …… 73

盐城市大丰区人民政府

区政府重要会议 …… 74
市政府召开十四届三次全体（扩大）会议 …… 74
政府常务会议 …… 74

重要施政 …… 75
为民办实事工程 …… 75
促进全区现代服务业发展文件出台 …… 75
深入推进依法行政、加快建设法治政府文件出台 …… 75
加强生态文明建设文件出台 …… 76
全区造林绿化工作文件出台 …… 76

行政审批 …… 76
概述 …… 76
大丰区行政审批局成立 …… 76

相对集中行政许可权改革 …… 76
完善行政审批服务机制 …… 77
三级便民服务网络建设 …… 77
廉政建设 …… 77

信访 …… 77
概述 …… 77
信访工作责任 …… 77
领导干部接访、下访、约访 …… 77
重要时期信访稳定 …… 77
信访积案化解 …… 77
信访制度改革 …… 77
规范信访秩序 …… 77

外事、接待 …… 78
概述 …… 78
郭氢一行到大丰考察 …… 78
建湖县党政代表团到大丰考察 …… 78
叶辛一行到大丰考察 …… 78
刘志勇一行到大丰考察 …… 78
邵琪伟一行到大丰调研 …… 78
让・马克一行到大丰考察 …… 78
姚晓东一行到大丰考察 …… 78
邱启文一行到大丰考察 …… 78
王飞一行到大丰调研 …… 78
江泽慧一行到大丰调研 …… 78
马秋林一行到大丰考察 …… 78
王宏一行到大丰调研 …… 78
2015大丰区金秋经贸恳谈会举办 …… 78
张程一行到大丰考察 …… 79
勒克莱齐奥一行到大丰考察 …… 79
吴克非一行到大丰考察 …… 79

法治政府建设 …… 79
概述 …… 79
决策听证 …… 79
相对集中行政许可权改革 …… 79
规范性文件管理 …… 79
行政复议 …… 79
行政权力清单建立 …… 79
政府信息公开 …… 80
行政执法体制改革 …… 80

地方志、年鉴编纂 …… 80
概述 …… 80
年鉴框架调整 …… 80
年鉴编校质量提高 …… 80
镇志部门志编修 …… 80
《盐城市志・人物卷》大丰籍人物资料的征集 …… 80

机关事务管理 …… 81
概述 …… 81
服务保障 …… 81
办公用房长效管理 …… 81
公务用车管理 …… 81
公共机构节能 …… 81

政协盐城市大丰区委员会

综述 …… 82

区政协重要会议与活动 …… 83
政协大丰市十三届四次会议 …… 83
区政协常委会议 …… 83
区政协主席会议 …… 84

区政协各专门委员会 …… 84
提案委员会（社会法制委员会） …… 84
经济委员会 …… 85
科教文卫体委员会 …… 85
港澳台侨委员会 …… 85
委员联络委员会 …… 85
学习文史委员会 …… 85

人民团体

大丰区总工会 …… 86
概述 …… 86
职工队伍素质建设 …… 86
劳动竞赛 …… 86
弘扬劳模精神 …… 86
区总工会队伍建设 …… 86
工会组织阵地建设 …… 86
服务保障阵地建设 …… 87
文化体育阵地建设 …… 87
健全维权监督网 …… 87
工资集体协商 …… 87
“劳动关系状况季季清”活动 …… 87
工会财务改革 …… 87
区总工会机关大部室改革 …… 87
“互联网+工会”探索 …… 87

共青团大丰区委员会 …… 87
概述 …… 87
青少年思想引领 …… 87

植树护绿活动开展 …… 87
彩虹丝带志愿者品牌强化 …… 87
服务青年创业 …… 88
帮扶困难青少年群体 …… 88
基层团建 …… 88
团干部培训 …… 88

大丰区妇女联合会 …… 88
概述 …… 88
家庭文化建设 …… 88
妇女创业创新 …… 89
普法维权 …… 89
妇儿实事工程 …… 89
妇联自身建设 …… 90

大丰区科学技术协会 …… 90
概述 …… 90
全民科学素质工作 …… 90
主题科普品牌活动开展 …… 90
学术交流 …… 90
企业项目人才对接 …… 91
科技思想库 …… 91
科普资源与基础设施建设 …… 91
青少年科学教育 …… 91
基层单位项目申报 …… 91
区科协换届选举 …… 91

大丰区文学艺术界联合会 …… 92
概述 …… 92
参与全区重大文化活动 …… 92
少儿书画考级 …… 92
文艺讲座展览 …… 92
文艺创作成果影响力扩大 …… 92
提升文艺平台服务水平 …… 93
完善文化产品评价激励机制 …… 93
著名作家叶辛到大丰考察 …… 93
“沪丰情缘 翰墨飘香”迎新春送书画活动 …… 93
省作家协会采风团到大丰 …… 93
大丰区公安局召开公安文联成立大会 …… 93
大丰瓷刻艺术精品在盐城展出 …… 93

大丰区归侨侨眷联合会 …… 93
概述 …… 93
参政议政 …… 93
为侨服务 …… 94
区侨联服务全区中心工作 …… 94
联络联谊活动 …… 94

大丰区工商业联合会 …… 94
概述 …… 94
非公有制经济人士理想信念教育实践活动 …… 94
服务会员企业 …… 95
“五好”工商联创建继续推进 …… 95
参政议政与调查研究 …… 95
加强对外联络与组织商会活动 …… 95
特产商会和文化产业商会成立 …… 95
诚信经营与正版正货宣传 …… 95

工　业

综述 …… 96
工业经济平稳增长 …… 96
工业重点企业支撑有力 …… 96
开票销售收入 …… 96
工业投资 …… 97
智能车间改造 …… 97
科技创牌 …… 97
工业新增长点 …… 97
镇村工业经济 …… 97
节能降耗 …… 98
信用工作 …… 98
平台创建 …… 98
工业绿色发展 …… 98
经贸活动组织 …… 98
产业升级 …… 99
服务企业措施 …… 99

纺织行业 …… 99
概述 …… 99
重点企业 …… 99
海聆梦纺织品集团 …… 100

机械行业 …… 100
概述 …… 100
重点企业 …… 100
明进机械公司 …… 100

化工行业 …… 100
概述 …… 100
重点企业 …… 100
辉丰农化股份公司 …… 100

食品行业 …… 100
概述 …… 100
重点企业 …… 100
江苏北大荒米业有限公司 …… 101

新能源及装备产业…… 101
概述 …… 101
重点企业 …… 101
江苏南车电机公司 …… 101

海洋生物产业…… 101
概述 …… 101
重点企业 …… 101
海嘉诺药业公司 …… 101

规模企业…… 101
概述 …… 101
规模企业贡献份额提高 …… 101
表10 2015年大丰区“江苏名牌产品”名录 …… 102
表11 2015年大丰区“盐城名牌产品”名录 …… 102
表12 2015年大丰区“中国驰名商标”名录 …… 103
表13 2015年大丰区“江苏省著名商标”名录 …… 103
表14 2015年大丰区“盐城市知名商标”名录 …… 104

沿海开发

综述…… 106
港口规模 …… 106
临港产业 …… 106
海港新城 …… 106
对外贸易与投资 …… 106
创新驱动 …… 106

港城建设…… 107
概述 …… 107
规划管理 …… 107
功能配套 …… 107
日常管护 …… 107
旅游发展 …… 107

大丰港口…… 107
概述 …… 107
港口转型升级 …… 107
海洋监测预报 …… 107
引航站阳光引航 …… 107
大丰港通用码头对外开放通过省级验收 …… 107
大丰港粮食仓储项目一期工程竣工 …… 107
大丰港首泊五万吨级危险化学品船 …… 108
市场开拓 …… 108
海上联合执法行动 …… 108
《碳·索》聚焦大丰港 …… 108
大丰港进口木材检验检疫除害中心开工建设 …… 108
大丰港深水航道开工建设 …… 108
跨境电商产业孵化中心揭牌 …… 108
智慧港口战略合作协议签约 …… 108
大丰港吞吐量快速增长 …… 109

滩涂资源开发利用…… 109
概述 …… 109
2014年度斗龙垦区（东片）苇鱼高效渔业养殖示范基地项目 …… 109
2014年度王竹垦区华丰高效渔业养殖示范基地项目 …… 109

海洋渔业…… 109
概述 …… 109
近海养殖 …… 109
斗龙港 …… 109

海监与海洋综合管理…… 110
概述 …… 110
执法检查 …… 110
加强领海基点巡查 …… 110
渔业船舶管理 …… 110
“平安渔业示范县”创建 …… 110
海域动态监管 …… 110
养殖用海海域使用金征收 …… 110
养殖用海资源市场化配置 …… 110
服务大项目 …… 110
江苏省渔业互助保险协会盐城市大丰区办事处 …… 110

海事管理…… 110
概述 …… 110
安全指导服务 …… 111
安全监管 …… 111
恶劣天气安全防范 …… 111
隐患排查 …… 111
作风建设 …… 111

开放型经济

综述…… 112

对外贸易…… 112
概述 …… 112

表15 2015年大丰区出口超500万美元企业名单 …… 112
外贸进出口总额增长 …… 113
国际市场开拓 …… 113

利用外资及港澳台资 …… 113
概述 …… 113
表16 2015年大丰区实际到账外资及港澳台资情况 …… 113
外资项目 …… 113
对外招商 …… 113

对外经济技术合作 …… 113
概述 …… 113
对外经济技术合作项目 …… 114

招商引资和项目建设 …… 114
概述 …… 114
招商引资 …… 114
项目建设 …… 114
督查考核 …… 114

区域合作及接轨上海 …… 114
概述 …… 114
合作共建园区发展 …… 115
合作共建园区项目建设 …… 115
合作共建园区基础设施建设 …… 115
接轨上海 …… 115
经贸活动组织 …… 116

出入境检验检疫 …… 116
概述 …… 116
产业服务 …… 116
检验检疫便利化措施 …… 116
疫情疫病防控 …… 116
提升队伍素质 …… 116

海关监管 …… 116
概述 …… 116
船舶吨税征收首破1000万元 …… 117
知识产权宣传活动开展 …… 117
准军事化纪律部队建设 …… 117
“关员大讲堂”活动开展 …… 117
取消打印出口货物报关单证明联工作落实 …… 117
企业减负 …… 117
简政放权 …… 117
保税仓库管理 …… 117
船员擅自离船入境处置 …… 118
汇总征税业务首次开展 …… 118
服务创优 …… 118
监管场所巡查 …… 118

口岸管理 …… 118
概述 …… 118
一类口岸建设 …… 118
码头吞吐量快速增长 …… 118
大丰港保税物流中心（B型）获批准 …… 118
口岸管理与服务 …… 118

开发区·特色园区

江苏大丰经济开发区 …… 119
概述 …… 119
招商引资 …… 119
项目建设 …… 119
企业运行 …… 119
科技创新 …… 119
基础设施建设 …… 120
社会建设 …… 120
党建工作 …… 120

江苏大丰港经济开发区 …… 120
概述 …… 120
港口码头建设 …… 121
临港产业发展 …… 121
港城建设 …… 121
金融与科技创新 …… 121
民生福祉 …… 121
党建工作 …… 122
大丰港进入香港资本市场 …… 122
江苏首届拍客大赛暨海盗王国开园仪式 …… 122
港区两项目接受省观摩 …… 122
中国量产车性能大赛开幕 …… 122
万钢视察新能源淡化海水示范项目 …… 122
中汽中心盐城汽车试验场建成启用 …… 122
盐城首家跨境电商产业孵化中心落户大丰港 …… 122

常州高新区大丰工业园 …… 122
概述 …… 122
基础设施 …… 122
科技创新 …… 122
招商引资 …… 123
项目建设 …… 123

安全生产 …… 123
志宏电缆材料项目开工 …… 123
富奥上市 …… 123
河姆渡项目签约 …… 123
粤强电子材料项目开工 …… 123
四级人大代表到园视察 …… 123

苏州盐城沿海合作开发园区 …… 123
概述 …… 123
基础建设 …… 123
招商引资 …… 124
苏盐协调对接 …… 124

盐城经济技术开发区大丰港产业园区 …… 124
概述 …… 124
规划设计 …… 124
招商引资 …… 124
基础设施 …… 124
筹资融资 …… 124

大丰风电产业园 …… 124
概述 …… 124
招商引资 …… 125
项目推进 …… 125
企业运行 …… 125
平台建设 …… 125
科技创新 …… 125
配套建设 …… 125

大丰电子信息产业园 …… 125
概述 …… 125
建立功能区块 …… 126
招商引资 …… 126
服务企业 …… 126
平台建设 …… 126

大丰区木材产业园 …… 126
概述 …… 126
发展规划修编 …… 126
招商引资与项目建设 …… 126
基础设施建设 …… 127
平台建设 …… 127

大丰区海洋生物医药产业园 …… 127
概述 …… 127
项目推进 …… 127
经济工作 …… 127
综合治理 …… 127

大丰区石化产业园 …… 127
概述 …… 127
招商引资 …… 127
规划建设 …… 127
基础设施 …… 128
项目建设 …… 128
服务管理 …… 128

大丰区海洋科教城 …… 128
概述 …… 128
中汽中心盐城汽车试验场建成启用 …… 128
美国拉文大学商学院院长到大丰洽谈交流 …… 128

南京工业大学大丰海洋产业研究院 …… 128
概述 …… 128
产学研活动 …… 129
高层次人才 …… 129
平台建设 …… 129
科技成果与企业对接 …… 129
项目品牌申报 …… 129

大丰区华丰工业园 …… 129
概述 …… 129
基础设施 …… 130
招商引资 …… 130
项目推进 …… 130
安全环保 …… 130

江苏大丰盐土大地海洋生物产业科技园 …… 130
概述 …… 130
特色产业发展 …… 130
项目推进 …… 130
招商引资 …… 131
企业申报项目 …… 131
政产学研合作 …… 131
大丰港首届动漫节 …… 131
被中国科学技术协会评为“全国科普教育基地” …… 131

大丰区重型装备产业园 …… 131
概述 …… 131
招商引资 …… 131
项目推进 …… 131
基础设施建设 …… 132

大丰港海晶创投中心 …… 132
概述 …… 132
入驻机构 …… 132

交易信息共享 …… 132
金融创新 …… 132

大丰丰收大地现代农业示范区 …… 132
概述 …… 132
招商引资和项目推进 …… 132
平台建设 …… 133
产业发展 …… 133

大丰专业市场现代服务业集聚区 …… 133
概述 …… 133
电商产业 …… 133
现代物流布局 …… 133
旅游产业 …… 134
专业市场 …… 134

沪苏大丰产业联动集聚区 …… 134
概述 …… 134
沪苏大丰产业联动集聚区党工委、管委会、开发建设公司揭牌 …… 134
《沪苏大丰产业联动集聚区开发建设合作协议》签署 …… 134
刘家平一行到沪苏大丰产业联动集聚区考察 …… 134
吴建国一行到沪苏大丰产业联动集聚区考察 …… 134
刘春笋一行到沪苏大丰产业联动集聚区考察 …… 135
维尔纳・科赫一行到沪苏大丰产业联动集聚区考察 …… 135
周保银一行到沪苏大丰产业联动集聚区考察 …… 135
朴志万一行到沪苏大丰产业联动集聚区考察 …… 135
许铁良一行到沪苏大丰产业联动集聚区考察 …… 135

大丰区高新技术区 …… 135
概述 …… 135
特色产业 …… 135
招商引资 …… 135
项目建设 …… 135
品牌创建 …… 135

大丰区麋鹿生态旅游度假区 …… 136
概述 …… 136
招商引资 …… 136
项目建设 …… 136
载体建设 …… 136

大丰区东方1号创意产业园 …… 136
概述 …… 136
发展规划 …… 136
招商引智 …… 137
宣传推介 …… 137
东方1号创意产业园二期项目 …… 137

盐城新能源淡化海水产业示范园 …… 137
概述 …… 137
规划编制 …… 137
招商引资 …… 137
项目建设 …… 137
政产学研 …… 137

民营经济・市场体系建设

综述 …… 138
全民创业氛围浓 …… 138
全民创业载体打造 …… 138
全民创业服务能力提升 …… 139

个体私营企业 …… 139
概述 …… 139
私营企业规模总量增长 …… 139
私营企业管理指导 …… 139
私营企业电子商务发展迅捷 …… 139
私营企业行政绿色通道构建 …… 139

个体工商户 …… 140
概述 …… 140
个体创业载体打造 …… 140
个体户转型升级引导 …… 140
全民创业服务环境优化 …… 140

商品交易市场 …… 140
概述 …… 140
集贸市场规范化管理 …… 141
集贸市场信用分类管理 …… 141
农产品检测 …… 141
农贸市场专项整治 …… 141
集贸市场文明创建 …… 141

商贸服务业

商贸流通 …… 142

概述 …… 142
商贸流通业 …… 142
依法行政 …… 142

供销合作 …… 142
概述 …… 142
苏农国际市场投运 …… 142
综合改革工作全面启动 …… 142
推进“三服务”工作 …… 143
电子商务平台创建 …… 143
为农服务社联合社增多 …… 143
为农服务工作 …… 143
档案移交 …… 143

粮食经营 …… 143
概述 …… 143
夏、秋粮收购 …… 143
危仓老库维修改造 …… 143
粮食流通监督检查 …… 144
安全生产 …… 144
作风建设深化年活动 …… 144

盐业专营 …… 144
概述 …… 144
食盐专营职责 …… 144
盐业市场监管 …… 145
盐业专营经济效益 …… 145

烟草专卖 …… 145
概述 …… 145
卷烟销售 …… 145
专卖管理 …… 145
基础管理 …… 145
队伍建设 …… 145

石油经营 …… 145
概述 …… 145
运营安全平稳 …… 146
经营质量提升 …… 146
网点建设工作持续推进 …… 146
管理水平提升 …… 146
企业改革成效初显 …… 146
党建工作 …… 146

现代服务业 …… 146
概述 …… 146
产业发展 …… 146
招商引资 …… 147
物流 …… 147
电子商务 …… 147

旅游·麋鹿保护

旅游景点 …… 148
概述 …… 148
中华麋鹿园 …… 148
大丰上海知青纪念馆 …… 148
大丰港海洋世界 …… 148
新丰荷兰花海 …… 148
东方湿地公园 …… 149
大丰港动物园 …… 149
中华水浒园 …… 149
丰收大地现代农业示范区 …… 149
恒北村梨园风光 …… 149
希望的田野 …… 149
东方桃花洲 …… 149
七彩花田 …… 150
滩涂风光 …… 150
施耐庵公园 …… 150
银杏湖公园 …… 150
姜尚公园 …… 150
刘庄净土院 …… 150
巴厘岛温泉俱乐部 …… 150
西郊梅园 …… 150
中华麋鹿园自驾游营地 …… 150

旅游设施建设 …… 150
基础设施建设 …… 150
旅游厕所建设 …… 151
旅游集散中心建成开放 …… 151
开通旅游直通车 …… 151
丰收大地游客中心和食用菌展销馆建成开放 …… 151

旅游管理 …… 151
中华麋鹿园创成AAAAA级景区 …… 151
荷兰花海获评AAAA级景区 …… 151
旅游年卡发行 …… 151
“加快旅游发展、融入‘互联网+’”讲座 …… 151
“管家式”导游培训 …… 152
导游职业技能大赛 …… 152
初级救护员培训活动 …… 152
出租车司机优质服务专题培训 …… 152
邵琪伟到大丰视察 …… 152
谢润盛到大丰调研 …… 152
省广电总台领导到大丰视察 …… 152

省旅游局领导到大丰视察 …… 152
大型媒体采风团到大丰采风 …… 152

旅游推介…… 152
2015年麋鹿文化旅游季 …… 152
鹿王争霸赛电视现场直播 …… 152
“大丰好玩呢”旅游峰会 …… 152
春秋旅行社旅游联谊会暨大丰旅游专题推介会 …… 153
大丰花车获奖 …… 153
旅游推介会在各地举办 …… 153

旅游饭店…… 153
半岛温泉酒店 …… 153
新词大酒店 …… 153
银都大酒店 …… 153
丰东大酒店 …… 153
建丰国际宾馆 …… 153

东方湿地…… 153
概述 …… 153
大丰麋鹿国家级自然保护区 …… 154
东沙岛 …… 154

麋鹿保护…… 154
概述 …… 154
盐城市首批国家可持续发展实验区示范基地 …… 154
保护区工会第一届会员大会召开 …… 154
邵琪伟视察保护区 …… 154
大丰麋鹿移居厦门 …… 154
鹿王角逐战直播 …… 154
大丰麋鹿保护区功能区划调整方案获批复 …… 155
保护区获批国家AAAAA级 …… 155
麋鹿种群管理科学研讨会在保护区召开 …… 155
湿地管理计划编制及信息更新培训班举办 …… 155

农　　业

综述…… 156

农村经营管理…… 156
概述 …… 156
农民收入持续增长 …… 156
农村土地有序流转 …… 156
村务公开全面推进 …… 156
农村政策落实 …… 156
村组干部报酬稳步提高 …… 157
村级“四有一责”建设达标 …… 157
农民合作组织有序运行 …… 157
政策性农业保险大力推进 …… 157
农村财务规范管理 …… 157
“十二五”扶贫开发工作 …… 157

统筹城乡发展和新农村建设…… 158
概述 …… 158
项目建设加快 …… 158
特色亮点明显 …… 158
城乡一体化推进 …… 158
督查指导有力 …… 158

农村环境综合整治…… 158
概述 …… 158
项目建设 …… 159
绿地行动 …… 159
停车秩序规范 …… 159
环卫保洁加强 …… 159
垃圾收运体系建立 …… 159
镇区绿化水平提升 …… 159
单位庭院环境整治 …… 159

种植业…… 159
概述 …… 159
粮食产量实现“十二连增” …… 160
农业电子商务发展迅速 …… 160
省级农产品质量安全示范县建设 …… 160
大丰大米 …… 160
大丰大麦 …… 160
大丰大桥油桃 …… 160

林果业…… 160
概述 …… 160
创新绿化造林投入机制 …… 161
春季林业重点工作督查 …… 161
第九次森林资源清查 …… 161
南通市农业系统到大丰考察 …… 161
森林资源年度监测 …… 161
果树生产 …… 161
中国园艺学会柿分会专家到大丰考察 …… 161

畜牧业…… 162
概述 …… 162
规模养殖示范创建活动 …… 162

畜禽粪污综合利用推进 …… 162
动物基础免疫 …… 162
检疫监督 …… 162
畜禽屠宰管理工作强化 …… 162

蚕桑业…… 162
概述 …… 162
大丰被列入国家蚕桑产业技术体系试验范围 …… 163
科技入户项目实施 …… 163
养蚕布局新模式推广 …… 163
原蚕小蚕人工饲料育试验 …… 163

渔业…… 163
概述 …… 163
渔业科技进村入户工程 …… 163
水产品加工业有长足发展 …… 163
渔业执法取得新成果 …… 163
大丰蓝色旅游开发工作受表彰 …… 163
斗龙港地区出产的鲫鱼销量大 …… 164

农业机械…… 164
概述 …… 164
农机购置补贴 …… 164
秸秆机械化还田和综合利用 …… 164
农机新技术推广 …… 164
农机服务 …… 164
农机安全生产管理 …… 164
农业机械保有量 …… 164
农机化作业水平 …… 164

农业资源综合开发…… 164
概述 …… 164
农业综合开发项目通过检查 …… 165
农业综合开发产业化经营 …… 165
农业综合开发土地治理项目启动 …… 165

农业科学技术研究…… 165
概述 …… 165
农作物新品种引进 …… 166
棉花种植新技术推广 …… 166

农村经贸…… 166
概述 …… 166
农业招商引资开展 …… 166
农业工程推进扎实 …… 166
农业产业化经营水平提高 …… 166

水　利

综述…… 167

水利建设…… 167
川东港工程 …… 167
王港闸下移工程 …… 167
三里闸拆建工程 …… 167
小型农田水利重点县工程 …… 168
小型农田水利重点县奖补工程 …… 168
千亿斤粮食田间工程 …… 168
农村河道疏浚整治工程 …… 168

防汛防旱…… 168
水情雨情 …… 168
台风 …… 168
汛前检查 …… 169
防汛责任制 …… 169
防汛物资储备及抢险队伍建设 …… 169
防汛预案修订 …… 169

水利工程管理…… 169
沿海港道观测 …… 169
新竹海堤修复工程 …… 169
创建省级水利工程管理单位 …… 169
四卯酉闸下迁项目论证启动 …… 169
安全工作 …… 169
绿化工作 …… 169

水资源管理…… 169
最严格水资源管理制度贯彻落实 …… 169
取水许可审批管理 …… 169
饮用水水源地达标建设 …… 169
地下水资源保护 …… 169
推进节水型社会建设 …… 170

水政执法…… 170
法治宣传教育 …… 170
规范执法行为 …… 170
水事纠纷行政调解 …… 170
防汛清障 …… 170
法治水利 …… 170

城乡水务一体化…… 170
城乡供水一体化工程 …… 170

城市供水 …… 170
镇村供水管理 …… 170
城市污水处理管理 …… 170

建筑业·房地产业

建筑市场 …… 171
概述 …… 171
外埠建筑市场开拓 …… 171
建筑产业结构转型升级 …… 171
工程款和农民工工资拖欠矛盾化解 …… 172
建筑市场秩序整顿 …… 172
建筑节能与绿色建筑 …… 172

工程建设管理 …… 172
概述 …… 172
建设工程质量管理 …… 173
建设工程安全管理 …… 173
城建档案管理 …… 173
建设职工教育培训 …… 173
建设工程造价管理 …… 173
建筑行业“安全生产月”活动开展 …… 174
建筑施工监理人员安全培训班 …… 174
建设工程质量安全培训班 …… 174
建筑施工新规范培训班 …… 174
建筑施工安全检查 …… 174
建设工程质量安全现场观摩会召开 …… 174

房地产管理 …… 174
概述 …… 174
房地产业发展 …… 175
房地产市场管理 …… 175
产权产籍管理 …… 175
直管公房管理 …… 175
评估、测绘服务 …… 176
白蚁防治监管 …… 176
危房鉴定服务 …… 176
房产档案管理 …… 176
春季房地产汽车博览会 …… 176
秋季房地产汽车博览会 …… 176
公租房消防应急救援演练 …… 176

物业管理 …… 176
概述 …… 176
物业管理规范化 …… 177
前期物业招投标 …… 177
住宅专项维修资金 …… 177
物业管理观摩活动 …… 177
物业行业首届职工技能比赛 …… 177

住房制度改革 …… 178
概述 …… 178
保障性住房工程 …… 178
住房保障覆盖面扩大 …… 178

住房公积金管理 …… 178
概述 …… 178
住房公积金服务 …… 178
住房公积金扩面 …… 178
住房公积金行政执法 …… 178
住房公积金资金运行 …… 178
住房公积金内部防控 …… 179

城镇建设·环境保护

城镇建设综述 …… 180

城市、村镇规划 …… 180
概述 …… 180
专业规划编制 …… 180
城市规划管理 …… 181
村镇规划编制 …… 181
镇村建设 …… 181
规划建设综合执法 …… 181
《大丰市城市综合交通规划》通过专家论证 …… 181
新一轮城市总体规划获省政府批准 …… 182
草堰镇7户违法建筑集中拆除 …… 182

城市建设 …… 182
概述 …… 182
路桥工程 …… 182
城市房屋征收拆迁 …… 182
城建融资 …… 182
实小及丰中片区污水截流工程 …… 182
大四河沿线建筑立面改造出新工程 …… 182
朝阳路改造工程 …… 183
康平路截污控源改造工程 …… 183
市区育红东路改造工程 …… 183
健康小区截污控源工程 …… 183
浦江巷改造工程 …… 183
财政巷改造工程 …… 183
房屋征收宣传活动 …… 183

城东新区建设 …… 183

概述 …… 183
城东新区工程建设 …… 183
城东新区创意产业 …… 183
城东新区拆迁征地 …… 184
城东新区项目资金筹集 …… 184
城东新区城市管理 …… 184
城东新区党建工作 …… 184

城市管理…… 184
概述 …… 184
市容秩序 …… 184
市区环境卫生 …… 184
市区园林绿化 …… 185
市区景观亮化 …… 185
市区工程建设品质品位提升 …… 185
城管服务环境优化 …… 185

公共设施建设…… 185
概述 …… 185
市政设施管养 …… 185
燃气供气工程 …… 185
燃气安全管理 …… 186
市政工程质量技术讲座 …… 186
城市防汛措施 …… 186
燃气安全检查 …… 186
燃气行业安全管理培训班 …… 186

环境保护…… 187
概述 …… 187
生态建设 …… 187
污染减排 …… 187
化工园区整治 …… 187
农村环境质量改善 …… 187
环保项目服务 …… 187
环保执法 …… 188
饮用水源有效保护 …… 188
环保知识宣传 …… 188
环保队伍管理 …… 188

生态文明建设…… 188
概述 …… 188
生态结构优化 …… 188
绿色生态建设 …… 188
环境治理 …… 189
城乡环境综合整治 …… 189
生态文明建设 …… 190
国家环保模范城市通过考核 …… 190
国家级生态区通过考核 …… 190

财政·税务

财政…… 191
概述 …… 191
财政预算执行 …… 191
财政支持发展 …… 191
表17 2015年大丰区一般公共预算收支执行情况 …… 192
财政服务企业 …… 192
财政保障民生 …… 192
财政支农惠农 …… 193
财政服务社会 …… 193
会计管理服务 …… 194
部门预算管理 …… 194
财政国库管理 …… 194
非税收入管理 …… 194
政府采购管理 …… 195
财政监督检查 …… 195
镇级财政建设 …… 195
财政信息化建设 …… 196
财政队伍建设 …… 196

国家税收…… 196
概述 …… 196
国税收入 …… 196
税收改革 …… 196
依法治税 …… 197
纳税服务 …… 197
国税队伍建设 …… 197

地方税收…… 197
概述 …… 197
地税收入 …… 197
地税税种管理 …… 197
综合治税 …… 197
依法治税 …… 198
地税风险管理 …… 198
地税纳税服务 …… 198
地税干部队伍建设 …… 198

金　融

综述…… 199

银行……200
中国人民银行大丰支行……200
中国工商银行股份有限公司大丰支行……201
中国农业银行股份有限公司盐城大丰支行……201
中国银行股份有限公司大丰支行……201
中国建设银行股份有限公司大丰支行……202
交通银行股份有限公司盐城大丰支行……203
中国邮政储蓄银行股份有限公司大丰市支行……203
中国农业发展银行盐城市大丰区支行……203
上海浦东发展银行股份有限公司大丰支行……204
江苏大丰农村商业银行股份有限公司……204
江苏银行股份有限公司大丰支行……205
苏州银行股份有限公司大丰支行……205
江苏大丰江南村镇银行股份有限公司……206
江苏太仓农村商业银行股份有限公司大丰支行……206

保险……206
中国人民财产保险股份有限公司大丰支公司……206
中国人寿保险股份有限公司大丰支公司……207
中国太平洋财产保险股份有限公司大丰支公司……207
中国太平洋人寿保险股份有限公司大丰支公司……207
中华联合财产保险股份有限公司大丰支公司……207

证券……207
华泰证券股份有限公司大丰金丰南大街证券营业部……207

资本市场……207
概述……207
企业上市……207

交通·邮电·供电

交通综述……208
工程建设……208
行业监管……208

交通建设……209
概述……209
等级公路养护……209
桥梁安全管护……209
农村公路管养……209
临海高等级公路管护……210
丁峰一行到大丰调研……210
朱克江慰问施工人员……210
通榆河白驹大桥建成通车……210

交通运输……210
概述……210
重点运输……210
客运统筹……211
公交发展……211
物流市场……211

交通管理……211
概述……211
运输市场综合管理……211
维修市场管理……211
内河港口码头监管……211
交通稽查……211
驾培智能培训……212
客运监管……212
驻站监管……212
车辆GPS监管……212

地方海事……212
综述……212
危化品运输监管……212
春运水上交通安全监管……212
水路运输专项整治……212
饮用水源保护区专项整治……213
旅游水域安全监管……213

信息化建设……213
概述……213
智慧大丰建设……213
大数据产业发展……213
信息基础设施……213
国家级和省级平台创立……214

邮政……214
概述……214
邮政业务……214
企业管理……215
通信建设……215
文明创建……215
“我为景区添光彩”创建活动……215
“自邮一族”会员自助游活动……215

与公安局联合开展金融网点安全演练活动 …… 215
参观廉政警示教育展示馆 …… 215
电商服务站正式启动 …… 216

电信 …… 216
概述 …… 216
效益提升 …… 216
全业务发展 …… 216
网络支撑强化 …… 216
通信质量改善 …… 216
装维效能提升 …… 216
内部流程完善 …… 216
成本管控 …… 216
服务风貌改观 …… 216
文明创建 …… 217
科技创新 …… 217
服务网点拓展 …… 217

联通 …… 217
概述 …… 217
业务发展 …… 217
服务和维系工作 …… 217
网络质量提升 …… 217
助力园区信息化建设 …… 217

移动通信 …… 217
概述 …… 217
运营状况 …… 217
客户服务 …… 217
4G网络建设 …… 218
中华麋鹿园智慧旅游项目 …… 218
数字化城市建设 …… 218
志愿者服务 …… 218
公益活动和文明创建 …… 218

供电 …… 218
概述 …… 218
经济技术指标完成良好 …… 218
安全管控 …… 218
电网建设 …… 219
企业管理 …… 219
供电服务 …… 219
党建和精神文明建设 …… 219

经济管理与监督

发展和改革 …… 220
概述 …… 220
“十三五”规划编制 …… 220
经济运行监控 …… 220
项目建设 …… 220
沿海开发 …… 221
区域协作 …… 221
经济结构优化 …… 221
体制改革 …… 221

国土资源管理 …… 222
概述 …… 222
用地保障 …… 222
土地征收储备 …… 222
土地综合整治 …… 222
土地项目管理 …… 222
地籍与测绘管理 …… 222
土地执法监察 …… 223
征地补偿 …… 223

国有资产管理 …… 223
概述 …… 223
行政事业单位资产管理 …… 223
国有及国有控（参）股企业国有资产管理 …… 223
国有企业改革 …… 223
滩涂资源管理 …… 224
国企职教幼教退休教师生活待遇妥善解决 …… 224

招标采购管理 …… 224
概述 …… 224
招投标市场监管 …… 224
招投标制度创新 …… 224
电子招标投标 …… 224
招标代理机构规范管理 …… 224
招投标动态考核 …… 224
招标采购标识启用 …… 225
招投标信息公开 …… 225
“‘510’自警教育”活动 …… 225
上海评标专家联动 …… 225
招标投标法律法规知识竞赛 …… 226
全区单体投资额最大项目招投标 …… 226
新增采购类评委培训会 …… 226

安全生产监督管理 …… 226
概述 …… 226
安全生产责任落实 …… 226
安全生产大检查 …… 227
安全生产专项整治百日行动 …… 227
安全生产标准化建设 …… 227

事故隐患排查治理体系建设 …… 227
高危企业在线监控和应急管理平台 …… 227
安全培训 …… 227
安监行政执法 …… 227
基层安监机构能力建设 …… 227
安监荣誉 …… 227

审计监督 …… 227
概述 …… 227
部门预算执行审计 …… 228
社保基金实时联网审计 …… 228
税收征管质量延伸调查 …… 229
省五星级审计档案 …… 229
审计绩效考核 …… 229

统计管理 …… 229
概述 …… 229
1%全国人口抽样调查 …… 229
统计改革 …… 230
统计监测与服务 …… 230
依法统计 …… 230
统计行风建设 …… 230

工商行政管理 …… 230
概述 …… 230
工商服务经济发展 …… 230
工商维权 …… 231
工商队伍建设 …… 231

价格管理 …… 232
概述 …… 232
景点周边价格环境整治 …… 232
配合做好环境治理 …… 232
市场价格稳定 …… 232
民生价费管理 …… 232
表18　2015年居民消费价格指数 …… 232
公共产品价格管理 …… 233
价格执法监督 …… 233
价格诚信建设 …… 233
价格鉴证稳步实施 …… 233
价格成本监审 …… 233

食品药品监督管理 …… 233
概述 …… 233
食品安全 …… 233
药品安全 …… 234
食品药品专项整治 …… 234
食品安全城市创建 …… 234

质量技术监督 …… 235
概述 …… 235
质量品牌创建 …… 235
质量监督服务 …… 235
质量安全监管 …… 235
质量监督纪律 …… 235

武装·法治

人民武装 …… 236
概述 …… 236
思想政治建设 …… 236
军事斗争准备 …… 236
后备力量建设 …… 236
安全管理 …… 236
后勤装备保障 …… 236
人武部队伍建设 …… 237

人民防空 …… 237
概述 …… 237
人防工程建设 …… 237
人防专业队整组 …… 237
基层人防信息化试点项目 …… 237
人防机动指挥所建设 …… 237
防空警报网络建设 …… 238
人防宣传教育 …… 238
人防教育基地建设 …… 238
人防进农村 …… 238
依法行政 …… 238
易地建设费收支管理 …… 238
行政审批权力运行 …… 238
人防办机关作风建设 …… 238

人民消防 …… 239
概述 …… 239
思想政治建设 …… 239
践行强军目标 …… 239
灭火救援 …… 239
消防宣传培训 …… 239
双拥共建活动 …… 239

武警 …… 240
概述 …… 240
武警执勤 …… 240
军事训练 …… 240
武警中队思想政治工作 …… 240
武警中队管理 …… 240

边防…… 240
概述 …… 240
深化平安辖区建设 …… 240
救助重大困难及危险 …… 240
国家级野生动物保护 …… 241
警务新模式探索 …… 241
强化实战实训练兵 …… 241
万钢调研指导大丰港边防派出所辖区 …… 241
大丰港边防派出所受表彰 …… 241
斗龙港边防派出所受表彰 …… 241

政法委及综治…… 241
概述 …… 241
政法工作会议 …… 241
矛盾纠纷排查化解 …… 241
公共安全监督强化 …… 241
特殊人群管控 …… 241
信息化建设加强 …… 242
综治三级平台建设 …… 242
社区网格化管理 …… 242
技防织密 …… 242
综治基层队伍建设 …… 242
宣传载体创新 …… 242

公安…… 243
概述 …… 243
重大活动和敏感节点安保实现“零差错” …… 243
传统型违法犯罪保持下降态势 …… 243
交通安全监管四项指数下降 …… 243
“八类”严重刑事犯罪破案率百分之百 …… 243
现行案件破案率保持盐城第一 …… 243
刑事技术“一长四必”新机制在盐城市推广 …… 243
“进村入户”三年行动计划全面推进 …… 243
服务民生 …… 244
执法质量全省优秀 …… 244
公安文化建设 …… 244

检察…… 244
概述 …… 244
服务沿海开发 …… 244
严惩严重刑事犯罪 …… 244
查办和预防职务犯罪 …… 244
维护司法公正 …… 245
社会矛盾化解 …… 245
参与社会治理 …… 245
“民生检察”打造 …… 245
“生态检察”构建 …… 245
“三严三实”专题教育开展 …… 245
司法规范化建设 …… 245
接受内外监督 …… 245

法院…… 246
概述 …… 246
服务大局 …… 246
保障民生 …… 246
改革创新 …… 246
审判管理 …… 246
司法公开 …… 246
队伍素能提升 …… 246
“阳光司法伴你行”活动 …… 246
“与你同行”妇女儿童权益保障法制宣传活动 …… 247
“创新·保护·发展”知识产权新闻发布会 …… 247
人大代表、政协委员参观法院 …… 247
省高院评估考察西团法庭试点工作 …… 247
“510警示教育”活动 …… 247
法院开放日 …… 247
“6·26”禁毒宣传教育活动 …… 247
朱亮被任命为大丰法院代院长 …… 247
“法左情右”天平志愿服务队成立仪式暨爱心捐款活动 …… 247
省青少年“成长护航工程”专项督查组到大丰法院考核 …… 247
“为青少年成长护航”新闻发布会召开 …… 247
盐城中院代院长王世华一行到大丰考察 …… 247
“诉讼服务暖民心”新闻发布会召开 …… 247
盐城大丰两级法院召开代表、委员座谈会 …… 247

司法行政…… 247
概述 …… 247
基层基础建设改善 …… 248
便民服务 …… 248
法治宣传教育 …… 248
矛盾纠纷排查化解 …… 248
规范化执法能力提升 …… 248
服务大局 …… 248
司法行政队伍建设 …… 248

科学技术

综述…… 249

科技计划实施…… 249
组织科技计划项目申报 …… 249

科技减税政策支持企业发展 …… 249

高新技术产业 …… 249
科技创新出成果 …… 249
14个企业被认定为国家高新技术企业 …… 250
77个产品被认定为省高新技术产品 …… 250

科技成果 …… 250
政产学研合作 …… 250
创新载体平台建设 …… 250

知识产权保护 …… 251
知识产权宣传教育和培训 …… 251
知识产权工作成效显著 …… 251
专利工作新突破 …… 251

国家可持续发展先进示范区建设 …… 251
概述 …… 251

防震减灾 …… 252
概述 …… 252
震情监测网络逐步完善 …… 252
震灾防御 …… 252
灾情速报网络建设 …… 252
农村民居抗震工作 …… 252
地震安全示范社区建设 …… 252
防震减灾知识宣传 …… 252

气象事业 …… 253
概述 …… 253
气象业务水平提高 …… 253
气象服务 …… 253
气象行政管理 …… 253

教　育

综述 …… 254

学前教育 …… 254
概述 …… 254
学前教育环境更加优化 …… 254
学前教育布局日益科学 …… 254
学前教育投入显著增加 …… 255
幼儿教师素质全面提升 …… 255
保教水平显著提高 …… 255

基础教育 …… 255
概述 …… 255
小学教育优质发展 …… 255
初中教育内涵发展 …… 256
普高教育特色发展 …… 256
素质教育深入实施 …… 256
常规管理常抓不懈 …… 256
责任督学挂牌上岗 …… 256
教师素质全面提升 …… 257
德育工作成效显著 …… 257
特色品牌效应彰显 …… 257
课程基地得以拓展 …… 257
招生工作规范有序 …… 258
体艺科技推进 …… 258
爱心助学建成品牌 …… 258
社会实践常态推进 …… 258

职业教育 …… 258
概述 …… 258
招生和培训成绩突出 …… 258
教学质量稳步提升 …… 259
教科研工作有效推进 …… 259
毕业生就业形势改观 …… 259
教师队伍建设不断加强 …… 259
校园文化建设提档升级 …… 259
办学条件改善 …… 259

特殊教育 …… 259
概述 …… 259
办学条件改善 …… 260
特殊教育领导更加关注 …… 260
特色教育注重实用 …… 260
康复训练正常开展 …… 260
体艺课程精彩纷呈 …… 260
办学质量稳步提高 …… 260

社区教育 …… 260
概述 …… 260
城镇社区教育 …… 261
基层社区教育 …… 261
信息化建设 …… 261
教师队伍建设 …… 261
各类社区培训 …… 261
社区再就业工作 …… 261
民办教育管理 …… 261

师资建设 …… 261
概述 …… 261
综合素养提升 …… 262
课堂效益提高 …… 262

教师专业素养提升 …… 262
办学质量提高 …… 262
强化校长管理 …… 262
教师交流机制完善 …… 262
区域交流增进 …… 263
学习型、科研型教师队伍逐步形成 …… 263
新教师考录工作规范有序 …… 263
搭建教师发展成长平台 …… 263

教育后勤保障 …… 263
概述 …… 263
教育财政投入稳步增长 …… 263
平安校园建设有成效 …… 264
校舍安全工程建设推进 …… 264
教育现代化建设步伐加快 …… 264
区域教育资源配置优质均衡 …… 264

文　化

综述 …… 265

艺术创作及演出 …… 266
概述 …… 266
摄影作品获奖颇丰 …… 266
《于无声处》获飞天奖 …… 266
多部艺术作品获省级以上大奖 …… 266
话剧《桥》获盐城市首届艺术节文化大奖 …… 267
群众文艺调演精彩纷呈 …… 267

文物保护 …… 267
概述 …… 267
举办摄影展、书画展等展览 …… 267
红色革命遗址保护提升 …… 267
信息平台运用 …… 267
景点创建工作 …… 267
施耐庵纪念馆项目工程建设 …… 267

公共文化及设施建设 …… 267
概述 …… 267
文化会展中心土建竣工 …… 267
图书馆新馆建设 …… 267
施耐庵纪念馆提升工程 …… 268
镇、村（社区）文化阵地建设 …… 268
图书馆总分馆建设推进 …… 268

群众文化 …… 268
概述 …… 268
“维也纳”和鹿乡的新年约会 …… 268
春节系列文化活动 …… 268
元宵文艺晚会 …… 268
百姓星光大舞台“周周演” …… 269
“荷兰花海”系列文化活动 …… 269
乡约·中国恒北国际梨花季 …… 269
纪念抗战胜利70周年专场文艺晚会 …… 269

文化产业 …… 269
概述 …… 269
文化产业发展提速 …… 269
东方1号亮相成都展销会 …… 269
大丰与台湾亚太文创产业协会签订合作协议 …… 269
区文化产业商会正式成立 …… 270

文化市场管理 …… 270
概述 …… 270
娱乐场所安装视频监控 …… 270
出版物市场专项整治行动 …… 270
农村演出市场专项整治行动 …… 270
暑期文化市场专项整治 …… 270
高考、中考期间环境噪声污染专项治理 …… 270
节假日期间安全生产管理 …… 270
校园周边专项检查 …… 271

新闻出版市场 …… 271
概述 …… 271
农家书屋建设工作 …… 271
“书香大丰”全民阅读活动 …… 271
印刷复制业管理工作强化 …… 271
净化出版市场 …… 271
“正版正货”示范店创建活动 …… 271

新华书店 …… 271
概述 …… 271
经营项目拓展 …… 271
一般图书销售扩大 …… 271
党风廉政建设 …… 272
结对帮扶出成效 …… 272

广播电视 …… 272
概述 …… 272
广播电视传播力增强 …… 272
鹿王争霸赛现场直播活动 …… 272
对外宣传保持第一 …… 272
多部作品获奖 …… 272
全媒体全业务平台建设 …… 272
无线数字电视地面覆盖工程 …… 272

农村应急广播“村村响”工程 …… 273
广电数字化、智能化建设加快 …… 273
媒体融合发展步伐加快 …… 273
广播电视依法行政 …… 273
广电产业经营拓展 …… 273

《大丰日报》…… 273
概述 …… 273
新闻宣传工作 …… 273
报纸内容丰富 …… 273
作风建设见成效 …… 273

卫　生

综述 …… 274
乡村医生签约服务 …… 274
智慧医疗品牌 …… 274
卫生应急 …… 274

卫生改革 …… 274
群众就医保障 …… 274
公立医院改革 …… 275
慢性病规范管理 …… 275
基层卫生工作 …… 275

公共卫生管理 …… 275
疾病预防控制加强 …… 275
卫生监督水平提升 …… 275
妇幼保健质效指标全面完成 …… 275
爱国卫生运动 …… 275
三级医疗卫生体系建设 …… 275

医（药）政管理 …… 276
医疗质量服务管理 …… 276
中医药事业发展 …… 276
急救医疗服务 …… 276

行风建设 …… 276
卫生计生有机融合 …… 276
卫生队伍建设 …… 276
党风廉政建设 …… 276

体　育

综述 …… 277
全市体育工作会议召开 …… 277

群众体育 …… 277
概述 …… 277
群众体育活动丰富多彩 …… 277
全民健身志愿服务队伍扩大 …… 277
体育协会、俱乐部活动频繁 …… 277
老年人体育节活动 …… 277
全民健身日启动仪式 …… 278
第二届卫生系统运动会 …… 278
农商行第三届职工运动会 …… 278
第六届全民健身运动会 …… 278

竞技体育 …… 278
概述 …… 278
於秀敏获射击世界杯亚军 …… 278
体育后备人才建设 …… 278
青少年阳光体育运动推广 …… 278
参加、承办各级各类比赛 …… 278
运动员输送 …… 279

体育设施 …… 279
概述 …… 279
体育健身设施完善 …… 279
举行村级晨（晚）练示范点命名暨社会体育指导员培训班开班仪式 …… 279
奥体中心承办多项赛事 …… 279
2015年国际篮球明星挑战赛 …… 279
全国城市体育舞蹈公开赛暨江苏省全民健身交谊舞大赛 …… 279
361° 全国男子排球冠军赛 …… 279

社会生活

人民生活 …… 280
概述 …… 280
城镇居民生活 …… 280
农村居民生活 …… 280

民政事务 …… 280
概 述 …… 280
社会救助 …… 280
养老服务 …… 281
社区治理 …… 281
社会福利 …… 281
慈善工作 …… 281
双拥优抚安置 …… 282

民政公共服务 …… 282

人口与计划生育 …… 282
概述 …… 282
计生基础管理 …… 282
计生民生服务 …… 282
卫生计生内涵建设 …… 283
“幸福家庭”建设 …… 283

民族事务 …… 283
概述 …… 283
少数民族优惠政策落实 …… 283
困难少数民族群众帮扶 …… 283
服务清真拉面馆的回族经营者 …… 283
民族团结进步宣传 …… 283

宗教事务 …… 283
概述 …… 283
宗教工作法治化水平提升 …… 283
多部门沟通协作机制建立 …… 283
宗教界政策法规学习 …… 284
宗教领域和谐稳定 …… 284
宗教教职人员素养提升 …… 284

老龄事业 …… 284
概述 …… 284
基础养老保障水平提高 …… 284
老年救助标准持续提升 …… 284
“安康关爱行动”有新进展 …… 284
老年医疗保障待遇改善 …… 284
社会养老服务体系建设 …… 284
老年人优待工作 …… 285
开展老年活动 …… 285
第二轮“敬老文明号”创建 …… 285
表19 2015年大丰区百岁以上老人名单 …… 285

红十字会 …… 286
概述 …… 286
送温暖活动 …… 286
募捐筹资 …… 286
无偿献血、捐献造血干细胞、器官捐献 …… 286
应急救护培训 …… 286
红十字新闻宣传 …… 286
志愿服务 …… 287

消费者权益保护 …… 287
概述 …… 287
开展消费者权益日宣传活动 …… 287
消费维权知识“五进”活动 …… 287
青少年消费文化考察 …… 287
消费维权工作 …… 287

关心下一代 …… 288
概述 …… 288
青少年主题教育活动 …… 288
校外教育辅导站工作 …… 288
结对帮教工作 …… 288
关爱弱势青少年工作 …… 288
企业关工委建设 …… 288
宣传工作 …… 288
基层关工委建设 …… 288
盐城市基层关工委工作现场经验交流会召开 …… 289

残疾人事业 …… 289
概述 …… 289
基层残联组织建设 …… 289
残疾评定工作 …… 289
开展第25次“助残日”活动 …… 289
助残扶残公益活动 …… 289
完成残疾人专项调查工作 …… 289
残疾人信访稳定、维权工作 …… 289
残疾儿童康复训练 …… 289
贫困精神病患者免费给药 …… 289
贫困白内障患者复明工程 …… 290
残疾人辅具适配和无障碍设施改造工作 …… 290
组织开展“聆聪行动”项目 …… 290
残疾人康复中心大楼开工建设 …… 290
推进残疾人就业年审工作 …… 290
残疾人就业培训 …… 290
残疾人各项补贴发放 …… 290
残疾人托养工作 …… 290

革命老区开发促进工作 …… 290
概述 …… 290
调查研究 …… 290
“两带”活动 …… 290
兴办实事 …… 290
送医下乡 …… 290
抗战胜利70周年纪念活动 …… 291
区老促会被表彰 …… 291

农村扶贫开发 …… 291
概述 …… 291
国华中学招生 …… 291
资助贫困大学生 …… 291
“滴水筑梦”助学 …… 291

产业扶贫 …… 291
科技扶贫 …… 291
牵手结对帮扶 …… 291
扶危济困 …… 291
网络体系建设 …… 291
宣传工作 …… 291

社会矛盾纠纷大调解 …… 292
概述 …… 292
大调解工作机制完善 …… 292
调解员业务水平提高 …… 292
基层调解实战能力提升 …… 292

人力资源·社会保障

综述 …… 293

就业创业 …… 293
概述 …… 293
人力资源服务载体建设 …… 293
企业用工调查 …… 293
人才招聘 …… 293
专场招聘活动 …… 293
“三送”服务活动 …… 293
就业困难人员再就业帮扶 …… 294
返乡农民工服务 …… 294
规范失业职工审核服务 …… 294
家政服务业队伍建设 …… 294
大丰区物业服务行业首届职工技能比赛 …… 294
人力资源中介机构管理规范化 …… 294
职业技能培训 …… 294
创业宣传 …… 294
2016回乡创业交流活动 …… 295
月度创业专题活动 …… 295
2015年全国青年创客工作营 …… 295
创业园建设 …… 295
网络创业 …… 295
服务业创业载体建设 …… 295
金融支撑 …… 295
创业品牌建设 …… 296

社会保障 …… 296
组织实施“社会保险全民参保计划” …… 296
社保基金收入创新高 …… 296
社会保障待遇水平提升 …… 296
社会保险综合业务受理 …… 296
社会保险费费源排查 …… 296
试点期间机关事业单位工作人员信息和缴费数据核对校正 …… 296
被征地农民参保财政补助政策全面落实 …… 297
工伤保险政策完善 …… 297
企业退休人员待遇领取资格认证 …… 297
城乡居民养老保险春季征缴突击活动 …… 297
全省被征地农民社会保障工作示范县创建 …… 297
“四个不出村”标准化建设水平提升 …… 297
全省“四个不出村”工作总结现场会 …… 298
社会保障卡应用功能加强 …… 298
医疗保险实地稽查 …… 298
医保“双定”机构的监督管理 …… 298
医保定点医疗资源优化整合 …… 298

人才工作 …… 298
高标准制度人才引进政策 …… 298
高端人才招引成效显著 …… 298
人才服务环境优化 …… 298
人才特色品牌创建 …… 298
第十三届中国国际人才交流大会 …… 299
组团赴高校招聘优秀毕业生 …… 299
专门人才的引进 …… 299
夏季人才智力交流大会 …… 299
全方位支持人才创业 …… 299
职称评聘服务水平提升 …… 299
企业博士后工作站的申报和服务 …… 300
专家服务 …… 300
荷兰花海被授予江苏省国外引智示范基地 …… 300

人事管理 …… 300
机关事业单位人事管理 …… 300
公务员考录阳光品牌打造 …… 300
事业单位人事改革 …… 300
工资福利政策 …… 301
机关事业单位干部、职工退休管理服务 …… 301
各类主题培训 …… 301
转业军官安置和培训 …… 301
企业军转干部解困 …… 301
企业军转干部慰问 …… 301

劳动关系 …… 301
人力资源和社会保障政策法规宣传 …… 301
人力资源社会保障工作规范化建设 …… 301
和谐劳动关系建设 …… 301
劳动监察执法力度加大 …… 302
劳动监察源头预防 …… 302
劳动监察示范网格辐射面扩大 …… 302

劳动监察网络 …… 302
“以案说法”宣传教育活动 …… 302
基层仲裁调解组织建设 …… 302
仲裁案件调解水平提升 …… 302
接办衔接的信访案件处理秩序建立 …… 302

各镇概况

草堰镇 …… 303
概述 …… 303
项目建设 …… 303
城乡建设 …… 303
旅游业发展 …… 303
现代农业发展 …… 304
村级“四有一责”建设 …… 304
幸福草堰建设 …… 304
七彩花田 …… 305
表20 2015年主要经济社会指标 …… 305
表21 2015年各村、居委会基本情况 …… 305
表22 2015年骨干企业基本情况 …… 306

白驹镇 …… 306
概述 …… 306
工业经济 …… 306
现代服务业 …… 306
现代农业 …… 307
城乡统筹 …… 307
社会事业 …… 307
从严治党 …… 308
表23 2015年主要经济社会指标 …… 308
表24 2015年各村、居委会基本情况 …… 308
表25 2015年骨干企业基本情况 …… 309

刘庄镇 …… 309
概述 …… 309
招商引资 …… 309
城镇建设 …… 309
服务业发展 …… 309
现代农业 …… 309
改善民生 …… 310
农村环境综合整治 …… 310
表26 2015年主要经济社会指标 …… 310
表27 2015年各村、居委会基本情况 …… 311
表28 2015年骨干企业基本情况 …… 311

西团镇 …… 312
概述 …… 312
工业运行 …… 312
农业发展 …… 312
镇村建设 …… 312
民生福祉 …… 313
表29 2015年主要经济社会指标 …… 313
表30 2015年各村、居委会基本情况 …… 313
表31 2015年骨干企业基本情况 …… 314

小海镇 …… 314
概述 …… 314
重大项目 …… 314
农业基础设施建设 …… 314
农业发展 …… 315
城镇化建设 …… 315
民生工程 …… 315
表32 2015年主要经济社会指标 …… 315
表33 2015年各村基本情况 …… 315
表34 2015年骨干企业基本情况 …… 316

大桥镇 …… 316
概述 …… 316
招商引资和项目建设 …… 316
现代农业 …… 316
东方桃花洲旅游景区 …… 317
集镇建设 …… 317
环境整治 …… 317
民生事业 …… 317
表35 2015年主要经济社会指标 …… 318
表36 2015年各村基本情况 …… 318
表37 2015年骨干企业基本情况 …… 318

草庙镇 …… 319
概述 …… 319
招商引资和项目建设 …… 319
城镇建设 …… 319
旅游业发展 …… 319
现代农业 …… 319
镇村集体经济 …… 320
民生事业 …… 320
表38 2015年主要经济社会指标 …… 320
表39 2015年各村、居委会基本情况 …… 320
表40 2015年骨干企业基本情况 …… 321

万盈镇 …… 321
概述 …… 321
纺织企业转型升级 …… 321
万丰绿茵现代农业示范园 …… 321
重大项目 …… 321
集镇建设 …… 321

环境美化 …… 322
民生事业 …… 322
表41 2015年主要经济社会指标 …… 322
表42 2015年各村、居委会基本情况 …… 323
表43 2015年骨干企业基本情况 …… 323

南阳镇 …… 324
概述 …… 324
工业经济 …… 324
农业发展 …… 324
镇村建设 …… 324
民生改善 …… 324
安全稳定 …… 325
表44 2015年主要经济社会指标 …… 325
表45 2015年各村、居委会基本情况 …… 325
表46 2015年骨干企业基本情况 …… 326

三龙镇 …… 326
概述 …… 326
两化建设 …… 326
城乡统筹 …… 326
转型发展 …… 326
农业农村 …… 327
农村环境整治 …… 327
民生福祉 …… 327
表47 2015年主要经济社会指标 …… 327
表48 2015年各村、居委会基本情况 …… 328
表49 2015年骨干企业基本情况 …… 328

新丰镇 …… 328
概述 …… 328
经济发展 …… 329
集镇建设 …… 329
农业发展 …… 329
荷兰花海 …… 329
环境整治 …… 329
民生事业 …… 330
表50 2015年主要经济社会指标 …… 330
表51 2015年各村、居委会、街道基本情况 …… 330
表52 2015年骨干企业基本情况 …… 331

大中镇 …… 332
概述 …… 332
项目建设 …… 332
创新驱动 …… 332
载体建设 …… 332
村庄环境 …… 332
旅游发展 …… 332
民生事业 …… 332
党的建设 …… 332
表53 2015年主要经济社会指标 …… 333
表54 2015年各村、居委会基本情况 …… 333
表55 2015年各街道、社区居委会基本情况 …… 334
表56 2015年骨干企业基本情况 …… 335

驻丰农场

上海市上海农场 …… 336
概述 …… 336
农场产品质量提升 …… 336
农场科技创新 …… 336
农场产品品牌建设 …… 337
循环农业 …… 337
农场生态环保建设 …… 337

江苏省大中农场 …… 337
概述 …… 337
监狱安全 …… 337
教育改造 …… 337
监狱执法 …… 337
队伍建设 …… 338
社区建设 …… 338

江苏省方强农场 …… 338
概述 …… 338
农场生产经营 …… 338
场所安全 …… 339
戒毒矫治 …… 339
民生工程 …… 340

江苏省东坝头农场 …… 340
概述 …… 340
粮食产量提高 …… 340
林业生产 …… 340
农场基础设施建设 …… 340
职工外出承包 …… 340

人物

商明星 …… 341
卞文乐 …… 341
李 飞 …… 342
顾 军 …… 342

荣誉栏

先进集体…… 344
国部级及所属机构 …… 344
省及部门级 …… 344
盐城市级 …… 347

先进个人…… 348
国部级及所属机构 …… 348
省及部门级 …… 348
盐城市级 …… 349

盐城市大丰区2015年度综合考核结果 …… 349

文件目录

中共盐城市大丰区委员会文件目录（摘要） …… 353
盐城市大丰区人大常委会文件目录（摘要） …… 354
盐城市大丰区人民政府文件目录（摘要） …… 354
政协盐城市大丰区委员会文件目录（摘要） …… 355

统计资料

表57 大丰主要经济指标在全省、苏中、苏北的位次 …… 356
表58 国民经济与社会发展总量与速度指标 …… 357
表59 全区人口、户数及构成 …… 360
表60 规模以上工业企业主要经济指标 …… 361
表61 固定资产投资 …… 361
表62 城镇居民家庭人均收支情况 …… 362
表63 分行业分类型城镇非私营单位从业人员平均工资 …… 363
表64 分经济类型总承包与专业承包建筑业主要生产指标 …… 364
表65 分经济类型总承包与专业承包建筑业主要财务指标 …… 365
表66 利税总额前100名工业企业排名 …… 366
表67 对外经济基本情况 …… 367
表68 各镇（区、场）土地面积 …… 367
表69 各镇户数与人口数 …… 368
表70 各镇基本情况（一） …… 369
表71 各镇基本情况（二） …… 369
表72 各镇农村居民人均可支配收入 …… 370
表73 各镇农林牧渔业增加值…… 370
表74 各镇（区）居委会和村委会名称 …… 371

附　录

四月无处不飞花…… 372
提升民生“幸福指数”的辩证探求 …… 373
用创意牵引传统农业华丽转身…… 376
转型发展，大丰玩转创意魔方 …… 378
梨花飞时“画”满村 …… 379
大丰沿海现代农业走出新天地…… 381

索　引

A …… 382
B …… 382
C …… 383
D …… 384
F …… 386
G …… 387
H …… 388
J …… 389
K …… 390
L …… 391
M…… 392
N …… 392
P …… 392
Q …… 393
R …… 393
S …… 394
T …… 395
W…… 396
X …… 397
Y …… 398
Z …… 399

抢抓战略机遇　加快内涵发展
凝心聚力建设强富美高新大丰

——在区委十一届六次全体（扩大）会议上的讲话

盐城市委常委、大丰区委书记　倪　峰

（2015年12月30日）

同志们：

这次会议的主要任务是，深入学习贯彻党的十八届五中全会、省委十二届十一次全会、中央和全省经济工作会议精神，按照市委六届八次全会和市委工作会议的要求，回顾总结“十二五”发展历程，科学谋划“十三五”发展蓝图，全面部署2016年各项工作，动员全区上下抢抓战略机遇，加快内涵发展，凝心聚力建设强富美高新大丰。现在，我根据区委常委会研究的意见，讲四个问题。

一、全面总结“十二五”发展成就，坚定信心接续奋斗

这五年，是综合实力显著增强的五年。全区主要经济指标持续高位增长，2015年预计实现GDP535.4亿元，是“十一五”末的1.8倍，人均GDP达到11610美元、盐城第一；一般公共预算收入69.3亿元，是“十一五”末的3.4倍；全口径工业开票销售704亿元，是“十一五”末的3.5倍，苏北第一；完成固定资产投资370亿元，是“十一五”末的2.3倍；城镇常住居民人均可支配收入28805元、农村常住居民人均可支配收入18105元，比“十一五”末分别增长70%、81%。新增工业开票销售超亿元企业44家，其中超10亿元企业9家，江苏博汇开票销售超百亿元，新增纳税超千万元企业11家，其中超亿元企业3家，新增本土上市企业3家，本土企业上市数量盐城第一。建成国家生态示范区、国家卫生城市、国家科技进步先进市、国家知识产权试点城市、中国优秀旅游城市、国家园林城市，国家生态市、国家环保模范城市通过国家级考核验收。列“全国县域经济基本竞争力百强县（市）”第45位，较2010年上升22位。

这五年，是产业结构不断优化的五年。我们坚持战略性新兴产业倍增、现代服务业提速、传统产业升级，三次产业比例由“十一五”末的

2015年12月30日，中共盐城市大丰区委十一届六次全体（扩大）会议会场　邱　鹏　摄

17.8∶44.8∶37.4调整为14.2∶41.9∶43.9，第三产业占比超过第二产业，实现三二一的历史性突破。新能源装备制造、海洋生物、电子信息等战略性新兴产业开票销售超150亿元，是“十一五”末的12倍，风电产业园建成江苏省特色产业集群，新能源淡化海水产业园建成国家海洋经济创新发展区域示范区。休闲旅游、电子商务、文化创意、软件及大数据等现代服务业态占服务业比重超50%，全省首家阿里巴巴落户大丰。农业现代化水平不断提高，高效农业面积达125万亩。实施创新驱动战略，建成国家科技企业孵化器、国家火炬计划特色产业基地等省级以上创新服务平台36个，拥有国家级高新技术企业50家，引进外籍院士3名、“两院”院士18名、“千人计划”专家14名，自主申报并获批“千人计划”专家2名，区域人才竞争力苏北第一。持续加大改革力度，深化简政放权，成立行政审批局和市场监管局，成为国家级相对集中行政许可权改革试点。

这五年，是沿海开发向纵深推进的五年。我们坚持“三港”联动发展，沿海开发驶向深蓝，大件码头、石化码头、集装箱码头、通用码头建成通航，万吨级泊位数达到17个，开通国际航线9条，通港大道、临海高等级公路等建成通车，刘大线四级航道建成通航，2015年预计实现货物吞吐量7000万吨、集装箱20万标箱，分别是“十一五”末的13.2倍、5.4倍，吞吐量年均增长67.5%。石化新材料、特钢新材料、高端造纸、港口物流形成百亿产业集群，亚洲最大、世界一流的中汽中心汽车试验场建成运营，海洋生物产业园建成“国家科技兴海示范基地”、“国家农业科技园区”。海港新城建成面积8平方公里，生产生活配套不断完善，集聚人口近5万人，建成省级绿色节能示范区。大丰港经济开发区建成省级开发区，纳入中韩盐城产业园“一园三区”建设，大丰港海外投资控股有限公司在香港成功上市，沪苏大丰产业联动集聚区、苏盐沿海合作开发园区启动建设，大丰港保税物流中心（B型）获批设立。

这五年，是旅游产业爆发式发展的五年。我们大力实施“旅游兴区”战略，推动旅游业加快发展，中华麋鹿园创成盐城首家国家AAAAA级旅游景区，知青农场、海洋世界、荷兰花海建成国家AAAA级旅游景区，建有国家A级景区11个、省级旅游度假区1个、省四星级乡村旅游点4个，A级景区数量名列全省各县（市、区）前列，被评为“中国最佳休闲小城”“最美中国文化旅游城市”“长三角最佳慢生活旅游名城”“全国休闲农业与乡村旅游示范县（市、区）”。2015年全区接待国内外游客1000万人次，实现旅游综合收入65亿元，分别是“十一五”末的10倍、43倍，荷兰花海成为盐城最富人气景点，“请到麋鹿故乡来——大丰好玩呢”享誉海内外。

这五年，是城乡面貌深刻变化的五年。我们扎实推进新型城镇化与城乡发展一体化，城市建成区面积达28平方公里，城市化率达58.3%，顺利完成区划调整工作。建成西郊生态风貌区、东方湿地公园、银杏湖公园、幸福河公园、五一河公园、团结河公园、常新公园等十大城市公园，城区绿化覆盖率达36.3%。完成老旧小区基础设施改造，后街小巷黑色化全覆盖。全面完成农村“3+1”（实施农村水环境整治、农村生活垃圾处理、农村生活污水处理和城乡供水一体化）工程和镇村环境整治任务，基础设施全到位、队伍网络全覆盖、长效机制全建成，在盐城率先实现城乡供水一体化，建成“全国农村饮水安全工程示范县”，所有镇建成国家级生态镇，连续三年被省表彰为村庄环境整治先进县（市）。党和国家领导人先后到恒北村视察，对大丰统筹城乡发展、加快新农村建设给予充分肯定。

这五年，是民生福祉大幅增进的五年。我们坚持发展惠民，建设幸福大丰，群众的幸福感、自豪感明显增强。城镇年均新增就业2.4万人，城镇登记失业率控制在2%以内。新建保障性住房47.02万平方米，建成农村公路829.63公里、改造危桥266座，开通盐丰公交，镇村公交、城市公共自行车站点全覆盖。所有中小学全部建成标准化塑胶田径场，国标校车全覆盖，建成全国“两基”教育先进地区。所有村卫生室达到省定标准，基层综合医改成效显著，乡村医生签约服务工作得到国家卫计委肯定并推广，与上海中山医院、长海医院、红房子医院等实现医保“一卡通”。奥体中心、全民健身中心等建成使用，有线数字电视实现全覆盖，建成国家群众体育先进县（市）、江苏省公共文化服务体系示范区。镇敬老院提档升级及居家养老服务全覆盖，建成星级敬老院9家。实施大调解、大巡防、大技防、大网评“四大工程”，被省委、省政府命名为“平安县（市、区）”，获得“全国法治县（市、区）创建活动先进单位”称号。

这五年，是党的建设全面加强的五年。我们认真落实管党治党责任，以改革创新精神推进党的建设，努力营造风清气正的良好政治生态。深入开展党的群众路线教育实践活动、“三严三实”（严以修身、严以用权、严以律己，谋事要实、创业要实、做人要实）专题教育，组织开展中浦院轮训、新加坡培训、“每月一课”“星期六党校”，积极推进“三解三促一加强”（了解民情民意、破解发展难题、化解社会矛盾，促进干群关系融洽、促进基层发展稳定、促进机关作风转变，加强基层组织建设活动）、“进村入户”“轻车简从下基层调研月”等活动，锤炼了一支信念坚定、为民服务、勤政务实、敢于担当、清正廉洁的好干部队伍。扎实推进“强基工程”，高标准党群综合服务中心全覆盖，建成省村级“四有一责”（有持续稳定的集体收入，有功能齐全的活动阵地，有先进适用的信息网络，有群众拥护的双强带头人，强化村党组织领导责任）先进区（县、市），选派两批285名干部担任党建富民工作指导员。深入开展“效能革命”和“作风建设深化年”活动，加大案件查处力度，五年来共查处各类案件608件，挽回经济损失7500万元。统战、人武、双拥、工会、共青团、妇联、科协、老干部、党史、档案、老龄委、关工委等工作坚持围绕中心、服务大局，取得了新的成绩。

这些成绩的取得，是省委省政府和市委市政府正确领导的结果，是全区广大干部群众团结奋斗的结果，是离退休老同志和社会各界关心支持的结果。在此，我代表区委，向全区广大党员和干部群众，向各位老同志，向各人民团体，向驻丰部队，向所有支持大丰经济社会发展的社会各界人士，致以崇高的敬意和衷心的感谢！

“十二五”期间，我们始终坚持以中央精神和省市委要求为指引，紧密结合大丰实际创造性地开展工作，积累了一些宝贵经验。一是坚持“四大战略”牵引。把以工强市、“两海”齐抓、生态立市、旅游兴市“四大战略”作为大丰长期发展的重大战略决策，坚持不懈加以推进。多做打基础利长远的事，拉开发展框架，建设以城区和港区为“双核”，以通港大道为“一带”的“双核一带”，在“双核一带”空间上集中布局“六区十七园”，“拓展空间、增加主体、创造特色、竞相发展”，实现产城融合、人气集聚。以沿海策应上海，以上海提升沿海，聚焦沿海开发，深化沪丰合作，将沿海打造成未来发展的重要增长极。把生态文明建设放在突出地位，强化环境整治，大力保护生态，建设美丽大丰。爆发式发展旅游业，旅游业已经成为推动大丰内涵发展、转型升级、绿色增长的重要支撑。二是激发改革创新动能。强化组织、科技、金融创新，建平台创品牌引人才聚产业，靠平台倒逼创新，靠品牌集聚要素，靠人才引领未来，靠产业壮大实力，助推大丰抢占发展先机。坚持党政领导干部领办园区、人大政协负责同志领办项目，强化考核导向，强化审计监督，注重质量和效益，扎实组织经济工作。深入开展“效能革命”，高标准建设行政服务中心，全力打造“费用洼地、效率高地、服务优地、投资福地”，营造一流的营商环境。三是提升党员干部素质。邀请国内外知名专家讲学，组织科级干部、年轻干部赴先进地区学习培训，推动党员干部解放思想、拓宽眼界、增长知识，瞄准国际标准、一流水平，打造园区、发展产业、做美城市。在奋斗实践中，我们大力弘扬的“大气、包容、创新、争先”大丰精神，成为支撑大丰发展的动力源泉，成为我们攻坚克难、进位争先的底气所在。坚持和传承好“十二五”期间的发展经验、战略布局和精神状态，是我们“十三五”期间应对各种困难的法宝，也是我们建设强富美高新大丰的有力保证。

在肯定“十二五”发展成绩的同时，我们也清醒地看到工作中存在的问题与不足：一是新旧增长动力的转换尚未完成，科技创新能力还不强；二是中小企业面临诸多困难，下行压力较大；三是大项目好项目不多，有效投入面临较大困难；四是园区载体建设功能不够完善，要素集聚能力不强；五是资源环境约束加剧，绿色增长任重道远。对此我们必须高度重视，在今后的工作中切实加以解决。

二、科学谋划“十三五”发展蓝图，建设强富美高新大丰

未来五年，大丰发展仍处于大有作为的重要战略机遇期。从国际来看，和平与发展的时代主题没有变，世界多极化、经济全球化、文化多样化、社会信息化深入发展，世界经济在深度调整中曲折复苏。从国内来看，经济发展进入速度变化、结构优化、动力转化的新常态，经济长期向好的基本面没有改变。从自身来看，大丰处于新型工业化、新型城镇化、农业现代化和信息化的联动加速期，呈现改革开放攻坚、沿海开发提速、创新驱动引领、转型发展突破、城乡统筹加速、生态文明彰显、民生改善提质和法治全面推进的阶段性特征，面临“一带一路”、长江经济带、“长三角”一体化、江苏沿海开发等重大战略机遇。我们必须准确把握战略机遇期内涵的深刻变化，准确把握大丰发展特征和任务，坚定信心，锐意进取，不断开辟发展新境界。

“十三五”期间，全区经济社会发展的指导思想是：“十三五”时期，我们要高举中国特色社会主义伟大旗帜，全面贯彻落实党的十八大和十八届二中、三中、四中、五中全会精神，以习近平总书记系列重要讲话精神为指导，紧紧围绕“四个全面”（全面建成小康社会、全面深化改革、全面依法治国、全面从严治党）战略布局，按照建设创业盐城、开放盐城、生态盐城、幸福盐城、厚德盐城要求，坚持发展第一要务，以提高发展质量和效益为中心，统筹推进经济、政治、文化、社会、生态文明和党的建设，形成创新、协调、绿色、开放、共享的发展格局，努力建设经济强、百姓富、环境美、社会文明程度高的新大丰。

“十三五”期间，全区经济社会发展的奋斗目标是：到2020年，全区综合经济实力、转型升级能力、绿色发展能力和区域竞争能力明显增强，展现出经济实力强、百姓生活富、生态环境美、文明程度高的全新面貌。

——经济强。经济保持中高速增长，2020年人均GDP达到2万美元，一般公共预算收入突破100亿元，固定资产投资超700亿元。产业结构迈向中高端，基本形成以高新技术产业为主导、现代服务业为主体、先进制造业为支撑、现代农业为基础的现代产业体系，高新技术产业产值占规模以上工业增加值比重达到40%，现代服务业增加值占GDP比重达到45.5%。沿海开放开发水平全面提高，大企业大集团裂变式发展，科技创新能力和科技进步贡献率大幅提升。

——百姓富。全体居民收入增长与经济发展同步，劳动报酬增长与劳动生产率提高同步，社会就业更加充分，群众工资性、经营性、财产性收入稳步增加，中等收入群体稳步壮大，群众共同富裕稳步推进。乡镇集体经济殷实富足，经济薄弱村全部脱贫致富。社会事业优质均衡发展，基本公共服务资源全覆盖，全面实现全民参保，大丰人的获得感、幸福感更加强烈。

——环境美。城乡绿化美化和功能品质明显提升，形成覆盖全区、纵横交错的生态绿网，生态、文化、旅游与城市融合发展，建成宜居、宜业、宜游的美丽家园。空气质量、地表水质保持良好，资源节约集约利用水平大幅提高，能源消耗、污染排放的强度和总量“双下降”，“大丰蓝”成为靓丽的城市名片。基本形成科学合理的产业发展格局、城镇化格局和生态安全格局，产业、城市、生活形态更加绿色低碳，群众对生态文明建设的满意度不断提高。

——社会文明程度高。全民思想道德和科学文化素质明显提高，文化事业产业繁荣发展，文化软实力显著增强。社会规范有序，民主法治更加健全，公平正义更有保障，群众安居乐业，社会和谐稳定。“厚德大丰”建设取得丰硕成果，“大丰好人”现象频现，全社会崇德向善、风清气正。干事创业状态好，干部思想解放、真抓实干，群众勤劳质朴、诚信友善，“大气、包容、创新、争先”的大丰精神更具凝聚力和感染力。

“十三五”期间，全区经济社会发展的总体思路是：坚持创新、协调、绿色、开放、共享发展理念，坚定不移实施创新驱动、以工强区、“两海”齐抓、生态立区、旅游兴区“五大战略”，推动转型升级、内涵发展、绿色增长。

实施创新驱动战略。面对经济发展新常态，依靠创新驱动抢占制高点、掌握主动权势在必行。要坚持把创新作为发展的主引擎，推动产业、企业、市场、管理全面创新，到“十三五”末全区科技进步贡献率提高到65%以上。构建完善企业为主体、市场为导向、产学研相结合的技术创新体系，推动创新型乡镇、创新型园区、创新型企业建设，推动中小企业“小升高”、向“专精新特”发展，支持有实力的企业整合利用全球创新资源，力争到2020年全区国家级高新技术企业突破100家，争创国家知识产权示范城市。加大财政科技投入，加快发展科技银行、科技保险、股权众筹等科技金融业态，形成各类金融工具协同支持创新发展的良好局面。加快实施“616”（计划2015~2017年，每年引进6300名大学生、1000名专门人才、60名领军人才）人才引进三年行动计划，大力弘扬创新创业文化，依托“12+4”创业孵化基地，打造一批“众创空间”，建设万众创新的创业大丰。

实施以工强区战略。工业是区域经济发展的重要支柱，新型工业化是转型发展的必然要求。要坚持以工强区“第一方略”，抓紧落实《中国制造2025》，突出“调高调新调绿调强”，推动“大丰制造”向“大丰智造”跃升，打造江苏沿海新兴产业高地。坚持产城融合，做强“双核一带”，提升“六区十七园”内涵，建设一批产业高端、特色鲜明、集聚度高、竞争力强的园区。提升新能源及装备制造、生物制药及海洋生物、电子信息及智能终端等全产业生产能力，构建技术研发、生产制造、应用示范和配套服务于一体的发展格局，到2020年全区战略性新兴产业增加值占GDP比重达到20%。高端发展机械、纺织、化工、食品等传统产业，做出规模，做成品牌，做强影响力。培大育强规模企业，打造一批全省、全国乃至世界的行业领军企业。

实施“两海”齐抓战略。沿海是最大的空间和潜力，沪丰合作是最大的特色和优势。要坚持以沿海策应上海，以上海提升沿海，借智借力上海国际化平台，打造中国沿海中部经济增长极。策应“一带一路”战略，深化“三港”（港口、港区、港城）联动，加快沿海重大基础设施建设，提升港口综合能级，打造千亿产业集群，建设国际海港新城，2020年大丰港货物吞吐量突破1.5亿吨、集装箱100万标箱。深化沪丰全方位合作，重点推进理念和服务接轨、“飞地”转型开发、产业和园区共建，加快沪苏大丰产业联动集聚区建设，建成上海先进制造业域外产能基地、“长三角”区域合作示范区、新兴产业创新成果转化基地。扩大开放合作，推动区域融合，主动融接大市区，深化南北园区合作共建，加快融入“长三角”核心区，建设江苏沿海最具活力的开放窗口。

实施生态立区战略。坚持以生态文明引领转型发展，严守生态红线，加强海洋、湿地、森林、河流生态保护和修复，申报创建国家级湿地公园，推动麋鹿国家级自然保护区申报世界湿地自然遗产。加快建设绿色家园，建立完善城市绿地生态体系，建设秀美城镇和田园乡村。深化城乡环境综合整治，深入实施空气清新、河道清澈、城市清美、村庄清洁“四清”工程，全面打好治水、治霾、净土“三大战役”，让群众看得见蓝天碧水，呼吸到新鲜空气。优化资源开发形态，推动新型工业、生态旅游、现代农业、海洋经济等多元发展。大力实施“绿色发展三年行动计划”，推动全区人民共建共享生态文明。

实施旅游兴区战略。旅游业是绿色经济、眼球经济、富民经济，要坚持全区域大旅游发展理念，靠旅游倒逼功能完善，靠旅游提升城市品位，靠旅游带动群众致富，打造具有国际竞争力的“长三角”旅游目的地。突出“麋鹿生态、海洋休闲、动漫欢乐、乡村旅游”四大板块，持续加大项目投入，梯度推进景区开发，加快累积旅游资源，提升旅游品牌形象，确保年年都有新景区、新景点。做强旅游产业链，做好“食、住、行、游、购、娱、厕”旅游要素文章，提升旅游服务环境，增强大丰旅游吸引力。

三、适应新常态开创新业绩，实现“十三五”发展良好开局

2016年是实施“十三五”规划的开局之年，做好2016年工作具有十分重要的意义。2016年经济发展尽管面临较大下行压力，但基本面趋好没有改变，新动力正在强化，新业态不断出现，国家、省市层面释放出一系列积极的政策信号。我们要统一思想，深化认识，把大丰发展的“小逻辑”放到新常态的“大逻辑”中来把握，坚持稳中求进工作总基调，全力以赴稳增长、调结构、惠民生、防风险，努力实现“十三五”时期经济社会发展的良好开局。

2016年全区经济社会发展的目标是：地区生产总值增长10%，一般公共预算收入增长11%，固定资产投资增长15%，社会消费品零售总额增长12 %，注册外资实际到账增长10%，城镇常住居民人均可支配收入、农村常住居民人均可支配收入分别增长10%、11%，城镇登记失业率控制在3%以内，确保完成节能和主要污染物减排目标任务。

2016年的工作要做到“五个着力”：

1.着力提升产业层次。保持发展定力，坚持问题导向，更加注重供给侧结构性改革，去产能、去库存、去杠杆、降成本、补短板，加快培育新兴业态，改造提升传统优势，保持经济中高速增长，推动产业迈向中高端。一要加强供给侧结构性改革，坚定不移保增长。推动企业重整重组、改制上市、做大做强，加快开票销售超千万元小微企业跨档升级，全年新增规上工业企业40家，培育开票销售超30亿元企业6家，其中超百亿元企业1家、50亿元企业1家，税收超亿元企业4家。加强技术改造，引导和支持企业把智能制造、“互联网+”、工业设计等新兴元素融入生产经营，提升核心竞争力，全年实施千万元以上技改项目55个、智能改造项目10个。减轻企业负担，研究出台减缓缴费压力、加大过桥服务、降低融资成本等政策，严格“三制”（部门检查准入制、收费扎口管理制、行政处罚申报制）保护措施，对短期内难以缴纳各项规费的企业，能减则减，能免则免。深化服务企业、服务项目，全力保工业、保财政、保投入、保沿海，千方百计帮助解决用工、用电、资金、审批等要素难题，持续加大政府在基础设施、民生保障、转型升级等领域投入，确保全年新开工亿元以上项目80个，竣工亿元以上项目35个。二要发展壮大新兴产业。着力打造新能源及装备制造、生物制药及海洋生物、电子信息及智能终端、新能源淡化海水、文化创意及工业设计、软件及大数据、汽车测试及科技服务、碳纤维及新材料、电子商务、生命健康“十大新兴产业和现代服务业特色产业基地”，推动新兴产业集聚集群发展。坚持高端导向，瞄准“长三角”“珠三角”以及韩国、香港、台湾等重点地区，强化专业招商、委托招商、以商引商，深化与世界五大行四大所、国际十大咨询机构合作，全力突破高新技术项目、产业链龙头项目、重大外资项目，力争全年新签约亿元以上高新产业项目120个，6兆瓦直驱永磁海上风电机组研发制造、创诺200亿片固体制剂、民硕电子移动设备配件、申达新材料等重大新兴项目开工建设，战略性新兴产业开票销售超180亿元。加快发展新兴服务业态，推动汽车2.5产业园、权健生命科学产业园等项目建设，培育更多优质新增长点。三要强化创新驱动。依靠创新发挥先发优势，催生引领型技术、引领型产业、引领型企业，年内建成院士工作站1家、博士后工作站2家、省级以上研发机构5家，大中企业实现研发机构全覆盖。加快实施“616”人才引进三年行动计划，引进诺贝尔奖获得者或外籍院士1名、国家“千人计划”专家5名、海外高端人才30名，大力引进培养高技能人才，建设江苏沿海“蓝领高地”。强化金融创新，提高直接融资比重，降低企业融资成本，积极发展融资租赁、商业保理、股权投资等金融业态，加大债券发行力度，发挥海晶、高新两大创投中心功能，吸引创投及中介机构入驻，为创新创业提供金融支撑。

2.着力突破沿海开发。沿海是大丰发展的空间、潜力和特色所在，要举全区之力推动沿海开发，实现“三港”联动新突破。一要做大港口规模。加快港口码头和集疏运体系建设，深水航道一期、三期通用码头堆场、盐淮高速大丰港段年内竣工，开工建设矿石码头、集装箱堆场，加快通用机场报批，扎实推进大丰港四期、邮轮码头、大丰港铁路支线前期工作。加密大丰港至日韩集装箱班轮航线及至上海港、宁波港转欧美的国际航线，开通大丰到韩国仁川、济州岛客滚航线，开通汽车滚装航线，确保集装箱班轮密度每月达50班。开辟内河集装箱航线，加密皖北、豫南等地“无水港”网点，建立健全区域内货源企业网络，力争全年货物吞吐量达1亿吨、集装箱30万标箱。完善口岸功能，保税物流中心上半年封关运作，木材除害处理中心一期上半年建成，粮食仓储二期年内开工建设，推进中韩陆海联运口岸试点工作，申报建设汽车整车进口口岸、大丰港综合保税区。二要做强临港产业。发挥港口大进大出优势，重点发展特钢新材料、石化新材料、高端造纸等临港特色产业，金圆新材、金田纸业等重大项目年内开工建设，加快和顺电子二期项目建设，推动江苏博汇后续项目，集聚一批顶天立地的领军企业。加快发展港口物流业，推进国艺仓储物流、悦达汽车物流园等项目建设，努力建成江苏沿海中部重要的港口服务业基地。做大做强大丰港集团公司，加快物流板块主板上市、种业板块创业板上市进程，做大香港公司市值，为沿海开发提供金融支撑。三要集聚港城人气。提升港城服务功能，加快中央商务区（CBD）、国际职业学校、综合医院、公共租赁房等项目建设，港城小学、初级中学建成使用，完善大丰港与大丰城区、盐城大市区的公交网络。加快发展跨境电商产业，积极申报“中韩跨境电商经济合作试验区”，招引知名企业入驻，带动人气集聚。四要提升开放格局。坚持高水平双向开放，主动融入“一带一路”，推动中韩盐城产业园韩资集聚区建设，策应盐城“三区两城”城市布局，整合资源、规划建设大丰港城经济区。加快沪苏大丰产业联动集聚区建设，承接上海先进制造业转移，常州高新区大丰工业园、苏盐沿海合作开发园区加快形成产业集聚，盐城开发区大丰工业园启动航空产业园建设，推进临海高等级公路沿线产业带、城镇带、风光带“三位一体”发展，努力打造沿海经济升级版和产城融合示范区。

3.着力崛起镇村经济。镇村经济发展事关基层民生与稳定，要坚持以工业园区为载体，以项目建设为抓手，打造镇村经济发展新格局。一要做优做美中心城市，增强对镇村的辐射带动作用。坚持人民城市为人民，统筹空间、规模、产业三大结构，统筹规划、建设、管理三大环节，统筹改革、科技、文化三大动力，统筹生产、生活、生态三大空间，统筹政府、社会、市民三大主体，提高城市发展持续性、宜居性。完善城市规划体系，启动新一轮控制性详规编制工作，倡导“海绵城市”理念，深化城市防洪规划和生态城市规划，主动融入大市区，在盐城城市总体规划修编中更多体现盐丰一体化。做美城市形态，深化核心街区、建筑立面、道路节点、色彩、天际线等城市设计，融入麋鹿、湿地、海洋、古盐运、水浒等自然与人文元素，延续历史文脉，彰显生态特色。做强城市功能，加快基础设施、旧城改造、绿化生态、功能完善等城建重点工程建设，丰华国际商务大厦、图书馆、博物馆、文化会展中心交付使用，中交美庐城、万佳城市广场建成营业，加快建设团结河现代商贸区、幸福湖文化产业集聚区，提升城市质态。二要壮大繁荣镇级经济。加快完善镇工业集中区功能配套，适度超前建设道路、供电、供水、供热、通信等基础设施，全年新增标房30万平方米，提升园区承载能力。加大招商选资力度，各镇累计新招引落户亿元以上项目27个，新竣工亿元以上项目17个。大力推动全民创业，建设一批镇级众创空间、电商中心，新发展镇域一般纳税人企业80家，新增工商注册登记企业超2500家。三要大力发展现代农业。以特色农业为突破口，以“丰收大地”为龙头，加快建设“一带五沿十八园”，推动农业“接二连三”，积极发展“六次产业”，打造226省道花卉苗木特色产业带、双草线现代园艺特色产业带和228国道高效养殖特色产业带。突出“一村一品”，全年招引高效设施农业项目100个以上，新增高效设施农业3万亩。鼓励和引导各类社会资本投资农业，培育新型农业经营主体，全年新办规模农业龙头企业20家，新培植年销售超亿元的农业龙头企业5家。多措并举发展村级经济，增加积累，化解债务，造福百姓。四要提升新型城镇化内涵。完善提升镇基础设施“六个一”（一条园林式街道、一个住宅小区、一块街头绿地、一幢标志性建筑、一条精品水景、改造一条老街道）、绿化“五个一”（新建一条林荫大道、一条园林式道路、一条河滨绿化带、一块森林公共绿化、一个街头游园）工程和新镇区建设“四个一”（一条中央大道、一片景观公园、一幢服务中心、一个新社区）工程，扎实推进整治出新一条主要街道、新建或改造提升一个街心公园、新建一所二类公厕的“三新”工程，增强集镇对人口、产业的吸纳和承载能力。整治提升自然村庄点，启动实施镇村道路黑色化试点、村庄绿化美化及河坡退耕还林工程，建立健全农田、村庄、道路、河道、绿化“五位一体”综合长效管理机制，努力建设美丽新农村。

4. 着力推动旅游发展。旅游业是调结构、促转型的战略抓手，要把大丰全区域作为最大景区整体打造，倒逼城市及现代服务业发展，力争全年接待游客突破1100万人次，实现旅游综合收入80亿元。一要加大项目投入。按照“主题最新、同类最强、国内最好”的定位，高标准规划、提升景区景点，持续加大投入，建设精品工程，重点推进荷兰花海二期、日月湖旅游度假区提升、佛教文化园、恒北农耕戏剧文化园等项目建设，建成一批龙头景区。二要完善功能配套。坚持城市即旅游、旅游即酒店，推动城市功能完善、景区功能提升。加快景区精品酒店、旅游商店全覆盖，为游客提供一流的购物、休闲和娱乐环境。加快星级旅游酒店建设，荷兰花海假日酒店、华东国际会议中心、神鹿家园酒店、宝达酒店建成营运，按照统一品牌、统一服务模式、统一营销管理的规范要求推动民宿落地。坚持“互联网+旅游”的理念，加快建设全区旅游信息数据中心。加密旅游公交线路、班次，徐大高速复线建成通车。深入开展“旅游厕所”革命，实现景区A级旅游厕所全覆盖。加强全域旅游规划建设，推动12个镇旅游业竞相发展，开放大丰旅游集散中心，开展订制服务、增值服务、温馨服务，实现点线面结合、城乡互动的全域旅游新感觉。三要提升品牌形象。加快荷兰花海“度假+X”旅游目的地建设，创建省级旅游度假区。大力发展乡村旅游“七朵金花”，恒北村建成省五星级乡村旅游示范点，丰收大地建成华东“第一采摘中心”。全力打造荷兰花海中国人向往、荷兰人认可的郁金香第一花海，西郊生态风貌区建设中国第一梅园，实现北有荷兰花海、南有七彩花田、中有梨园风光的乡村赏花特色。整合大丰港动物园、海洋世界、海盗王国、日月湖慢城等沿海旅游资源，全力打造日月湖旅游度假区，打响蓝色旅游品牌。四要加强营销和管理。主攻上海、拓展周边、进军全国、带动海外，铺天盖地宣传，广泛吸引眼球，走出一条靠营销吸引游客、集聚人气的路子。重点策划麋鹿旅游文化季、郁金香文化月、梨花节、梅花节、汽车摩托车大赛、鹿王争霸等主题活动，给游客意外惊喜，增加大丰旅游吸睛点。加强网络新兴媒体营销，打响“请到麋鹿故乡来——大丰好玩呢”旅游品牌。坚持依法治旅，加强旅游行业和市场监管，深入开展“诚信旅游”活动，争创国家旅游标准化示范区。

5. 着力保障改善民生。“治国有常，利民为本”，改善民生是经济社会发展的根本目的。一要大力为民兴办实事。加大为民办实事工程投入，重点实施农村路桥提升改造、老年活动中心、综治平安建设、城市防洪提升等民生工程。深入实施居民收入倍增计划，突出农民、中低收入者和困难家庭增收，逐步缩小收入差距。完善政府养老服务补贴制度，大力扶持民办养老机构，发展高端养老产业，推进居家养老医疗签约服务，实现居家养老城乡全覆盖。二要加快发展社会事业。推动教育优质均衡发展，高新区初级中学、职教中心实训大楼建成使用，加强数字化校园建设，扩大国标校车服务范围。提档升级城乡综合文化站（馆、室），打造城市“15分钟文化圈”、农村“十公里文化圈”，完成广播电视无线数字化覆盖工程。全面推进公立医院综合改革，推行城市家庭医生签约服务，推动镇卫生院基础设施标准化建设。开工建设丰中体育馆，新增国家布点足球学校3所，建设国际标准权健足球训练基地，加快镇体育中心、体育公园、足球场“三个一工程”建设，提升基层体育基础设施设备水平。三要全面提升社会保障能力。加快"电子社保"建设，企业"五项保险"（养老保险、医疗保险、失业保险、工伤保险、生育保险）新增参保3万人。扩大基本医保覆盖面，居民医保和新农合政府补助提高到每人每年440元以上，三项基本医保政策范围内住院费用支付比例均提高到75%以上。提高城乡低保救助标准，成立托底救助服务中心，建立"救急难"工作机制，提升兜底救助水平。深入推进全民参保登记计划，新增被征地农民刚性进保。加大脱贫攻坚力度，突出精准帮扶，锁定户、村、片，精准发力，定点攻坚，促进经济薄弱村加快发展，帮助低收入农户增收脱贫。四要创新社会治理。坚持依法治区，完善立体化社会治安防控体系，推动"技防城"工程向农村延伸，提升社会治理信息化水平。建立健全安全生产责任体系，全面落实企业主体责任，提高安全生产保障能力。健全突发公共事件报道应急协调机制，加强网上依法管理、科学管理、动态管理，营造健康向上的网络舆论环境。加大信访积案攻坚力度，持续深入开展稳定工作十大专项整治，突出征地拆迁、环境保护、涉法涉诉等重点领域，面对面解决问题，把各种矛盾解决在萌芽状态，消化在基层一线，确保社会大局和谐稳定。

四、认真贯彻落实十八届五中全会精神，全面加强党的建设

深入学习宣传贯彻十八届五中全会、省委十二届十一次全会、盐城市委六届八次全会和市委工作会议精神，是当前全区各级党组织的首要政治任务。要把学习宣传五中全会精神与建设强富美高新大丰的生动实践紧密结合起来，真正用五中全会精神武装头脑、指导实践，为大丰经济社会发展夯实思想基础、汇聚力量源泉。

一要提升思想境界。思想的深度，决定事业的高度。要加强学习研究。认真学习中国特色社会主义政治经济学，牢牢把握"三个坚持、一个防止"的重大原则，用科学的思想方法和思维方式来认识和解决现实问题，保持战略定力，提高鉴别能力，抓住本质看问题想事情。我们讲不唯GDP，不是说不要GDP；讲发展从投资驱动转向创新驱动，不是说不要投资、不搞项目；讲扩大内需，不是说不要出口、不要外资。学习好、研究透上级党委政府出台的一系列稳增长、促发展、保民生的好政策好举措，能落地的要迅速落地，可争取的要积极争取，确保大丰发展在执行重大方针、重点战略、重要部署上讲政治、讲大局、讲落实。要开阔眼界胸襟。不断汲取先进理念和经验，形成开放理念、全球视野和长远眼光，确保高质量、高标准完成区委区政府下达的各项目标任务。树立先予后取的观念、放水养鱼的韬略和开放开明的心态，舍得拿出优质资源、优质项目与人共享，实现互利共赢。要奋力进位争先。学习借鉴先进地区的发展经验、模式和路径，积极探索产业提升、沿海突破、镇村崛起、旅游发展、民生改善等方面的新路子。牢固树立慢进即退的忧患意识，始终保持高度的责任感、危机感，及早谋划，比学赶超，为全区进位争先增添新动力。二要崇尚真抓实干。实干是发展之道、成事之基。要强化责任担当。作为党员干部要面对矛盾敢于迎难而上，面对失误敢于承担责任，面对歪风邪气敢于坚决斗争。坚决破除"只防出错、不求出新，只图保险、不担风险"的思想，旗帜鲜明地鼓励、支持、保护担当者，使勇担当、敢作为在干部队伍中蔚然成风。要狠抓工作落实。坚持"干"字当头、"苦"字为先，始终保持"马上就办"的工作状态，做到案无积卷、事不过夜。紧扣区委区政府的重大项目、重点工程、重要事项，强化时间节点，狠抓督查推进，发现矛盾，协调要素，解决问题，严格考核奖惩，推动重点工作有效落实。要鲜明用人导向。健全干部考核评价体系，真正将基层一线真抓实干、实绩突出的干部用到关键岗位。大力实施年轻干部培养选拔"十百"工程，着力挑选高学历、高素质、高水平的年轻干部顶岗学习、轮岗交流、驻村下访、到沿海开发一线参与招商和项目服务，打造一支拉得出、打得响、顶得上的年轻干部队伍。

三要持续改进作风。加强作风建设，犹如逆水行舟，一篙不可放松。要狠抓作风建设。巩固党的群众路线教育实践活动和"三严三实"专题教育成果，强化对违反中央"八项规定"和省市区各项规定禁令行为的监督执纪问责，坚决防止"四风"反弹回潮。紧盯作风领域问题的新形式、新动向，下功夫整治"为官不为""摆花架子"等问题。完善和落实厉行节约、干部办公用房、公务接待等制度，推动作风建设常态化、长效化。要保持惩治腐败高压态势。认真贯彻新修订的《中国共产党廉洁自律准则》和《中国共产党纪律处分条例》，深化党风廉政建设"五个一"活动，聚焦突出问题、突出办案重点、明确主攻方向，严肃查处违纪违法、侵犯群众利益的贪腐案件，以"零容忍"的态度惩治腐败。要加大问责追究力度。畅通群众监督渠道，公布举报电话、信箱，及时受理、办理问题投诉，做到来访必接、来信必查，查必从严、查必有果。落实党风廉政建设责任追究和"一案双查"（追究当事人责任，倒查追究相关领导责任）办法，加大党委主体责任、纪委监督责任、领导干部"一岗双责"落实情况的责任追究力度，对因履职不力导致分管条线发生系统性重大案件或严重违纪行为的，坚决实施责任倒查。

四要优化发展环境。发展环境是一个地区思想解放、市场培育、文明程度、执政水平和干部素质的综合叠加，是决定发展活力、发展前景的重要因素。要全面深化改革。深化简政放权，扎实推进国家级相对集中行政许可权改革试点工作。加快推进以市场主体培育、国企改革、金融和投资体制创新等为重点的经济体制改革，激发市场活力，促进创新创业。推动文化、教育、医疗等社会领域改革，以普惠性、均等化改革提高公共服务共建能力和共享水平。要提高审批效率。扩大"先照后证"、"三证合一"（工商营业执照、组织机构代码证、税务登记证合一）、"一照一码"（加载统一社会信用代码的营业执照）等登记制度改革范围，实现登记注册便利化。大力实施“三个集中、三大支撑、三项配套”的“333”改革工程，优化行政审批“最后一公里”服务。加快提升区、镇、村三级便民服务网络，清理下放一批审批事项，积极推进“四大平台”建设，实现审批平台的实时对接。要注重诚信建设。加强政府部门诚信建设，对区委、区政府出台的促进经济发展、优化发展环境、加强招商引资等方面优惠政策，不折不扣兑现到位。积极开展诚信主题实践活动，把诚信建设贯穿于各项精神文明创建活动中，纳入到政风行风评议中，调动公众参与积极性，努力建设“诚信大丰”。要加强监督管理。对领导干部妨碍企业发展、干扰招投标、插手中介服务，对公务人员慢作为、不作为、乱作为，发现一起查处一起，绝不姑息。强化问责追责，对发生破坏发展环境问题的单位，既要追究直接责任人和分管领导责任，又要倒查追究党委（党组）第一责任人的责任。畅通监督渠道，聘请一批优化环境监督员，充分发挥第三方作用，建立健全监督反馈绿色通道，切实维护企业和群众的合法权益。

同志们，美好蓝图已经绘就，宏伟目标任重道远。让我们紧密团结在以习近平同志为总书记的党中央周围，在市委的正确领导下，团结带领全区人民，凝心聚力，开拓进取，为建设强富美高新大丰而努力奋斗！

2015年，大丰区实现地区生产总值535.11亿元，人均地区生产总值76167元，盐城第一。图为大丰经济开发区
沈 怡 摄

政府工作报告

——2016年1月7日在盐城市大丰区第十四届人民代表大会第五次会议上

代区长　宋　勇

各位代表：

现在，我代表盐城市大丰区人民政府，向大会作工作报告，请予审议，并请各位政协委员和其他列席人员提出意见。

2016年1月7日，盐城市大丰区第十四届人民代表大会第五次会议会场

邱　鹏　摄

一、"十二五"及2015年工作回顾

过去的五年，是大丰发展成效最好、面貌变化最大、人民群众得到实惠最多的时期。我们深入贯彻党的十八大、十八届二中三中四中五中全会和习近平总书记系列重要讲话精神，坚决落实市委市政府和区委的决策部署，紧紧围绕"坚持科学发展、建设幸福大丰"目标追求，大力实施以工强区、"两海"齐抓、生态立区、旅游兴区"四大战略"，扎实推进转型升级、内涵发展、绿色增长，"十二五"规划圆满收官，创造了大丰发展的又一个黄金期。

（一）综合实力跃上新台阶。主动适应和引领新常态，牢牢抓住加快发展第一要务，经济运行稳中有进、稳中向好。一是主要指标大幅攀升。2015年实现GDP535.4亿元，是"十一五"末的1.8倍，年均增长12.8%，人均GDP达11610美元；一般公共预算收入69.3亿元，是"十一五"末的3.4倍，年均增长27.4%；全口径工业开票销售704亿元，是"十一五"末的3.5倍，年均增长28.4%；固定资产投资380.5亿元，是"十一五"末的2.3倍，年均增长18.4%；社会消费品零售总额155.4亿元，是"十一五"末的1.9倍，年均增长13.8%；城镇和农村常住居民人均可支配收入分别达28805元、18105元，是"十一五"末的1.7倍、1.8倍，年均增长11.2%、12.6%。二是争先进位势头良好。全社会用电量、进出口总额、注册外资实际到账、固定资产抵扣等指标盐城第一。人均GDP、人均一般公共预算收入、全口径工业开票销售、一般公共预算收入中的国税收入等指标苏北第一。在"全国县域经济基本竞争力百强县（市）"排名中列第45位，比"十一五"末上升22位。三是发展后劲显著增强。五年累计新开工亿元以上项目335个、竣工132个，实施千万元以上技改项目388个，完成工业投资841亿元。规上工业企业达420家。开票销售超亿元工业企业78家，其中超10亿元企业13家，分别比"十一五"末增加44家、9家，江苏博汇成为盐城首家开票销售超百亿元非车企业，联鑫钢铁开票销售超50亿元。纳税超千万元工业企业25家，比"十一五"末增加8家，其中超亿元企业3家。

（二）经济质效实现新提升。大力发展新产业，培育丰富新业态，产业结构不断优化，三次产业比例由"十一五"末的17.8∶44.8∶37.4调整为14.2∶41.9∶43.9，实现"三二一"的历史性突破。一是战略性新兴产业加快发展。金风科技风电装机容量中国第一、世界第二，黄海药谷生物医药研发中心建成运营，世界首台套兆瓦级非并网风电淡化海水示范项目顺利投产，小型模块化成套设备被国家列入援助马尔代夫项目。风电产业园建成省特色产业集群，新能源淡化海水产业园建成国家海洋经济创新发展区域示范区，电子信息产业园建成中国印制电路板生产示范基地。丰东"无人化智能热处理工厂"项目获得国家智能制造专项认定。2015年新能源及装备制造、海洋生物、电子信息等战略性新兴产业开票销售超150亿元，是"十一五"末的12倍。二是旅游产业爆发式增长。中华麋鹿园创成盐城首家国家AAAAA级旅游景区，全区建成国家AAAA级旅游景区3个、国家A级旅游景区11个、省级旅游度假区1个、省四星级乡村旅游点4个，A级景区数量名列全省各县（市、区）前列。海洋世界、知青农场、大丰港动物园等建成开放，荷兰花海成为盐城最富人气景点。“请到麋鹿故乡来——大丰好玩呢”享誉海内外，被评为“中国最佳休闲小城”“最美中国文化旅游城市”“长三角最佳慢生活旅游名城”“全国休闲农业与乡村旅游示范县（市、区）”。2015年接待国内外游客1000万人次，实现旅游综合收入65亿元，分别是“十一五”末的10倍、43倍。三是现代服务业发展亮点纷呈。全省首家阿里巴巴落户电商产业园，京东商城、苏宁易购、农一网等知名企业相继入驻。东方1号创意产业园一期工程、3D打印技术中心运营良好，被认定为国家级工业设计中心。国际软件园引进中兴通讯、百度推广等领军企业150多家，大数据产业园云计算数据中心投入使用。现代服务业业态占服务业比重超50%。

（三）沿海发展开创新局面。自力更生、艰苦奋斗、不等不靠，举全区之力、集全区之智，聚焦沿海、会战沿海、决胜沿海。一是“三港”建设日新月异。大件码头、石化码头、集装箱码头、通用码头、滚装码头建成使用，万吨级泊位达17个。开通国际航线9条，与中国台湾基隆港实现直航。2015年完成货物吞吐量7000万吨、集装箱20万标箱，分别是“十一五”末的13.2倍、5.4倍，吞吐量年均增长67.5%。国家进口粮食指定口岸、B型保税物流中心获批设立。10万吨级深水航道开工建设，通港大道、临海高等级公路建成通车，刘大线四级航道建成通航。亚洲最大、世界一流的中汽中心汽车试验场建成运营。海洋生物产业园建成国家科技兴海产业示范基地、国家农业科技园。石化新材料、特钢新材料、高端造纸、港口物流形成百亿产业集群。海港新城配套功能日趋完善，国际商务大厦、莎士比亚小镇、南阳中学新校区拔地而起，建成面积8平方公里、集聚人口近5万人，创成省级绿色节能示范区。二是合作共建持续深化。接轨上海取得重大突破，沪苏大丰产业联动集聚区正式成立，明珠重工等项目投产达效。常州高新区大丰工业园连续5年位居全省共建园区前3名。苏盐沿海合作园区研发中心投入使用，商业广场主体竣工。盐丰产业园启动区基础设施框架全面拉开。大丰港经济开发区建成省级开发区，被列为中韩盐城产业园主体区。三是对外开放全面扩大。五年累计新批1000万美元以上外资项目117个，其中3000万美元以上项目21个，大丰港海外投资控股有限公司在香港成功上市。建成省玩具出口基地，与韩国忠州市、美国卡森市缔结为友好城市。2015年完成进出口总额15.2亿美元，其中自营出口8.5亿美元，分别是“十一五”末的3.6倍、2.7倍。

（四）改革创新迈出新步伐。坚持问题导向，积极化解制约瓶颈和深层次矛盾，发展动能明显增强。一是重点领域改革稳步推进。深化行政审批制度改革，被确定为国家级相对集中行政许可权改革试点，行政审批局挂牌成立，市场监管局、卫计委顺利组建。积极稳妥推动国有企业和产权制度改革，大丰港集团公司现代企业制度逐步完善，110个村完成农村土地确权登记颁证。二是创业活力有效激发。大力扶持中小企业发展，设立金茂政策性担保公司和应急过桥资金，累计为企业提供16亿元资金服务。在全省率先成立创业银行，发放创业贷款1.4亿元。被命名为省首批创业型城市，大中镇、西团镇建成省级中小企业创业示范基地。三是创新能力明显提升。建成国家科技企业孵化器、国家火炬计划特色产业基地等省级以上创新服务平台36个，国家高新技术企业达50家，获批国家知识产权试点城市，蝉联全国科技进步先进市。引进外籍院士3名、“两院”院士18名、“千人计划”专家14名，自主申报并获批“千人计划”专家2名，区域人才竞争力苏北第一。有3家本土企业上市、盐城第一，新三板、Q板、E板挂牌企业12家；银行业金融机构总数16家、苏北第一。

（五）城乡面貌展示新形象。注重协调经济社会发展的重要领域和重大关系，坚持统筹推进，整体水平有效提升。一是城市建设大力实施。累计投资295.6亿元，城市建成区面积28平方公里，城市化率58.3%，顺利完成区划调整工作。南翔大道、五一大道等主干道路建成通车，奥体中心、全民健身中心、老干部活动中心、档案馆等项目投入使用，丰华国际商务大厦、图书馆等工程主体竣工。老旧小区基础设施改造基本完成，后街小巷实现黑色化全覆盖。盐城首家建成公共自行车系统，开通盐丰公交。西郊生态风貌区、东方湿地公园、银杏湖公园、幸福湖公园、五一河公园、团结河公园、常新公园等十大城市公园建成开放，城区绿化覆盖率36.3%，建成国家园林城市。二是镇村经济不断壮大。坚持“两化”建设双轮驱动，统筹城乡发展“七个一体化”、“四个一”工程步伐加快，新镇区框架普遍拉开，镇工业集中区累计新建标房214万平方米，落户千万元以上项目262个，标房使用率超过95%。小海镇被认定为中国长丝织造产业基地。实施新村庄、新产业、党群服务中心等项目339个，“四有一责”全覆盖，村级年集体收入全部达到15万元，10个村超100万元。建成高效农业面积125万亩、特色现代农业园区19个，新发展家庭农场248家。“恒喜”食用油获得中国驰名商标，“恒北早酥梨”“南阳韭菜、辣根、柿子”获得国家地理标志证明商标，农业“三品”总数360个，被认定为“全国有机产品认证示范创建区”。实施省级以上土地整治项目9个，建成高标准农田127.9万亩。500千伏双草变、大丰汇流站等电网工程竣工。三是生态建设成效显著。科学划定生态红线区域1468平方公里，湿地修复工程加快实施，国家级生态镇实现全覆盖，创成国家生态市、国家环保模范城市。实现主要污染物减排目标，环境质量指数96.3，比“十一五”末提高11.2。大力实施农村绿化“2211”工程，林木覆盖率27.5%。全面完成农村“3+1”工程，实现基础设施全到位、队伍网络全覆盖、长效机制全建成，村庄环境整治、城市环境整治、“清洁乡村”行动通过省、市考核验收。

（六）人民生活获得新改善。持

续加大民生投入，让改革发展成果更多、更公平、更实在地惠及全区人民。一是民生工程扎实推进。坚持每年兴办一批民生实事，累计投入85亿元实施52件民生实事工程。在苏北率先实现高标准城乡供水一体化，建成全国农村饮水安全工程示范县。新建保障房47万平方米、农村公路829.6公里，改造危桥266座，开通镇村公交线路16条。川东闸、王港闸下迁工程竣工。镇敬老院提档升级全覆盖，建成星级敬老院9家、省级养老服务中心（站）示范点11个。二是保障体系更加健全。新增城镇就业12.2万人，城镇登记失业率控制在2%以内。企业离退休人员人均待遇2117元/月、盐城第一，城乡居民基础养老金115元/月、苏北最高。取消大病救助封顶线，每年安排专项资金500万元实施低保边缘家庭救助，城乡低保分别提高到490元/月、380元/月。三是公共事业长足发展。新建学校7所，中小学全部建成标准化塑胶田径场，开通国标校车41辆、线路39条，实现镇镇通，被表彰为全国两基教育和义务教育均衡发展先进地区。通过国家卫生城市复审，乡村医生签约服务工作得到国家卫计委充分肯定，村卫生室全部达到省定标准，与上海中山医院、长海医院、红房子医院等实现医保“一卡通”。全面实施有线电视数字化整转和村组“大喇叭”工程，区文广新局参与投拍的电视连续剧《于无声处》荣获第30届中国电视剧“飞天奖”。建成国家群众体育先进县（市），形成城市社区“十分钟体育健身圈”，骆晓娟成为盐城第一位奥运冠军。四是社会大局和谐稳定。“平安大丰”、“法治大丰”建设深入推进，群众安全感盐城第一、全省领先，获评省平安县（市、区）、省社会治安综合治理先进县（市、区）。实施大调解、大巡防、大技防、大网评“四大工程”，较好实现“舆情把控、信访稳控、事故严控、治安可控”目标。“厚德大丰”建设成效显著，3人荣登“中国好人榜”，荷兰籍在丰工作人士尼可当选“情动江苏·杰出国际友人”。幸福大丰微博跻身省十大政务微博。与此同时，人武、双拥、审计、人防、盐务、住房公积金、粮食、供销、气象、消防、海关、海事、边检、出入境检验检疫、地方志、对台事务、民族宗教、防震减灾、慈善、红十字、妇女儿童、青少年、关心下一代、老龄、老区开发、扶贫开发等工作坚持围绕中心、服务大局，取得新的成绩。

我们深入开展党的群众路线教育实践活动和“三严三实”专题教育，严格执行中央八项规定、省市委十项规定和区委六项规定，着力解决“四风”方面存在的突出问题，推动作风建设长效化、常态化。2015年全区性会议数量下降17%，以区政府、区政府办名义发文数量分别下降12%、10%，公务接待、公务用车、公款出国（境）费用分别下降18%、11%、14%。强化法治政府建设，主动向区人大及其常委会报告工作，向区政协通报情况，110件人大代表建议、229件政协委员提案全部办结。

各位代表，过去五年的成绩来之不易，这是上级党委、政府和区委正确领导的结果，是区人大、区政协有效监督的结果，是全区人民团结拼搏、锐意进取的结果。在此，我谨代表区人民政府，向广大干部群众，向人大代表、政协委员和离退休老同志，向驻丰部队官兵和驻丰单位，向所有关心支持大丰发展的各界人士和海内外朋友表示衷心的感谢和崇高的敬意！

审视过去五年的工作，我们也清醒地看到一些突出矛盾和存在问题。一是转型发展步伐还不快，创新能力有待提升；二是中小微企业运行比较困难，下行压力较大，破解要素制约的方法途径还不多；三是镇村经济仍是短板，支撑作用不明显，增长的内生动力不强；四是重特大项目不丰，园区载体配套功能不够完善，有效投入还不足；五是机关作风和效能建设需要进一步加强，等等。对此，我们将高度重视，切实采取有力措施，认真加以解决。

二、“十三五”时期奋斗目标和总体思路

未来五年是全面建成小康社会的决胜阶段。制定好“十三五”规划，描绘好发展蓝图，事关大丰经济社会发展大局。这次会上，已将《盐城市大丰区国民经济和社会发展第十三个五年规划纲要（草案）》印发给各位代表，《纲要》是根据区委十一届六次全会精神，按照《中共大丰区委关于制定大丰区国民经济和社会发展第十三个五年规划的建议》要求，深入调研、广泛征求意见而形成的。

（一）指导思想。高举中国特色社会主义伟大旗帜，全面贯彻落实党的十八大和十八届二中三中四中五中全会精神，以习近平总书记系列重要讲话精神为指导，紧紧围绕“四个全面”战略布局，按照建设创业盐城、开放盐城、生态盐城、幸福盐城、厚德盐城要求，坚持发展第一要务，以提高发展质量和效益为中心，统筹推进经济、政治、文化、社会、生态文明建设，形成创新、协调、绿色、开放、共享的发展格局，努力建设经济强、百姓富、环境美、社会文明程度高的新大丰。

（二）奋斗目标。到2020年，全区综合经济实力、转型升级能力、绿色发展能力、区域竞争能力明显增强，展现出经济实力强、百姓生活富、生态环境美、文明程度高的全新面貌。

——经济强。经济保持中高速增长，2020年人均GDP达到2万美元，一般公共预算收入突破100亿元，固定资产投资超700亿元。产业结构迈向中高端，基本形成以高新技术产业为主导、现代服务业为主体、先进制造业为支撑、现代农业为基础的现代产业体系，高新技术产业产值占规模以上工业增加值比重达到40%，现代服务业增加值占GDP比重达到45.5%。沿海开放开发水平全面提高，大企业大集团裂变式发展，科技创新能力和科技进步贡献率大幅提升。

——百姓富。全体居民收入增长与经济发展同步，劳动报酬增长与劳动生产率提高同步，社会就业更加充分，群众工资性、经营性、财产性收入稳步增加，中等收入群体稳步壮大，群众共同富裕稳步推进。乡镇集体经济殷实富足，经济薄弱村全部脱贫致富。社会事业优质均衡发展，基本公共服务资源全覆盖，全面实现全民参保，大丰人的获得感、幸福感更加强烈。

——环境美。城乡绿化美化和功能品质明显提升，形成覆盖全区、纵横交错的生态绿网，生态、文化、旅游与城市融合发展，建成宜居、宜业、宜游的美丽家园。空气质量、地表水质保持良好，资源节约集约利用水平大幅提高，能源消耗、污染排放的强度和总量“双下降”，“大丰蓝”成为靓丽的城市名片。基本形成科学合理的产业发展格局、城镇化格局和生态安全格局，产业、城市、生活形态更加绿色低碳，群众对生态文明建设的满意度不断提高。

——社会文明程度高。全民思想道德和科学文化素质明显提高，文化事业产业繁荣发展，文化软实力显著增强。社会规范有序，民主法治更加健全，公平正义更有保障，群众安居乐业，社会和谐稳定。“厚德大丰”建设取得丰硕成果，“大丰好人”现象频现，全社会崇德向善、风清气正。干事创业状态好，干部思想解放、真抓实干，群众勤劳质朴、诚信友善，“大气、包容、创新、争先”的大丰精神更具凝聚力和感染力。

（三）总体思路。坚持创新、协调、绿色、开放、共享发展理念，坚定不移实施创新驱动、以工强区、“两海”齐抓、生态立区、旅游兴区“五大战略”，推动转型升级、内涵发展、绿色增长。

——实施创新驱动战略。坚持把创新作为发展的主引擎，推动产业、企业、市场、管理全面创新，到“十三五”末全区科技进步贡献率提高到65%以上。构建完善企业为主体、市场为导向、产学研相结合的技术创新体系，推动创新型乡镇、创新型园区、创新型企业建设，推动中小企业“小升高”、向“专精新特”发展，支持有实力的企业整合利用全球创新资源，力争到2020年全区国家级高新技术企业突破100家，争创国家知识产权示范城市。加大财政科技投入，加快发展科技银行、科技保险、股权众筹等科技金融业态，形成各类金融工具协同支持创新发展的良好局面。加快实施“616”人才引进三年行动计划，大力弘扬创新创业文化，依托“12+4”创业孵化基地，打造一批“众创空间”。

——实施以工强区战略。坚持以工强区“第一方略”，抓紧落实《中国制造2025》，突出“调高调新调绿调强”，推动“大丰制造”向“大丰智造”跃升，打造江苏沿海新兴产业高地。坚持产城融合，做强“双核一带”，提升“六区十七园”内涵，建设一批产业高端、特色鲜明、集聚度高、竞争力强的园区。提升新能源及装备制造、生物制药及海洋生物、电子信息及智能终端等全产业生产能力，构建技术研发、生产制造、应用示范和配套服务于一体的发展格局，到2020年全区战略性新兴产业增加值占GDP比重达到20%。高端发展机械、纺织、化工、食品等传统产业，做出规模、做成品牌、做强影响力。培大育强规模企业，打造一批全省、全国乃至全世界的行业领军企业。

——实施“两海”齐抓战略。坚持以沿海策应上海，以上海提升沿

2015年，大丰港完成货物吞吐量7000万吨、集装箱20万标箱　　卢日伟　摄

海，借智借力上海国际化平台，打造中国沿海中部经济增长极。策应“一带一路”战略，深化“三港”联动，加快沿海重大基础设施建设，提升港口综合能级，打造千亿产业集群，建设国际海港新城，2020年大丰港货物吞吐量突破1.5亿吨、集装箱100万标箱。深化沪丰全方位合作，重点推进理念和服务接轨、“飞地”转型开发、产业和园区共建，加快沪苏大丰产业联动集聚区建设，建成上海先进制造业域外产能基地、长三角区域合作示范区、新兴产业创新成果转化基地。扩大开放合作，推动区域融合，主动融接大市区，深化南北园区合作共建，加快融入长三角核心区，建设江苏沿海最具活力的开放窗口。

——实施生态立区战略。坚持以生态文明引领转型发展，严守生态红线，加强海洋、湿地、森林、河流生态保护和修复，申报创建国家级湿地公园，推动麋鹿国家级自然保护区申报世界湿地自然遗产。加快建设绿色家园，建立完善的城市绿地生态体系，建设秀美城镇和田园乡村。深化城乡环境综合整治，深入实施空气清新、河道清澈、城市清美、村庄清洁“四清”工程，全面打好治水、治霾、净土“三大战役”，让群众看得见蓝天碧水，呼吸到新鲜空气。优化资源开发形态，推动新型工业、生态旅游、现代农业、海洋经济等多元发展。大力实施“绿色发展三年行动计划”，推动全区人民共建共享生态文明。

——实施旅游兴区战略。坚持全区域大旅游发展理念，靠旅游倒逼功能完善，靠旅游提升城市品位，靠旅游带动群众致富，打造具有国际竞争力的长三角旅游目的地。突出“麋鹿生态、海洋休闲、动漫欢乐、乡村旅游”四大板块，持续加大项目投入，梯度推进景区开发，加快累积旅游资源，提升旅游品牌形象，确保年年都有新景区、新景点。做强旅游产业链，做好旅游要素文章，提升旅游服务环境，增强大丰旅游吸引力。

三、2016年工作安排

2016年是全面建成小康社会决胜阶段的起步之年，也是推进结构性改革的攻坚之年。我们将以新境界认识新常态、新姿态适应新常态、新理念引领新常态，坚持稳中求进工作总基调，全力以赴稳增长、调结构、促改革、惠民生、防风险，努力实现“十三五”发展的良好开局。

2016年全区经济社会发展的主要预期目标是：GDP增长10%，一般公共预算收入增长11%，固定资产投资增长15%，社会消费品零售总额增长12%，注册外资实际到账增长10%，城镇和农村常住居民人均可支配收入分别增长10%、11%，城镇登记失业率控制在3%以内，完成节能和主要污染物减排目标任务。

围绕上述目标任务，我们将重点抓好八个方面的工作：

（一）重抓主体经济，千方百计保持稳健增长。紧扣“3+3”核心指标，始终把工业经济作为稳增长的关键，把项目贯穿于全年工作始终，综合施策，以“进”促“稳”，努力将经济增长稳在中高速。一是加强供给侧结构性改革。准确把握稳增长与调结构的平衡点，保持定力，精准发力，加快去产能、去库存、去杠杆、降成本、补短板，增加有效供给，培育新的发展动能。支持企业兼并重组，盘活存量资产，实现市场出清，提高全要素生产率，提升企业核心竞争力。改造提档纺织、机械、化工等传统产业，全年实施千万元以上技改项目55个、智能改造项目10个。培大育强规模企业，力争丰山集团主板上市，推动一批企业通过新三板、创业板、战略新兴板登陆资本市场。全年新增规上工业企业40家，培育开票销售超30亿元企业6家，其中超百亿元企业1家、50亿元企业1家，税收超亿元企业4家。强化要素保障，扎实开展银企对接活动，用足用好政策性担保资金、应急过桥资金、转型升级引导基金，缩短各类扶持政策兑现周期，降低企业运营成本。深化为企服务，常态化开展领导干部挂钩服务企业活动，力促企业满负荷生产，全年规上工业企业开票销售增长面确保55%以上，力争60%。二是强势突破重特大项目。坚持“项目为王”，深入开展项目载体建设年活动，加大契约招商、以商引商力度，加强与世界五大行、四大所、十大国际咨询公司紧密合作，全力招引一批投资规模大、技术含量高、带动能力强的重特大项目。全年新签约亿元以上高新产业项目120个，其中10亿元以上项目15个，50亿元以上项目4个。加大有效投入，抢工会战项目建设，坚持月度会审、双月开工、季度会办，推动项目早开工、早投产，全年亿元以上项目新开工80个、竣工35个。三是奋力抬高园区标杆。积极实施全产业链布局，突出“补链、壮链”，集中力量建设生态型、创新型、开放型龙头园区。经济开发区以建成国家级开发区为目标，加快产城融合发展，邻里中心、现代仓储物流园上半年投入运营，年内突破10亿元以上重大项目4个。沪苏大丰产业联动集聚区全面启动实质性运作，主动承接上海先进制造业转移项目。苏盐沿海合作园区积极引进苏州大型国有公司参与园区开发，确保落户亿元以上项目10个。常州高新区大丰工业园粤强电子、志宏电缆等项目年内竣工投产。盐丰产业园加快招引新材料、航空等产业项目入驻。

（二）重抓转型升级，高端引领提升产业层次。策应《中国制造2025》、“互联网+”，加快发展动力转换，着力打造“十大新兴产业和现代服务业特色产业基地”，推动产业层次直奔中高端。一是大力发展高端制造业。做强新能源及装备制造业，金风科技6兆瓦新材料叶片试制中心上半年开工建设，出口微网海水淡化成套设备5套。做大海洋生物产业，明月海藻二期、环球生物等项目年内全面竣工。做优电子信息产业，培耘电子、大元化成等项目一季度开工建设，巴伦电子、富双元电子等项目下半年竣工投产。做特碳纤维及新材料产业，加快上海申达新材料、华诚中本石墨烯等项目推进步伐。二是提速发展现代服务业。积极申报江苏中韩跨境电子商务经济合作试验区，建设一批镇级电商中心，电商产业园入驻企业60家。东方1号创意产业园加强与美国、台湾地区的知名企业合作，新引进文化创意企业50家。高新区智能装备产业园及智慧农业示范园上半年开工建设，明日科技园一期三季度投入运营，大数据产业园二期年内建成。深化汽车2.5产业园建设，吸引3~5家国内外汽车企业和研发机构入驻。引进社会力量兴办健康健身和养老产业，杉健多功能水果酵素项目一季度开工建设，足球训练基地上半年投入使用，道诚生物科技大厦年内主体竣工。新增规上服务业企业23家、限上批零住餐企业15家。三是着力增强创新支撑。发挥创新引领发展第一动力作用，大力开展平台品牌创建，高新技术区建成省级高新区，省级以上企业院士工作站、博士后工作站、工程技术中心达到40个，全年新认定国家高新技术企业10家，科技进步贡献率达60%以上。深入实施“616”人才引进三年行动计划，以“海智集聚工程”为重点，面向全球招贤纳才，力争年内引进诺贝尔奖获得者或外籍院士1名、“千人计划”专家5名、海外高端人才30名，建设江苏沿海“蓝领高地”。推广新型孵化模式，卯酉·创客邦争创国家级众创空间。丰富金融业态，积极发展风投、天使基金，确保兴业银行大丰支行一季度开业，全区新增贷款保持盐城第一。

（三）重抓“三港”联动，升温加压推进沿海开发。主动融入“一带一路”建设，放大向东开放优势，做足向西拓展文章，深化港产城联动发展，把沿海空间优势转化为现实发展优势。一是提升港口综合能级。矿石码头、国际集装箱物流中心工程下半年开工建设，深水航道一期工程年内竣工。加密航线航班，开通至韩国仁川、济州岛客滚航线，大丰港至上海港、宁波港转欧美的国际航线每天至少一班，开通汽车滚装航线、邮轮航线。扩大货源市场，加强与京杭运河、淮河沿线港口合作，增加皖北、豫南等地“无水港”网点覆盖，力争完成货物吞吐量1亿吨、集装箱30万标箱。加快建设自由贸易港和特色口岸，国家B型保税物流中心上半年封关运作，木材除害处理中心一期、活牛暂养场上半年建成使用，粮食仓储二期年内开工建设。完善综合交通体系，优化盐通高铁（通达上海）大丰客运站选址，年内小型通用机场开工建设、盐丰高速建成通车。二是发展壮大临港产业。延长拓宽石化新材料、特钢新材料、高端造纸等支柱产业链条，积极跟踪高桥石化、金山石化等转移项目，力促腾翔石化、豪意木制品等重大项目落地，北大荒油料、金圆新材料等项目年内开工建设。健全现代港口物流综合服务体系，加快推进国艺仓储物流、悦达汽车物流园等项目。完善重大基础设施配套，达标尾水离岸排放工程、海王Ⅰ号围垦工程上半年开工建设。三是聚力建设海港新城。增强港城生产生活服务功能，加快中央商务区、初级中学、综合医院等项目建设，港城幼儿园春学期投入使用，港城小学、日月湖南岸景观、污水处理厂等工程年内竣工。采取超常规举措，吸引专家人才、产业工人、企业管理人员入住，推动金融、商务等资源向沿海集中，鼓励周边居民到港城购房置业，迅速集聚港城人气。四是加快开放开发步伐。按照第四代产业园区要求，整合资源建设中韩盐城产业园主体区。中韩自贸区大丰港进口商品直销中心、韩国小商品城等项目快速推进，科玛化妆品、光星金属机械等项目落户韩资集聚区。全力申报汽车整车进口口岸、大丰港综合保税区，中韩陆海联运试点口岸年内开通运营。提升利用外资质效，扩大对外贸易出口，全年新开工1000万美元以上项目10个，进出口总额增长11%。

（四）重抓旅游发展，持续发力增创竞争优势。顺应“大众旅游”消费浪潮，乘势而上，抢占先机，做美景区、做优环境、做响品牌，不断提升大丰旅游影响力、美誉度。一是强化景点建设。按照“主题最新、同类最强、国内最好”的定位，精心规划，精致建设，形成一批可看可玩可互动的新景区、新景点。荷兰花海旅游度假区西拓提升、佛教文化园等项目上半年开工建设，日月湖旅游度假区、中华麋鹿园自驾游营地二期、中华水浒园等项目年内建成开放。全年新增国家AAAA级旅游景区、AAA级旅游景区、省五星级乡村旅游点各1个。二是放大品牌效应。加大宣传推介力度，在央视、东方卫视等主流媒体和首都机场航站楼、上海地铁站等重点部位，以及上海迪斯尼乐园等知名景区，精准投放广告，深入开展“走遍江苏各地市”推介活动，进一步打响“请到麋鹿故乡来——大丰好玩呢”品牌。精心组织旅游活动，重点策划麋鹿旅游文化季、郁金香文化月、梨花节、梅花节、鹿王争霸、汽车摩托车大赛等活动，做大假日节庆经济。积极开展营销推广，发挥新媒体优势，加强与途牛、携程、同程等在线旅游网站合作，全年接待游客1100万人次，实现旅游综合收入80亿元。三是完善配套功能。在打造“食、住、行、游、购、娱”升级版基础上，做足“商、养、学、闲、情、奇”新要素文章，使游客留得住、常想来。按照“城市即旅游、旅游即酒店”理念，实现景区精品酒店、旅游商店全覆盖，荷兰花海风情一条街、华东国际会议中心年内建成营运。大力发展“智慧旅游”，加快建设全区旅游信息数据中心，提高景区数字化管理水平。深入开展“旅游厕所革命”，一季度全面完成新建提升目标任务。加强旅游行业和市场监管，争创国家旅游标准化示范区。

（五）重抓统筹协调，更高标准建设美好城乡。紧紧抓牢城市这个“火车头”，把握发展规律，在统筹上下功夫，在重点上求突破，推动以人为核心的新型城镇化和城乡一体化发展。一是做优做美中心城市。科学谋划城市“成长坐标”，倡导“海绵城市”理念，突出盐城大市区副中心地位，精心编制城市发展新一轮控制性详规。加强空间立体性、平面协调性、风貌整体性、文脉延续性等方面的设计和管控，组织实施五大类42项城建重点工程，完善功能品质，提升城市首位度。团结河西岸商业街三季度启动实施，文化会展中心、宝达大酒店、万佳城市广场、中交·美庐天地年内建成运营。226省道拓宽工程上半年开工建设，新德中心河、新民中心河等污水截流工程年底前竣工。推进酒厂、康平南路东侧等地块棚户区搬迁改造，支持农民工进城购房，加速房地产去库存。二是拓展新型城镇化内涵。以国家新型城镇化综合试点为抓手，深入实施镇基础设施"六个一"、绿化"五个一"工程和新镇区建设"四个一"工程，完善提升城乡规划、供水、垃圾处理、污水处理、交通、就业和社会保障、社会治理等公共服务。提高镇规划建设管理水平，强化核心街区开发、特色景观打造、配套设施建设，培育一批产业特色鲜明、自然风光优美、乡土文化浓郁的小城镇。三是深化环境综合整治。提升城市管理水平，加大违章搭建、交通秩序、流动摊点、出店经营等治理力度。开展村庄环境整治提升行动，以镇区环境卫生、镇容镇貌为重点，以六纵五横国省干道连片整治为主线，着力改善镇村环境，全域推进自然村庄点整治出新。启动镇村道路黑色化试点、村庄绿化美化工程，建立健全农田、村庄、道路、河道、绿化"五位一体"综合长效管理机制，努力建设美丽新农村。

（六）重抓镇村经济，多措并举拓宽增收渠道。始终把镇村经济作为富民强区的重要支撑，整合资源，拓展空间，补齐短板，不断厚植发展根基。一是广泛发动全民创业。按照"宜农则农、宜工则工、宜商则商、宜游则游"要求，放宽政策，放开市场，激活主体，构建无障碍创业绿色通道，全力推动"大众创业、万众创新"。加快形成"一镇一业"经济业态，引导家纺、抛丸机、阀门等特色产业集聚发展，新培育产值20亿元以上镇村特色产业1~2个。依托"12+4"全民创业孵化器，加快全民创业园、大学生创业园、特色创业街区建设，完善配套功能，提升承载能力，新建标房30万平方米、实施千万元以上项目30个，新发展镇域一般纳税人企业80家，新增工商注册登记企业超2500家。二是加速提升农业现代化水平。以丰收大地为龙头，推进"一带五沿十八园"建设，打造"三大特色产业带"（226省道花卉苗木特色产业带、双草线现代园艺特色产业带、228国道高效养殖特色产业带）。大力实施农业"接二连三"工程，积极发展设施农业、休闲农业、特色农业、品牌农业，招引高效设施农业项目100个以上。有序推进农业适度规模经营，完成联耕联种面积40万亩、土地流转12万亩，新增高效设施农业3万亩。培育新型农业经营主体，新发展家庭农场100家，新办规模农业龙头企业20家，新培植年销售超亿元农业龙头企业5家。按照"藏粮于地、藏粮于技"的要求，加强农田水利基础设施建设，完善农机农艺配套，实施最严格的耕地保护制度，提高农业物质装备和技术水平。三是切实增强村级经济实力。立足"一村一品"，规范发展农村合作社，鼓励投资建设农产品交易、储藏、加工、运输中心，通过有偿服务增加收入来源。盘活农村存量资产，支持利用拾边隙地资源发展集体林带，促进资产增值增效。深化农村改革，创新举措，用足政策，加强村级新"八有"建设，全年村级集体经营性收入增长15%。加大村级债务化解力度，继续安排以奖代补化债资金1000万元，确保村级债务比上年下降10%。四是坚决打赢脱贫攻坚战。扎实推进脱贫致富奔小康工程，锁定农村低收入人口和经济薄弱村，建立健全精准扶贫、精准脱贫机制，做到工作到村、项目到户、责任到人。更加注重减少相对贫困，缩小收入差距，促进共同富裕，确保低收入人口和经济薄弱村如期实现脱贫目标。

（七）重抓生态建设，坚定不移推动绿色发展。围绕绿色低碳循环发展方向，引导形成绿色生产生活方式，决不以牺牲环境为代价换取一时的经济增长。一是鼓励发展绿色产业。积极开展工业节能、绿色改造，推广清洁生产，单位GDP能耗下降3.5%、二氧化碳排放下降1.7%。加快建设以循环开发利用为特色的静脉产业园区，推动沼气、垃圾、生物质发电项目集聚，鼓励秸秆能源化、原料化、饲料化等多种形式综合利用。积极发展都市生态农业、有机农业、盐土农业，增加有机食品、绿色食品、无公害农产品种植面积。二是加大污染防控力度。实施总量和强度"双控"行动，严把产业导向关、项目准入关，抬高项目门槛，严控"两高一资"（高耗能、高污染和资源性）项目，淘汰落后产能和工艺。持续抓好化工园区环境提升、秸秆禁烧禁抛、畜禽养殖污染综合治理工作，空气质量二级标准天数比例达到74%。深入开展农业面源污染、农村河道疏浚以及通榆河等重要水体整治，保证水安全，保障水资源，保护水环境，地表水好于Ⅲ类水质比例达到60%。三是积极实施生态工程。高度重视生态保护和修复，加大生态投入、资源补偿力度，构建生态文明建设长效化、常态化机制。加快推进珍禽保护区南缓冲区2.4万亩土地生境改造提升、亚行贷款湿地修复、省级森林公园2万亩扩域项目。大力建设绿色家园，突出农田林网、绿色通道、河堤退耕还林等重点，做大绿量，提升品质，全年实施成片造林1.5万亩，新增村庄绿化示范村12个，林木覆盖率达到28%。

（八）重抓民生改善，全力以赴增进百姓福祉。坚持民生优先，急需先行，加大投入，主动作为，让人民群众在共建共享发展中有更多获得感。一是继续办好民生实事。按照"关注民生、惠及面广、资金有保障、当年见成效"的原则，总投资19.2亿元，为民兴办16件重点实事工程。其中，统筹城乡发展项目5个，分别为新水源地建设工程、农村路桥改造提升工程、智慧城市建设工程、镇村文化设施提升工程、公共体育服务体系工程；基础设施建设项目4个，分别为城市防洪建设提升工程、城市绿化美化工程、停车场建设工程、老城区基础设施配套工程；社会事业项目6个，分别为医疗卫生体系提升工程、老年活动中心工程、为民服务"一卡通"工程、省四星级高中创建工程、健康“三个一”工程、残疾人康复中心完善提升工程；社会综合治理项目1个，为综治平安建设工程。我们将集中精力，集聚要素，强化组织，全程督查，按期保质保量完成。二是着力筑牢保障体系。多途径拓展就业渠道，实施居民收入倍增计划，城镇新增就业2.5万人，低收入人员上岗就业2000人，职教中心实训大楼三季度建成使用。推进全民参保，加快“电子社保”建设，被征地农民刚性进保，企业“五项保险”新增3万人。扩大基本医保覆盖面，居民医保和新农合政府补助提高到每人每年440元以上。建立救急救难工作机制，成立托底救助服务中心。三是不断优化公共服务。促进教育均衡发展，合理配置城乡教育资源，高新区初级中学、城南新区幼儿园秋学期正式开学，新增国家布点足球特色学校3所。深化公立医院综合改革，推广居家养老医疗保健签约服务，人民医院高新区分院年内建成。推动文化事业繁荣发展，着力构建现代公共文化服务体系，实施广播电视节目无线数字化覆盖工程。四是努力创新社会治理。完善三级社会治理服务平台，实施技防补盲织密工程，推进技防“村村通”，建立立体化、现代化防控体系。继续开展社会稳定十大专项整治行动，健全社会矛盾纠纷防范化解机制，推行“阳光信访”和初信初访办理办法。加强安全生产监管和应急处置能力建设，严格市场监管，保障人民群众消费安全，建成省食品安全城市。强化网络舆情监测预警，发挥政府门户网站、官方微博、“12345”热线平台等民生服务功能，有效预防和减少社会矛盾，全力维护和谐稳定的良好局面。

四、加强政府自身建设

全面建成高水平小康社会，建设强富美高新大丰，对政府工作提出了新的更高要求。面对新形势、新任务，我们将持之以恒抓学习，驰而不息抓作风，雷厉风行抓落实，以更高的标准、更好的状态、更实的举措，推动各项工作再创新业绩。

（一）强化学习意识，加快能力提升。认真学习中国特色社会主义政治经济学，牢牢把握“三个坚持，一个防止”的重大原则，用科学的思想方法、思维方式来认识和解决现实问题，不断提升组织经济活动、化解发展瓶颈、做好群众工作的能力。学深吃透上级出台的一系列稳增长、促发展、保民生政策的精神实质，加快区委重大决策部署在大丰付诸行动、落地见效。学习借鉴先进地区的发展经验、模式和路径，转变观念，革故鼎新，进一步增强履职尽责的本领。

（二）强化宗旨意识，践行执政为民。始终把群众利益高高举过头顶，把老百姓满意作为行使权力的第一追求，矢志不渝增进民生福祉。深入一线，重心下移，掌握“第一手情况”，扎实开展“进村入户”、“三解三促一加强”活动，着力解决基层反映最强烈、群众期盼最急切的热点难点问题。多做打基础、利长远、惠民生的工作，进一步加大农村路桥、水利基础设施建设力度，推动教育、医疗、社保、文化、体育等公共服务向基层延伸，让群众更多得到看得见、摸得着、有形化的实惠。

（三）强化法治意识，坚持依法行政。自觉运用法治思维和法治方式来深化改革、推动发展、维护稳定，依法治理经济和社会事务，把政府工作全面纳入法治轨道。坚持法定职责必须为、法无授权不可为，严格按照法定权限和程序行使权力、履行职责。主动接受人大及其常委会的工作监督、法律监督和政协的民主监督，广泛听取社会各界的意见和建议，高质量办理人大代表议案、建议和政协委员提案。加强政务诚信建设，加大信息公开力度，保障群众知情权、参与权、表达权。

（四）强化效能意识，崇尚真抓实干。“一分部署，九分落实”。坚持马上就办、说了就干，倡导日事日毕、紧张快干，作出“第一时间反应”，明确任务书、路线图和时间表，做到抓铁有痕、踏石留印。健全完善重点工程、重大项目、重要事项常态化督查推进机制，注重用结果说话，已经落实的问效果、正在落实的看进度、还未落实的查原因、落实不力的追责任。大力推进简政放权，深化行政审批制度改革，进一步优化干事创业的政务环境。

（五）强化纪律意识，始终从严治政。严明政治纪律和规矩，持续深化作风建设，坚决贯彻中央八项规定和省、市、区委各项规定，巩固群众路线教育实践活动、“三严三实”专题教育成果。加强权力运行制约和监督，突出制度管权管事管人，强化财政、审计等行政监察，健全国有资产监管体制，从源头上预防和减少腐败现象发生。全面落实廉政建设责任制，严格执行《中国共产党廉洁自律准则》，狠抓反腐倡廉教育，严肃查处违法违纪案件，始终保持秉公用权、清正廉洁的良好形象。

各位代表，回顾“十二五”取得的巨大成就，我们豪情满怀；展望“十三五”发展新的征程，我们信心百倍。蓝图已经绘就，目标催人奋进，使命神圣光荣。让我们紧密团结在以习近平同志为总书记的党中央周围，在上级党委、政府和区委的坚强领导下，同心同德，创新创业，为建设经济强、百姓富、环境美、社会文明程度高的新大丰而不懈奋斗！

〖编辑　刘洪芳〗

1月

5日 中共大丰市委十一届五次全体(扩大)会议召开。盐城市委常委、大丰市委书记倪峰代表市委常委会作题为《转型升级 内涵发展 努力创造经济新常态下的新业绩》的报告。

6日 盐城市委书记、市人大常委会主任朱克江到大丰市调研园区建设工作。朱克江调研常州高新区大丰工业园、苏沪(大丰)产业联动集聚区、苏盐合作园区等现场,强调合作共建园区要为调结构转方式作示范带好头。

△ 华东地区首家阿里巴巴"农村淘宝"项目在大丰市电商产业园正式启动。当天,该项目的县级服务中心以及首批6个村级服务站、农村电商O2O恒北村实验田同步开业。

12~14日 政协大丰市第十三届委员会第四次会议召开。会议期间,委员听取和讨论盐城市委常委、大丰市委书记倪峰在开幕式上的讲话;审议通过市政协第十三届委员会常务委员会工作报告和提案工作报告;列席市十四届人大四次会议,听取并讨论市政府工作报告及其他报告,并举行议政大会。

13~15日 大丰市第十四届人民代表大会第四次会议召开。会议听取和审议市人民政府市长陈平作的《政府工作报告》;审查和批准市2014年国民经济和社会发展计划执行情况的报告与2015年国民经济和社会发展计划;审查和批准市2014年财政预算执行情况的报告和2015年财政预算;听取和审议市人大常委会副主任、党组书记吴家祥作的《市人大常委会工作报告》、市人民法院院长宋长琴作的《市人民法院工作报告》、市人民检察院检察长张春山作的《市人民检察院工作报告》;通过大会《选举办法》。审议市人民政府关于市十四届人民代表大会第三次会议期间代表议案及建议、批评和意见办理情况报告;通过关于接受倪峰辞职请求的决定,选举吴家祥为大丰市第十四届人大常委会主任。

19日 大丰市政府召开十四届三次全体(扩大)会议。会议要求咬定目标,重抓落实,为创造经济新常态下的新业绩打牢坚实基础。

23日 大丰港通用码头对外开放工作通过省级验收。

24日 《大丰市城市综合交通规划(2014~2030)》通过专家论证。

26日 大丰市举行年度首次重大项目集中开竣工活动。活动中,苏州光电缆(大丰)产业园等项目全面启动建设。

△ 招商银行大丰支行正式开业,现场向10个企业授信11.65亿元。

27~29日 环保部对大丰市创建国家环境保护模范城市工作进行考核验收。考核组认为大丰"创模"工作重过程、重惠民、有特色、有成效,同意大丰市创建国家环境保护模范城市通过考核验收。

29~30日 大丰市2014年度村庄环境整治工作,通过省村庄环境整治工作考核组的考核验收。

2月

2日 建湖县委书记葛启发、县长薛盛堂率领党政代表团到大丰市参观考察。双方表示将进一步深化各个领域的合作,共同促进两地经济社会又好又快发展。

2~3日 著名作家、中国作家协会副主席叶辛到大丰市参观考察,并进行座谈交流。叶辛希望大丰进一步深挖本地特色,赋予各景点独特的文化品位,提升旅游项目软实力。

9日 大丰市设立分会场,收听收看国务院第三次廉政工作电视电话会议。

13日 大丰市委全面深化改革领导小组第二次会议召开。会议研究大丰市纪律检查体制改革工作、市农村土地确权登记颁证工作、市行政审批制度改革工作等。

16日 大丰市举行2015年大丰港(泰州)客户推介会。活动上,大丰港驻泰州办事处揭牌。

26日 大丰市召开"作风建设深化年"动员大会。盐城市委常委、大丰市委书记倪峰要求全市上下树立新作风，服务新发展。

28日 全国精神文明建设工作表彰暨学雷锋志愿服务大会在北京召开。会上，大丰市大中镇恒北村、大丰市实验小学分别被表彰为全国文明村镇、全国文明单位。

是月 由“大丰12345便民服务热线”微信公众平台原创发布的《大丰遇到雪美得像幅画》图文消息受网友喜欢，原文获得近7万的阅读量。在南方周末出品中国政务微信排行榜（第19期周榜）中，“大丰12345便民服务热线”微信公众平台以1周75728人次的总阅读量，在全国政务微信总榜中排名60，在政务微信城市榜中排名17，县级城市列第三位。

3月

2日 上海临港集团董事长刘家平一行到大丰市考察，与大丰领导就加快推进沪苏大丰产业联动集聚区建设进行交流。

6日 大丰市和上海临港经济发展（集团）有限公司共同在上海举办投资环境推介会。会上，签约项目37个，协议总投资84.4亿元，其中外资1.25亿美元。

10日 江苏丰东热技术股份有限公司被国家发改委认定为“国家企业技术中心”。

△ 新疆维吾尔自治区政协副主席刘志勇一行到大丰考察生态文明建设情况。刘志勇一行参观考察东方1号创意产业园、大丰麋鹿国家级自然保护区等现场。两地领导表示，将借鉴学习对方的生态保护工作经验，共同推动绿色增长、可持续发展。

11日 副省长许津荣到大丰市调研生态文明建设工作，考察丰海新能源淡化海水发展有限公司、日月湖湿地、金风科技、恒北村等现场，对大丰的工作表示肯定。

12日 大丰港海外投资控股有限公司旗下和顺科技在香港上市，成为江苏沿海第一个在香港联交所挂牌的经营实体。

13日 2015年中国大丰（香港）现代服务业项目签约活动在香港举行，有16个项目签约。其中，投资项目协议总投资43.2亿元，协议利用外资3.1亿美元；贸易项目协议51亿元。

17日 2015年春秋旅行社旅游联谊会暨大丰旅游专题推介会在大丰市举行，近200家旅行社参加活动。

△ 东方1号江南大学研究生工作站成立。

19日 省内外专家盐城行咨询活动走进大丰市，围绕如何呼应“一带一路”国家战略，加快沿海中部崛起等课题展开调研。

21日 10万吨级意大利籍“塔尼亚”货轮（载重11.5万吨）靠港，为大丰港开港以来停靠的最大货运船舶。

25日 在上海举行的中荷商务签约活动中，大丰市荷兰花海与荷兰IGMPR公司签署战略合作协议。荷兰首相马克·吕特见证签约。盐城市委常委、大丰市委书记倪峰出席监签。

26日 中信银行大丰支行正式开业。

△ 大丰市举行重大项目集中开竣工活动。欧华石材有限公司石材加工机械设备生产项目等全面启动建设。

△ 大丰港经济区8个亿元项目集中开工，产业涉及高端石材机械设备、绿色环保建材、国际合作办学等多个领域，总投资24.6亿元。

31日 全省人大环资城建工作会议与会人员到大丰，视察调研“绿色盐城”建设情况，参观调研荷兰花海、知青纪念馆、东方1号创意产业园等。

4月

2日 三龙镇斗龙港村村医蒋桂琴作为全国乡村医生代表，在全国农村基层卫生工作会议上，就村医签约服务作交流发言。

3日 经济日报社社长徐如俊带领采访组，采访大丰市转型升级、全民创业等工作的亮点与举措。

4~12日 大丰举行乡约·中国恒北国际梨花季活动。其间，接待社会旅游团体56个，吸引游客约15万人次。

7~8日 新华社上海分社、解放日报等30家“长三角”主流媒体记者到大丰，观摩大丰市经济建设亮点，欣赏大丰市自然风光。

11日 2015年中国大丰麋鹿文化旅游季暨荷兰花海国际郁金香文化月开幕。

△ 2015年“大丰好玩呢”旅游峰会举办。会上集中签约15个项目，协议总投资9.2亿元。

△ “洋眼看江苏”大丰行活动启动。美国、荷兰、意大利等十多个国家的友人和境内外20余家媒体记者参加。

13日 德国大陆集团盐城试验中心在中汽中心盐城汽车试验场举行奠基活动。

14日 大丰市设分会场，收听收看全省深入实施转型升级工程推动经济发展迈上新台阶电视电话会议。

16日 青海省海南州委副书记王建民率考察团到大丰市，考察经济社会发展及基层党建工作。

18日 第十三届中国国际人才交流大会在深圳举行。大丰作为全国唯一的县级市专门设置展位，宣传推介“616”计划，并洽谈人才项目32个。

22日 丰海新能源万吨级新能源海水淡化成套设备通过申报省首台（套）产品审核认定。

23日 2015年大丰（深圳）投资环境推介会在深圳举办，现场签约项目30个，协议总投资47.95亿元，其中外资1.47亿美元。

△ 省人大常委会副主任史和平到大丰市考察海水淡化示范项目。他要求省相关部门、盐城市委市政

府、大丰市委市政府进一步重视海水淡化示范项目，及时协调解决建设过程遇到的困难，营造良好环境。

25日 大丰港动物园通过中国动物园协会考评专家的考核，成为2015年全国首个加入中国动物园协会的县级动物园。

26日 连云港—大丰港—太仓港集装箱班轮航线通航。

27日 大丰市在台北市举行江苏大丰（两岸）经贸交流合作说明会。说明会上，举行江苏省大丰市经贸联络处揭牌仪式；举行项目集中签约，签约项目11个，协议总投资2.15亿美元。

△ 大丰市在台北举行2015年江苏大丰（两岸）文创产业合作与发展交流会。活动中，大丰东方1号创意产业园驻台湾联络处揭牌。

△ 大丰籍运动员於秀敏，在国际射联飞碟世界杯塞浦路斯站女子双向飞碟的比赛中，获1枚银牌，助力中国飞碟队拿到第三张2016年巴西里约夏季奥运会入场券。

28日 全国政协常委、国家旅游局原局长邵琪伟到大丰市考察旅游发展工作。

△ 大丰市首家社保卡服务点——恒北村服务点建成并投入使用。

△ 大丰市参与策划、投资拍摄的国安反间谍剧《于无声处》，登陆央视一套黄金档播出。

是月 荷兰国家电视1台《八点新闻》节目专题报道大丰市荷兰花海。

5月

1日 即日起，大丰市执行《关于在大丰市区禁止（限制）燃放烟花爆竹的规定》，明确市区范围内全年除农历除夕、正月初一、正月初五、正月十五这4天可以燃放外，其他时间禁止燃放。

△ 大丰市委、市政府《关于实施大丰市“616”人才引进三年行动计划的意见》施行。计划2015~2017年，每年引进6300名大学生（其中全日制本科以上不低于50%）、1000名专门人才、60名领军人才。

△ 2015年中国（江苏）食用菌美食文化节暨中国食用菌协会健康体检基地（盐城）博览会在丰收大地举行。活动设四大展区，120多个展位，展销食用菌产品和美食产品。

5日 全省贯彻“一带一路”国家战略大力拓展对内对外开放新空间工作会议的与会人员到大丰，观摩大丰港集装箱专用码头和非并网风电淡化海水示范项目。省委书记罗志军、省长李学勇，盐城市委书记朱克江、盐城市市长王荣平等参加观摩。

7日 大丰市设立盐城市首家县级中小企业应急过桥资金。

12日 大丰市设分会场，收听收看国务院召开的简政放权放管结合职能转变工作电视电话会议。

13~14日 四川省西昌市委副书记伍文江带领党政考察团到大丰，考察学习创建国家环保模范城市工作。考察团参观城北污水处理厂、东方1号创意产业园等现场，认为大丰创模工作经验值得学习和借鉴。

15日 大丰市完成首例人体器官捐献。13日，从外地到大丰工作的陈林庆因车祸致脑死亡，家人决定捐献其肝脏和肾脏。陈林庆成为大丰市首例器官自愿无偿捐献者。

△ 中央电视台7套《乡土》节目播出专题片《盐土大地大丰人》，对大丰市进行专题报道。

18日 大丰市委召开常委会议，研究讨论开展“三严三实”（严以修身、严以用权、严以律己，谋事要实、创业要实、做人要实）专题教育的实施方案，要求大力践行“三严三实”，全面改进工作作风，为“建设新大丰、发展上台阶”提供坚强保障。

20日 光明食品集团总裁董勤，在原总裁曹树民的陪同下，到大丰市考察沪苏大丰产业联动集聚区建设，表示将进一步深化交流，促进互利共赢。

25日 盐城首座大丰220千伏汇流站竣工投运。该站位于港区南新村。

26日 大丰市特产商会成立。

26~27日 由盐城市政府主办、大丰市政府和盐城市商务局承办的2015年中国盐城（首尔）沿海开发投资合作说明会在韩国举行。投资合作说明会上，大丰签约项目12个，协议总投资6.68亿美元。组织参加2015年中国盐城（首尔）经贸合作说明会，签订总投资5000万美元以上项目8个，总投资3000万美元以上项目4个。

28~30日 大丰在德国举办2015年中国·大丰（慕尼黑）投资环境推介会，并组织参加2015年中国·盐城（慕尼黑）经贸合作说明会。

是月 由科技部、环保部、商务部、质监总局联合评审的江苏丰东公司ASPN活性屏等离子氮化炉项目，被评为2014年度国家重点新产品计划战略性创新产品。该项目填补国内空白。

6月

5日 国务院国有重点大型企业监事会主席刘顺达、中国机械工业集团有限公司董事长任洪斌、北京沃特尔水技术股份有限公司CEO顾峻源一行到大丰考察江苏丰海新能源淡化海水发展有限公司、中汽盐城汽车试验场等。座谈中，刘顺达希望中国机械工业集团有限公司和北京沃特尔水技术股份有限公司发挥自身优势，把先进的技术移植运用到海水淡化示范项目上，力促示范项目更加完善。

11日 淮安市委书记姚晓东、市长曲福田带领党政代表团到大丰市，考察大丰港集装箱码头、江苏丰海新能源淡化海水发展有限公司等现场，表示将进一步加强与大丰市的交流合作，促进共同发展。

11~12日 国家生态市建设考核验收组对大丰市国家生态市建设工作进行考核验收，同意大丰通过国家生态市考核验收，并按程序报环保部审核批准。

12日 盐城市委书记、市人大常委会主任朱克江就加强文化建设到大丰市草堰镇和白驹镇调研，要求深入挖掘丰厚的文化资源，让美丽盐城文脉长流。

△ 常州大学技术转移中心大丰分中心成立。

24日 大丰市通过国家环保模范城市考核验收后督查。

25日 大丰举办2015年大丰（上海）外商投资说明会，签约项目11个，总投资3.82亿美元，协议利用外资3.22亿美元。

29日～7月1日 省政府教育督导专家组到大丰市检查指导工作。在大丰期间，检查组召开教育工作汇报会、座谈会，听取人大代表等的意见建议，查阅档案资料，并肯定了大丰教育工作；同时希望大丰市加大教育投入，加强师资队伍建设，推动教育事业再创佳绩。

是月 江苏丰东热技术股份有限公司的“无人化智能热处理工厂”项目，登上工信部公布的全国首批智能制造试点示范项目名单。丰东热技术项目是苏北地区唯一入选项目，也是全省唯一制造企业入选项目。

7月

1日 即日起，大丰市用人单位参保职工养老、医疗、工伤、生育、失业等5项社会保险的最低月缴费工资基数从原来的2300元调整到2550元。凡单位参保职工月申报缴费工资基数低于2550元，将按2550元标准执行。

2日 由中央文明办主办、中国文明网承办的“我推荐、我评议身边好人”活动“中国好人榜”6月入选名单正式发布。市安监局副局长陈亚平入选“中国好人榜”“敬业奉献好人”。

△ 富奥电梯大丰股份有限公司在上海股交中心非上市股份有限公司股份转让系统（E板）挂牌，实现大丰市企业在上海股交中心E板挂牌零的突破。

9～10日 省政协副主席何权率队督办“加快分级诊疗制度建设”等重要提案，实地察看大丰城西社区卫生服务中心等现场，了解大丰市乡村医生和城市家庭医生签约服务等工作，称赞大丰分级诊疗制度建设有特色。

10日 省政协在大丰市召开提案督办会，听取省相关部门提案办理情况的汇报，以及提案者对提案办理的意见和建议。会议认为大丰市分级诊疗制度建设机制对全省分级医疗制度建设具有借鉴意义。

11日 盐城市委常委、大丰市委书记倪峰，市长陈平率大丰市党政代表团赴东台、亭湖、盐城城南新区、盐城开发区、建湖等周边地区，考察学习平台创建、园区发展、镇村经济建设等方面的经验和做法。

18日 大丰市委工作会议召开。会议总结上半年工作，部署下半年任务。盐城市委常委、大丰市委书记倪峰代表市委作《坚持全面从严治党 实现稳中求进》工作报告。

23日 国务院批复江苏省政府：同意撤销县级大丰市，设立盐城市大丰区，以原大丰市的行政区域为大丰区的行政区域，大丰区人民政府驻大中镇大华东路1号。

26日 国家海洋局副局长王飞一行到大丰市，调研海洋生态文明建设情况。王飞一行实地察看滩涂湿地风光等现场，并召开座谈会，认为大丰市海洋生态文明建设工作的诸多经验值得沿海各地学习和借鉴。

29日 盐城市委常委、大丰市委书记倪峰会见省沿海集团董事长邓东升，双方就加强合作，深化沿海开发，共同推动省政府战略部署加快落实等事宜进行交流。

31日 国家部委联合调研组到大丰，重点了解大丰市沿海滩涂综合利用开发工作。调研组实地考察沪苏大丰产业联动集聚区，书面了解苏州盐城沿海合作园区、常州高新区大丰工业园等项目和园区发展情况，认为大丰市开发理念和具体做法值得各地借鉴学习。

是月 大丰市正式启动新水源地建设方案，决定从京杭运河引入优质水源。新水源地建成后，京杭运河水源和通榆河水源可根据情况进行应急切换，实现“双水源”供水，提升安全系数。

△ 《大丰市城市总体规划（2014～2030）》获省政府批准。新一轮城市总体规划将大丰市的城市性质定位为“长三角”北翼重要的现代制造业基地和物流基地、江苏沿海现代化港口城市、“长三角”北部生态型宜居城市。

8月

7日 盐城市亭湖区委书记李东成、区长张宏春率党政代表团到大丰市参观考察金风科技有限公司、大中镇恒北村等。两地领导表示将进一步加强交流，推动两地加快发展。

8日 盐城市委书记、市人大常委会主任朱克江到大丰市，察看盐淮高速公路大丰港至盐城段建设情况，强调加快重大交通基础设施建设，实现畅行盐城通达天下。

9～11日 受第13号台风“苏迪罗”的影响，大丰市普降大暴雨到特大暴雨，全市平均降雨347毫米，是有水文资料以来历史第二大雨。全市主要河道全部超过警戒水位，市区最高水位2.8米，为历史第四高。

15日 大丰市组织收听收看国务院安委会安全生产电视电话会议。大丰市领导就贯彻落实会议精神提要求。

17日 盐城市委常委、大丰市委书记倪峰主持召开全市稳定工作专题会议。会议要求全面开展安全生产大检查，采取切实有效措施，确保人民群众生命财产安全，确保社会大局和谐稳定。

△ 大丰海翔港口岸电有限公司成立，为国内首个岸电公司，主营船舶港口服务。

21日 大丰市召开领导干部会议，对大丰区划调整工作进行部署。

22日 第十五届全国县域经济与县域基本竞争力百强县名单公布，大丰居第45位。

26日 大丰区举行8月重大项目集中开竣工活动。巴伦电子、海工风电塔筒及海上风电导管架平台、水头石材交易市场、黑五类食品加工、荷兰花海威尔士财富广场、盛安汽配等16个重大项目开竣工，总投资59.12亿元。

28日 大丰区委宣传部主办的纪念中国人民抗日战争暨世界反法西斯战争胜利70周年群众文艺演出，在大丰剧院举行。

31日 大丰区在全省率先引进、首批开通29辆国标校车，惠及18所学校1500名学生。

9月

2日 大丰区设立分会场，收听收看全省简政放权放管结合优化服务转变职能电视电话会议。

6日 盐城市大丰区不动产登记局在大丰区国土资源局正式挂牌成立，为盐城市第一个县（区）级不动产登记局。

12日 农业部副部长于康震一行，到大丰区调研现代渔业建设情况。于康震一行实地察看大丰区海源水产食品有限公司、东方绿洲万亩淡水健康养殖基地等现场，希望大丰区进一步转变现代渔业发展方式，着力构建“特色高效、绿色生态、产业融合”的现代渔业发展体系。

△ 大丰花车第三次受邀参加2015年上海国际旅游节。

△ 国家海洋局局长王宏一行，在省委常委、副省长徐鸣等领导的陪同下到大丰调研。

14日 省人大常委会副主任史和平到大丰区调研新能源淡化海水工作，要求按照示范要求，推进淡化海水项目可持续发展。

△ 国家发改委副巡视员冯良一行，到大丰区调研海水淡化示范项目。

22~24日 住建部专家组到大丰区考查国家园林城市创建工作。专家组认为：大丰区重视创园工作，主要指标均达到或超过国家园林城市指标要求；并提出指导性意见和建议。

24日 如东县委书记、县人大常委会主任詹立风率领党政代表团一行到大丰区，考察旅游产业发展和港口开发建设情况。代表团参观荷兰花海、麋鹿国家级自然保护区等现场。双方表示，要不断加强在旅游、港口等领域的合作，促进两地经济社会发展。

△ 首届“长三角最美乡村”系列评选活动结果公布。大丰区获评“长三角最佳慢生活旅游目的地”。荷兰花海旅游度假区获评“长三角最佳慢生活乡村旅游度假区”。大中镇恒北村获评“长三角最美乡村”。

28日 大丰区设立分会场，收听收看省委召开的全省领导干部警示教育大会。

△ 大丰区召开深化行政审批制度改革工作推进会。省编办主任俞军，盐城市委副书记、市长王荣平出席并为大丰区行政审批局揭牌。

30日 大丰区举办2015年麋鹿生态旅游季开幕、大丰港深水航道开工和金秋经贸恳谈会。在经贸恳谈会上，签订项目协议30个，总投资129.45亿元，其中利用外资1.6亿美元。

是月 第四届中国创新创业大赛行业总决赛名单产生，大丰区裴嘉阳团队的创业项目“体外分子筛氧合器”项目作为江苏赛区推荐代表，入围国赛。

10月

8日 中华麋鹿园晋级国家AAAAA级景区，实现盐城国家AAAAA级景区零的突破。

9日 2015年江苏大丰（上海）招才引智推介会在上海举行。会上，集中签约80个项目，涉及政产学研全面合作、企业研发、高层次人才引进等三大类。

11日 省委常委、省军区政委曹德信到大丰区调研人民武装工作。曹德信要求区人武部不断加强思想政治建设，坚持依法从严治军，推进人民武装工作再上新台阶。

13日 大丰区无党派知识分子联谊会成立。

16日 大丰区召开四套班子领导会议，宣布盐城市委关于区政府主要负责人职务调整的决定：提名宋勇为区长候选人，免去陈平的区委副书记、常委、委员职务。陈平不再担任区长职务。

17日 大丰区十四届人大常委会第32次会议召开。会议决定接受陈平辞去大丰区人民政府区长职务的请求，并报区十四届人民代表大会第五次会议备案。会议决定任命宋勇为大丰区人民政府副区长，代理区长职务。

20~21日 省人大常委会副主任、党组副书记史和平到大丰区调研，重点了解全省加强县乡人大工作和建设座谈会精神贯彻落实，以及新能源淡化海水项目建设发展情况，对大丰区人大、镇村经济及特色产业发展等工作给予肯定。

21日 大丰区召开推动文化建设迈上新台阶工作会议，部署全区深入实施文化建设工程、加快推动文化建设迈上新台阶工作。

22日 全国政协常委、省政协副主席、农工党江苏省委主委、中科院南京分院院长周健民带领部分省政协委员到大丰区，调研公共体育服务体系建设情况。调研中，周健民实地察看大丰区全民健身场所建设、健身体育器材配备及健身活动开展等情况，对大丰区体育工作尤其是公共体育服务体系建设取得的成绩给予肯定。

28日 全国政协副主席、科技部部长万钢到大丰区视察新能源淡化海水示范项目，对新能源淡化海水示范项目所取得的成绩表示肯定。

万钢要求要坚定市场化方向，加快产业化发展步伐，加大人才集聚和技术创新力度，在加强市场推广中不断优化产品结构、推动产品升级，促进海水淡化产业快速发展。

△ 美国拉文大学商学院院长ABE HELOU、美国洛杉矶天津文化教育交流协会会长阎珂一行到大丰区，就合作办学事宜进行洽谈。座谈交流会上，双方签订合作办学备忘录。

△ 大丰区荷兰花海、荷兰EP-Nuffic、荷兰IGMPR三方签署合作协议，为第三次中荷教育政策对话以来首个合作成果。

30日 三峡新能源有限公司与金风科技合作建设的三峡新能源大丰300兆瓦海上风电项目签约。

△ 大丰区第二次全国地名普查工作会议召开。大丰区从2015年10月开始，到2017年12月，分4个阶段全面开展第二次全国地名普查工作。

是月 大丰区汽车零部件特色产业基地登上科技部火炬中心公布的国家火炬特色产业基地名单。

△ 盐城市大丰中医院正式增挂“盐城市中西医结合医院”院名。

11月

1日 法国著名文学家、2008年诺贝尔文学奖获得者勒克莱齐奥，到大丰区进行文化考察。

△ 即日起，《大丰区全民普惠殡葬服务实施办法》施行。《办法》明确全区城乡居民将享受基本殡葬服务费用补贴，1100元为最高补贴限额，超出限额部分，由丧事承办人承担。

3~4日 省人大常委会副主任赵鹏到大丰区，调研中央、省委文件以及全省县乡人大工作和建设座谈会精神贯彻落实情况。在察看现场并听取汇报后，赵鹏对大丰区人大工作和建设情况给予肯定。

7日 中汽中心盐城汽车试验场建成启用。

12日 全省工会劳动关系矛盾预防化解工作经验交流会在大丰区召开。

14日 大丰区委召开常委会议，传达学习《中国共产党廉洁自律准则》和《中国共产党纪律处分条例》，研究大丰区贯彻落实意见，要求严守道德“高线”和纪律“底线”，落实全面从严治党要求。

17日 沪苏大丰产业联动集聚区开发建设推进协调领导小组第一次联席会议在南京召开。沪苏大丰产业联动集聚区党工委、管委会和沪苏大丰产业联动集聚区开发建设有限公司正式揭牌。会上，盐城市人民政府、大丰区人民政府、上海临港集团、上海光明集团4方共同签署《沪苏大丰产业联动集聚区开发建设合作协议》。

△ 大丰区在台湾举行江苏大丰（两岸）经贸交流合作说明会。说明会上，签约项目6个，协议总投资2.02亿美元，涉及电子、生物医药、装备制造等战略性新兴产业。

24日 盐城市海洋工程生态补偿协议签字仪式在大丰区举行。此次签约涉及大丰、滨海、响水三县（区）海洋工程生态修复项目，落实近6000万元的生态补偿资金。

25日 大丰举办2015年大丰（深圳）投资环境推介会，签约项目21个，协议总投资85.6亿元，其中外资2980万美元，涉及生物新能源、软件控制系统、航空互联等产业。

26日 大丰人民医院医疗集团成立。丰医医疗集团由大丰区7家医院及江苏省大中农场医院、上海农场劳动医院、上海市宝山区光明社区卫生服务中心组成。集团成员单位保持原有单位性质、行政隶属、医院等级、功能定位、职工身份不变。

27日 盐城首家跨境电商（盐城）产业孵化中心在大丰港成立。

28日 大丰区举行重大项目集中开工竣工活动。当天，全区有16个项目集中开工竣工，总投资71.79亿元，其中开工项目11个，竣工项目5个。

30日 廉政微电影《爸爸，您去哪儿了》在全省廉政微电影微视频评选活动中获一等奖，为盐城市唯一获得一等奖的作品。

是月 大丰经济开发区科技创业园登上科技部公布的国家环境建设类“火炬计划”立项名单，为盐城市唯一获此立项的园区。

△ 由大丰区推荐的荷兰花卉专家尼可，获“2015情动江苏——推选身边杰出的国际友人”称号，是盐城市唯一获此称号的国际友人。

12月

1日 大丰区居家养老服务实现全覆盖。全区60周岁以上老年人，通过“12345”居家呼叫平台和专业服务组织，即可获得上门配餐、家政等居家养老服务。

2日 省作家协会采风团一行59人到大丰区采风。采风团参观了大丰知青农场和中华麋鹿园。

2~3日 团中央书记处书记徐晓率调研组到大丰，调研大丰区青年工作。调研组到丰收大地、荷兰花海、大丰上海知青纪念馆，了解青年创新创业情况，对大丰区通过“建平台、强组织、创品牌、聚人才”，大力加强青年工作的做法给予肯定。

3日 根据中央精神和省委部署，大丰区举行中共十八届五中全会和省委十二届十一次全会精神报告会。省委宣讲团成员、省委组织部副部长、省人社厅厅长谭颖作宣讲报告。

8日 由盐城市人民政府主办，大丰区人民政府承办的2015年产业创新“十大工程”海洋经济投资说明会在上海举行。推介会上，签约21个项目，协议总投资60.7亿元，其中外资6800万美元。

△ 由大丰区创排的大型廉政话剧《桥》，获盐城市艺术节最高奖——“文华大奖”。

17日 上海纺织集团党委书记、董事长童继生等集团高层领导到大丰，与大丰就深化合作、推动项目建设、不断做大做强上海纺织大丰产业基地进行交流。

24日 大丰区召开公务用车制度改革部署会。至30日，大丰区应封存的257辆公务用车全部到位。

26日 大丰区电子商务协会成立。

29日 省环保厅副厅长柏仇勇到大丰区，开展饮用水源地达标建设现场验收。验收组肯定大丰区饮用水源地达标建设工作，原则同意通过省级验收。

30日 大丰区委十一届六次全体（扩大）会议召开。盐城市委常委、大丰区委书记倪峰代表区委常委会作题为《抢抓战略机遇 加快内涵发展 凝心聚力建设强富美高新大丰》的报告。

31日 大丰港首台套出口印尼海水淡化装置初验交运仪式在盐城新能源淡化海水产业示范园举行。

（刘洪芳 冯永生 顾 锋）

【编辑 刘洪芳】

2015年9月24日，首届“长三角最美乡村”系列评选活动结果公布：大丰区获评“长三角最佳慢生活旅游目的地”

卢日伟 周古凯 摄

区情简介

【地理位置】 盐城市大丰区位于江苏省东部，盐城市东南的黄海之滨，北纬32°56′~33°36′、东经120°13′~120°56′，海岸线112千米。北与盐城市亭湖区交界，南与东台市接壤，西与兴化市毗邻，东濒黄海，总面积3008平方千米。年底，境内有上海市属上海农场1个和江苏省属大中农场、方强农场、东坝头农场3个。

【地形地貌】 大丰区是长江和黄河东流入海泥沙长期淤积而成的滨海平原，地形南宽北窄，呈不规则三角形，似葫芦。东西宽44千米，南北长63千米。地面高程1.8米~4.5米。除沿海滩涂外，全区地势东高（2.8米~3.5米）西低（2.4米~2.8米）、南高（3.3米~4.5米）北低（1.9米~2.2米）。中部老斗龙港两侧为槽形洼地，宽3千米~6千米，自西南向东北纵贯全区。地面高程在1.8米~2.4米之间。中南部古河、小洋河两侧也为槽形洼地，宽2千米~3千米，自东南向西北纵贯中南部，地面高程在2.2米~2.8米之间。东南部川东港以南地区为高亢地，地面高程在3.5米~4.5米之间。

【自然资源】 土地与滩涂。大丰区有耕地13.06万公顷，人均占有耕地0.18公顷。大丰沿海滩涂1000多平方千米，列全国各县（市）之最。另有辐射沙洲东沙岛1000多平方千米，受洋流影响每年新增土地1300多公顷。

水资源。区内常年自然降水量约1066毫米，丰水年有2000多毫米，欠水年也有500毫米左右。区境内有川东港河、疆界河、王港河、四卯酉河、斗龙港河、南直河、西潮河、大丰干河等入海水道，平均地面年径流量5.1亿立方米，客水过境量约25亿立方米。地下淡水资源丰富，根据实凿眼井观察，深160米左右的可供人畜饮用淡水日涌量约200立方米，深400米左右的热淡水（水温约27℃）时涌量约60立方米。海水取之不尽。

生物资源。区内物产丰富，品种繁多，是全国粮食生产先进县（区）。常年产粮食93.05万吨、水果7.4万吨、蚕茧1207吨，生猪饲养量190万头，家禽饲养量4300万羽，水产品产量17万吨。其他木本、草本、地被植物500多种，药材除人工培植的80多种外，还有罗布麻、茵陈、龙胆草、益母草、墨旱莲、苍耳子、马鞭草等野生药材200多种。陆上脊椎动物100多种。有世界珍稀麋鹿2818头。有丹顶鹤、天鹅、白尾海雕、牙獐等30种国家一级、二级保护动物。近海资源丰富，潮间带浮游植物145种，浮游动物68种，底栖固着性藻类47种，水生动物中有各种鱼类20种，其中黄鲫、银鲳、小带鱼等优势品种10多种。贝类以文蛤、青蛤、四角蛤、鲜蛏、泥螺等为多，年产10000吨左右。

林业资源。全区有林业用地面积4.79万公顷。森林覆盖面积4.63万公顷，其中有林地面积2.44万公顷，分别为杨树1.91万公顷、水杉0.09万公顷、其他经济树木及杂树0.44万公顷。全区有活立木蓄积总量130万立方米，其中有林地蓄积量91.3万立方米，分别为杨树76.9万立方米、水杉10.1万立方米、其他经济树木及杂树4.3万立方米；四旁树总株数1591万株、蓄积量38.7万立方米，其中杨树360万株、蓄积量19.4万立方米，水杉59万株、蓄积量13.3万立方米。纸浆和木材加工等开发前景广阔。

（朱玉淋）

港口与岸线。大丰港是国家一类对外开放口岸，开通至韩国、日本等9条国际航线，至上海港、宁波港、青岛港等外贸集装箱航线，与中国台湾基隆港实现直航。大件码头、石化码头、集装箱码头、通用码头、滚装码头建成通航。1万吨级以上泊位17个。深水航道工程开工。2015年，实现货物吞吐量7000万吨，集装箱20万标箱。大丰港海关、检验检疫、海事、边检等联检机构功能完善，实行“一站式”服务。

海洋与岛屿。大丰海域面积5000平方千米，另有辐射沙洲东沙岛1000多平方千米，发展海洋产业潜力很大。

风能和光能。大丰风电场（包括潮间带）规划总容量1000万千瓦以上，占江苏省的1/3。中国电力投资集团20万千瓦风电场项目建成营运。金风科技海上风电装备制造业基地项目建成投产。2015年，大丰全年日照时间1936小时，适宜发展光伏电产业。

【气候特征】 大丰属于亚热带与暖温带的过渡地带，适宜喜温作物生长。海洋性气候表现在春温回升慢，秋温稳定且下降也缓，初霜迟，无霜期长。季风性气候表现在冬季受大陆季风冷空气影响，多西北风，以少雨天气为主，并常出现低温和霜冻；夏季受海洋性季风影响，多东南风，降水充沛，雨热同期；春秋两季处于交替时期，形成干、湿、暖、冷多变气候。春夏季、秋冬季界限不明显。近年来，冬季气温偏暖，大雪冰冻封河现象很少见。常年平均气温14.4℃，无霜期203.8天，常年降水量1066.7毫米，日照2214.4小时。

2015年，年平均气温与常年值比较正常略高、年降水量与常年值比较显著偏多、年日照总量与常年值比较正常略少。入梅略偏迟，出梅正常，梅期长度正常。年内灾害性天气频发，台风、暴雨、雷电、雾霾、连阴雨、寒潮大风等对人民生产生活有较为严重的影响。

【主要气象要素分析】 2015年，年平均气温14.9℃，比常年正常略高0.5℃；年降水总量1713.4毫米，比常年偏多646.7毫米；年日照时数1935.9小时，比常年正常略少278.5小时。

11月极端最低气温-5.5℃，创历史同期新低。8月最多降水量554.0毫米，创历史同期新高；同时该月11日最大降水量198.9毫米，创历史同期新高。7月、11月日照时数分别为103.8小时、74.0小时，均创历史新低。最晚初霜日11月26日，创历史最晚初霜日。

6月24日起，进入梅雨期，7月13日出梅。梅期正常，梅雨量271.7毫米。

【灾害性天气事件】 7月9日20时～12日14时，大丰市受9号台风影响，出现暴雨和大风，过程累计降水量最大102.5毫米，出现在川东闸；过程极大风速25.3米/秒，出现在海北垦区。8月9日8时~11日10时，受13号台风“苏迪罗”和冷空气共同影响，大丰普降大暴雨到特大暴雨，并伴有大风，过程累计降水量最大468.5毫米，出现在西团镇，过程极大风速31.8米/秒，出现在海北垦区。

2015年大丰区气象资料（一）

表1

项目	霜	结冰	雪	最低气温≤0℃	地面最低≤0℃
初日	2014.11.4	2014.11.14	2015.1.29	2014.12.2	2014.11.14
终日	2015.4.21	2015.4.9	2015.1.30	2015.4.9	2015.4.9
初终间日数	169	147	2	129	147

2015年大丰区气象资料（二）

表2

要素＼月份	1	2	3	4	5	6	7	8	9	10	11	12
平均气温（0.0℃）	3.3	4.6	8.6	13.3	18.9	22.9	25.5	26.1	22.2	17.4	11.5	4.9
降水量（毫米）	26.2	16	61.2	70.3	129.2	254.5	262	554	98.4	55.2	160.1	26.3
降水日数（≥0.1毫米）	6	4	7	12	10	13	14	12	10	5	14	8
蒸发量（毫米）	32.7	35	54.7	74.8	90.4	88.2	72.9	94.2	81.1	74.1	35.2	31.9
日照（小时）	138.7	144.8	177.2	206.3	202.9	134.4	103.8	183.6	207.9	227.5	74	134.8
大风日数	0	0	0	0	0	0	2	1	0	0	0	0

（耿　健）

【行政区划】 大丰区辖有草堰、白驹、刘庄、西团、小海、大桥、草庙、万盈、南阳、三龙、新丰、大中12个镇，及大丰经济开发区、大丰港经济开发区2个省级开发区。各镇及开发区共辖207个村民委员会55个居委会。境内驻有隶属上海市的上海农场，及江苏省属的大中农场、方强农场、东坝头农场。

【民族人口】 大丰区境内居民以汉族为主。少数民族人口主要由婚进少数民族妇女及其子女构成，共有29个少数民族类别，分别为蒙古族、回族、藏族、苗族、彝族、壮族、布依族、满族、侗族、瑶族、白族、土家族、哈尼族、傣族、黎族、傈僳族、佤佬族、高山族、拉祜族、水族、纳西族、土族、布朗族、锡伯族、仫佬族、怒族、维吾尔族、景颇族、独龙族，共1764户，3450人。

2015年，全区年末户籍人口71.72万人，年末常住人口70.32万人。在户籍人口中，男性人口35.82万人，女性人口35.9万人。全年人口出生率10.52‰，人口死亡率7.75‰，人口自然增长率2.77‰。人均预期寿命80.25岁。

【建置沿革】 大丰自唐朝始有盐场建制，其时属扬州海陵县。北宋起隶属泰州海陵。清乾隆三十三年（1768）属东台县管辖。1942年5月，建立台北县，隶属于苏中行署第二专员公署。1949年5月，泰州专员公署成立，台北县隶属于泰州专员公署。1950年1月，台北县改隶属于盐城专员公署。台北县因与台湾省台北市同名，1951年8月，经国家政务院批准，台北县改名为大丰县。1953年1月，大丰县隶属盐城专区，1983年隶属盐城市。1996年8月，经国务院批准，撤销大丰县，设立大丰市。2015年7月，国务院批准，撤销县级大丰市，设立盐城市大丰区。

（刘洪芳）

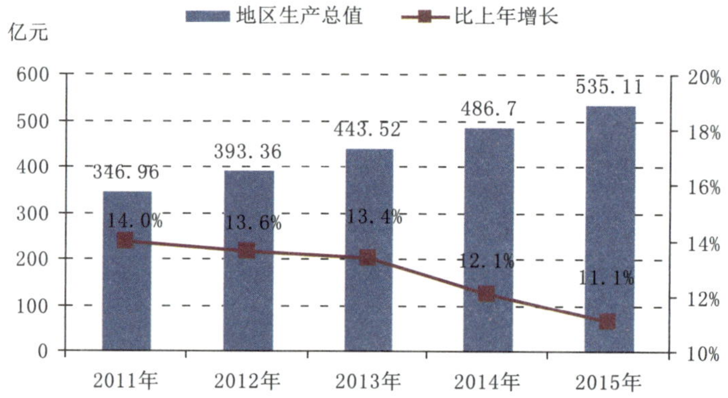

图1　2011~2015年大丰区地区生产总值及其增长速度

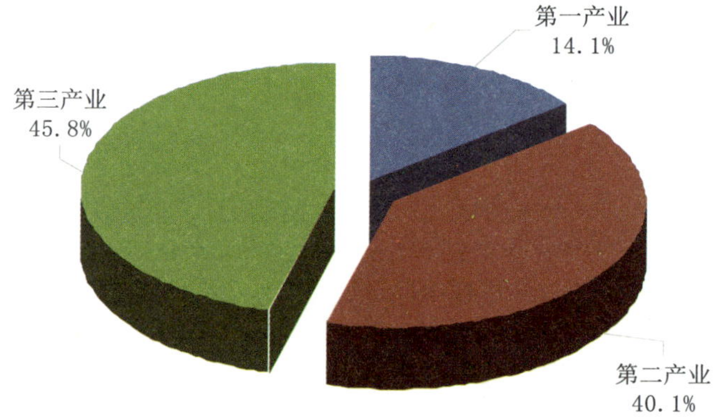

图2　2015年大丰区地区生产总值构成

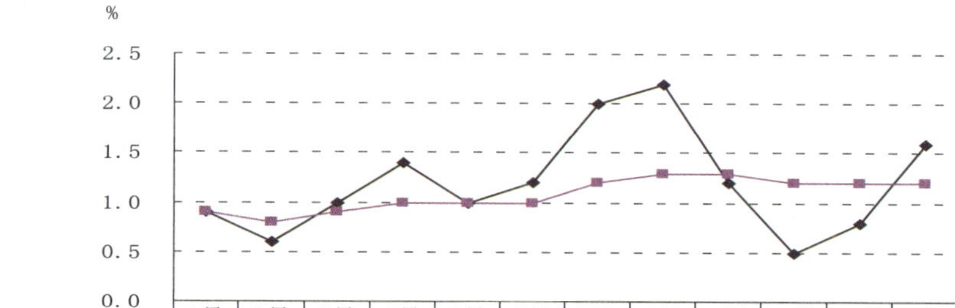

	1月	2月	3月	4月	5月	6月	7月	8月	9月	10月	11月	12月
月度同比	0.9	0.6	1.0	1.4	1.0	1.2	2.0	2.2	1.2	0.5	0.8	1.6
累计同比	0.9	0.8	0.9	1.0	1.0	1.0	1.2	1.3	1.3	1.2	1.2	1.2

图3　2015年大丰区居民消费价格涨跌幅度

2015年大丰区国民经济和社会发展情况

【概述】 2015年，面对错综复杂的宏观经济环境和经济下行压力不断加大的局面，大丰区坚持稳中求进工作总基调，主动适应和引领经济发展新常态，扎实推进转型升级、内涵发展、绿色增长，全区经济运行呈现“稳中有进、稳中向好”的良好态势。

转型发展步伐加快。2015年大丰区地区生产总值完成535.11亿元，同比增长11.1%。其中，第一产业增加值75.36亿元，增长3.9%；第二产业增加值214.44亿元，增长11.5%；第三产业增加值245.31亿元，增长13.0%。三次产业增加值比例调整为14.1∶40.1∶45.8，其中第三产业占比较2014年提高1.9个百分点。全年人均地区生产总值76167元。

人口总量略有减少。全区年末户籍人口71.72万人，年末常住人口70.32万人。在户籍人口中，男性人口35.82万人，女性人口35.9万人；0~17岁人口8.27万人，18~34岁人口13.54万人，35~59岁人口32.94万人，60岁以上人口16.97万人。全年人口出生率10.52‰，人口死亡率7.75‰，人口自然增长率2.77‰。人均预期寿命80.25岁。

就业形势总体稳定。年末全区城镇登记失业人员1910人，同比减少20人，城镇登记失业率1.91%。全年新增城镇就业21635人，下岗失业人员再就业8967人。民营企业从业人员13.1万人。

价格指数继续回落。全年居民消费价格同比上涨1.2%，与2014年同期相比回落1.3个百分点。八大类商品“七涨一跌”：食品涨1.6%，烟酒涨4.8%，衣着涨4.7%，家庭设备用品及维修服务涨0.7%，医疗保健和个人用品涨0.9%、娱乐教育文化用品及服务涨2.6%、居住涨0.1%、交通和通信跌3.4%。

2015年大丰区农林牧渔业增加值构成情况

表3

指　标	绝对值（亿元）	构成占比%	同比±%
合　计	78.84	100.0	7.6
1.农业	43.75	55.5	8.9
2.林业	2.42	3.1	7.6
3.牧业	13.28	16.8	5.6
4.渔业	15.91	20.2	4.5
5.农林牧渔服务业	3.48	4.4	13.4

2015年主要农产品播种面积及产量情况

表4

	播种面积（万亩）		单产（千克）		总产（万吨）	
	绝对数	±%	绝对数	±%	绝对数	±%
一、粮食	180.56	0.9	443	0.0	79.94	0.9
1. 夏粮	93.38	0.2	389	0.0	36.31	0.2
小麦	73.46	2.2	397	0.0	29.15	2.2
大麦	17.4	−5.8	385	−1.5	6.69	−7.3
2. 秋粮	87.18	1.6	500	−0.2	43.63	1.4
水稻	45.8	3.5	615	0.3	28.14	3.8
玉米	30.5	1.2	445	−2.4	13.57	−1.2
二、油料	27.57	−6.1	188	−5.5	5.19	−11.1
油菜子	23.1	−6.7	196	0.0	4.53	−6.6
三、棉花	13.76	−58.1	63	−20.3	0.87	−66.4

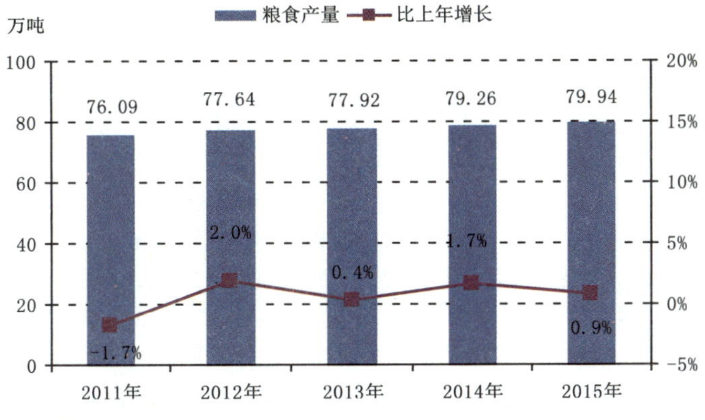

图4　2011~2015年大丰区粮食产量及其增长速度

【农业和农村】　农业经济平稳增长。2015年全区实现农林牧渔业增加值78.84亿元，按现行价格计算（下同），增长7.6%。分行业看，农业43.75亿元，增长8.9%；林业2.42亿元，增长7.6%；牧业13.28亿元，增长5.6%；渔业15.91亿元，增长4.5%；农林牧渔服务业3.48亿元，增长13.4%。

粮棉油生产喜忧参半。全年全区粮食播种面积180.56万亩（12.04万公顷），比2014年增加1.55万亩（0.10万公顷），增长0.9%；单产443千克，与2014年持平；总产79.94万吨，比2014年增加0.68万吨，增长0.9%。油料作物播种面积27.57万亩（1.84万公顷），比2014年减少1.79万亩（0.12万公顷），下降6.1%；单产188千克，比2014年减少11千克，下降5.5%；总产5.19万吨，比2014年减少0.65万吨，下降11.1%。棉花种植面积13.76万亩（0.92万公顷），比2014年减少19.08万亩（1.27万公顷），下降58.1%，连续8年减少；单产63千克，比2014年减少16千克，下降20.3%；总产0.87万吨，比2014年减少1.72万吨，下降66.4%。

畜禽养殖基本稳定。全年全区生猪饲养量144.77万头，同比增长10.0%，其中：出栏97.67万头，同比增长12.2%。家禽饲养量4579万只，同比增长8.2%，其中：出栏3269万只，同比增长10.0%。山羊饲养量54.10万只，同比下降5.1%，其中：出栏31.54万只，同比下降7.9%。

水产养殖稳中有升。全年全区水产养殖面积40.73万亩（2.72万公顷），与2014年持平，其中海水面积26.63万亩（1.78万公顷），淡水面积14.10万亩（0.94万公顷）。实现水产品总产量17.50万吨，同比增长0.5%，其中：海水产品7.53万吨，淡水产品9.97万吨。

农村劳动力转移稳步推进。截至2015年年底，全区累计转移农村

2015年大丰区畜牧业生产情况

表5

指　标	单位	2015年	比2014年±%
一、牛饲养量	万头	2.40	24.4
#出栏	万头	0.19	18.8
二、生猪饲养量	万头	144.77	10.0
#出栏	万头	97.67	12.2
三、羊饲养量	万只	54.10	-5.1
#出栏	万只	31.54	-7.9
四、家禽饲养量	万只	4579	8.2
#出栏	万只	3269	10.0
五、兔饲养量	万只	226.57	-7.5
#出栏	万只	96.23	-5.4
六、禽蛋产量	万吨	7.48	-2.0
七、肉类总产量	万吨	13.09	10.2
八、畜牧业总产值	亿元	34.71	0.1
九、畜牧业增加值	亿元	13.28	5.6

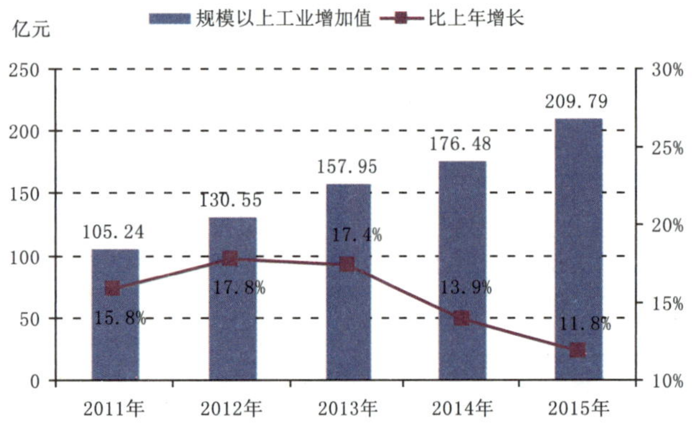

图5　2011~2015年大丰区规模以上工业增加值及其增长速度

2015年大丰区规模以上主导行业开票销售完成情况

表6

指　标	2015年累计开票销售收入（亿元）	增幅（%）	增长面（%）
规模以上工业	568.22	10.4	46.5
# 食品行业	74.89	73.0	61.8
机械行业	234.63	11.1	39.2
纺织行业	56.15	1.2	47.1
化工行业	147.47	-1.6	58.1

劳动力20.96万人，占整个农村劳动力比重68.1%，其中劳务输出人数5.98万人，占劳动力比重19.4%，占转移人数比重28.5%。与2014年相比，转移人数增加0.18万人，其中输出人数减少0.11万人。

【工业和建筑业】 工业经济难中有进。2015年，全区实现规模以上工业增加值209.79亿元，同比增长11.8%，增速高于盐城市平均水平0.3个百分点；全口径工业开票销售收入705.71亿元，同比增长10.1%；规模以上工业总产值840.88亿元，同比增长15.6%。

企业效益持续改善。全年规模以上工业企业实现主营业务收入785.93亿元，同比增长6.1%；实现利税总额86.51亿元，同比增长18.7%；实现利润总额59.99亿元，同比增长27.9%。规模以上工业29个主要行业中有17个行业主营业务收入实现正增长，其中化学纤维制造业、汽车制造业、电气机械和器材制造业分别比2014年增长74.1%、62.0%和44.1%。企业亏损面6.9%，比2014年同期减少4.9个百分点，亏损企业同比下降37.0%，亏损额1.6亿元，同比减少17.1%。

主导行业喜忧参半。开票销售增幅和开票销售增长面，与2014年同期比较，除食品上升外，机械、化工、纺织3个行业均有所下降。食品行业较快增长，实现开票销售74.89亿元，同比增长73.0%，增幅比2014年同期提高59.5个百分点，开票销售同比增长的企业21个，增长面为61.8%，比2014年同期提高8.9个百分点；机械行业发展放缓，实现开票销售234.63亿元，同比增长11.1%，增幅比2014年同期回落35.8个百分点，开票销售同比增长的企业65个，增长面为39.2%，比2014年同期降低15.7个百分点；纺织行业稳定运行，实现开票销售56.15亿元，同比增长1.2%，增幅比2014年同期回落3.6个百分点，开票销售同比增长的企业49个，增长面为47.1%，比2014年同期回落2.4个百分点；化工行业低位运行，实现开票销售147.47亿元，同比下降1.6%，增幅比2014年同期回落13.4个百分点，化工行业中开票销售同比增长的企业18个，增长面为58.1%，比2014年同期回落23.2个百分点。

建筑业稳步发展。全年全区完成建筑业总产值78亿元，比2014年同期增长12.3%，其中市内产值36亿元，外施产值42亿元；实现增加值24.2亿元，同比增长23.0%。培植产值超10亿元总包企业2个，新增或升级施工企业18个。房屋建筑施工面

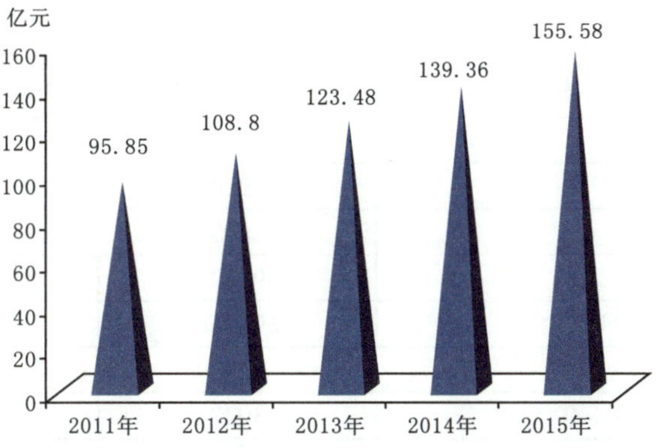

图6 2011~2015年大丰区社会消费品零售总额

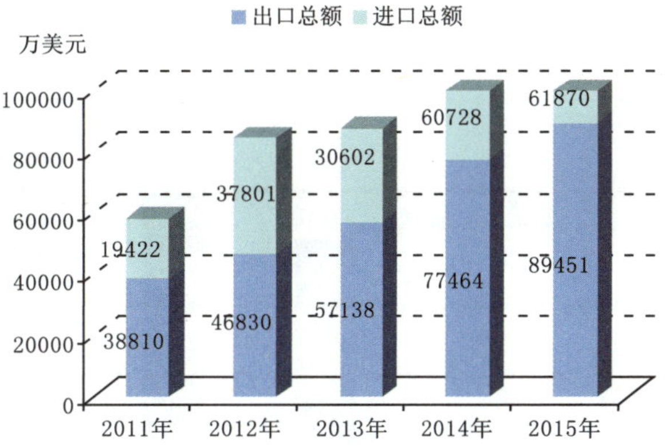

图7 2011~2015年大丰区进出口总额

图8 2011~2015年大丰区固定资产投资及其增长速度

积585.0万平方米，房屋建筑竣工面积195.1万平方米，其中住宅竣工面积108.7万平方米。

【服务业、旅游业和内外贸易】 服务业发展迅猛。2015年，全区实现服务业增加值245.31亿元，同比增长13.0%，比规模以上工业增加值增幅高出1.2个百分点，比GDP增幅高出1.9个百分点，居盐城各县（市、区）第一位；全年新增规模以上服务业企业44个，总量和增量均列盐城市第一位。实现规模以上服务业企业营业收入52.1亿元，同比增长44.6%；服务业税收35.46亿元，同比增长17.3%；服务业用电量34099万千瓦时，同比增长22.3%。创意设计、电子商务、信息服务等新业态加速发展，东方1号建成省级科技企业孵化器，国际软件园、大数据产业园入驻企业120多个，为大丰区经济转型升级提供有力支撑。

旅游业亮点纷呈。全区有A级以上景区12个、省级乡村旅游区7个，省级工业旅游点1个，其中，国家AAAAA级景区1个，国家AAAA级景区3个，省四星级乡村旅游区5个；星级酒店5家，其中，五星级1家、四星级1家、三星级3家；拥有旅行社、分社（门市部）19家。中华麋鹿园创成苏北首批、盐城首家国家AAAAA级景区；海洋世界、荷兰花海成功创建国家AAAA级景区；江苏丰海新能源淡化海水发展有限公司成功创建省工业旅游点。全年各景点接待游客1000万人次，门票收入11000万元，同比分别增长69.5%、70.0%。旅游行业总收入65亿元。荷兰花海单日游客突破35万人次。

消费品市场缓中趋稳。全年全区实现社会消费品零售总额155.58亿元，比2014年增长11.8%。其中，城镇消费品零售总额146.66亿元，比2014年增长11.6%；农村消费品零售总额8.92亿元，比2014年增长15%。按消费形态分，批发零售业实现零售额141.7亿元，同比增长11.5%，其中批发业实现零售额12.0亿元，同比增长16.7%，零售业实现零售额129.7亿元，同比增长11.1%；住宿餐饮业实现零售额13.9亿元，同比增长14.2%，其中住宿业实现零售额0.4亿元，同比增长12.2%，餐饮业实现零售额13.5亿元，同比增长14.2%。

对外贸易总量攀升。全年实现外贸进出口总额15.13亿美元，同比增长9.5%。其中，进口总额6.19亿美元，同比增长1.9%；出口总额8.95亿美元，同比增长15.5%。2015年有进出口实绩的企业累计191个，其中内资企业132个。全区生产企业出口6亿美元，外商投资企业出口1.4亿美元。

外商投资稳定发展。全年协议利用外资2.45亿美元，同比增长32.75%，实际利用外资1.87亿美元，同比下降9.14%。全年新批外资项目19个，比2014年同期增长26.7%。其中总投资3000万美元以上项目7个，比2014年增加3个。

【固定资产投资和房地产业】 固定资产投资较快增长。2015年，全区完成固定资产投资394.95亿元，同比增长22.4%。其中，一、二、三次产业分别完成投资4.5亿元、238.45亿元和152亿元，同比分别增长62.0%、20.6%和24.4%。全区1亿元以上新开工项目76个，同比增加30个，完成投资134.28亿元，同比增长171.4%，占固定资产投资（除房地产投资）比重37.5%，同比上升20.2个百分点。

房地产业健康发展。全年全区完成房地产开发投资36.80亿元，其中住宅投资27.0亿元。新开工面积100.66万平方米，竣工面积32.76万平方米。实现商品房销售面积84.17万平方米，同比增长25.2%，其中住宅销售62.12万平方米，同比增长18.4%。商品房销售额41.46亿元，同比增长25.3%，其中住宅销售28.53亿元，同比增长18.4%。

【交通运输和邮政电信业】 交通运输业平稳发展。2015年，公路客运量961.12万人，公路货运量553.23万吨，内河港口货物吞吐量650.2万吨。年末公路里程3096.85千米，其中高速公路里程38.75千米。年末民用汽车拥有量80590辆，其中私人汽车拥有量70465辆。2015年货物吞吐量7093.75万吨，集装箱20.19万标箱。

邮政电信业稳步发展。全区邮政局35所，订销报纸杂志1356.7万份，全年邮政业务收入8383万元。全年电信通信收入1.77亿元，手机用户15万户，宽带用户突破9万户。

【财政金融】 财政收入总量攀升。2015年，实现财政收入（不含基金）86.55亿元，比2014年增长11.8%。其中，一般公共预算收入69.33亿元，同比增长15.5%，增幅保持两位数较快增长。其中，税收收入57.6亿元，同比增长16.3%，税收占比83.1%。财政支出结构持续优化。一般公共预算支出94.76亿元，比2014年增长14.3%，其中教育支出13.6亿元，医疗卫生支出5.55亿元，社会保障和就业支出6.27亿元，科学技术支出3.58亿元。

2015年大丰区财政收入分项情况

表7

指　标	绝对数（万元）	比2014年增长（%）
财政收入	865471	11.82
#上划中央收入	172205	-0.93
#消费税	6099	46.79
增值税（75%）	98722	0.41
#一般公共预算收入	693266	15.51
#增值税（25%）	32909	0.41
企业所得税（40%）	30274	-2.11
个人所得税（40%）	14647	-11.94
营业税	294322	30.63

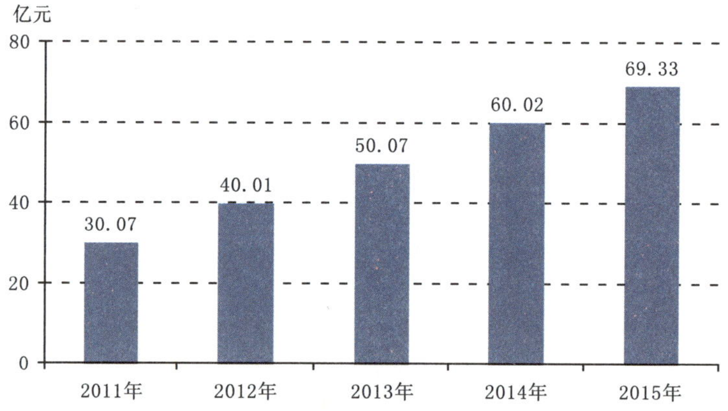

图9　2011~2015年大丰区一般公共预算收入

2015年末金融机构本外币存贷款情况

表8

指　标	年末余额（万元）	比年初增减（万元）
金融机构存款余额	5021118	623696
企业存款	1693812	169261
储蓄存款	3123809	376376
金融机构贷款余额	3350319	488122
短期贷款	1436200	184845
中长期贷款	1285005	23932
票据融资	628459	279094

金融市场规模持续扩大。2015年年末全区金融机构本外币存款余额502.11亿元，比年初增加62.37亿元。其中，储蓄存款312.38亿元，比年初增加37.64亿元。年末金融机构本外币贷款余额335.03亿元，比年初增加48.81亿元。其中，中长期贷款128.5亿元，比年初增加2.39亿元。

【科学技术和社会事业】 科技创新能力持续提升。2015年，全区有各类专业技术人员55048人，其中，农业技术人员2182人。全年专利申请受理量3326件，其中发明498件；专利申请授权量1993件，其中发明82件。全社会研究与发展（R&D）经费内部支出10.38亿元。全区从事科技活动人员5010人，其中研究与发展（R&D）人员4005人。

教育事业全面均衡发展。全区有普通中学31所，其中高中4所，在校学生22960人，毕业学生8686人。

中等职业学校1所，在校学生3803人，毕业学生2217人。小学33所，在校学生27494人，毕业学生4741人，入学率和巩固率均为100%。特殊教育学校1所，适龄残疾儿童入学率100%。少年体育学校1所。幼儿园47所，在园幼儿15816名。另建青少年活动中心、教师发展中心各1所。全区在职教职工总数6812人。全区中小学专任教师4507人，其中普通中学2358人、小学1907人、中等职业学校242人。

公共文化服务水平提高。全年全区文化产业增加值占GDP比重3.73%。万人拥有公共文化设施面积1827.4平方米，公共文化设施覆盖率100%。全年开展各类公益性文化活动超过300场次，惠及农村及社区群众超过10万人次。全区共有国家一级文化馆和公共图书馆各1个，博物馆1个，歌舞团1个，建有施耐庵纪念馆及书院、碑林。建有国家等级镇综合文化站12个，镇广电站13个。在苏北率先实现有线广播电视“户户通”，农村“大喇叭工程”全覆盖，有线数字电视覆盖率95%。

医疗卫生环境不断改善。全区有公立医疗卫生计生机构43个，其中区级医疗机构3个，卫生计生机构4个；镇卫生院17个（含城市社区卫生服务中心4个、防保所1个），村卫生室215个；计生服务中心（办）19个；另有民营医疗机构15个。全系统共有职工2321人（不含民营医院，下同），其中卫生技术人员1863人，每千人拥有医生数2.88人，实际开放床位2816张，另有注册乡村医生586人。全区人均期望寿命80.5岁，婴儿死亡率2.9‰，孕产妇死亡率为零。

体育事业蓬勃发展。大力推进公共体育服务体系建设，积极开展全民健身活动，不断提升竞技体育水平，着力推广学生阳光体育运动，努力发展体育产业。人均拥有公共体育设施面积2.96平方米。全年举办群众体育健身活动150多场次。在省青少年阳光联赛中，田径竞技成绩近两年保持在全省前10位。在盐城市第七届运动会上，大丰获金牌42枚。大丰籍优秀运动员於秀敏夺得2015年国际射联飞碟射击世界杯女子双向飞碟亚军。

城市面貌展现新形象。全年累计投资295.6亿元，城市建成区面积28平方千米，城市化率57.8%，顺利完成撤市设区行政区划调整工作。盐城首家建成公共自行车系统，开通盐丰公交。西郊生态风貌区、东方湿地公园、银杏湖公园、幸福湖公园、五一河公园、团结河公园、常新公园等十大城市公园建成开放，城区绿化覆盖率36.3%，建成国家园林城市。城市供水综合生产能力16万吨/日，全年城区供水总量2357万吨，售水量1627万吨，其中，居民生活用水量857万吨；人工煤气、天然气供气总量1103万立方米，用气人口10.5万人；液化石油气供气总量7188吨，液化气用气人口30858人。

2015年，大丰区城市建成区面积28平方千米，城市化率57.8%

【环境保护、节能降耗和安全生产】 生态建设成效明显。大丰区科学划定生态红线区域1468.61平方千米，其中陆域1209.7平方千米，占全区国土面积的比例39.55%。环境质量指数96.3，全年空气质量良好以上天数318天，占总天数的87.1%，年平均PM2.5数值为48.6微克/立方米，比2014年同期下降近10%；城区声环境达标率74.2%。污水处理厂3座，污水集中处理率87.66%；垃圾处理站19个，生活垃圾无害化处理率90%，林木覆盖率27.5%。国家级生态镇实现全覆盖，创成国家生态市、国家环保模范城市。

节能降耗任务艰巨。全年全区规模以上工业企业综合能源消费量150.26万吨标准煤，同比下降8.5%，增幅比2014年下降13.7个百分点，单位产值能耗0.175吨标煤/万元。大丰区涉及的五大高耗能行业的能源消费量为113.90万吨标准煤，占总的能源消费量的75.8%。其中，非金属矿物制品业、有色金属冶炼和压延加工业和电力、热力生产和供应业等三个行业能源消费量比2014年同期分别增长18.9%、42.1%和23.9%；化学原料和化学制品制造、黑色金属冶炼和压延加工业等两个行业能源消费量比2014年同期分别下降16.7%、29.4%。

安全生产形势稳定。深入开展安全生产大检查和安全生产专项整治百日行动，全力消除生产安全事故隐患，严厉打击非法违法行为。不断加强安全生产法治化、标准化、专业化、科技化、安全文化建设，全面提升监管监察水平。安全生产绝对指标和相对指标均控制在盐城市政府下达的目标控制值内。

【人民生活和社会保障】 城乡居民收入稳步增长。2015年，全区居民人均可支配收入23290.8元，同比增长9.1%，其中，工资性收入12383.0元，

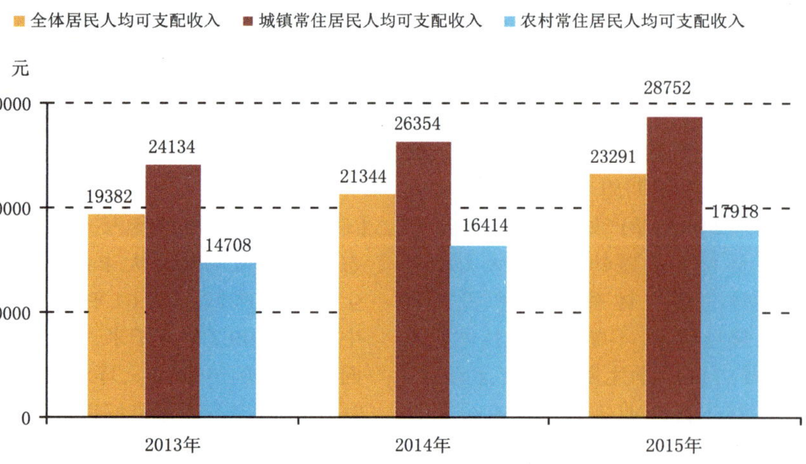

图10　2013~2015年大丰区居民收入

增长9.6%；经营净收入5525.5元，增长8.5%；财产净收入1032.5元，增长10.2%；转移净收入4349.8元，增长8.3%。分城乡看，城镇常住居民人均可支配收入28752.5元，增长9.1%，人均消费性支出16507.5元，同比增长7.7%，其中食品烟酒支出占比为31.67%；农村常住居民人均可支配收入17917.9元，增长9.2%，人均生活消费支出12109.0元，同比增长10.2%，其中食品烟酒支出占比为28.99%。城乡居民居住条件持续改善，年末城镇居民人均居住房屋面积42.6平方米，农村居民人均居住房屋面积57.3平方米。

社会保障水平稳步提高。城乡基本养老保险参保人数516598人，增加16258人，城乡基本养老保险覆盖率96.8%；城乡基本医疗保险参保人数724380人，增加442人，城乡基本医疗保险覆盖率96.4%；失业保险参保人数75270人，增加2991人，城镇失业保险覆盖率96.7%。城乡居民社会保险基础养老金提高到每月115元，社会化发放率100%。新建保障房47万平方米、农村公路829.6千米，改造危桥266座，开通镇村公交线路16条。建成星级敬老院9家、省级养老服务中心（站）示范点11个。

注：（1）地区生产总值、规模以上工业增加值及其分类项目增长速度按可比价计算，为实际增长速度；其他指标除特殊说明外，按现价计算，为名义增长速度

（2）“#”表示其中项

（夏晓霞）

组织机构及其领导人

中共盐城市大丰区委员会

书　记　倪　峰
副书记　陈　平（ ~2015-09）
　　　　宋　勇
　　　　范大玉（2015-11~ ）
常　委　倪　峰
　　　　陈　平（ ~2015-09）
　　　　宋　勇
　　　　袁冬青（ ~2015-12）
　　　　范大玉
　　　　袁国萍（女）
　　　　徐卫东（ ~2015-05）
　　　　郭　超
　　　　蔡保生（2015-12~ ）
　　　　蒋林明
　　　　石根美
　　　　罗　强
　　　　董　坤
　　　　张守中（2015-05~ ）
　　　　陈德美（挂，2015-09~ ）

中共盐城市大丰区委办公室

主　任　韦应生
副主任　黄　磊
　　　　陈　明
　　　　姜华新

中共盐城市大丰区委研究室

主　任　顾　斌
副主任　陈小龙（2015-06~ ）

盐城市大丰区国家保密工作局

局　长　黄　磊
副局长　孙卫东
　　　　卢红梅（女）

中共盐城市大丰区委全面深化改革领导小组办公室

主　任　宋　勇（ ~2015-11）
常务副主任　韦应生
副主任　张袁丰

中共盐城市大丰区纪律检查委员会

书　记　郭　超
副书记　方启柏
　　　　仲明桓
常　委　张锦存
　　　　朱　薇
　　　　周云冲
　　　　徐　俊

中共盐城市大丰区委组织部

部　长　袁冬青（ ~2015-12）
　　　　蔡保生（2015-12~ ）
副部长　唐亚标
　　　　吴桂荣
　　　　高新东

中共盐城市大丰区委组织员办公室

主　任　吴桂荣

中共盐城市大丰区委区级机关工作委员会

书　记　唐亚标

副书记 陈新江
工会主任 吴 兵（2015-06~ ）

中共盐城市大丰区委企业工作委员会

书 记 高金荣
纪工委书记
耿忠清（2015-06~ ）

中共盐城市大丰区委社区工作委员会

副书记 沈彬彬（女，~2015-09）
韩志勇（ ~2015-09）

中共盐城市大丰区委非公有制企业和社会组织工作委员会

书 记 吴桂荣（2015-09~ ）
专职副书记
沈彬彬（女，2015-09~ ）
纪工委书记
张浩东（2015-09~ ）

盐城市大丰区人才工作办公室

主 任 高新东
副主任 阮国华
顾剑锋（挂）

中共盐城市大丰区委宣传部

部 长 石根美
副部长 孙 杰
顾保荣
袁金荣
周 昕

中共盐城市大丰区委对外宣传办公室

主 任 孙 杰
副主任 沈 文（女）

盐城市大丰区精神文明建设指导委员会办公室

主 任 顾保荣
副主任 冯永义

中共盐城市大丰区委统一战线工作部

部 长 韦稳元
副部长 刘兴乐
陈月华
周 兵

盐城市大丰区民族宗教事务局

局 长 陈月华
副局长 吴海丰

中共盐城市大丰区委农村工作办公室

主 任 潘 伟
副主任 孟 宇
周正群
周兴权

中共盐城市大丰区委政法委员会

书 记 袁国萍（女）
副书记 范大玉
吴宏祖
成 星

盐城市大丰区社会治安综合治理委员会办公室

主 任 吴宏祖
副主任 束必怀
骆 荣
朱同干

中共盐城市大丰区委台湾工作办公室
盐城市大丰区人民政府台湾事务办公室

主 任 林 雁（2015-06~ ）
副主任 许荣军

中共盐城市大丰区委老干部局

局 长 夏 寅
副局长 季顺龙
纪 丽（女）

盐城市大丰区机构编制委员会办公室

主 任 唐亚标
副主任 何建明

盐城市大丰区事业单位登记管理局

局 长 何建明（2015-02~ ）

中共盐城市大丰区委党校

校 长 宋 勇（ ~2015-11）
常务副校长 顾仲荣
副校长 李 燕（女）
徐建新
杨爱萍（女）

盐城市大丰区行政学校

校 长 范大玉
常务副校长 顾仲荣
副校长 王亚东
李 燕（女）
徐建新
杨爱萍（女）

中共盐城市大丰区委党史工作办公室

主 任 曹 骅
副主任 茅永怀
张 平（女）

盐城市大丰区地方志编纂委员会办公室

主 任 曹 骅

盐城市大丰区档案馆（局）

馆（局）长 戚月兰（女）
副馆（局）长
刘文萍（女）
徐 玲（女）

盐城市大丰区人大常委会

主 任 吴家祥
副主任 江志坚
夏继永（ ~2015-12）
王周斌
江 波（女）
赵晓庆（2015-12~ ）

盐城市大丰区人大常委会办公室

主　任　陈爱华
副主任　黄　艳（女）

盐城市大丰区人大常委会研究室

主　任　黄　艳（女）

盐城市大丰区人大常委会人事代表联络工作委员会

主　任　黄　静（女）

盐城市大丰区人大常委会内务司法工作委员会

主　任　曹　震

盐城市大丰区人大常委会财政经济工作委员会

主　任
　　杨海慧（女，2015-11~ ）
副主任
　　杨海慧（女，~2015-11）

盐城市大丰区人大常委会科教文卫工作委员会

主　任　李　勇（2015-11~ ）
副主任　李　勇（ ~2015-11）

盐城市大丰区人大常委会农村工作委员会

主　任　王连军

盐城市大丰区人大常委会环境资源城乡建设工作委员会

主　任　王海滨
副主任　徐文忠

盐城市大丰区人民政府

区　长　陈　平（ ~2015-09）
代区长　宋　勇（2015-09~ ）
副区长　范大玉
　　黄正桂
　　顾富昌
　　赵玉霞（女）
　　邓既明（挂）
　　董　毅
　　陈万华（挂）
　　韦应生
　　陆嘉昂（挂）
　　朱国新
　　谭　伟（挂，2015-09~2015-12）
　　从　斌（挂，2015-12~ ）

盐城市大丰区人民政府办公室

主　任　张林海
副主任　程　维（ ~2015-02）
　　沈旭峰
　　徐金宏
　　陈　林
　　柏传卫
　　施茂盛
　　刘亚和（ ~2015-06）
　　茅曙峰
　　朱海东
　　陈　彤（2015-06~ ）

盐城市大丰区人民政府法制办公室

副主任　黄海明

盐城市大丰区人民防空办公室

主任、党组副书记　顾培森
党组书记　陶　宇
副主任　蔡惠民

盐城市大丰区人民政府外事与侨务办公室

主　任　沈旭峰

盐城市大丰区人民政府金融与企业上市办公室

主　任　程　维
副主任　李生鹏
　　褚小慧（女）

盐城市大丰区信访局

局　长　陈　林
副局长　陈永华
　　顾建忠
　　葛玉贵

盐城市大丰区发展和改革委员会

主任、党委副书记
　　朱国新（ ~2015-02）
　　陆　斌（2015-02~ ）
党委书记、副主任　严如鹏
副主任　黄　峰
　　王秋枫
　　陈　玲（女）
　　夏怀先
　　肖忠楼
　　杨新文
　　陈雨晴
　　谢世平
　　陈　伟
　　杨一峰
　　孔晓荣
　　吴光辉（ ~2015-01）
　　殷桂祥
纪委书记　俞　平

盐城市大丰区物价局

局　长　黄　峰

盐城市大丰区粮食局

局长、党委书记　王秋枫
副局长　刘正华

盐城市大丰区服务业发展办公室

主任、党委书记　陈　玲（女）
副主任　吴慧露
　　李晓平（2015-11~ ）

盐城市大丰区沿海地区发展办公室

主　任　朱国新（ ~2015-02）
　　陆　斌（2015-02~ ）
副主任　杨一峰
　　贾桂芬（女）

殷　昊

盐城市大丰区经济和信息化委员会

主任、党委副书记
陆　斌（～2015-02）
程　维（2015-02～）
党委书记　沈明智
副主任　沈明智
陈书岷
朱庆祝（～2015-01）
陶正明
王春梅（女）
朱红斌
周正云
丁　军
纪委书记　李生鹏

盐城市大丰区教育局

局长、党委书记　成秋生
副局长　韦　国
何　钢
茅锦秀
陈　林
王武驷
高智华
纪委书记　王武驷

盐城市大丰区体育局

局长、党组书记　王国平
党组副书记　奚　俊
副局长　奚　俊
骆晓娟（女）
宋春生

盐城市大丰区科学技术局

局长、党组书记　陈苏萍（女）
副局长　陆卫红（女）
仇宏伟
陈　彬
陈　静
董　慧
殷蓓蓓（女）
郑　涛（挂，～2015-09）
孙守昌（挂）
夏思宇（挂，2015-09～）
纪检组组长　王　炳

盐城市大丰区地震局

局　长　陈苏萍（女）
副局长　王蓉华（女）

盐城市大丰区知识产权局

局　长　陈苏萍（女）
副局长　陈　茵（女）

盐城市大丰区公安局

局长、党委书记　顾富昌
政委、党委副书记　张　辉
党委副书记　张建忠
副局长　姜正平
陈寿松
吴建坤
张建忠
郑华金
赵建荣
顾建忠
副政委、纪委书记　练恒桃

盐城市大丰区监察局

局　长　方启柏
副局长　易　娟（女）

盐城市大丰区民政局

局长、党委副书记　孟祥龙
党委书记　王海涛
副局长　王海涛
吴汉钧
吴　淳
潘正忠
纪委书记　陆　标

盐城市大丰区司法局

局　长、党组书记　宗兴荣
副局长　黄新袁
种修环
鲁丽霞（女）
张旭飞
纪检组组长　高　岭

盐城市大丰区财政局

局长、党组书记　卞松岭
副局长　黄　浩
曹锦平
吴育青（女）
曹　冰
纪检组组长　吴育青（女）

盐城市大丰区人民政府国有资产监督管理办公室

主　任　卞松岭
副主任　史　涛
李欣中
仇正阳

江苏大丰沿海开发集团有限公司

总经理　苏兴国
副总经理　沈文静
仇正阳

盐城市大丰区投资公司

副经理　史　涛

盐城市大丰区人力资源和社会保障局

局长、党委书记　王亚东
副局长　吴　卫
李如平
张遇春（女）
王永新
徐安桂
周　健
丁祥友
纪委书记　丁祥友

盐城市大丰区专门办公室

主　任　张遇春（女）

盐城市大丰区住房和城乡建设局

局长、党委副书记　顾国华
党委书记、副局长　曹建伟
党委副书记　毛建东
副局长　石永明

周　俊
臧正明
王　政
卞爱和
徐永跃
管宏贵
陆一川
刘　宾
夏　峰（挂，2015–05~2015–11）
纪委书记　毛建东
工会主任　刘咏枫

盐城市大丰区城市管理局

局长、党委书记
石永明（2015–06~）
副局长、党委副书记
石永明（~2015–06）
党委副书记　何　宇
副局长　潘春海
丁宏生
杨　毅
陈卫东
陈　飞
纪委书记　何　宇
工会主任　吕晋升

盐城市大丰区交通运输局

局　长　陈新明（~2015–12）
党委书记
陈新明（~2015–12）
徐文新（2015–12~）
副局长　徐文新
刘中海
陈　黎
仲海波
丁同权
胡德玉（女）
纪委书记　胡德玉（女）
工会主任　盛晓红

盐城市大丰区水利局

局长、党委书记　季明珍
副局长　李　伟
季祥华
徐海峰
周　俊
陈志兵
纪委书记　陈桂俊
工会主任　周淑兰（女）

盐城市大丰区农业委员会

主任、党委副书记　杨国峰
党委书记　丁仁俊
副主任　许玉明
杨永涛
李城静
房仓耘
顾龙林
纪委书记　何承祥

盐城市大丰区林业局

局　长　杨国峰
副局长　徐金林

盐城市大丰区滩涂海洋与渔业局

局长、党委书记　朱晓扣
副书记　姚正坤
副局长　姚正坤
景　曙
沈文静
许　锋
肖龙泉
王树柏
纪委书记　王树柏

盐城市大丰区商务局

局长、党委书记　陈良忠
党委副书记　罗　星
副局长　罗　星
任美红（女）
许　峰
王　英（女）
姚学文（~2015–06）
陆　波
徐　峰
汪应明
纪委书记　汪应明
工会主任　陆　波（~2015–09）
陈同芳（2015–11~）

盐城市大丰区文化广电新闻出版局

局长、党委书记　汤云庆
党委副书记　郭治中
副局长　李　捷（~2015–11）
郭治中
倪　红
卞寿海
周立新
周正华
周汉忠
孙　平
纪委书记　周立新

盐城市大丰区卫生和计划生育委员会

主任、党委书记
徐向东（2015–09~）
党委副书记、副主任
丁　扬（2015–09~）
副主任　李　磊（2015–09~）
沙文彪（2015–09~）
董迎庆（女，2015–09~）
葛　祥（2015–09~）
叶海涛（2015–09~）
宣维群（2015–09~）
朱　慧（女，2015–09~）
常春贵（2015–09~）
顾亚军（女，2015–09~）
纪委书记　常春贵（2015–09~）
工会主任
顾亚军（女，2015–09~）

盐城市大丰区卫生局

局长、党委书记
徐向东（~2015–09）
副局长　李　磊（~2015–09）
卞晓莉（女，~2015–09）
沙文彪（~2015–09）
倪志勇（~2015–09）
葛　祥（~2015–09）
宣维群（~2015–09）
朱　慧（女，~2015–09）
纪委书记　宣维群（~2015–09）
工会主任
顾亚军（女，~2015–09）

盐城市大丰区人口和计划生育委员会

主任、党组副书记
丁　扬（ ~2015-09）
副主任　董迎庆（女，~2015-09）
叶海涛（ ~2015-09）
常春贵（ ~2015-09）
纪检组组长
常春贵（ ~2015-09）

盐城市大丰区旅游局

局　长　徐国祥（ ~2015-01）
陶　耸（2015-02~ ）
党组书记　陶　耸（2015-02~ ）
党组副书记
徐国祥（ ~2015-01）
陶　耸（ ~2015-02）
副局长　陶　耸（ ~2015-02）
周雪晴（女）
马　丽（女）
李　萍（女）

盐城市大丰区审计局

局长、党组副书记　孙志强
党组书记、副局长　杨进达
副局长　黄海峰
单德勇
季　辉
总审计师　吕金生

盐城市大丰区环境保护局

局长、党组书记　夏恒林
副局长　王继勇
韩小平
周啸尘
陈相前
曹嘉庚
江建新
任仕明
总工程师　胡　俊
纪检组组长　曹嘉庚

盐城市大丰区统计局

局长、党组书记　张　强
副局长　李凤琴（女）
顾大华
周锐进

盐城市大丰区安全生产监督管理局

局长、党组书记　刘桂先
副局长　陈亚平
冯天明
王兴珍
许建华（女）
总工程师　张　红（女）
纪检组组长　汤洪源

盐城市大丰区市场监督管理局

局长、党组书记
栾建军（2015-03~ ）
党组副书记、副局长
姜正清（2015-03~ ）
副局长　薛学斌（2015-03~ ）
陈曙翔（2015-03~ ）
汤建明（2015-03~ ）
包红杰（2015-03~ ）
肖　袁（2015-03~ ）
王建华（2015-03~ ）
王　钧（2015-03~ ）
冯永进（2015-03~ ）
金　军（2015-03~ ）
晁心怡（女，2015-03~ ）
冯钧生（2015-03~ ）
纪检组长
张　利（女，2015-03~ ）

盐城市大丰区食品药品监督管理局

局长、党组书记
姜正清（ ~2015-03）
副局长　薛学斌（ ~2015-03）
包红杰（ ~2015-03）
肖　袁（ ~2015-03）
晁心怡（女，~2015-03）

盐城市大丰区行政审批局

局长、党委书记
张锦存（2015-09~ ）
副局长
戴　珺（女，2015-09~ ）
蔡春雷（2015-09~ ）
晁心华（2015-09~ ）
唐月华（女，2015-09~ ）
裔春婷（女，2015-09~ ）

盐城市大丰区行政服务中心

主任、党委书记　戴　珺（女）
副主任　蔡春雷
晁心华
唐月华（女）
纪委书记　裔春婷（女）

盐城市大丰区招标采购管理办公室

主任、党组书记　戴　珺（女）
副主任　李欣中
纪检组组长　董学云
工会主任　管兆龙

盐城市大丰区盐务管理局

局长、党委书记
吴树建（ ~2015-05）
副局长　季　涓（女）
张秀松
纪委书记　张秀松（2015-02~ ）
工会主任　季　涓（女）

盐城市大丰区供销合作总社

主任、党委书记　明恒楼
副主任　陈　海
韩翠萍（女）
纪委书记　倪志华（女）

盐城市大丰区口岸管理委员会

主　任　陈　平（ ~2015-11）
宋　勇（2015-11~ ）
常务副主任　张锦生
副主任　施剑峰
袁建祥

盐城市大丰区港口管理局

局长、党组书记　褚国栋
党组副书记
施晓钟（2015-01~ ）
副局长　江　波（女）

施晓钟
杨照兵
宋　双（ ~2015-11）

政协盐城市大丰区委员会

主　席　韦　新
副主席　陈同远（ ~2015-08）
汤小山
陈仕祥
韦　国
韦稳元
秘书长　肖　斌

办公室

主　任　肖　斌
副主任　王　路

提案委员会

主　任　朱　刚

科教文卫体委员会

主　任　王步中

经济委员会

主　任　季晓路（女，2015-11~ ）
副主任　季晓路（女，~2015-11）

港澳台侨委员会

主　任　陈永清（ ~2015-12）
陈新明（2015-12~ ）

盐城市大丰区人民法院

院长、党组书记
宋长琴（女，~2015-06）
朱　亮（2015-06~ ）
副院长　徐远峰
吴汉国
郑　刚
周瑞星（挂）
纪检组组长　韩云龙

盐城市大丰区人民检察院

检察长、党组书记　张春山
副检察长　朱梅芳（女）
许永进
李智祥
顾兴俊
纪检组组长　刘同清
工会主任　李智祥

群众团体

盐城市大丰区总工会

主　席　董　坤（2015-02~ ）
党组书记　蔡　东
副主席　蔡　东
陈　梅（女）
张　成
陈　辉（女）

共青团盐城市大丰区委员会

书　记　王婷婷（女，~2015-06）
万　强（2015-06~ ）
副书记　蒋真雅（女）
张洪国（挂，~2015-02）

盐城市大丰区妇女联合会

主　席　冯晓晴（女）
副主席　李　兰（女）
蔡　雪（女）
申晓芸（女）

盐城市大丰区科学技术协会

主　席　赵　健
副主席　吴永健

盐城市大丰区文学艺术界联合会

副主席　王晓华（女）

盐城市大丰区归侨侨眷联合会

主　席　单　平

盐城市大丰区工商业联合会

主　席　汤小山
党组书记、副主席　刘兴乐
副主席　顾文广

盐城市大丰区总商会

会　长　汤小山
副会长　刘兴乐
顾文广

盐城市大丰区残疾人联合会

理事长、党组书记　蔡永兴
副理事长　潘俊山
周　勇
刘凤堂

盐城市大丰区红十字会

会　长　赵玉霞（女）
副会长　王红宇（女）
刘正和
秘书长　刘正和

园、区、专业招商局

沪苏大丰产业联动集聚区

党工委书记
宋　勇（2015-11~ ）
主　任　袁冬青（2015-11~ ）
副主任　张四福（2015-11~ ）

党政办（社会事业局）

主任、社会事业局局长
姜华新（2015-12~ ）
副主任　施益新（2015-12~ ）

安监环保局

局　长　冯天明（2015-12~ ）

经济发展局

局　长　杨一峰（2015-12~ ）

规划建设局、城市管理局

局　长　臧正明（2015-12~ ）

财税审计局

局　长　黄　浩（2015-12~ ）

监察室

主　任　沈旭峰（2015-12~ ）

江苏大丰经济开发区

党委书记、党工委书记　赵晓庆
主　任　钱　江
党委副书记
钱　江
金桂华
葛中亚
副主任　金桂华
刘兴宏
刘晓敏
赵维海
郁　冰
徐　韡（女）
茅晓峰
徐忠良
周善余
马　琳（女）
蔡平伯
骆文富
张亚华
顾剑锋（挂）
纪委书记
张亚华（ ~2015-02）
徐忠良（2015-02~ ）
工会主席　陈　钧（女）

江苏大丰经济开发区管理委员会项目服务中心

主　任　金桂华
副主任　叶玉斌
蒋　峥
朱佩文
顾德根（ ~2015-06）
汤明涛
韩贵生
顾海荣

盐城市大丰区人民政府装备制造产业招商局

副局长　陈惠娟（女）
丁　汉

盐城市大丰区人民政府汽配及热处理产业招商局

局　长　葛中亚（2015-02~ ）
副局长　杨　艳（女）
顾汉东

盐城市大丰区人民政府泵阀及不锈钢产业招商局

局　长　刘晓敏
副局长　宗江亚
葛爱华
陈　勇

盐城市大丰区人民政府境外招商一局

局　长　林　雁

常州高新技术产业开发区大丰工业园

党工委书记　陈万华
主　任　陈万华（ ~2015-12）
党工委副书记、主任
潘仁山（2015-12~ ）
常务副主任　赵维海
副主任　汤明涛
刘　奔
殷浩杰（2015-12~ ）
工会主席　王瑞珍（女）

盐城市大丰区人民政府机电产业招商局

副局长　吴少平

江苏大丰港经济开发区

党委书记、党工委书记　罗　强
党委副书记
褚国栋
王周斌
程　功（2015-01~ ）
姚保平
主　任　褚国栋
常务副主任
王周斌
副主任　张锦生
程　功
陈高亚
沈　剑（2015-06~ ）
周宏奎
柏　健
朱庆祝（2015-01~ ）
吴光辉
杜卫国（2015-01~ ）
朱晓扣
韦桂和
王继勇
蔡　宁
袁　宏
杨一峰
张渊涛
蒋美萍（女）
郑　涛（挂，~2015-09）
田为兴（挂，2015-09~ ）
夏思宇（挂，2015-09~ ）
纪委书记　陈军和
团委书记　邹　杰

江苏大丰港经济开发区管理委员会项目服务中心

主　任　罗　强（ ~2015-01）
褚国栋（2015-01~ ）
副主任　蒋美萍（女）
沈卫兵
陈根生

盐城市大丰区人民政府新能源与新材料产业招商局

局　长　蔡　宁

大丰风电产业园

党工委书记　赵晓庆
常务副主任　陈雨晴
副主任　康　红
黄新袁

盐城市大丰区人民政府风电产业招商局

局　长　康　红
副局长　王　前

大丰电子信息产业园

党工委书记　范大玉
常务副主任　林　雁

盐城市大丰区木材产业园

常务副主任　张渊涛
副主任　史中军
　　　　陈丰来

盐城市大丰区人民政府木材产业招商局

局　长　张渊涛
副局长　吴卫平
　　　　史中军
　　　　陈丰来

盐城市大丰区海洋生物医药产业园

党工委书记、主任　袁冬青
常务副主任
　　　　程　功（～2015-01）
　　　　王继勇（2015-01～）
副主任　沈卫兵
　　　　仲爱军

盐城市大丰区石化产业园

党工委书记、主任
　　　　郭　超（～2015-02）
　　　　朱国新（2015-02～）
常务副主任　王继勇
副主任　智　捷
　　　　夏　伟

盐城市大丰区人民政府石化产业招商局

局　长　王继勇
副局长　智　捷
　　　　杨　俊

盐城市大丰区海洋科教城

主　任　韦　国
副主任　曹海忠

盐城市大丰区人民政府科技教育招商局

副局长　曹海忠

江苏海洋产业研究院

院　长　乔　旭
党工委书记、副院长
　　　　柏　健（2015-01～）
常务副院长　陈集双
副院长　王桂兰（女）
　　　　陈　彬
　　　　郝圣响

盐城市大丰区华丰工业园

党工委书记
　　　　罗　强（～2015-01）
　　　　王继勇（2015-01～）
主　任　程　功（～2015-01）
　　　　王继勇（2015-01～）
副主任　沈卫兵
　　　　包卫东

江苏大丰盐土大地海洋生物产业科技园

党工委书记、主任　罗　强
副主任　韦　峰
　　　　张　莉（女）

盐城市大丰区人民政府海洋生物产业招商局

副局长　季明春
　　　　韦　峰

盐城市大丰区重型装备产业园

副主任　单激文（女）
　　　　许　峰
　　　　王志军

盐城市大丰区人民政府重型装备招商局

副局长　单激文（女）
　　　　王平生
　　　　顾洪林
　　　　柏建荣

大丰港海晶创投中心

主　任　郭　超（～2015-02）
　　　　朱国新（2015-02～）

盐城新能源淡化海水产业示范区

党工委书记
　　　　罗　强（2015-01～）
主　任　罗　强
副主任　吴光辉
　　　　韦　峰
　　　　陈　锋

盐城市大丰区丰收大地现代农业示范区

主　任　沈　刚（～2015-02）
　　　　席　刚（2015-02～）
常务副主任
　　　　席　刚（～2015-02）
副主任　韩志勇（2015-06～）
　　　　李城静
　　　　朱寿海
　　　　崔恒骏

盐城市大丰区人民政府现代农业招商局

局　长　沈　刚（～2015-02）
　　　　席　刚（2015-02～）
副局长　席　刚（～2015-02）
　　　　李城静
　　　　刘荣根
　　　　朱寿海

盐城市大丰区专业市场集聚区

党工委书记、主任　宋　勇
常务副主任　邢　程
副主任　管宏贵
　　　　潘春海
　　　　戴子朋

盐城市大丰区人民政府专业市场招商局

局　长　邢　程
副局长　管宏贵

盐城市大丰区荷兰花海旅游度假区

党工委书记
李实业（2015–11～）
主　任　仇　飞（2015–11～）
副主任　潘　勇（2015–11～）

江苏大丰经济开发区 上海光明食品工业园

党工委书记　吴家祥
主　任　王德民
副主任　马勇健
李国华
罗　星
蔡惠民

盐城市大丰区人民政府 光明工业区招商局

副局长　罗　星

盐城市大丰区高新技术区

党工委书记、主任
董　坤（2015–02～）
常务副主任
陆卫红（女）
副主任　陶　成
孔晓荣
密　云（女）
管仁刚
骆　荣
万　强（～2015–06）
孙守昌（挂）

盐城市大丰区人民政府 高新技术区招商局

局　长　陆卫红（女）
副局长　陶　成
管仁刚
骆　荣

盐城市大丰区麋鹿生态旅游度假区

党工委书记、主任
袁国萍（女）
常务副主任
袁　伟
副主任　储冬生
刘海丰（女）

盐城市大丰区人民政府 旅游产业招商局

局　长　袁　伟

盐城市大丰区城东新区

党工委书记　石根美
主　任　周　俊
副主任　王　政
刘桂根（～2015–06）
倪　红
孙　平
姜　华
刘卫东
顾　丰
刘亚和（2015–06～）
纪工委书记
奚圣珠（～2015–06）
王　政（2015–06～）

盐城市大丰区东方1号创意产业园

党工委书记　石根美
主　任　周　俊
副主任　孙　平

盐城市大丰区大丰港城

党工委书记
褚国栋（2015–01～）
主　任　王周斌
副主任　杜卫国（2015–01～）
杨建生
陈　飞

盐城市大丰区重大事项督查考核办公室

主　任　宋　勇（～2015–11）
常务副主任
陈同远（～2015–08）
副主任　韦应生
张林海
方启柏
唐亚标
黄　磊

盐城市大丰区重大项目招商引资办公室

主　任　韦　新（～2015–02）
董　坤（2015–02～）
常务副主任
沈明智
副主任　奚晓平（女）
周传邦

盐城市大丰区交通重点工程指挥部

总指挥　陈　平（～2015–11）
宋　勇（2015–11～）
常务副总指挥　石根美
办公室主任
陈新明（～2015–12）

各　镇

草堰镇

党委书记　夏红霞（女）
副书记　商明华
丁卫伟（～2015–11）
朱　高（2015–11～）
人大主席
夏红霞（女，～2015–11）
丁卫伟（2015–11～）
副主席　唐　军（～2015–11）
镇　长　商明华
副镇长　唐　军（2015–11～）
朱　高（～2015–11）
王怀珠
黄冬霞（女）
梅海江
组织委员　刘杏芬（女）
纪委书记　金　晖
宣传委员　季自庆
统战委员
季自庆（～2015–02）
查晓程（女，2015–02～）
政法委员　陈长青
人武部部长　宗志祥
工会主席　查晓程（女）

白驹镇

党委书记　杨荣富
副书记　王志建
　　　　葛余柏
人大主席　刘汉权
镇　长　王志建
副镇长　沈　辉
　　　　朱　锐
　　　　管蔚蓉（女）
　　　　朱　平
组织委员
　　　　黄爱华（女，2015-02~ ）
纪委书记
　　　　黄爱华（女，~2015-02）
　　　　宗圣勇（2015-02~ ）
宣传委员　陈东平
统战委员　陈小平
政法委员
　　　　宗圣勇（ ~2015-02）
　　　　李　鹏（2015-02~ ）
人武部部长
　　　　朱　锐（ ~2015-02）
　　　　周　中（2015-02~ ）
工会主席　李　鹏

刘庄镇

党委书记　冯银芳（女）
副书记　朱晓春
　　　　沈韶霞（女）
　　　　黄永健
人大主席　陈安丰
镇　长　朱晓春
副镇长　曹永新
　　　　申友益
　　　　杨银珠（女）
　　　　顾海燕（女，~2015-02）
　　　　葛余美
　　　　黄　斌
　　　　杨丽华（女，2015-02~ ）
组织委员　王　婧（女）
纪委书记　黄道平
宣传委员　陆　锋
统战委员　陆　锋（ ~2015-02）
　　　　季顺吉（2015-02~ ）
政法委员　顾兴东
人武部部长　蒋元林
工会主席
　　　　王　婧（女，2015-02~ ）

西团镇

党委书记　刘兴宏
副书记　郁　冰
　　　　姚日新
　　　　朱新德（挂，~2015-09）
　　　　谷国超（挂，2015-09~ ）
人大主席　赵业龙
镇　长　郁　冰
副镇长　詹桂玉（女）
　　　　吉建平（ ~2015-06）
　　　　夏一涛
　　　　吴君祥
　　　　管卫兵（2015-06~ ）
组织委员　孙令贵（ ~2015-02）
　　　　陈　刚（2015-02~ ）
纪委书记
　　　　朱　闻（女，~2015-06）
　　　　吉建平（2015-06~ ）
宣传委员
　　　　杨丽华（女，~2015-02）
　　　　顾海燕（女，2015-02~ ）
统战委员　陈　刚（ ~2015-02）
　　　　孙令贵（2015-02~ ）
政法委员　管卫兵（ ~2015-06）
　　　　陈　刚（2015-06~ ）
人武部部长　周正华
工会主席　沈海涛

小海镇

党委书记　骆　顺
副书记　陈杰峰
　　　　李桂荣
人大主席　顾松平
镇　长　陈杰峰
副镇长　景小俊
　　　　金德斌
　　　　吴守祥
　　　　黄　翊
　　　　周普华
组织委员　陈秀芹（女）
纪委书记　郑建峰
宣传委员　黄晓梅（女）
统战委员　单金华
政法委员　赵桂存
人武部部长　陆进红
工会主席　施春香（女）

大桥镇

党委书记　陈国军
副书记　徐中健
　　　　周　瑾（女）
人大主席　金干生
镇　长　徐中健
副镇长　董建超
　　　　卞天群
　　　　吴恒圣
　　　　罗卫东
　　　　胡业飞
组织委员　单春芳（女）
纪委书记　张凤鸣
宣传委员　冷亚妍（女）
统战委员　冷亚妍（女）
政法委员　李宏斌
人武部部长
　　　　吴恒圣（~2015-02）
　　　　王小东（2015-02~ ）
工会主席　单春芳（女）

草庙镇

党委书记　郁兴忠
副书记　钱锡军
　　　　张　津
人大主席　郁兴忠（ ~2015-11）
　　　　王俊鸿（2015-11~ ）
副主席　王俊鸿（ ~2015-11）
镇　长　钱锡军
副镇长　朱成安
　　　　袁　军
　　　　吴少卿
　　　　吴金星
　　　　单金华
组织委员　吴少卿
纪委书记　管佩均（女）
宣传委员　陈　慧（女）
统战委员　殷桂荣
政法委员　张英武
人武部部长　丁东升
工会主席　金　玫（女）

万盈镇

党委书记　仇兆华

副书记 薛文杰
陈纪忠
人大主席 宗汝干
镇 长 薛文杰
副镇长 席卫东
陈邑新
刘正昌
顾春林
吕秀凤（女）
组织委员 王卫东
纪委书记 张春枝
宣传委员 王学武
统战委员 陈 敏（女）
政法委员 李小武
人武部部长 金祎臣
工会主席 许秀平

南阳镇

党委书记 夏文锦
副书记 杨正锋
陈 锋
周红霞（女）
人大主席 彭金明
镇 长 杨正锋
副镇长 丁志勇
施云飞
景仰列
张冠华
束伶俐（女）
组织委员 朱 燕（女）
纪委书记 郁 刚（~2015-06）
盛月华（2015-06~ ）
宣传委员 刘永杰
统战委员 刘永杰
政法委员 盛月华（~2015-06）
何爱军（2015-06~ ）
人武部部长 何爱军
工会主席 朱 燕（女）

三龙镇

党委书记 周宏奎
副书记 韦桂和
王凤书
单宏祥
人大主席 沈菊兵（女）
镇 长 韦桂和
副镇长 张汉林
韦 峰
陈 兵
杨艳存
朱吉恺
组织委员 丁 宇（女）
纪委书记 计晓红（女）
宣传委员 朱一鸣
统战委员 王 丹（女）
政法委员 蔡 枫（女）
人武部部长 周长安
工会主席 成宝明

新丰镇

党委书记 李实业
副书记 仇 飞
杜卫国（~2015-01）
马绍良
潘 勇（2015-02~ ）
人大主席 李南丰
镇 长 仇 飞
副镇长 赵长春（2015-02~ ）
周安保
张来平
吴海燕（~2015-02）
钱 康
朱文勇
潘 勇（~2015-02）
蒋同海（2015-02~ ）
组织委员 徐 辉
纪委书记 陈亦龙
宣传委员
朱玲芳（女，2015-02~ ）
统战委员
吴海燕（2015-02~ ）
政法委员 耿忠义
人武部部长 沈 辉
工会主席
蒋同海（~2015-02）
徐 辉（2015-02~ ）

大中镇

党委书记 董 坤（~2015-02）
沈 刚（2015-02~ ）
副书记
沈 刚（~2015-02）
席 刚
邢 程
陈寿松
韩志勇
蒋广震（挂，~2015-09）
谭明谱（挂，2015-09~ ）
人大主席
董 坤（~2015-02）
沈 刚（2015-02~2015-11）
孙素芳（女，2015-11~ ）
副主席
孙素芳（女，2015-02~2015-11）
镇 长 沈 刚（~2015-02）
席 刚（2015-02~ ）
副镇长 管仁刚
杨建明
顾广荣
孙素芳（女，~2015-02）
许春华
周荷凤（女）
赵长春（~2015-02）
李晓霞（女，2015-02~ ）
组织委员 韩志勇
纪委书记 何 菊（女）
宣传委员 王小华（女）
统战委员 杨骐菲（女）
政法委员 邓颖峰
人武部部长 陈卫忠
工会主席 成晓驹（女）

（区委组织部）

垂直单位

盐城市大丰区供电公司

总经理、党委副书记 金 海
党委书记、副总经理 葛华根
副总经理
王洪卫（~2015-10）
唐建春（~2015-09）
刘 亚
景春明（2015-09~ ）
宋 毅（2015-10~ ）
纪委书记、工会主席
李志勇

中国电信股份有限公司大丰分公司

总经理、党委书记 张苏军
副总经理、纪委书记 何晓昌

副总经理　韩小明

中国移动通信集团江苏有限公司
大丰分公司

总经理　刘　波
副总经理　吴　骏
周广明

中国邮政集团公司盐城市大丰区
分公司

总经理、党委书记
张培红（ ~2015-12）
徐采祥（2015-12~ ）
副总经理、纪检书记、工会主席
蒋秀华（女）

中国人民银行大丰支行

党组书记、行长　朱达铭
纪检组组长　刘爱民
副行长　刘爱民

中国工商银行股份有限公司大丰支行

行长、党委书记　赵文晖
副行长、副书记　彭毅霞（女）
副行长　袁双庆
钱　洁（女）
纪检员　李玉生

中国农业银行股份有限公司
盐城大丰支行

行长、党委书记　江志宏
副行长、党委副书记　徐　刚
副行长　柏劲松
副行长、纪委书记　王　维

中国银行股份有限公司大丰支行

党支部书记、行长
刘小璇（女，~2015-12）
魏懋疆（2015-12~ ）
党支部副书记　江　舟
副行长　邵　斌
沈浴波（ ~2015-06）
姚　华
尹卫华（2015-02~ ）

中国建设银行股份有限公司大丰支行

行长、党委书记　戴兢业
副行长　刘景复
严　超
纪委书记　吴雪梅（女）

江苏大丰农村商业银行股份有限公司

董事长、党委书记　卞玉叶
行　长　李纪荣
监事长　孙海燕（女）
副书记　徐志庚
副行长　袁　涛（女）
张洪国
李俊峰
许　兵

中国农业发展银行盐城市大丰区支行

行　长　郑　彦（2015-07~ ）
副行长
郑　彦（主持工作，~2015-06）
蔡卫萍（女）
沈小军

江苏银行股份有限公司大丰支行

行　长
顾海燕（女，2015-11~ ）
副行长
顾海燕（女，主持工作，
~2015-10）

中国邮政储蓄银行股份有限公司
大丰市支行

行　长　王国强
副行长　黄瑜萍（女）
姬祖光（2015-04~ ）

交通银行股份有限公司盐城大丰支行

行　长　房鹏飞
副行长　施小敏
丁耀东

江苏大丰江南村镇银行股份
有限公司

董事长　王玉冰
行　长　钱仲伟
副行长　葛　静（女）
朱永芳（女）

上海浦东发展银行股份有限公司
大丰支行

行　长　袁晓明
副行长　张延军
刘　军（2015-03~ ）
谭新祥（2015-03~ ）

江苏太仓农村商业银行股份有限公司
大丰支行

行　长　刘　洪
副行长　王春野
王利国
胡　强（2015-01~ ）

苏州银行股份有限公司大丰支行

行　长　董　浩（2015-06~ ）
副行长　董　浩（ ~2015-06）
行长助理　陈少鹏

中国人民财产保险股份有限公司
大丰支公司

总经理、党组书记、盐城市分公司
高级业务主管　钱洪达
副经理　周凌峰（ ~2015-06）
杨金余
顾加强

中国人寿保险股份有限公司
大丰支公司

经理、党支部书记
李建明
副经理　冯金房
杨谢军

中国太平洋财产保险股份有限公司大丰支公司

经　理　房　慧（女）
副经理　王春友

中国太平洋人寿保险股份有限公司大丰支公司

经　理　吕中华（～2015-07）
　　　　万丽丽（女，2015-08～）

盐城市大丰区国土资源局

局长、党委书记　商明星
副局长、党委副书记
　　　　单金海（～2015-03）
副局长　朱　曦
　　　　吴桂宏
　　　　蔡国庆（～2015-04）
　　　　朱兰云（女）
　　　　纪建军
土地复垦中心主任　宣　俊
土地储备中心主任　开启金
纪委书记　单金海（～2015-03）
　　　　姜大松（2015-04～）

盐城市大丰区气象局

局　长　蒋　伟
副局长　张　伟（～2015-07）

盐城市大丰工商行政管理局

局长、党组书记
　　　　栾建军（～2015-03）
副局长、党组副书记
　　　　陈曙翔（～2015-03）
副局长　王建华（～2015-03）
　　　　冯钧生（～2015-03）
纪检组组长
　　　　张　利（～2015-03）

盐城市大丰区国家税务局

局长、党组书记　王世华
副局长　康达国
　　　　黄晓冲
　　　　高　峰
　　　　卞松建
纪检组组长
　　　　高　峰（兼，～2015-04）
　　　　张子东（2015-04～）

盐城市大丰地方税务局

党组书记、局长　周克标
副局长　夏晓林
　　　　林　彬
　　　　董江龙
纪检组组长　顾　宏

盐城市大丰区烟草专卖局

局长、党组书记　骆银海
副局长　徐银祥（2015-08～）
　　　　卜建军（～2015-08）

盐城市烟草公司大丰分公司

副经理　高宝华（2015-08～）

盐城市大丰质量技术监督局

局长、党组书记
　　　　徐社文（～2015-03）
副局长　王　钧（～2015-03）
　　　　冯永进（～2015-03）
纪检组组长
　　　　王　钧（兼，～2015-03）

盐城海关驻大丰港办事处

主　任　宋文林（～2015-12）
　　　　高　原（2015-12～）
副主任　崔克静

盐城出入境检验检疫局大丰港办事处

主　任　申于盐
副主任　钱　成

盐城大丰海事处

支部书记、副处长　惠　绘
副处长　陈海涛
　　　　时兴业

盐城市住房公积金管理中心大丰管理部

主　任
　　　　单萍萍（女，～2015-02）
　　　　陈月华（女，2015-04～）
副主任
　　　　陈月华（女，～2015-04）
　　　　秦　隽

（各部门　供）
〖编辑　丁彩前〗

中共盐城市大丰区委员会

区委重要会议

【市委工作会议】 7月18日，市委召开市委工作会议。会议的主要任务是深入贯彻落实省委十二届十次全会、盐城市委六届七次全会精神，总结上半年工作，部署下半年任务，对推动全面从严治党迈上新台阶作出部署，动员全市上下再接再厉、奋发作为，全面完成全年和“十二五”规划各项目标任务，在“建设新大丰、发展上台阶”的实践上迈出坚实步伐。市委书记倪峰着重强调3个方面工作：①经济社会保持平稳健康发展态势。②全力以赴推动大丰发展迈上新台阶。③扎实推进全面从严治党。

【区委十一届六次全体（扩大）会议】 12月30日，区委召开十一届六次全体（扩大）会议。会议的主要任务是，深入学习贯彻中共十八届五中全会、省委十二届十一次全会、中央和全省经济工作会议精神，按照市委六届八次全会和市委工作会议的要求，回顾总结“十二五”期间发展历程，科学谋划“十三五”期间发展蓝图，全面部署2016年各项工作，动员全区上下抢抓战略机遇，加快内涵发展，凝心聚力建设强富美高新大丰。区委书记倪峰作了题为《抢抓战略机遇、加快内涵发展，凝心聚力建设强富美高新大丰》的报告。倪峰着重讲了4个方面的工作：①全面总结“十二五”发展成就，坚定信心接续奋斗。②科学谋划“十三五”发展蓝图，建设强富美高新大丰。③适应新常态开创新业绩，实现“十三五”发展良好开局。④认真贯彻落实十八届五中全会精神，全面加强党的建设。

（杨　波）

区委重要决策和工作部署

【深入推进党的建设】 1月7日，大丰市委专题听取镇（区）、市直部门党委（党组）书记抓基层党建工作述职。盐城市委常委、大丰市委书记倪峰主持会议并讲话。2月9日，大丰市召开党建工作会议。市委副书记宋勇出席并讲话。会上，市委常委、组织部部长袁冬青，市委常委、纪委书记郭超，市委常委、宣传部部长石根美分别作组织工作、纪委工作、宣传工作报告。各镇、各区（园）、各部门签订党建工作责任书。2月10日，全市领导干部党风廉政建设警示教育大会召开。盐城市委常委、大丰市委书记倪峰出席并讲话。2月26日，大丰市召开“作风建设深化年”动员大会，会议要求全市上下树立新作风，服务新发展。5月18日，市委召开常委会议，传达学习中央、省和盐城市相关会议精神，研究讨论开展“三严三实”专题教育的实施方案，听取“三严三实”专题教育动员会筹备情况的汇报，要求围绕协调推进“四个全面”（全面建成小康社会、全面深化改革、全面依法治国、全面从严治党）战略布局，大力践行“三严三实”，全面改进工作作风，为“建设新大丰，发展上台阶”提供坚强保障。7月16日，市委中心组以“严以修身，突出铸魂补钙，加强党性修养，坚定理想信念，把牢思想和行动的‘总开关’”为主题，进行“三严三实”专题教育集中学习研讨。会议要求全市广大党员干部要以习近平总书记系列重要讲话精神为根本遵循，突出铸魂补钙，加强党性修养，坚定理想信念，深入扎实开展“三严三实”专题教育，把牢思想和行动的“总开关”，忠实践行“三严三实”，促进各项工作迈上新台阶。9月19日，区委中心组以“严以律己，严守党的政治纪律和政治规矩，自觉做政治上的‘明白人’”为主题，举行“三严三实”专题教育第二专题集中学习研讨活动。

【市委十一届六次全体（扩大）会议和市委工作会议召开】 7月18日，市委工作会议在大丰剧院召开。会议深入贯彻落实省委十二届十次全会、盐城市委六届七次全会精神，总结上半年工作，部署下半年任务，对推动全面从严治党迈上新台阶作出部署，动员全市上下再接再厉、奋发作为，全面完成全年和“十二五”规划各项目标任务，在“建设新大丰、发展上台阶”的实践上迈出坚实步伐。12月30日，大丰区委十一届六次全体（扩大）会议在大丰剧院召开。会议深入学习贯彻中共十八届五中全会、省委十二届十一次全会、中央和全省经济工作会议精神，按照市委六届八次全会和市委工作会议的要求，回顾总结“十二五”期间发展历程，科学谋划“十三五”期间发展蓝图，全面部署2016年各项工作，动员全区上下抢抓战略机遇，加快内涵发展，凝心聚力建设强富美高新大丰。

【转型升级】 1月25日，大丰市召开招商引资动员暨培训大会。会议要求，全市上下进一步统一思想，聚焦项目，主动适应新常态，加快推进招商引资项目建设，努力在项目建设上再创新业绩。2月5日，大丰经济开发区工作会议召开。盐城市委常委、大丰市委书记倪峰出席并讲话。倪峰要求开发区按照市委十一届五次全会的决策部署，转型升级，提高层次，全力创建国家级开发区，当好全市转型升级的先行军、示范区。3月23日，盐城市委常委、大丰市委书记倪峰调研重点工业企业运行情况。倪峰要求，按照市委常委会部署，坚持深入一线了解情况，优化服务，帮助企业提振信心，推动企业稳增长调结构，全面做大做强。3月28日，大丰市召开四套班子领导及各经济主体主要负责人招商引资汇报会。会议要求，坚持高端引领、高位招商，打造项目高地，推进项目集聚，努力在重大项目上形成新突破。4月23日，大丰市在深圳举办2015年大丰（深圳）投资环境推介会，现场签约项目30个，协议总投资47.95亿元，其中外资1.47亿美元。6月29日，大丰市召开推动新产业新城市建设工程动员大会。会议要求，要发展新产业，建设新城市，为转型发展积蓄强大后劲。10月31日，大丰区召开“项目载体突破年”推进会。会议要求，进一步升温加压，加强招商选资，抢工会战重大项目，建设重大载体，努力实现项目载体建设新突破。

【沿海开放开发】 1月23日，市委召开常委扩大会议，研究全市沿海开发有关工作，要求认识再提高、目标再抬高、力度再加大，以更大力度推进沿海开发，做足沿海文章，推动大丰可持续发展。1月24日，大丰市召开沿海开发推进会暨大丰港经济开发区工作会议。会议要求，发挥优势，提升能级，努力推动沿海开发取得更大突破。4月24日，盐城市委常委、大丰市委书记倪峰主持召开策应“一带一路”战略座谈会。倪峰要求全市上下抢抓机遇，主动作为，积极策应“一带一路”战略，推动沿海新一轮大发展。9月19日，大丰区召开沿海开发推进会，谋划聚焦沿海、会战沿海的新举措，吹响新一轮沿海开发的号角。12月23日，大丰区召开沿海开发重点项目、重点工程、重点事项汇报会。盐城市委常委、大丰区委书记倪峰要求，进一步升温加压推进沿海开发，主抓项目、主攻招商、主导人气，以“三重”（重点工程、重大项目、重要事项）工作为重点，重点重抓，奋力实现沿海开发新突破。

2015年7月18日，中共大丰市委工作会议在大丰剧院召开 邱 鹏 摄

【现代服务业】 2月26日，大丰市召开服务业发展工作会议，回顾总结2014年工作情况，研究部署2015年工作任务。会议要求全市上下思想再统一，认识再提高，全面突破旅游业、港口服务业、服务业新型业态和城市综合体等传统服务业，全力以赴推动现代服务业爆发式发展。3月13日，2015年中国大丰（香港）现代服务业项目签约活动举行，16个项目集中签约，涉及电子贸易、电子商务、现代物流等现代服务业领域和新兴业态。6月2日，盐城市委常委、大丰市委书记倪峰到荷兰花海开展专题调研，听取情况汇报。倪峰要求，进一步解放思想，确定更高目标追求，以抢工会战之势推进景区项目建设和服务功能提升，打造“长三角”具有国际影响力的旅游目的地。6月26日，大丰市召开旅游厕所革命现场推进会，盐城市委常委、大丰市委书记倪峰出席并讲话，要求要切实增强旅游厕所革命的责任感和紧迫感，提高思想认识，加大投入，精细管理，通过厕所革命提升形象改善民生，努力让游客满意、群众满意。

【城镇建设】 1月8日，盐城市委常委、大丰市委书记倪峰到西团镇、刘庄镇、白驹镇等地调研镇村经济发展情况，要求全市上下要深入贯彻落实市委十一届五次全会精神，进一步厚实镇村经济发展土壤，以全民创业和“两化”（城镇化、工业化）建设为重点，全面升温加压，推动镇村经济加快发展。2月3日，大丰市召开镇村经济发展推进会。会议要求，提升“两化”内涵，推动全民创业，奋力促

2015年，大丰市通过创建国家环境保护模范城市、国家生态市的考核验收

进镇村经济发展迈上新台阶。2月14日，大丰市召开全市农村工作会议，深入学习习近平总书记视察江苏时的重要讲话精神，认真贯彻落实盐城市农村工作会议精神，高举绿色发展旗帜，深化农村改革创新，转变农业发展方式，精心打造农业强农民富农村美的新农村。11月9日，大丰区组织镇村经济发展集中观摩活动。倪峰强调，全区上下必须思想再统一、境界再提升、力度再加大，造浓发展氛围，加强组织领导，强化督查考核，形成强大合力，促进镇村经济大发展、大变样、大繁荣。

【绿色生态】 1月27~29日，环保部到大丰考核验收大丰市创建国家环境保护模范城市工作。29日，创建国家环境保护模范城市工作汇报暨考核验收情况反馈会召开。考核组认为，大丰市以生态文明建设为引领，“创模”工作重过程、重惠民、有特色、有成效，同意大丰市创建国家环境保护模范城市通过考核验收。5月25日，大丰市召开秸秆禁烧禁抛和综合利用工作会议。会议要求，要全力抓好秸秆双禁和综合利用，巩固生态建设和环境保护成果。6月11~12日，环保部生态司副司长邱启文、省环保厅总工程师刘建琳率国家生态市建设考核验收组到大丰，考核验收大丰市国家生态市建设工作。考核组认为大丰市高度重视国家生态市建设工作，组织有力、工作扎实、成效显著，达到国家生态市考核指标要求，同意大丰市通过国家生态市考核验收，并按程序报环保部审核批准。

【民生改善】 5月13日，盐城市委常委、大丰市委书记倪峰到市经济开发区、西团镇、小海镇等地，开展基层走访活动。倪峰强调，要深入学习贯彻习近平总书记系列重要讲话精神，按照省、市委部署要求，始终突出民生导向，进一步加大工作力度，全面推进村卫生室提档升级，筑牢农村基层卫生服务网底，让人民群众享受到更高水平的医疗卫生服务。5月20日，盐城市委常委、大丰市委书记倪峰在白驹镇开展基层走访活动，察看沟河疏浚和村庄环境，要求认真贯彻落实习近平总书记对江苏工作的最新要求，用“马上就办、真抓实干”的好作风，持续深入推进农村环境综合整治，为百姓创造宜居宜业的优美环境，不断提高群众满意度和幸福感。8月11日，盐城市市长王荣平、副市长吴晓丹，到大丰指导排涝救灾；盐城市委常委、大丰市委书记倪峰，市长陈平到基层一线，靠前指挥排涝救灾。8月18日，盐城市委常委、大丰市委书记倪峰调研年度为民办实事工程推进情况，要求顺应群众期盼，切实兑现承诺，将民生工程做深做实，让发展成果惠及百姓，不断提升群众幸福感。

【区划调整】 根据国务院和省政府关于调整盐城市部分行政区划的决定，撤销县级大丰市，设立盐城市大丰区。8月21日，大丰市召开领导干部会议，对区划调整工作进行部署，动员和组织广大干部群众进一步统一思想认识，坚定发展信心，在新的起点上促进各项工作顺利推进、经济社会加快发展。盐城市委书记、市人大常委会主任朱克江，盐城市市长王荣平，盐城市政协主席李驰，盐城市委副书记戴元湖，盐城市委常委、大丰市委书记倪峰等出席。大丰市市长陈平主持会议。

【党管武装工作】 1月20日，盐城市委常委、大丰市委书记倪峰拜访盐城军分区。7月23日，市委召开常委议军会议。盐城市委常委、大丰市委书记、市人武部党委第一书记倪峰主持并讲话。市长、市国防动员委员会主任陈平就如何扎实推进大丰市国防后备力量建设和军事斗争准备工作进行部署。

（陈　炜）

信　息

【概述】 2015年，大丰区委办信息工作围绕党委工作大局，紧扣全区改革发展稳定中的大事要事和社会各界关注的热点难点，为省委、盐城市委和大丰区委提供大量具有重要参考价值的信息，增强了信息的服务功能与作用，提升了信息服务的针对性和有效性，被江苏省委办公厅表彰为全省党委系统信息工作先进单位，被盐城市委办公室表彰为全市党委系统信息工作先进单位。江苏省委办公厅、盐城市委办公室分别发来感谢信和贺信。

【信息报送】 年内，区委办围绕党委工作重点、特色经验亮点、互联网信息焦点，加强大丰当地信息、基层建议信息、市外动态信息、互联网信息报送，强化信息研判，提升报送质量。

全年组织上报江苏省委办公厅信息4000余条，被采用125条，获省领导批示7条；组织上报盐城市委办公室信息5000余条，被采用380条，获盐城市领导批示16条。在党委系统信息工作考核中位居全省前列。

【服务党委】 11月，区委办创办内部刊物《每日快报》，及时、准确、全面反映大丰区经济建设、改革发展等综合动态情况、重要成绩和经验。年内累计编发《每日快报》31期，获区委主要领导批示6次，为区领导了解情况、掌握动态、及时部署相关工作提供了第一手资料。强化大局意识，密切关注全区面上稳定工作，对信访、安监、环保、公安、宣传5部门，分别实行信访稳定、安全生产、环境保护、社会治安、舆情每日上报制度，及时编发《维稳信息日报》，获区委主要领导批示11次，为及时处置各类突发事件、维护社会大局稳定发挥了重要的“耳目”作用。

【大丰区情调研】 年内，区委办围绕转型升级、沿海开放开发、绿色生态、民生改善等，加强综合信息、调研信息等深层次信息的开发，争取上级党委对大丰发展的关注和支持。《大丰抢抓“一带一路”机遇建设亿吨大港》《大丰电子商务实现“井喷式”爆发》《大丰村医签约服务得到群众认可》《基层建议多措并举整顿秸秆焚烧源头》等14条综合调研信息，被省、市重点刊物采用，为省、市领导掌握情况、科学决策、推动工作发挥了积极作用。

（顾 益）

督 查

【概述】 2015年，区重大事项督查考核办公室紧贴领导工作思路，坚持突出重点、注重实效，不断提升督查工作水平和服务质量，较好地发挥了督促检查的职能作用，有力地推动全区经济社会更好更快发展。

【督查推进】 年内，区重大事项督查考核办公室按照区委主要领导“盯到皮、烂到肉，月月查、家家到”的要求，继续突出“三天、周、旬、半月、月、季”等时间节点，督查区委、区政府重要部署的落实情况、重大事项的推进情况、重点工作的进展情况和重点工程的推进情况。坚持开展专项督查、联合督查、节点督查、跟踪督查、现场督查和“飞行”检查，对区委、区政府关注的重点事项坚持日查日报，倒逼重点工作推进，全年组织重点督查20多项50余次，编发督查报告49期。

【督查考核融合】 年内，区重大事项督查考核办公室印发督查考核文件近20份，体现考核激励导向。坚持以考核支撑督查，将重大事项推进情况纳入全区年度目标任务综合考核，做到日常督查、年中评估、年末考核有机融合，形成“事中督查推进、事后考核兑现”的有效机制。

【督查反馈】 年内，区重大事项督查考核办公室 坚持督查与调研相结合，在督查中发现问题，查找根源，结合督查报告提出解决问题的思路和建议，推动工作落实。健全“快报、专报、通报”3层反馈机制，快报注重反映实情，专报注重分析建议，通报注重面上指导，实现督查工作“实抓、抓实”的目的，较好地体现了区委、区政府抓督查促落实的要求。

（丁虎翼）

纪检监察

【概述】 2015年，盐城市大丰区纪检监察组织按照各级纪委全会部署，紧密结合实际，深入推进“三转”（转职能、转方式、转作风），坚持将纪律和规矩挺在前面，聚焦主业主责，强化责任担当，全区党风廉政建设和反腐败工作取得新成效。

【市纪委五次全会】 2月7日，中共大丰市第十一届纪律检查委员会召开第五次全体会议。10名市纪委委员参加会议。中共大丰市纪律检查委员会常务委员会主持会议。会议审议通过郭超代表市纪委常委会所作的《坚持从严治党，坚守责任担当，扎实推进新常态下党风廉政建设和反腐败工作》的工作报告和全会决议。市四套班子全体领导，市法院院长、市检察院检察长，各镇党委书记，各区（园）、市委各部委办、市各委局办、市各直属单位主要负责人，各镇纪委书记、监察室主任（干事），各区

2015年，大丰区纪委开展的金丰廉韵廉政文艺巡演活动走进大丰经济开发区、西团镇等单位，在全区进一步造浓廉政文化氛围 （单位供图）

（园）纪委书记（纪工委书记）、监察室主任，市直各单位纪委书记（纪检组长）、监察室主任、专职纪检监察员，驻大丰场（厂）纪委书记，大丰市纪委机关全体干部，各纪检监察工作室全体人员列席会议。会议表彰了2014年度全市纪检监察工作先进集体和先进个人、全市反腐倡廉宣传教育工作先进集体和先进个人。

【“两个责任”落实】 年内，大丰区分别召开党委履行主体责任和纪委履行监督责任汇报会，听取镇（区）党委书记和纪委书记专题述职；区委主要负责人就落实主体责任对党委书记进行集体交责谈话；区纪委专题约谈全区基层纪检监察组织负责人。探索开展“两个责任”落实到支部工作，召开镇、区和区直部门“两个责任”落实到支部工作现场推进会。组织实施党风廉政建设“五个一”（一张责任清单、一组纪律要求、一个廉政承诺、一份动态档案、一次廉政评估）活动，为基层落实“两个责任”提供着力点。省纪委宣传部到大丰拍摄“五个一”活动专题片《廉责共担立长远》，并在江苏卫视廉政时空栏目播出。在大丰廉政网和金丰廉韵内刊开设“落实‘两个责任’、推进党风廉政建设”专题专栏，收集整理落实“两个责任”不力受追究的典型案例，组织集中学习，强化压力传导，营造氛围。完善考核办法，健全检查考核、倒查追责完整链条。制订党风廉政建设责任追究和“一案双查”办法，严格实行责任倒查、“一案双查”，以问责倒逼各级党委、纪委落实责任。

【纪律规矩严明】 2015年，区纪委突出纪在法前、从严执纪，坚决把纪律和规矩挺在前面。大丰制订《关于进一步严明政治纪律“十个一律不得”规定》，强调“两会”期间纪律要求，转发盐城市纪委、监察局关于大丰撤市设区的“十二个严禁”，严肃党的政治纪律，坚决抵制政治自由主义。认真执行领导干部“四个不直接分管”和“一个末位表态”规定，坚持新提拔任用领导干部财产公示，抽查核实领导干部报告个人有关事项，规范干部从政行为。完善党员领导干部轻微违规违纪干部监管办法，综合分析纪检监察信访情况，畅通完善信访举报渠道和受理平台，加强信访信息分析研判，改善规范信访监督，对问题轻微的党员干部，进行谈话提醒。对信访问题突出的单位，发放《信情专报》。对基层存在的普遍性问题，开展专项巡查。对腐败案件进行深入剖析，向区委区政府作专题汇报，提供决策建议，实现综合治理。

【机关作风建设】 2015年，区纪委围绕“八项规定落实、纪律规矩执行、发展稳定大局”，深入持久地开展正风肃纪，巩固作风建设成果。开展“作风建设深化年”活动，区委组织召开动员大会，部署全年重点任务，通报曝光典型案例。抓住春节、五一、中秋、国庆等关键节点，印发文件通知，重申规定禁令。深化“510”作风自警教育活动，明确5月为“作风自警教育月”，利用宣教载体，形成强大舆论声势。市委办、市政府办制订《关于加强党员干部作风建设情况监督检查的办法》，突出督查违反“八项规定”“十项禁令”、厉行节约要求等方面违纪行为，紧盯隐形变异问题，严查顶风违纪行为。对作风问题实行零容忍，对情节严重并造成重大影响的，一律先停职再处理。2015年，组织各类明察暗访200余次，到税务部门核查机关事业单位开具的餐饮消费发票3000多张，甄别核查疑似公车私用车辆234辆，发放核查整改函96份，严肃问责19人。

【专项整治】 年内，区纪委扎实推进“10+2”专项整治后续整改工作，督促相关单位“回头看”，查漏补缺，巩固成果，着力防松懈防反弹。深入开展“奢侈浪费”“节日腐败”“为官不为”、虚假浮夸等6项专项整治。组成14个联合督查组，选聘30名老干部老党员担任“作风建设监督员”，继续实行“神秘顾客”明察暗访，专项督查上下班制度、值班制度、请销假制度等纪律执行情况7次，提出整改意见16条，发放提醒函11份。4月，对未按规定参加区委重要会议的2名科级干部进行诫勉谈话，并在全区范围内发放专题书面通报。区划调整期间，结合区情实际，集中开展干部作风建设专项整治，对大中镇泰西村党总支书记不守政治纪律、对抗组织检查问题立案并全区公开通报。

【党风廉政教育】 年内，区纪委完善大宣教工作格局，健全宣教工作考核细则，建立三级宣传队伍，夯实宣教工作基础。强化年关预警教育、“四前”（重要节日来临前、领导干部任职前、个人重大事项发生前、重点工程项目开工前）廉政教育和“三排一降”（排险点、排险种、排险象、降险情）岗位廉政风险教育，认真学习贯彻新《中国共产党廉洁自律准则》、新《中国共产党纪律处分条例》，增强党员干部廉洁自律意识。加大廉政文化示范点创建力度，组织廉政文艺巡演、廉政书画笔会和廉洁文化进家庭等活动，发挥廉政文化主题公园、廉政警示教育中心功能，全年接待参观单位100余家5000余人次。主动占领新媒体阵地，改版升级大丰廉政网，在盐城率先开通廉政微信平台。拍摄的廉政微电影《爸爸，您去哪儿了？》受到社会各界广泛好评，得到省和盐城市委主要领导的认可，获全省廉政微电影微视频评选一等奖；盐城市纪委印发通知要求全市组织收看。

【纪律审查】 2015年，大丰区纪委完善反腐败协调实施细则，出台《大丰市执纪执法案件线索集中排查、移送及管理办法》，召开反腐败协调小组联席会议，加强与执纪执法单位合作，整合检察、公安、审计等部门力量，形成查案工作整体合力。畅通信访举报渠道，深化信访工作“三转”（转职能、转方式、转作风）步伐，研究制订提升信访办理“五率”（问题查实率、调查成案率、按期办结率、整改落实率、群众满意率）意见。健全信息收集机制，建立违纪违法线索库，强化案件线索管理。探索“信访调查、工作巡查、纪律审查”“三查合一”模式，深入排查挖掘问题线索。运用“系统查、查系统”理念，实行以案询案，相关做法被盐城市纪委复制推广，列为全省检察系统“小专项”部署。注重以案剖析、以查促治，制作拍摄警示教育片《忏悔录》，在全区领导干部警示教育大会上播放，最大限度发挥查办案件的综合效应。2015年，全区受理信访举报550件，同比上升33.8%，立案查处各类案件213件，同比上升69.05%。其中科级干部14件，实行“两规”措施6件，为国家和集体挽回经济损失1400余万元。

【纪检监察“三转”工作】 2015年，市委办出台《大丰市党的纪律检查体制改革实施方案》，理顺区纪委机关、纪检监察工作室和基层纪检监察组织的职能设置和关系，完成内设机构调整，调整后纪检监察室4个，监督执纪问责机构8个，直接从事纪律审查一线人员49人，占总人数的73.1%，夯实监督执纪问责工作基础。规范基层纪委书记（纪检组长）分工，全区基层纪检监察组织负责人不再兼任下属单位、园（区）负责人，不再直接分管招投标、财务管理等工作，逐步实现专岗专职。改进履职方式，对秸秆“双禁”、城市拆迁、信访稳定等工作实行“飞行检查”，综合运用提醒、约谈、诫勉谈话、提出监察建议、实施责任追究等措施，实现从直接参与监督向再监督转变，保证督查效果。

【队伍建设】 年内，区纪委深入开展纪检监察系统“三严三实”专题教育，认真查摆“不严不实”问题，全面落实“严”“实”要求。严明纪律规矩和制度“红线”，将纪检监察干部行为规范印成卡片，发给全体纪检监察干部。组织纪检监察干部队伍专项督查，针对突出问题，提出整改建议方案。充分发挥内部监督机构职能作用，按照年初既定目标要求，加强对重点工作进展情况的督查，对工作落实不力的2个科室和7名基层纪检组织负责人进行专题约谈。扎实开展纪检监察干部“能力提升年”活动，加大培训力度，邀请上级纪委相关科室负责人到大丰作专题辅导，组织97名纪检监察干部分3批到西南政法大学进行能力提升培训，向中纪委培训机构争取22个培训名额，将纪委机关和基层纪检监察组织负责人全部轮训1遍。加强实践锻炼，开设纪检监察干部论坛，全年组织业务辅导25次，抽讲8次。建立基层新任纪检干部跟班培训制度，安排两批8名年轻纪检监察干部到区纪委纪律审查一线跟班学习，抽调基层监察干事参与“两规”案件办理，切实提升履职能力。

（丁卫军）

组　织

【概述】 2015年，大丰组织工作以习近平总书记视察江苏时提出的“推动全面从严治党迈上新台阶”和从严管理干部“五个要”（管理要全面、标准要严格、环节要衔接、措施要配套、责任要分明）为根本遵循，扎实做好选干部配班子、抓基层打基础、聚人才兴产业各项工作，为推动大丰转型升级、内涵发展、稳定增长提供坚强组织保障。

【“三严三实”专题教育】 2015年，根据中央和省委的要求，大丰成立“三严三实”专题教育综合协调小组，出台《关于在县处级以上领导干部中开展“三严三实”专题教育的实施方案》和《科级干部“三严三实”专题教育的实施方案》，召开“三严三实”工作推进会，印发《区委常委会开展“三严三实”专题教育工作计划》《“三严三实”专题教育一把手责任清单》等文件。注重发挥领导带学促学作用，开展领导干部讲专题党课，做好动员部署。区委书记倪峰为全区副科级以上领导干部讲党课。区委常委以及党员副区长、人大常委会主任、政协主席，分别在适当范围内为党员干部上专题党课。印发《关于在领导干部“三严三实”专题教育中推进“三解三促一加强”和机关干部“进村入户”活动的通知》，对全区领导干部“三严三实”专题调研工作进行部署安排。引导全区广大科级以上领导干部学习领会总书记系列重要讲话特别是视察江苏重要讲话精神，刘云山和赵乐际在专题教育工作座谈会上的讲话，以及省委书记、盐城市委书记的党课报告等；学习周恩来、焦裕禄、杨善洲、沈浩等先进

2015年10月9日，大丰区在上海举办江苏大丰（上海）招才引智推介会，会上集中签约项目80个
（单位供图）

典型事迹。在个人自学的基础上，安排6次学习研讨。区委常委围绕每个专题的侧重点，结合个人思想和工作实际，谈学习收获和体会，达到相互学习、相互交流、相互启发的目的。督促各镇（区）、各部门、各单位结合“评定升”活动，开展寻找“三严三实”好班子和大丰好党员活动，挖掘和宣传“三严三实”先进典型，特别是选树一批看得见、学得到、干部群众公认度高的身边典型，用身边人身边事教育干部。

【群众路线教育实践活动后续整改】2015年，根据省、盐城市委部署，大丰区确立长期整改的思想，研究制订《大丰区深化“四风”整治、巩固和拓展教育实践活动成果的实施办法》，分层分类建立“教育实践活动后续整改台账”，持续抓好后续整改工作。常委班子成员对照整改方案和整改清单开展整改，并抓好分管领域的整改工作。印发《关于深化“四风”整治、巩固活动成果下阶段工作要点》和《教育实践活动后续工作一把手责任清单》等文件，明确任务要求；并对各镇各部门领导班子整改方案和“一把手”个人整改清单完成情况审核过堂，逐一销号。区级层面制订完善16个长效机制文件，各部门制订完善27个长效机制文件，确保反弹无门、回潮无路。顺应群众期待，开展中央、省、盐城和大丰区委部署的56项专项整治工作，其中47项取得显著成效，另有9项专项整治经排查未发现此类问题。专项整治进展情况在《大丰日报》进行公示。

【干部管理】2015年，大丰区委组织部坚持党管干部原则，有序深化干部制度改革，围绕事业用干部、着眼长远育干部、健全制度管干部，着力打造引领改革发展的干部队伍。开展干部队伍能力素质培训，贯彻“按需施教、保证质量、注重能力、学以致用”原则，着力实施“党政干部能力提升工程”，继续巩固党校轮训、“每月一课”、中浦院培训、“星期六党校”的“四位一体”干部培训模式，推进干部教育培训品牌建设。重点组织实施农村干部、村（居）干部、公务员、科级干部学习十八届四中全会精神培训班、企业家复旦大学“一带一路”专题培训、专题讲座、报告会165期，培训党员干部22600人次，基层干部参训率100%。积极稳妥推进干部人事制度改革，制订《关于科级干部选拔任用动议环节的实施办法》，从主体、缘由、时机、步骤等方面规范动议程序，切实把好选任“第一关”。加快实施机构改革，对原工商局、原质监局和原食品药品监督管理局的科级领导干部进行统筹，组建新成立的市场监督管理局领导班子。组织实施区委全委（扩大）会提名推荐大中镇、团区委等领导班子正职人选。对新提拔的50名科级干部全面实行定向民主推荐，确保群众公认、实绩突出的人员选拔到科级领导岗位上来。积极引入“两测三必谈”（在民主测评中，除进行评价等次、任职建议等内容测评之外，还实行不良行为专项测评。访谈时与干部群众普谈、与考察对象家属或邻居访谈、与纪检、干部监督等部门约谈），提高干部考察精准度。坚持从严管理和全面监督干部，出台《关于改进干部考核评价工作的实施办法》《关于加强和改进优秀年轻干部培养选拔工作的实施意见》等文件。强化镇干部住勤值班督查，对执行不到位的镇及时提醒，要求限期整改到位。更新完善科级干部个人有关事项信息库，集中开展干部人事档案专项审核工作，确保干部人事档案真实、准确、完整、规范。牢固树立规矩意识，实行“四个不直接分管”（不直接分管人事、财务、工程建设、招投标工作）和末位表态制度（重大事项、重要事项集体讨论决定，“一把手”末位表态），强化对“一把手”的监督。强化经济责任审计和离任经济责任事项交接，对4名镇和区直部门党政正职实施离任经济责任审计，规范领导干部依法履行经济责任；对3名镇和区直部门党政正职实施离任经济责任事项交接，促进领导干部责任职责分离明晰。

【人才强区战略实施】2015年，大丰区委组织部大力实施创新驱动与人才强区战略，以人才国际化为方向，加快推进“616”人才引进3年行动计划，持续吸引海内外创新创业人才向大丰区汇聚。区委、区政府主要领导认真落实盐城市“党政正职人才工作目标责任书”要求，对人才工作亲自谋划、亲自推进。召开全区科技创新暨人才工作会议、人才重点工作推进会，专题部署“建平台、创品牌、引人才”工作。盐城“515计划”出台后，大丰率先制订出台“616”人才引进3年行动计划。将人才工作纳入全区经济社会发展综合考核体系，科学设定人才目标任务，印发《2015年全区人才工作目标任务分解》，将院士、“千人计划”专家、“双创”领军人才等指标分解落实到镇、区（园）和区直各部门，充分发挥企业和园区招才引智主体作用，将人才工作落到实处。坚持人才优先投入，设立区人才发展专项资金1.81亿元，给201名高校毕业生和紧缺人才发放生活住房补贴108.71万元。打造人才集聚高地，在人民网、中国沿海人才网、江苏沿海海外人才网，“985工程”、“211工程”、“2011计划”牵头高校等重点高校网站、微信群发布“616计划”文件及政策解读。组团参加大连海创周、深圳国际人才交流大会、省人才精英对接峰会等大型人才活动。人社部副部长、国家外专局局长张建国专门到深圳国际人才交流大会大丰展位，对大丰区推进“616计划”、大力招才引智给予高度评价。举办江苏大丰（上海）招才引智推介会，签约人才和产学研合作项目80个。深化“985”“211”高校校地合作，吸引123名高校毕业生到大丰驻村实习，与13所高校建立合作关系，新建高校人才工作站9家。做好国家、省、市人才项目申报工作，帮助企业申报国家“千人计划”2个、省“双创团队”2个、省“双创计划”17个、省“博士计划”9个、省“苏北计划”38个。鼎晟阀门有限公司引进的英国皇家院士马丁·格林哈尔什入选第十一批国家“千人计划”项目；大丰区自主申报入选的国家“千人计划”项目2个，列盐城第一。2015年全区引进大专以上学历人才6351名，其中：外籍院士1名、两院院士4名、“千人计划”专家5名、“双创”领军人才63名、专门人才1032名。不断深化人才特色品牌创建，推进“双招双引”（在招商引资工作中推进招才引智）工程，在全区举办的招商推介会上，同步宣传推介大丰人才政策和人才需求信息。围绕“一县一品”人才品牌创建，以主攻海外人才智力为重点，大力实施“海智集聚工程”。依托省海智工作基地、大丰留学人员创业园和江苏沿海海外人才交流中心等平台，借助海外人才工作站、海外科技团体以及海外引才顾问，加快建立接轨国际的招才引智体系。做好“第七批科技镇长团”6名专家到大丰区挂职服务工作，成功组建第八批科技镇长团，举办“院士博士大丰行”等活动12次，洽谈科技人才合作项目56项，引进各类人才136人，促成常州大学技术转移中心在江苏海洋产业研究院成立分中心，发挥了科技镇长团在推动科技创新、服务地方发展等方面的作用。大力优化人才发展环境，强化政策激励导向，在盐城“515计划”政策的基础上，分别提高生活补助、租房补贴，并将范围延伸至考录进入机关事业单位的博士生、硕士生、本科生，以及企业引进的高级工，提高了政策的“含金量”和吸引力。进一步完善江苏沿海海外人才交流中心、大丰留学人员创业园等平台功能，为各类人才创新创业提供更加优惠的落户条件。自主创业的人才，可由金茂担保公司提供人才创业贷款担保，解决人才融资难的问题。强化企业孵化器建设，高新区与苏州博济科技园合作，联合运营大丰卯酉·创客邦众创空间，为大丰区创新企业、创业人才和创业项目提供管理、培育、孵化、扶持等服务，营造了“大众创业、万众创新”的浓厚氛围。在区行政服务中心设立“616”人才“一站式”服务窗口，在“大丰区人力资源和社会保障网”开设专栏，开通“616”人才服务热线电话，为各类人才提供全程服务。

2015年12月27日，大丰举行“寻找群众最满意村官”主题评选活动颁奖晚会，为20位群众最满意村官和优秀村官颁奖 （单位供图）

【基层党组织建设】 2015年，大丰区委组织部扎实推进基层服务型党组织建设，推动党的路线方针政策在基层落地。夯实农村党建发展富民基础，深化“家庭农场+党组织”组建工作，从区直单位选派37名年轻干部驻村下访，选派第二批147名党建富民工作指导员（第一书记）到农村，召开各类座谈会239场，收集基层反映的问题786个，解决问题327个。利用每月20日检查活动契机，督促各镇加快示范点培植力度，新培植村党组织示范点26个。在全面推行镇党代会年会制的基础上，探索建立党代表网上工作室，拓展党代表履职新途径。开展村党群服务中心“星级”管理，深化“五个一”（公开一份安民承诺、建好一个便民中心、建设一支利民队伍、示范一组富民项目、办好一批惠民实事）农村服务型党组织创建。在村党组织作用发挥情况民意调查中，群众满意率95%以上的村占90%。提高城市党建综合服务水平，在全区社区党组织中实施社区党建先锋工程，从“组织设置、队伍管理、阵地建设、居民服务、区域共建、基础保障”6个方面着手，逐步构建社区党建管理服务新体系。会同区司法局，开展“党员律师进社区服务群众”活动，设立45个党员律师社区工作室。在继续抓好有3名以上正式党员、规模以上企业党组织单独组建率100%的基础上，抓好外商投资企业、新投产企业、专业市场、在建项目等党组织的组建工作。组织实施非公有制企业党建“六有三带一化”（有一块活动阵地，有一套工作制度、有一个活动载体、有一支人才队伍、有一定党建氛围，带头学习提高、带头履职尽职、带头遵纪守法，非公企业组织设置和活动区域化）先锋工程，制订具体实施意见，树立腾龙集团等单位的党建典型。举办全区非公有制企业党务工作者培训班，44个企业申报并通过“五好”（科学发展好、诚信守法好、劳资关系好、支持党建好、社会形象好）出资人创评初审。组织开展区直部门科级干部挂钩服务企业活动，为企业协调解决问题300多件，组织开展政银企对接活动2次，帮助企业招聘6000余名工人。提升机关党建科学化水平，继续组织区直参学单位开展“星期六党校”学习活动，创新推行“五四三”（五学、四个结合、三项制度）学习模式，有效提高“星期六党校”学习效果和机关党员干部的素能。推行“机关+农村”党组织联建“五联”（理论“联学”、阵地“联建”、发展“联抓”、技能“联培”、服务“联做”）工作模式，73个区级机关党组织帮助联建村修路115千米，修桥14座，清理河道1万多米，修建垃圾池250多个，兴办实业30多个，帮助解决就业1000余人，走访慰问联建村生活困难群众3000余户，有力带动联建村的发展。加强党员教育管理力度，围绕规模适度、结构合理、素质优良、纪律严明、作用突出的目标，强化党员管理，处置不合格党员，严格党内组织生活。深入推进"三解三促一加强"和机关干部"进村入户"活动，在联系服务群众中增强各级党员干部的群众观念。顺应"互联网+"时代背景，架设"党员在线"智慧云平台，整合"一报一网一栏"远程教育系统、"大丰党建"微博、微信互动平台和江苏先锋综合服务平台，创设云载体，打造全媒体网络学习平台，建立"一平台多终端"远程教育新模式，组织3期远程教育培训周活动，参培人员20000多人次。推行"远教创业孵化工程"，实施"百名专家进百村、育千名职业农民，百名微商开百店、树千名淘宝掌柜"远教星火"双百双千"计划，组织各类专题培训100余场，培训基层党员群众14000多人。全区通过在线巡视、网络留痕和远程考核，有效解决基层站点"设备在不在、活动搞没搞、对象到没到"等问题。

2015年大丰区党组织、党员基本情况统计

表9

党组织	数量（个）	党员		数量（个）	党员		数量（个）
党委	41	党员总数		51712	2015年发展新党员		402
党组	24	其中	新中国成立前入党	1057	其中	镇	327
党总支	309		女性	11146		女性	177
党支部	2468		35岁以下	7786		35岁以下	263
党小组	6195		高中以上学历	33352		—	—

（张国庆　周辛欣）

宣　传

【概述】 2015年，大丰区宣传思想文化工作围绕学习贯彻中共十八大和十八届三中、四中、五中全会精神和习近平总书记系列重要讲话精神，按照省、盐城召开的"文化建设迈上新台阶"工作会议要求，紧贴区委、区政府中心工作，有的放矢，开拓创新，为建设"强富美高"新大丰凝聚强大精神力量。

【理论武装】 2015年，大丰区委中心组深入开展学习，制订《大丰区委中心组学习制度》，做到学习制度健全、学习内容丰富、学习程序规范。继续发挥区委中心组"每月一课"学习示范引领作用，全年邀请12名专家学者就市场化改革背景下的经济法治、当前宏观经济现状及发展趋势、"一带一路"战略与江苏、城市形象与品牌塑造等12个专题作报告。在"每月一课"集中学习的基础上，组织开展"四个全面"（全面建成小康社会、全面深化改革、全面依法治国、全面从严治党）、"一带一路"、"三严三实"专题教育、"党的十八届五中全会精神"等专题学习活动。扎实开展冬训冬学，坚持"组织领导早推进、调研谋划早部署、试点带动早到位"，实施"分层训学"新模式，开展"万名党员干部大走访""千名基层农村干部大轮训""百名回乡人员大交流"等活动，近5万名基层党员干部参加，参训率超过90%，《盐阜大众报》等媒体报道60余次。大丰区被省委宣传部、省委组织部联合表彰为全省基层党员冬训工作示范县（市）。草堰镇、大中镇均被评为全省基层党员冬训工作示范镇。创新理论普及，开通"鹿乡学堂"理论学习微信公众号，开设"学习在线""理论热点""工作动态"等专题，运用新媒体手段做好新常态下中共创新理论的宣传普及工作。《抬起头来发现爱》等4篇作品入围省委宣传部组织的"微信传大义、影像说价值"微视频大赛，入围作品数列盐城第一。

【对内宣传】 2015年，大丰区认真学习宣传中共十八届三中、四中、五中全会精神和习近平总书记系列重要讲话精神，贯彻落实中央经济工作会议，省委十二届十次、十一次全会精神，盐城市委六届七次、八次全会和区委十一届八次全会等会议精神。区电视台、大丰日报社、政府门户网站开设"建设新大丰、发展上台阶""大丰好玩呢"等专题专栏，加大正面宣传力度，增强凝聚力、引领力，为全区经济社会发展营造良好舆论氛围。积极参与策应"一带一路"、"三严三实"专题教育、区划调整、纪念抗战胜利70周年、旅游季、秸秆"双禁"和"人才招引"等专题的宣传工作，营造舆论氛围。做好全省沿海地区发展会议大丰现场观摩、全区镇村经济发展观摩、"项目载体建设突破年"推进会、建湖县党政代表团到大丰、射阳县党政代表团到大丰等重大活动的沿途直播解说，提升了大丰的知名度和影响力。加大重大典型的培养和宣传力度，区安监局副局长陈亚平被省委宣传部表彰为省最美基层共产党员。整合各类媒体，开设专题专栏专版，大力宣传最美党员、最美职工、最美少年等先进典型和群体的典型事迹，发挥社会主义核心价值观凝神聚气、固本强基的重要基础性作用，在全社会营造人人知晓先进、人人学习先进、人人争当先进的良好氛围。深入开展“推广全民阅读、建设书香大丰”为主题的全民阅读活动，积极打造大丰全民阅读品牌，提高居民综合阅读率，营造人人读书、自觉读书、终身读书的氛围。

【对外宣传】 2015年，大丰在中央、省级以上主流媒体用稿近150篇，在电视媒体用稿75篇（条），位居盐城各县（市、区）首位。其中，《人民日报》4篇，中央电视台12篇，《新华日报》73篇，江苏新时空32条。在《解放日报》《新民晚报》等上海主流媒体用稿30余篇。刘庄镇“橘子事件”（境内货车侧翻，30多吨橘子散落，群众救援无人哄抢）被《人民日报》报道后，《新华日报》、江苏卫视跟踪报道，唱响“大丰人好呢”品牌。《农民日报》对恒北发展乡村旅游大篇幅深度报道，江苏卫视、《新民晚报》等媒体将恒北村作为乡村发展典型在重要时段和重要版面宣传。荷兰花海作为项目典型两次亮相央视《新闻联播》，同时被荷兰国家电视1台，央视《朝闻天下》《走遍中国》《聚焦先锋榜》等栏目专题报道，进一步打响“荷兰花海”品牌。举办“洋眼看江苏大丰行”“国际友人江苏新农村体验之旅”等活动，来自50多个国家的近150位外籍友人走进大丰，品位大丰独特的人文历史和发展成果。荷兰花卉专家尼可当选2015“情动江苏——杰出国际友人”，成为盐城市唯一获此称号的国际友人。连续3年开展鹿王争霸电视直播活动，联合江苏电视台、上海电视台打造鹿王争霸电视直播品牌。30秒城市形象宣传片登陆纽约时代广场大屏，提升大丰的知名度和美誉度。继续在中央电视台《朝闻天下》推出15秒城市形象宣传片，持续打响“请到麋鹿故乡来——大丰好玩呢”外宣品牌。组织编纂江苏符号口袋书《大丰麋鹿》（中文版）。

2015年，大丰区推荐的荷兰花卉专家尼可当选2015“情动江苏——杰出国际友人”，成为盐城市唯一获此称号的国际友人

【舆论安全】 2015年，大丰区委宣传部实施“大网评”工程，在全区范围内推荐和遴选网评员426人、核心网评员120人。规范网评员管理，出台岗位职责、考评方法和工作规范，对网评工作进行考评。组织核心网评员到网情中心轮值培训，邀请上级领导和专家对他们进行专题辅导，调动了网评员的工作积极性，提升了工作能力。推进大丰当地传统媒体和新媒体的深度融合，形成“报网台微”联动发声的舆论引导新格局，发布权威信息，传播主流声音，形成集群优势。年内，“中国大丰”党政新闻客户端下载量超过7万次，在江苏各地方党政客户端中排名第二。“幸福大丰”官方微博粉丝数近160万，连续两年排名江苏省外宣工作前列。“微大丰”官方微信有2万多人关注，在全国政务微信县级城市中列第三位。建立网民常态沟通机制，采取“线上互动、线下沟通”的办法，发动有一定粉丝量的大丰当地活跃网民，协力净化网络环境，共同讲好大丰故事。实行网站约谈制度，约谈大丰当地网站、论坛负责人以及微信公众号的管理者，要求他们加强内部管理和自律。互联网创新管理工作得到省委宣传部、省网信办领导的肯定，该项工作经验刊载在江苏宣传《工作动态》上。开展涉稳舆情专项整治百日行动，有效净化网络舆论环境。全年协调处置各类网络舆情6214条，未发生重大负面舆情和省通报舆情。

【公民道德教育】 年内，大丰区大力培育践行社会主义核心价值观，深入开展“我推荐、我评议身边好人”活动，发动社会各界手机推报好人线索100多条，机关、镇、村、社区和服务窗口广泛设置“厚德大丰榜”，出台《盐城市大丰区关爱道德典型实施办法（试行）》，让道德模范有礼遇、享尊崇。大丰区作为创建全国文明城市提名城市代表，受邀参加全国精神文明建设工作表彰暨学雷锋志愿服务大会。区委宣传部副部长、文明办主任顾保获“全国未成年人思想道德建设先进个人”称号。陈亚平当选6月“中国好人榜”“敬业奉献好人”，并与“诚信奶奶”单德凤同时当选“盐城市第四届道德模范”。全年有3人当选“盐城好人”，34人当选“大丰好人”。利用各类载体和平台，常年开展“讲文明树新风”公益宣传。基层文明创建常态有效，实验小学、恒北村分别获“全国文明单位”“全国文明村”称号，大中镇光明村获第二届“盐城市最美乡村”。全区有注册志愿者5.72万人，占城镇总人口15.34%，服务队148支，志愿服务培训基地1个。组织实施“益呼百应、微爱传递”志愿服务，以“雷锋之花季季红”活动为重点，以志愿服务进社区为主题，开展“彩云妈妈阳光爸爸”“七彩丝带”“清凉关爱”等志愿服务项目67个。连续9年组织开展“众人携手、爱心助学”关爱贫困大学生活动，全年有63个单位参与活动，捐助善款28万余元，64名学子受到资助。“行知互动剧场”品牌效应持续显现，被评为盐城市“十佳文明新事”。突出抓好“八礼四仪”养成教育，开通“96111”心理咨询热线。

【文化建设】2015年，大丰区政府出台《关于加强文化建设迈上新台阶政策扶持若干意见》，设立文化建设专项资金1000万元，专门用于文化事业发展。设立麋鹿文化奖章、区政府文艺奖，加大对文化拔尖人才的奖励力度，重奖在国内外获得大奖的作者作品。统筹推进镇综合文化站、村（社区）基层综合性公共文化服务中心建设，建成镇国家等级综合文化站12个，达标村（社区）综合服务中心263个，达标率100%。开展百姓星光大舞台“周周演”“百团大展演”等公益性文艺演出，掀起“人人参与文化、个个享受文化”的热潮。积极开展“三送”活动，全年送戏进村、进社区241场，免费放映电影460场，送书3万多册。组织东方1号创意产业园参加首届“文化产业创业大赛”，申报2015年江苏省“双创计划”。通过省工业设计国际合作平台，引进上百位国际工业设计优秀大师。华东首家阿里巴巴农村淘宝大丰服务中心及18家村级服务站建成运营。以大数据产业园为依托，引进中兴软创公司、亿阁科技、运盛医疗等企业，初步形成园内企业快速聚集、人才大量流入的良好局面。按照“一本书、一台戏、一部影视剧、一首歌曲、一部摄影作品集”的“五个一”工程要求，开展文艺精品创作。联合拍摄的电视剧《于无声处》在央视、江苏卫视播出，同期电视剧收视率最高。大型原创廉政话剧《桥》，获盐城市艺术节调演最高奖——“文华大奖”。小说《倾镇之恋》、水粉画《生命历程》等10部作品获盐城政府文艺奖，获奖数量居盐城各县（市、区）首位。杨国美获首届“江苏摄影奖”，其摄影作品《生态家园，欣欣向荣》亮相“中国梦”公益广告主题展。

（韦伟　洪伟）

精神文明建设

【概述】2015年，大丰区精神文明建设工作以培育践行社会主义核心价值观为主线，以提升社会文明程度为目标，以创建全国文明城市为龙头，着力加强公民道德建设、志愿服务制度化、未成年人文明礼仪养成教育、群众性文明创建常态长效，为建设强富美高新大丰做贡献。

【公民道德建设】年内，大丰区全力打造“大丰人好呢”城市名片，出台《盐城市大丰区关爱道德典型实施办法（试行）》，建立完善“道德讲堂”，开展“我推荐、我评议身边好人”活动，设置“厚德大丰榜”，录制“好人新春送祝福”专题短片在区电视台反复播出，营造崇尚好人、好人有好报的社会氛围。部署“美丽盐城人”系列活动，开展各类先进典型评选表彰、学习宣传，激发正能量。陈亚平当选6月敬业奉献类中国好人。陈亚平、单德凤当选盐城市第四届道德模范。5人当选“盐城好人”。32人当选“大丰好人”。利用“高炮”宣传牌、道旗、楼宇广告、工地围挡、宣传橱窗、大型电子显示屏、横幅、公交站台等载体和《大丰日报》、大丰电视台、幸福大丰官方微博等媒体，常年开展“讲文明树新风”公益宣传。

【学雷锋志愿服务】2015年，盐城市委常委、大丰区委书记倪峰参与学雷锋志愿服务，并对组织开展好志愿服务工作提出明确要求。组织实施“益呼百应、微爱传递”志愿服务，以“雷锋之花季季红”活动为重点，以志愿服务进社区为主题，开展“微关爱进社区”“彩云妈妈阳光爸爸”“暖春行动”“清凉关爱”等志愿服务“十大行动”67个项目。举行“学雷锋日”志愿服务集中行动启动仪式，命名表彰十佳志愿者、志愿服务组织。持续开展“文明交通周周行”、禁放烟花爆竹宣传等。社会公益人士自发开展的“红十字车队”“大丰义工联”、大丰汽摩协会“小水滴关爱行动”等志愿行动，影响力持续增强，吸引了一批社会群众参与。全区注册志愿者5.75万人，占城镇人口数15.41%，志愿服务队（驿站）148支（个）。利用3·5学雷锋日、9·20公民道德宣传日、12·5志愿者日等重要时间节点，各类志愿队伍到农村、社区开展集中行动，形成声势。

【未成年人道德建设】2015年，“行知互动剧场”品牌效应持续显现，入选《中国精神文明建设年鉴（2014）》，被评为盐城市“十佳文明新事”。10

2015年，大丰义工联举办的“补爱行动”等关爱活动，得到社会好评

月，举行“第二届行知互动剧场”节目汇演，11个中小学校分别获一、二等奖。突出抓好“八礼四仪”（仪表之礼、餐饮之礼、言谈之礼、待人之礼、行走之礼、观赏之礼、游览之礼、仪式之礼，入学仪式、成长仪式、青春仪式、成人仪式）养成教育，开通“96111”心理咨询热线，组织设计“青春仪式”创新案例并录制光盘上报，完成“童心里的诗篇”优秀稿件征集。举办“寻找最美学生”活动，新团初级中学学生杨皓当选“江苏省百名美德少年”。大桥中心小学建成中央级彩票公益金支持的乡村少年宫、10个小学建成省级彩票公益金支持的乡村学校少年宫，拓展未成年人活动领域。

【关爱贫困大学生】 2015年，区文明委连续第9年组织开展“众人携手、爱心助学”关爱贫困大学生活动，有63个单位参与，捐助善款28万余元，资助64名学子。9年来，该活动共有500多个单位和1200多名群众参与，累计募集爱心助学金900余万元，资助3200多名贫困大学生。

【基层文明创建】 年内，区文明办全面推进“五美五福农家”（发展之美、人文之美、生态之美、平安之美、民生之美，富裕之福、和睦之福、宜居之福、愉悦之福、安康之福）、“最美乡村”建设，开展农村精神文明创建活动。大中镇光明村获第二届“盐城市最美乡村”称号。大中镇恒北村通过第一届“江苏省最美乡村”复查。召开全区农村精神文明建设现场会，34个盐城市级文明单位与12个重点村结对共建，实施158个实事项目，先期投入108万元，提升村容村貌、组建道德讲堂、建设志愿者队伍，共同培育新时期乡规民约，着力提升乡风文明。促进文明单位创建常态化，建成2013~2014年度盐城市级文明创建先进集体44个；大丰实验小学、大中镇恒北村分别被表彰为“全国文明单位”“全国文明村”。

【文明城市创建】 3月，大丰召开全区文明城市创建长效管理推进大会。文明办制订《创建全国文明城市三年行动计划（2015~2017）》，开展软件资料信息工作培训。把与文明城市创建关系密切的项目、市民关注的工程作为重点，优先安排、优先实施；对城市主要街道、重点区域、重要部位实施景观改造，完善绿化设施；对有碍市容市貌的沿街建筑物进行“洗脸、穿衣、戴帽”，使之与周边环境相协调。开展城乡环境综合整治行动，重点解决小区、城中村、背街小巷“脏”“乱”“差”现象，管理维护街巷基础设施，做到灯亮、路洁、厕净；着力整治城市出入口、城乡结合部，拆除违章建筑，净化城市“门面”。全年组织30次交通秩序集中整治，完善交通设施，严查违章现象，查处457283人次，促进城区交通秩序规范有序。加强对出租车作业管理，规范服务行为，查处人力三轮车、机动三轮车违规载客经营现象。开展市场秩序整治行动，对金都贸易城、恒生商城、飞达路市场、健康菜场的乱堆乱放、占道经营、流动摊点等问题进行跟踪执法、限期整改。开展老旧小区长效整治，在金丰小区、石油小区、常新小区试点社会化管理，取得明显成效。开展污水沟塘专项整治，供电北沟、红星河、四中北沟、技校北沟等河道基本实现治理目标。

【文明旅游】 2015年，大丰区持续开展“大丰人好呢”文明旅游专项教育提升行动，强化宣传造势，充分展示“大丰人好呢”文明旅游新形象。注重行业管理，联合区优化办、旅游局对旅游景区（点）文明旅游工作不定期暗访检查8次，提升景区（点）工作人员自我管理水平。区文明办联合旅游局评比“最美人物”（导游、司机、物管等），举办2期400人次出租车司机优质服务培训，倡导在“流动窗口”展示文明形象、优质服务。

【信息平台建设】 2015年，大丰文明网完成改版，并加入中国文明网联盟网站。网站设19个一级栏目，13个二级栏目。“文明大丰”官方微博及微信公众号正式上线运行。全年向江苏文明网报送文明信息1449条。《江苏精神文明建设简报》采用综合消息2条，《精神文明导刊》刊登稿件2篇，《精神文明报》刊登稿件5篇，《盐阜大众报》《大丰日报》等采用信息20篇。

（冯永义　陈　璐）

统　战

【概述】 2015年，大丰统战工作以中共十八届五中全会和中央、省委统战工作会议精神为引领，认真贯彻落实上级统战部门要求，明确大丰统战工作目标，制订考核办法，扎实有效地做好新形势下统战各项工作。以“三解三促”“进村入户”活动为契机，统战干部深入基层，到挂钩企业、村，帮助协调解决困难。年内，统战部门在服务沿海开发、促进经济社会转型发展、维护社会和谐稳定等方面做出应有贡献。

【学习《条例》】 9月，《中国共产党统一战线工作条例（试行）》（以下简称《条例》）颁布后，统战部及时召集统战系统成员单位和重点统战对象认真学习领会。在统战系统开展学习《条例》和中央、省委统战工作会议专题活动。机关全体人员结合《条例》和会议精神，按照“三严三实”的要求，认真查找自身不足，切实把上级的要求转化到服务经济社会发展上，服务到和谐社会建设上。

【服务非公有制企业】 年初，会同人社、工商联等部门组织250多个非公有制企业，参加引才用工招聘会，4600多人与企业达成就业意向，为部分企业解决了用工难问题。创新服务小微企业举措，完善中小微企业监测点试点建设，组织筛选25个中小微企业进行动态监测，做好与相关职能部门的沟通协作。年内，数据采集、监测联系、信息上报工作正常开展。根据“深化两服务（服务企业、服务项目)、发展保稳定”的要求,区委统战部机关领导班子成员每人挂钩服务1个非公有制企业,每月到企业了解生产销售情况,对企业建言献策,助推企业科技创新、转型升级,促进企业增强市场竞争力。

【非公有制经济人士政治引领】 2015年,区委统战部进一步完善非公有制经济代表人士综合评价机制,联合组织部、工商联做好“五好”(科学发展好、诚信守法好、劳资关系好、支持党建好、社会形象好)出资人队伍建设。加对大非公有制经济人士培训力度,按照“爱国、敬业、诚信、守法”的要求,将“四信”(对中国特色社会主义的信念、对党和政府的信任、对企业发展的信心、对社会的信誉)教育活动与深化改革、光彩事业活动结合起来,引领非公有制经济人士健康成长。组织非公有制企业参加盐城市股权知识讲座培训班,组织辉丰公司、丰东公司及互联网企业参加南京创洽会,组织行业商会参加盐城市商界变法大讲堂,引领非公有制代表人士树立良好的市场经济经营理念、价值观和道德规范。

【商会经济】 年内,区委统战部遵循广泛性和代表性相结合的原则,优化商会会员队伍,形成领军企业全覆盖、规模以上企业基本覆盖、新兴产业企业会员和团体会员占一定比例的会员格局。优选发展对象,注重新加入会员的企业规模、行业代表性和参与热情,将全民创业中涌现出来的先进典型列为重点发展对象;优先吸收符合党委政府发展规划的新兴产业和转型升级的重点企业;广泛吸收“新生代”民营企业家;主动吸收经济类行业协会组织以团体会员加入工商联。5月,大丰成立特产商会。至年底,大丰累计组建行业商会、异地商会18个。

【党外代表人士制度建设】 年初,市委出台《关于加强新形势下党外代表人士队伍建设的实施意见》,明确大丰区党外代表人士队伍建设的总体要求以及各项任务。区委常委会认真听取和研究统战工作。区委主要领导要求加大在工作一线党外干部的培养、选拔力度,强调要把加强党外人士队伍建设纳入重要议事日程、纳入人才和干部队伍建设总体规划、纳入领导班子和干部队伍建设的考核内容。区委通过情况通报会、四套班子工作例会、人大和政协年会向党外人士通报全区经济社会发展的情况。统战部门牵头负责加强沟通协调和督促指导党外代表人士队伍建设工作,组织、宣传、党校、财政等部门分工协作,为做好党外代表人士工作提供了坚实的组织和物质保障。8月,大丰撤市设区,按照上级统战部门的统一安排,协助民主党派对新发展成员进行把关,按照民主党派的界别分类,把一些有一定专长和影响的卫生、教育、科技界专业人士推荐为民主党派成员考察对象。

2015年10月,大丰区成立由100多位无党派人士组成的无党派知识分子联谊会 (单位供图)

【发挥党外人士作用】 2015年,根据省委《关于加强新形势下党外代表人士队伍建设的实施意见》,大丰区各级党政领导班子强化联谊交友意识。区委常委每人联谊交友多位党外代表人士,听取他们的意见、建议,充分发挥他们的参政议政作用。年内,大丰区成立由100多位无党派人士组成的无党派知识分子联谊会,为教育、卫生、科技、文化等行业的党外人士提供交流沟通平台。组织教育界党外人士开展社区教育富民工程,利用电化教育、现场示范、巡回服务等方式,为返乡农民工或在乡农民工举办技能学历双提升教育、农村致富培训;组织卫生界党外人士统一制作健康管理团队服务手册,每月到村服务4次以上;组织文化界党外人士成立文艺宣传队,开展送戏进村、进社区200多场。邀请党外人大代表、政协委员现场评议提案办理情况,组织100多位党外人士就优化经济发展环境进行综合评议。聘请10多位党外人士,担任检察、审判、教育工作特约监督员。人大、政协两会上,党外人大代表、政协委员提案建议都在300条以上,推进党外民主监督正常化、长效化。

【培养党外代表人士实践能力】 2015年,大丰区坚持用“同心”(思想上同心同德、目标上同心同向、行动上同心同行)思想引领党外代表人士思想政治工作,在党外代表人士中开展了践行社会主义核心价值体系主题教育活动,增强党外代表人士的政治共识。将党外代表人士的培训纳入全区干部培训总体规划,定期组织培训。选派了5名党外副科级干部赴上级社会主义学院学习深造,促进党外干部增长知识、开拓眼界。全区近30名党外干部参加“三服务”(服务企业、服务项目、服务基层)、“三解三促一加强”以及“进村入户”等基层实践锻炼活动。通过实践锻炼解决了一些矛盾问题，贴近了基层群众，提高了统战干部处理问题的能力。

【基层统战工作基础夯实】 2015年，在区委组织部的支持下，12个镇全部配备统战委员，使镇统战工作有人管。加强基层商会、工商联分会组织建设，整合统一战线资源，建立健全基层业务工作网络。聘请民族宗教矛盾纠纷调解员、舆情社情信息员以及各类特约人员，建立统战工作的社会化网络，增大统战工作的辐射面。按照“五好”（理论学习好、协商民主好、载体创新好、服务中心好、基础工作好）的要求，将大丰统战工作分为六大项25个指标，使基层统战工作有重点、操作性强。开展各镇统战委员和区直单位统战工作负责人业务培训、统战干部轮训，提高业务水平，为统战系统服务全区经济社会发展提供智力支持。

（王　琨）

机构编制

【概述】 2015年，大丰区机构编制管理工作坚持“严格控制、规范管理、理顺关系、服务大局”的工作思路，主动适应和服务经济社会发展新常态，深化行政审批制度改革，加快转变政府职能，优化配置机构编制资源，为建设强富美高新大丰提供坚实的体制机制保障。

【相对集中行政许可权试点改革】 4月，大丰被列为国家级相对集中行政许可权改革试点地区。按照试点改革的统一部署，大丰区坚持把改革的落脚点放在“集约、规范、便民、高效”上，通过组建行政审批局，对外实行“一枚印章管审批”，着力解决当前行政审批环节中存在的“一长四多”（审批时间长、盖章多、收费多、中介多、材料多）矛盾，构建审批与监管相匹配的管理新模式。成立由区主要领导任组长，相关部门协同的改革工作领导小组，统一指导协调全区相对集中行政许可权改革试点工作，研究解决改革过程中的重要问题。大丰区编办作为牵头单位，会同法制办、行政服务中心深入调研，学习借鉴天津滨海新区、盱眙县等改革试点先行地区的做法，结合大丰实际，在人员、事项划转、审批模式等改革关键点上，突出大丰审改特色，体现“蹄疾步稳”。7月，省委办公厅、省政府办公厅批复《大丰区相对集中行政许可权试点方案》。按照上级批复文件精神，大丰区拟通过实施“三个集中、三大支撑、三项配套”（三个集中：行政审批权限集中、行政管理职能集中、行政服务事项集中；三大支撑：权力体系支撑、监管机制支撑、服务载体支撑；三项配套：信用管理配套、中介服务配套、内部监督配套）的“333”改革工程，构建审批、监管、服务分离联动的权力运行体系，从而实现试点改革的最终目标。

【大丰区行政审批局成立】 9月28日，大丰区行政审批局揭牌成立。省编办主任俞军、盐城市市长王荣平共同为大丰区行政审批局揭牌。全区22个部门227项行政许可事项，分3批次划转至区行政审批局。经过一段时间运行，取得成效，实现了“四个减少”（人员减少、环节减少、盖章减少、用时减少），解决了“一长四多”问题。

【市场监管体制“三合一”改革】 2015年，按照省政府《关于调整完善市县工商质监食品药品管理体制加强市场监管的意见》精神，围绕县级工商、质监、食药管理体制调整下划及机构“三合一”改革、组建市场监督管理局，开展调研、座谈和征求意见，借鉴吸收周边县（市、区）好的经验和做法，使“三合一”改革工作符合改革的大方向和大丰实际。3月27日，大丰区市场监管局正式成立。大丰在盐城市率先完成市场监管体制改革工作。

【区政府机构改革】 2015年，区编办按照上级要求，开展不动产登记工作，会同区国土资源局，对涉及不动产统一登记工作的住建局、农委等部门进行调研，深入了解这些部门中涉及不动产登记工作的机构、职责、人员编制情况，学习借鉴外地的经验和做法，为不动产统一登记工作的顺利开展提供参考和依据。8月底，大丰区不动产登记局在国土资源局正式挂牌。按照上级改革要求，开展卫生局、计生委组建区卫计委工作，积极推进机构整合平稳过渡，9月完成机构挂牌和人员整合工作。

【机构编制源头管理】 2015年，区编办严格落实“财政供养人员只减不增”的要求，做好全区超编单位人员消化工作，坚持机构编制“严控总量、盘活存量、增减平衡”。按照盐城市编办要求，对2014年机构编制核查汇总数据进行回头看，对漏报、错报的核查数据落实整改，确保机构、编制和各类人员情况“家底”清。出台《关于做好全区控编减编工作方案》，明确全区开展控编减编的指导思想、工作原则、任务措施，确保把行政编制控制在中央下达的数额之内，事业编制控制在2012年年底总量之内，实现机构编制零增长。严格执行机构编制管理规范文件，扎实做好用编进人工作源头管理，严把审核关口。落实好机构编制年审制度、实名制信息库核准制度、机构编制督查制度，推动全区机构编制管理工作的规范化、制度化。

【区编办服务经济社会发展】 2015年，区编办完成全区33个部门责任清单编制工作，共涉及具体责任事项2184项、划定部门职责边界320项、公共服务事项222项、部门职责对应的权力事项合计3444项、编制行政权力运行流程图478张、制订事中事后监管措施232条，进一步明确部门职责，落实责任主体，完善监管制度，推动实现全区各部门权力的规范运行。围绕成立沪苏大丰产业联动集聚区，开展集聚区运行前期机构编制调研，并根据区委区政府的要求，上报了《关于成立沪苏大丰产业联动集聚区管理机构并明确为正处级规格的请示》，得到上级批准。助推新丰镇荷兰花海项目建设，对荷兰花海的机构建制提出建议，报盐城批准成立了荷兰花海旅游度假区管理机构。响应大丰区科技创新及“616”人才计划，下达专项引进人才用编计划。按照上级要求，全面落实机关事业单位科级机构和领导职数预审工作，并按期上报相关数据。调整区纪委、法院、环保局等部门的内设机构，促使部门运行更加规范高效。

（周　荣）

保　密

【概述】 2015年，大丰区保密工作紧扣年初工作安排，认真贯彻落实上级保密部门的工作部署和要求，扎实推进各项工作，较好地发挥了“保安全、保发展、保和谐、保稳定”的职能作用，取得了较好的工作成效，被盐城市委保密委表彰为全市保密工作先进集体。

【组织领导】 2015年，大丰区国家保密工作局（简称区保密局）根据人事变动，按照“配齐、配强、配优”的原则，及时提请区委对区委保密委员会进行调整。结合新的形势任务和上级有关保密工作新要求，修订完善“党政领导干部履行保密工作责任书”，并组织全区副科级以上干部签订“保密工作责任书”，做好党政领导干部履行保密工作责任制考核工作，增强了各级领导干部履职的意识和能力，促使保密工作任务要求落到实处。对照《机关、单位自查自评表》要求，对各单位保密工作开展情况进行考评，有力保证了保密工作各项措施的落实。

【保密宣传】 年内，区保密局抓住《中华人民共和国保守国家秘密法》颁布纪念日、保密法制宣传月、“12·4”全国法制宣传日等重要时段，以“保密法”“保密法实施条例”及其配套法规为主要内容，利用横幅、板报、宣传标语及网站、微信、微博等，开展保密法制宣传教育。与各镇、各部门联动，开展形式多样的保密法制宣传活动，重点突出网络安全和技术防范，有效增强了各级领导干部、机关工作人员的保密意识和防范能力。组织开展“六五”保密法治宣传教育总结验收工作，顺利通过盐城市保密局的验收。

【保密监管】 年初，区保密局对2014年大丰产生的涉密文件资料发放情况进行登记备案，在全区范围内对2014年中央、省、盐城市及大丰产生的涉密文件资料进行集中清理、回收、销毁，共回收涉密文件1200份。开展涉密文件资料非法交易清理取缔工作，联合市场监督管理局、公安局等部门对城区废旧物品收购站、2家国家秘密载体定点复制单位进行检查，未发现有涉密文件资料交易现象。

【国家统一考试】 年内，大丰及时调整区国家统一考试保密领导小组、应急处置领导小组成员，制订周密、翔实的国家统一考试保密工作应急预案。联合公安、教育等部门，检查区试卷保密室和各考点，重点检查各考点国家统一考试标准化教室、试卷保管室安全防护及监控设施状况、保密规章制度落实情况等，保证了普通学业水平测试、中高考的顺利进行。

（王一波）

台湾事务

【概述】 2015年，大丰区认真贯彻落实中央、省对台工作会议精神，准确把握对台工作的新形势新任务，以深化大丰与台湾两地经贸合作为重点，求真务实，加快推进台资产业集聚、台企创新发展、台商投资环境和两岸交流交往“四个新高地”建设，对台工作取得新成绩。全年接待台胞台商团组到大丰参观考察7批100多人次，为17批次106人次办理因公赴台手续。主动赴上海、昆山、海安等地拜会当地台办和台协会，推介宣传大丰，寻找对台招商信息。全年新增台资454万美元。做好全区台资企业、台胞台属基本信息资料普查，为两岸对台经贸、文化、基层交流，提供准确翔实数据。做好苏中、苏北赴台就读陆生（在台湾就读的大陆学生）在大丰联谊活动。

【王旭东到大丰考察】 9月20日，全国政协常委、社会和法制委员会副主任王旭东一行在盐城市台办主任董小平的陪同下到大丰区，参观考察经济开发区、麋鹿保护区、大丰港集装箱码头等地。在开发区博敏电子项目现场，王旭东详细了解了大丰区电子信息产业的发展现状，对大丰区大力发展电子信息产业等做法给予肯定。考察中，王旭东认为大丰区发展速度快、生态环境好，表示将通过两岸企业家峰会的平台，宣传推介大丰，吸引更多的台企台商到大丰寻求合作。

【张为到大丰考察对台交流合作基地】 8月21日，省台办副主任张为一行7人到麋鹿保护区，就麋鹿保护区挂牌“江苏省对台交流合作基地”开展调研。保护区汇报挂牌的准备工作和面临问题。张为肯定了保护区所做的工作，并对下一步工作提出建议。

【台湾屏东县农业参访团到大丰考察】 4月23日，台湾屏东县农业参访团到大丰市参观考察。参访团参观了荷兰花海和丰收大地现代农业示范区，并听取相关情况介绍。参访团表示，屏东县的农业比重大，大丰特色优势明显，加强两地农业合作，有利于发挥各自优势，合作前景广阔。

【“海外台商江苏行”一行到大丰考察】 5月31日，在省台办海外处副处长胡凯的陪同下，来自美国、澳大利亚、新西兰等国的台商一行19人到大丰，参观考察荷兰花海和麋鹿保护区等地，对大丰区超常规发展旅游业的理念和独特的生态环境优势表示赞赏。

【赵守博到大丰考察】 8月12日，台湾工商企业联合会理事长、中华两岸企业发展协进会荣誉理事长赵守博一行到大丰考察。盐城市台办主任董小平、副主任张健，大丰区委常委董坤等陪同。赵守博一行参观考察了大丰市经济开发区、大丰港区集装箱码头和麋鹿保护区，并邀请大丰派员参加9月在台举办的两岸企业发展交流活动。

【赴台湾开展经贸活动】 4月25~30日，盐城市委常委、大丰市委书记倪峰带队赴台湾开展经贸活动，举办江苏大丰（两岸）经贸交流合作说明会、江苏大丰（两岸）文创产业合作与发展交流会，设立了江苏省大丰区驻台经贸联络处和东方1号驻台湾联络处。在台湾期间，大丰参加和组织经贸交流活动5次，签订经贸、旅游、农业、文创合作等合作项目23个，协议总投资24.9亿元；大丰组织拜访台湾牧德科技、景硕科技、双键集团、技盟科技、创志科技、高雄港、台湾民宿、台湾工研院、台湾中华营销广告文化协会等20多个企业和协会。

【赴台湾开展农渔业合作交流】 4月26~30日，大丰市委副书记宋勇带队一行5人赴台湾开展农业招商活动。代表团拜访宜兰农会、台湾渔委等，参观走马濑农场；参加盐城市委、市政府在高雄举行盐城（两岸）现代农渔业合作说明会，签约项目2个（木材产业园与台湾森艋木业有限公司洽谈的总投资3亿元的秸秆生态板项目，新丰镇与台湾凯农绿色科技股份有限公司洽谈的总投资6000万元的生质燃料颗粒项目）。

【赴台湾推进两地旅游合作】 5月12~18日，市委常委、政法委书记袁国萍带队拜访国家旅游局驻台湾办事处和“台湾交通部观光局”，就两地旅游深度合作进行交流。其间，大丰在台北市举行“2015江苏大丰（两岸）旅游说明会”，96家台湾旅游企业参加活动。台湾旅游企业负责人表示，将组织更多台湾游客到大丰观光旅游。

2015年4月27日，大丰市在台北市举行江苏大丰（两岸）经贸交流合作说明会。说明会上，举行江苏省大丰市经贸联络处揭牌仪式，举行项目集中签约 （单位供图）

【东方1号创意园与台湾芝柏集团签约】 9月13日，东方1号创意产业园与台湾芝柏集团举行签约仪式，双方将在工业设计和文化创意，以及乐器、乐团、船屋、野营设备和微晶木等高科技的环保类产品的研发设计等方面进行合作，标志着大丰区在加快海峡两岸文创产业的交流合作上，迈出坚实一步。

【参加两岸企业家紫金山峰会】 11月3日，两岸企业家紫金山峰会在南京举行。代区长宋勇出席文化创意产业合作推进小组专题论坛活动，并与台湾亚太文创产业协会签订两岸文创发展暨推进盐城市大丰区为文化智慧城市框架合作协议。

（沈 滢）

机关党建

【概述】 2015年，大丰区委区级机关工委深入贯彻落实中共十八大和十八届四中、五中全会精神，坚持围绕中心，服务大局，着力打造推动发展、服务群众、凝聚人心、促进和谐的机关党组织战斗堡垒，努力发挥“走在前头、当好表率”的示范作用，高质量地完成全年各项任务。3月，市委组织部和市委市级机关工委联合命名142人为2014年度市级机关“党员示范岗”，命名30人为“党员示范岗标兵”，表彰6个市级机关综合先进集体、18个市级机关先进集体以及10个机关党建创新特色工作。7月，表彰市级机关15个先进基层党组织、65名优秀共产党员、15名优秀党务工作者。加大违纪党员惩治处罚力度，对5件违纪问题予以立案，给予党内严重警告处分3人。

【十八届四中、五中全会精神学习】 2015年，区级机关工委组织区级机关各党组织采取领导干部引学、机关人员轮学、参学人员自学等形式，研读十八届四中、五中全会报告，深刻理解依法治国的深刻内涵，准确把握“十三五”时期中国经济社会发展的阶段性特征和目标要求。组织党员干部交流学习体会，开展知识竞赛、微型党课、主题征文等活动，把学习贯彻十八届四中、五中全会精神与学习贯彻区委重大决策部署、服务全区经济发展大局结合起来，引导全区机关党员干部结合工作实际，促进经济持续健康发展，维护社会安全稳定。

【"星期六党校"学习模式创新】 年内，区级机关工委坚持"星期六党校"学习活动常抓不懈，创新推行"星期六党校""五四三"（师资课题上注重"五个学习"、方式方法上坚持"四个结合"、推进措施上突出"三个到位"）学习模式，优化充实全区"星期六党校"讲师团成员配置，扩大授课范围，做到讲师团上党课活动"家家到"。组织开展优秀机关党组织书记介绍学习型党组织建设经验，提高了"星期六党校"的学习效果和机关党组织书记的整体素质。全年两次组织全区"星期六党校"应知应会知识抽查考试，98个参学单位近400名机关干部参加考试，造浓了"星期六党校"学习氛围。《江苏组工在线》和《盐阜大众报》均用较大篇幅介绍大丰区"星期六党校""五四三"学习模式。

【"机关+农村"党组织联建】 年内，区级机关工委创新推行区级机关党组织与村党组织"五联"（理论"联学"、阵地"联建"、发展"联抓"、技能"联培"、服务"联做"）工作模式，进一步加强基层组织间的沟通和横向联合，提高了联建双方党组织建设、党员教育管理水平和资源的整合。全年73个区级机关党组织帮助联建村修路115千米，修桥14座，清理河道1万多米，修建垃圾池250多个，走访慰问联建村生活困难群众3000余户，帮助联建村兴办实业30多个，帮助解决就业1000余人。《党建与经济》《盐阜大众报》专题报道了相关做法。

【科级干部挂钩服务企业】 3月，区级机关工委会同区经信委印发《关于进一步做好科级干部挂钩服务企业工作的通知》，部署全年科级干部挂钩服务企业工作，将全区科级干部挂钩服务企业数量由2014年的398个增加到430个。采取"三轮驱动"（每月要求挂钩服务人员反馈服务情况、每季度组织相关人员深入企业了解挂钩人员服务情况、每半年组织各单位交流挂钩服务情况）办法加强督查，采取分片召开座谈会、"家家到"等形式进行抽查，增强工作执行力。2015年，区直部门所有在职科级领导干部为挂钩服务企业协调解决各类矛盾和问题500多件，组织开展政银企对接活动4次，帮助企业招聘工人7000余人。

【机关党组织换届】 2015年，按照《中国共产党党和国家机关基层组织工作条例》的相关规定，区级机关工委逐一督查指导任期届满的机关基层党组织换届选举，就各机关党组织在换届前换届选举的方式、程序、人选等内容审核把关，确保了换届选举工作有序、有力。年内，全区75个机关党组织除红十字会党组织因单位主要负责人未调整到位，暂时未考虑换届外，其余74个机关党组织全部按期换届，一批学历层次高、敬业精神强、热心党务工作的人员充实到机关党组织领导班子，进一步优化机关党组织班子结构。

【发展党员工作】 年内，区级机关工委严格按照发展党员新的"十六字"（控制总量、优化结构、提高质量、发挥作用）方针发展党员，加强对发展党员工作的指导，全面实施发展党员预审制、票决制、公示制，推行发展党员责任追究制，进一步增强发展党员工作的透明度。全年发展预备党员26人。

【机关文化建设】 年内，区级机关工委在机关党组织中开设"道德讲堂"，用身边人说身边事，弘扬传统美德；开展机关党员干部"走出机关看发展"活动，提升机关党员干部的能力；组织开展以"书香溢满机关"为主题的读书活动，造浓机关学习氛围；组织开展大丰区全民健身运动会机关部比赛，区级机关51个单位的近600名干部职工参加了七个大项23个小项的比赛，城管局、卫生局、组织部分获团体总分前三名。

【机关信息调研宣传】 年内，按照机关党建工作"出精品、铸品牌"思路，加强机关党建工作信息调研力度，组织区级机关各党组织结合机关党建的重点、难点和热点问题开展调研，共收到各机关党组织上报调研文章50余篇。全年中央级媒体用稿1篇，省级媒体用稿5篇，在盐城市级媒体用稿8篇。

（王文昕）

老干部管理

【概述】 2015年，大丰区委老干局认真贯彻落实全国、省和盐城市离退休干部"双先"表彰大会和老干部工作会议精神，围绕区委、区政府中心工作，把为党和人民事业增添正能量作为老干部工作的价值取向，加强离退休干部"两项建设"（党支部建设和思想政治建设），认真落实老干部各项待遇，大力发挥老干部的积极作用，强化"两个阵地"（老干部活动中心和老年大学）建设和老干部工作部门自身建设，取得新成绩。年底，全区有离休干部320人，其中垂直部门43人，易地安置10人；离退休干部中原四套班子领导33人。

【老干部"两项建设"】 2015年，区委老干部局重视老干部党支部建设和思想政治建设，把深入学习中共十八大和十八届三中、四中、五中全会精神及习近平总书记系列重要讲话作为首要政治任务，引导老干部在思想上、政治上、行动上始终与习近平为首的党中央保持高度一致。举办两次老干部形势报告会，两次老干部支部书记学习培训会，一次全区老干部工作会。在形势报告会上，区委、区政府主要领导分别作形势报告。撤市设区前夕，市领导专题走访原四套班子领导，汇报区划调整的意义，展望大丰建区后的美好未来。在老干部工作会议上，专题传达全国、省和盐城市离退休干部"双先"表彰大会和老干部工作会议精神，原原本本地学习习近平总书记和刘云山、赵乐际关于老干部工作的讲话精神和省委书记罗志军关于关爱老干部的指示，以及中央和省、市对做好老干

2015年12月，新建的大丰区老干部活动中心大楼投入使用

部工作的新要求。举办全区老干部党支部书记十八届五中全会精神学习培训会。全区74个离退休干部党支部全部改选到位。与社区街道联建离退休干部党支部。白驹镇老干部党支部被中组部表彰为全国离退休干部先进集体。新丰镇、住建局、交通局老干部党支部受到盐城市委组织部和市委老干部局表彰。老干部李元祥、夏桂林受到省委组织部和省委老干部局表彰，另有多名老干部受到盐城市、大丰区表彰。

【“两个待遇”落实】 2015年，区委老干局努力做到“六个一”（召开一次老同志座谈会、开展一次登门走访慰问，安排一次就地就近考察、订一份老龄报刊、办一份意外伤害险、组织一场文艺汇演），落实好老干部的政治待遇和生活待遇。做好元旦、春节、中秋、国庆、重阳节等节日期间离休干部及其遗属和四套班子老领导的慰问工作，督促各镇、各部门做好本部门老干部的节日走访慰问工作。及时组织落实离休干部中抗战老战士的慰问工作。在抗战胜利70周年大阅兵前夕，及时将慰问金和纪念章送到抗战老战士手中。组织“老同志看大丰”参观考察活动，分4批次组织原四套班子老领导和区老干部支部书记看大丰，让老干部亲身感受大丰的发展变化。各老干部党支部组织本单位老干部到市区内参观考察。关注老干部医疗和离休干部遗属医保问题。创建离退休干部服务精品社区，让老干部能够就近学习活动、就近得到关心照顾和发挥作用。全区共设立15个离退休干部社区服务工作站。

【老干部“两个阵地”建设】 年底，新建的区老干部活动中心大楼投入使用。该中心新大楼占地1.8公顷（整个大院包括档案局），建筑面积1.7万平方米，分为地上12层，地下1层，总投资8500多万元。中心集休闲、健身、娱乐、学习功能为一体，设有各类活动室37个。区老年大学有教学用房5000多平方米，有各类专用教室、多功能教室及电化教学设备，可容纳800~1000名学员同时上课，课程设置由15门增加到19门，学员人数新增加100多人次。老年大学老师和学生自编自导20多个节目在全区各地演出。年内，区老年大学被江苏省老年大学学会授予“江苏省老年示范大学”称号。

（汪　锋）

党　校

【概述】 2015年，中共盐城市大丰区委党校以“全国有影响，全省当排头，沿海争第一”为争先目标，以开展“三严三实”专题教育为重点，以提升核心竞争力和综合实力为主线，内强素质、外树形象，工作取得新成效，被省委党校办公室表彰为全省党校行政学院系统优秀通讯员单位，被省农广校表彰为全省农民培训先进集体，被盐城市文明委表彰为盐城市文明单位，被大丰区委区政府授予服务发展创新创优奖。

【“三严三实”专题教育开展】 2015年，根据区委统一部署，区委党校以严的标准、严的措施、严的纪律和实的作风开展“三严三实”专题教育。6月9日，校主要负责人围绕践行“三严三实”为全校教职工讲授专题党课。7月3日，市委副书记、市委党校校长宋勇以普通党员身份参加党校“三严三实”专题组织生活会。校党总支围绕主题，组织专题学习和研讨。全校党员干部对照“三严三实”要求，查找、解决自身存在的“不严不实”问题，改进工作作风，自觉做政治上的明白人。

【党员干部培训轮训】 年内，区委党校发挥干部教育培训主阵地、主渠道作用，紧贴干部需求，丰富培训内容，按照《关于进一步规范县级党校（行政学校）办学的通知》要求，完善年度干部教育培训计划，全年举办科级干部、机关公务员、村党组织书记学习贯彻十八届四中全会轮训班等13期，邀请省委党校、盐城及大丰区知名专家学者授课，使学员在理想信念、党性修养、工作能力方面得到新提升，在运用十八届四中全会和习近平总书记系列重要讲话精神武装头脑、指导实践上取得新成效。选拔优秀教师赴“两区”（开发区、港区）、机关单位开展理论辅导近30场，较好地发挥了理论宣传员、政策解读器职能。

【调研科研成果】 年内，区委党校完善教科研一体化机制，坚持以课题引领科研，强化区情区策调研，加大部门合作力度。2015年围绕中共十八届四中全会、“一带一路”战略实施后对大丰区经济社会发展的战略新布局及区委、区政府中心工作，提炼出年度调研重点课题，开展对策性、应用性和前瞻性研究。全年在省级以上刊物发表论文8篇，完成省级课题2项，市级课题立项4个，大丰区课题立项4个。

【人才强校】 2015年，区委党校坚持人才强校战略，着力提升教师能力水平，优化教师学科结构，努力打造“三名工程”（名校、名师、名课）。实施“青蓝工程”（新教师、老教师结对），制订青年教师专业发展成长计划和百分考核制度。组织教师外出学习，多名教师被选派参加中浦院、国家行政学院、上级党校组织的培训观摩及全程参与省委党校第二届教师学习会。组织教职工赴优秀党校参观学习。安排教师参与全区科级干部“每月一课”听课。每季度组织年轻教师课题试讲活动，强化教师实战练兵，提升教学能力。年内，有8名年轻教师通过说评课后走上主体班讲台。

【农民培训】 2015年，区农业干部学校围绕农业现代化工程，努力提高办学质量和办学水平，多手段、多形式地开展农民科技培训和农业人才培养，全面完成农业职业技能培训工程，提高了农业专业化生产和服务人员的职业技能，培养了一批新型农民和农村实用人才。全年举办培训班48期，培训4287人，完成技能鉴定340人，获培训项目资金219万元。

（成 斌）

党 史

【概述】 2015年，中共盐城市大丰区委员会党史工作办公室（简称区委党史办）突出“弘扬党史文化、建设幸福大丰”主题，认真履行“存史、资政、育人”职能，发挥党史工作以史鉴今、资政育人的作用。编纂出版《中国人民海军初创时期海防史迹》等资料；拍摄党史宣传片；与区委党校联合开设党员干部党史培训课程，发放培训材料《党员干部党史读本》；与大丰区图书馆联合开展“书香大丰——读史明智”活动，推动广大党员群众注重史志学习，加深国情市情区情认识。

【资料征编】 8月，由区委党史办编纂的《中国人民海军初创时期海防史迹》内部发行，全书53万字，挖掘了一段鲜为人知的新四军海防部队抗战历史，填补了中国人民海军研究史上的一段空白。8月，在《纪念李增援烈士》专辑基础上编辑的《李增援纪念文集》内部发行，全书26万字，收录李增援的照片、创作的歌词剧本以及战友的回忆文章等。8月，《为了不能忘却的记忆——追寻新四军杰出的青年戏剧家李增援》由中共党史出版社出版发行，全书33万字，记述李增援生平事迹及被追认为革命烈士的历程。8月，在《大丰市抗日战争时期人口伤亡和财产损失调研报告》《大丰市抗战时期直接人口伤亡统计表》等资料的基础上，编纂的《抗战时期大丰市人口伤亡和财产损失纪略》内部发行，全书12万字，记载了抗日战争时期侵华日军在大丰境内所造成的大丰人员伤亡和财产损失情况。

2015年9月2日，大丰区召开新四军八路军海防史迹研讨会暨抗战研究成果发布会 （单位供图）

【新四军八路军海防史迹研讨会暨抗战研究成果发布会召开】 9月2日，由大丰区委、大丰区政府主办，大丰区委党史办、大丰区烈士陵园管理处承办的新四军八路军海防史迹研讨会暨抗战研究成果发布会召开。中共中央党史研究室研究员李蓉作书面发言，中国海军史研究会会长陈悦、解放军总政治部崔向华、中国海军博物馆副馆长孙洪浩及北京市新四军研究会、宁波新四军研究会、山东省威海市委党史研究室、盐城新四军纪念馆等单位的专家学者参加研讨。与会代表座谈研讨了新四军、八路军海防部队海防史迹。

【党史宣传片拍摄】 11月，由区委党史办、区民政局、区电视台联合采访制作的电视新闻短片《人民海军起源地探寻》，在大丰电视台新闻栏目播出。10~11月，区委党史办完成电视纪录片《蛟龙出海》拍摄制作。《蛟龙出海》反映了华中新四军八路军总指挥部海防总队在大丰区三龙镇龙王庙诞生的历史，片长50分钟。

（周剑飞）

档 案

【概述】 2015年，大丰区档案局（馆）积极推进档案新馆建设，夯实档案业务基础工作，加大档案进馆力度，加快档案信息化建设，不断拓宽服务领域，全面提升档案社会功能和服务水平。开展“机关+农村”、“进村入户”、企业“三服务”、拆迁等中心工作，服务经济。年内，区档案局被省档案局表彰为档案系统先进集体、宣传工作一等奖，被大丰区委、区政府表彰为综合先进集体，被大丰区委组织部、区级机关工委联合表彰为党建工作先进集体。区档案局局长戚月兰被省人力资源和社会保障厅、省档案局联合表彰为省档案系统先进工作者。

2015年，大丰区档案局采用省内最新研发的档案数字软件，加快全区数字档案“馆室一体化”建设

【档案新馆搬迁准备工作完成】 2015年，区档案局配合城东新区抓好档案新馆建设，重点做好新馆的物业、查档服务软硬件、新馆内装修等工作。开展新馆搬迁准备，组织人员到外地参观学习档案接待服务、业务技术、设备使用、库房管理、展厅设计及馆内布置等；制订《大丰区档案新馆搬迁方案》，明确各科室及人员的任务、内容、职责、时限及要求，坚决杜绝档案丢失、毁损等问题的发生；完善档案工作突发事件应急预案及档案库房安全管理制度，抓好库房日常安全管理及档案信息备份工作，确保纸质档案和电子档案的安全；重新核对统计馆藏的5万卷档案，完善全宗卷、案卷目录等检索工具和各类统计台账。年底，新馆搬迁准备工作完成。

【全区档案进馆工作】 2015年档案新馆建成后，区档案局着手解决由于客观条件限制、各立档单位27年档案没有进大丰档案馆的问题，明确首批移交进馆的是74个单位的1988~2003年期间的档案。7月，召开全市档案进馆工作推进会，并组织业务培训，市领导宋勇出席会议并提要求；市纪委副书记、监察局局长方启柏组织学习《国家档案局30号令》。会后，相关单位积极落实，档案局跟踪服务、督查催交。年底，74个单位均完成1988~2003年期间应进馆档案的整理、录入、扫描、编写《全宗指南》等工作，为全区首批应进馆档案安全、顺利移交奠定基础。

【档案业务建设】 2015年，区档案局建立健全档案业务培训、网上指导、典型带动、星级评审、年检通报等制度，以制度管人、干事。组织人员到南京、栖霞区、南通、如皋等先进地区参观学习，开拓视野，改进工作。对4个单位开展档案工作星级评复审专项培训；组织200多名档案员进行集中业务培训；组织10多名企业档案员参加江苏档案教育远程学习平台，并获江苏省档案局颁发的上岗证书。年底，全区90多个立档单位通过档案年检，年检合格率100%；1个单位档案室通过省档案局组织五星级评审，1个单位档案室通过五星级复审，2个单位档案室通过三星级评审。

【数字档案馆建设】 年内，区档案局加快推进档案信息化建设，充分利用档案新馆启用契机，采用省内最新研发的档案数字软件，年底完成安装调试、数据迁移、业务培训等，硬件设施也已到位，为全区数字档案“馆室一体化”建设作准备；加快推进馆藏文书档案和74家单位1988~2003年文书档案进馆实行“双套制”（纸质和电子版）数字化。率先启动盐城市首家数字化档案室建设，依照《数字档案室评估细则》，对条件成熟的大丰电信公司进行指导，此项工作在推进中。

【民生档案服务】 2015年，档案服务窗口优化服务，为编史修志、调解婚姻纠纷、工龄认定、工资福利、养老保险、房屋拆迁及经济诉讼等提供第一手资料。全年接待查档3000多人次，调阅档案3500多卷，复印6800多页。收到全区各单位纸质政府公开信息389件，并提供查阅服务。

【档案局服务企业、农村】 年内，区档案局通过集中培训、上门指导、QQ咨询、微信交流等形式，加强对南车、森威精锻等重点规模企业、重点工程项目档案的规范化、标准化、电子化建设指导。下半年，南车集团建成标准化档案室，森威精锻、大丰港油品化工码头、三期通用码头、大件码头、粮食码头国家重大项目工程档案通过竣工验收。利用全区村组干部轮训平台，对200多个行政村兼职档案人员开展农村档案业务培训，为农村档案规范化、标准化、电子化奠定基础。与区委农工办共同开展全区农村土地承包经营权确权登记颁证的档案业务培训及指导工作，注重培植典型，提高服务质量。

（冯永生）

〖编辑　刘洪芳〗

盐城市大丰区人民代表大会

综　述

2015年，盐城市大丰区人民代表大会常务委员会（以下简称区人大常委会）以中共十八大和十八届三中、四中、五中全会精神为指导，全面贯彻落实习近平总书记系列重要讲话精神，紧扣区委工作大局和“转型升级、内涵发展、绿色增长”发展思路，认真履行宪法和法律赋予的职责。全年召开常委会会议10次，主任会议13次，听取和审议“一府两院”专项工作报告24项，形成审议意见、会议纪要18份，作出决议、决定6项，组织视察、执法检查19次，依法补选市县人大代表5名、任免国家机关工作人员48人次，为“建设新大丰、发展上台阶”做出积极贡献。

紧扣大局促发展。区人大常委会按照“稳中求进、提质增效”总基调，紧扣区委决策部署，主动适应经济发展新常态。围绕全区经济工作目标，听取和审议全区国民经济和社会发展计划执行情况报告，听取和审议企业技术进步、人才和就业、实体经济发展、金融工作等专项工作报告，组织委员和代表深入重点部门、镇区、企业视察调研，推动深化改革转型，提升发展质效。围绕城乡统筹发展，听取和审议农村新型经营主体发展工作情况报告，对镇级农业园区建设、乡村旅游进行专题调研视察，推动城乡一体化发展。面对服务业爆发式增长态势，先后对电子商务、现代物流、现代金融、信息产业等开展调研，形成系列调研报告，被区委、区政府主要领导批转。加强全口径预决算监督，听取和审议财政预决算和审计工作情况报告，依法开展预算初审，实现一般公共预算、政府性基金预算、国有资本经营预算、社会保险基金预算全部提交人代会审查，推动建立审计查出问题整改情况向常委会报告机制，增强监督实效。审议批准区政府关于调整“十二五”部分经济指标的议案，积极参与“十三五”规划制定，及时就区划调整等事项依法作出决议决定，有力保证区委决策部署贯彻落实。

聚焦民生促和谐。区人大常委会积极呼应人民群众对美好生活的向往，着力推动公共服务事业发展，促进发展成果全民共享。以督办“居家养老服务体系建设”1号议案为重点，成立议案督办组，对全区镇级服务中心、村级服务站进行“家家到”调研摸底，听取报告并提出建议，推进居家养老服务体系基本建成。持续关注饮用水安全，在推动通榆河饮用水源保护的基础上，专题听取城乡饮用水安全保障工作汇报，对关于加入盐城从京杭大运河开辟新水源的议案，依法作出决议。依法审查批准《大丰生态文明建设规划（2015-2021）》，听取和审议农村畜禽养殖污染综合治理工作报告，对水环境整治保护工作审议意见的落实情况跟踪监督，促进环境保护。组织委员和代表对政府实事工程、全民健身、农村路桥建设、困难群众冬春生活安排等工作开展视察调研，专题听取汇报，推动各项工作落到实处。

维护公平促法治。区人大常委会深刻把握全面依法治国目标，把推动法治大丰建设贯穿工作始终，促进依法行政、公正司法。对《中华人民共和国农产品质量安全法》《江苏省物业管理条例》贯彻实施情况开展执法检查，并就物业管理工作首次进行专题询问，配合省市人大对《中华人民共和国安全生产法》《侨资保护条例》等法律法规开展执法检查，推动相关法律法规的贯彻落实。听取和审议检察院渎职侵权检察工作情况报告，专题听取法院关于财产刑执行工作汇报，对社区矫正工作开展视察，依法对区环保局、供电公司开展专项工作评议，备案审查区政府规范性文件8件，进一步推进依法行政、公正司法。审议出台大丰区宪法宣誓办法，强化被任命人员的宪法意识。举办《中华人民共和国刑法修正案（九）》《江苏省物业管理条例》等法治讲座，深入开展国家宪法日、法制宣传日的普法宣传教育活动。做好群众来信来访工作，全年共受理来信48件，接待来访75人次，加大涉法涉诉信访的督办力度，努力提高办结率，切实维护社会稳定，促进社会和谐。

优化服务促履职。区人大常委会注重加强与代表联系，推进代表工作机制、载体和服务创新，促进代表依法履职、发挥作用。坚持常委会组成人员联系代表、代表联系选民的“双联系”制度，进一步完善提升“人大代表之家”建设，开展代表接待选民日活动，邀请代表列席常委会会议，参加常委会组织的视察调研、执法检查、专项工作评议等活动，拓展代表履职空间。深入开展代表向选民述职活动，常委会主要领导带头深入选区向选民述职，全面完成区镇人大代表本届内向选民述职目标，首次实施驻丰盐城市人大代表向原选举单位述职制度，开展“十佳模范代表”、优秀议案建议评比表彰活动，对无固定收入代表参与常委会活动实行补贴，激发代表履职热情。创新建议督办方式，全面推行领导领衔督办、工委对口督办、整体面上督办三维督办机制，年初抓及时交办、梳理督办重点，年中抓限期办结、广泛征询意见，后期抓督办难点、深入排查整改，109件（不含1号议案）建议、批评和意见全部在规定时间办结并答复代表，建议办理满意率98%，办成率不断攀升。

强基固本促提升。区人大常委会认真贯彻落实上级文件精神，在加强人大工作和建设上实现新突破、取得新成效。配合区委召开区镇人大工作和建设会议，区委出台63号文件《关于加强区镇人大工作和建设的实施意见》，有力推动中央18号、省委26号、市委33号文件精神在大丰落地生根，各镇人大主席全部专职配备，镇人大办公室全部挂牌设立，专职工作人员全部到位，筹备设立区人大法制、财政经济专门委员会和“两区”人大工作委员会，区镇人大建设进入新阶段。举办全区人大通讯员培训班，在大丰人大网站开设镇级人大二级网页，开通“大丰人大发布”微信公众平台。《人民代表报》连续3期头版对大丰人大创新代表工作方式进行专题报道。继续开展人大调研好成果、新闻好稿件、摄影好作品“三好评比”活动，完成《大丰市人民代表大会志》编纂工作，人大工作影响不断扩大。坚持“正确定位、有为有位、争先进位”的工作要求，深刻领会习近平总书记系列重要讲话精神，切实开展“三严三实”专题教育，邀请区纪委主要领导作“坚持全面从严治党，深入推进作风建设”专题辅导讲座，不断提升自身履职水平。积极参与区委、区政府“两服务”“三解三促一加强”“进村入户”等工作，主动服务人大代表、人大离退休干部及广大人民群众，全面树立为民、务实、清廉的良好形象。

人大重要会议与活动

【大丰市第十四届人民代表大会第四次会议】 1月13~15日，大丰市第十四届人民代表大会第四次会议在市区举行。会议应到代表273名，实到264名，因事因病请假9名。应邀列席会议的有：出席市十三届政协四次会议的全体委员；不是市人大代表的市四套班子领导，市四套班子离退休人员，市人大常委会各委、室副主任，“两区”人大工作联络处负责人，市人民法院副院长、市人民检察院副检察长，市直党政部门党政主要负责人，垂直单位党政主要负责人，各区（园）主要负责人，镇人大专职副主席、镇长，驻丰厂场、部队及办事机构主要负责人，在大丰的省人大代表、部分盐城市人大代表，共400人左右。

会议听取和审议市人民政府市长陈平作的《政府工作报告》；审查和批准市2014年国民经济和社会发展计划执行情况的报告与2015年国民经济和社会发展计划；审查和批准市2014年财政预算执行情况的报告和2015年财政预算；听取和审议市人大常委会副主任、党组书记吴家祥作的《市人大常委会工作报告》、市人民法院院长宋长琴作的《市人民法院工作报告》、市人民检察院检察长张春山作的《市人民检察院工作报告》；通过大会《选举办法》。审议市人民政府关于市十四届人民代表大会第三次会议期间代表议案及建议、批评和意见办理情况报告；通过关于接受倪峰辞职请求的决定，选举吴家祥为大丰市第十四届人大常委会主任，陈爱华为大丰市第十四届人大常委会委员。

大会预备会对市十四届人大三次会议期间优秀代表议案建议进行表彰，全体市人大代表投票推选2015年接受专项工作评议的市政府组成部门和垂直管理单位。会议期间，大会秘书处组织部分代表围绕“财政预算编制”开展专题审议。

大会闭幕前，盐城市委常委、大丰市委书记倪峰作了题为《适应新常态 建设新大丰》的重要讲话。

【区人大常委会会议】 2015年，区人大常委会共召开10次会议。

第25次会议于3月3日召开，会议通报市人大常委会2015年工作要点，部署重要活动安排，传达系列重要会议精神。会议进行有关人事任免事项。

第26次会议于3月27日召开，会议听取市政府关于行政审批改革和服务工作审议意见落实情况汇报，听取市卫生局、市场监管局专项工作综合评议意见落实情况汇报，并进行满意度测评；对市十四届人大四次会议代表议案作出交办意见；听取和审议市政府关于人才和就业工作情况报告；听取和审议市政府关于农村新型经营主体发展工作情况报告。会议进行有关人事任命事项。

第27次会议于5月27日召开，会议听取水环境整治和保护工作以及监所检察工作审议意见落实情况汇报，并进行满意度测评；审议批准《大丰市生态文明建设规划（2015~2021）》；听取和审议市政府关于促进企业技术进步工作情况报告；听取和审议市人民检察院关于反渎职侵权专项工作情况报告；听取和审议市政府关于《江苏省物业管理条例》贯彻实施情况报告，并首次就物业管理工作进行专题询问。会议进行有关人事任免事项。

第28次会议于7月15日召开，会议听取和审议市政府《关于提请建

2015年5月27日，大丰市十四届人大常委会召开第27次会议，首次就物业管理工作开展专题询问 李方然 摄

设新水源地的报告》的议案，并作出决议。会议进行有关人事任免事项。

第29次会议于7月24日召开，会议听取和审议市政府关于上半年国民经济和社会发展计划执行情况的报告；听取和审议市政府关于2014年市本级财政决算的报告；听取和审议市审计局关于2014年市本级财政预算执行和其他财政收支情况的审计工作报告；审议通过市人大常委会关于批准2014年市本级财政决算的决议；听取和审议市政府关于调整大丰市"十二五"规划部分经济指标的议案，并作出决议。

第30次会议于8月20日召开，会议听取和审议市政府关于大丰区划调整有关情况的报告；审议通过大丰市人大常委会关于大丰区划调整涉及相关事项的决定，撤销县级大丰市，设立盐城市大丰区，以原大丰市的行政区域为盐城市大丰区的行政区域。

第31次会议于9月25日召开，会议听取区政府关于人才和就业工作、农村新型经营主体发展工作审议意见落实情况汇报，并进行满意度测评；听取和审议区政府关于十四届人大四次会议代表议案办理情况报告；听取和审议区政府关于十四届人大四次会议期间代表建议、批评和意见办理情况报告；会议对区环保局、供电公司进行专项工作评议。会议进行有关人事任命事项。

第32次会议于10月17日召开，会议进行有关人事任免事项。

第33次会议于11月26~27日召开，会议听取部分驻丰盐城市人大代表述职报告；审议通过《关于表彰区十佳模范代表等决定》；听取区政府关于《江苏省物业管理条例》执法检查报告审议意见、促进企业技术进步工作审议意见和区检察院关于反渎职侵权专项工作审议意见落实情况汇报，并对后两项审议意见落实情况进行满意度测评；听取和审议区政府关于2015年1~10月份区本级财政预算执行情况和预算调整情况报告，并作出决议；听取区审计局关于2014年度区本级财政预算执行和其他财政收支审计查出问题整改情况汇报；听取和审议区政府关于《中华人民共和国农产品质量安全法》贯彻实施情况报告；听取和审议区政府关于农村畜禽养殖污染综合治理工作情况报告。

第34次会议于12月28日召开，会议审议通过关于召开区十四届人民代表大会第五次会议的计划；审议通过关于召开区十四届人民代表大会第五次会议的决定；审议通过区十四届人民代表大会第五次会议筹备处主任、副主任和工作机构人员名单；审议通过区人大常委会代表资格审查委员会关于个别代表的代表资格的报告；审议通过区人大常委会工作报告和2016年工作要点。会议补选杨柳为盐城市第七届人民代表大会代表；进行有关人事任免事项。

【区人大常委会主任会议】 2015年，区人大常委会共召开13次主任会议。

第39次主任会议于2月27日召开，听取常委会各委室3月份工作安排情况汇报，讨论研究增开常委会事项。

第40次主任会议于3月20日召开，听取代表建议交办工作情况汇报和督办工作安排；研究确定2015年接受专项工作评议的政府部门；讨论通过《江苏省物业管理条例》执法检查方案；听取市十四届人大常委会第26次会议议题调查准备情况汇报；研究讨论常委会召开时间、审议（评议）意见满意度测评制度、人事任免等事项。

第41次主任会议于4月23日召开，听取市政府关于现代服务业发展情况汇报。

第42次主任会议于5月20日召开，听取市十四届人大常委会第27次会议议题调查准备工作情况汇报；讨论研究《江苏省物业管理条例》贯彻实施情况及专题询问有关事项；研究确定常委会召开时间等事项。

第43次主任会议于6月26日召开，听取市政府关于乡村旅游发展情况汇报；听取市政府关于城乡饮用水安全保障工作情况汇报；讨论并通过对市环保局、市供电公司开展专项工作评议方案。

第44次主任会议于7月15日召开，会议听取市十四届人大常委会第29次会议议题调查准备工作情况汇报；研究确定常委会召开时间等事项。

第45次主任会议于8月19日召开，听取市十四届人大常委会第30次会议议题有关议题准备情况汇报；研究确定常委会召开时间等事项。

第46次主任会议于8月27日召开，听取重点建议承办情况汇报；听取"代表建议集中督办月"（工委对口督办）情况汇报；讨论通过《中华人民共和国农产品质量安全法》执法检查方案。

第47次主任会议于9月18日召开，听取区十四届人大常委会第31次会议议题调查准备情况汇报；研究确定常委会召开时间等事项。

第48次主任会议于10月17日召开，讨论研究人事任免有关事项；讨论确定增开常委会事项。

第49次主任会议于10月27日召开，听取区人民法院财产刑执行工作情况汇报；听取区政府为民办实事工程建设情况汇报；听取区政府关于落实全民健身国家战略情况汇报。

第50次主任会议于11月19日召开，听取区十四届人大常委会第33次会议议题调查准备情况汇报；研究确定常委会召开时间等事项；讨论研究人大代表优秀议案、建议评选工作；讨论研究“三好评比”有关事项。

第51次主任会议于12月24日召开，听取区政府关于城乡困难群众冬春生活安排情况汇报；听取设立大丰城镇化一号基金有关情况汇报；讨论研究区十四届人大五次会议召开有关事项；讨论通过《盐城市大丰区人大常委会关于宪法宣誓的组织办法》及五次人代会宪法宣誓方案；听取人事任免、盐城市七届人大代表及大丰区人大代表补选有关事项汇报；讨论区人大常委会工作报告和2016年工作要点；研究确定第34次常委会召开时间等事项；讨论《关于镇区人大落实区委63号文件指导意见》；讨论通过《大丰区人大代表经费暂行办法》；传达区车改方案。

【全区区镇人大工作和建设会议】 12月1日，大丰区委召开区镇人大工作和建设会议。盐城市委常委、大丰区委书记倪峰出席并讲话，区人大常委会党组书记、主任吴家祥主持会议。

会议提出要认真贯彻落实好中央、省市委精神，进一步统一思想、明确要求、落实责任，在新起点上推动人大工作和建设迈上新台阶。会议指出，加强人大工作和建设，是推进基层民主政治建设的重要举措，是推进法治大丰建设的重要保证，是凝聚建设新大丰强大力量的现实需要。要在推动改革发展、增强监督实效、发挥代表作用上下力气，全面推动人大工作与时俱进。要强化党的领导、强化组织建设、强化制度建设、强化信息化建设，全面加强人大自身建设。会上，区委下发了《关于加强区镇人大工作和建设的实施意见》。大中镇党委围绕党委支持人大开展工作，三龙镇人大主席团围绕提升人大监督工作实效分别作交流发言。

区委常委、组织部部长袁冬青，区委常委、常务副区长范大玉，区人大常委会全体负责人，区委办、区编办主要负责人，各镇党委书记、人大主席，大丰经济开发区、大丰港经济开发区党工委书记、人大工作联络处主任，区人大常委会委员，区人大常委会各委室副主任等出席会议。

2015年12月1日，大丰区委召开全区区镇人大工作和建设会议

李方然　摄

人大各工作委员会

【人事代表联络工作委员会】 2015年，区人大人事代表联络工作委员会注重加强与代表联系，创新代表活动方式，促进代表依法履职、发挥作用。拓展代表活动内容，继续深化“五个一”（服务一个企业、帮扶一个贫困户、办一件实事、接待一次选民、提出一条民生建议）主题实践活动，全区各级人大代表全年帮扶企业173个，贫困户610户，办实事好事265件，接待选民2100人次，提出各类议案建议350多件。通过以会代训等形式，着力提升代表履职能力水平。对全区“人大代表之家”建设情况组织回头看，促完善提升，下发对镇区人大代表小组活动工作指导意见，定期听取工作汇报，强化服务保障，做到全年代表活动有计划、有部署、有成效。发挥代表主体作用。坚持“双联系”制度，每位组成人员至少与5名基层人大代表保持经常联系，常委会领导下基层必访代表。开展代表接待选民日活动，认真组织代表“访选民、听意见、提建议”，全年邀请200多人次代表参加各类座谈会30多次。加大代表对常委会工作的参与度，全年共有代表573人次列席常委会会议、参加视察调研、执法检查、专项工作评议等常委会组织的活动。深入开展代表向选民述职活动，常委会主要领导带头深入选区向选民述职，全年共有120名区镇人大代表进行述职，全面完成届初制定的述职目标。首次实施驻丰盐城市人大代表向原选举单位述职制度，有效增强代表履职意识。创新议案建议督办方式，在认真抓好常规动作基础上，全面推行常委会领导领衔督办、工委对口督办、整体面上督办三维督办机制，通过努力将区直各单位代表

议案建议办理工作全面纳入区委年度工作目标考核，切实增强各办理单位工作责任意识，“加快便民服务中心建设”“加强垃圾分类处理”“加强基层法制宣传”等5件重点督办建议全部落实到位。强化办理工作宣传，在《大丰日报》开展代表议案建议办理工作专版报道，确保代表议案建议办理成效让群众“听得到、看得见、感受得到”。做好人事任免工作，坚持党管干部的原则，发扬民主，依法办事，全年依法补选市、县人大代表5人、组织任前法律考试13人次，任免国家机关工作人员48人次。

【内务司法工作委员会】 2015年，内务司法工作委员会以促进司法公正和依法行政为重点，注重增强内务司法监督效果。3月，对市人民检察院反渎职侵权专项工作通过听取汇报、召开座谈会、开展问卷调查、查阅案件卷宗等方式开展调查研究，形成调查报告向市十四届人大常委会第27次会议汇报。针对存在不足，建议市人民检察院加强宣传教育，营造良好工作环境；加大办案力度，依法严惩渎职侵权犯罪；加强预防工作，从源头上减少犯罪；完善工作机制，强化队伍建设，形成整体合力。依照监督法的规定，持续6个月不间断督办，落实审议意见16项。8月，组织人大代表视察社区矫正工作情况，视察报告提出要加快司法所规范化建设，加强社区矫正队伍建设，做到认识再提高、管理再加强、关爱再到位，确保社区矫正工作规范有效等建议。10月，主任会议听取区人民法院关于非诉行政执行工作情况汇报，建议区人民法院要依法科刑，确保财产刑裁判的合法性；强化宣传，营造财产刑执行的好环境；积极探索，闯出财产刑执行的新路子；整合资源，提高财产刑执行的战斗力。配合盐城市人大常委会调研“法律六进”工作情况。重点督办“关于加强基层法制教育，提升依法行政水平的议案”建议，对口督办9件代表建议，6月，召开办理工作推进会，8月，对建议办理工作再次进行现场会办，常委会第46次主任会议专门听取承办单位的情况汇报，所督办的建议满意率达100%。全年受理群众来信46件，接待来访代表和群众40多人次，严格执行《信访条例》，对人民信访合法诉求，督促主管部门负责办理，对群众有误解的问题，积极做好说服教育工作，扎实维护信访人的合法权益，全力化解社会矛盾。

【财政经济工作委员会】 2015年，区人大财政经济工作委员会按照区委“稳中求进、提质增效”发展总基调，精心选择监督议题，积极发挥职能作用。3月，常委会专题听取和审议人才和就业工作情况报告，建议政府不惜重金招才引才，不遗余力聚才用才，推动大丰从“打工经济”转向“创业经济”，迈向“人才经济”。4月，主任会议专题听取现代服务业发展工作情况汇报，提出完善规划、整合资源、引进人才，以项目和企业为抓手，努力实现现代服务业大发展、快发展、爆发式发展的建议。7月，围绕实体经济发展、规模骨干企业运行、新业态载体培植等工作，组织委员和代表深入重点经济部门、镇、区园、企业调研视察，常委会第29次会议专题听取和审议上半年国民经济和社会发展计划执行情况的报告，建议政府深入分析重点地区、重点行业、重点企业的运行情况，紧抓现实增长点，用足用活政策，加大中小企业扶持，加快产业结构调整，努力提升经济发展质效。针对宏观经济形势变化，常委会第29次会议及时审议批准市政府关于调整“十二五”部分经济指标的议案。全力开展重点议案建议督办工作，对“加快便民服务中心建设”“设立特困家庭政府救助机制”等13件议案建议进行跟踪对口督办，通过面对面听取提议案建议代表意见，组织代表视察办理现场，组织承办部门面对面答复等方式，有力推动相关议案建议办理。组织开展对区供电公司的专项工作评议，成立专项评议工作小组，通过发放意见征求表、个别走访、实地察看、组织座谈、区镇联动调查等形式，对供电公司服务经济、接受代表和群众监督、改进工作作风、提高工作效能等方面情况进行调查评议，供电公司认真落实，全力整改，部门服务质效明显提升。积极参与“十三五”规划制定，广泛深入调查研究，专题就创新驱动、沿海开发、实体经济、生态文明等方面提出建议，不仅为完善规划提供重要的参考意见，也为人代会审查批准纲要提供了科学依据。

严格按照《中华人民共和国预算法》要求，紧紧抓住预算审查、执行、调整等各个关键环节，全力跟踪监督，实现预决算监督全口径、全方位。7月，常委会第29次会议听取和审议市政府关于2014年市本级财政决算的报告，并作出相关决议；听取和审议审计局关于2014年市本级财政预算执行和其他财政收支情况的审计工作报告，并要求对报告中所列的问题逐一对照排查整改，11月，区审计局代表区政府首次向常委会专门作了审计查出问题整改情况的报告。重抓财政预算初审环节，10月，与财政等部门进行对接，对预算编制的完整性、规范性、科学性、细化性等方面提出明确要求；12月，组建由专业审计人员组成的预算初审小组，用3天时间，对区本级四本预算和教育局、农委、司法局3个重点部门预算进行全面初审，共审查出5个方面22条问题，为区十四届人大五次会议上，代表们对区本级四本预算和3个重点部门预算进行专题审议做好各项准备工作。

【教科文卫工作委员会】 2015年，区人大教科文卫工作委员会围绕经济社会发展的热点难点，严格履行宪法和法律赋予的职责。3月，持续跟踪卫生工作专项评议意见落实情况，指出仍存在因体制原因导致群众增加基本药物目录需求不能完全满足、因政策局限导致基层卫生室村医人才引进不到位等事项尚未完全落实等问题，提出建议。5月，组织经信、科技等部门，赴西团、万盈等镇，通过座谈交流、实地调研、现场考察，重点了解纺织、抛丸机等传统产业转型升级情况和高新技术企业发展情况，组织系列视察调研活动，全面掌握大丰企业技术进步和转型升级现状，常委会第27次会议专题听取和审议市政府关于促进企业技术进步工作情况报告，推动政府完善出台《关于加快工业转型升级的实施意见》，降低政策门槛，激发企业创新活力，助推传统产业转型升级。6月，重点调研大丰乡村旅游发展工作，召开旅游等部门座谈会，组织部分常委会组成人员和人大代表实地视察，赴浙江桐庐、江苏宜兴等地学习花园型城市建设经验，形成调研报告向主任会议汇报，提出坚持政府主导与市场参与相结合、坚持项目建设与配套工程相结合、坚持社会效益与经济效益相结合等建议。10月，主任会议听取区政府关于落实全民健身国家战略情况汇报，提出要统筹规划、健全全民健身工作格局，加大投入、完善公共体育服务体系，深化资源融合、推动全民健身共建共享等建议。协助做好省人大《江苏省保护和促进台湾同胞投资条例》执法检查的相关工作，做好盐城人大《江苏省保护和促进香港澳门同胞投资条例》贯彻实施情况执法检查和调研工作，协助做好盐城人大对专题询问义务教育均衡发展工作的意见建议的征集工作，协助盐城人大做好关于侨资企业发展情况的调研相关工作。

市十四届人大四次会议期间，沈菊兵等代表提出的《关于大力推进以居家养老为重点的社会化养老服务体系建设的议案》被列为1号议案。根据主任会议要求，3月，经过与提议案代表面对面沟通和深入调研，在常委会第26次会议上提出"高度重视、明确目标、提供保障，积极推动以居家养老为重点的社会化养老服务体系快速健康发展"的交办意见。议案交办后，加强与民政局、老干部局、卫生局、财政局等部门联系，通过召开座谈会、镇区联动、现场调研等方式广泛征求意见，通过"家家到"实地视察及赴上海、苏州等地区学习等方式，推动议案办理落实，9月份向常委会第31次会议报告督办情况，提出造浓宣传氛围，扩大宣传效果；加大组织力度，加快推进速度；增强社区功能，提升服务质量；加强保障建设，放大服务效应；发挥市场功能，促进改革创新等建议。常委会领导高度重视议案督办工作，带头组织视察，路线遍布全区所有乡镇和大部分行政村，并与区政府为民办实事工程相结合，一年来，全区共建成14个镇级居家养老服务中心和33个村级服务站，在"12345"热线开通居家养老服务功能，居家养老服务体系基本建成。开展对"加大村（居）文化建设力度""整合旅游资源，大力推进旅游兴市战略实施"等23件代表建议进行对口督办，通过组织承办部门议案答复会，对建议涉及的每一个问题进行沟通，有针对性地逐一答复，代表当面提出评价意见，代表满意、基本满意率达到100%。

【农村工作委员会】 2015年，区人大农村工作委员会围绕服务"三农"主线，创新工作思路，积极履行工作职责。3月，组织部分委员、代表对新型农业经营主体发展工作进行视察，先后走访农工办，部分镇的家庭农场、专业合作社、龙头企业，召开座谈会听取各方意见，并前往姜堰、建湖等地学习，向常委会第26次会议作关于全市新型农业经营主体发展情况的调查报告，提出加强宣传、造浓发展氛围；完善管理、建立风险防范机制；强化服务、搭建为农综合服务平台；创新机制，增强发展活力等建议。7月，就全市上半年农业农村工作，主要是镇级农业园区发展工作，在深入部分镇、村组、农户及市直部门调研的基础上，组织了上半年全市规模骨干企业、新业态载体发展和镇级农业园区建设情况的视察，形成关于上半年全市农业农村工作发展情况的调查报告向常委会第29次会议汇报，提出要突出农民增收、转变农业发展方式；突出新型经营主体培育、构建现代农业产业体系；突出园区建设、提升农业发展水平；突出城乡统筹、激发农村改革活力等建议。12月，主任会议专题听取关于城乡困难群众冬春生活安排汇报，要求有关部门高度重视，加大力度筹措扶贫解困资金，统筹兼顾，标本兼治，切实将解困工作做细、做实、做好。认真调研，形成《关于加快我区农业现代化建设的建议——赴泰州、徐州、淮安等县（区）的调查》，提出以股田合作和委托经营为重点、积极探索土地流转新模式；以建立为农综合服务社为重点、构建农业社会化服务新体系；以化解风险为重点、建立农业全方位保险新机制；以农业产业化建设为重点、实现农产品与互联网新融合等建议，得到区委、区政府主要领导的批示和肯定。全年对口督办与农业农

2015年9月，大丰区人大常委会组织视察"关于大力推进以居家养老为重点的社会化养老服务体系建设"1号议案办理情况　　董均玲　摄

村工作相关的代表建议25件，涉及土地流转、土地确权、村庄环境整治、村级债务化解、村组干部生活待遇保障等诸多方面，积极组织承办部门与代表联系沟通，开展专题调研和视察，代表们对涉农议案建议的办理情况表示满意。

根据常委会2015年工作要点安排，对区政府贯彻实施《中华人民共和国农产品质量安全法》开展执法检查。8月，主任会议通过执法检查方案，成立由常委会副主任夏继永任组长的执法检查小组，确立区镇联动的执法检查方式，组织检查组成员进行学法及相关业务培训。9月初，召开执法检查动员大会，区政府分管领导作表态发言，常委会领导提出具体

2015年9月，大丰区人大常委会开展《中华人民共和国农产品质量安全法》执法检查

要求，同时在媒体上发布执法检查公告。执法检查组先后赴小海、草庙、大桥等镇察看农产品检测室的建设运行，农贸市场的农畜产品检测检疫，种养大户、家庭农场的生产记录。在大中地区抽查10个农资经营点、7个渔业塘口、11个畜禽养殖基地，9~10月份抽查100份样本进行送检。向广大生产经营者、消费者等发放调查问卷800份，召开各类座谈会9次，广泛征求广大代表、群众对农产品生产、农业投入品的安全使用等方面的意见建议。11月，常委会第33次会议听取并审议执法检查报告，提出要进一步加强宣传落实责任，加快农业标准化和“三品”生产基地建设，严格市场准入，完善可追溯机制；提升检测设备和检测手段，增加监测范围和频次，强化农产品投入、生产、流通等环节监管；配强执法人员，提高装备水平，健全联动机制，加大综合执法和专项整治力度等建议，有力推动农产品质量安全工作再上台阶。

【环境资源城乡建设工作委员会】 2015年，区人大环境资源城乡建设工作委员会围绕群众关心的热点难点，重点监督环境保护、生态文明建设，推动和谐社会建设。根据常委会2015年工作要点安排，以群众最为关切、社会反响最为集中的城区住宅小区物业服务为重点，开展《江苏省物业管理条例》执法检查。2月开始，成立执法检查组，举办《江苏省物业管理条例》法治讲座及业务培训，通过调研、走访、座谈、问卷调查、到先进地区参观学习等多种形式，掌握大丰市小区物业管理情况，形成翔实的调查报告，向常委会第27次会议作汇报并开展常委会首次专题询问。在听取部门汇报后，部分常委会委员、代表对大中镇政府，区住建局、城管局、环保局、公安局、市场管理局等6个单位进行现场询问，询问内容涉及物管企业的规范管理、住房维修基金使用、业主委员会规范成立，小区绿化、技防、消防等公共设施维护管理及周边经营项目扰民等各个方面，明确指出存在问题和不足，从加大宣传力度、完善工作机制、解决实际问题、规范行业管理等方面提出意见，并加强跟踪督查，向常委会第33次会议作了审议意见落实情况调查报告。5月，为配合大丰开展的全国环保模范城市和生态市创建，及时对市政府报批的《大丰市生态文明建设规划（2015~2021）》进行调研，提出较为细致的修改意见（特别是在加强农村畜禽污染综合治理方面），常委会第27次会议对规划进行审议并批准，为全市生态文明建设提供了有力的法律支持。切实开展“十三五”规划的编制调研，就生态文明和城市交通建设等进行专题调研，提出全面推进生态环境保护，强化生态环境质量总体改善；加强工业企业污染治理，促进工业污染源全面达标排放；加大农村畜禽养殖污染、农业面源污染和水环境污染的综合治理力度，全面开展农村环境综合治理；加强城市基础设施的改造，全面提升农村公路质量，加快推进城乡公交一体化；增强服务功能、创新服务方式，进一步增强街道和社区的服务功能等建议。以进一步加强环保执法水平和效果为主题，对环保局开展专项工作评议。针对调查中发现的问题和不足，提出加强环保法治宣传、加强执法队伍建设、加强执法技术保障等建议，并印发评议意见给政府和环保部门对照落实。全年，对涉及环保、交通、城建等方面的33条代表建议进行跟踪督办，对吴俊芳代表提出的“关于加强垃圾分类宣传”建议进行重点督办。通过会议推进、登门督办、加强沟通，收到了良好效果。以代表建议办理为抓手，全年不间断地对养殖业污染的综合治理工作进行全程跟踪，与区环保局、农委保持经常联系，组织联合调查，开展专题视察，撰写调查报告，提

出加强政府宏观引导、明确各镇政府属地管理职责、引导规模经营生态养殖、加强环保执法提高生态成本意识等建议，有力促进此项工作不断向纵深推进。结合全区房地产市场的现状，对全区保障性住房货币化改革工作开展调研，到常州、金坛等先进地区考察学习，提出关于尽快加强房地产市场风险控制意识、将保障房和拆迁安置房建设纳入整个房地产市场体系等建议，并将此项工作列为2016年重点跟踪推进工作。以大桥镇川南村为蓝本，对全区镇村公路建设情况开展调研，重点针对川南村这样的镇村公路"空白村"现象，提出照顾公平、适当倾斜、消灭空白的建议，充分发挥参谋助手作用。

2015年7月22日，大丰市人大常委会组织部分常委会组成人员和人大代表视察企业转型升级　李方然　摄

【研究室】 2015年，研究室围绕区委工作大局和常委会工作重点，履行岗位职责，坚持打基础、增实效、抓建设、做品牌，各项工作取得新进展。年初，起草出台《2015年市人大宣传调研工作意见》，明确全年宣传调研工作重点，同时对网站改版、微信平台的建设进行规划。邀请大丰摄影家协会主席和副主席、大丰日报社总编开展培训辅导，加强对机关文秘人员和人大通讯员的指导，推动通联质量得到提升。围绕服务"三会"（人代会、常委会、主任会议）和常委会重要活动以及对外宣传，做好汇报交流、综合性文稿的起草工作，精益求精提升文稿质量，充分发挥职能作用。全年编辑5期《常委会会报》，及时向全区人大代表通报常委会重点工作；组稿11期《人大工作情况》综合版，全方位展现区镇人大工作开展情况；围绕加快大丰区电子商务、信息服务、现代物流、现代金融等现代服务业业态等课题组稿9期《人大工作情况》调研版，多篇得到区委、区政府主要领导的肯定和批转，为推动强富美高新大丰建设建言献策。《大丰市人民代表大会志》经过近一年的调查走访，组织撰写，编纂工作完成。开通"大丰人大发布"官方微信平台，每周至少发布1期，及时宣传上级人大政策、文件精神，更新出台法律、法规，区人大工作动态等内容，便于代表群众快速获取相关信息。适度改版大丰人大门户网站，优化版面和栏目，加快更新节奏，增强时效性。中央18号、省委26号文件出台后，立即抓好贯彻落实，在区人大门户网站为全区14家镇区人大开设二级网页，组织镇区人大秘书进行业务培训，加强基层人大信息化工作。联合区新闻信息中心，开设大丰日报"人大之声"专版，每2个月1期，着重宣传常委会开展的1号议案交办督办、执法检查、专题询问、专项工作评议、半年议政、代表述职等工作特色和亮点，进一步扩大人大工作影响力。组织人大调研好成果、新闻好稿件、摄影好作品"三好评比"活动，征集调研好成果47篇、新闻好稿件74篇、摄影好作品130多幅，极大调动人大系统调研宣传和社会各界关注人大工作的积极性。全年向外报送信息100多条、稿件60多篇，组稿《人民与权力》"市县巡礼"1篇，《盐城人大》10篇。16篇通讯被《人民代表报》《人民与权力》刊登。在盐城人大论文征集评比活动中，获得一等奖1篇、二等奖2篇、三等奖3篇的好成绩。6月，《人民代表报》连续3期在头版刊登大丰人大代表工作系列报道《"双联双接"架起连心桥》《一道靓丽的代表履职"风景"》《面对面述职碰撞出亲民"火花"》。省人大宣传处高度肯定，联系要求提供相关稿件和图片，在"江苏人大发布"上进行专门报道。

（夏萍娟　程　曦）

〖编辑　朱晓华〗

区政府重要会议

【市政府召开十四届三次全体（扩大）会议】 1月19日，市政府召开十四届三次全体（扩大）会议，细化分解落实2015年目标任务，动员全市上下统一思想，咬定目标，从头抓紧，扎实工作，为创造经济新常态下的新业绩打牢坚实基础。市长陈平出席并讲话。市委常委、常务副市长范大玉主持会议。

【政府常务会议】 2015年，区政府共召开14次常务会议。

1月7日，市政府召开第36次常务会议，听取《政府工作报告》《2014年国民经济和社会发展计划执行情况和2015年国民经济和社会发展计划草案的报告》《2014年财政预算执行情况和2015年财政预算草案的报告》起草情况和2015年部门预算编制情况的汇报；传达学习省关于切实做好当前安全生产和人员密集场所安全管理工作的紧急通知以及副省长张雷在省安委会主要成员单位会议上的讲话精神，研究部署大丰市贯彻落实意见；听取关于2015年春节期间有关工作的情况汇报；听取江苏金色农业科技发展有限公司改制相关工作情况汇报。会上，交流市政府1月重点工作安排。

3月4日，市政府召开第37次常务会议，学习《江苏省行政程序规定》，传达学习盐城市财政工作座谈会精神，听取全市安全生产工作情况汇报。会议研究部署市政府3月及2016年重点工作。

4月3日，市政府召开第38次常务会议，学习《政府信息公开条例》，听取当前经济运行情况、简政放权完善政务服务体系“五张清单”（行政审批事项目录清单、政府行政权力清单、行政事业型收费目录清单、政府专项资金管理清单、投资审批“负面清单”）制订情况汇报。会议对4月重点工作进行部署。

5月6日，市政府召开第39次常务会议，学习国家机关工作人员渎职侵权的相关法律法规，听取当前经济运行情况汇报，讨论研究《关于进一步加大创业信贷支持的实施办法》。会议对5月重点工作进行部署安排。

6月3日，市政府召开第40次常务会议，研究部署夏季安全生产工作，讨论研究全市推动新产业新城市建设工程相关工作、《大丰市基层医疗卫生机构基础设施标准化建设实施方案》。会议对6月重点工作进行部署安排。

7月3日，市政府召开第41次常务会议，听取2015年市直部门和单位重点工作任务完成情况汇报，讨论研究加快推进居家养老服务全覆盖工作，讨论研究《大丰市加强畜禽屠宰行业监督管理工作意见》。会议对7月重点工作进行部署安排。

7月13日，市政府召开第42次常务会议，讨论研究大丰市新水源建设事项。

8月5日，市政府召开第43次常务会议，学习新《中华人民共和国食品安全法》，听取创建省食品安全城市工作情况汇报。会议对8月重点工作安排进行交流。

8月19日，市政府召开第44次常务会议，专题研究区划调整相关工作。

9月2日，区政府召开第45次常务会议，听取全面建成小康社会监测情况汇报，研究相关重点问题解决措施；听取“十三五”规划编制情况汇报；听取全区稳定工作十大专项整治百日行动开展情况汇报；讨论研究《大丰区城市低收入家庭认定办法》。会议对9月重点工作进行交流安排。

10月23日，区政府召开第46次常务会议，专题听取全区社会稳定工作情况汇报，研究当前重点工作。会议对9月以来的工作情况进行交流，并就做好下一阶段重点工作进行部署。

11月13日，区政府召开第47次常务会议，研究如何贯彻落实十八届五中全会精神，推动大丰创新、协调、绿色、开放、共享发展；听取2015年为民办实事工程推进情况；传达盐城冬春水利现场推进会精神，讨论研究综治平安建设重点项目推进、大丰区农村畜禽养殖污染集中处置实施方案；听取权力事项责任清单编制工作情况汇报。会议对当前重点工作进行部署。

12月21日，区政府召开第48次常务会议，听取全区消防安全工作情况汇报，讨论研究《盐城市大丰区公务用车制度改革实施方案》《关于推进全面建立住房公积金制度的实施意见》《中国制造2025大丰实施方案》。

12月28日，区政府召开第49次常务会议，听取《政府工作报告》《2015年国民经济和社会发展计划执行情况和2016年国民经济和社会发展计划草案的报告》《2015年财政预算执行情况和2016年财政预算草案的报告》起草情况和全区"十三五"规划纲要编制工作、2016年部门预算编制、2016年百项重点工程和为民办实事工程项目编排情况汇报，讨论研究《大丰区居家养老对象医疗保健签约服务工作方案（试行）》。会议交流当前重点工作安排，要求奋力冲刺全年目标，全力以赴抓好当前，切实关心群众生活，全力维护社会稳定。

重要施政

【为民办实事工程】 1月，市政府印发《关于2015年为民办实事工程的通知》，决定实施涉及民生保障、社会事业、交通基础设施建设、水利改善等12件为民办实事工程。具体为：（1）保障性住房建设工程，总投资1.42亿元，建设保障性住房5.12万平方米。（2）农村路桥建设工程，总投资1.06亿元，修建农村道路160千米、桥梁230座。（3）农村河道疏浚整治工程，总投资6500万元，疏浚骨干河道3条，36千米；大沟40条，175千米；中沟199条，502千米；完成草皮护坡5万平方米，完成土方980万立方米。（4）川东港拓浚工程，总投资7.96亿元，拓浚老川东港和老闸下段河道，疏浚河道32.5千米，拆建跨河桥梁6座，拆建圩口闸14座、引水泵站1座。（5）基层现代医疗卫生体系建设工程，总投资1亿元，改造升级大中、白驹、小海、三龙、万盈、草庙、方强7个镇级卫生院，新建和改造省示范标准村卫生室79个。（6）城乡供水一体化提升工程，总投资1.7亿元，实施通榆河取水口整治提升工程、强化预处理工程、主管网环网扫尾等工程。（7）居家养老服务全覆盖工程，总投资1200万元，各镇区居家养老服务中心（站）建设覆盖率100%，建成省AAA级标准镇（区）居家养老服务中心14个，建成省AA级标准农村社区居家养老服务站33个。（8）残疾人康复中心建设工程，总投资1300万元，建筑面积4100平方米，为残疾人开展康复治疗及辅助器具适配供应。（9）高新区初级中学建设工程，总投资1.2亿元，占地面积7.13公顷，总建筑面积4.3万平方米。（10）校车安全工程，总投资2000万元，9月正式投入运营。（11）城中村及城郊结合部整治工程，总投资2000万元，实施293条条排沟整治，10条沟塘实施填埋，10条下水道铺设，对城中村及城郊结合部进行全面整理，完善垃圾收集清运体系，实施常态化管理。（12）城市公共自行车服务系统建设工程，总投资1100万元，新建公共自行车站点80个，投放公共自行车1000辆。截至2015年11月，农村河道疏浚整治工程、校车安全工程、城中村及城郊结合部整治工程、城市公共自行车服务系统建设工程等基本完成，其余工程按序时推进。

【促进全区现代服务业发展文件出台】 2月，市政府印发《关于促进全市现代服务业发展的实施意见》。按照繁荣壮大旅游业、全力突破平台经济、做大做强创意产业、加快发展软件和大数据产业、大力提升现代物流业、创新发展金融和科技业、提档升级传统服务业的要求。2015年大丰区实现服务业增加值同比增长12%，社会消费品零售总额同比增长13%，规模以上服务业固定资产投资同比增长20%。新增盐城市级以上服务业集聚区1家，新增服务业定报企业50个，实施重点项目50个。"十三五"期间，服务业增加值每年同比增长12%以上，力争至2020年服务业增加值占地区生产总值的比重45%以上，总量超400亿元。

【深入推进依法行政、加快建设法治政府文件出台】 3月，市政府印发《关于深入推进依法行政加快建设法治政府实施意见》，文件分为8个部分：（1）准确把握深入推进依法行政、加快建设法治政府的总体要求。（2）依法全面履行政府职能，大力推进简政放权。（3）加强规范性文件管理，不断提高制度建设质量。（4）建立健全科学民主决策机制，依法规范行政决策。（5）进一步理顺行政执法体制，严格规范公正文明执法。（6）切实加强行政监督，依法规范行政权力运行。（7）依法防范和化解社会矛盾，加快推进社会治理法治化。（8）努力为深入推进依法行政、加快建设

2015年8月31日，大丰区在全省率先引进、首批开通29辆国标校车，惠及18所学校1500名学生　邱　鹏　摄

法治政府提供保障。文件将深入推进依法行政加快建设法治政府工作责任分解落实到各具体职能部门，要求在完成法治政府建设阶段性目标任务的基础上，到2020年，建成职能科学、权责法定、执法严明、公开公正、廉洁高效、守法诚信的法治政府，依法行政和法治政府建设水平处于全省前列，人民群众对法治政府建设的满意度90%以上。

【加强生态文明建设文件出台】 6月，市政府印发《大丰市生态文明建设规划（2015~2021》。规划坚持3项基本原则：经济发展与环境保护并重，生态优先原则；产业提升与转型发展并重，转型为主原则；党政领导与公众参与并重，党政主导原则。重点解决经济社会发展方式转变及发展动力转型问题、空间协调及城乡统筹问题、影响科学发展和损害群众健康的突出环境问题、生态体制机制创新及生态意识文化重塑问题。到2018年基本达到《国家生态文明建设示范县、市指标》要求，实现经济社会繁荣、环境质量优良、生态系统健康、生态风险可控、群众满意度高的良好局面，基本建成国家生态文明建设示范县。到2021年，达超《国家生态文明建设示范县、市指标》要求，满足《江苏省生态文明建设规划》及《盐城市生态文明建设规划》相关指标要求，全面实现经济繁荣、生活富裕、环境优美、社会和谐、制度文明的生态文明建设目标要求。

【全区造林绿化工作文件出台】 12月，区政府印发《关于2016年全区造林绿化工作的意见》，要求围绕“绿色大丰、生态大丰、美丽大丰”建设总要求，以优化结构布局、推动转型发展、全面增绿增效、提高林木覆盖率为主线，以重点工程为重点，大力开展植树造林，突出绿色沿海、绿色河堤、绿色通道、绿色村庄、绿色林网、绿色产业等重点内容，努力实现全区林业工作新突破，全面提升绿色大丰建设水平。提出“2016年全区计划完成造林总面积15000亩，其中国债防护林2000亩、一般造林7500亩、拓果2500亩、花卉苗木3000亩，建设村庄绿化示范村12个，新建和完善农田林网10万亩，四旁植树100万株，新建绿色通道70公里，完成森林抚育面积1万亩，林木覆盖率达到28%以上”的目标任务。明确沿海林场成片造林工程、江界河防护林带建设工程、刘庄镇万亩农田林网建设工程、盐丰高速绿色通道完善提升工程、疏港航道防护林带完善提升工程等五大绿化重点工程。

（杨金辉）

行政审批

【概述】 2015年4月，经中央编办、国务院法制办批准，大丰被确定为国家相对集中行政许可权改革试点单位。按照试点方案要求，9月，大丰区行政审批局成立，并将行政服务中心调整为行政审批局下属事业单位。年内，开展“三严三实”专题教育活动，巩固拓展党的群众路线教育实践活动成果；结合“星期六党校”“三解三促一加强”和“进村入户”等活动，到基层访民情、解民意、知不足、受教育，将“三严三实”专题教育落到实处。举办“百姓星光大舞台”周周演——行政审批服务之歌专场文艺演出，为全区人民奉上文艺节目，同时宣传了依法行政的相关知识。

【大丰区行政审批局成立】 9月28日，大丰区行政审批局组建。行政审批局为区政府工作部门，核定行政编制48名，设立办公室、法制科、经济审批科、建设审批科、社会审批科、业务协调科、监督管理科7个科室；选配集中审批人员45名，并将全区具有审批职能的22个部门227个审批事项全部划转至审批局，实行“一枚印章管审批”。至年底，审批局办理各类事项13994件，办结13678件，按期办结率100%，各项工作稳步推进，在2015年盐城市政务服务系统综合考核中名列第一位。《中国改革与发展》、新华社《江苏领导参考》、江苏电视台、《盐阜大众报》等多家媒体宣传报道了审批局运行情况。

【相对集中行政许可权改革】 2015年，区行政审批局创新审批模式，有机整合划转事项，建立“分类受理、独立审批、联合审查、集中出证”的流水线审批模式，打破了部门间审批不互通的壁垒；梳理审批环节，对进入审批局办理的许可事项，一律重新梳理，固化审批环节，简易事项一审一核，复杂事项一审一核一会办，重大事项一审一核一会办加法制备案，在窗口终结审批，提高了审批效率；强化信息支撑，推进“互联网+政务服务”，开启为民服务新模式，投入200多万元自主研发审批局业务办理系统，全力推动资源共享和信息交换，让群众和企业少跑腿、好办事；做好

2015年9月28日，盐城市大丰区行政审批局揭牌成立　　邱　鹏　摄

审批风险点的防控，明确每个事项的风险点，编写内部管理制度和科室职责，落实责任终身追究和倒查机制，通过强化问责，防范不作为、乱作为。

【完善行政审批服务机制】 年内，区审批局优化BRT审批系统，在原有直接对每个项目制订一套审批流程的基础上，重新划分项目类别，并制订六大类通用流程，所有新项目只需根据情况划分到各自类别中再进行微调，就可以形成一套独立的审批流程。以BRT系统为平台，针对规模企业、重点项目，提前介入服务，建立联合会审、联合审查、联合踏勘制度，促进项目落户。2015年联合会办25次，联合踏勘55次，帮助企业解决实际问题50多个。

【三级便民服务网络建设】 年内，区审批局与全区12个镇一一对接，实现与镇（村）便民服务中心（站）联人、联机、联业务。出台《大丰区镇（村）便民服务中心（站）服务事项指导目录》，凡是涉及企业和群众生产生活的行政审批及公共服务事项，全部纳入指导目录，让村民办事"大事不出镇、小事不出村"。开展项目代理员业务培训，提升项目代理员业务水平。

【廉政建设】 年内，区行政审批局与班子成员签订廉政承诺书、廉政责任状；与全体工作人员签订廉政承诺书，所有在编在职人员都建立廉政档案，并录入专门系统。建立谈心谈话室、纪检委员工作室、廉政文化宣传长廊，开展510专题教育活动，参观华丰农场警示教育基地，收看廉政微电影《爸爸，您去哪儿了》，强化廉政意识，筑牢廉政防线。

（董海霞）

信　访

【概述】 2015年，大丰区认真贯彻中央、省和盐城市关于信访稳定工作决策部署，牢固树立稳定压倒一切、稳定是第一责任的意识，立足解决问题，创新工作机制，强化责任落实，依法规范秩序，越级上访明显下降，信访秩序显著好转，全区信访稳定形势平稳向好，实现"进京非正常上访、集体访、异常访""零登记"的目标，较好地完成各项任务。在全省信访工作绩效考核中，大丰在99个县（市、区）中排名第三，被省信访工作联席会议表彰为先进单位；在盐城市信访工作绩效考核中蝉联第一。

【信访工作责任】 2015年，区委、区政府坚持高位谋划，切实加强对信访稳定工作的统筹协调和整体推进，将信访工作纳入全面工作考核，年初与12镇、4区和27个区直部门主要负责人签订信访稳定工作责任状，强化全区各级党政组织一把手负总责、分管领导具体负责、其他班子成员"一岗双责"的领导责任体系。区委常委会、区政府常务会议定期听取工作汇报，研究会办信访稳定工作。区委、区政府主要领导和分管领导关心支持信访稳定工作，对涉及民生的群体问题，站位一线、靠前指导。各镇（区、园）、各部门的主要负责人和分管负责人把信访工作和集中整治工作摆上突出的位置，主动化解矛盾。严格落实信访工作领导责任追究制，对3个责任单位和8名责任人启动责任追究程序，进一步增强了各级领导干部的责任意识。

【领导干部接访、下访、约访】 2015年，区信访局把领导干部接访、下访和约访作为畅通信访渠道的重点和平台。"大接访"注重实效性、对口接待和当场会办，强化督查反馈，年内区四套班子领导接待来访群众226批690人次，其中集体访22批385人次。"下访"活动结合"金桥行动""进村入户"和"三解三促一加强"，接待来访群众339批1072人次，包案处理问题396个，走访慰问困难党员和群众961户，撰写民情日记298篇。约访频次增多，对群体性、复杂性的信访，都明确具体时间，约请领导接待。全年约请领导接待41次，效果显著。

【重要时期信访稳定】 年内，各级两会、抗战胜利纪念日、十八届五中全会等重要时期，围绕重点人员稳控、越级访人员劝返、群体访应急处置等关键环节，超前谋划、精心部署、强化联动，开展源头治理、就地吸附，做好交办督办、推动问题解决，取得了"1+1>2"的工作成效，实现重要时期"零非访、零集访、零异常访"，较好地完成目标任务。

【信访积案化解】 年内，区信访局以"三严三实"专题教育活动为契机，开展以解决信访突出问题为重点的专项整治行动，通过领导干部接访下访和包案等措施，按照"诉求合理解决问题到位、诉求无理思想教育到位、生活困难帮扶救助到位、行为违法依法处理到位"的要求，办理省、市交办件88件，全部按期办结。大丰区自排的66件重点案件规范处理率100%，化解28件，化解率42.4%。

【信访制度改革】 2015年，区信访局围绕建立公开、规范、高效的新型信访工作模式，建设运行"阳光信访"综合信息平台，初步实现信访事项"网上办理、网上流转、网上反馈、网上评价"，做到让数据多跑路、群众少跑腿，提高了信访工作效能、信访群众满意度和信访部门公信力。认真落实依法逐级走访制度，强势推进"权益保障卡"，研究制订实施细则，有效减少越级上访。推行访诉分离，推进涉法涉诉老户化解，政法委牵头，法院、公安、信访等部门参与，逐一会办上级交办的涉法涉诉信访事项，程序终结后交由地方政府落实稳控措施。

【规范信访秩序】 年内，大丰区各级信访工作机构规范信访事项受理办理程序，按照"属地管理、分级负责，谁主管、谁负责，依法、及时、就地解决问题与疏导教育相结合"的原则和有关规定，分级受理职责范围内的信访事项，并按规定的程序和期限办理。坚持依法规范信访行为，引导信访人依法理性表达诉求，严格按照“挑头必查、非访必拘、违法必处”的要求，处理违法上访35人次，维护了信访秩序。

（陈　炜）

外事、接待

【概述】 2015年，大丰区人民政府外事与侨务办公室以提高接待服务水平为目标，充分发挥接待“载体”功能，增强全局意识、责任意识、服务意识，认真履行“服务、参谋、协调、保障”工作职能，共接待党政代表团、外国来宾、重要客商、省部级以上领导及其他接待141批2289人次。全面贯彻中央、省、市《关于进一步规范国家工作人员因公临时出国（境）管理的若干规定》，全年办理因公出国（境）团组26批74人次。

【郭氢一行到大丰考察】 1月6日，阿里巴巴集团农村淘宝总监郭氢一行，在省商务厅电商处副处长邢冲的陪同下，到大丰参加华东地区首家阿里巴巴“农村淘宝”大丰服务中心开业仪式。

【建湖县党政代表团到大丰考察】 2月2日，建湖县委书记、县人大常委会主任葛启发率党政代表团一行到大丰考察，受到大丰市领导倪峰、吴家祥、韦新等的热情接待。其间，代表团一行考察明进机械、博敏电子、新能源淡化海水产业示范园等地。

【叶辛一行到大丰考察】 2月2日，著名作家、中国作家协会副主席叶辛一行到大丰参观考察，并进行座谈交流，受到大丰市领导倪峰、石根美等的热情接待。叶辛一行参观知青农场、大丰港规划展示馆、荷兰花海等地，观看大丰市旅游宣传片、《那时我们正年轻》专题片，听取大丰市及知青农场情况介绍。

【刘志勇一行到大丰考察】 3月10日，新疆维吾尔自治区政协副主席刘志勇，在盐城市政协副主席王锦胜的陪同下，到大丰考察生态区文明建设情况，受到大丰市领导倪峰、韦新、袁冬青等的热情接待。其间，刘志勇一行考察金风科技、东方1号创意产业园、麋鹿国家级自然保护区等地。

【邵琪伟一行到大丰调研】 4月28日，全国政协常委、国家旅游局原局长邵琪伟一行，在省旅游局副局长经圣贤的陪同下，到大丰考察旅游发展工作，受到大丰市领导陈平、韦新等的热情接待。其间，邵琪伟一行参观考察麋鹿国家级自然保护区、荷兰花海、知青农场等地。

【让·马克一行到大丰考察】 5月7日，COO集团首席运营官让·马克一行，在美国TPI集团公司总裁史蒂夫·洛卡的陪同下，到大丰考察TPI大丰公司，受到大丰市领导陈平、范大玉等的热情接待。让·马克一行考察大丰风电产业园、南车电机、TPI大丰公司等地，并就风电叶片项目合作事宜进行会谈。

【姚晓东一行到大丰考察】 6月11日，淮安市委书记、市人大常委会主任姚晓东率党政代表团一行，在盐城市委书记朱克江、盐城市政协主席李驰的陪同下，到大丰考察，受到大丰市领导倪峰、陈平、吴家祥等的热情接待。其间，代表团一行考察集装箱码头、新能源淡化海水产业示范园等地。

【邱启文一行到大丰考察】 6月11~12日，环保部生态司副司长邱启文、省环保厅总工程师刘建琳，率国家生态市建设考核验收组，到大丰进行考核验收工作。盐城市副市长张京麒，大丰市领导陈平、郭超等接待并参加活动。考核组一行考察金风科技、新能源淡化海水产业示范园、麋鹿国家级自然保护区等地。考核组认为大丰市达到了国家生态市考核指标要求，同意大丰通过国家生态市考核验收，并按程序报环保部审核批准。

【王飞一行到大丰调研】 7月26日，国家海洋局副局长王飞一行在盐城市委副书记戴元湖的陪同下，到大丰调研海洋生态文明建设情况，受到大丰市领导倪峰、宋勇等的热情接待。其间，王飞一行考察麋鹿国家级自然保护区等地；并对保护区重视生态文化、生态旅游和生态保护协调推进，突现生态效益、经济效益、社会效益的全面推进工作给予肯定。

【江泽慧一行到大丰调研】 7月29日，全国政协人资环委副主任、国际竹藤组织董事会联合主席、中国花卉协会会长江泽慧一行，在省林业局局长夏春胜、盐城市市长王荣平的陪同下到大丰调研，受到大丰市领导倪峰、韦新、宋勇等的热情接待。其间，江泽慧一行考察麋鹿国家级自然保护区等地。

【马秋林一行到大丰考察】 8月6日，江苏省国信资产管理集团董事长、党委书记、总经理马秋林一行到大丰考察会商大丰港电厂火电项目推进事宜，受到大丰市领导倪峰、陈平等的热情接待。其间，马秋林一行考察大丰港电厂火电项目选址、大丰港集装箱码头、规划展示馆等地。

【王宏一行到大丰调研】 9月12日，国家海洋局局长王宏一行，在省委常委、副省长徐鸣和盐城市委书记、市人大常委会主任朱克江的陪同下到大丰调研，受到大丰区领导倪峰、陈平等的热情接待。其间，王宏一行考察麋鹿国家级自然保护区、大丰滩涂风光、大丰港集装箱码头、国家级科技兴海示范基地和海水淡化产业示范园等地。

【2015大丰区金秋经贸恳谈会举办】 9月30日，2015麋鹿生态旅游季暨金秋经贸恳谈会举办。荷兰贸易促进委员会驻南京代表处首席代表罗兰特、中国园艺学会球宿根花卉

分会副会长夏宜萍等中外客商300余人应邀参加，受到大丰区领导倪峰、陈平等的热情接待。其间，举行大丰港深水航道开工仪式，召开金秋经贸恳谈会。中国摄影家协会副主席张同胜，中交上海航道局有限公司总经理助理、中港疏浚有限公司总经理张霖，韩国威克汽车滚装航运有限公司常务理事崔振钟作发言。

【张程一行到大丰考察】 10月12日，中组部干部教育局副局长张程一行，在省委组织部副部长胡金波的陪同下到大丰调研，受到大丰区领导倪峰、陈平等的热情接待。其间，张程一行考察麋鹿国家级自然保护区等地。

【勒克莱齐奥一行到大丰考察】 11月1日，法国著名文学家、2008年诺贝尔文学奖获得者勒克莱齐奥一行，在盐城师范学院院长、党委副书记薛家宝的陪同下到大丰考察，受到大丰区领导宋勇、赵玉霞等的热情接待。其间，勒克莱齐奥夫妇一行考察麋鹿国家级自然保护区、大丰港集装箱码头、荷兰花海等地。

【吴克非一行到大丰考察】 12月22日，中国铁路总公司鉴定中心常务副主任吴克非率盐城至南通铁路可研审查组，在盐城市副市长王荣的陪同下，到大丰进行现场踏勘，受到大丰区领导宋勇、石根美等的热情接待。其间，专家组在新丰镇境内重点踏勘规划中铁路经过的通榆河桥位等地。

（金　琳）

2015年8月4~5日，江苏省法制办领导到大丰区开展行政执法体制改革工作调研　（单位供图）

法治政府建设

【概述】 2015年，大丰区按照盐城市法治政府建设三年行动计划和2015年依法行政工作要点要求，抬高目标定位，积极开拓创新，在全省率先开展相对集中行政许可权改革试点，建成盐城市依法行政示范点5个，行政复议规范化工作经验在全省交流，法治政府建设顺利推进并取得明显成效。

【决策听证】 2015年，大丰区政府落实科学民主决策机制，充分听取当事人和公众意见，提高行政决策事项实施效果，全年召开6次听证会，对中小学校车租赁服务、新建商品房预售资金监管、民用管道天然气实行阶梯价格等涉及社会公共利益和人民群众切身利益的区政府决策，召开听证会，听取群众的建议，接受社会监督。

【相对集中行政许可权改革】 9月底，大丰区在全省率先开展相对集中行政许可权试点，组建成立盐城市唯一的行政审批局，将全区22个部门的227个许可事项分两批次划转至行政审批局，实行“一枚印章管审批”。

【规范性文件管理】 年初，市政府制订政府规范性文件制订计划，明确要求对未纳入计划的规范性文件原则上不审核、不签发，从源头上加强规范性文件制订管理。在制订规范性文件过程中，注重调查研究和听取社会意见，提高文件的可行性、操作性。政府规范性文件起草部门在办文过程中，在政府门户网站公布文件草案8件，召开座谈会、听证会8次，征求意见26条，采纳9条。区政府法制办在规范性文件出台前对文件草案的合法性、合理性进行审核，确保依法办文。全年，大丰区政府制订《大丰市区禁止（限制）燃放烟花爆竹的规定》《大丰市新建商品房预售资金监管办法》《大丰市区城市低收入家庭认定办法》《大丰区全民普惠殡葬服务实施办法》等政府规范性文件8件。向盐城市人民政府和大丰区人大常委会报备，报备率100%。

【行政复议】 年内，大丰区认真贯彻实施《中华人民共和国行政复议法》《中华人民共和国行政复议法实施条例》，以行政复议机制改革为突破口，以行政复议“四化”（队伍专业化、复议权力集中化、审理公开化、听证平台专业化）管理为重点，全面推进复议规范化建设。全年收到各类行政复议申请23件，不予受理1件，受理22件，审结18件。其中维持8件，驳回复议申请3件，复议终止5件，撤销2件。

【行政权力清单建立】 2015年，大丰区组织行使行政权力的4个区委部门（农工办、档案局、保密局、民宗局）、37个行政部门和1个法律授权组织（残联）共42个行政权力行使主体开展权力清理、制定权力清单。经清理，全区有行政许可227项、行政处罚4418项、行政强制178项、行政征收69项、行政给付22项、行政奖励25项、行政确认118项、行政裁决5项、行政征用1项、其他行政权力（含初审上报事项）451项。行政权力清单经区政府常务会讨论通过，以区政府文件形式对外公布，做到清单以外无权力。

【政府信息公开】 年内，区政府公开各类政府信息约2900条，其中政府文件及政策约1100件。加强在新兴媒体微博、微信上的信息公开，全年在微博、微信上发布300多条政府信息和政策解读。开展依申请公开答复工作，建立扎口受理、调查会办、法制审核、按期答复的工作机制，重点把好受理审查和法制审核关，确保依法答复、及时答复，从源头上减少和避免行政诉讼败诉和行政复议纠错发生，年内共收到政府信息公开申请71件，其中区政府收到17件。

【行政执法体制改革】 2015年，大丰区加大简政放权力度，积极推进市场监管和卫生、计生领域综合执法改革，着力解决职责交叉、多头执法、相互扯皮现象，加快形成权界清晰、分工合理、权责一致、精干高效、法治保障的政府机构体系。3月底，大丰区市场监督管理局正式对外挂牌，为盐城市首家由工商、质监、食药监“三合一”成立的县级市场监督管理局。区市场监督管理局由区工商局、质监局和食药监局3个单位的机构、职责、人员整合而成，加挂区食药监局牌子，承担全区市场主体准入、食品药品监管、消费者权益保障、质量管理、行政执法等职能。9月底，组建卫生和计划生育委员会，整合区卫生局职责和区人口和计划生育委员会的计划生育管理和服务职责。

（袁康勇）

地方志、年鉴编纂

【概述】 2015年，盐城市大丰区地方志编纂委员会办公室（简称区地方志办）围绕修名志佳志、创精品年鉴工作目标，开发利用地情资源，提高年鉴地方志编校质量，多形式、多渠道宣传推广年鉴地方志成果。1~4月，向机关、学校、规模企业等赠送年鉴900册。7月，与大丰市图书馆联合开展“书香大丰——读志用志”活动，引导广大群众学志用志。4月，在中国出版协会举办的第十六次全国地州区县年鉴研讨会暨第五届年鉴编纂出版质量评比颁奖大会上，《大丰年鉴（2014）》获综合特等奖以及框架设计、条目编写、装帧设计3个单项特等奖。

2015年7月，大丰市地方志办与大丰市图书馆联合开展“书香大丰——读志用志”活动。图为图书馆工作人员将史志书刊整理上架 王越 摄

【年鉴框架调整】 2015年，区地方志办组织4批人员外出学习年鉴编纂新要求，并将学习成果运用到编纂实践中。结合大丰区实际，修改完善《大丰年鉴（2015）》纲目，突出大丰境内的单位全部入鉴的特色，首次增设《驻丰农场》栏目，将境内上海农场、方强农场、东坝头农场、大中农场4个农场全部收录入鉴，记述跨度从各农场成立之初到2014年年底，使年鉴资料更加全面丰富。同时，对人大、政协等部分栏目进一步调整完善。2015年，《大丰年鉴》设39个栏目、288个分目，收录1625个条目、73个表，共95万字。

【年鉴编校质量提高】 年内，区地方志办多次召开分工编辑业务商讨会，探讨年鉴编辑过程中遇到的问题和改进思路，提高编辑业务水平。多途径收集能够反映部门整体工作的重要数据资料、文字资料和图片资料，经相关部门核准后，记入年鉴，增强年鉴信息量、实用性和真实性。调优年鉴内容，把队伍建设、党建工作等各单位的共性工作和中心工作重组优化，突出部门主要职能，避免年鉴总结化。规范年鉴条目标题，突出中心词、关键词，使其更加准确、精炼。2015年，在稿件送出版社前，首次用黑马软件对全部稿件文字进行查错，进一步提高文字编校质量。

【镇志部门志编修】 2015年，区地方志办组织人员对大丰港、新丰镇、草庙镇、小海镇等7个单位的修志人员开展点对点的业务培训，赠送区地方志办购买的修志资料，提高编志人员业务水平。按照《大丰市地方志书审查验收及出版办法》的要求，初审《大丰市农业志》《大丰市港区志》《新丰镇志》，复审《小海镇志》《万盈镇志》《大中镇志》，从篇目、内容、条目、特色、编校上把关，提高志书质量。邀请省地方志办公室和盐城市地方志办公室的修志专家，参与评审《大中镇志》，着力提升编纂质量。

【《盐城市志·人物卷》大丰籍人物资料的征集】 7月，根据盐城市地方志办公室的要求，大丰市地方志办开展大丰籍人物资料征集工作，通过大丰市委内网传真下发《关于征集〈盐城市志·人物卷〉大丰籍人物资料的通知》，明确人物征集范围和资料报送要求。并安排专人负责资料的接收、审核工作。9月，区地方志办征集的《人物传》（人物29人）和《人物表》（人物230人）资料按期上报盐城市地方志办公室。

（周剑飞）

机关事务管理

【概述】 2015年，区级机关事务管理处围绕区委、区政府中心工作，按照“全面履行职能、实施精细管理、创新体制机制、提升保障能力”的工作目标，贯彻落实《机关事务管理条例》和《党政机关厉行节约反对浪费条例》，严格遵守中央“八项规定”，狠抓党风廉政建设，进一步规范和完善管理职能，夯实服务基础，提升管理水平，取得成效。

【服务保障】 2015年，区级机关事务管理处狠抓服务质量，注重服务效果，全年服务区委、区政府赴外地招商推介等重大活动11次，服务大丰两会、旅游季、金秋经贸恳谈会、项目观摩等会议422场次。加强与区财政部门对接，坚持按制度做好财务服务管理工作。编实编细25个会计集中核算单位的预算，严格预算执行。严肃固定资产登记核查，避免国有资产流失。加强对后勤服务的督查、指导与协调，机关物业坚持“低成本运行、高质量服务”的管理理念；机关食堂坚持“整体承包、经管分离”的管理原则，定期抽查考核，定期交流反馈，提升了干部职工满意度。

【办公用房长效管理】 年内，大丰区在2014年办公用房清理的基础上，进一步做好办公用房清理整改和长效管理，坚持“四步走”（领导重视示范到位、普查登记摸清家底、四措并举清理整合、强化督查长效管理）。区清房办印发《进一步做好办公用房清理整改工作的相关通知》，要求全区86个机关部门、镇、园区及所属单位组织学习《党政机关办公用房建设标准》，开展摸排登记、自查自纠，并按实填写报表，保持动态管理。区级机关事务管理处两次组织专项督查，落实整改。同时联合区委办、区政府办，加强对腾退办公用房的督查和指导，采取“统筹调度优化配置、转变功能服务发展、盘活资产创造效益、迎合改革做好准备”四大举措，及时更新台账资料，优化腾退办公用房的使用方案，形成大丰区办公用房长效管理机制。

【公务用车管理】 2015年是公车改革之年。区级机关事务管理处认真研读上级部门的车改政策；联合相关部门，3次登记核实各单位公车使用及管理的相关数据；两次赴海安、太仓、吴江、盐都等地学习调研；邀请企业、“四办”、纪委、财政等多层面单位，展开座谈，征求意见。12月11日，大丰区车改工作进入全面落实阶段，探讨车改具体工作，制订车改方案，组织落实。至12月30日，完成拟取消车辆的停驶封存工作，全区257辆车停驶封存。保留车辆由区级机关事务管理处成立的“公务交通服务中心”进行集中管理，统一调度；区交通局成立以市场化经营为主的平台，为参改单位的公务出行提供有偿服务。自2015年12月31日起，大丰区执行车改后的相关政策。

【公共机构节能】 2015年是实施《公共机构节能"十二五"规划》的收尾之年，区级机关事务管理处坚持对公共机构节能管理工作常抓不懈，认真做好节能数据的整理汇总与分析上报。“十二五”期间，大丰区公共机构节能各项指标均处于良好水平。2015年人均能耗63.33千克标煤/人，单位建筑面积能耗3.09千克标煤/平方米，比2014年同期分别下降3.5%和2.4%；人均水耗16.13吨/人，比2014年同期下降3.4%。经上级核定，完成了预定的节能目标任务。协调指导节能示范单位创建工作，年内水利局创建为省级节能示范单位，至2015年全区累计创建为省级节能示范单位4个、节水型学校12个。积极发挥党政机关的社会引领作用，区行政中心率先示范，更换节能电开水器取代传统饮水机、采用低能耗电气设备、南北门安装公共自行车站点等，营造“节能低碳、绿色环保”的良好氛围。

（陈雯婷）

〖编辑　刘洪芳〗

政协盐城市大丰区委员会

综 述

2015年，政协盐城市大丰区委员会在中共大丰区委的正确领导下，以习近平总书记系列重要讲话精神为指导，深入贯彻中共十八大和十八届三中、四中、五中全会精神，认真落实中共中央《关于加强社会主义协商民主建设的意见》要求，突出团结民主两大主题，组织动员全体委员和各界人士，充分发挥优势，兴学习之风，谋发展之策，行利民之举，履民主之责，举团结之旗，走强基之路，为推动大丰经济社会转型升级、内涵发展、绿色增长，创造经济新常态下的新业绩做出应有贡献。

适应新常态聚焦发展大局。2015年，区政协建立围绕重点协商议题区外考察、区内视察、座谈调研、资政建言和会后落实工作机制，提高建言立论质量和实效。协商转型升级、内涵发展、绿色增长，形成的建议案得到区委书记倪峰的批示。献计沿海开发和现代农业，专题视察沿海开发、农业适度规模经营亮点，学习先进地区经验。建言“十三五”规划编制工作并形成建议案，得到区委书记倪峰和区政府区长宋勇批示。常委会组成人员率先垂范，服务招商引资、园区建设和企业发展等工作。政协机关不断深化“两服务”，主席会议成员、机关干部经常深入挂钩企业，了解情况，研究工作，化解矛盾。8月集中开展“为委员企业服务月”活动，召开四次会办协调会，为21个企业协调解决困难30多项。围绕“四保一解”（保资金、保用电、保用工、保订单，解决各类矛盾），全年帮助委员企业、挂钩企业和重点项目解决问题80余项。

服务民生促进社会和谐。2015年收集社情民意信息295条，编印《社情民意》信息简报13期，其中报送区委区政府61条。专题视察政府2015年12件为民办实事工程、城建重点工程、乡镇卫生重点工程、养老服务等与群众利益密切攸关的民生工程并建言。召开双月协商座谈会就贯彻中共十八届四中全会精神，建议加大法治大丰宣传力度增强法治理念。专题协商农贸市场整治提升工作，建议科学规划、理顺产权关系、引进专业管理、完善体制机制、提档升级、严格准入。8月，搭建“大丰政协慈善基金”公益平台，成立不到一个月，募集捐款超过15万元，9月举办“捐资助学献爱心”活动，向50名家庭贫困的高一新生发放助学金10万元。

强化监督助力工作推进。2015年开展各类视察活动67次。广大委员形成各类调研报告、议政材料130多篇。深化重点提案督办，强化民生类提案督办，注重累积提案督办，进行现场视察督办，进一步提高提案办理落实率，委员满意和基本满意率达99%。赴区经信委、卫计委、地税局进行民主监督，经信委制定的一号文件《关于迎接政协大丰市委员会2015年度民主监督工作方案》明确接受民主监督方案，认真落实服务企业措施；卫计委召开监督工作专题动员大会，部署落实工作计划，不断提升公共卫生服务能力；地税局吸纳委员建议，建立“知音服务”机制，构建便民办税服务保障体系。2015年，

2015年，大丰政协编辑出版《大丰历史文化丛书》

有169人次委员被有关部门聘请为政风行风特邀监督员，相关单位构建平台，邀请委员参加活动，特邀民主监督员积极履行职责，促进相关单位改进工作作风和提高服务水平。

团结各界汇聚智慧力量。2015年，区政协组织委员参加股权知识、商界变法大讲堂、互联网和金融创新等培训，帮助小微企业解决实际问题。服务协调太平禅寺等宗教场所建设，帮助解决少数民族群众生产生活困难。接待省第二届“台商江苏行”等7批100多人次到大丰参观考察，举办两岸文创产业合作与发展交流会。服务全国、省和盐城市政协“旅游业发展”“厚实镇村经济土壤”“加快分级诊疗制度建设”“社会组织在社会治理中的积极作用”等专题调研。出版《大丰历史文化丛书》——《盐韵大丰》《大丰往事1949–1978》和《魅力大丰》系列文化丛书，编辑发行《耐庵学刊》（第23辑）《大丰诗草》（第21辑）。开展文化培训，围绕大丰区历史文化生态特色，举办盐垦、施耐庵、麋鹿与湿地等7次文化知识讲座。组织文化考察，到南通张謇纪念馆、苏州阊门等地探寻盐垦历史、移民印记，组织区内红色文化、盐垦文化、水浒文化等调研，修复泰和井等文化遗址。推进文化交流，与南通市张謇研究中心、盐城师范学院社会学院开展学术研讨。举办“大丰区纪念中国人民抗日战争暨世界反法西斯战争胜利70周年书画展”。召开施耐庵研究会成立30周年座谈会。

改进作风增强履职实效。2015年，区政协扎实开展“三严三实”专题教育，全面完成党课动员部署、组织专题学习、组织调查研究、加强研讨交流、排查问题清单、过好组织生活、总结工作成果7个关键动作。召开专题常委会议，邀请区纪委主要负责人作推进作风建设专题报告。通过专题民主生活会、谈心谈话、走访慰问委员、“进村入户”等活动，逐项排查存在问题，制定详细整改措施。加强委员队伍建设，深入开展“三联系”活动。密切主席会议成员与常委、常委与委员、委员与界别群众联系，全年两次慰问委员。举办中共十八届四中全会精神、协商民主与人民政协、公共文化知识、健康知识等专题讲座，为每位委员订阅《江苏政协》杂志，为每位常委、联络组工作组组长订阅《人民政协报》。扎实做好委员考评，开展争当“三好委员”（本职工作好、参政议政好、公众形象好）活动，力避“三无委员”（无故不参加会议、无提案、无社情民意信息）现象。增强委组工作活力，政协十三届四次会议以来，委组工作十分活跃，共开展各类活动130多次。提升机关服务能力，开展机关人员文稿写作能力、电脑应用能力、语言表达能力、沟通协调能力提升年活动。

区政协重要会议与活动

【政协大丰市十三届四次会议】 1月12~14日，政协大丰市第十三届委员会第四次会议在新词大酒店举行，市十三届政协全体委员参加会议。会议期间，委员们听取和讨论了大丰市委书记倪峰在开幕式上的重要讲话；审议通过了市十三届政协常务委员会工作报告和提案工作报告；列席市十四届人大四次会议，听取并讨论了市人民政府市长陈平所作的《政府工作报告》；举行议政大会。大会通过了《中国人民政治协商会议大丰市第十三届委员会第四次会议决议》。

【区政协常委会议】 2015年，区十三届政协召开常委会议6次。

1月6日，市政协召开十三届十六次常委会。会议听取了市政府关于政协十三届三次会议委员提案办理情况的通报；讨论通过了《市政协十三届常委会工作报告》和《提案工作报告》；协商决定政协十三届委员增补名单；通过了有关人事任免事项；部分常委进行了履职演讲。

5月14日，市政协召开十三届十七次常委会议暨第二次双月协商座谈会，专题讨论大丰转型升级、内涵发展、绿色增长，会议听取了市经信委关于《加快转型升级，推动经济发展》的工作汇报和市政协科教文卫体委关于赴胶州等地调研转型升级工作的汇报。

7月20日，市政协召开十三届十八次常委会议暨双月协商座谈会。会议传达了市委工作会议精神；听取了全市上半年经济社会发展情况和下半年工作安排的通报，党风廉政建设情况的通报，上半年审判、检察工作情况和下半年工作安排的报告。部分政协委员分别就经济、服务业与旅游业和“两院”工作建言献策。

8月19日，市政协召开十三届十九次常委会议。会议传达了国务院、省政府关于大丰撤市设区的相关批复、通知精神，盐城市委、市政府主要领导及大丰领导的重要讲话精神。

2015年1月12~14日，政协大丰市第十三届委员会第四次会议会场
（单位供图）

会议通过机构名称、干部职务名称变更的决定。

9月15日，区政协召开十三届二十次常委会议暨双月协商座谈会，专题协商讨论大丰区“十三五”规划编制工作。会议听取了区发改委关于大丰区“十三五”规划编制工作的情况汇报。部分政协常委、委员围绕“十三五”规划编制工作进行协商建言。

10月28日，区政协召开十三届二十一次常委会。会议传达学习中共中央政治局常委、中央纪律检查委员会书记王岐山的文章《坚持高标准，守住底线，推进全面从严治党制度创新》。会上，郭超作了题为《坚持全面从严治党，深入推进作风建设》的专题报告。

12月30日，区政协召开十三届二十二次常委会，会议听取了区政协关于政协十三届四次会议委员提案办理情况的通报，协商决定政协十三届委员增补名单，部分常委进行了述职演讲。

【区政协主席会议】 2015年，区十三届政协召开主席会议13次。

1月6日，市政协十三届第26次主席会议召开，就市政协十三届四次会议的有关事项进行协商讨论，协商讨论《关于召开市政协十三届四次会议的决定（草案）》《市政协十三届四次会议议程（草案）》《市政协十三届四次会议日程（草案）》《市政协十三届常委会工作报告》和《提案工作报告》、十三届委员增补名单、有关人事任免事项。

1月13日，市政协十三届第27次主席会议召开，会议协商决定2014年度市政协工作先进集体、先进个人名单；协商决定市政协工作组、联络组负责人名单；协商讨论《中国人民政治协商会议大丰市第十三届委员会第四次会议决议（草案）》；协商讨论市政协2015年协商议题。

1月30日，市政协召开十三届第28次主席会议，协商讨论2015年政协工作要点和常委会、主席会议协商议题以及相关工作计划。

2月6日，市政协召开十三届第29次主席会议，专题视察并协商讨论全市饮用水源保护工作，听取全市饮用水源保护情况的汇报。

3月16日，市政协召开十三届第30次主席会议，协商讨论“三港”（港口、港区、港城）建设工作，会议听取了大丰港经济开发区管委会关于大丰港“三港”建设工作的情况汇报，并进行了协商讨论。

4月15日，市政协召开十三届第31次主席会议，专题视察协商大丰旅游业发展，会议听取全市旅游业发展情况和旅游产业“十三五”规划草案以及麋鹿保护区创建AAAAA级景区情况汇报。

6月15日，市政协召开十三届第32次主席会议，专题协商集贸市场整治提升工作，会议听取了大丰市场监管局关于市区集贸市场创建和包保市场整治提升情况的汇报、城管局关于市区集贸市场环境综合整治和包保市场提档升级工程实施情况的汇报。

8月14日，市政协召开十三届第33次主席会议，专题协商大丰农业适度规模经营工作。会议听取市委农工办关于全市农业适度规模经营发展情况的汇报；市政协调研组赴张家港市和浙江省海盐县、奉化市考察的专题报告。

8月19日，市政协召开十三届第34次主席会议，传达关于大丰区划调整的相关文件和会议精神，秘书长肖斌传达大丰区划调整机构名称和干部职务名称变更等事项，副主席先后进行表态发言。

10月15日，区政协召开十三届第35次主席会议，专题协商讨论全区为民兴办的12件重点实事工程推进工作，会议听取了区政府办关于2015年为民办实事工程推进情况的汇报，并开展协商讨论。

11月13日，区政协召开十三届第36次主席会议，专题视察并协商讨论全区城建、交通重点工程建设工作，会议听取了区住建局、交通局、城管局的2015年工作情况和2016年工作安排，并开展协商讨论。

12月17日，区政协召开十三届第37次主席会议，专题协商讨论全区创新驱动发展工作。会议听取了全区“十二五”科技创新工作和“十三五”规划情况及2016年工作计划的汇报并开展协商讨论。

12月30日，区政协召开十三届第38次主席会议，就区政协十三届五次会议的有关事项进行协商讨论，协商讨论十三届委员增补名单、有关人事任免等事项。

区政协各专门委员会

【提案委员会（社会法制委员会）】 2015年，区政协提案委（社会法制委）创新提案工作方式，优化提案办理协商，扎实开展社会法制工作，助推法治大丰建设。十三届四次全会以来，收到委员提案230件，经审查立案229件，立案的提案交由47个承办部门办理，截至2015年12月底全部办复。办理结果为：已经解决或采纳的178件，计划解决或采纳的43件，短期内不具备条件采纳落实、留作参考的8件，委员满意和基本满意率99%。为提高服务质量，搭建提案协商平台，组织召开提案承办大户办理推进会和提案工作座谈会。承办区政协第一次双月协商座谈会和十三届第36次主席会议，牵头组建民主监督小组，到区经信委、卫生局、地税局开展民主监督。组织赴住建、交通、城管、卫生、民政、旅游等部门开展提案推进会6次，编印社情民意信息13期。会同区委政法委、人大内司委开展人大代表、政协委员评案活动，促进全区政法机关的公正廉洁执法，提高人民群众对执法工作的满意度。围绕发展现代高效农业、加强基层组织建设、推进城乡经济发展、推进职工民主管理、促进企业和谐发展、社区网格化管理系统运转、社会保障卡便民应用、少数民族人士勤劳致富典型培植情况等工作开展视察并协商建言，专题视察居家养老全覆盖工作，赴方强戒毒所视察戒毒工作，提出建议。

【经济委员会】 2015年，区政协经济委围绕经济建设中心和区委、区政府重大决策部署，加强调查研究，开展协商议政。把握经济重点，做好会议的组织工作。承办区政协十三届第30次、第33次、第36次主席会议，围绕大丰区“三港”建设工作、农业适度规模经营工作、城建交通重点工程建设工作协商建言，组织召开区政协第二十次常委会议暨双月协商座谈会，并形成建议案，积极建言大丰“十三五”规划编制工作，区委、区政府主要领导分别作出了批示。围绕经济热点，开展专题视察调研。组织委员围绕大丰区生态高效农业、普惠金融、电信基础设施建设等工作开展视察调研，为大丰经济社会发展积极建言献策。关注经济发展，做好企业服务。开展为委员企业服务月活动，进行调查摸底，深入企业调研，召开协调会办会，提请会办16个企业的20个问题，并对办理落实情况进行跟踪督办，确保为企业排忧解难的各项措施落到实处。

【科教文卫体委员会】 2015年，区政协科教文卫体委员会承办区政协十七次常委会议暨双月协商座谈会，专题协商转型升级、内涵发展、绿色增长工作。承办29次主席会议，专题调研并协商饮用水源保护工作。承办31次主席会议，赴吴中区等地开展旅游工作调研。承办区政协第32次主席会议有关工作，赴杭州、义乌、昆山考察调研6个农贸市场和1个综合性批发市场。围绕全区标准化建设和市场监督管理、南阳中学四星高中创建及特色课程基地建设等工作开展考察调研。组织考察大丰美术馆和非物质文化遗产陈列馆及陈银付瓷刻展、区内外体育工作、大丰仁爱骨质增生医院改扩建工程、福建三明市和沙县的公立医院改革及浙江东阳市医院的法人治理结构。精心组织文史资料征编工作，公开出版《盐韵大丰》《大丰往事》《魅力大丰》，其中《魅力大丰》获盐城市政府文艺奖，《大丰市文史资料第17辑》《施耐庵研究论文集粹》等获江苏省档案文化精品奖三等奖。加强遗址保护，修复泰和井和法国经济学家张万申祖母墓。根据组织安排，督促检查好大桥片春节和全国两会期间的安全生产。组织召开2015年政协文史工作座谈会，组织水浒学会、施耐庵研究会和纪念馆2015年工作年会，考察调研白驹镇、刘庄镇和大丰、泰和、裕华等盐垦公司旧址。

【港澳台侨委员会】 2015年，港澳台侨委加强学习，提高履职能力。联合提案委，组织侨联界、台胞台属界和少数民族界的委员开展界别活动，视察大丰港二期码头、有关企业和大丰港动物园，建言港区发展。区政协主席韦新、副主席韦稳元带队，赴无锡、海安等地考察学习文化创意产业发展工作并完成调研报告。围绕大丰养老工作、侨资企业发展情况，调研视察并建言。承担副主席陈仕祥和秘书长肖斌的委员社情民意接待日的组织、服务和联络工作。坚持联系走访委员制度，做好服务委员企业工作，联系走访港澳台侨委委员在丰企业和部分台资侨资企业。如三鑫冷冻厂、华盛酒业公司等企业，通过提案等形式向政府反映企业发展中的困难，并提出解决问题的建议。先后参与接待美国华侨张明军、美国瑞奇咨询公司总裁纪红到大丰考察，鼓励来宾到大丰投资兴业。在中秋、春节等传统节日向港澳台侨界人士发送电子邮件100多份。和侨联联合协调有关部门，为日本华侨杨玉琴女士解决了子女入学问题，同时还帮助她协调解决与他人的经济纠纷。为离退休人员做好各项服务工作，组织重阳节活动。

【委员联络委员会】 2015年，区政协委员联络委员会在探索创新中开展工作，着重做好密切联系委员、完善履职台账、活跃委组工作等。全年组织召开两次工作组联络组组长会议，“三联系”工作座谈会，由主席会议成员带队三次走访慰问委员，帮助指导部分联络组设置政协委员之家。督促镇（区）联络组开展交叉视察活动。组织委员活动，组织部分委员视察新韩汽配、城东实验小学、人民医院高新区分院、大丰港三期码头等沿海开发、园区和城市建设项目现场，到华丰工业园区视察瑞克医药、跃龙化工、联合环境水处理厂等企业。年初为委员订阅《江苏政协》杂志，为常委、工作组联络组组长征订《人民政协报》。配合办公室组织委员活动，确保全年每位委员至少参加一次活动。对委员参加区政协活动的出席、请假情况，议政建言、议政材料、提案、调研报告和社情民意信息等情况进行登记，并作为评选“三好委员”的重要依据。给2014年未参加政协活动的委员寄提醒函，力争2015年杜绝“三无委员”。

【学习文史委员会】 2015年，学习文史委编辑出版《大丰诗草》《耐庵学刊》。承办盐城市政协文史委在大丰召开的张謇垦殖史文史座谈会，接待南通市张謇研究中心到大丰开展文史学术交流。开展区内考察，赴草堰镇、白驹镇、刘庄镇、新丰镇、大中镇等，调研文化遗存，组织修缮泰和公司老井。赴大丰区外考察调研，赴南通参观张謇纪念馆、苏州考察阊门原址、苏州博物馆等。主办“大丰区纪念中国抗日战争暨世界反法西斯战争胜利70周年书画展”，召开施耐庵研究会成立30周年座谈会。完成省政协交办的《江苏省政协志》协作稿件一篇，完成《盐城往事》协作任务稿件十二篇。在盐城政协杂志宣传大丰区政协委员、画家陆天宁作品和事迹材料。新增补5位文史研究员。组织举办中共十八届四中全会精神、协商民主与人民政协、公共文化知识、健康知识等四次全体委员讲座和文稿写作、大丰历史文化、盐垦名人、麋鹿与湿地、水浒与施耐庵、张謇与大丰废灶兴垦、大丰抗战等专题知识讲座计11场次。

（张 慧）

〖编辑 朱晓华〗

人民团体

大丰区总工会

【概述】 2015年，盐城市大丰区总工会把握“中国梦·劳动美”总体取向，以新时期“双争”创建为载体，全力抓队伍、抓阵地、抓改革、抓维权，各项工作取得优异成绩。大丰区总工会被评为盐城市工会综合工作先进第一名，获得盐城市总工会表彰的工会组建工作先进单位、推进工资集体协商工作先进单位、劳动竞赛优秀组织奖、推动厂务公开民主管理工作先进单位等所有奖项，获得大丰区委、区政府服务发展创新创优和深化改革工作奖。

【职工队伍素质建设】 2015年，大丰区总工会制订大丰区“职工读书月”活动方案，鼓励和引导广大职工积极参与读书活动。全区建成国家级职工书屋示范点2家、省级示范点3家，市级示范点30多家。开展贴近生活、方便职工参与的全民健身活动。

【劳动竞赛】 大丰区总工会制订《2015年开展劳动技能竞赛活动的实施意见》，先后有经济开发区、万盈镇、区农委、大丰区农业银行、江苏大丰农村商业银行、区邮政公司、区城管局、区民政局、区卫计委、区国税局、中国人民银行大丰支行等多家单位联合大丰区总工会共同开展各项劳动竞赛，全区共有1500多名职工参加活动，授予12名职工“五一劳动奖章”。

【弘扬劳模精神】 2015年，大丰区总工会表彰“最美劳动者”30名，授予50个先进集体“工人先锋号”的称号，向中华全国总工会、省总工会、盐城市总工会推荐表彰一批先进单位和先进工作者。顺利召开大丰区首届劳模协会成立大会，为更好地服务劳模，弘扬劳模精神奠定了组织保证。

【区总工会队伍建设】 2015年，大丰区总工会根据《省委关于加强和改进党的群团工作50条意见》和大丰区总工会7800平方米新阵地建设和互联网工会新运行机制的职能需要，对全区专职工会工作者队伍建设进行重新定位和管理规范。由过去大丰区总工会和镇（区）机关事业单位直接聘用，统一改为由区总工会机关劳务派遣；由过去参照事业人员的工资管理办法，统一改为劳务派遣工资；改进考核制度，区分服务对象（区总工会、镇、开发区、园区），分别由区总工会统一扎口绩效考核。至此，全区社会化工会工作者的聘用管理更加规范，经费有所控制，考核紧紧跟上，工作激情提升。

【工会组织阵地建设】 2015年，新建独立工会57个，换届选举单位120

2015年，大丰市总工会开展夏季“三送”活动，走访企业和工地208个（单位供图）

个，2015年发展农民工会员近5万人，建成合格职工之家114个，模范职工之家26个。江苏大丰农商银行工会委员会获“全国模范职工之家”称号，经济开发区总工会、正大丰海工会委员会获“江苏省模范职工之家”称号。

【服务保障阵地建设】 2015年，大丰区总工会建成3000平方米职工服务新阵地，开展夏季“送清凉、送安全、送法律”活动。走访企业和工地208个，发放防暑降温用品68.49万元。开展“金秋三助”活动，全年帮扶困难学子52人，发放助学资金18.5万元。2015年为1103名困难职工送去帮扶求助慰问金额138万元。

【文化体育阵地建设】 2015年，大丰区总工会投资3800万元总面积7800平方米的新工人文化宫主体封顶，预计2017年3月投入使用。新工人文化宫的建设极大地提升工会组织职工、教育职工、服务职工的水平。大中镇、南阳镇、大丰港经济开发区及大丰经济开发区等工会组织依托自有阵地举办丰富多彩的职工文体体育娱乐活动，深受广大职工的欢迎。

【健全维权监督网】 2015年，大丰区总工会坚持工会组织和劳动法律监督组织相生相伴，纵向到底、横向到边的工会劳动法律监督“网络”体系。年内，在全区指导建立517个企、事业工会劳动法律监督组织，409个劳动争议调解委员会，271家劳动关系预警机制单位，236名持证的工会劳动法律监督员与劳动争议调解员队伍，有效地保证了大多数的劳动争议纠纷，在基层得到化解。

【工资集体协商】 2015年，大丰区建立工资集体协商制度的企业1710个，其中单个建立工资集体协商制度的企业634个，行业、区域签订工资集体协议108份。全区建会企业建制率97.2%，覆盖职工11万人。西团镇抛丸机行业工资协商作为全省行业工资协商典型被推广。

【“劳动关系状况季季清”活动】 2015年，大丰区总工会每季排查汇总劳动争议数量、类别及分布情况，重点进行梳理。检查用人单位200个，涉及职工31211人，纠正违法行为3项，督促用人单位补签劳动合同1649份，发出整改意见书27份。11月，省总工会在大丰区总工会召开“全省工会劳动关系预防化解现场交流会”，大丰区总工会关于劳动关系预防化解工作经验在全省进行典型发言，受到好评。

【工会财务改革】 2015年，大丰区总工会实行工会工作经费统一审批使用、区总工会财务部统一结算的经费管理办法。在区总工会专门设立镇（区）工会经费专户，由镇（区）工会每月上报工会工作计划，每月上报工会经费使用预算，区总工会财务结算中心按镇（区）上报的工作计划和经费预算及时拨款，一改以往由大丰区总工会直拨经费至镇（区）财政的传统做法，实行“区管镇（区）用、独立账户、镇（区）工会主席一支笔审批”的新办法。

【区总工会机关大部室改革】 2015年，大丰区总工会机关尝试采取“大部制”管理模式，设置“两部一室”，将机关党务、宣教网络、财务部、机关后勤、监察室等职能合并，成立综合办公室；将组织部、民管部、经审办等职能合并，成立基层建设部；将信访接待、法律援助、生产保护、女职工保护等职能合并，成立职工服务部。通过职能部室合并，整合资源进一步提高机关管理效率和服务职工质量。区委正式批复区总工会机关“三定”方案。

【“互联网+工会”探索】 年内，在大丰区总工会网站的基础上，建立“大丰职工之家”微信订阅号。职工“一机在手，工会信息全都有”。推送微信近100期，编辑信息200条。开设基层工会QQ工作平台，QQ工作群日益成为工会干部日常工作的好帮手。

（朱建良　王建平）

共青团大丰区委员会

【概述】 2015年，大丰团区委深入贯彻中央和省委党的群团工作会议精神、习近平总书记系列重要讲话精神，紧扣“四个围绕”，组织引导全区广大青年投身沿海开发，矢志创新创业，为“建设新大丰，发展上台阶”努力实践。全年组织开展各类活动52场次，新建各类团属阵地11个，其中，青少年之家5个，团员活动室2个，全区建成青创空间4家。

【青少年思想引领】 2015年，为加强青少年思想道德建设，在全区中小学开展寻访抗战老兵、歌咏比赛、抗战老兵报告会、向八路军新四军白驹狮子口会师纪念碑敬献花篮等活动，让青少年更好地了解历史、缅怀先烈，不忘过去。在“五四”青年节期间，组织全区各中、小学开展的“争做向上向善好青年·争做文明守法好网民”主题系列活动画面被央视《新闻联播》报道播出。新媒体常态化传播正能量，开展最美学生、小小讲解员等评比活动，自制系列的微视频《抬起头·看见爱》热播。

【植树护绿活动开展】 2015年，团区委开展以“与港口共发展 用青春创未来”为主题的植树活动，新建“共青林”2处，组织近2000名团员青年、青年志愿者开展植树护绿活动，植树1.3万余株，增强青少年环保参与意识，助力大丰区村庄环境整治工作。

【彩虹丝带志愿者品牌强化】 2015年，团区委突出志愿服务的社会化功能，充分发挥志愿服务在化解社会矛盾、促进人际和谐中的独特作用，让“有困难找志愿者、有时间做志愿者”蔚然成风。全年组织开展各类志愿活动70余场，参与志愿服务3210余人次。针对服务留守儿童，联合草堰镇政府推出“梦田计划”。采用社会化招募的60名“花仙子”志愿者，在

2015年11月20日，大丰区第三届"我是小小讲解员"之"多彩湿地·话里大丰"少儿导游选拔赛在城东新区小学举行（单位供图）

服务荷兰花海旅游季时，充分发挥青年志愿者的流动名片作用。

【服务青年创业】 2015年，团区委顺应"大众创业、万众创新"时代潮流，把青创空间建设作为共青团年度重点工作，按照"建平台、创品牌、强组织、聚青年"方针，提高共青团服务青年创业工作水平。全区先后建成青创空间4家。通过开展各类创新创业活动，强化团组织、青创空间和创业青年的联系，让团组织成为创业青年遇到困难时"想得起、找得到、靠得住"的有生力量。利用青年创业大赛、十大创业先锋评选、创业项目路演、创业分享会交流、"团银企"对接会等，积极发现、推荐、培养青年创业人才。创业青年韩佩舟的"归园田居乡村名宿"获得2015中国青年涉农产业创业创富大赛创意组铜奖。丰龙大地电子商务平台刘春香获得盐城市网络创业大赛三等奖。通过开展"微活动""微课堂"集聚青年，全区四家青创空间入驻项目157个，集聚创业青年400余人，涌现出如"小强来了""优志愿"等一批优秀创业项目。推动农村青年电商创业工作，充实信息库，截至12月底建档87人，全区新发展农村青年电商214家。在大丰区青年创业支行的基础上，联合江南村镇银行、苏州银行等金融机构在全区范围内共同推动青年创业贷款业务，截至12月底，服务各类青年创业主体273户，发放青年创业贷款6437.8万元。

【帮扶困难青少年群体】 2015年，团区委积极关注困难青少年群体，开展以助学、助困、助业为重点的结对帮扶，不断加大"希望工程""圆梦行动"的工作力度，探索优秀青年企业家、青年文明号集体等社会力量契约化结对帮扶困难青少年的新模式。2015年，助学行动筹集助学金150050元，24名家庭贫困的新生获得资助。青年社会组织义工联举办的"补爱行动"、大丰区青年商会的"助力寒门学子"等关爱活动在社会上引起强烈反响。

【基层团建】 2015年，团区委进一步夯实基层工作基础，激发工作创新力，形成"一镇一品""一团干一项目"的工作格局，团区委坚持月度工作例会镇（区）家家到，积极为镇（区）团委创造横向交流的机会，让镇（区）团干看先进、学先进、争先进，进而达到以点带面，以点促面，整体推进团工作，提升桥头堡战斗力的效果。通过团区委机关干部、各镇（区）团干部挂钩指导、每月通报等形式加强团的基层组织建设，2015年，全区新建各类团组织153家。

【团干部培训】 2015年，团区委与组织部、党校、妇联联合举办全区青年干部培训班，推荐20名基层团干参加培训班。培训班主要围绕理论体系与党性教育、科学发展与全面小康、干部素养与能力提升等开设课程，课程以专题讲座为主，穿插情景模拟、拓展训练、现场教学、互动交流等形式，着力提升青年干部的综合能力素质。

（洪大伟）

大丰区妇女联合会

【概述】 2015年，大丰区妇联坚持立足家庭，重点重抓，进一步整合社会资源，创新活动载体，打造特色品牌，团结带领全区妇女为"建设新大丰、发展上台阶"做出积极贡献。全年组织妇女创业就业、妇女权益保护、妇儿志愿服务、妇女文化宣传等各类活动17场，妇女受众数万人次，电台、报刊宣传30余次，盐城妇联网站用稿75篇。

【家庭文化建设】 2015年，区妇联立足家庭，扩大宣传，全面落实习近平总书记重视家庭建设要求。联合区纪委开展"廉政文化进家庭"主题教育活动，通过参观廉政警示教育基地、签订承诺书、上廉政党课等方式，努力营造反腐倡廉的良好家庭氛围和社会环境，同时将参观学习心得体会结集成册，发行《守护幸福港湾》，以文化的力量扩大影响。举办"心手相牵、快乐成长"暨大桥镇青少年心理健康行动启动仪式，形成扩散效应，带动全区关爱困境儿童成长和关注困境家庭发展。主动策应区委部署，紧密贴合家庭文化建设，开展各项志愿服务和主题宣传，西团镇"龙之队"牵手花蕾助学志愿队被省妇联评为"十佳巾帼志愿服务队"。大力策应"旅游兴区"战略，开展"千人游花海·万户建文明"活动，组织近5000人参与，引领广大妇女通过游览花海共享城乡统筹成果，激发妇女参与美丽大丰建设的自觉性。积极组织各级妇联干部进村入户，发动群众，在全区范围内开展"寻找大丰最美家庭"活动，寻找最美家庭1000户，在《大丰日报》专版通报表彰。

【妇女创业创新】 2015年，区妇联拓展载体，突出重点，推动妇女在全民创业万众创新中有所作为。召开全区农村妇女发展现代农业推进会，命名12个农业园为大丰区第二批"巾帼现代农业示范基地"。组织巾帼现代农业科技示范基地负责人、女大学生村官赴大桥镇观摩丰禾大地油桃园，交流观摩心得，进一步拓宽眼界和思路。全区妇女参建、共建高效设施农业种养面积近万亩，其中20公顷以上"巾帼现代农业示范基地"30个，年收益10万元以上的禽畜水产养殖基地24个；有2万多名妇女参与各类现代农业项目生产经营，示范带动5万多名妇女增收致富。引领广大妇女在"互联网+"新业态中主动作为，加快农村妇女"网上行"项目实施进度，着力培养电子商务女能人。三龙镇女大学生刘春香创建丰龙网，带动一方乡亲投身电子商务。女大学生周公羽，自创"大丰吃货达人"微信公众平台，线上线下互动，平台的号召力越来越强。三龙镇龙东村、西团镇众心村、白驹镇狮子口村被盐城市妇联授予"巾帼电子商务示范村"称号。面对女性创业难题，区妇联主动靠前，贴近基层，通过四大措施帮助协调解决。通过"春风送岗"行动助推。联合区人社局举办"春风送岗"服务企业引才用工招聘会，有近千名女性求职者与企业达成就业意向。通过巾帼创业大赛引领。开展巾帼创业大赛，并在赛中强化宣传，电视台、网媒、纸媒同步造势，引导和鼓励更多女性通过创业实现就业。通过妇女小额贷款保障。发挥妇女小贷优势，帮助解决创业初期资金难题，全年发放妇女小贷1282万元，贴息38.49万元，帮助274名妇女成功创业，带动近千名妇女就近就业。通过业务培训推进。举办电子商务培训班，来自全区各镇（区）有意向从事电商创业的妇女300人参加培训，为女性创业提供技术支持。

【普法维权】 2015年，区妇联在常态化开展普法宣传的基础上，锁定"三八"妇女节、"12·24"国家宪法日等特殊时间节点开展集中普法宣传，与此同时，联系、指导相关单位联动开展各类普法维权活动。与区公安局、民政局、法院、检察院等单位对接，深化"平安家庭"创建活动，切实做好妇女婚姻家庭矛盾纠纷调解工作，真正发挥维权工作站、家庭暴力投诉站的作用，在纪念"三八"表彰大会上对148户平安家庭进行表彰。鼓励妇联系统工作人员主动申请报名政法机关人民陪审员、合适成年人等辅助岗位。在涉及妇女和未成年人的案件中，积极参与庭审，帮助当事人纾解压力、厘清案情、全力争取合法权益以及有利的审判结果。通过妇联信访窗口切实做好妇女维权相关工作，面对信访妇女，以"娘家人"的姿态倾听、疏导、调解、维护，获得信访妇女的信任和满意。2015年，全区妇联系统接待处理来信来访116起，"12338"热线电话159个，做到了件件有落实，事事有回复。4月，省妇联副主席张勤一行到大丰调研，对大丰市妇联在妇女维权工作方面取得的成绩表示充分肯定。

【妇儿实事工程】 2015年，区妇联积极争取、促进区委、区政府将妇女儿童发展摆上重要位置。将区妇儿工委办的工作经费纳入区财政年初预算，妇儿工委预算递增至18万元，壮大了妇儿事业的资金保障；将妇女儿童工作纳入全区目标任务综合考核中，分值由往年的4分增加至6分，各镇区更加注重妇儿发展。顺利完成"十二五"妇女儿童规划监测统计评估工作并积极启动"十三五"规划的起草工作。协调动员相关成员单位，共同实施妇女"两癌"（宫颈癌、乳腺癌）查治救助行动、女职工劳动保护示范企业促进行动、女大学生创业就业援助行动等10件实事项目，通过政府主导、加大投入、强化措施，为推进实事项目提供良好的政策环境和必要的经费保障。农村妇女"两癌"筛查为9名患者申请到救助资金，每位患者1万元。"苏馨港湾——农民工陪读母亲就业扶持项目"被确定为2015年由省妇联资助的立项项目。针对流动留守儿童、孤残贫困儿童等各类特殊儿童群体，开展"微心愿"关爱贫困学生活动，号召全区爱心人士、巾帼志愿者为全区107名困境儿童实现微心愿。敬老月以"圆梦微心愿、

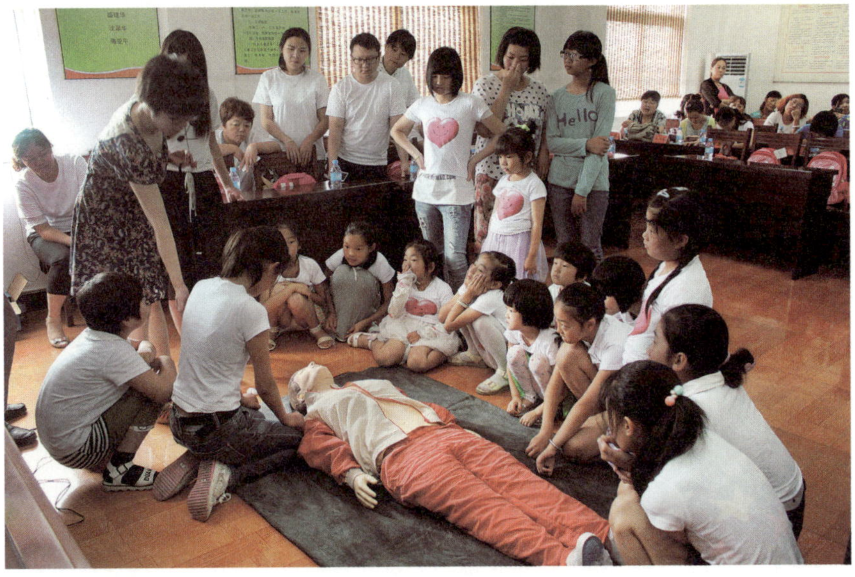

2015年7月22日，大丰市妇联组织留守儿童开展暑期安全主题活动
王翼飞　摄

情暖夕阳红”为主题，开展困境老人“微心愿”敬老活动，在全区范围内收集50个困境老人微心愿，25个区直单位参与圆梦行动。“微心愿”活动实施以来，形成了微心愿村（社区）征集、妇联发布、爱心人士主动认领、群众及时圆梦的良好工作机制。

【妇联自身建设】 2015年，区妇联夯实基础，寻求突破，推进妇联自身建设再上台阶。积极主动开展“妇女儿童之家”创建工作，成功申报28家省级标准妇女儿童之家，为28个社区争取奖补资金共14万元。在巩固已有妇联基层组织的同时，将女性社会组织作为妇联组织拓展的新领域，相继建成女企业家、女知识分子协会、女作家协会、女大学生村官联谊会、旗袍协会等女性社团，组织引领各界巾帼精英在各社团、各领域展示风采，社团组织日益呈现规范、自立、互通、高效的显著特点。主动增强互联网思维，积极探索运用新兴媒体宣传展示工作、联系动员群众，实现工作手段方式不断创新。开发妇联微信公众号“大丰女性”，以“团结妇女力量，凝聚妇女共识，促进妇女发展，传递妇运信息，维护妇儿权益，展示妇女风采”为主要功能诉求，努力搭建全区妇联系统互联互通的新媒体工作平台，促进妇联工作与互联网有机融合。扎实开展“三严三实”专题教育，深入学习研讨，认真查找和整改妇联组织中或多或少存在的“机关化、行政化、贵族化、娱乐化”倾向和自身存在的“不严不实”问题。认真学习廉洁自律准则和纪律处分条例，加强廉洁自律教育，使全区妇联干部带头崇德向善、严明纪律戒尺，以自身的风清气正促进事业的创新发展。

（王翼飞）

大丰区科学技术协会

2015年12月7日，盐城市大丰区科学技术协会第五次代表大会召开

（单位供图）

【概述】 2015年，盐城市大丰区科学技术协会（以下简称区科协）认真贯彻落实中共十八大和十八届三中、四中、五中全会精神和习近平总书记系列重要讲话精神，按照省、盐城市科协要求，自觉把科协工作融入全区工作大局，全面提升新常态下县级科协“三服务一加强”能力水平，圆满完成区科协年初确定的目标任务。大丰区成功获得中国科协首批“2016–2020年度全国科普示范县（市、区）”命名，区科协获盐城市科协工作综合先进考核第一名。

【全民科学素质工作】 1月30日，召开全市科协工作暨全民科学素质工作推进会，100余人参加会议。市委常委、组织部部长袁冬青，市政府副市长黄正桂出席会议并讲话。会议对2014年获得“江苏省科普教育基地”“江苏省科普示范乡镇”等称号的单位集中授牌，以市委、市政府名义表彰2013~2014年度全区科学素质工作先进集体20个和先进个人20人，向获得首届“大丰市优秀科技工作者”称号的10人发放荣誉证书。市教育局、大中镇政府、经济开发区科协3个单位作了交流发言。4月13~14日，省科协党组书记、常务副主席陈惠娟率领省《全民科学素质行动计划纲要》“十二五”实施工作督查组到大丰开展专项督查，对大丰《全民科学素质行动计划纲要》“十二五”实施工作予以充分肯定。

【主题科普品牌活动开展】 “大丰科协大讲堂”作为大丰科协科普工作特色品牌，自2014年创办，每两个月一次，到2015年年底共举办20余场讲座，来自国内的院士、知名科学家应邀登上讲坛。5月16日，市科协、市委宣传部共同承办5月份市委中心组“每月一课”活动，邀请中国工程院院士、神舟飞船首任总设计师戚发轫作题为“航天技术和中国航天”的高端科普报告，有1000多人参加。5月16~22日和9月19~25日全国科技活动周和全国科普日活动期间，大丰科协集中各镇、区级学会、协会、研究会力量，同时开展专家咨询、科普报告会、科普进村、进社区、进学校等科普活动，在全大丰营造了浓厚的科普氛围。

【学术交流】 2015年，区科协围绕工业化和产业发展、转变经济发展方式和自主创新、低碳经济、大丰战略性新兴产业发展、节能减排、环境保护等主题，集中举办7项学术活动；资助2家科技社团开展学术交流活动3项；服务中国园艺学会球宿根花卉分会在大丰举办的2015年会；支持区文化创意产业协会与东方1号创意产业园共同主办2015全国青年创客工作营活动，促成常青藤国际联盟、北京、上海、香港及台湾等地的创意设计机构和创客运营机构在东方1号二期园区内共同打造约2万平方米的国际创客基地。10月25日，区科协、文化创意产业协会共同主办中美小创客协同创新活动，来自美国纽约和康州的18位小创客连线接入现场和区实验初级中学、城东实验小学的30名学生进行分组学习交流。

【企业项目人才对接】 2015年，区科协组织区有关企业参加第13届中国国际人才交流大会、第5届盐城沿海发展人才峰会、2015年大丰（上海）招才引智推介会，先后邀请中国科学院院士、上海市科协主席陈凯先等3名院士、2名外国专家、6名上海科研院所负责人、专家参会，与上海科技发展基金会等建立良好的战略合作关系，并签署5项科技交流合作协议，进行了多轮人员互访。发挥"江苏科协海智计划（大丰）工作基地"的作用，深化与欧洲商业创新联盟（EBN）、芬兰赫德米亚商业发展有限公司和中欧国际技术转移中心等合作，辐射带动全区举办海智活动4场、接待9人、落地项目1个、引进创业人才3人，重点培育海智企业1个。组织参加2015年省海智大会，帮助大丰海洋产业研究院等与全欧华人专业协会联合会荷兰博士黄迈克就生物技术等5个项目进行对接。推荐经济开发区留英硕士孔亮"全裸眼虚拟现实平台"项目参加省双创大赛，获省人才办、科协等9个单位联合举办的第三届省双创大赛总决赛三等奖、省科协首届双创海智分赛二等奖。

【科技思想库】 2015年，大丰科协积极开展以科技思想库为主的领导决策咨询服务工作，3月，市科协出台《关于加强大丰市科技思想库建设工作的实施意见》等多个文件，围绕市委、市政府年度重大课题开展建言献策和决策咨询，推进大丰特色新型科技智库建设；在广泛征求各方意见的基础上，6月筛选出"大丰科技人才集聚问题研究"等10个课题予以立项资助并成功开题；12月16日，组织省专家到大丰召开调研课题结题验收会，8个课题通过评审。获省科协"省级科技思想库基地"命名，成为省首家科技思想库建设试点县（市、区）。

【科普资源与基础设施建设】 2015年，区科协与《江苏科技报》共建"大丰科普"微信公众平台。与区电视台联合开设《科普大篷车》《科普新说》栏目。与区图书馆合作建设大中镇新东苑社区等社区电子书屋。与尚意图文等广告媒体建立合作和互动关系，有效利用电子显示屏开展科普宣传。组织拍摄《大丰麋鹿》《大丰郁金香》4集电视科教片，在上海教育电视台、大丰电视台播出。其中《大丰麋鹿》被省科普作家协会推荐参加2015年全国科教影视"科蕾奖"作品评选；《大丰郁金香》获2015年江苏省优秀科普作品评选二等奖。争取省流动科技馆常留大丰；与区教育局合作，共同投资30万元建成区城东实验小学"机器人创新工作室"。争取省科协全媒体科普大屏在大丰开展试点县（市、区）建设工作，实现全区54个社区全覆盖。

【青少年科学教育】 年内，围绕科技后备人才培养，区科协组织开展全省信息学奥赛（初赛）、大丰青少年科技创新大赛、"金钥匙"科技竞赛等科学教育活动。组织2所学校10名老师观摩宜兴市第26届江苏省青少年科技创新大赛决赛、10名大丰高级中学学生参加"2015年全国青少年高校科学营江苏科学营"东北大学航空科技专题营活动。实施"科普智慧墙进校园"项目，从上海引进并赠予区城东实验小学。推荐区实验初中参加"十二五"第四批省科学教育特色学校评选并获得命名。区第一小学获苏北唯一"中国青少年科技辅导员协会优秀单位会员"称号。启动大丰中小学"科学、技术、工程、数学"（STEM）教育项目试点调研工作。10月22日，省青少年科技中心在大丰举办科技教师专题培训班，这是2015年省级培训第一次在县（市、区）举办，有60名科学教师参加。11月21~22日，区科协、教育局共同主办在区城东实验小学举行的省青少年科技竞赛盐城市选拔赛，来自盐城市区、海门和大丰的近40所中小学校的1489名学生展开激烈的智慧比拼。11月28~29日，区城东实验小学奚家乐等8名同学，代表盐城参加世界教育机器人WER2015赛季中国锦标赛，分别取得WER-J一等奖、二等奖；微视频特等奖、一等奖、二等奖；小灵感大创意二等奖、三等奖。

【基层单位项目申报】 2015年，区科协根据各基层单位的实际情况，指导各基层单位积极做好国家、省科协项目的申报工作，新丰镇永跃村蔬菜专业技术协会科普惠农服务站被评为江苏省优秀科普惠农服务站；三龙镇斗龙港村、刘庄镇东联村科普惠农服务站被命名为盐城市科普惠农服务站；万盈镇六里村香芋专业技术协会获省"基层科普行动计划"奖补资金6万元；大中镇人民北路社区获2015年"全国科普示范社区"称号，获奖补资金20万元；大丰港海洋世界、大丰麋鹿国家级自然保护区获"2015~2019年度全国科普教育基地"称号；南阳镇、大中镇光明村、三龙镇斗龙港村、大中镇新东苑社区、滨河社区分别被命名为江苏省科普示范镇、村、社区。大中镇新东苑社区被省、市、区科协推荐参加申报2016年国家"社区科普益民计划"项目。

【区科协换届选举】 12月，经区委、区政府同意，区科协召开第五次代表大会，区四套班子主要领导参加了大会，盐城市委常委、大丰区委书记倪峰，盐城市科协党组书记、主席徐瀚文做了重要讲话，对科协工作提出了新要求。来自全区各条战线的280名科技工作者代表、科协组织代表参会，会议表彰了全区科协系统先进集体、先进工作者和第二届区优秀科技工作者；选举产生了区科协新一届领导机构；区委常委、组织部部长袁冬青出席闭幕式并讲话，会议审议通过《大丰区科协第五次代表大会关于第四届委员会工作报告的决议》和《大丰区科协第五次代表大会关于实施〈中国科学技术协会章程〉管理办法的决议》，宣读了区科协"五大"全体代表致全区科技工作者的倡议书。

在区委、区政府的领导下，区科协组织体系建设得到进一步加强。

（吴永健）

大丰区文学艺术界联合会

【概述】 2015年，大丰文联以繁荣大丰文化为目标，在盐城文联关心支持下，在全区广大文化工作者的共同努力下，大丰文艺创作氛围更加融洽和谐，文化活动更加丰富活跃。年内，有3人加入省书法家协会，1人加入省美术家协会，1人加入省音乐家协会，3人加入省摄影家协会，3人申请加入省作家协会，20人加入盐城市级文艺家协会，全区文艺人才队伍形成合理的梯队结构，呈现出持续发展壮大的势头。

【参与全区重大文化活动】 2015年，围绕元旦、春节、五一、国庆等重大节日，区文联与大丰区委宣传部、文广新局联合策划，举办新年音乐会、新春团拜会、韩国歌星演唱会、“百姓星光大舞台”等文化活动，为大丰人民献上丰盛的文化套餐。配合大中镇、新丰镇举办“中国·恒北国际梨花季”、西郊生态公园“五一”欢乐游、“2015中国大丰麋鹿文化旅游季暨荷兰花海郁金香文化月”等文化活动，邀请著名主持人孟非到大丰踏春游玩，活动现场人气爆棚，将整个文化月的活动气氛推向新的高潮。充分利用荷兰花海文艺采风创作基地的优势，组织各类文艺采风创作活动近10次。在中国大丰政府门户网站专门设立美丽大丰摄影图片专题栏目，在广大会员中征集1000多幅反映大丰内容的摄影精品，分美丽城市、美丽港口、美丽湿地、美丽生态、美丽乡村、美丽人文6个版块集中对外展示，引起社会的较大反响，得到广大干群和网友的赞扬和好评。策应全市重大经贸活动，赴韩国及上海、深圳等地举办大丰经济社会发展成就展20余次，大力宣传大丰经济社会发展新成就、人民昂扬向上的新风貌、美丽迷人的自然风光，进一步提升大丰的美誉度和影响力。

【少儿书画考级】 2015年，区文联组织春季、秋季少儿书画考级活动，考级人数700余名，同时组织开展优秀考级作品展览，全区选出近两百幅书画作品在图书馆展出，为提高少年儿童书画水平，培养艺术创造能力提供交流、学习和展示的平台，推动全区艺术考级工作与素质教育的蓬勃发展。

【文艺讲座展览】 2015年，区文联邀请省作协原雨花杂志社主编姜琍敏、南京航空航天大学艺术学院副院长杨莉莉、泰州学院科研处副处长朱建华、盐城师范学院美术学院副院长刘军等专家学者到大丰进行文学、舞蹈、音乐、美术等方面的专题讲座，举办12场3000余人参加。区摄影家协会配合新丰镇举办“荷兰花海”中国·大丰全国摄影大赛，并在北京北海公园展出50多幅获奖作品，以不同的视角、不同的手法，共同传递出荷兰花海的灵气，聚焦着大丰盛景，展示摄影艺术的魅力。配合大丰文广新局成功举办“走进2015”图片展、李东明生态摄影展、东方1号文化创意产品展览、五人书画精品展、陈银付瓷刻作品展、百世一系——苏派碑刻名家作品展、文征明碑刻拓片特展等各类艺术展览交流活动20多次，有力提升了大丰文艺作品和文化名家的影响力。

【文艺创作成果影响力扩大】 年内，全区文艺工作者创作激情迸发，涌现出很多思想性、艺术性、趣味性俱佳的精品力作。小说《倾镇之恋》、话剧《收官》等10部作品获盐城政府文艺奖，获奖数量居盐城各县、市（区）首位，《清波柔和串场河》等4部作品获“盐城新韵”文学征文活动奖项，《梦的翅膀》《不能忘却的记忆》《不是每场相遇都会恰逢其时》《生命是场博弈，过程便是奖赏》《文章合为时而著》等多部作品相继出版，为大丰量身定制的时尚旅游口袋书《大丰好玩呢》定稿。邀请国家一级导演为大丰打造大型无场次廉政话剧《桥》，积极冲刺省级以上文艺奖项。葛定明国画《暮然回首却惊秋》获江苏省美协第五次新人展新人奖。杨国美、严正东多幅作品入选2015年德国DVF三地巡回国际摄影展，杨国美作品《生态家园 欣欣向荣》亮相“中国梦”公益广告。杨国美获首届“江苏摄影奖”，成为盐城唯一一名获奖者。周汉忠作曲、著名歌唱家于文华演唱的《梦想起飞的地方》面世，在大丰广泛传唱。陈银付获盐城市“盐渎文化新人奖”。大丰参与投资拍摄的电视

2015年12月2日，江苏省作家协会采风团到大丰采风，并向施耐庵书院赠书

（单位供图）

连续剧《于无声处》分别在央视一套和江苏卫视晚黄金时段播出，同期电视剧收视率最高。朱明贵的文学作品《乡村恋》，在农业部组织的乡村杯“我和美丽乡村”书画摄影征文大赛中，被评为三等奖。

【提升文艺平台服务水平】 年内，编发《鹿乡文艺》杂志4期，邀请部分重点作者进行座谈，对杂志内容、形式进行深入交流研讨，提高杂志的品位和档次，打造本土文艺新品牌。区摄影家协会创办自己的专门报纸，用精美图片宣传展示美丽大丰形象。更新维护文联网站，在文艺新闻、文学园地、通知公告等一般栏目定期更新的基础上，多方面宣传反映大丰发展建设成果、人民精神风貌的最新文艺作品，重点展示大丰区文艺名家风采，进一步推进全区文艺繁荣发展。区文联充分利用“百姓星光大舞台”平台优势，鼓励各类原创文艺节目上台展演，为广大群众和草根文艺爱好者提供展现自我的舞台，打造好惠民文化品牌。

【完善文化产品评价激励机制】 9月，区政府出台《关于加强文化建设迈上新台阶政策扶持的若干意见》，设立麋鹿文化奖章、区政府文艺奖，加大对文艺精品和优秀文艺人才的奖励力度，表彰奖励了首届麋鹿文化奖章获得者杨国美、韦伟、马连义、周汉忠、严正东、张霞、陈银付、李永波和盐城市五个一工程获奖作者，激发文艺家创作热情。

【著名作家叶辛到大丰考察】 2月2~3日，著名作家、中国作家协会副主席叶辛到大丰参观考察，并进行座谈交流。在大丰期间，叶辛先后参观了知青农场、大丰港规划展示馆、中华麋鹿园、丰收大地、荷兰花海等地，观看了大丰旅游宣传片、“那时我们正年轻”专题片，听取了大丰及知青农场情况介绍。叶辛对大丰良好的生态环境、独具特色的农业、突出的人文特色给予高度评价，同时希望大丰进一步深挖本地特色，捕捉景点背后的故事，赋予各景点独特的文化品位，提升旅游项目软实力，让游客留下脚步，带走感动。

【“沪丰情缘 翰墨飘香”迎新春送书画活动】 2015年春节期间，市文联组织张重光、吴奇、彭蔚海、倪鲁冰等十多位书画家到上海农场海丰社区开展迎新春送书画活动，他们挥毫泼墨，各展所长为海丰社区居民书写春联，得到周边群众的称赞。大丰每年都会组织书画家们深入企业、单位社区、农村开展迎新春送书画活动，多年来为全市群众免费赠送书画、春联万余件，深受当地群众喜爱。

【省作家协会采风团到大丰】 12月2日，省作家协会采风团一行59人到大丰采风。盐城市委常委、大丰区委书记倪峰，区委常委、宣传部部长石根美陪同。采风团先后参观了大丰知青农场和中华麋鹿园。活动中，作家们感叹此行收获颇丰，他们认为，大丰不仅有着深厚的文化底蕴、丰富的旅游资源，近年来经济社会发展取得的成就更引人注目，为他们提供了丰富的创作素材。作家们表示，今后将多创作一些有关大丰的文学作品，让更多的人认识大丰、了解大丰。

【大丰区公安局召开公安文联成立大会】 10月16日下午，大丰区公安局召开区公安文联成立大会，会议由大丰区公安局副局长姜正平主持。来自全局各基层所队近50名公安文联成员参加了成立大会。会上，区文联副主席、宣传部文艺科科长王晓华和大丰区公安局党委副书记、政委张辉共同为区公安文联成立揭牌，并向区公安文联成立致贺词。大丰区公安局党委委员、指挥中心主任骆圣宏对公安文联发起和成立的背景进行介绍。全票通过了区公安文联《章程草案》和负责人建议名单。最后，政委张辉就加强大丰公安文化建设提出具体要求。

【大丰瓷刻艺术精品在盐城展出】 6月17日，由盐城市文广新局主办，盐城市文化馆、大丰市文化广电新闻出版局、盐城市工艺美术协会承办的“大丰瓷刻·非遗之光”瓷刻艺术精品展在盐城市文化馆开幕。大丰瓷刻是以瓷体为载体，钢凿和铁锤为主，凿刻瓷体产生崩瓷效果，使艺术作品物象机理再现于瓷体表面的地方传统美术。大丰瓷刻非遗传承人陈银付共有128件作品参加展出，为期13天。其中代表作《水浒108将》《麋鹿王》《王者之风》《佛法无边》等多次获国家、省、市大奖。

（张素萍）

大丰区归侨侨眷联合会

【概述】 2015年，盐城市大丰区归侨侨眷联合会（以下简称区侨联）学习贯彻中国侨联九代会精神，围绕区委十一届五次全会精神，围绕中心，服务大局，充分履行侨联四项基本职能，即群众工作、参政议政、维护侨益、海外联谊，积极开展参政议政和联谊工作，为侨服务，为经济建设服务，各项工作取得较好成绩。经区侨联积极申报争取，大丰留学生创业园被省侨联评定为“江苏省侨界人才创新创业基地”，苏北县（市）区中首家获此殊荣。区侨联主席单平被中国侨联表彰为“全国侨联系统维权工作先进个人”。区侨联干部朱爱凤被江苏省侨联评为江苏省侨界空巢老人关爱行动优秀个人。大丰侨联被盐城市侨联表彰为全市侨联工作先进单位，获得全市侨联信息宣传量化工作金奖。在区年度综合考核总结大会上，区侨联被区委、区政府表彰为“服务发展创新创优工作先进集体”。

【参政议政】 2015年，区侨联围绕党委政府中心工作组织开展考察调研、参政议政工作。年内，区侨联组织开展各项考察活动。4月，组织全体外向型经济工作组（以下简称外向组）政协委员视察、调研“两区”开放型经济发展情况。委员们实地察看了开发区的丰泰流体机械科技公司、明进机械有限公司、丰东热处理股份公司和江苏金风科技有限公司，港区的辉丰农化股份公司、创诺医药集团公司6个企业。了解企业生产经营情况，与企业负责人进行深入交流，通过考察、交流，委员们对“两区”的开放型经济发展的情况有了进一步了解，对大丰的开放型经济给予充分的肯定。同时，也提出了建议、意见。组织政协民主监督小组赴卫生局调研、座谈、走访。对公共卫生工作提出建议、意见。11月，组织侨界政协委员调研区开放型经济发展情况。组织委员开好政协十三届四次会议，撰写提案并商讨集体提案及联名提案。两会期间，外向组委员9人撰写提案15件。其中集体提案、联名提案3件。研究、制定2015年外向型工作组的工作计划。做好议政发言。外向组的议政材料《关于养老服务业发展的调查与思考》得到区政府领导的充分肯定，同时，也被评为优秀议政材料。做好委员联系界别群众的工作及社情民意工作。根据要求，外向组每位委员至少联系10名群众并能保持经常性联系与沟通，做好收集、了解有关情况。帮助群众协调解决问题并及时向政协汇报情况。将自己联系界别群众的情况认真汇总并填写“联系界别群众反馈表”。同时将群众反映的情况进行整理，向政协提交社情民意信息。

【为侨服务】2015年，区侨联组织开展春节慰问、扶贫济困、爱心助学等慰问帮扶活动，走访、慰问归侨、侨眷、在侨联工作过的老干部及困难群众60余人次，并送上慰问金及慰问品。维护侨眷合法权益。帮助加拿大华侨史兆宽先生寻找失散多年的亲人。为华侨的亲属转学与教育局进行协调、为归侨子女提供法律咨询。专程赴扬州为侨眷办理出国探亲手续。协调解决华侨债务纠纷。协助华侨子女办理到大丰留学手续。帮助侨眷解决“菜篮子”配送工程。10月，区侨联主席单平被中国侨联评为2011~2015年度全国侨联系统维权工作先进个人。在关爱侨界空巢老人方面，区侨联开展“一对一”结对帮扶活动。正常与空巢老人联系沟通，询问他们的身体和生活状况。为空巢老人美国侨眷两次赴扬州办理出境手续。对生病的空巢老人，登门看望慰问。发动志愿者保持与空巢老人联系。通过加入微信好友，及时了解工作、生活情况，充分利用接待海外亲人的机会，陪同他们赴大丰港、开发区等参观、考察。春节期间开展走访、慰问侨界空巢老人活动，送去党和政府对他们的关心和爱护。区侨联干部朱爱凤被江苏省侨联评为江苏省侨界空巢老人关爱行动优秀个人。

【区侨联服务全区中心工作】2015年，创牌工作实现“零”的突破。为留创园成功申报“江苏省侨界人才创新创业基地”服务。主动帮助留创园对照申报条件做好申报工作，9月被省侨联评定为“江苏省侨界人才创新创业基地”。深入开展“两服务”活动。负责挂钩服务大丰市新高金属材料有限公司。为做好“两服务”工作，坚持每月3次以上深入企业调研，掌握企业发展动态，该企业运行正常。按照区委统一部署，认真开展“三严三实”学习教育活动、“星期六党校”和“作风建设深化年”等活动。向贫困户送去慰问金，开展“向最可爱的人献爱心”活动，多次走访慰问困难复员军人，体现党和政府的温暖和关怀。圆满完成上级侨联部署的各项工作。参加中国侨联举办的“法治中国”“一带一路”活动。组织参加省侨联纪念抗日战争胜利70周年书画展活动。参加省侨联文化宣传暨关爱侨界空巢老人活动。推荐区摄影爱好者、中国摄影家协会会员陆军参加“第二届世界华侨华人摄影展”。推荐侨资企业正大丰海公司给省侨联表彰、推荐李臣等7名新侨人士为盐城市侨专委。组织侨界人士赴盐城参加省侨联举办的纪念抗日战争胜利70周年华侨华人图片展。参加省侨联举办的“侨联维稳信访干部培训班”。推荐新加坡侨眷苏卫萍女士获“盐城最美侨界之星”并作事迹报告。完成江苏省双“五有”（有组织、有队伍、有经费、有阵地、有活动；服务侨胞有真情、凝聚侨胞有载体、团结侨胞有骨干、活跃组织有品牌、维护侨益有能力）侨联组织申报工作。

【联络联谊活动】2015年，区侨联开展侨联委员交流考察活动。组织侨联委员赴如东、溧阳侨联考察学习、交流侨联工作。做好海外社团、华侨、华人接待工作。在春节、清明节、端午节和中秋国庆期间，接待美国、英国、日本、加拿大、新加坡等国家华侨华人50批200多人次。在春节前，向海内外侨界人士寄送贺年卡、电子邮件200多份。

（朱爱凤）

大丰区工商业联合会

【概述】2015年，盐城市大丰区工商业联合会（以下简称工商联）围绕大丰区委的中心工作，认真学习贯彻中共十八届四中、五中全会精神，按照《关于加强和改进新形势下工商联工作的意见》精神和江苏省工商联、盐城市工商联部署要求，积极履行职能，发挥作用，深入推动非公有制经济人士理想信念教育活动，进一步加强和巩固“五好工商联”（领导班子好、会员发展好、商会建设好、作用发挥好、工作保障好）创建工作，为促进大丰非公经济健康发展做出较好贡献。在盐城市工商联系统2015年度综合评比考核中，位列第一。

【非公有制经济人士理想信念教育实践活动】按照中共中央、江苏省委、盐城市委关于非公有制经济人士理想信念教育实践活动的要求，年内，认真组织非公有制企业家代表、行业商会负责人参加了江苏省、盐城市以“守法诚信、坚守信心”为重点，以商会为主阵地，以非公有制经济人士为主体，加强教育引导和典型宣传的理想信念教育实践活动，使非公有制经济人士积极践行创新、协调、绿色、开放、共享的发展理念，适应供给侧结构性改革的新要求，不断增强对中国特色社会主义的信念、对党的信任、对企业发展的信心和对社会的信誉。

【服务会员企业】 2015年，区工商联发挥工商联、总商会网络优势，及时向会员企业提供政策、法规和经济信息服务工作，全年向会员提供各类服务信息145条、印发学习读本1000册。对接挂钩企业，开展“深化两服务、发展保稳定”活动。深入江苏焕新高科有限公司、江苏和顺科技有限公司、江苏保源木业有限公司等企业，了解企业生产开工情况，协调要素，及时出谋划策，帮助解决有关问题，有力地推动项目进度，为企业科技创新，转型升级打下基础，增强企业的市场竞争力。全年走访调研民营企业115个。联合大丰总工会、人社局、经信委等单位对企业《中华人民共和国劳动法》执行、企业工会制度、职代会制度、工资集体协商制度、厂务公开、女职工保护等制度的落实进行监督和帮扶，推动和谐劳动关系的建立。帮助小微企业解决实际问题，全力帮助他们求生存、谋发展、促转型。按照江苏省工商联、盐城市工商联部署，进一步加强大丰中小微企业监测直报点试点建设，精心组织筛选22个中小微企业进行动态监测，做好与相关政府部门的沟通协作，确保监测直报点工作取得良好效果。全年各项数据采集、监测联系、信息上报工作得到较好开展。6月10~11日，参加全省举办的中小微企业监测点研讨交流活动，大丰工商联的监测点工作得到江苏省、盐城市工商联的积极评价，为盐城市企业信息监测直报点工作完成情况列全省第一做出了积极努力。

【“五好”工商联创建继续推进】 按照省工商联、盐城市工商联要求，2015年继续推进开展以领导班子好、会员发展好、商会建设好、作用发挥好、工作保障好为主要内容的“五好工商联”创建工作，着力加强和巩固“五好工商联”创建工作，为大丰非公企业健康发展和非公有制经济人士健康成长做出积极贡献。

【参政议政与调查研究】 2015年，区工商联组织引导担任各级人大代表、政协委员、工商联执委的非公有制经济代表人士、民营企业家开展调查研究活动，撰写提案、议案、建议。提交提案、议案、建议37件。提交《我市小微企业的融资困境与出路》议政材料。开展民营企业履行社会责任调查工作，完成大丰民营企业履行社会责任的统计报表28份；完成“私营企业抽样调查问卷”36份。

【加强对外联络与组织商会活动】 3月，举办互联网和金融创新知识讲座，组织有关互联网企业参加南京创洽会活动。4月，组织会员企业、行业商会负责人参加盐城市股权知识讲座培训班和盐城市商界变法大讲堂，与开发区、大丰上海商会举办2015金麋鹿荷兰花海健身长跑活动和金麋鹿企业发展论坛。5月底赴银川市与宁夏江苏商会开展友好交流活动，并看望在当地投资的大丰企业家。9月，与特产商会联合举办大丰花海啤酒节活动，与特产商会、记者协会举办第十六届记者节暨贸易物流企业联谊活动。10月，组织有关特产行业企业参加在南京举办的全国糖酒展销活动。

【特产商会和文化产业商会成立】 5月，大丰特产商会在银都大酒店成立，大丰政协主席韦新、大丰政协副主席、工商联主席汤小山出席并讲话。11月，大丰区文化产业商会在绿岛生态园成立，区工商联负责人出席。

【诚信经营与正版正货宣传】 6月，与大丰科技局、市场管理局、服务业集聚区共同组织开展了诚信经营、正版正货宣传活动，并对表彰的19家商户进行集中授牌。

（陈永斌）

〖编辑　朱晓华〗

工 业

综 述

2015年，大丰区工业经济紧扣“稳中求进、提质增效”总基调，着力培育工业新的增长点，强力推进结构调整和转型升级，推动工业绿色发展。规模以上工业企业实现增加值209.79亿元，比2014年增长18.87%。工业经济运行呈现稳中有快、缓中有进的新特点。四大主导行业（食品、机械、纺织、化工）开票销售收入增长的企业有156个，增长面为46.6%。食品行业较快增长，机械行业发展放缓，纺织行业稳定运行，化工行业低位运行。

“十二五”期间，大丰区工业经济连续高速增长，实现平稳运行，完成工业投资841亿元。“十二五”期末（2015年年末），规模以上工业企业441个。开票销售收入超1亿元工业企业78个，其中超10亿元企业13个，分别比“十一五”期末增加44个、9个，江苏博汇成为盐城首家开票销售收入超100亿元非汽车类生产企业，联鑫钢铁开票销售收入超50亿元。纳税超1000万元工业企业25个，比“十一五”期末增加8个，其中超1亿元企业3个。

【工业经济平稳增长】 2015年，大丰区全口径工业开票销售收入705.7亿元，比2014年增长10.1%，完成年度目标的100.2%；工业用电量41.3亿度，比2014年下降7.5%。规模以上工业企业完成开票销售收入568.2亿元，比2014年增长10.4%，完成年度目标的100.7%，企业增长面46.5%；实现现价工业产值855亿元，比2014年增长15%；完成工业增加值209.79亿元，比2014年增长18.87%。列入盐城市培植的博汇集团、联鑫钢铁、辉丰农化、森威精锻、金风科技、南车电机、明进机械7个重点大企业集团实现开票销售收入262.2亿元，比2014年增长6%，占大丰区规模以上企业的70.1%，增长面57.1%，高出大丰区面上9.1个百分点。

【工业重点企业支撑有力】 2015年，40个规模骨干企业实现开票销售收入420.1亿元，比2014年增长9.3%，占大丰区规模以上企业的比重73.9%。20家工业大企业集团（江苏博汇集团、盐城市联鑫钢铁有限公司、江苏大丰海港控股集团有限公司、大丰海嘉诺药业有限公司、江苏金羚纸业有限公司、江苏北大荒米业有限公司、江苏碧海石油化工有限公司、大丰市明进机械有限责任公司、江苏丰东热技术股份有限公司、江苏南车电机有限公司、江苏金风科技有限公司、江苏正大丰海制药有限公司、江苏森威精锻有限公司、上海新型建材岩棉大丰有限公司、江苏谷登工程机械装备有限公司、江苏腾龙生物药业有限公司、江苏丰山集团股份有限公司、大丰万达纺织有限公司、大丰海聆梦家纺有限公司、江苏辉丰农化股份有限公司）实现开票销售收入382.4亿元，比2014年增长11.6%，占大丰区规模以上企业企业的比重67.3%。列入盐城培植的博汇集团、联鑫钢铁、辉丰农化、森威精锻、金风科技、南车电机、明进机械7家大企业（集团）实现开票销售收入262.2亿元，比2014年增长6%，其中博汇集团开票销售收入101.7亿元，比2014年下降6.9%；联鑫钢铁41.6亿元，下降13.8%；辉丰农化26.5亿元，增长33.3%；森威精锻4.8亿元，下降5.5%；金风科技24.1亿元，增长22.4%；南车电机39.6亿元，增长70.9%；明进机械23.8 亿元，增长7.8%。

【开票销售收入】 2015年，大丰区完成全口径工业开票销售收入占年度目标100.2%。16个镇、区（园）中，有7个完成年度目标，分别是新丰镇（110.2%）、沪丰集聚区（108.2%）、三龙镇（101.1%）、草堰镇（100.7%）、小海镇（100.3%）、万盈镇（100.2%）、开发区（100.1%）。大丰区工业开票销售收入比2014年增长10.1%。16个镇、区（园）中，15个比2014年增长，增速排名前5位的分别是沪丰集聚区（70.4%）、新丰镇（27.3%）、常州工业园（23.2%）、开发区（20.7%）、小海镇（19.9%）。

规模以上企业开票销售收入占年度目标100.7%。16个镇、区（园）中，完成年度目标的13

个，分别是沪丰集聚区（208.5%）、草堰镇（127.6%）、常州工业园（105%）、新丰镇（102.6%）、三龙镇（102%）、白驹镇（102%）、大桥镇（101.6%）、刘庄镇（100.6%）、万盈镇（100.5%）、开发区（100.5%）、草庙镇（100.3%）、小海镇（100.2%）、南阳镇（100.1%）。规模以上企业开票销售收入比2014年增长10.4%。16个镇、区（园）中14个比2014年增长，增速排名前5位的分别是沪丰集聚区（257.1%）、常州工业园（29.5%）、开发区（21.9%）、万盈镇（21.9%）、白驹镇（21.8%）。

【工业投资】 2015年，大丰区完成工业投资236.32亿元，比2014年增长20%。大丰区经济和信息化委员会备案工业技改项目155个，比2014年增长154.1%；备案工业技改项目计划投资总额107.87亿元，比2014年增长14.65%，技改项目备案数和计划投资总额实现双增长。大丰区列盐城考核的11个1亿元以上开工项目和11个1亿元以上重点竣工项目，超时序完成年度目标任务。2015年大丰列盐城“亿元以上新开工”项目11项，计划总投资67.65亿元，2015年计划投资21.31亿元，已完成全年计划投资。2015年大丰列盐城“重点工业竣工”项目11项，计划总投资31.22亿元，2015年计划投资12.92亿元，完成全年目标任务的100%。列入盐城“千企升级”技术改造项目55项，计划投资总额30.1亿元，2015年计划投资18.56亿元，已全部完成计划投资。2015年大丰列盐城“工业转型升级”重点项目3项，分别为龙源风电（陆上三期）总装机容量20万千瓦项目、明月科技年产1.2万吨海藻酸盐提取项目、英茂糖业年产100万吨精炼糖项目。计划总投资39亿元，2015年计划投资17亿元，1~12月份完成投资11.95亿元，完成全年目标任务的70.3%。固定资产抵扣税总量盐城第一。2015年大丰实现固定资产抵扣税2.76亿元，占盐城市总量的14.56%。

【智能车间改造】 2015年，大丰区智能车间改造成效显著。金风科技、谷登机械、理研锻造等7个企业的9个项目列入盐城市智能制造三年行动计划；森威精锻、丰山集团、辉丰农化3个项目列为盐城市智能车间项目；森威精锻公司智能车间项目获230万元江苏省转型升级专项扶持资金；博敏电子公司申报获批江苏省示范智能车间。

【科技创牌】 2015年，大丰区新增正大丰海公司1个江苏省级两化融合试点企业；新增民力阀门、海纳机械、民申机械、科菲特4个盐城市企业技术中心（同时列入盐城市两化融合试点企业）；丰东公司获批国家两化融合贯标试点企业、江苏省两化深度融合创新示范工程、江苏省创新示范企业；金风科技公司6兆瓦直驱永磁海上风电机组、兄弟维生素公司β-氨基丙酸新工艺2个项目列入江苏省重点技术创新导向计划；森威精锻年产90万台（份）汽车双离合器变速箱法兰轴、输入输出轴、齿轮生产线技改，丰山集团年产10000吨水相法毒死蜱原药，辉丰农化年产1000吨氟环唑原药3个项目列入盐城市“四新”（新技术、新工艺、新设备、新材料）技改示范项目；丰海新能源万吨级新能源淡化海水成套装备项目、谷登机械GD3500型水平定向钻机项目2个项目列入盐城市“新技术新产品推广应用示范工程”；大丰经济开发区风电产业园被江苏省经济和信息化委员会认定为江苏省新型工业化产业示范基地。

2015年，大丰区新增正大丰海公司为江苏省级两化融合试点企业

【工业新增长点】 2015年，大丰区政府确定110个工业经济新增长点，进行重点培育，加强服务协调。110个重点新增长点工业项目中，江苏人酒业搬迁扩能项目、上海纺织新上5万锭纱锭项目、正大丰海软袋机械生产线项目、新韩汽配项目、辉丰农化项目、迪皮埃风电项目等50个规模以上工业企业新增长点工业项目新增开票销售收入26.1亿元，完成年度目标的33.5%。光明工业区双胞胎公司54万吨饲料项目、开发区中亚新材料风力发电机叶片制造、港区大唐光伏公司光伏发电项目等60个重点竣工项目实现开票销售收入8.5亿元，完成年度目标的36.7%。

【镇村工业经济】 2015年，大丰区各镇立足产业，拓宽招商思路，开展以企招商、产业链招商、专题招商，招引工业项目落户，为镇村工业经济注入新的活力。2015年，大丰区12个镇实施1000万元以上工业项目33个，其中新开工项目18个，源源山富项目实现当年开工、当年投产、当年成功申报规模以上工业企业。推进纺织、阀门、抛丸机等传统产业技术改造，积极引导企业依托已有基础，围绕新工艺、新产品、产业链配套，主动挖掘潜力争取项目，实施500万元以上技改投入项目45个，总投资6.86亿元。推进技术创新，指导中小企业专注核心业务，提高专业生产、服务和协作配套能力，走“专精特新”发展道路，鼎晟阀门DN150mm600LB型防漏氯气截止阀被江苏省经济和信息化委员会认定为江苏省级“专精特新产品”，大洋精锻、金色工业炉等6个企业成功申报盐城“专精特新产品”和“科技小巨人企业”。

镇村工业开票销售收入（全口径）185.7亿元，比2014年增长9.1%；镇村新增规模以上工业企业39个，完成年度目标任务的130%。镇工业园区发展不断提升。结合园区现状，实施改造提升和拓展工程，加快道路、供电、供水、供热、通信等基础设施建设。2015年，大丰区镇工业园区新增基础设施投入4.56亿元，其中小海镇投入5000余万元，实施“三路十桥”基础设施工程，新建和改扩建园区道路7.4千米，新建和改扩建桥梁10座；大中镇实施全民创业园标房拓展工程，新增基础设施投入1亿多元，新拓展框架一纵（创业路）、两横（瑞丰路、兴园路），规划建设20万平方米多层标准厂房。大丰区经济和信息化委员会对标准厂房项目建设实施入库管理，精细化服务，督促建设进度，帮助协调建设中的问题，推动久昌二期、嘉海纺织、摩尔塑胶项目快建设、早投产。2015年，镇工业园区建设标准厂房面积37.89万平方米，完成年度目标任务的126.3%。大中镇中小企业园被工业和信息化部认定为国家小型微型企业创业创新示范基地。

【节能降耗】 2015年，大丰区加快实施燃煤工业锅炉改造、节水节电技术改造、电机系统节能提升、绿色制造项目发展等重点节能工程。工业用电41.23亿千瓦时，比2014年下降7.6%。规模以上工业综合能源消费量为146万吨标准煤，比2014年下降8.2%；单位产值能耗为0.0175吨标准煤，比2014年下降20.3%。绿色发展成效明显。加快淘汰落后产能，翔实制定“十三五”期间重点行业淘汰落后和过剩产能目标计划，指导纺织、化工、水泥等行业企业做好淘汰落后产能工作。

【信用工作】 2015年，大丰区信用办完成公共信用信息系统软件开发，启动信用数据归集工作。年底完成系统的试运行及验收工作，工作进度走在盐城市前列。加快信用专业人才培养，培养助理信用管理师（国家职业资格三级）19人，新增江苏省信用管理贯标企业17个，江苏人酒业、兄弟维生素、北大荒油脂3个企业建成盐城市信用管理示范企业。

【平台创建】 2015年，大丰区经济和信息化委员会积极向上争取国家智能制造专项、江苏省新能源汽车推广应用财政补贴资金、江苏省工业和信息产业转型升级专项资金、道口平改立补助资金、盐城市工业和信息化转型升级资金和农村工业集聚发展专项资金近3000万元，创建江苏省级以上各类平台（品牌）17个，其中国家级平台（品牌）5个。12月，大中镇中小企业园被工业和信息化部认定为国家小型微型企业创业创新示范基地；工业设计企业江苏东方创意文化产业有限公司被工业和信息化部认定为国家级工业设计中心，是盐城市唯一一家获得国家认定的工业设计中心；丰东热技术获得工业和信息化部认定国家智能制造专项、国家两化融合贯标试点企业；辉丰“农一网”获得工业和信息化部认定国家信息消费创新应用示范项目。4月，风电产业园被江苏省经济和信息化委员会认定为第六批江苏省新型工业化产业示范基地。10月，大丰区高新技术区被江苏省经济和信息化委员会认定为2015年江苏省两化融合试验区；丰收大地现代农业示范区被江苏省经济和信息化委员会认定为江苏省农村信息化应用示范基地；丰东热技术被江苏省经济和信息化委员会认定为江苏省两化深度融合创新示范工程、创新示范企业；正大丰海被江苏省经济和信息化委员会认定为江苏省信用管理示范企业、两化融合试点企业；鼎晟阀门被江苏省经济和信息化委员会认定为江苏省中小企业专精特新产品；森威精锻被江苏省经济和信息化委员会认定为江苏省科技小巨人企业。

【工业绿色发展】 2015年，大丰区加强统筹规划和前瞻部署，淘汰落后产能，推动工业绿色发展。6月，大丰市政府制订《大丰市化工产业及园区转型升级三年行动计划》，调整化工生产企业专项整治工作领导小组成员单位，严格实施项目准入制度、促进企业升级改造、加快推进兼并重组、提升园区管理水平，着力打造“绿色园区”“高端园区”“安全园区”，推动大丰化工产业及园区转型升级。组织璟源化工、丰山集团申请监控化学品使用许可，丰山集团已获许可。

加强淘汰落后产能，促进产业结构调整升级。制定“十三五”期间重点行业淘汰落后和过剩产能目标计划。帮助江苏宝鑫集团银海轻纺有限公司兑现江苏省化解过剩和淘汰落后产能专项资金24万元，督促指导腾龙纺织公司拆除落后设备，完成2015年度淘汰落后产能目标任务。丰东热技术公司的“无人化智能热处理工厂”项目被工业和信息化部认定为全国首批智能制造试点示范项目，2015年获工业和信息化部国家智能制造专项补助资金200万元，是苏北地区唯一入选项目，也江苏省唯一制造企业入选项目。组织企业申报江苏省首台（套）重大装备及关键部件认定。益科热处理设备公司CNC-2500箱式可控气氛氮化炉、丰海新能源淡化海水发展公司万吨级新能源淡化海水成套装备被江苏省经济和信息化委员会认定为2015年度江苏省首台（套）重大装备及关键部件，2个企业分别获得奖励资金15万元。帮助丰东公司争取江苏省首台（套）示范应用项目专项资金30万元。

【经贸活动组织】 2015年，大丰区

先后组织企业参加2015中国（南京）新材料产业院士专家报告会、江苏省互联网经济与生物医药产业发展高层论坛、第十七届江苏国际服装节、盐城市服装家纺业院企对接交流会、第一届盐城市工艺美术大师评选等。5月，组织大丰企业参加“百家上市公司盐城行”活动，完成8名客商邀请任务。组织纽威阀门、谷登机械等企业参加2015中国（昆山）品牌产品进口交易会。邀请客商11人参加盐城产业创新“十大工程”上海招商主场活动，签约项目2个。6月，组织丰山集团赴新疆进行产业考察及对接，寻求陆上丝绸之路经济带投资合作机会。12月，与区重大项目办联合举办大丰2015产业创新“十大工程”海洋经济专场招商活动，邀请客商107人，成功签约项目21个。

【产业升级】 2015年，大丰区实施产业创新“十大工程”（汽车全产业链、新能源汽车、环保科技、海洋经济、清洁能源、大数据、智能终端、航空产业、金属新材料及健康产业创新），对排出60个新产业重点工程项目，专门出台意见，明确推进措施，培育新兴产业。其中，新能源装备、海洋生物、电子信息战略性新兴产业成为大丰区工业经济的重要支撑之一，实现开票销售收入182.5亿元，占大丰区规模以上工业比重的32%，比2014年增长33.6%。提档升级传统产业，通过装备升级、智能改造、创建平台（品牌）等措施，推动传统产业企业做精做强，机械、纺织、化工等传统产业劳动生产率明显提升。注重加强传统产业与工业设计的链接，把工业设计创新导入大丰区传统产业，使企业产品的外观设计、功能应用等方面得到提升。江苏东方创意文化产业有限公司被工业和信息化部认定为国家级工业设计中心，是2015年江苏唯一一个获认定的工业设计企业。2015年，大丰区经济和信息化委员会备案工业技改项目155个，比2014年增长154.1%。

重点突破智能制造，制定《中国制造2025大丰实施方案》，积极引导和鼓励企业深入推进两化融合建设，不断扩大“互联网+”技术应用，加快智能技术应用。丰东公司利用自主研发的FMS（Flexible Manufacturing System）柔性生产系统、信息化物流及仓储系统、信息化生产管理系统，实现热处理生产过程的智能化和无人化的“无人化智能热处理工厂”项目被工业和信息化部认定为全国首批智能制造试点示范项目。上海岩棉、博敏电子2个企业申报江苏省示范智能车间，已完成现场认定；金风、谷登、森威等7个企业的9个项目列入盐城智能制造三年行动计划；大丰区重点推进的8个智能制造类项目，2015年完成投入6000万元。

产业结构持续优化。战略性新兴产业、先进机械制造业全年实现开票销售收入342.5亿元。其中，新能源装备、海洋生物、电子信息战略性新兴产业成为大丰区工业经济的重要支撑之一，全年实现开票销售收入182.5亿元，增幅高出规模以上工业企业15.2个百分点；以汽车零部件、热处理、冷温精锻为代表的先进机械制造业迅速发展，实现开票销售收入160亿元，占规模以上工业企业开票销售收入的28%，支撑作用明显增强。

【服务企业措施】 2015年，大丰区率先设立并运作过桥资金，从政策制度上适度放宽担保、过桥资金的风险容忍度，充分发挥融资担保、续贷衔接作用，破解企业融资难题。2015年，大丰金茂担保公司服务企业174个，年末在保余额6亿元，中小企业提供过桥服务50余笔，资金超8亿元。大丰区每季度都举办一次政银企对接活动，实行“银行行长家家到”“银行行长进百企”，充分保障企业的资金需求，新增信贷投放在盐城市始终保持第一位。区有关部门加强协同，不断强化人才、用工、用电等方面的要素供给，确保企业正常运行。

加强企业帮扶，加大资金奖励扶持力度。2015年落实上级各类奖励、扶持资金近3000万元，帮助企业争创江苏省级以上各类平台（品牌）17个，其中，国家平台（品牌）5个。大丰区先后制定《关于切实帮扶暂时困难企业稳定发展的意见》《关于加快工业转型升级的实施意见》《关于加快镇村经济发展的意见》《关于促进工业经济稳增长的政策意见》，增加奖励扶持项目，对企业在装备升级、研发投入、产学研合作、引进高新技术等方面予以奖励扶持。2015年兑现区级技术改造方面奖励扶持资金近1400万元。

2015年，大丰区开展挂钩服务企业活动，实行“一企一策”个性化服务，重点服务20家大企业大集团和40个规模骨干企业。博汇、联鑫等企业降幅收窄，南车、森威等企业快速增长。加快建设大丰工业云、中小企业公共服务网络平台。在盐城市率先建成公共信用信息系统，其中，企业信用信息基础数据库涵盖大丰区所有工业企业，为企业信用审查、查询等提供平台载体。

（肖红锁）

纺织行业

【概述】 2015年，大丰区纺织行业有企业550个，规模以上工业企业103个，总资产53.9亿元。纺织行业实现主营业务收入91.5亿元、比2014年增长4.3%；开票销售收入55.7亿元，增长2.2%；税收1.9亿元，下降6.5%；利润3.6亿元，增长3.5%。主要设备有环纺纱锭95万锭、气流纺2万头、布机12000台、各种缝纫机1万多台。主要产品产量情况：全年生产纱16万吨、布4亿米、短纤3.5万吨、服装2000万件、坯绸350万米、家纺产品10000万套。

【重点企业】 2015年，大丰区纺织行业开票销售收入1亿元以上企业12个。重点企业有海聆梦家纺有限公司（开票销售收入8.9亿元）、万达纺织（开票销售收入3.3亿元）、无锡庆丰纺织（开票销售收入2.3亿元）、上海纺织（开票销售收入3.3亿元）。

2015年，大丰区纺织行业开票销售收入1亿元以上的企业有12个，其中海聆梦家纺有限公司开票销售收入8.9亿元

【海聆梦纺织品集团】 江苏海聆梦纺织品集团，集团下辖大丰海聆梦家纺有限公司、大丰海聆梦织造有限公司，大丰海聆梦塑料包装有限公司、大丰中福织造有限公司、大丰海聆梦服饰有限公司、大丰和合家纺有限公司。其核心企业大丰海聆梦家纺有限公司始建于2004年11月，地处大丰区大中镇工业园区内，系中外合资经营的家用纺织品生产企业，为盐城市百强企业。江苏海聆梦纺织品集团拥有员工1900余人。有工业缝纫机1200台，喷气、剑杆织机120台，拥有先进的全自动化家纺生产流水线。产品远销美国、德国、加拿大、澳大利亚、新西兰、荷兰等国家。

（肖红锁）

机械行业

【概述】 2015年，大丰区机械行业有企业700多个，其中规模以上工业企业154个，总资产172.5亿元。实现主营业务收入258亿元，比2014年增长0.6%；开票销售收入168.2亿元，下降0.7%；税收5.3亿元，增长3.9%；利润15亿元，增长1.4%。主要产品产量情况：全年生产空压机25万台、齿轮3000万只、热处理设备500台套、抛丸机4000台套、水泵总成180万套、阀门1.3万吨、铸件15万吨。

【重点企业】 2015年，大丰区机械行业重点企业有明进机械（开票销售收入19.2亿元）、森威精锻（开票销售收入4.8亿元）、丰东热技术（开票销售收入1.9亿元）、理研精密（开票销售收入2.9亿元）、奥泰机械（开票销售收入2.5亿元）。

【明进机械公司】 大丰明进机械有限责任公司是韩国明进TECH于2007年3月独立出资组建的外商独资企业，注册资本2000万美元。位于大丰区经济开发区南翔路北侧，丰东工业园以东，占地面积10.99万平方米。有员工285人，其中管理人员45人，一线工人240人。主要从事汽车零部件及汽车车身外覆盖件冲压模具设计与制造销售，是现代、起亚等汽车企业的零件配套生产厂家。

（肖红锁）

化工行业

【概述】 2015年，大丰区化工行业有企业40多个，其中规模以上企业33个，总资产198.7亿元。实现主营业务收入157.6亿元，比2014年4.8%；开票销售收入138.3亿元，下降3.1%；税收4.2亿元，增长2.1%；利润12.5亿元，增长0.03%。主要产品产量情况：全年生产己二酸14万吨、环氧氯丙烷15万吨、精喹1191吨、毒死蜱6435吨、原药8万吨、土盐4000吨、蒽醌1000吨、咔唑300吨。

【重点企业】 2015年，大丰区化工行业重点企业有辉丰农化（开票销售收入22.9亿元）、海兴化工（开票销售收入25.1亿元）、海力化工（开票销售收入42.9亿元）、丰山集团（开票销售收入8.5亿元）、正大丰海（开票销售收入8.3亿元）、海嘉诺药业（开票销售收入3亿元）。

【辉丰农化股份公司】 江苏辉丰农化股份有限公司是国家农药定点骨干生产企业、国家火炬计划重点高新技术企业。公司成立于1989年，1999年经江苏省人民政府批准，通过股份制改造，发起成立江苏辉丰农化股份有限公司。公司拥有2个生产事业部和1个全资控股公司上海迪拜植保有限公司。具有合成原药、加工、复配制剂10万吨的生产能力。拥有生产能力中国第一、世界第二的2,4-D原药、氰氟草酯原药和辛酰溴苯腈原药的单线生产装置。2008年被人社部、中国石油和化学工业协会评为“全国石油和化学工业先进集体”。

（肖红锁）

食品行业

【概述】 2015年，大丰区食品行业有企业500多个，其中规模以上企业36个，总资产44.9亿元。实现主营业务收入96亿元，比2014年增长35%；开票销售收入77.3亿元，增长73%；税收5148万元，增长13.5%；利润3.4亿元，增长87.6%。主要产品产量情况：全年生产啤酒10万吨、植物油25万吨、麦芽3万吨、龙虾5000吨、大米22万吨、饲料30万吨。

【重点企业】 2015年，大丰区食品行

2015年，大丰区食品行业利润3.4亿元，增长87.6%

业重点企业有北大荒米业（开票销售收入26.5亿元）、佳丰油脂（开票销售收入15.7亿元）、温氏畜牧（开票销售收入7.9亿元）。

【江苏北大荒米业有限公司】 江苏北大荒米业有限公司是黑龙江省北大荒米业有限公司于2004年投资1亿多元设立的大型稻米加工企业。2005年年初正式投产运营，公司占地面积20.46万平方米，建筑面积6万平方米，自建年吞吐量30万吨的专用粮食码头一座，拥有国际先进的精制米生产线，13万吨仓容的国家标准库粮库。

（肖红锁）

新能源及装备产业

【概述】 2015年，大丰区新能源及装备产业实现主营业务收入89.7亿元，比2014年增长32.2%；开票销售收入88.3亿元，增长37.5%；税收2.2亿元，增长47%；利润14.8亿元，增长152.9%。

【重点企业】 2015年，金风科技生产2.0兆瓦机舱叶轮476台套，1.5兆瓦、2.5兆瓦机舱叶轮197台套，实现开票销售收入24.1亿元，实现利润6.1亿元，入库税收1.1亿元。南车电机实现开票销售收入39.6亿元，利润5.8亿元，入库税收5792万元。

【江苏南车电机公司】 江苏南车电机有限公司位于大丰区经济开发区，是中国南车电机公司全资子公司。2010年10月注册成立，总投资10亿元，主要产品为风力发电电机。2015年生产1.5兆瓦整机276台、2.5兆瓦整机269台、2.0兆瓦整机279台。实现开票销售收入39.6亿元。

（肖红锁）

海洋生物产业

【概述】 2015年，大丰区海洋生物产业实现主营业务收入142.1亿元、开票销售收入91.9亿元、税收3.5亿元、利润11.2亿元，比2014年分别增长34.4%、41.4%、12.2%、36.7%。

【重点企业】 2015年，正大丰海实现开票销售收入8.3亿元，比2014年增长5.7%，完成税收1.2亿元，增长3.2%；海嘉诺药业实现开票销售收入3亿元，比2014年增长18.3%；兄弟维生素实现开票销售收入2.6亿元，比2014年增长34.5%。

【海嘉诺药业公司】 大丰海嘉诺药业有限公司，创办于2006年6月，是上海创诺医药集团下属子公司。有289名员工，中高级技术人员50余人。主要产品维生素H生产能力世界第一，维生素B6生产能力世界第三。2015年海嘉诺药业实现开票销售收入3亿元。

（肖红锁）

规模企业

【概述】 2015年，大丰区工业企业（含个体私营企业）8000多个，从业人数近10万人，总资产725.8亿元；实现全口径工业开票销售收入705.7亿元，比2014年增长10.1%，总量盐城市第一；完成工业增加值209.8亿元，增长11.8%；工业用电量41.3亿度，比2014年下降7.5%。2015年，开票销售收入超10亿元的企业13个，比2014年新增5个（北大荒油脂、海兴化工、大丰港成品油、海丰米业、佳丰油脂），其中超100亿元的企业1个（博汇集团）；税收超1亿元的企业3个，其中新增2个（金风科技、辉丰农化），税收超1000万元的企业28个。40个规模骨干企业实现开票销售收入420.1亿元，比2014年增长9.3%，占规模以上工业的比重73.9%。

【规模企业贡献份额提高】 2015年，大丰区实施大企业大集团培育战略，20个工业大企业（集团）实现开票销售收入382.4亿元，比2014年增长11.6%，占规模以上工业企业总量的比重67.3%。列入盐城市50个大企业（集团）的7个企业，完成开票销售收入275.8亿元，占盐城市大企业（集团）总量的比重17.9%，企业数和开票销售收入列盐城市第一，其中江苏博汇集团开票销售收入101.7亿元，联鑫钢铁开票销售收入55.3亿元，南车电机开票销售收入39.6亿元。正大丰海、金风科技、海聆梦家纺、南车电机、森威精锻、辉丰农化、丰泰流体、博汇纸业8个工业企业列盐城工业企业纳税50强，纳税总额为4.34亿元。其中，正大丰海、金风科技跻身前10强，纳税超1亿元。

（肖红锁）

2015年大丰区“江苏名牌产品”名录

表10

序号	企业名称	产品名称
1	江苏丰山集团有限公司	丰山牌毒死蜱、氟乐灵、精喹禾灵、烟嘧磺隆原药
2	江苏森威集团有限责任公司	飞达牌、森威牌自行车飞轮、拨链器
3	江苏宝龙集团有限公司	宝龙牌淡水小龙虾
4	盐城市丰特铸造机械有限公司	丰特牌通过式抛丸清理机
5	江苏腾龙生物药业有限公司	威力士牌稻丰散原药、50%稻丰散乳油晶体乐果、40%乐果乳油
6	大丰市裕华镇大蒜生产协会	裕华牌（青蒜、蒜薹、蒜头）
7	江苏正大丰海制药有限公司	丰海能牌果糖注射液　新海能牌混合糖电解质注射液
8	江苏劲力化肥有限责任公司	劲力牌尿素
9	江苏北大荒米业有限公司	喜登门牌大米
10	江苏龙城铸造机械科技有限公司	龙城牌辊道式抛丸机
11	江苏东方创意文化产业有限公司	东方创意牌创意产品
12	大丰万达纺织有限公司	万盈牌普梳涤与棉混纺本色纱线
13	大丰市大龙铸造机械厂	丰远牌抛丸清理机
14	盐城市联鑫钢铁有限公司	黄海牌热轧钢筋
15	大丰海港港口有限责任公司	港口装卸服务
16	盐城海瑞食品有限公司	条斑紫菜
17	江苏辉丰农化股份有限公司	辉丰牌咪鲜胺原药

2015年大丰区“盐城名牌产品”名录

表11

序号	企业名称	产品名称
1	盐城市建龙机电设备制造有限公司	艾路斯牌空压机
2	盐城南翔食品有限公司	南祥牌辣根片
3	大丰市三川麦业有限公司	鹿缘牌麦仁
4	大丰市神王天然食品厂	神王牌黄泥螺
5	大丰市福到乐水产食品有限公司	福到乐牌麻虾酱
6	大丰市宏丰米业有限公司	宏丰牌大米
7	大丰市泰和水产有限公司	兜天下牌素毛肚
8	江苏凯嘉胶带有限公司	凯志牌输送带
9	江苏固德建筑机械有限公司	TRC牌不锈钢钻尾
10	江苏腾龙建材有限公司	山海牌通用硅酸盐水泥
11	江苏久昌机械有限公司	久昌牌履带式抛丸机
12	大丰市气流纺厂	金丰牌气流纺棉本色纱
13	大丰市水泥制造有限公司	斗龙牌硅酸盐水泥
14	大丰市麋鹿早酥梨专业合作社	乡村旅游

2015年大丰区“中国驰名商标”名录

表12

序号	企业名称	商标	核定商品或服务	国际分类	注册证号	备注
1	江苏丰山集团有限公司	丰山	农药	5	667271	行政认定
2	江苏辉丰农化股份有限公司	辉丰	杀虫剂	5	708820	行政认定
3	大丰市佳丰油脂有限责任公司	恒喜	食用油	29	1942432	行政认定
4	江苏大丰海港控股集团有限公司	大丰港及图	卸货、货物传送等	39	4388983	行政认定
5	江苏超力机械有限公司	大力	空压机	7	342475	司法认定
6	江苏光普太阳能工业有限公司	光普	热水器	11	3623844	司法认定
7	江苏丰东热技术股份有限公司	丰东	污水处理设备	11	1137581	司法认定

2015年大丰区“江苏省著名商标”名录

表13

序号	企业名称	商标	核定商品	国际分类	注册证号
1	江苏丰山集团有限公司	丰山	农药	5	667271
2	江苏超力机械有限公司	大力	空气压缩机	7	342475
3	江苏森威集团有限责任公司	森威	飞轮	12	780560
4	江苏劲力化肥有限公司	劲力	尿素	1	874062
5	江苏人酒业江苏有限公司	斗龙	酒	33	121764
6	江苏丰东热技术股份有限公司	丰东	加热元件、电加热装置	11	1634090
7	江苏腾龙生物药业有限公司	威力士	农药	5	661156
8	江苏辉丰农化股份有限公司	辉丰	杀虫剂	5	708820
9	大丰市佳丰油脂有限责任公司	恒喜	食用油	29	1942432
10	江苏银都集团有限责任公司	银都	棉花、棉纤维	22	1144003
11	大丰市橡塑制品有限公司	凯志	机用皮件等	7	1625728
12	江苏正大丰海药业有限公司	丰海能	药品	5	3135062
13	大丰市宏盛抛丸设备有限公司	大龙神	铸造机械等	7	3385855
14	盐城市丰特铸造机械有限公司	丰特	铸造机械	7	4340794
15	大丰市添寿禽蛋专业合作社	添寿	蛋、咸蛋、干蔬菜	29	3867543
16	大丰市气流纺厂	金丰	纺织用纱，丝线	23	1045694
17	大丰市海聆梦家纺有限公司	海聆梦	床单、被子、枕套等	24	4038290
18	江苏申川种业有限公司	申川	谷种、植物种子、未加工谷种等	31	4130560
19	江苏大丰港控股集团有限公司	大丰港	海上运输、货物贮存、装卸货物等	39	4388983
20	江苏龙城铸造有限公司	龙城	铸造机械	7	4916016
21	江苏绿州米面厂	碧绿及图	米	30	981533
22	盐城市联鑫钢铁有限公司	黄海	钢铁钢板等	6	3883019
23	江苏丰收大地投资发展有限公司	丰收大地及图	鲜水果、新鲜蔬菜、鲜食用菌等	31	7672936

2015年大丰区“盐城市知名商标”名录

表14

序号	企业名称	商标	核定商品	国际分类	注册证号
1	江苏丰山集团有限公司	丰山	农药	5	667271
2	江苏超力机械有限公司	大力	空气压缩机	7	342475
3	江苏森威集团有限责任公司	森威	飞轮	12	780560
4	江苏劲力化肥有限公司	劲力	尿素	1	874062
5	江苏人酒业江苏有限公司	斗龙	酒	33	121764
6	江苏丰东热技术股份有限公司	丰东	加热元件、电加热装置	11	1634090
7	江苏腾龙生物药业有限公司	威力士	农药	5	661156
8	盐城丰环饲料有限公司	丰环	饲料	31	895355
9	江苏绿州米面厂	碧绿	米面	30	981533
10	江苏辉丰农化股份有限公司	辉丰	杀虫剂	5	708820
11	大丰市气流纺厂	金丰	气纺棉纱	23	1045694
12	大丰市佳丰油脂有限责任公司	恒喜	食用油	29	1942432
13	江苏银都集团有限责任公司	银都	棉花、棉纤维	22	1144003
14	大丰市橡塑制品有限公司	凯志	机用皮件等	7	1625728
15	江苏正大丰海药业有限公司	丰海能	药品	5	3135062
16	大丰市神王天然食品厂	神王	水产罐头等	29	4006363
17	盐城市丰特铸造机械有限公司	丰特	铸造机械	7	4340794
18	大丰市添寿禽蛋专业合作社	添寿	蛋、咸蛋、干蔬菜	29	3867543
19	盐城市久昌机械有限公司	久昌	铸造机械	7	4057401
20	江苏省华天机电设备有限公司	天利涞	铸造机械	7	3092905
21	江苏人酒业江苏有限公司	江苏人	酒	33	4012424
22	大丰市宏盛抛丸设备有限公司	大龙神	铸造机械等	7	3385855
23	江苏正大丰海制药有限公司	新海能	人用药	5	5336736
24	大丰市鑫利太阳能有限公司	鑫利	太阳能热水器	11	1356864
25	江苏龙城铸造机械科技有限公司	龙城	铸造机械等	9	4916016
26	江苏宏兴铸机有限公司	宏兴	铸造机械等	7	3806114
27	江苏焦点农业科技有限公司	雪麋	谷类制品；米等	30	6997037
28	江苏申川种业有限公司	申川	谷种；植物种子等	31	4130560
29	大丰市沪艺美容发型有限责任公司	沪艺	美容院、理发店。	42	1647696
30	大丰市龙发铸造除锈设备有限公司	龙发	电动清洁机械和设备等	7	3074986
31	盐城市春江机械制造有限公司	春江	铸造机械等	7	4934397
32	大丰海聆梦家纺有限公司	海聆梦	床单等	24	4038290
33	江苏双科电气有限公司	双科电气	开关等	9	7899430
34	江苏腾龙生物药业有限公司	图形	杀虫剂等	5	4057405
35	大丰市一方生活用品厂	一方	洗澡巾	24	3062561
36	大丰市紫叶有限公司	桃源	鸡蛋等	29	5248122
37	江苏江淮种子公司	江淮	种子等	31	1662618
38	大丰市福到乐水产食品有限公司	福到乐	水产罐头等	29	3485399
39	盐城杉童玩具有限公司	SHANTONG	玩具等	28	3385859

续表14

序号	企业名称	商标	核定商品	国际分类	注册证号
40	大丰市鸣球车业有限公司	鸣球	自行车配件	12	3053353
41	盐城市双龙机械制造有限公司	双龙	铸造机械	7	4999195
42	大丰市宏丰米业有限公司	宏丰	大米	30	1958218
43	大丰市飞腾铸造机械有限公司	大丰飞腾	铸造机械、铸铁丸设备	7	6216783
44	江苏兄弟维生素有限公司	brother	空气净化剂；	5	3270461
45	江苏珍鹿纺织有限公司	珍鹿	纱、线、毛线等	23	5859026
46	江苏大丰海港控股集团有限公司	大丰港及图	卸货、货物传送等	39	4388983
47	江苏丰收大地投资发展有限公司	丰收大地及图	树木等	31	7672936
48	大丰市海达纺织有限公司	海悦及图	纱、落丝等	23	4397700
49	大丰市万达纺织有限公司	万盈及图	纱、棉线和面纱等	23	7726330
50	江苏怡卡莲纺织品有限公司	怡卡莲	布、纺织品毛巾等	24	9696591
51	大丰市巨龙铸造机械有限公司	巨龙丰达及图	铸造机械等	7	4934363
52	盐城市兴谷米业有限公司	永裕及图	谷类制品、面粉等	30	3473094
53	上海黄海农贸总公司	申河及图	谷种、棉花种子、玉米种子、黄豆种子、麦种、油菜种子、青菜种子、西瓜种子	31	1642657
54	大丰市海纳机械有限公司	海纳图形	引擎气缸盖等	7	1642657
55	盐城市联鑫钢铁有限公司	黄海	钢条、钢板等	6	3883019
56	大丰市川麋海产食品厂	川麋	水产罐头	29	1291545
57	大丰市亿达铸造机械有限公司	奥驰	机械	7	3633135
58	江苏东越生物技术发展股份有限公司	步叶	新鲜蘑菇	31	10064062
59	盐城海瑞食品有限公司	黄海东沙	紫菜等	29	4984348
60	大丰市强丰纺织有限公司	斗龙	纱	23	6008742
61	盐城恒昌汽车配件有限公司	云马	农业机械等	7	1589717
62	大丰市添寿禽蛋专业合作社	添寿	家禽（非活）	29	4395190
63	大丰市大龙铸造机械厂	丰达	机械	7	4916015
64	江苏久禾生物科技发展有限公司	九青禾	新鲜蘑菇	31	11673774
65	大丰市盛力佳空压机有限公司	ZUNLI	空气压缩机	7	6086609
66	江苏腾龙生物药业有限公司	腾龙+图形	杀害虫剂、杀昆虫剂、烟精（杀虫剂）等	5	1552408
67	大丰市正华饲料科技有限公司	沐鹿+图形	饲料、非医用饲料添加剂	31	1590714
68	江苏大丰华丰种业有限公司	华丰农化	未加工谷种、植物种子、植物种子等	31	4232730
69	江苏焦点农业科技有限公司	JSJDKJ+图形	未加工谷种、植物用种菌、谷种等	31	10214370
70	大丰市麋鹿早酥梨专业合作社	恒北HENGBEI+图形	观光旅游、安排游览、商品包装等	39	12390424
71	盐城大丰半岛温泉酒店有限公司	图形	住所（旅馆、供膳寄宿处）、咖啡馆、餐厅等	43	10371888

（盐城市大丰区市场监督管理局）

〖编辑　周剑飞〗

沿海开发

综　述

2015年，大丰区沿海开发工作抢抓“一带一路”、中韩自贸区及江苏沿海开发、长三角一体化等重大战略叠加机遇，聚焦沿海、会战沿海、决胜沿海，做足港口、产业、开放三大文章，争当沿海开发主力军，取得显著成绩。江苏大丰港经济开发区纳入中韩盐城产业园“一园三区”（中韩盐城产业园、盐城经济技术开发区、盐城城南新区和大丰港经济开发区）发展布局，完成地区生产总值113亿元、一般公共预算收入21.2亿元、规模以上工业开票销售251.9亿元，分别是“十一五”期末的4.3倍、4.2倍、13.9倍。苏州盐城沿海合作开发园区打造先进制造业的集聚区、综合开发的先导区、机制创新的试验区、现代服务业的示范区、临港产业的承载区，盐城经济开发区大丰港产业园打造临港先进制造产业集群、盐城“东向出海”战略的产业桥头堡。

【港口规模】 2015年，大丰区建成通用码头、集装箱码头、滚装码头、粮食码头、油品化工码头等1万吨级以上泊位17个。2015年货物吞吐量7094万吨、集装箱吞吐量20.2万标箱，分别是“十一五”期末的13.4倍、5.5倍。港口联通印尼、菲律宾、澳大利亚、新西兰、美国、巴西、巴拿马等13个国家，国际航线9条，集装箱航线班轮密度每月40班，被11个国际干线船公司纳入其全球集装箱运输网络。保税物流中心（B型）、粮食进境指定口岸、木材除害处理中心获国家批复，大丰港深水航道工程开工建设，汽车整车进口口岸、活牛进口基地及中韩海陆联运口岸试点等加快推进。扬泰宿淮地区“无水港”内陆网点全面铺开，港口辐射带动能力显著增强。

【临港产业】 2015年，江苏大丰港经济开发区有大丰区定报企业107个，“十二五”期间新开工1亿元以上项目103个、竣工52个。海洋生物、海水淡化、高端装备制造、电子信息及智能终端等战略性新兴产业迅猛发展，石化新材料、特钢新材料、高端造纸、港口物流等临港产业形成百亿级规模。亚洲最大、世界一流的中汽中心盐城汽车试验场建成启用，江苏博汇成为盐城市首家开票销售收入超100亿元的非汽车类生产企业。

【海港新城】 2015年，按照建设“现代、生态、宜居”海港新城和打造城市副中心的定位，海港新城建成面积8平方千米，集聚人口近5万人。国际商务大厦、港务大厦、物联大厦等地标建筑拔地而起，海晶创投中心、沿海行政服务中心、沿海人才中心等入驻国际商务大厦，跨境电商孵化中心投入运营，职教中心新校区、南阳中学新校区等建成投入使用，公共自行车系统、城市污水处理系统等全面启用。海盗王国游乐园一期对外开放。

【对外贸易与投资】 2015年，江苏大丰港经济开发区外贸自营进出口总额7.5亿美元，注册外资实际到账3362万美元。加强与“一带一路”沿线国家和地区的经贸合作，主动融入、对接上海自贸区建设，成立上海自贸区大丰联络处，加快培育壮大跨境电商产业。推动规模骨干企业到“一带一路”沿线国家和地区开拓市场、重组并购、直接投资，微网海淡成套设备成功推销到印尼、马尔代夫，大丰港印尼镍铁合金项目加快推进。

【创新驱动】 2015年，大丰区金融创新取得突破，海晶创投上海股交中心大丰联络处开通股权报价系统，8个企业成功挂牌，吸引商业银行、基金、创投公司等金融机构入驻。科技创新显著增强，海洋研究院建成江苏唯一海洋生物产业产学研协同创新基地，盐土大地海洋生物产业科技园建成江苏首家“国家级科技兴海产业示范基地”和“国家级农业科技园区”，新能源淡化海水产业园建成国家973计划大规模非并网风电产业化示范基地，成为国家海洋经济创新发展区域示范区。大丰港海外投资控股有限公司在香港联交所成功上市，成为江苏沿海首家进入香港资本市场的经营实体。

（陈　刚）

港城建设

【概述】 2015年，盐城市大丰区大丰港城管理委员会紧紧围绕“生态、宜居、宜游”的城市建设目标，坚持以人为本、环境优先、和谐发展、有序跨越的规划建设理念，创新发展，新招引项目3个，新增限额以上服务业企业2个，完成公共财政预算收入4340万元。

【规划管理】 2015年，大丰区大丰港城着眼于城乡统筹发展的目标，发挥规划引领作用，创新规划理念，服务经济发展。编制《大丰港经济开发区总体规划暨区镇一体化规划》《大丰港海港新城绿色交通规划》《大丰港海港新城能源利用规划》《大丰港海港新城水资源利用规划》等。开拓创新，健全一站式服务，对博汇、联鑫、英茂等重大项目上门服务，特事特办、急事急办，优化投资环境。委托空军设计局对通用机场进行选址论证；委托中铁上海设计院对大丰港铁路支线进行方案优选。

【功能配套】 2015年，盐城市大丰区大丰港城管理委员会按照“区镇合一，产城融合”要求，优化人口、产业和空间布局，建设“生态、宜居、宜游”的海港新城。完善配套功能，建成小学，幼儿园、污水处理站、垃圾中转站、港城公共自行车系统等项目；建成区直部门集中办公和跨境电商办公场所；实施大丰区最大的电缆下地工程——沿日月湖大道的港城配网电缆工程；整改维修港城主要道路排水系统；投资3000万元启动建设公共租赁房一期工程。

【日常管护】 2015年，盐城市大丰区大丰港城管理委员会按照“四季常绿、季季有花、处处有景”的要求，绿化港城。大丰港城完成大丰港区62万平方米的绿化养护；在日月湖南岸种植10万平方米的柳叶马鞭草；对日月湖公园木栈道、护栏、建筑小品等进行常态维护、修缮和功能恢复。以亮化城市与维护管理为重点，做好港城亮化工作。维护路灯3697盏，新建沿日月湖轮廓灯1000米和环日月湖路90盏景观灯，环日月湖的夜景亮化轮廓基本形成。港城采取突击整治和长效管理相结合的办法，做好保洁工作，对港城410万平方米的路面进行日常保洁。

【旅游发展】 2015年，盐城市大丰区大丰港城管理委员会发挥资源优势，实施“旅游兴区”战略，实行“海洋世界、海盗王国、熊猫珍禽园”组团发展、联动开发，开发近海游、工业游等新兴旅游项目。海盗王国乐园于2015年10月31日正式运营。举办第五届大丰港雪花啤酒美食节、第一届中国大丰汽摩旅游嘉年华、CPC中国量产车性能大赛大丰站决赛、大丰港首届动漫节、大丰港日月湖水上游、大丰港全民健身广场舞大赛等蓝色旅游活动。

（唐晨辉）

大丰港口

【概述】 2015年，盐城市大丰区港口管理局围绕建成亿吨大港的目标，坚持以码头建设为龙头，发挥港口对临港产业发展和港城建设的引领拉动作用，推动大丰区经济社会的发展。委托江苏省交通规划设计院、交通运输部规划研究院和商务部国际贸易经济合作研究院，分别开展大丰港“十三五”发展规划研究、大丰港发展战略研究和大丰港策应“一带一路”战略研究，均完成中间成果。参与中韩盐城产业园区规划，启动智慧港口、跨境电商规划。全年完成货物吞吐量7093万吨，比2014年增长38.83%，集装箱20.2万标箱，增长95.64%。15万吨级深水航道开工建设，7万GT滚装码头建成运行。港口安全形势持续稳定。

【港口转型升级】 2015年，大丰港成立全国首个岸电公司，港口能耗监测平台投入使用，甩挂运输、LNG清洁能源等低碳技术应用于码头装卸各个环节，效益突出、示范作用强。港口智能调度中心实现第一阶段生产运营管理信息化，大宗商品电子交易平台初步上线运营。盐城市首家跨境电商孵化中心在大丰港区落户，建设全国首家全面开展基于“互联网+”的智慧港口公共门户。

【海洋监测预报】 大丰港海洋监测预报中心是全国首家港口海洋监测预报中心，为海上交通、航道建设、港口工程、码头装卸、临港工业等提供海洋潮汐、波浪、能见度、洋流监测数据和港口气象预报服务。2015年为港口海上作业企事业单位人员发送预警报8万余条，为港口安全生产、防灾减灾提供保障。

【引航站阳光引航】 2015年，盐城港大丰引航站继续推行“阳光引航”，加强安全指导，配合码头生产需求科学安排引航计划，提高引航效率，提升服务能力。全年引领船舶1286艘次，比2014年增长19.7%，其中船长超过180米以上的大型船舶400艘次，危险品船舶74艘次，安全引航无事故发生。

【大丰港通用码头对外开放通过省级验收】 1月23日，江苏省口岸办公室联合江苏海事局、南京海关、江苏出入境检验检疫局、江苏省公安边防总队等省级查验单位，对大丰港通用码头对外开放工作进行省级验收。验收组通过听取汇报和现场查看验收，一致认为码头生产设施、内部管理、规章制度及对外开放条件已基本具备，符合对外开放的要求，一致同意通过省级验收，并上报江苏省政府批准正式对外开放。

【大丰港粮食仓储项目一期工程竣工】 10月，大丰港仓储物流园粮食仓储项目一期工程竣工投产。该项目总投资3.9亿元，总建筑面积3万多平方米，可容纳粮食500万吨，建有粮食筒仓

14座、平板仓1座、变电所、内河码头，是盐城市最大的粮食中转站。可将盐城市的稻谷小麦快速发往广东、福建及周边地区，有力提高仓储能力及粮食中转能力。

【大丰港首泊五万吨级危险化学品船】 3月26日，装载41000吨轻循环油的“长航翡翠”货船安全靠泊大丰港石化码头，开启大丰港接纳5万吨级危险品化学品船序幕。“长航翡翠”货船长184米，宽32.2米，载重49947吨，进港吃水12米。盐城海事局提前组织召开危险化学品船进靠安全协调会，靠泊期间利用AIS、CCTV和VHF等设备时刻关注该船动态，指派经验丰富的引航员上船引领。

【市场开拓】 2015年，大丰港根据盐城市委、市政府对大丰港提出的努力开拓西部市场，延伸腹地范围的要求，成立大丰港驻徐淮宿泰办事处，主动上门与企业对接，做好物流方案，以优惠的政策、优质的服务、便捷的物流，为企业提供服务。2~3月，大丰港先后在泰州、淮安、徐州、宿迁等地举行推介会。推介会上，大丰港与翔翔实业、苏华达新材料签订合作协议，与徐州港签订战略合作协议。

【海上联合执法行动】 6月27日，盐城市大丰区港口管理局、盐城市大丰区海洋渔业局、盐城大丰海事处和大丰港边防派出所联合开展“2015大丰港海上联合执法行动”，扫除碍航不法设施，保障大丰港海上航行安全。执法船“渔政520”参与此次行动，巡航区域覆盖大丰港各码头航行水域，向过往船只发放《关于加强大丰港海域安全管理的通告》，宣传海域安全航行须知，并对过往渔业捕捞船和紫菜养殖船进行拉网式排查，严厉查处违规生产行为。此次行动效果良好，执法对象积极予以配合，为大丰港海域安全营造优质环境。

【《碳·索》聚焦大丰港】 8月9~13日，中国首部反映低碳产业现状和介绍低碳领域发展的大型电视纪录片《碳·索》在大丰港拍摄。该片由国家发改委和中央电视台科教节目中心联合策划制作，通过交通、建筑、工业、生活、循环等不同主题，对全国有潜力的低碳发展案例进行挖掘整理，为社会低碳发展、政府低碳政策制定及研究、企业低碳生产经营等提供参考。摄制组对港口大型门机回馈装置、镍矿抓斗改造、港口信息化和智能化指挥中心等20多个现场点进行拍摄取景，并采访部分港口专业人员和码头工人。该片将作为全国低碳日、联合国气候变化大会的宣传品、国家发改委的培训视频教材。

【大丰港进口木材检验检疫除害中心开工建设】 9月19日，大丰港进口木材检验检疫除害处理中心项目破土动工。大丰港进口木材检验检疫除害处理中心工程项目是国内首个示范性全封闭式木材熏蒸除害处理项目，设计年处理能力为200万立方米木材。该项目实施后，进口原木、集装箱原木均可进入大丰港经过检验检疫处理和加工后，运往全国各地，提高物流效率，节约物流成本。

2015年9月30日，大丰港深水航道一期工程开工建设

【大丰港深水航道开工建设】 9月30日，大丰港深水航道一期工程开工建设。总投资12.3亿元，航道长79.9千米，按照10万吨级散货船全潮单向通航，兼顾15万吨级散货船乘潮单向通航的目标建设，建设周期为18个月。深水航道建成后，将提高航道通航能力和港口吞吐能力，实现大丰港通航船只从“巴拿马船型”到“好望角船型”的转变，增加港口货物吞吐能力，降低物流成本。

【跨境电商产业孵化中心揭牌】 11月27日，由大丰港经济开发区、清华大学国家服务外包人力资源研究院、他拍档电子商务公司联合创立的跨境电商（盐城）产业孵化中心入驻大丰港国际商务大厦，揭牌成立。该中心是盐城市首家跨境电商产业孵化中心，总投资1.5亿元，建筑面积3000平方米，由盐城他拍档电子商务服务有限公司运营，通过构建成熟的跨境电子商务产业发展环境，引进和孵化大丰及周边地区的跨境电子商务企业，提供跨境电商企业管理诊断咨询、产品国际市场分析定位、跨境电商技术服务、人才培养和输送、网络推广、营销策划、外贸洽谈、清关结算、软件支持、物流配送等全方位指导、咨询和服务。

【智慧港口战略合作协议签约】 12月23日，大丰港与全球领先的综合通信解决方案提供商中兴通讯股份有限公司就智慧港口战略合作举行签约仪式。双方将结合大丰港口发展实际，制定大丰智慧港口建设规划，建设规划内容涵盖港口生产管理综合管控平台、港口对外服务及门户平台、口岸通关联检一体化、安全防控和应急指挥、大数据分析平台、港口地理信息系统、码头作业智能化自动化、智能感知物联网、信息安全系统、绿色港口等，全力打造一套全方位的综合一体化信息平台，推动大丰港从传统港口服务向信息虚拟港战略转型。

【大丰港吞吐量快速增长】 2015年，大丰港加大市场拓展力度，在继续保持与东风悦达起亚、金风科技、江苏博汇等重点企业合作的基础上，开拓西部市场，腹地范围进一步向皖东北、鲁西南地区延伸。加密航线航班，开通至韩国仁川、济州岛客滚航线，大丰港至上海港、宁波港转欧美的国际航线每天至少一班，开通汽车滚装航线、邮轮航线。扩大货源市场，加强与京杭运河、淮河沿线港口合作，增加皖北、豫南等地“无水港”网点覆盖。全年完成码头货物吞吐量7093万吨，比2014年增长38.83%；集装箱20.2万标箱，增长95.64%，再创历史新高。这是大丰港码头吞吐量连续2年以每年超2000万吨的增量实现快速增长。

（卞俊成　吴　荣）

2015年，大丰区被农业部和国家安全监管总局确定为2014~2015年度“全国平安渔业示范县”

滩涂资源开发利用

【概述】 2015年，大丰区滩涂开发坚持规划引导，以保证粮食安全、沿海生态安全为重点，以服务大丰区沿海开发、推动沿海现代农业发展为目标，组织实施农业综合开发项目。项目总投资1297.30万元，其中财政总投资1155万元，完成大丰区2014年斗龙垦区苇鱼高效渔业养殖示范基地项目（东片）、王竹垦区华丰高效渔业养殖示范基地项目，建成沿海滩涂现代渔业养殖基地1000公顷。因生态红线区域等原因，2015年没有组织实施滩涂垦区配套项目。

【2014年度斗龙垦区（东片）苇鱼高效渔业养殖示范基地项目】 该项目2014年10月开工建设，2015年6月竣工，总投资865.59万元，其中省级滩涂开发专项资金700万元，地方财政投资70万元，配套滩涂面积666.7公顷。2015年，拆建灌排站3座，修建灌排站1座，拆建机耕桥2座，拓宽改造桥梁1座，新建过路桥（涵）1座，新建进水闸、节制闸3座，涵洞8座，防渗渠100米，水泥路4.5千米，砂石路14.65千米，改造电力线路6.6千米，架设变压器5台。项目实施单位为大丰港经济开发区管理委员会。

【2014年度王竹垦区华丰高效渔业养殖示范基地项目】 该项目2014年10月开工建设，2015年6月竣工，总投资431.71万元，其中省级滩涂开发专项资金350万元，地方财政投资35万元，配套滩涂面积333.3公顷。2015年，新建防渗渠3.1千米，维修防渗渠2.86千米，新建节制闸1座，过路涵洞1座，水泥路1千米，砂石路3.2千米，电力线路改造3千米。项目实施单位为大丰港经济开发区管理委员会。

（朱　琳）

海洋渔业

【概述】 2015年，大丰区海水养殖面积1.75万公顷，海水池塘养殖面积6688公顷，占沿海水产养殖总面积的37.68%。全年海水养殖产量17.5万吨，产值为68.5亿元。近海捕捞进入低谷期，近海捕捞船有52艘，每艘海洋捕捞船平均吨位19吨，功率26千瓦。

【近海养殖】 20世纪80年代末海洋渔业以海水养殖（对虾、鳗鱼）及近海小捕（鳗苗、泥螺）生产为主，由于沿海生态环境变化、资源枯竭等因素，21世纪初以来，海洋渔业逐步向高涂养殖、紫菜生产为主转移。尤其是东沙岛海域，无污染，水质肥，生产的紫菜黑、亮、韧劲足，具有独特的风味，成为国内优质的条斑紫菜养殖区。2015年紫菜苗种培育面积12700平方米，年产干紫菜6.87万箱，产值约0.90亿元。高涂养殖面积0.5万公顷。

【斗龙港】 斗龙港是国家一级渔港，位于大丰区斗龙港闸下游，由大丰区斗龙港渔港开发有限公司承担建设。2015年渔港建设工程总投资183.1万元，主要包括投资88万元建设综合执法大楼2000平方米的装潢工程、投资54.5万元的消防工程、投资40.6万元弱电管道埋设工程。

（朱　琳）

海监与海洋综合管理

【概述】 2015年，大丰区滩涂海洋与渔业局开展海洋执法检查118次，其中，海上检查15次，航程1650海里，陆上检查103次，行程6300千米。配合中国海监东海区五支队、江苏省总队、盐城市支队岸线巡查12次。加强渔业船舶管理检验，确保作业渔船安全运行。拆解海洋捕捞渔船25艘，更新改造海洋捕捞渔船7艘、淡水渔船6艘。海难救助1起，抢救遇难船只1条，救助遇险人员7人，挽回经济损失15万元。

【执法检查】 2015年，大丰区滩涂海洋与渔业局组织海洋执法检查，出动执法人员720人次，检查用海项目76个。对2014年立案调查的1起非法占用海域案件实施行政处罚，处以罚款11万余元。配合中国海监江苏省总队、盐城市支队分别对大丰港经济开发区铺设污水排放管道建设项目和淡化海水沉淀池用海项目等进行调查。

【加强领海基点巡查】 2015年，中国海监盐城市大丰区大队动用中国渔政32529船、32530船，对盐城海域的麻菜珩、外磕脚两个领海基点实施专项执法巡查4次。巡查中，对基点塔顶导航和海洋观测系统、钢筋混凝土塔身、碑塔桩柱等进行仔细检查，察看周边海况，拍摄大量的巡查影像资料，明确专人负责记录每次巡航的实际情况，如实填写检查情况表，及时上报巡查情况。

【渔业船舶管理】 2015年，大丰区渔政监督大队检验渔业船舶403艘，其中海洋捕捞船157艘，淡水捕捞船183艘，纳入乡镇管理船舶63艘。查处涉渔“三无”（无船名船号、无船舶证书、无船籍港）船舶28艘，渔业捕捞有序作业。年审、发放海洋捕捞许可证78本，淡水捕捞许可证178本，水域滩涂养殖证35本。开展水产养殖执法检查113人次。全区渔船总量为395艘，其中，海洋捕捞船61艘，总吨位840吨，总功率1872.8千瓦；养殖渔船93艘，总吨位12052吨，总功率17743.1千瓦；纳入乡镇管理船舶56艘，总吨位1003吨，总功率2468.8千瓦；内陆淡水捕捞渔船183艘，总吨位281吨，总功率1806.6千瓦；渔业行政执法管理船2艘。

【“平安渔业示范县”创建】 2015年，大丰区组织开展“平安渔业示范县”创建活动，推进渔业安全生产基层基础建设，提高渔业安全生产管理水平。加强渔船生产安全管理，完善海洋渔业安全救助信息系统及各类安全责任体系。对信息系统后台数据进行更新，对不符合补助对象的终端及时进行删除。新配北斗11台、AIS防避碰2台。制定具体管理措施，实行24小时渔业应急值班制度，全面做好突发事件应急处置准备工作，全年未发生安全事故。大丰区被农业部和国家安全监管总局确定为2014~2015年度“全国平安渔业示范县”。

【海域动态监管】 2015年，大丰区滩涂海洋与渔业局对大丰港散货码头、杂货码头、滚装码头等重点用海项目开展监视监测36次；疑点疑区监测4次，形成监测报告4份；开展典型岸段空间资源监视监测6次，监测点位200个，取表层样品50份。积极与上级动管部门、财政部门沟通协调，开展大丰区的县级海域动态监管能力建设，争取建设资金300余万元，完成项目的设计等前期工作，全面提升大丰区的海域动管能力。

【养殖用海海域使用金征收】 根据《中华人民共和国海域法》和《江苏省海域使用管理条例》，2015年大丰区滩涂海洋与渔业局征收养殖海域使用金1708万元，盐城市排名第一，其中新确权征收480万元，年审征收1228万元。确权发证率、使用金征收率、使用权登记率、年检率均100%。

【养殖用海资源市场化配置】 大丰区滩涂海洋与渔业局依法对到期养殖海域公开招投标。2015年，出让东沙紫菜海域使用权57宗，面积11866.67公顷，征收海域使用金950.60万元。

【服务大项目】 2015年，大丰港粮食仓储、仓储物流项目、三期通用码头堆场、华能300兆瓦海上风电等重点项目海域使用权先后获得江苏省海洋局批准。大丰区临港工业区域建设用海规划、达标尾水排海工程等重大项目用海报批工作有序推进，相关审批材料已上报江苏省海洋局，待审批。

【江苏省渔业互助保险协会盐城市大丰区办事处】 2015年，江苏省渔业互助保险协会盐城市大丰区办事处收取保费266.33万元，其中，渔船保费收入118.76万元，入保船数197条；雇主责任互助保险费收入129.72万元，入保人数1078人；内陆人身平安保险费收入18.3万元，入保人数366人。全年发生理赔案件26起，理赔金额21.61万元。

（朱　琳）

海事管理

【概述】 2015年，盐城大丰海事处（以下简称海事处）以水上安全监管工作为中心，内强素质、外树形象，有效确保辖区水上交通安全形势的持续稳定。推进电子政务运用，建设运行“网上电子政务大厅”，实施危险货物电子申报和船舶远程电子签证，利用电子网络媒体实时传送海事法律法规、办理行政审批手续，便捷行政相对人。全年海事处办理船舶进出港手续3208艘次，其中，进出港签证1707艘次、进出口岸查验890艘次；征收船舶港务279.67万元（2015年10月1日起免征）；征收港口建设费3652.11万元，比2014年增长24.3%。

2015年，大丰海事处实施大风防范20次，发布预警信息2880条，疏散船舶166艘次，抽查船员值班值守105艘次

【安全指导服务】 2015年，海事处对辖区危险货物码头和运输船舶进行专项检查的同时提供安全指导服务，降低危险货物装运过程的安全隐患。对沿海风电场、码头、航道建设等多项重点水工项目提供安全服务和保障，与相关部门协调沟通、缩短海事行政审批时间和定期牵头组织施工安全协调会，保障工程开工顺利、施工安全、投产及时。推动国内航行船舶电子签证，辖区航次电子签证率97.74%。

【安全监管】 2015年，海事处专项活动与日常监管相结合，强化排查治理辖区危化品运输、砂石码头、载客船、非法载客、内河船参与海上施工五大类安全隐患。明晰责任，将监管要求与管理责任层层落实，不断完善日常监督检查制度，采取日常巡查、突击检查等举措，加大对辖区重点部位的检查力度，同时大力宣传，深入辖区各施工项目部、港口、到港船舶宣传非法运输危害性，让安全运输理念深入人心，有效维护辖区安全形势。

【恶劣天气安全防范】 2015年，海事处确定重要天气、重要时段的监管重点，特别关注春运、两会、清明、端午、特殊时段的监管要点，提前部署监管措施。利用信息化手段建立与港、航、货协同机制，抓住提前预警及应急预案2个重点，明确重要对象、重要时段的应急处置能力。全年实施大风防范20次，发布预警信息2880条，疏散船舶166艘次，抽查船员值班值守105艘次。全年未发生恶劣天气影响造成人员伤亡和财产损失。

【隐患排查】 2015年，海事处结合辖区实际情况，分析辖区水上交通安全管理的薄弱环节，突出对本辖区石化码头、一期码头从事危险品装卸货作业的重点区域、重点单位、重点时段、重点环节紧盯不放。年中对江苏大丰建设工程公司开展水上技能培训，提高辖区港航企业及从业人员的安全责任意识，并督促其制定应急预案交海事处留存，提升水上交通安全应急救助和保障能力，实现安全监管源头与现场并重。全年处置事故险情4起，执法人员均及时到位，未发生有监管责任的水上安全事故，无因救助不当造成人员伤亡及群体性事件，辖区安全形势持续稳定。

【作风建设】 2015年，海事处开展办公环境和办公秩序检查整治活动，对检查中发现的问题进行整治，改进工作作风。持续开展政风走访活动，全年走访港航单位12家，与80多个港航单位负责人、现场施工人员、船员进行座谈，连续2年政风社会满意度保持在90%以上。开展“海事处长讲廉政”活动，增强职工廉政认识，提升干部自我修养。全年全体工作人员未发生违反廉政纪律情况。

（顾　丽）

〖编辑　周剑飞〗

开放型经济

综 述

2015年，大丰区开放型经济发展呈现稳中有升的良好态势。重抓招商引资，突出招大引强，以世界500强、大型跨国公司、上市公司为重点，开展境内外招商活动，招引重大外资项目。举办大型境外招商活动6次，对韩国专题招商2次。加快转型升级，强化创新驱动和品牌建设，出口产品国际竞争力增强。新批外资项目19个，协议利用外资2.42亿美元，比2014年增长26.7%。“走出去”步伐加快，新批境外投资企业2个。

对外贸易

【概述】 2015年，大丰区坚持扩大开放原则，在更大范围、更广领域和更高层次上推进园区外贸企业与国际发展要求全面接轨。对出口超500万美元以上企业实行重点培育，鼓励企业技改扩能、研发新品，指导企业开展境外商标注册、专利注册和产品质量认证，打造外贸出口自有品牌，努力提高出口产品附加值。充分发挥大丰港优势，大力培育江苏博汇、海融控股、晨泰物流等自营出口重要增长点。鼓励有条件的外贸供

2015年大丰区出口超500万美元企业名单

表15 单位：万美元

序号	企业名称	出 口	出口同比(±%)
1	大丰信诺贸易有限公司	18967.6	—
2	江苏辉丰农化股份有限公司	12276.0	6.0
3	迪皮埃风电叶片大丰有限公司	7526.1	330.5
4	大丰市舒润床上用品有限公司	3065.2	17.7
5	江苏丰山集团有限公司	2659.7	20.1
6	江苏海力化工有限公司	2557.2	-2.6
7	大丰海聆梦家纺有限公司	2431.4	-25.2
8	江苏兄弟维生素有限公司	2374.8	41.5
9	江苏宝龙集团有限公司	2055.0	-14.0
10	大丰市创意工艺品有限公司	1962.7	-24.6
11	大丰恒卫针织品有限公司	1519.5	-7.2
12	盐城彩虹纺织品有限公司	1299.7	-28.3
13	江苏博汇纸业有限公司	1282.9	-9.7
14	江苏焕鑫高新材料科技有限公司	1274.7	11.6
15	江苏腾龙生物药业有限公司	1265.6	-17.5
16	大丰市奥凯流体机械有限公司	886.1	-34.0
17	盐城理研精密锻造有限公司	862.9	140.7
18	大丰跃龙化学有限公司	851.0	7.6
19	江苏澳太斯纺织品实业有限公司	839.5	3.8
20	盐城通商阀门有限公司	700.1	-2.6
21	盐城法尔机械有限公司	691.1	49.5
22	大丰丰泰流体机械科技有限公司	656.3	-83.8
23	江苏华尚汽车玻璃工业有限公司	647.4	345.3
24	盐城思隆机电有限公司	643.6	-1.5
25	大丰市振华服饰有限责任公司	612.7	-23.1
26	江苏谷登工程机械装备有限公司	611.0	232.1
27	大丰市天生药业有限公司	586.2	-9.1
28	大丰市海顺制衣有限公司	566.9	-12.2
29	江苏哈笑国际贸易有限公司	530.9	-29.5
30	盐城飞虹家纺有限公司	503.8	30.8

货企业开展自营出口业务。2015年组织企业参加国内外展览会108批（次），用好国家、江苏省各类扶持资金，引导企业走出国门开拓市场。鼓励企业通过中国制造网、阿里巴巴电子商务平台开拓业务。鼓励企业扩大进口，引进国外先进技术、关键设备，加强技术创新，加快产品换代升级。

【外贸进出口总额增长】 2015年，大丰区实现外贸进出口总额15.13亿美元，比2014年增长9.5%。其中，进口总额6.19亿美元，增长1.9%；出口总额8.95亿美元，增长15.5%。有进出口实绩的企业191个，其中内资企业132个。生产企业出口6亿美元，外商投资企业出口1.4亿美元。进出口主体不断壮大，主要出口市场增势强劲，一般贸易稳健增长。出口商品结构呈现多样化发展趋势，形成机械电子、医药化工、纺织、玩具、服装、农副产品等一体化的进出口格局。

【国际市场开拓】 2015年，大丰区商务局组织企业参加广交会、华交会、夏洽会等国内大型展览展会。帮助企业加强对外宣传，建立企业中英文网站，增强企业市场开拓能力。加强企业产品认证工作，先后有8个公司完成ISO 9001质量管理体系认证或ISO 22000食品安全管理体系国际通用认证工作。积极争取项目资金，为外贸企业争取中小企业国际市场开拓等各类外贸扶持资金600多万元，促进外贸企业健康发展。

2015年4月27日，江苏省大丰市驻台湾经贸联络处揭牌成立（台办供图）

利用外资及港澳台资

【概述】 2015年，大丰区探索利用外资及港澳台资新路径，注重优化利用外资及港澳台资结构，重视提高利用外资及港澳台资质量，配合和支持大丰经济开发区招引韩资项目，打造韩资密集区。新批外资及港澳台资项目19个，协议外资及港澳台资2.42亿美元，比2014年增长32.8%。实际到账外资及港澳台资1.872亿美元。

2015年大丰区实际到账外资及港澳台资情况

表16

国家或地区	实际到账外资及港澳台资（万美元）	占实际到账外资及港澳台资总额(%)
中国香港地区	11650	62.23
中国台湾地区	1943	10.38
韩国	661	3.53
美国	1250	6.68
英国	2479	13.24
其他国家或地区	737	3.94

【外资项目】 2015年，大丰区新批外资及港澳台项目19个，协议外资及港澳台资2.42亿美元，比2014年增长26.7%。新批项目中总投资1000万美元以上项目16个，其中3000万美元以上项目7个。重点利用外资项目完成投入1.32亿美元、到账5840万美元的目标任务，项目全部开工建设，形象达到预期要求。总投资1.7亿美元的达伯埃纸业年产12万吨高档生活用纸项目，2015年年底一期3万吨高档生活用纸项目主体工程竣工。

【对外招商】 2015年，大丰区委托国际咨询机构招商工作全面展开，成功在上海召开外商投资说明会，五个责任主体（大丰经济开发区、大丰港经济开发区、高新区、项目办、商务局）分别与物业管理全球五大行（第一太平戴维斯、仲量联行、世邦魏理仕、戴德梁行、高力国际）、四大会计师事务所（普华永道、德勤、毕马威、安永）、十大国际咨询机构（埃森哲、麦肯锡、罗兰贝格、翰威特、通用咨询国际、毕博、科尔尼、波士顿、美世咨询、凯捷咨询）建立合作关系。对韩国经贸活动取得重大突破，签订一批重大项目，巴伦电子、友信汽配、明进模具等一批韩资项目投入建设。大丰区商务局委托第一太平戴维斯招商，与1个韩国企业达成在大丰建设食品项目协议，邀请3个韩国企业到大丰考察投资。

对外经济技术合作

【概述】 2015年，大丰区鼓励有条件企业加快“走出去”。引导和鼓励有条件企业积极参与国际市场的竞争与合作，在境外设立加工贸易企业和贸易窗口、办事处，参与境外项目的合作开发，形成境外投资、国际贸易的“大丰版块”。促进“走出去”企业运营达效。对海聆梦家纺有限公司、大丰泰流体机械科技公司等已“走出去”企业，加大服务力度，帮助解决困难，促进海外公司加快运营，实质性运作。

【对外经济技术合作项目】2015年大丰区加快“走出去”步伐，新批境外投资企业2个，中方协议总投资325万美元。大丰海港控股集团投资的香港大丰港海外控股公司成功收购上市公司伽玛物流集团，投资印尼镍铁矿石项目，该项目进入地质勘探阶段。江苏丰海新能源淡化海水发展有限公司万吨级非并网风电淡化海水国家示范项目加快产业化，首台样机组装完成。

（陆洋洲）

招商引资和项目建设

【概述】2015年，盐城市大丰区重大项目招商引资办公室（简称区重大项目办）创新招商方式方法，推动镇、区（园）自主开展专题招商，强化项目服务措施，组织各类会审协调活动，新开工1亿元以上项目68个。

【招商引资】2015年，区重大项目办先后在韩国及上海、深圳、香港、台湾等地举办10次招商推介活动，集中签约项目204个，协议投资额562亿元，协议利用外资16.5亿美元。签约项目中，1亿元以上项目161个，5亿元以上项目24个，10亿元以上项目9个，50亿元以上项目2个。工业项目122个，其中清洁能源及装备制造、海洋生物、电子信息等战略性新兴产业项目20个。落户41个，其中开工13个，签约项目落户率接近20%。

组织全区性的招商活动，推介大丰投资环境，每次活动邀请客商约300人，签约项目约30个。推动镇、区（园）在重点产业、重要客商集聚区域开展小型化、多批次专题招商，每次活动集中签约约10个相对成熟的项目。创新招商方式方法。统筹推进专业招商、驻点招商、委托招商、以商招商。开展以商引商，大丰经济开发区等单位聘请企业老总担任招商顾问，动员客商投资大丰。推动博汇、明进、南车、金风科技、权健等大企业新上大项目。

拓展招商站点，在韩国及深圳、香港、台湾等地启动和新设驻点招商站或办事处，实现驻点招商常态化。充实专业招商力量，两区招商人员（大丰港经济开发区、大丰经济开发区）均达80人，全区专业招商人员近300人。创新招商督查激励机制。对大丰区专职招商单位（21个招商局、20个招商站）实行刚性任务机制，规定每个单位每年招引落户2个1亿元以上项目；对招商人员实行认标竞聘上岗、绩效考核机制，招商人员报酬与招商实绩挂钩；对招商工作加强督查，运用“外勤通”等先进技术手段对驻点招商情况进行动态督查，定期赴相关站点督查，倒逼进度；对镇、区（园）主要负责人每月外出招商情况进行定期督查，定期通报。

【项目建设】2015年年初，区重大项目办排出的30个投资5亿元以上重点跟踪重大项目，明确挂钩领导、责任主体、责任事项以及工作时间节点要求，按序时推进。正式签约或签订意向协议23个，其中已启动建设9个，跟踪项目7个。组织项目开工竣工活动。区重大项目办每季度初和月初分别列出季度开工竣工项目和月度开工竣工项目任务下达各镇（区、园），要求按时序推进，定期对集中开工项目进行“回头看”，确保项目快开工、真开工。2015年组织项目开工竣工活动6次，新开工1亿元以上项目68个，竣工1亿元以上项目37个。百项重点工程63个工业类项目，已开工57个，竣工26个，完成投入95.6亿元，占年度计划的92.7%。组织各类会审协调活动19次，对涉及64个项目的32个事项进行协调会办，90%以上得到解决。组织抢工会战集中观摩活动。5月、9月组织开展在建工业项目抢工会战观摩活动和冲刺全年目标任务观摩活动。在抢工会战中，巴伦电子、源源山富数码喷绘材料、达伯埃纸业、权健医院等在建项目形象进度较快，和顺电视机、联鑫二号线、理研精锻、迪皮埃风电叶片等一批大项目顺利竣工投产。7月、12月组织开展大丰区委工作会议集中观摩活动，督促在建项目快建设，早竣工，早投产。每半月组织一轮新开工项目和在建项目现场督查，动态化推进项目建设。

【督查考核】2015年，区重大项目办对招商局、招商站开展常态督查。坚持每季度开展一次现场督查，了解专业招商局、驻点招商站招商人员在岗情况和敲门招商进展情况，听汇报，看实绩，对照时序目标促进度。对开工和在建项目开展督查。对镇、区（园）自报的开工项目、在建项目进展情况坚持一旬一次电话沟通，了解具体建设进度，半月一次实地督查，验证各单位上报的数据口径，每月底定期揭晓全区招商引资项目推进情况。6月底对镇、区（园）进行阶段考核，12月底对全区35家主体完成年度招商引资项目建设任务情况进行审计考核，评选出招商引资项目建设工作先进集体和先进个人。在2015年盐城市招商引资考核中，核定大丰新开工1亿元以上项目68个，竣工1亿元以上项目54个，大丰招商引资项目推进工作列盐城市第二名。

（顾鹏贵）

区域合作及接轨上海

【概述】2015年，大丰区域合作工作顺势而为，成效明显。常州高新区大丰工业园、沪苏大丰产业联动集聚区（原光明工业区）、苏州盐城沿海合作开发园区和盐城经济技术开发区大丰港产业园区（简称盐丰工业园）实现公共财政预算收入3亿元，成为大丰区经济发展的重要板块之一。沪苏大丰产业联动集聚区党工委、管委会等管理机构成立。上海临港经济发展（集团）有限公司、上海光明食品（集团）有限公司、江苏省沿海开发集团有限公司、盐城市国有资产投资集团有限公司、大丰区金茂国有综合资产经营有限公司出资建立沪苏大丰产业联动集聚区投资开发公司，参照上海开发区模式主导集聚区开发建设。全年参加省内外重大经贸活动6次。

2015年6月25日，大丰（上海）外商投资说明会举行，现场签约项目11个，总投资3.82亿美元 万成 摄

【合作共建园区发展】 2015年，四大合作共建园区（常州高新区大丰工业园、沪苏大丰产业联动集聚区、苏州盐城沿海合作开发园区和盐城经济技术开发区大丰港产业园区）坚持创新驱动，转型发展，园区建设取得初步成效。常州高新区大丰工业园完成公共财政预算收入1.6亿元，比2014年增长16%，增值税1770万元，增长15%。实现全口径工业开票销售收入12亿元，比2014年增长21%，其中规模以上企业开票销售收入10亿元，增长26%。实现服务业定报企业开票销售收入7亿元，比2014年增长438%。完成自营出口9200万美元，增长187%。实现营业总收入30亿元，增长30%。新开工1亿元以上项目5个，新培植服务业定报企业1个，新增规模以上工业企业2个，1亿元以上开票销售收入企业1个。沪苏大丰产业联动集聚区实现公共财政收入3000万元，新招引1亿元以上项目2个，竣工1亿元以上项目2个，新培植规模以上工业企业1个，完成全口径工业开票销售收入7.48亿元，其中规模以上工业企业开票销售收入5160万元，均达时序进度。苏州盐城沿海合作开发园区完成财政总收入近3000万元。盐丰工业园主要经济指标完成序时要求。

【合作共建园区项目建设】 2015年，四大合作共建园区项目建设成效显著。常州高新区大丰工业园落户项目17个，其中工业项目3个。河姆渡电子商务平台项目已签约10多个入驻企业；粤强电子和志宏电缆2个项目加速推进，2015年年底投产；总投资5亿元的光和光学镜片制造项目，进入试生产阶段；民申机械机器人项目与风投公司达成初步合作事宜。沪苏大丰产业联动集聚区正式挂牌，进入实质建设启动阶段，催生项目建设效应。双胞胎饲料、大川食品、光明饲料等企业办理生产许可证，均实现销售收入超1000万元。东尚诚品、美佳佳食品、理想海洋食品、江苏人酒业等企业领取土地使用证，办理建设施工许可等手续；东尚诚品食品项目主体工程竣工、安装设备，美佳佳、理想海洋食品主体工程竣工。苏州盐城沿海合作开发园区引进1亿元以上项目6个，在建1亿元以上工业项目4个，希瑞、凯美胜项目进入试生产阶段，康源、金川、美田、汉宣等项目加快建设。盐丰工业园上海新材料研究所3D打印项目，上海广奕8英寸芯片项目、深紫外LED项目投资体量均在5亿元以上。上海力波啤酒、韩国侑昵机电、上海同杰良PLA新材料、深圳威富安防、韩国营养盐、港华燃气项目签订正式协议。航空产业园通用机场项目已经由空军设计局完成正式选址报告，盐城市政府《关于请求同意在大丰区建设通用机场的请示》上报江苏省政府，其他各项审批工作均落实人员紧密跟踪。航空产业园规划设计方案面向全国招标。

【合作共建园区基础设施建设】 2015年，合作共建园区稳步推进基础设施。常州高新区大丰工业园基础设施建设投入资金2800多万元，新增道路绿化面积4.36万平方米。江南山水城、瑞丰花园两个商业住宅项目2期4栋楼建成，商业步行街建成投入使用。沪苏大丰产业联动集聚区继续完善3平方千米食品启动区的道路、涵闸、水电的配套。苏州盐城沿海合作开发园区基础设施投入近10亿元，启动区3平方千米实现“八通一平”（道路、雨水、污水、自来水、燃气、电力、电信、有线电视管线通，场地平整），苏盐商场广场、集装箱楼封顶，疏港航道70米宽绿化带与工业二大道绿化工程竣工，污水处理、供热、码头等进入设计阶段。盐丰工业园启动区基础设施投入6.88亿元。投资约7200万元新建泰和路、经二路、纬五路，道路总长4.86千米。投资200万元建成标准厂房供电系统配套工程及变电房室外20千伏双回路接入线路工程。投资430万元完成道路20千伏双回路电力线路工程。园区启动区已经完成水电、通信、亮化、道路、排水、标准厂房等工程，基本具有承载重大项目落户的条件。

【接轨上海】 2015年，大丰区加强驻点招商，接轨上海。全区15个驻上海招商站围绕特色产业和战略性新兴产业全力招引重特大项目。驻点招商站完成新开工1亿元以上项目11个，签约项目38个，在手5亿元以上项目信息17个。组织各区（园）赴上海市参观考察学习，开拓视野，拓展加快产业发展的思路。3月组织上海大丰招商推介会，邀请100名中外客商参会。围绕建设海洋生物、文化创意、大数据、港口服务业、新能源装备制造和健康产业等特色产业，与上海洽谈合作17次，构建沪丰产业合作新形态。强化人才合作，开展沪丰两地干部互派工作，选派青年干部到上海的政府部门、行业协会、大型企业挂职锻炼7人次。深化科技合作，加强与上海市相关高校科研院所的合作交流，柔性引进一批上海高层次创新创业人才。牵头推动上海与江苏各级层面推进上海大丰产业联动集聚区商洽会和落实会。11月17日，在南京召开沪苏大丰产业联动集聚区开发建设推进协调领导小组第一次联席会议。会上，沪苏大丰产业联动集聚区党工委、管委会和沪苏大丰产业联动集聚区开发建设有限公司正式揭牌，标志集聚区迈入全面开发建设新阶段。盐城市人民政府、大丰区人民政府、上海临港集团、上海光明集团在会上共同签署《沪苏大丰产业联动集聚区开发建设合作协议》。

【经贸活动组织】 2015年，大丰区组织相关单位和企业参加3月昆山进出口洽谈会、5月中国东西部合作与投资贸易洽谈会、7月兰州洽谈会、8月江苏科技助推苏北发展、10月连云港中西部合作洽谈会和11月泰州医药高端推介会等活动。

（李亚庆）

出入境检验检疫

【概述】 2015年，盐城出入境检验检疫局大丰港办事处以“改革创新、守住底线、服务发展、能力提升、特色建设”为目标，努力探索新方法、新举措，较好地完成各项任务。全年大丰港入境（口岸）船舶检验检疫551艘次，比2014年增长34.72%，出境（口岸）554艘次，增长36.79%。接受入境集装箱重箱报检2091批次，24274标准箱；出境集装箱报检121批次，379标准箱。入境原木报检169批次，63.12万立方米，经检验短少6507.42立方米。入境板材报检8批次，9554.65立方米。进口废物原料报检4批次，3736.50吨。入境煤炭报检4批次，20778吨。入境大麦报检44批次，52.83万吨。入境大豆报检37批次，65.93万吨。进口铁矿报检64批次，329.01万吨。入境木片报检9批次，45.09万吨。进境木质包装760批次。入境化工品报检8批次，2.39万吨。维生素产品出口报检397批次，1130.33吨。盐城出入境检验检疫局大丰港办事处被盐城市总工会命名为“工人先锋号”。

【产业服务】 2015年，盐城出入境检验检疫局大丰港办事处服务特色产业，为企业排忧解难。推动进境木材检疫除害处理区的建设，确定全套技术方案，完成所有招标投标工作，进境木材检疫除害处理区于4月开工建设。推动大丰港口申报进境粮食指定口岸，帮助大丰港对从业人员进行辅导培训，组织业务骨干外出学习，建立健全各项管理制度，使大丰港口迅速进入接受验收的阶段，8月一次性通过国家质量监督检验检疫总局的现场验收。推动石化码头运行运作，对石化码头进口的化工品实行专人负责，运作之初邀请江苏省内专家现场指导，保障石化码头有效运转。对集装箱装进口大宗粮谷类货物提供门到门一条龙特色服务，在疫情疫病可防可控的情况下，将检验检疫现场移至生产加工企业中，方便企业，降低企业的费用。

【检验检疫便利化措施】 2015年，盐城出入境检验检疫局大丰港办事处推行各种便利化措施，与海关正常开展“三个一”（一次申报、一次查验、一次放行）工作，实现进出口货物电子通关和全程无纸化，开展检验检疫区域一体化工作，扩大原产地证签证业务范围。所有的便利化措施均得到地方政府的肯定。1月，大丰市市长陈平专程调研检验检疫工作，对推行检验检疫便利化措施给予高度评价。

【疫情疫病防控】 2015年，盐城出入境检验检疫局大丰港办事处推行绩效考核，定期召开分析会，选取突破点，总结不足，落实责任，规范疫情疫病上报的程序和步骤等措施和方法。年初，在对某批来自香港集装箱铺垫材料查验时，发现检疫性有害生物Xyleborus Artestriatus（Eichhoff）和红艳长蠹。Xyleborus Artestriatus（Eichhoff）经中国检验检疫科学研究院确认为全国口岸首次截获。全年盐城出入境检验检疫局大丰港办事处进境植物有害生物截获量比2014年增长超过100%，疫情截获质量明显提高。加强与联检单位、地方职能部门的联防联控协作机制，建立全方位、全覆盖、全过程的“三全”安全防御体系，有效地应对中东呼吸综合症、埃博拉、入境船员意外死亡等各类突发事件。2015年在江苏省出入境检验检疫局绩效考核成绩由口岸局第12位上升到第9位。

【提升队伍素质】 2015年，盐城出入境检验检疫局大丰港办事处加强3支队伍（在编人员队伍、协检员队伍、青年队伍）建设。加强技术骨干、业务能手培养，推动在编人员队伍提高业务能力和综合素质。2015年在编人员队伍中1人被评为盐城市优秀共产党员。建立和完善协检员学习制度，鼓励协检员队伍加强学习，参加大丰港组织的各类活动。协检员队伍整体素质明显提升。引导青年队伍学习和发扬“四特”（特别能吃苦，特别能战斗，特别能攻关，特别能奉献）精神，督促他们业绩创一流、工作争先进。

（梁　杰）

海关监管

【概述】 盐城海关驻大丰港办事处

以服务地方外向型经济为重点，多措并举，不断提高服务质量，推进大丰港一类口岸建设。2015年，盐城海关驻大丰港办事处入库税款17.68亿元，比2014年增长2%；监管货运量697万吨，增长17.5%；监管进出境集装箱37230标箱，增长39.8%，监管进出境国际航行船舶908航次，增长14.2%。

【船舶吨税征收首破1000万元】 2015年，盐城海关驻大丰港办事处征收船舶吨税200票，税款1000万元，比2014年增长24.5%，实现历史性突破。运输铁矿、镍矿、大麦、大豆、沥青、卷钢、工业盐、风电设备、化肥、轻质循环油、硫酸铵等货物的大宗散货船是大丰口岸船舶吨税的最大税源。征收大宗散货船船舶吨税138票、税款867.78万元，占船舶吨税税款的86.82%；征收木材运输船船舶吨税62票，税款131.71万元，占船舶吨税税款总额的13.18%。

【知识产权宣传活动开展】 4月，盐城海关驻大丰港办事处通过"三结合"（知识产权宣传与法治海关建设、海关业务工作、"清风"行动相结合）开展知识产权宣传活动。围绕"建设知识产权强国，支撑创新驱动发展"主题作重点宣传教育，加大打击侵权假冒的执法力度，提高公众对知识产权的尊重和保护意识。分发《知识产权海关保护》宣传册，对海关工作人员以及企业相关人员进行业务培训，增强宣传的针对性和有效性，尤其是对可能涉及知识产权问题的重点进出口企业重点宣传、重点服务。开展"中国制造海外形象维护'清风'行动"，打击侵犯知识产权和制售假冒伪劣商品，加大知识产权保护力度，营造尊重知识产权、保护知识产权的良好社会氛围。

【准军事化纪律部队建设】 2015年，盐城海关驻大丰港办事处加强准军事化纪律部队建设。严格对照准军事化部队建设相关要求，全员参训，规范内务，强化队列训练。将内务管理列入日常管理工作，形成日常内务管理长效机制。开展准军事化训练活动，组织每月一次、每次两小时的准军事化训练。

【"关员大讲堂"活动开展】 2015年，盐城海关驻大丰港办事处开展"关员大讲堂"活动，加强关员的业务技能，在办事处形成"比、学、赶、超"的学习氛围。4月21日，综合业务科2名关员分别就2015年贸易管制政策调整情况、海关办理简单案件处罚幅度及程序的相关内容作出详细解读，全体关员结合业务现场的工作实际展开交流、讨论。

【取消打印出口货物报关单证明联工作落实】 2015年，盐城海关驻大丰港办事处采取多项措施落实取消打印出口货物报关单证明联工作，深化海关通关作业无纸化改革，减少纸质单证流转。组织关员学习海关总署2015年14号公告和出口退税有关政策，结合业务现场出口实际，最大限度减轻企业负担。加强政策宣传，通过公告、宣讲会等形式及时告知广大出口企业最新政策和出口退税流程，对于4月30日之前的出口货物，通知相关出口企业在5月31日前到海关打印纸质出口货物报关单证明联。加强关企互动，及时汇总企业在出口退税环节遇到的新问题，并研究协调。

【企业减负】 盐城海关驻大丰港办事处加强调研，优化监管模式，为企业减负。2015年，针对某企业铁制包装材料在进出口环节可反复利用，每次进出口均办理进出口手续的情况，按照暂时进出境货物监管方式，对企业包装材料实行"事前报备、事后核销"的管理模式，解决该企业重复缴纳税费问题。该企业全年出口产品351套。新管理模式减轻企业负担，该企业减少支出300多万元。

【简政放权】 2015年，盐城海关驻大丰港办事处推动简政放权，理清行政职权，公开行政审批项目，对行政审批事项实行目录化管理，建立动态发布维护机制，优化海关管理方式和管理手段。取消报关人员资格核准，降低就业门槛，配合注册资本登记制度改革，简化报关企业注册登记手续，取消注册资本最低限额，激发市场活力，营造就业、创业的公平竞争环境。取消加工贸易备案（变更）审批，取消报关单修改、撤销行政许可，简化流程，减少单证，减轻企业负担。取消直接退运审批手续，为企业提供高效便捷的通关服务。

【保税仓库管理】 2015年，盐城海关驻大丰港办事处加强保税仓库管理。对辖区内保税仓库进行实地核查，严格按照海关监管场所的设置标准，查看企业的围网、消防、视频监控、管理

2015年，盐城海关驻大丰港办事处不断提高服务质量，推进大丰港一类口岸建设。图为海关工作人员查验货物 张佳斯 摄

系统，完整记录每个保税仓库的实际情况。对核查中发现的问题，要求企业限期整改。对不能按照要求整改到位的，依据《中华人民共和国海关对保税仓库及所存货物的管理规定》进行处理。加强海关季度巡查、年度盘查、异常情况核查等制度的落实，增加巡查、盘查以及核查的频率，加强对保税仓库的实际监管。严格按照海关总署105号令的要求审批进出保税仓库货物，对即将到期的保税货物提醒企业按规定及时办理相关手续。

【船员擅自离船入境处置】 9月14日，盐城海关派员在对停靠大丰港口岸的1艘香港籍船舶登船例行检查时，发现该船烟酒库保管人员未在船上。后经调查核实，该船3名船员在未向海关办理申报手续的情况下擅自离船入境。盐城海关对船公司UNISON SPARK处以人民币1000元的罚款。

【汇总征税业务首次开展】 9月，盐城海关驻大丰港办事处首次开展汇总征税业务，接受东风悦达起亚汽车有限公司汇总征税申报报关单68票，10月初完成9月汇总征税税单集中打印工作，汇总征税税款2798.57万元。

【服务创优】 2015年，盐城海关驻大丰港办事处不断创优服务方式，推动海港物流发展。推进“三互”大通关建设，主动与口岸其他联检单位深度合作，实现“信息互换、监管互认、执法互助”，促成“三个一”（一次申报、一次查验、一次放行）和“单一窗口”等业务改革率先在大丰市落地，为大丰港营造更为便捷高效的通关环境。加快基础信息化构建，依托电子地磅、卡口管理、视频监控、车辆GPS定位等系统，打造全方位、立体式、多层次的监管格局，提升海关对物流企业的管控速率。

【监管场所巡查】 2015年，盐城海关驻大丰港办事处加强辖区监管场所巡查。明确巡查要求，按照巡查制度，做到定人员、定路线、定必查项目、定重点抽查项目。落实巡查规范，在每个码头闸口设置细化到具体项目的巡查记录本，科长定期现场复核。加强巡查指导，对巡查人员进行监管场所业务知识强化，定期开展巡查风险点、巡查业务情况分析，强化科长现场带班及业务指导。提升巡查实效，在保证常规巡查的同时，最大限度地分配人力资源，强化突击巡查、蹲点值守，提升海关对监管场所风险的防控能力。

（花　峰）

口岸管理

【概述】 2015年，盐城市大丰区口岸管理委员会（以下简称大丰区口岸委）围绕“做大港口、做美港城、做强产业，实现沿海开发的新突破、新跨越”的目标，创新工作机制，落实工作措施，与海关、检验检疫、海事、边防等联检部门加强沟通、通力合作，优化口岸通关环境，保证口岸综合管理协调机制的正常有序，全面完成各项目标任务。

【一类口岸建设】 2015年，大丰区口岸委主动与各部门对接，及时上报联检单位需建基础设施及监管查验设施清单，保持与江苏省口岸办公室及联检部门的沟通联系，推动码头一类口岸建设及扩大对外开放工作。1月23日，江苏省口岸办公室联合江苏海事局、南京海关、江苏出入境检验检疫局、江苏省公安边防总队等省级查验单位，对大丰港通用码头对外开放工作进行省级验收，一致认为大丰港通用码头基本具备对外开放的条件，符合对外开放的要求，建议江苏省口岸办公室报请江苏省政府批准其正式对外开放。9月21日，江苏省政府发文《关于同意大丰港通用码头对外开放的批复》（苏政复〔2015〕98号），同意大丰港通用码头（由2个5万吨级通用泊位组成）对外开放。12月25日，国家质量监督检验检疫总局第158号公告，批准大丰港口岸成为全国第二批进境粮食指定口岸。

【码头吞吐量快速增长】 2015年，大丰港建成码头6座，生产性泊位16个，开通至韩国仁川港、釜山港、光阳港、平泽港、木浦港的国际集装箱班轮航线，至日本门司港、博多港航线，至俄罗斯的木材航线，与中国台湾基隆港直航，可经上海港、宁波港中转至世界各大港口的国际航线，以及大丰港至宁波港、上海港、青岛港的外贸内支线。大丰港货物吞吐总量7093.7万吨，比2014年增长69.75%；集装箱20.19万标箱，增长95.64%；外贸货物吞吐量961万吨，增长37.03%。

【大丰港保税物流中心（B型）获批准】 11月25日，国家海关总署、财政部、税务总局、外汇管理局联合发文（署加函〔2015〕522号），同意设立大丰港保税物流中心（B型）。大丰港保税物流中心（B型）位于大丰港经济开发区，四至范围为：东至复河，南至北排河，西至工业二大道以东900米，北至北灌河。

【口岸管理与服务】 2015年，大丰区口岸委牢固树立服务理念，帮助进出口企业分析口岸面临形势，掌握口岸最新态势，把握口岸发展趋势，提高口岸贸易分析的科学性、及时性和前瞻性，以此推动企业优化出口产品结构和贸易结构，提高外贸增长的质量和效益。定期召开联检单位联席会议，与海关、检验检疫、海事、边防等相关部门加强沟通、通力合作，积极做好为大丰进出口企业的服务工作，组织口岸联检单位走访党政机关、企事业单位，汇报工作情况，宣传政策法规，主动征求相关单位对口岸查验单位的意见和建议，为企业排忧解难，支持配合地方经济社会发展。

（管存艺）

〖编辑　周剑飞〗

江苏大丰经济开发区

【概述】 2015年，江苏大丰经济开发区着力提升传统产业、突破战略性新兴产业、发展现代服务业。全年完成一般公共预算收入14.42亿元、增值税49597万元，同比分别增长18.8%、5.4%；新开工1亿元以上项目18个，竣工1亿元以上项目11个；规模以上企业开票销售165.6亿元，同比增长22.7%；新申报规模以上企业12个。服务业规模以上企业开票销售11.5亿元，规模以上服务业营业收入2.95亿元，限额以上批零住餐企业零售额6.42亿元，新开工服务业项目3个、新培植服务业规模以上企业5个。在江苏省省级以上开发区考核中排名第43位，比2014年上升1位。

【招商引资】 2015年，大丰经济开发区完善招商竞争机制，招商局局长认标竞聘上岗，实行招商局局长负责制和阶梯化年薪制。选聘招商局局长7名，局长按双向选择原则聘用副局长和招商人员。强化招商工作领导机制，明确10名班子成员和18名机关工作人员挂钩招商，全区招商人员80人，占全区工作人员一半以上。在驻点招商、产业招商的基础上，领导带头招商，瞄准新能源、新材料、电子信息、智能装备、现代服务业，提高招商项目的针对性。深化活动招商。全年组织参加韩国、德国及中国台湾、上海、深圳、苏州等地招商推介活动8次，成功举办中丹海上风电国际论坛活动。专业招商局自行组织有针对性的小型招商推介活动6次。全年接待客商180多批次，洽谈项目40多个，新签约1亿元以上项目40多个，其中10亿元以上项目2个，5亿元以上项目2个。

【项目建设】 2015年，开发区向大丰区行政审批局、重大项目办等部门做好汇报沟通工作，定期会同相关部门集中解决项目用电、用水、清障等建设要素。组织海工风电、明进模具、友信汽配等项目参加全区集中开工活动。创一精锻、双菱重工、盛安汽配等项目竣工投产，理研精锻、富双元电子等项目在试运行前安装调试设备。开发区全年新开工海工风电、晓宝复合材料、友信汽配、权健大酒店等1亿元以上项目18个，竣工蓝科减震、明微电子等1亿元以上项目11个。在村组、拆迁公司、区工作组三位一体的基础上，实行一个项目多个拆迁事务所联合推进的模式，集中优势力量全力攻坚。全年新开拆迁项目6个，完成拆迁户210多户，受拆面积4.3万平方米；完成巴伦电子、海工能源、友信汽配、金纬尔、上海晓宝等项目的征地，满足项目落户需求。

【企业运行】 2015年，开发区以“深化两服务（服务企业、服务项目）”为重点，对企业运行中遇到的问题梳理，与企业挂钩的服务人员定期登门服务企业，协调解决问题。在经济下行的严峻形势下，开发区企业增长面维持在60%以上。推进企业管理创新、机制创新、技术创新，加大力度申报规模以上企业，全年新培植华天能源、德和绝热材料、华尚玻璃、志得管业、爵格工业、澳斯科特等12个规模以上企业。帮扶困难企业。协调减免珍源食品重组过程中的相关费用；协调赛力普、龙江等企业提出的外汇结算、农机内销等矛盾；帮助祥鸿、华固等停产、半停产企业协调职工欠薪、欠保等矛盾。税收征管工作围绕年初既定目标，细化分解到人、到企业，逐企逐项排工期、排订单、排税源，协调重点企业增值税，将增值税任务分解落实到领导干部，通过增加销售、延迟抵扣等措施提高收入增长。全年实现一般公共预算收入14.42亿元，增值税49597万元，纳税超1000万元的企业11个，金风科技、正大丰海纳税超1亿元；规模以上企业开票销售165.6亿元，其中南车开票近40亿元，金风科技、明进机械开票均超过20亿元，开票销售超1亿元的企业22个。

【科技创新】 2015年，大丰留创园成功加入中国留创园联盟，获得省侨联授予的“江苏省侨界人才创新创业基地”称号；开发区与科技局共创的国家级汽车零部件产业基地，获得科技部火炬中心“国家火炬江苏大丰汽车零部件特色产业基地”称号；国家级

2015年，江苏大丰经济开发区新开工海工风电、权健大酒店等1亿元以上项目18个

科技企业孵化器在2014年考核中被评为良好（B类），因保牌成功而获得2015年国家级科技企业孵化器免税资格；开发区创建省级生态工业园区建设技术工作在江苏省环保厅和江苏省商务厅联合考核中通过。留创园全年引进留学人员12名，留英硕士孔亮的全裸眼虚拟现实平台项目获"国家第四届创新创业大赛"三等奖、最具人气奖，成为盐城市所有参赛项目中获奖最高项目；裴嘉阳博士项目获第三届江苏科技创业大赛总决赛团队组二等奖；魏启明博士的新型纳米空气污染防范与净化系统项目获"第四届中国创新创业大赛新能源及节能环保行业总决赛团队组"二等奖。金风科技的国家"青年千人计划"专家博士李晔、在森威精锻工作的博士胡成亮、在丰东公司工作的博士铃木诚入选"江苏省双创人才引进计划"。科技创业园获国家"火炬计划"环境建设类立项，成为盐城市唯一一个获得该立项的单位；江苏金风科技全球监控中心建成，推进北京鉴衡认证中心与江苏金风科技合作建设海上风电试验研发中心；丰东公司"无人化智能热处理工厂"入选工信部智能制造专项项目；森威精锻成为大丰区唯一一个上榜省经信委科技小巨人企业名单的重点企业；正大丰海获准设立博士后科研工作站。

【基础设施建设】 2015年，开发区全年投入安置房建设资金3亿多元，续建安置房16幢，其中12幢竣工，4幢在建；新建安置房13幢，建筑面积5.4万平方米。完成长安南、新民北等小区部分安置房接水工程；新架设供电线路42千米，完成长安南3~6号楼、新民北7号楼部分安置房接电工程。完成2012~2014年竣工的84幢房屋土地证和房产大证办理。人才公寓精装修部分升级为书香公寓并正式对外营业，职工公寓竣工并完成验收，供电及附属配套施工结束，具备对外出租和销售条件。邻里中心主体工程顺利完工，配套设施逐步完善。完善市政工程配套设施。新建农路14千米，启动昌平路、富民路改造工程，顺利完成反修河驳岸工程；开展春季绿化大会战，重点实施北区申丰路、永圣路绿化改造提升，强化区内主干道绿化及苗圃的养护；新铺设北区二号路北延、三号路北延、永圣路西延、纬一路、昌平路等自来水管网8千米。编制开发区2015年防汛抗灾预案，以水利工程建设为重点，新建排涝泵站3座、封闭闸2座，完成疏港河东岸灶圩段300米圩堤修复，提高防洪能力，安全度汛。

【社会建设】 2015年，开发区加强社区管理，组织新民、新城、上海花园、蝴蝶湾社区区划调整工作。推进龙福、建设、同圣、灶圩、和瑞、七灶河6个村城乡供水一体化工程到位。完成安置小区绿化施工、灶圩小区监控工程和长安、新民小区路灯工程。开展秸秆综合利用和"双禁"（禁烧、禁抛秸秆）工作，所有秸秆"移组出村"，"田头、路边、河边"达到"三清"目标。组织开展农村村庄环境综合整治提升行动，顺利通过盐城市和省环境整治验收。加大"新农保""新农合"和老年人意外伤害险的宣传工作，参保率大幅度提升；文化、卫生、民政、计生、人武、残联、宣传等社会工作全面落实。

【党建工作】 2015年，开发区推进"三严三实"专题教育活动。结合纪念"七一"系列活动，开展机关双重组织生活会（党支部、党小组的组织生活会和党员领导干部的生活会）；抓好"星期六党校"学习，组织学习社会主义核心价值观、中共十八届五中全会精神以及习近平系列重要讲话精神，贯彻落实"一带一路""四个全面"战略布局。组织近40个重点规模企业党务工作者参加非公有制企业党组织业务培训，新建华尚玻璃党支部，上海岩棉党支部，实行属地化管理。深化作风建设，突出"两个责任"抓好落实，落实党风廉政建设责任制。把党风廉政教育列为全年党员教育的重点内容、常规内容。组织全体机关干部参观廉政教育基地，组织学习《中国共产党廉洁自律准则》《中国共产党纪律处分条例》，深化党风廉政建设、廉政文化教育。

（陈新华）

江苏大丰港经济开发区

【概述】 2015年，江苏大丰港经济开发区（以下简称港区）紧扣"稳中求进、提质增效"的发展总基调，适应经济新常态，加快产业集聚转型，全面推进深化改革。2015年实现地区生产总值113亿元、一般公共预算收入21.2亿元、规模以上工业开票销售251.9亿元，分别是"十一五"末的4.3倍、4.2倍、13.9倍，分别占大丰全区的21.1%、30.6%、44.3%；港口货物吞吐量7094万吨、20.2万标箱，分别是“十一五”末的13.4倍、5.5倍，分别占盐城港70%、100%；作为盐城首个沿海省级经济开发区，港区纳入中韩盐城产业园“一园三区”建设，成为中韩盐城产业园主体区。

【港口码头建设】 2015年，港区1万吨级以上泊位有17个，滚装码头年内竣工，通用码头建成投产，二期码头改扩建完成主体工程，深水航道正式开工建设。口岸平台建设取得进展，国家粮食进境指定口岸通过初审，木材除害处理中心获得国家立项批文，保税物流中心、活牛进口基地等特色口岸申报工作进展顺利。港口揽货力度加大，深入苏北、山东、河南等地召开推介对接活动，扬州、泰州、宿迁、淮安地区“无水港”内陆网点全面铺开。航线开辟取得新进展，新开辟连云港—大丰港—太仓港支航线，打通大丰港至北方和长江中上游的通道，集装箱班轮每月44班次，开通国际航线9条，港口业务通达美国、澳大利亚、新西兰、巴西等13个国家。

【临港产业发展】 2015年，港区组织86名招商人员外出招商，参加韩国及中国台湾、上海、深圳等境内外招商活动14次，成功组织石材、海洋生物等专题招商活动5次，签约项目67个，总投资288.86亿元。新开工广发木业、龙禹环保、鸿明重工二期等1亿元以上项目15个；中汽汽车试验场、华苏亚食用菌、辉丰石化仓储、华丰种业等8个项目竣工；达伯埃、和顺电子等50个在建项目加快建设。博汇完成工业开票100亿元，联鑫钢铁完成45亿元，大丰港集团完成20亿元。产业集聚加快转型，石化新材料、特钢新材料、高端造纸、港口物流等临港产业形成百亿级规模，世界首台套兆瓦级非并网风电淡化海水示范项目建成投产，亚洲最大、世界一流的中汽中心盐城汽车试验场建成启用，江苏博汇集团成为盐城首个开票销售超100亿元的非汽车类生产企业。印尼镍铁项目加快推进，全球首条低温还原镍铁合金生产技术在大丰港和顺科技通过技术评价。大丰港海外投资控股有限公司在香港联交所上市，成为江苏沿海首家进入香港资本市场的经营实体。

【港城建设】 2015年，港城建成区面积8平方千米，集聚人口约5万人。配套设施逐步完善，港城公共自行车系统启用；城市污水处理系统全面建成，生活污水处理全覆盖；小学、幼儿园主体工程及室外附属工程完成；港区公共租赁房项目开工建设。大丰港蓝色旅游品牌影响力扩大。海洋世界跻身国家AAAA级旅游景区，海洋乐园建成营运，海盗王国初步建成开放，通过举办大丰港动漫节、中国量产车性能大赛、大丰汽摩旅游嘉年华等旅游活动，全区接待游客突破203万人次，旅游营业总收入3.16亿元，分别同比增长38%和49%。

【金融与科技创新】 2015年，海晶创投在上海自贸区成立商业保理公司，新成立匀艺、匀金等投资基金，推进集团公司上市进程。2月28日，盐城市首批国家可持续发展实验区示范基地名单公布，港区重型装备园、丰海新能源淡化海水公司、盐土大地3个单位入围。4月22日，丰海新能源淡化海水发展有限公司的万吨级新能源淡化海水成套设备通过省首台（套）产品认定。新能源淡化海水工程技术研发中心获得省科技厅批准，新能源淡化海水产业园建成国家973计划大规模非并网风电产业化示范基地，成为国家海洋经济创新发展区域示范区；海洋研究院分别与宁波大学和浙江万里学院合作共建宁波大学海洋资源综合利用研发中心和浙江万里学院大丰技术转移中心，建成江苏唯一的海洋生物产业产学研协同创新基地。8月17日，全国首个岸电公司在港区成立。全区新申报省级以上科研项目28项，省“双创”人才项目2项，发明专利183项。

【民生福祉】 2015年，港区实施为民办实事工程，投入76万元实施南新村一组、王港居委会农业组等户户通水泥路工程；投入35万元实施王港居委会二组灌河桥重建等农村危桥改造工程；投入75万元新建南新村、王港居委会党群服务中心，以及南新村社区门诊和王港居委会社区门诊建设工程；投入30万元分别实施农田丰产沟、河道疏浚等冬春水利建设工程，其中疏浚南新村50条沟，总长48千米、土方4万立方米；疏浚王港居委会35条沟，总长25千米、土方3万立方米；一中沟和北排河疏浚，完成土方7万多立方米。“清洁乡村行动”清理王港小街户外广告20多个，硬化街道2000多平方米，墙面出新

2015年，大丰港和顺电子等50个在建项目加快建设

1500平方米，对街道设置交通标线，新设停车场1个。在农村环境小综合整治工程中，治理农村水环境、处理农村生活垃圾、清理家前屋后，通过盐城市环境整治验收。为村（居）社区育龄人员和博汇、联鑫钢铁等大型企业的外来女职工免费提供健康检查1365人，计划生育率98%以上，群众满意率95%以上。开展夏季和秋季秸秆禁烧禁抛工作，抓好农机、社保及各项惠农政策落实工作，重点抓好农保医保征缴、社保卡信息采集录入、就业登记、农业机械管理等工作，发放惠农补助资金700多万元。创新社区治理体制，加强企业安全生产标准化建设管理。

【党建工作】 2015年，港区突出问题导向，开展“三严三实”专题教育。查摆自身存在的突出问题。在开展“作风建设深化年”活动中，通过“亮身份、树形象、作表率”“三进三解三促”等活动，解决职工群众反映强烈的热点、难点问题。突出“三港”建设，打造服务型党组织。以政企分开为契机，规范化建设港区党群服务中心和各园区（城）党员活动中心，开展机关党员干部“深化两服务”活动，推进企业党组织建设，指导博汇、联鑫等5个大型企业成立党组织，推进海湾、海港等社区党组织规范化建设，在中央电视台、《新华日报》等主流媒体上宣传“三港”建设的成就。宣传大丰区“616”人才政策，组织企业申报江苏省“双创”人才项目和市“616”领军人才项目15个，引进专家人才，坚持惩防并举，加大教育和查处力度，深入开展党风廉政建设反腐败斗争。

【大丰港进入香港资本市场】 3月12日，香港上市公司伽玛物流集团易名为大丰海港控股集团旗下的大丰港和顺科技股份有限公司。大丰港正式进入香港资本市场，成为江苏沿海第一个进入香港资本市场的港口公司。

【江苏首届拍客大赛暨海盗王国开园仪式】 5月1日上午，江苏首届拍客大赛暨海盗王国开园仪式在大丰港海盗王国广场举行，江苏省摄影家协会会长沈遥、江苏省自驾游协会会长王学霆等领导出席。

【港区两项目接受省观摩】 5月5日，全省贯彻“一带一路”国家战略大力拓展对内对外开放新空间工作会议举行集中观摩活动。大丰港集装箱专用码头和非并网风电淡化海水示范项目接受检阅。省委书记罗志军、省长李学勇等领导带领观摩。

【中国量产车性能大赛开幕】 10月1日上午，国家体育总局汽摩运动管理中心与中国汽车技术研究中心共同发起的中国量产车性能大赛在大丰港正式开幕。中国汽车技术研究中心党委书记于凯，国家体育总局汽摩运动管理中心副主任林洁，大丰区领导宋勇、罗强、倪向荣、王周斌、顾富昌、韦国出席。

【万钢视察新能源淡化海水示范项目】 10月28日，全国政协副主席、科技部部长万钢到港区视察新能源淡化海水示范项目，省政协副主席麻建国，盐城市委书记朱克江，盐城市市长王荣平，盐城市委常委、秘书长潘道津，盐城市委常委、大丰区区委书记倪峰，盐城市副市长葛启发及大丰区代区长宋勇陪同视察。

【中汽中心盐城汽车试验场建成启用】 11月7日，中国汽车技术研究中心汽车试验场应用技术研讨会暨中汽中心盐城汽车试验场建成启用仪式在港区举行。亚洲最大、世界一流的中汽中心盐城汽车试验场建成启用，为盐城市加快汽车服务业发展、延伸汽车产业链条提供新的动力和支撑。试验场总投资20亿元，致力打造国内汽车工程技术开发、产品优化升级和技术创新的重要基地。

【盐城首家跨境电商产业孵化中心落户大丰港】 11月27日，由大丰港经济开发区、清华大学国家服务外包人力资源研究院、他拍档电子商务服务有限公司联合创立的跨境电商（盐城）产业孵化中心在大丰港揭牌成立。

（孙　勇）

常州高新区大丰工业园

【概述】 2006年11月，常州高新区大丰工业园按照江苏省委、省政府关于南北挂钩、合作共建苏北开发区的统一部署，被批准挂牌，是由常州国家高新区与大丰共建的合作园区。2015年，园区克服宏观经济发展不利因素影响，不断扩大产业链招商、推进项目建设、做优对企服务，实现园区经济平稳发展。园区全年完成公共财政预算收入1.61亿元，同比增长16.7%；完成增值税1852万元，同比增长13.0%；完成全口径工业开票销售12亿元，同比增长24%；其中规模以上企业开票销售10.1亿元，同比增长28%。新开工1亿元以上项目4个，新培植服务业定报企业1个，新增规模以上工业企业2个，1亿元以上开票销售企业3个。在全区2015年度综合考核中，园区被区委、区政府授予综合先进奖、招商引资和项目推进工作奖、财税贡献奖等6个奖项。根据苏北协调发〔2015〕3号文件，园区在2014年度省南北共建园区考核中排名第二（43个共建园区）。

【基础设施】 2015年，园区投入2800多万元用于道路绿化和原有基础设施维护，新增常州路、南环路、盐城路道路绿化面积4.36万平方米。瑞丰花园项目新增建筑面积1.2万平方米。

【科技创新】 2015年，园区企业获评盐城企业技术中心4个，省级新产品1个，省诚信贯标企业1个，省管理创新企业1个，省经信委软件和云计算项目1个，获得科技创新券企业3个，组织申报专利170件。11月9日，经盐城市有关部门认定，园区迪皮埃风电叶片大丰有限公司成为新一批盐城市级高新技术企业之一。

【招商引资】 2015年，园区将招商引资作为经济发展的第一要务，创新招商方式、扩大招商范围，强化产业链条招商，吸引好项目、大项目落户园区。年内，园区落户、开工项目19个，其中工业项目4个，三产服务业项目15个。河姆渡电子商务平台项目的签约，实现了园区电子商务跨越式突破。

【项目建设】 截至2015年年底，总投资5亿元的光和光学项目，实现开票100多万元；河姆渡电子商务平台项目签约10多个入驻企业；志宏电缆项目正式投产；粤强电子材料项目主体封顶，附属工程加快施工；民申机械机器人项目与风投公司达成初步合作事宜。

【安全生产】 2015年，园区履行“党政同责、一岗双责、齐抓共管”，层层落实安全生产责任，实现安全生产责任“五覆盖”［1.“党政同责”全覆盖；2.“一岗双责”全覆盖；3.“三个必须”（管行业必须管安全、管业务必须管安全、管生产经营必须管安全）全覆盖；4.行政主要负责人担任安委会主任全覆盖；5.各级安监部门向同级组织部门通报安全生产情况全覆盖］。园区督促各企业各层各级签订责任状2886份，督查安全隐患148条，投入51万余元整改资金，开展一系列安全生产专项整治行动，园区安全形势持续稳定。

【志宏电缆材料项目开工】 5月14日，江苏志宏电缆材料有限公司项目正式开工。该项目总投资1亿元，注册资本2000万元，占地面积2.67公顷，总建筑面积2万平方米，项目建成后可实现年销售收入2亿元。

【富奥上市】 7月2日，园区企业富奥电梯大丰有限公司在上海股权托管交易中心E板（非上市股份有限公司股份转让系统）成功上市，实现大丰E板上市零的突破。

【河姆渡项目签约】 7月17号，河姆渡电子商务项目进区协议签约仪式在园区举行。江苏河姆渡互联网科技有限公司执行董事华建刚等董事会成员和园区领导班子成员参加。

【粤强电子材料项目开工】 8月12日，江苏粤强电子材料有限公司项目在园区开工。该项目总投资1亿元，注册资本2000万元，占地面积2.67公顷，总建筑面积1.8万平方米，项目建成后可实现年销售收入1.5亿元。

2015年7月2日，富奥电梯大丰有限公司在上海股权托管交易中心E板上市，实现大丰E板上市零的突破

【四级人大代表到园视察】 12月15日，省、市、区、镇四级人大代表150多人，就全面了解“十二五”期间全区经济社会发展成就，为第十四届人民代表大会第五次会议做好参政议政准备，到园区集中参观视察迪皮埃风电叶片大丰有限公司。

（胥春燕）

苏州盐城沿海合作开发园区

【概述】 2011年9月，苏州盐城沿海合作开发园区成立，是苏州盐城贯彻省委、省政府推进沿海开发与实施南北挂钩战略，促进区域互动融合发展的重要举措，是加快沿海开发的载体与深化南北合作的平台。2015年，苏盐合作园区以承接苏州产业转移为重点，开展产业招商、以商引商，优化项目服务。全年完成基础设施投入近10亿元，实现全口径财政收入2500万元，招引1亿元以上项目19个，计划总投资超40亿元。1月6日，盐城市委书记朱克江，盐城市委常委、大丰市委书记倪峰率盐城发改委、财政局、国土局等部门及大丰相关单位负责人到园区调研。1月14日和7月10日，盐城市委副书记、市长王荣平率相关部门到园区调研指导工作。11月4日，苏州市人大常委会主任杜国玲一行到苏盐合作园区视察调研。

【基础建设】 至2015年年底，园区3平方千米的启动区内“三横三纵”（三条横向三条纵向）15千米的道路框架全部建成，路灯、管网、绿化等全部到位，主次干道全面通车，实现“八通一平”（水、电、气、网、路、灯、绿化、监控通畅，土地平整）。5600平方米的研发中心为先期落户企业提供便利服务，首期16栋6万平方米的标准厂房竣工并投入使用，7000平方米的苏盐商业广场竣工。3万平方

2015年，苏州盐城沿海合作开发园区完成基础设施投入近10亿元，招引1亿元以上项目19个。图为园区内的创业大厦

米的苏州青年公寓封顶，启动区航道北侧70米宽绿化带与工业二大道西侧绿化带改造工程完成，平整场地面积2.5平方千米。完成港区片污水处理厂选址、勘探、设计、施工图纸、标底编制等前期工作。为落户项目出具有关用地红线图、项目规划设计意见、修建性详细规划，发放建设工程规划许可证等，加强施工安全管理，切实服务好在建项目。

【招商引资】 2015年，园区加大在苏州电视台、报社以及各个版块有关媒体的推介力度，参加盐城市大丰区组织的有关专题招商活动，优化项目服务。全年新注册登记落户1亿元以上项目8个，落户项目19个，开工建设的项目6个，正式投产、形成开票的企业5个。一批新材料、新能源及节能环保、电子信息等行业项目落户园区。其中，康源印版、熙瑞新能源等项目进入生产阶段；金川新材料、锦海润丰、汉宜制剂等项目投入建设。

【苏盐协调对接】 2015年，园区按照苏州、盐城市相关会议要求，全面加强和苏州、盐城有关部门的对接协调，协商解决园区开发建设中遇到的重大问题。加大与苏州、盐城对接的层次与频率。组织申报省级开发区、落实园区机构设置相关事宜、明确园区行政审批职能等。11月23~24日，分别组团赴苏宿工业园区、苏滁现代产业园学习考察，借鉴两地完善职能、深化改革、健全机制等方面的成功经验与做法。10月，盐城市政府明确将20个权力事项下放到园区直接办理。成立环保、规划建设、国土3个分局，在经济发展招商局增挂安全生产监督管理局。完成苏州高新区挂职人员的组织考核考察，第一批4名科级干部返苏，新派2名科级干部到位，完成交接。

（蔡春雷）

盐城经济技术开发区大丰港产业园区

【概述】 盐城经济技术开发区大丰港产业园区是国家级盐城经济技术开发区管委会与大丰区政府合作合资创建的共建园区。园区规划面积50平方千米，选址采取“一园两区”的模式，北区24.8平方千米，其中启动区为6.5平方千米；南区25.2平方千米。重点发展重型装备制造、新材料、新能源、汽车零部件、现代物流等产业。2015年，园区全力打造临港新材料产业、临港航空产业、临港中韩产业三大产业基地。

【规划设计】 2015年，园区委托苏州规划设计研究院、无锡园林绿化设计公司完成道路、桥梁、给排水、亮化、绿化、管线等生产要素配套设施工程的建设设计。为适应园区航空产业项目的发展需要，委托中国航空规划建设发展公司编制园区北区航空产业基地3平方千米详规及10平方千米概念规划。

【招商引资】 2015年，园区参加盐城市政府、盐城经济技术开发区及大丰区8次推介会，邀请与会客商近65名。外出拜访企业35个，邀请接待客商到园区考察32批160人次。挖掘重点项目信息28个，其中上海同杰良聚乳酸、3D打印材料、8英寸芯片、国家海事局空巡基地等重大项目都取得进展。

【基础设施】 至2015年年底，园区基础设施总投资约9亿元，完成重大工程项目约180项，建成主干道路及亮化工程近10千米，完成大桥1座，泵站2座，桥涵3座；开挖500吨内河航道4.55千米；给水管道4.2千米；建成一期标准厂房3.6万平方米，绿化面积4.4万平方米，场地平整533.3公顷，鱼塘征收420公顷。启动区基本满足承载重大项目落地条件。

【筹资融资】 2015年，园区开拓融资渠道，与江苏银行、浦发银行等6个金融机构合作，获授信额度1.98亿元；创新融资渠道，探索新的融资模式，园区与中交集团、保运基金深入接触，推进园区基础设施建设PPP（公共私营合作制）模式，寻求成立由社会资本和园区共同参股的项目公司，社会资本参与园区开发建设。

（姜　健）

大丰风电产业园

【概述】 大丰风电产业园是江苏省级产业园，也是国家发改委批准的战略性新兴产业（海上风电）集聚发展试点区。园区总规划面积10平方千米，

2015年，大丰风电产业园全年完成财政总收入1.95亿元，同比增长15.7%
宋金鑫　摄

3平方千米核心区道路、给排水、路灯、绿化全部到位。2015年，风电产业园全年完成财政总收入1.95亿元，同比增长15.7%；规模以上工业开票销售71亿元，同比增长31.5%，新培植规模以上工业企业2个；新开工1亿元以上项目4个，竣工1亿元以上项目3个；工业项目投入9.5亿元、基础设施工程投入1.5亿元、平台项目投入1亿元。

【招商引资】 2015年，风电产业园领导带头招商、驻点招商、委托招商、以商引商，围绕重点产业，紧盯国际国内行业领军企业，成功引进海工海上大功率风机导管架基础承载平台及塔筒制造、金风科技6兆瓦新材料叶片试制中心、金风科技风电实验中心、南车电机大型直驱永磁风力发电机数字化智能工厂、丰能海服风电设备安装及运维等项目。成功举办中丹海上风电开发国际论坛。

【项目推进】 至2015年年底，江苏金风6兆瓦、3兆瓦样机项目并网调试，分布式智能微电网示范项目建成投运，锦辉机舱罩项目租用厂房试生产。海工海上大功率风机导管架基础承载平台及塔筒制造、南车电机大型直驱永磁风力发电机数字化智能工厂项目在建设之中，金风科技6兆瓦新材料叶片试制中心、金风科技风电实验中心项目筹建中，丰能海服风电设备安装及运维项目开展前期工作。

【企业运行】 2015年，风电产业园开展企业"三服务"工作，确保金风、南车、双菱、广茂等企业满负荷运转，其中南车、金风开票销售分别为39亿元、25亿元、税收分别为0.58亿元、1亿元。加强企业要素协调，主要帮助企业协调用工、贷款、资金等难题，培植华天、锦辉成为规模以上企业。盘活闲置资产，开展金锋佳特自行清算、中亚新材料清场，海锋机舱罩项目重组工作。组织资金申报，完成第一批国家海上风电产业区域集聚发展试点专项资金9600万元下达分配管理、启动第二批专项资金申报工作，帮助风电产业研发展示中心获得2015年省级工业和信息产业转型升级专项资金50万元资助。

【平台建设】 2015年，金风科技全球监控中心建成。跟踪引进江苏省电科院建设海上风电实验室项目、北京鉴衡认证中心建设全国风电设备信息监测与评价系统，推进北京鉴衡认证中心与金风科技合作建设海上风电试验研发中心项目，继续建设江苏省6兆瓦级及以上直驱永磁风电机组工程中心、江苏省6兆瓦级及以上直驱永磁风力发电机工程实验室项目。

【科技创新】 2015年，江苏金风作为发起单位牵头与江苏南车成立盐城市清洁能源产业联盟。园区被认定为"省新型工业化产业示范基地"；江苏南车申报"省海上风力发电电机工程技术研究中心""省企业技术中心"。江苏金风"大功率直驱永磁系列风电机组研发及产业化"项目获省科技成果转化专项资金1200万元资助、"风电实验中心"项目获国家能源自主创新和能源装备专项资金1038万元资助、国家"青年千人计划"专家博士李晔入选"江苏省双创人才引进计划"获100万元资助、博士段磊入选"大丰市616领军人才引进计划"获30万元资助。申请专利38件，其中发明专利11件、实用新型专利27件。

【配套建设】 至2015年年底，园区完成万众路道路修筑扫尾并实现通车；新铺北区二号路北延、三号路北延、永圣路西延段供水管；10月，220千伏永泰变工程竣工；新铺设北区污水管网工程；疏通北区部分老污水管网。安居工程加快推进，灶圩安置小区5幢楼竣工，8幢楼做开工前准备；完成小区监控系统。人才公寓精装修部分升级为书香公寓，公开选择销售公司并正式对外营业，全年接待4000人次，营业额50万元；职工公寓竣工并通过验收，供电附属配套施工结束，具备对外出租和销售条件；邻里中心建设顺利。

（宋金鑫）

大丰电子信息产业园

【概述】 2015年，大丰电子信息产业园明确园区功能定位，做好招商引资，园区企业稳定发展。3月，园区被中国印制电路行业协会（CPCA）授予中国电子电路生产示范基地奖牌。2015年年底，博敏电子成功在上交所上市，江苏博敏电子作为博敏电子上市后的募投项目，获得“国家级高新技术企业”称号，年销售额首次突破1亿元。园区基础设施配套逐渐完善，220千伏变电所、110千伏变电所实施完毕，实现双电源供电。园区污水管网全面通管使用，专业的污水处理厂运营情况良好，固废处置中心危废处置项目获省环保厅许可批复。

【建立功能区块】 2015年，园区明确功能定位，园区内企业落户的区域为生产加工区；筹建疏港河以西的电镀区，便于电镀企业的集中管理，电镀废水可实现集中收纳处置；污水处理厂及固废处理厂作为环保处置区，对园区企业的废水、固废及危废集中处置；加快建设仓储物流区，用于存放企业生产所需药剂等生产资料，吸引药剂供应商来园区集中供货、销售、开票，做优配套。

【招商引资】 2015年，宣传园区内在行业中有影响力和号召力的项目，如韩国大德电子、博敏电子等作为印制电路板行业的大企业，在对外宣传和招商方面起到积极作用。园区发展与区域2015年的发展水平相适应的小家电生产，与广东顺德北滘总商会初步接洽。

【服务企业】 2015年，园区继续服务好落户企业，促进企业加强技术改造，提升核心竞争力。密切对接发改委、经信委等部门，为企业向上争取国家、省、市的技改资金和科技资金，提高企业技术改进的积极性和创新性。帮助企业化解在筹建、开工、投产等过程中遇到的问题，通过微信群组等方式，对企业反映的问题反馈，对需要领导协调解决的问题上报会办解决。支持企业加大研发投入，建设国家、省级技术创新平台；鼓励企业在国内外行业人才、技术、信息聚集区设立研发机构；帮助企业大力引进先进技术、高端人才；推进产学研合作，提升企业自主创新能力、成果转化能力和引进消化吸收再创新能力。

【平台建设】 2015年，园区注册成立科技公司，独立运作，便于为园区及园区内企业向国家、省申请专项补助资金和项目课题资金。与重点院校、科研院所及电子产品研发设计公司合作创立研发平台，为园区创牌提供支持。与中国印制电路行业协会、深圳平板电脑协会等各类协会合作建立招商信息交流平台，拓宽招商渠道，丰富招商信息。搭建园区对外宣传窗口，建立园区网上主页和微信平台，搭建园区展示中心。

（臧鹏程）

大丰区木材产业园

【概述】 盐城市大丰区木材产业园位于江苏大丰港经济开发区中心区域，东邻4万吨级木材专用码头，南接332省道连接线，西接204国道和沿海高速公路，疏港四级航道贯穿园区。园区规划8平方千米，以疏港四级航道为界，分为南区（启动区）和北区（精深加工区）。2015年完成财政总收入1.38亿元，同比增长15%；公共预算收入7500万元，同比增长15.38%；增值税50万元，营改增3500万元；工业开票销售35.2亿元；在建1亿元以上项目7个；新开工1亿元以上项目2个；新签约1亿元以上项目2个；竣工1亿元以上项目2个；新增限额以上服务业企业3个，新增工业定报企业2个；实际利用外资510万美元；新建省级以上服务平台1个。

【发展规划修编】 2015年，园区围绕造纸和木材贸易加工两大版块，组织修编完善园区总体规划和产业发展规划，重点完成造纸产业园总体规划修编和区域环评工作，推动高端特种造纸产业向大丰市沿海集聚，从制浆造纸向循环纸利用转变，打造中国高端造纸产业示范基地。完善修编木材产业园总体规划和产业发展规划，明确北区木材精深加工发展方向，利用逐年增长的木材进口贸易量和品种数，集聚一批木结构、家具、地板企业落户园区。

【招商引资与项目建设】 2015年，园区以招商引资工作为中心，强化招商举措，收集有效项目信息。2015年，园区在建1亿元以上项目7个，分别是隆嘉木业高档实木家具项目二期、保源木业地板坯料项目二期、达伯埃纸业高档生活用纸项目、广发木业新型绿色建筑材料项目、万山木业木结

2015年，建设中的大丰港进口原木检验检疫除害处理中心

构别墅和木地板生产出口项目、海华环保污泥干化及焚烧处理工程项目和进口原木检验检疫除害处理中心项目。2015年年底，海华环保污泥干化及焚烧处理工程项目、隆嘉木业高档实木家具项目二期2个项目竣工试生产。

【基础设施建设】 2015年，园区基础设施建设分南、北两区进行，南区开展美化提升、北区抓基础配套。造纸园环评通过专家评审，并报盐城市环保局审批；王港闸排污口下迁工程环评获得省环保厅批复；达伯埃纸业污水管网工程、20千伏正式用电、供热设施在建；造纸园区主干道黄埔港路进入审批阶段。园区南辅路完成亮化工程；神州二路、邻里中心广场绿化工程全面竣工。

【平台建设】 2015年，园区围绕进口原木检验检疫除害处理中心、省级农产品加工集中区、全球木材采购博览中心三大平台，做大做强做优园区木材与木制品产业链。进口原木检验检疫除害处理中心4200平方米熏蒸房主体圈梁完成浇筑，进入主体施工。4万平方米堆场及道路完成基层浇筑。12月，园区被江苏省农委授予“省级农产品加工集中区”称号，该称号全省仅5个获批，盐城仅1个。全球木材采购博览中心项目商业计划书完成编制，与各个木材市场专业运营公司洽谈合作开发事宜。在中国首届木材与木制品供应链大会上，园区被中国木材与木制品流通协会授予“中国十大木业产业加工园”称号。

（柏　桦）

大丰区海洋生物医药产业园

【概述】 2010年2月，大丰区海洋生物医药产业园（以下简称园区）正式设立。园区毗邻国家一类开放口岸——大丰港，南起华丰七中沟，北止华丰八中沟，西起老海堤，东止海堤公路，规划面积4.74平方千米。园区基础设施全面拉开主框架，建成“四纵二横”道路格局，水、电、气等配套基础设施功能齐全。园区重点发展生物医药、医药化工，配套发展医药研发、孵化，打造生物医药产业深加工基地，创建医药化工生态示范园。2015年，园区实现开票销售6.55亿元，完成财政收入0.75亿元，公共财政收入0.5亿元，其中100%增值税0.22亿元。

【项目推进】 2015年，园区坚持项目立园的工作思路，加快项目推进，促进项目快建设、快投产、快达效。江苏瑞科医药科技有限公司总投资5500万元，建设年产500吨柳氮磺吡啶、20吨阿扎那韦硫酸盐、200吨奥卡西平、300吨酮洛芬生产线。新增建筑面积3564平方米，购置反应釜、冷凝器、计量罐等设备，具备竣工条件。

【经济工作】 2015年，园区围绕全年目标任务，突出时序要求。明确责任：分管经济工作的班子成员对经济指标完成的责任、挂钩服务企业的其他班子成员服务协调的责任、财税业务科室协管征收和形势研究的责任。每月召开经济形势分析会，掌握企业生产、销售开票情况，分析经济形势，细化服务企业内容；联合征管部门加强对异常企业的检查，防止税源流失。突出“营改增”，加大招商引税力度。全面强化园区封闭管理措施，完善和提升园区危险化学品运输企业平台结算水平。

【综合治理】 2015年，园区坚持“安全第一，环保优先”的理念，环境监测中心24小时在线监测臭气指数；安排专人对园区周边的水质定期或不定期取样监测，及时通报结果；园区实行封闭管理，对企业危废进出园区，执行严格的审批备案制度，全面实施动态跟踪管理；成立安全、环保两个互助委员会，企业间互相帮助，互相监督，定期召开工作交流会。园区坚持科级干部及安全环保业务骨干带班的值班制度，优化值班结构，确保值班效果；企业执行车间界、厂界、园区边界的三级巡查，实现废气治理和排放的全天候跟踪督查，确保园区废气处于可控状态。投资200万元聘请江苏省环境科学研究院专家到园区对区内各企业现场调研，对每个化工生产企业提出“一企一策”的环保整改措施；园区新建污水中转站1座、顺利实施污水管道“暗改明”工程。

（陈玮罗）

大丰区石化产业园

【概述】 大丰区石化产业园是江苏省委、省政府支持苏北发展“一市一策”重点支持发展的园区，位于大丰港石化码头后方，园区规划面积38.5平方千米。2015年以落户园区大型石化企业为核心，实现产业向上游重油、凝析油、石脑油、天然气、液化气加工等基础原料生产，下游烯烃、苯产业链延伸，并拓展至化工新材料、合成纤维、合成塑料、合成橡胶等；远期根据港区条件的提升，适度布置炼油化工项目。2015年完成财政总收入1.18亿元，完成工业开票销售70亿元，新开工1亿元以上项目2个，竣工1亿元项目1个。

【招商引资】 2015年，园区新成立北京、上海、福建3个驻点招商站，分别面向渤海湾、“长三角”“珠三角”等地区招商。全年协议引进投资260亿元，实际投入8亿元。投资100亿元广东钻达芳烃、投资1000亿元上海高桥石化整体搬迁、投资100亿元河南心连心集团100万吨合成氨及80万吨甲醇系列项目等一批重特大临港石化项目在手跟踪，洽谈进展顺利，全年接待各类客商280余人次。引进物流企业3个、贸易公司3个。

【规划建设】 2015年，园区推进规划建设，为企业落户提供政策空间。园区规划环评、产业规划均获省级批复。2015年年底，达标尾水排海工程完成各类技术支撑可行性研究，并通过省级评审。

【基础设施】 2015年，园区基础设施配套完善。完成消防用水管网、污水管网二期工程建设，生活供水实现区域供水一体化。完成排海工程陆上部分建设并试运行。完成园区建成区两大防洪围区体系建设，园区防洪抗涝能力增强；王港河裁弯取直、城东路复河疏浚工程顺利实施，园区危险化学品运输航道初步形成，热电厂、变电站、管廊、消防站、污水处理厂等公用工程配套完善。

【项目建设】 2015年，园区全年新开工1亿元以上项目2个，分别为鑫润物流危化品处置项目，海力化工石化码头输送管道建设项目；竣工1亿元以上项目1个，为海力化工石化码头输送管道建设项目。

【服务管理】 2015年，园区创新管理体制机制，实行封闭管理，按照"资源共享、责任共担、安全共管"的原则，实行统一管理，防范安全风险。建立健全管理制度，完善园区安全生产、环境保护、信访稳定、担责保证金、监管巡查等制度。编制安全、环保、维稳等预案，防范突发事件发生，协调发展。建立管委会统一领导、环保科统一监管、各科室协调配合，企业落实主体责任、群众广泛参与监督的环保工作体系。开展送法入企、专场宣讲、办班培训等宣教活动，企业法人和职工整体环境保护、安全生产意识、法制观念得到提升。

（蒋　龙）

大丰区海洋科教城

【概述】 大丰区海洋科教城规划面积18平方千米，突出"教育培训、研发实验、产业孵化、文化旅游"四大功能。"十二五"期间，投入13亿元完成南阳中学和职教中心新校区、海洋产业研究院大楼及部分道路桥梁等基础设施建设。2015年，总投资20亿元的中汽中心盐城汽车试验场全面建成并投入运营。与江苏农林技术学院、南京理工大学、中国涉外教育集团、美国拉文大学商学院等院校的合作办学取得进展。重点打造的汽车2.5产业园，基础设施建设全面拉开，该产业园的发展定位为依托中汽中心（盐城）试验场，以打造科技型园区为目标，构建以汽车研发设计为核心，以检测试验与教育培训为支撑，以生产制造、商贸物流、文化旅游为补充的现代汽车产业体系。

2015年，总投资20亿元的中汽中心盐城汽车试验场全面建成并投入运营　万　成　摄

【中汽中心盐城汽车试验场建成启用】 11月7日，中国汽车技术研究中心汽车试验场应用技术研讨会暨中汽中心盐城汽车试验场建成启用仪式在大丰区举行。盐城市委书记、市人大常委会主任朱克江，中国汽车技术研究中心主任赵航，中国智能交通协会理事长吴忠泽，盐城市委常委、秘书长潘道津，盐城市委常委、大丰区委书记倪峰，盐城市人大常委会副主任曹友琥及大丰区领导宋勇、罗强等出席。朱克江、赵航、吴忠泽、倪峰等领导分别讲话或致辞。研讨会上来自汽车生产企业、研发机构等业内人士，围绕"汽车试验场与汽车产业发展"主题进行探讨交流。活动中，中汽中心汽车试验研究所盐城试验室、中汽中心汽车工程研究院（盐城）研发基地、中汽中心汽车工程研究院奇石乐中国有限公司联合试验基地、中汽中心盐城汽车试验场轮胎测试中心、盐城汽车试验场驾驶培训中心揭牌。

【美国拉文大学商学院院长到大丰洽谈交流】 10月28日，美国拉文大学商学院院长ABE HELOU、美国洛杉矶天津文化教育交流协会会长阎珂一行到大丰区，洽谈交流合作办学相关事宜。盐城市委常委、大丰区委书记倪峰会见ABE HELOU一行。区长宋勇在双方召开的座谈交流会上致辞。罗强、赵玉霞、韦应生、韦国等区领导分别参加会见与座谈。座谈交流会上，双方签订合作办学备忘录。访问期间，ABE HELOU院长、阎珂会长参观考察了大丰区职教中心、大丰港区规划展示馆、莎士比亚小镇。

（陈　伟）

南京工业大学大丰海洋产业研究院

【概述】 南京工业大学大丰海洋产业研究院占地面积9.93万平方米，规划区由南至北分为三大功能区，南侧以科研及公共绿地为主，中部以办公、人才培训、产业孵化为主，北侧以专家公寓、商住休闲、商业配套为主。2015年，南京工业大学大丰海洋产业研究院按照“建平台、引人才、创品牌”的工作思路，大力实施创新驱动战略。加快推进省级海洋生物产业研究院建设，打造全国沿海地区一流的“政产学研创新平台、沿海发展科技引擎、人才培养交流基地”。获大丰港经济开发区科技与创新工作奖及综合先进集体奖。

【产学研活动】 2015年，研究院参加在南京举办的第五届中国江苏产学研合作成果展示洽谈会暨江苏省产业技术研究院技术转移对接会；参加在深圳举办的第十三届中国国际人才交流大会和大丰（深圳）投资环境推介会等产学研会议；参加在上海举办的大丰（上海）招才引智推荐会、投资环境推介会、沿海发展人才峰会（上海）等一系列产学研对接活动。进一步接触海内外高层次人才，扩大研究院在省内外海洋生物领域内知名度和影响力。

【高层次人才】 2015年，研究院内入驻各类团队8个，引进各类高层次人才50多名。与“上海市领军人才”中的中国水产科学研究院东海水产研究所所长程家骅、海洋大学水产学院教授于克峰签订合作意向。跟踪联系中科院院士、著名生物学家、清华大学生命科学学院教授翟中和，“千人计划”中的清华大学深圳研究生院海洋学部教授陈道毅、中国科学院植物生理生态研究组组长曹坤芳等一批著名学者，争取尽快建立紧密型合作关系，引进建立实验团队，提升研究院研发能力。

【平台建设】 2015年，研究院重点建设以下几个平台：宁波大学的海洋资源综合利用研发中心，由宁波大学海洋生物学教授徐年军领衔，入驻的研发团队重点围绕对海藻次生代谢产物的结构分析和生理作用等前沿技术领域开展技术研究，着力推动研发成果在大丰实现产业化；微生物应用技术工程中心，该平台与华南农业大学、广州科胜生物科技有限公司合作共建，引进华南农业大学农学院教授廖美德，主要围绕生物活性物质添加剂研发与产业化开展研究，负责生物活性微生物资源分离筛选、新型农业投入品、微生物天源生物活性产物的分离、结构与分析。该中心作为科研成果研发基地，对新产品进行开发，对新工艺、新设备等关键技术进行攻关和革新；与浙江万里学院正式签约，成立浙江万里学院大丰技术转移中心并揭牌，该中心结合浙江万里学院优势学科与大丰区地方产业特色，主要面向海洋生物、港口物流等产业领域，重点围绕成果孵化、技术转移、科技服务等方面开展工作；药用植物生物技术国家重点实验室及产业化示范基地，该平台与江苏师范大学、江苏道诚生物科技有限公司合作共建。该实验室依托江苏师范大学，由教授蒋继宏带队，进行灵芝等药食同源菌类植物以及有机水稻的种植与推广、盐碱土地的微生物改善等研究，利用江苏道诚生物科技有限公司的设备优势和生产条件为科研成果提供生产试验条件以及产业化示范。年内，三方签订合作协议并正式开展合作。

【科技成果与企业对接】 2015年，研究院探索科技与经济结合新模式，形成“一手抓科研、一手抓转化”的科技工作格局。注重研发技术转让。华南农业大学农学院教授廖美德领衔的微生物应用技术工程中心研发了杀线虫微生物农药，在广州科胜生物科技有限公司转让，为企业带来新的产品销售，出口6万吨，推动企业创汇17.2万美元。教授蒋继宏领衔的药用植物生物技术国家重点实验室，研发出盐碱土地的微生物改善技术，在江苏道诚生物科技有限公司有效利用，投资100万元增加技术专线2条，为企业新增利润860万元；注重科技成果孵化。近海生物资源研发中心与湖南省吉首大学教授唐克华合作，研发出了中药材白芨组培苗的种植技术，技术成熟，为上市销售做准备。南京工业大学生命学院教授领衔的秸塑新材料研发中心项目在南京聚隆科技股份有限公司进行产业孵化。上海海洋大学教授黄旭雄团队与江苏苏港和顺生物科技有限公司合作，就肥水膏促进海藻养殖项目进行产业孵化，项目一期总投资500多万元，5月开工建设；注重开展科技服务，研究院专家与企业实行“点对点”服务模式，与海天医药科技、赐百年生物科技、海嘉诺公司等20多个企业合作开发新技术、新产品，解决企业技术瓶颈，并投产达效，为企业新增利润1.2亿元，并节省投资成本近300万元。

【项目品牌申报】 2015年，研究院申报省级以上科研项目4项，其中自然基金面上项目1项，社会发展支撑项目1项，科技部科技型中小企服务平台项目1项，与南京工业大学、浙江大学联合申报科技部国家农业科技支撑项目1项。申报上海海洋大学教授何培民为省“双创”人才、盐城师范学院教授孙雅泉为市“616”领军人才。申请发明专利5项，授权发明专利6项。成功申请江苏省滩涂植物与秸秆工业化利用工程中心，获省发改委认定并授牌。

（吴静秋）

大丰区华丰工业园

【概述】 大丰区华丰工业园（以下简称园区）建于2003年，园区规划面积6.86平方千米，位于国家一类开放口岸——大丰港南侧，紧邻332省道，临海高等级公路穿境而过，水、电、气、污水处理及道路、绿化等配套设施功能齐全，综合环境整治取得实效。2015年，园区有各类企业30个，其中化工生产企业23个，园区配套企业4个，其他企业3个，基本形成农药化工、精细化工（含医药）、化纤为主的产业格局。2015年，园区完成开票销售61.24亿元，完成财政收入3.9亿元，公共财政收入2.5亿元，其中100%增值税1.04亿元，到账外资272

2015年，大丰区华丰工业园为首家在“十二五”期间通过“江苏省沿海化工园区专项整治考核评估”的化工园区

万美元，新增定报企业1个，限额以上服务业企业1个。2015年，园区被区委、区政府表彰为综合先进单位。

【基础设施】 2015年，园区完善提升管网、防洪、绿化等基础设施工程，提升项目承载力。园区排污管道“暗改明”及企业“一企一管”工程全部竣工；完成腾龙复河段清淤、生态修复和美化工程；对园区中心河倒虹吸拓宽工程进行设计论证，汛期前完成八中沟两侧泵站维护、保养及园区内倒塌下水道的检查维修；完成两纵一横道路背景林、园区节点绿化和工业二大道至南港路绿化，原有绿化的清杂补植扶正工作；实施路灯改造工程、节制闸工程、垃圾压缩站工程；基础设施总投入约1380万元。

【招商引资】 2015年，园区提升项目招引精准率，在重点开展敲门招商、以商引商、活动招商的同时实行三项举措。推进两个考核，在执行港区考核奖励的基础上，再拨专款提升重特大项目的奖励力度；强化专业招商人员的实绩考核，细化全员招商考核奖励办法。建好三个窗口，分别建立驻外招商站、园区招商网站和客商接待中心，并设立24小时招商热线，做到招商前沿有专人、直观了解有专网、客商考察有专馆，展示园区形象、打造招商品牌、促进项目洽谈。推进四个合作，推进与全国一流园区的合作交流，形成项目信息梯度共享；推进与山东、上海、浙江、福建、广州等重点地区环保、安全部门的联系交流。推进与医药行业协会的合作，搞好委托招商；推进与台商、韩商等商会的合作联系，为实现台资、韩资招引建好通道。

【项目推进】 2015年，园区建立“开工项目进展情况周报表”，采取班子成员挂片、工作人员挂企业的形式，包干协助企业解决问题，推动入园项目早开工。全年竣工1亿元以上项目3个，分别为28万立方米危险废物填埋场及配套固化车间和仓库、丰山集团年产2万吨农药（水/粉）制剂项目和华苏亚食、药用菌研发深加工项目。跟踪服务项目4个，分别为欣丰生物麻疯果综合利用项目，鑫源达环保型抗氧剂、阻燃剂项目，盐城金穗高档功能性涂料项目，伟杰科技包装桶回收利用项目。完成奥耐斯特兼并重组工作。

【安全环保】 2015年，园区实施安全监管属地责任。在企业全部通过三级标准化验收的基础上，年内有10个企业升级为二级企业。安全监控中心全面建成，中心配置300多个摄像头、200多个报警器，实现企业关键装置和重点部位全覆盖。园区重点开展环境综合整治工作。企业污水经分质预处理后经明管输送至污水厂集中处理达标排放；园区内企业建成20台蓄热式焚烧炉，用于处理由负压吸风、吸收塔等装置收集的车间、污水池无组织废气。园区内建有专业固废处理企业，可年焚烧9000吨危废、6000吨医废、28万立方米填埋场的危废处置设施，可全面处理园区内企业产生的固废。2015年，园区成为首家“十二五”期间通过“江苏省沿海化工园区专项整治考核评估”的化工园区。

（陈玮罗）

江苏大丰盐土大地海洋生物产业科技园

【概述】 2015年，江苏大丰盐土大地海洋生物产业科技园以“突破项目，建立平台，打造全国一流海洋生物产业集聚区”为目标，全力推进各项工作。园区全年完成公共财政收入2150万元，新开工1亿元以上项目2个，竣工1亿元以上项目1个。

【特色产业发展】 2015年，海水蔬菜、耐盐蔬菜、特种蔬菜生产等特色产业成为园区经济新增长点。扩大耐盐苗木、花卉对外销售量，完成苗木生产（扦插、培育）苗木800万株，培育花草60万株，小盆景1.8万盆，扩繁草坪基地20公顷，实现年产值700万元。蓝色旅游健康发展，全年接待游客52万人次，比2014年同期增长34%，实现旅游总收入1440万元。

【项目推进】 2015年，园区以开展“三严三实”活动为契机，做好园区落户项目服务工作。明月海藻生物制品深加工项目前期环评、能评、土地证等相关办证手续服务到位，一期工程竣工，二期研发楼竣工，厂房图纸审核，剩余部分土地挂牌。为解决污水排放问题，园区与港区领导多次接洽，商定在园区内部建设污水处理厂。污水处理厂进入前期办证阶段。年产200亿片固体制剂项目，项目大门、围墙施工结束，内部道路修建结束，1000根桩基施工结束。创诺生物制药项目。厂区围墙、大门建设结束，1号研发中试厂房土建竣工，装修结束，1~2层设备订购进场安装结束，投入运营，3~4层净化车间装修。该项目在厂房开工建设中遇到多方面问题，其中土地问题难办理，该项目土地处于置换中。项目服务人员连日接洽，置换出部分土地，成功办理土地证。环球卡拉胶、琼脂项目前期环评、能评、土地证等相关办证手续服务到位，厂区围墙施工结束。甲壳生物多糖提取项目。前期环评、能评、土地证等相关办证手续均服务到位，厂区围墙建设完毕，厂房图纸审核结束。在协助该项目申请办理土地证的过程中，该项目土地处于置换中，项目服务人员多次接洽，置换出全部土地。碧青园菊芋颗粒饲料加工项目。前期立项、环评、能评等相关办证手续服务到位，一期一楼、二楼设备安装调试，土地证挂牌。

【招商引资】 2015年，围绕海洋生物领军企业和外资项目，园区重点对青岛、上海、深圳等区域进行拉网式招商，招引海洋生物产业，强化对适合港区发展的其他产业招引。2015年拜访企业210多个，搜集有投资意向项目信息26条，重点跟踪项目信息6条。6月26日上午，园区在上海张江高科技园举行大丰（上海）海洋生物医药产业投资说明会，上海市生物医药协会、上海伯纳生物技术有限公司、上海欧孚生物医药科技有限公司、上海药明康德新药等近100名客商嘉宾参加活动，具有良好的推广效果。

【企业申报项目】 2015年，园区加强与上级部门的对接，争取农业、科技等项目资金450万元。组织园区企业申报江苏省自主创新项目、江苏省科技创新券、国家重点星火项目、国家海洋公益性行业项目、省农业支撑项目等6个项目，其中立项4项。

【政产学研合作】 2015年，园区完善配套工程，寻求一批国内外具有较强影响力的科研院所为技术依托单位，进行产学研联合，提升园区品位。园区申请的江苏海洋经济创新示范园区，通过盐城国家可持续发展试验区示范基地认证，与南京农业大学联合组建的企业研究生工作站入选为江苏省优秀研究生工作站，与南京农业大学联合共建的1500平方米的盐土农业产业链工程中心投入研发使用。成功申报“一种盐碱地土壤改良方法”的发明专利，并获得授权。

2015年5月，大丰盐土大地海洋生物产业科技园被中国科学技术协会评为“全国科普教育基地”

【大丰港首届动漫节】 10月1~7日，园区举办大丰港首届动漫节，景区接待游客21万人次，实现旅游收入约280万元。蓝色旅游集聚港区人气，加快港区发展步伐。

【被中国科学技术协会评为“全国科普教育基地”】 2015年，园区内海洋世界集知识性、趣味性、实用性于一体，进行现代科技演示，向游客展示海洋的无穷魅力，游客在游戏中学习海洋知识。5月，园区被中国科学技术协会评为“全国科普教育基地”。

（胡连芳）

大丰区重型装备产业园

【概述】 大丰区重型装备产业园分为规划区和启动区。规划区位于一期码头的北部，濒临规划中的挖入式港池岸线，面积10平方千米；启动区面积2平方千米，东至城东路，西至工业二大道，南至南港路，北至四级航道。启动区下设核心地块、工程机械、海工装备、大型特种安装设备、重型钢结构、风电设备、冶金机械、港口机械、船用部件、数控机床等功能区域。园区招引重特大项目、战略性新兴产业项目，全力打造江苏沿海地区重型装备产业发展基地。2015年，园区完成财政收入1964万元，占年初目标的103.4%。

【招商引资】 2015年，园区采用敲门招商、活动招商、以商引商以及网络招商相结合的办法，主攻重大战略性新兴产业项目。全年竣工项目2个，新开工1亿元以上项目4个，签约1亿元以上项目6个，洽谈中的5亿元以上重大项目6个。

【项目推进】 2015年，园区强化项目服务力度，对落户园区的在建项目实行全程服务，每个项目明确专人跟踪服务，力促项目早竣工、早投产、早达效。由鸿明重工船舶装备制造有限公司总投资3.25亿元，占地21.33

公顷的鸿明重工船舶装备制造项目，一期工程竣工，二期工程准备开工前的手续。龙禹空气净化器项目由上海龙禹和上海普盈共同投资，总投资3亿元，注册资金2000万元，项目建成，年产值8亿元。和顺电子年产400万台高档电视项目，由迪讯科技（常州）有限公司与大丰海港控股集团有限公司合资建设，年产400万台高档电视机及电子元器件，占地面积15.6公顷，总投资1.3亿元，首期注册资本3000万元。大丰港工业水厂项目包含地面水厂工程、输水管线工程、提水工程、送水管线工程。计划日输送工业用水10万吨，管道全长约5.5千米，总投资3.2亿元，占地面积7.33公顷。至2015年年底，办公厂房一层建设完，供水泵房、清水池、滤池、加药间、加氯间竣工。

【基础设施建设】 2015年，园区投入8000余万元，高起点设计建设园区道路管网工程，2.5千米20千伏供电、600毫米管径供水等工程竣工。园区道路规划二纵二横，完成园区工业三路、工业三大道的道路建设，总投资2050万元，园区纵十五路筹备建设，园区路网架构基本形成。园区绿化、亮化工程在建设，招商环境得到优化，园区综合配套能力增强。

（周大伟）

大丰港海晶创投中心

【概述】 大丰港海晶创投中心由大丰港经济开发区管理委员会出资设立，位于大丰港海港新城国际商务大厦，是集生态办公、创业投资、金融配套、专业服务于一体的综合性投融资服务平台。中心坚持政府引导和市场化运作相结合的原则，发挥政府投入调动全社会资源配置的能力，整合政策和资金资源，推动中小科技型企业加快科技成果产业化，形成金融创新活跃、服务功能齐全、支持重点突出的创新型金融服务形态。

【入驻机构】 2015年，入驻大丰港海晶创投中心的机构有基金公司和基金管理机构18个；商业银行、担保公司、证券公司、融资租赁公司、小额贷款公司等金融机构16个；律师事务所、会计师事务所、产权交易中心、财务顾问公司等中介服务机构9个；大丰港海晶创投中心发起筹备设立股权基金10个。

【交易信息共享】 2015年，大丰区政府与上海股权托管交易中心结成战略合作伙伴，出台《关于推进企业进入场外市场挂牌的意见》，在中心设立上海股权托管交易中心大丰联络服务代表处，直接与上海股交中心同步共享交易信息，发挥创新、高效、灵活的融资服务功能，促进企业规范运作，转型升级，发展壮大。登记、签约、股权转让等交易活跃。

【金融创新】 4月，海晶商业保理有限公司在上海自贸区注册成立。该公司由江苏大丰海港控股集团有限公司（国企）及旗下全资子公司大丰区大丰港资产管理有限公司（国企）共同注资，是内资商业保理公司。公司秉持依托集团，立足全国，稳健经营，坚持“差异竞争、错位发展、创新驱动”的发展战略，推进集团产融结合，为中小企业提供高效、优质的保理服务。包括正向保理、反向保理、池保理、买方托管保理、基于票据的保理业务等各类服务，公司保理业务余额2亿元。

（仲玥蓁）

大丰丰收大地现代农业示范区

【概述】 2008年，大丰丰收大地现代农业示范区成立，总体规划333.3平方千米，核心区13.3平方千米。地处城东新区以北，毗邻疏港路，规划为现代农业示范区、农产品加工集中区和农业现代服务业集聚区三大板块。2015年，园区加快由示范型园区向服务型园区转变，全区完成财政收入3000万元，新开工1亿元以上项目2个，竣工1亿元以上项目1个。2015年获得“中国特色采摘基地”“省农村信息化应用示范基地”“省农业电子商务示范单位”等称号，被大丰区政府表彰为农业园区建设先进集体，“丰收大地”获得江苏省著名商标。

【招商引资和项目推进】 2015年，园区与台湾两岸经营者协会、中国糖酒协会食品分会、中国食用菌协会等合作，对接食品行业、农产品加工龙头

2015年春节、五一、端午、中秋、国庆期间，大丰丰收大地现代农业示范区策划举办系列旅游活动，吸引游客30万人次

企业及上市公司，邀请十多个省级以上农业龙头企业入园考察。闽丰二期项目开工建设，南方集团总投资8亿元的农产品加工项目和农业现代服务综合体成功签约并开始建设。

【平台建设】 2015年，园区成立“丰收大地农业现代服务第一站”，广泛收集全市新型农业经营主体相关信息，建成“第一站”在全市各镇的工作网络体系，各乡镇服务对象信息基本采集到位。配合网络运营中心做好“第一站”软件应用与开发，包括新型农业经营主体数据库、“第一站”综合服务信息网等建设。建立丰收大地O2O网上商城、丰收大地农产品信息营销平台，并且在阿里巴巴、苏宁易购、京东、1号店等知名平台逐步建设特色中国大丰馆，为丰收大地自己的农产品和盐城市的其他名优农产品及深加工产品在网络销售上提供稳定的平台基础；建立属于自己的物流网络，发展生鲜配送服务。对区域较近地段的客户做到“当天下单，当天送达”。发展个人会员100多位，单位会员50多个；申报南京农业大学研究生工作站并做好对接工作。与南京农业大学经济管理学院副教授、硕士生导师刘爱军联合申报企业研究生工作站，并获得审批。

【产业发展】 2015年，园区完成培育蔬菜种苗8000多万株，营业收入2000多万元。为大丰地区乃至“长三角”地区培育了大量的蔬菜种苗、西甜瓜种苗和冬瓜苗。与青海省海西州林业局达成合作生产2000万株黑枸杞克隆苗的意向；承接草堰镇高效设施农业示范区规划编制工作、《滨海县古黄河湿地生态园项目建议书》等规划编制工作。承担大丰区科协调研课题，承担“大丰区新型农业经营主体的培育研究”等课题，新引进合作创意团队10个，入库专家50多名；园区申请江苏省五星级乡村旅游示范区，加强旅游基础设施建设，新建集会务、餐饮、住宿于一体的游客接待中心，增强园区游客接待功能。改造建成素芳斋素食餐厅，打造素食养生旅游亮点。以建成华东最大的旅游生态采摘园为目标，扩大有机采摘规模和品种。在原先单体大棚采摘的基础上，新增加一万多平方米的连体温室大棚室内采摘。采摘品种增加车厘子、枇杷、无花果等新品种水果，打造采摘旅游新增长点。丰富旅游内容，2015年春节、五一、端午、中秋、国庆期间，丰收大地根据市场需求和自身特色，策划举办系列旅游活动，吸引游客30万人次。

（王　伟）

大丰专业市场现代服务业集聚区

【概述】 大丰区专业市场现代服务业集聚区规划面积15平方千米，区内依托通港大道，建成常新路、上川路、东宁路北沿、人民北路拓宽、西康路、金丰路北延、春柳路、纬二路、纬一路等“八纵四横”道路框架。建设专业市场园、现代物流园、创意产业园、西郊生态园四大产业园，配套建设公共服务区、商贸服务区、商务休闲区、配套住宅区四大功能区。2015年，集聚区完成财政收入11500万元；新招1亿元以上服务业项目2个；竣工服务业企业1个；新增规模以上服务业企业2个；新增限额以上批零住餐企业1个；服务业定报企业开票销售2970万元；规模以上服务业营业收入4900万元；限额以上批零住餐企业营业收入51000万元，全面完成各项经济指标任务。被区委、区政府授予“综合先进奖”“服务业发展奖”“招商引资奖”荣誉称号。

【电商产业】 2015年，总规划面积60000平方米，一期3000平方米办公区成功运营，以阿里巴巴集团农村淘宝中心为龙头的电商市场拓展成绩显著，全年在大丰农村布网点110个；京东商城在村镇布网点8个；农一网、鸡毛箭、宅办公等17个企业全部入驻经营。至12月底，园区二期工程综合服务区域装修完成，预约入驻企业29个。12月，园区被盐城市商务局认定为“盐城市电子商务示范园区”。

【现代物流布局】 集聚区规划在园区通港大道北侧东宁路东侧及纬二路北侧区域建设现代物流产业园。物流产业园以总投资60000万元的物流广场和总投资80000万元的疏港航道挖入式港池码头为核心载体，结合城市商品物流配送项目，加强与龙头电商企业的互动配合，做到服务无缝对接，需求完全供给，产业共同发

2015年12月，大丰区电商产业园被盐城市商务局认定为“盐城市电子商务示范园区”

展。10月，委托高水平专业设计单位规划设计，招引1个龙头物流企业跟踪洽谈，规划启动项目建设。

【旅游产业】 2015年，集聚区以西郊生态风貌区为重点发展旅游产业，组织“五一欢乐游”“端午捕鱼节”“七夕帐篷节”“国庆亲子游”等活动，活动期间游玩人次30余万人，旅游收入超200万元。一期66.67公顷精品梅苑项目竣工，12月正式开放；垂钓中心项目建设完成1/2；风貌区南入口大道通车；西郊梅苑（斗龙河畔）酒店装修完成。

【专业市场】 2015年，专业市场不断发展，上下游产业链持续完善。上川钢材交易市场、上川五金机电城、明星国际家居城、悦达起亚4S店等运营良好，瑞丰商贸城、丰尚国际商务中心等项目主体封顶，进入内外装饰阶段。数码城、五金市场等签约项目集聚要素，盘活土地，全力推进。集聚区汽车城项目征地拆迁结束，准备土地二次挂牌上市手续。

（汤　静）

沪苏大丰产业联动集聚区

【概述】 沪苏大丰产业联动集聚区位于上海驻大丰的上海农场南部，规划面积33平方千米，一期开发12平方千米。2015年，沪苏大丰产业联动集聚区完成全口径工业开票销售51926万元，规模以上工业企业开票销售10426万元，分别占全年目标任务数的108%、217%；实现公共财政收入2526万元，占全年目标任务数的105%；新招引1亿元以上项目1个，新培植规模以上工业企业1个；被大丰区委、区政府表彰为综合先进集体，并获得招商引资和项目推进工作奖。

2015年，沪苏大丰产业联动集聚区实现公共财政收入2526万元，占全年目标任务数的105%。图为区内企业

【沪苏大丰产业联动集聚区党工委、管委会、开发建设公司揭牌】 11月17日，上海市人民政府和江苏省人民政府在南京召开沪苏大丰产业联动集聚区开发建设推进协调领导小组第一次联席会议。会上，江苏省委常委、副省长徐鸣，上海市副市长时光辉为沪苏大丰产业联动集聚区党工委、管委会和沪苏大丰产业联动集聚区开发建设有限公司正式揭牌，标志着沪苏大丰产业联动集聚区开发建设正式拉开帷幕。盐城市委书记朱克江，盐城市委常委、常务副市长庄兆林，盐城市委常委、市委秘书长潘道津，盐城市委常委、大丰区委书记倪峰，盐城市副市长周绍泉出席相关活动。

【《沪苏大丰产业联动集聚区开发建设合作协议》签署】 2015年，根据上海市人民政府和江苏省人民政府2014年6月30日联合发布的《关于共同发展沪苏大丰产业联动集聚区的意见》和2015年11月17日沪苏大丰产业联动开发建设推进协调领导小组第一次会议形成的《沪苏大丰产业联动集聚区开发建设推进协调领导小组第一次会议会议纪要》精神，盐城市人民政府、盐城市大丰区人民政府、上海临港经济发展（集团）有限公司和光明食品（集团）有限公司共同签署《沪苏大丰产业联动集聚区开发建设合作协议》，协议主要明确开发区域与启动区、城市规划与产业布局、集聚区管理模式、产业集聚区政策机制、各方主要权利义务及其他约定。

【刘家平一行到沪苏大丰产业联动集聚区考察】 3月2日，上海临港集团董事长刘家平一行到沪苏大丰产业联动集聚区考察，就加快推进沪苏大丰产业联动集聚区建设进行深入交流。盐城市委常委、大丰市委书记倪峰及吴家祥、宋勇、范大玉、罗强、韦应生等市领导陪同考察。刘家平表示，上海临港集团将服从、服务于上海、江苏的总体战略部署、发展方向和发展重点，服从服务于大丰在集聚区建设中的主导地位，在集聚区开发建设过程中全力以赴、紧密协作，积极引导相关企业集团到产业集聚区投资发展，想方设法培育集聚区的核心竞争力，抢占发展制高点，将集聚区打造成部、省、市合作的典范。

【吴建国一行到沪苏大丰产业联动集聚区考察】 4月1日，上海申源（能源）投资有限公司总经理吴建国一行到沪苏大丰产业联动集聚区考察，市人大常委会主任吴家祥、上海明珠企业集团有限公司董事长应裕乔陪同考察。吴建国对园区一流的投资环境和优惠的政策表示满意，表示将加快与德国客商储电设备项目的合作步伐，力争中德制造园项目早签约、早落户、早开工。

【刘春笋一行到沪苏大丰产业联动集聚区考察】 4月28日，中油中泰燃气投资集团有限公司副总裁刘春笋一行到沪苏大丰产业联动集聚区考察，市人大常委会副主任夏继永陪同。刘春笋对园区的投资环境和项目服务表示满意，并表示将加快推进中油中泰大丰燃气有限公司项目建设步伐，全力做好园区项目燃气配套服务。

【维尔纳·科赫一行到沪苏大丰产业联动集聚区考察】 5月31日~6月1日，上海浦东德国工业园董事长维尔纳·科赫、项目经理阿力山大·科赫一行，在上海申源（能源）投资有限公司总经理吴建国、上海明珠企业集团有限公司董事长应裕乔陪同下到沪苏大丰产业联动集聚区考察，市人大常委会主任吴家祥陪同考察。维尔纳·科赫对园区一流的投资环境表示满意，表示愿加快与德国中小企业协会、商会的衔接，丰富园区对德企的招商活动，帮助吸引更多的高技术中小德国企业到沪苏大丰产业联动集聚区中德制造园落户。

【周保银一行到沪苏大丰产业联动集聚区考察】 7月8日，金色麦道（上海）企业发展有限公司总经理周保银一行到沪苏大丰产业联动集聚区考察，市人大常委会主任吴家祥陪同。周保银对大丰区的投资环境表示满意，并表示将加快推进签订战略合作协议的金色麦道（上海）直升机有限公司投资1亿美元、注册资本金3000万美元的通航业务基地项目，首期发展项目为其旗下品牌直升机的维修业务和驾驶培训。

【朴志万一行到沪苏大丰产业联动集聚区考察】 7月22~23日，韩国三美集团社长朴志万一行到沪苏大丰产业联动集聚区考察，市人大常委会主任吴家祥陪同。朴志万一行就食品加工基地项目投资细节问题进行深入交流，并表示回国后将迅速研究提交项目建议书，尽快启动项目申报程序。

【许铁良一行到沪苏大丰产业联动集聚区考察】 9月11日，中油燃气集团有限公司董事局主席、中油中泰燃气投资集团有限公司董事长许铁良到沪苏大丰产业联动集聚区考察，大丰区人大常委会副主任江波陪同。许铁良一行对中油中泰大丰燃气有限公司在园区供气项目建设情况表示满意，表示将加大在大丰的燃气项目投资力度，为加快融入“一带一路”战略，推进江苏沿海开发做出新的贡献。

（施益新　曾国付）

大丰区高新技术区

【概述】 大丰区高新技术区规划面积18平方千米，预留9平方千米建设用地。以“发展科技大丰、打造未来大丰”为出发点，着眼于现代的产业转移机会和未来的新兴产业培育，重点围绕大数据软件、现代服务业、智能制造业等产业，集聚高端企业和人才。全区有1亿元以上企业14个，其他各类企业180多个，其中国家级高新技术企业2个。2015年，高新区实现财政收入8000多万元；新招引1亿元以上项目8个，新开竣工1亿元以上项目8个；实际到账外资1000万美元；服务业投资8亿元，新培植服务业定报企业3个；盐城市大丰区高新技术区管委会被大丰区委、区政府表彰为综合先进单位，并获得招商引资和项目推进、工业经济和转型升级、开放型经济、信访稳定等10个单项奖。

【特色产业】 2015年，大数据产业园重点发展以“优志愿”为代表的教育大数据、以运盛医疗为代表的健康大数据、以航空互联为代表的航空商务大数据、以政务云为代表的政务大数据、以工业电商营销平台为代表的商业大数据、以高德地图为代表的导航信息大数据以及以海上风电为代表的海上风电大数据。园内入驻中兴通讯、航空互联、运盛医疗、亿阁科技等领军型大数据企业，首期联合中兴通讯、三大运营商等多个企业共同建设的云计算数据中心投入运营，依托该中心打造的智慧大丰大数据平台重点围绕居民应用、企业应用、城市部件、政务信息四大资源数据库构建全区信息资源的整合共享，实现全区20多个部委办局信息资源整合。

【招商引资】 2015年，园区顺应高新技术产业发展新方向，充实专业招商队伍，瞄准韩国、日本和北京、上海、广州、中国台湾等重点地区，围绕大数据软件产业、现代服务业、智能制造业等，全方位开展招商工作。采取领导招商、专业招商、委托招商、以商引商、精准招商、活动招商和新媒体招商等方式，全年接待和拜访客商1000多人次，收集到世贸天价、万达广场、航空互联座椅、布朗空气置换系统、国电南自智能电网等项目信息；签约投资10亿元的智能装备产业园、5亿元的中节能供冷热、2亿元的江苏星空联盟、1亿元的运盛医疗健康云、1000万美元的台湾铝塑膜等一批重大项目和高科技项目。

【项目建设】 2015年，园区开展“深化两服务”工作，帮助企业发展，促进项目建设。总投资2亿元的金融大厦正式投入使用；总投资1亿元的燃气设备制造项目投产达效；总投资2亿元的江苏星空联盟科技项目正式营运；总投资10亿元的道诚生物科技大厦项目完成地下基础开挖；总投资2亿元的鸿基科技大厦项目建至地上两层；日虹服装设计检测、大数据产业园二期A区、人民医院高新区分院、大丰高新实验初级中学等项目主体工程全部封顶。

【品牌创建】 2015年，高新区被省经信委评定为江苏省“两化”融合试验区；大数据软件园获批江苏省级众创集聚区、盐城市级服务业集聚区；大数据中心入选盐城唯一一个江苏省信息基础设施试点项目；大丰卯西·创客邦众创空间获批省级众创空间。

（刘 刚）

大丰区麋鹿生态旅游度假区

【概述】 2015年，大丰区麋鹿生态旅游度假区大力实施“旅游兴区”战略，推进招商引资、项目建设和品牌创建工作。全年招引1亿元以上旅游项目2个；建成国家级品牌1个；入选全国优选旅游项目1个；培植规模以上定报企业1个。

【招商引资】 2015年，麋鹿生态旅游度假区开工项目2个：花海人家假日酒店，总投资1亿元，选址荷兰花海东北侧，一期建设旅游客房170套，接待大厅和配套餐饮2000平方米；江苏安泰金属表面处理，总投资8亿元，占地18公顷，围围、附房和场地平整等建设完成。重点跟踪项目4个：台湾客商拟投资2亿元的中华水浒园动漫城项目；世邦魏理仕拟投资1.5亿元的高端康体中心和疗养院项目；上海翰林集团拟投资1.5亿元的露营基地和生态湿地观光项目；上海翔游集团拟投资6000万元的集农家餐饮、垂钓、采摘及生态超市为一体的农家乐项目。

【项目建设】 2015年，中华麋鹿园国家AAAAA级景区创建是项目建设的重中之重，按照创建时间节点要求，全面完成各项工程建设任务。在工程建设中，坚持高水准规划，高质量建设，高水平管理，在资金使用、建设程序和工程质量上严格把关，建成放心工程、精品工程。完成投资6000万元，新建面积3000平方米的游客服务中心和主跨63米的景区大门；新开和疏浚景区内游览水系4千米；拓宽游步道3.7千米；按照AAA级厕所标准，新建星级公厕3座；建成生态广场、生态停车场和员工停车场4.5万平方米，可同时停靠汽车500余辆。

【载体建设】 2015年，中华麋鹿园国家AAAAA级景区建成。通过快速推进景区基础设施建设和景点改造提升，改善硬件设施水平，景区面貌焕然一新。10月，通过国家旅游局验收，成为苏北首批国家AAAAA级景区。申报国家级生态旅游示范区。在获得省级生态旅游示范区称号的基础上，以中华麋鹿园为载体，按照《国家级生态旅游示范区管理规程》和“国家级生态旅游示范区评分细则表”的要求，逐项细化，多次与省旅游局、省环保厅对接，进行前期资料收集和完善。中华麋鹿园成功入选全国优选旅游项目，成为各政策性金融机构争相扶持的旅游精品工程。申报国家和省旅游专项资金610万元，用于中华麋鹿园AAAAA创建工作。培植规模以上企业1个。全年营业收入超过3000万元，实现开票收入1000万元。

（冯 剑）

大丰区东方1号创意产业园

【概述】 大丰区东方1号创意产业园是省区共建五大园区之一，是大丰区委、区政府确立的首个创意产业项目，也是苏北地区首个文化创意产业园，由江苏东方创意文化产业有限公司运营、东方1号创意产业园管委会与江苏东方创意文化产业有限公司共同管理。一期先导区位于东方湿地公园，建筑面积1.5万平方米，二期项目位于先导区毗邻地块，建筑面积21万平方米。园区采用“政府扶持、市场化运作、企业独立运营”的合作方式，以科技创新为动力，以推动创意产业发展、扶持创新创业为首要任务，以创意设计服务推进传统产业创新提升。2015年，园区获得国家级荣誉2项，省级荣誉8项，其中包括2015年度中国文化产业重点项目（国家级）、国家工业设计中心（国家级）、江苏省科技企业孵化器、江苏省创业示范基地、江苏省重点文化产业园、江苏省众创空间等，被列为江苏省工业强省六大行动重点项目，并获得2015年度省工业和信息产业转型升级专项资金、江苏省文化产业引导资金等。

【发展规划】 2015年，园区坚持“顶层设计、基层扎根、融合发展、打造经济新生态”的发展理念，通过政产学研商金六方联动，加快建设金融孵化、技术共享、市场对接、专利转化、人才培训、品牌推广六大公共服务平台。通过先导区的规划运营，有效

2015年，大丰东方1号创意产业园获得国家级荣誉2项，省级荣誉8项

开拓周边地区的市场并塑造"东方1号"自主品牌，推动创意设计与文化、科技、旅游、展销、市民生活和城市建设的融合发展。

【招商引智】 2015年，园区完善招商引智机制，拓宽招商引智领域，创新招商引智方式，优化投资环境和人才创业环境，全面提高招商引智的质量和水平。园区集聚美国常青藤、香港数码港、台湾芝柏集团、北京创客空间等70多个国内外知名设计企业和机构；加大与全球知名高校联盟，进行全方位深层次的产学研合作，设立东南大学、华东理工大学、西北工业大学等20多所高校产学研合作基地，与江南大学合作成立研究生工作站，成功引进张凌浩、胡伟峰、曹恩国等5名工业设计专业教授，长期驻站指导工作站的项目研究工作，取得多项创新性科技成果和设计成果。

【宣传推介】 2015年，东方1号相继受邀参加了2015年海峡两岸合作与发展交流会、香港文创博览会、深圳文博会、西安文博会、中国国际旅游商品博览会等20多场推介会。相继在南京、上海等地设立了城市品牌推广与展示中心，在台湾设计东方1号驻台湾联络处，促进大丰与创意产业发达地区的行业互动与交流。2015年，园区举办2015年全国青年设计师工作营暨工业设计现场大赛、国际大师走进江苏、"东方1号杯"国际旅游商品创意设计大赛等创新活动。全年接待国家、省、市各级领导调研指导近200批，约3700人次。

【东方1号创意产业园二期项目】 至2015年年底，园区二期工程9号地块1、2、7号楼主体结构施工完成，进入装修阶段，其余楼栋全力推进。二期坚持"边建设、边招商"的原则，与台湾芝柏集团、台湾中华营销广告文化协会、香港工业设计中心、香港工业设计师协会、北京华虹集成电路设计有限责任公司、深圳市大富科技有限公司等29个企业与机构达成入驻合作意向，与清华大学、南京大学、南京艺术学院等10所院校洽谈产学研基地合作事宜。

（程新星）

盐城新能源淡化海水产业示范园

【概述】 盐城新能源淡化海水产业示范园规划总面积10平方千米，其中启动区面积1平方千米，是国家"973"计划大规模非并网风电产业化示范基地。产业示范园区位于江苏大丰港经济开发区临港大道东侧、创世纪大道北侧、盐丰园河河畔。园区产业布局为物流区、高压泵装备制造区、能量回收装置制造区、低温多效蒸馏海水淡化装置制造区、膜及膜组件产业区、相关配套产业区、淡化海水厂等功能区。

【规划编制】 2015年，作为中国首个新能源淡化海水产业示范基地，园区按照高起点、高标准的规划编制要求，委托天津海水淡化研究所编制《盐城新能源淡化海水产业示范园"十三五"产业发展规划》，完成现场调研及前期资料收集。

【招商引资】 2015年，园区利用丰海公司股东单位央企资源，积极与中盐集团洽谈浓盐水综合利用项目，引进哈电集团国家工程中心从事微网电控研究。在上海安亭设立上海招商站，通过现有企业资源，扩大华东地区企业家联系，拓展在沪朋友圈、老乡圈，以商招商、以友招商。拜访中国脱盐协会、中国水处理协会等海水淡化行业内权威协会，丰富行业和企业信息库。重点拜访杭州水处理中心、南方泵业集团、南京九思膜科技有限公司、时代沃顿科技公司等34个海水淡化行业上下游产业链龙头企业。参加广州国际水展、成都膜科技展、青岛脱盐大会、上海国际海水淡化装备展等数十个海水淡化行业相关展会，以会招商，展示大丰海水淡化产业，宣传大丰海水淡化园。

【项目建设】 2015年，园区加大由海水淡化工程示范向装备制造转变发展的力度，按照模块化、小型化、集成化的要求，加大设备推进力度。出口印尼的100T/D智能微电网—海水淡化集成系统项目的设备运抵印尼。马尔代夫1000T/D智能微电网—海水淡化集成系统项目的设备援助项目推进，得到商务部的支持。

【政产学研】 年内，园区坚持高端引领，加快载体平台建设，拓宽拉长产业链，提高企业自主研发能力。与南京医科大学合作研制无气无糖苏打水和运动饮料。推进浓盐水综合处理项目，通过住友公司与日本海水株式会社取得联系，丰海公司将与其进行技术合作。重抓研发平台建设，江苏省新能源淡化海水工程技术研究中心全面建成，与哈电工程研究中心、中盐技术研究中心、常州华科锂电池公司等单位的研发项目签约、启动。与天津大学、哈电工程研究中心、中盐技术研究中心等高校、科研单位开展产学研合作，与江南大学食品学院等高校科研院所开展高端系列功能水开发合作，进行功能水开发的立项与委托研究合同洽谈工作。

（朱　彤）

〖编辑　顾　锋〗

民营经济·市场体系建设

综　述

2015年，大丰区紧扣“稳中求进、提质增效”总基调，把全民创业作为推动镇村经济跨越发展的重点，按照“树典型、创特色、呈亮点”的要求，推进创业主体培育、创业载体建设、服务平台提升和创业方式转变，各项工作取得明显成效。全区新发展个体工商户9779户、新发展私营企业3728个；新办理“个转企”70个、新增一般纳税人工业企业352个；新增规模以上工业企业57个；各镇全民创业园新建标准厂房38.89万平方米，新入驻创业主体107个；开展创业培训7000人次。

【全民创业氛围浓】 2015年，大丰区多形式、多渠道宣传全民创业，做到周周有声音、有图像、有文字，在全社会营造浓烈的创业氛围。多种媒介宣传全民创业。通过电视、报纸、网络、微博、微信等多种媒介全方位宣传发动。在大丰电视台、《大丰日报》和政府门户网站开辟专题专栏，宣传全民创业政策、经验做法和典型事迹，大丰电视台播放全民创业宣传报道60多条，《大丰日报》登载全民创业宣传报道130多篇。在各类专题活动中累计寄发《致全区在外工作人员的一封信》35000多封，编印分发《全民创业政策汇编》1万多本。专门制作《家乡“大舞台”·共圆创业梦——大丰区回乡创业典型人物事迹巡礼》专题片，春节期间，大丰电视台每天定时播放。大力宣传全民创业。春节回乡创业专题交流活动期间，区委区政府命名30名“创业之星”，区委主要领导与“创业之星”进行座谈。春节期间，启动返乡创业典型事迹报告会，举行18个场次，9200多人参加。结合五四青年节，召开纪念五四运动96周年暨十大青年创新创业先锋表彰大会，并通过《大丰日报》连续宣传报道耿忠诚、汤协元等10位青年创业典型事迹。开展户外媒体宣传全民创业。按照“部门联合、区镇联动”的工作方法，重点开展全民创业户外媒体宣传。在南翔大道、常新路、幸福路等市区主干道设置全民创业道旗420多面。各镇（区）交通要道、主要干道设置固定标语260多条、道旗1400多面。各镇集镇范围内及每个村主要干道设置横幅标语3600多条。在春节和中秋国庆两个专题活动期间，城区和各镇（区）LED显示屏滚动播放创业宣传标语。

【全民创业载体打造】 2015年，大丰区把全民创业载体建设作为全民创业工作的重要环节，重抓园区、创业街（区）、众创空间等，实行分类指导，重点拓展，夯实全民创业土壤。打造“12+4”全民创业园（12个园区加上留学生创业园、外来投资者创业园、高新技术产业园和大学生创业园四个特色创业园区）。按照建设开发区的模式，加大留学生创业园、外来投资者创业园、高新技术产业园和大学生创业园4个特色创业园区的建设力度，推动项目落户、创业主体入驻。留学生创业园引进留学人员40名、企业19个，建成省级创业基地。外来投资者创业园建成江苏省小企业创业示范基地。高新技术产业园围绕软件产业，建设大丰国际软件园。软件园获批首批省级试点众创集聚区。大学生科技创业园一期竣工，建成面积5万平方米，签约入驻创业主体12个。12个镇全民创业园加快基础设施建设，完善生产生活配套，提升园区形象，全面提高园区项目承载能力，各镇全民创业园竣工1000万元以上工业项目41个，建成标准厂房38.89万平方米，大中镇中小企业园成功申报首批国家小型微型企业创业创新示范基地，是全省四家之一、盐城唯一一家国家级创业园区。网络创业载体打造。6万平方米的大丰区电商产业园投入运营，农一网、鸡毛箭、宅办公等多个电商企业入驻。丰收大地农副产品网络营销中心建立O2O网络销售平台，把大丰的农产品基地、农产品加工、农产品销售通过农副产品交易平台有机地结合在一起，全年成交额超1亿元。三龙镇建成电子商务中心，中心集货源组织、物流配载、金融支持、业务培训、网络服务等功能于一体，通过自建的丰龙网和淘宝、天猫等第三方平台开展网络贸易业务，发展电子商务应用企业15个，入驻网店主体

300多个。农业农民创业载体打造。在丰收大地农民创业园壮大的同时，鼓励各镇新建各类农民创业园。草庙镇“希望的田野”农业基地培育规模种养、农民经纪人等创业主体100多人。新丰镇“荷兰花海”景区带动近1700户农户从事关联行业。大中镇恒北村“梨园风光”、草堰镇三元农庄、大桥镇“丰禾大地”等一批农业创业载体陆续建成，促进了当地农民创业致富，全区新发展投资额5万元以上专业大户810户，家庭农场105家。

【全民创业服务能力提升】 2015年，大丰区以全民创业服务平台建设为重点，以平台功能提升为工作内容，重抓注册登记、培训、项目推介、融资服务等创业服务能力的提升。全民创业服务中心服务效率提高。大丰区全民创业服务中心按照“减、转、放、免”的要求，取消行政审批事项29项，合并34项，转移55项，形成全区42个部门243项行政许可目录清单，构建了高效便捷、人民满意的行政审批通道；9月，在推进并联审批的基础上，完成“三证合一”（工商营业执照、组织机构代码证和税务登记证三证合为一证）审批制度改革，减少审批环节，创业注册登记更加便利。全民创业培训中心服务能力提升。大丰区以职教中心为主体，完善全民创业培训中心功能，兴建创业培训（实训）基地，设立导师咨询工作室、创业培训教室、创业实训教室、学生创业园，开展“菜单式”培训，推进“创业培训+创业实训”的培训模式，提高创业培训成效；6月，大丰区职教中心被认定为省首批电子商务人才培训基地。完善构建项目推介服务机制。搭建完善的创业项目征集推介机制，多渠道、多方式征集推介创业项目。区、镇全民创业服务中心和各市场监管分局创业服务中心定期征集创业项目，累计征集183个。通过集中展示、专题宣传、比赛推介等多种方式推介创业项目，编印分发《小本创业项目汇编》1万多册，创业项目集中推介30多次。融资服务平台完善。以市场和创业主体需求为导向，简化流程、降低门槛，打造更好的全民创业银行。区全民创业银行自成立以来，发放创业贷款2亿多元，服务各类创业主体近1000人次；加强金茂政策性担保公司创业融资中的中介服务作用，为各类创业主体提供融资担保服务，全年办理担保业务6.5亿元；专门设立中小企业应急过桥资金，为创业者后期的资金过桥提供服务，首期规模为5000万元，与区内15家银行开展业务合作，全年为各类企业提供资金过桥服务9.4亿元。

个体私营企业

【概述】 2015年，大丰区把发展私营经济作为全面建成小康社会的重要战略举措，积极改善投资环境，采取政策扶持、环境优化等措施，为经济发展创造优惠的政策环境、优良的服务环境和宽松的外部环境，全区个体私营企业发展势头较快，规模、实力增强。2015年，私营企业三次产业结构为14.2∶41.9∶43.9，私营企业由原来主要集中在劳动密集型、科技含量较低的加工配套产业，加快向先进制造业、现代服务业和新兴产业领域拓展，私营经济集约发展水平提升。

【私营企业规模总量增长】 2015年，新注册私营企业3728个，私营企业累计为1.6万个，带动城乡近20万人就业，规模化发展趋势明显。全区私营企业发展呈现明显的地域特色，西团镇抛丸机产业是“国家火炬特色产业基地”，被省认定为“抛丸机产业集聚示范区”，新发展的80多个私营企业全部为抛丸机产业关联企业；白驹镇玩具产业是江苏省玩具出口基地，新发展60多家玩具加工厂；南阳镇以阀门铸造产业为重点，以特色产业园为载体，吸引40多个私营企业落户；小海新发展的20多个私营企业，全部是为该镇化纤纺织企业提供物流、贸易、初加工等服务的私营企业。

【私营企业管理指导】 2015年，大丰区加快私营企业家族制向现代企业制度转变。对具备条件、规模比较大的私营企业，指导企业制度变革，建立现代企业制度，实行所有权与经营权分离，由经理人直接经营管理企业。对不具备条件，特别是规模不大的企业，则考虑如何在家族信任基础上实现企业经营机制的革命，使企业内部组织与治理结构接近现代企业制度的要求。加强私营企业管理制度建设。指导私营企业完善财务管理制度，解决财务管理不规范、会计制度不健全、会计资料不完整等问题，形成完备的财务管理体系，为发展奠定良好的基础。指导私营企业主不断加强市场经济知识及现代管理知识学习，树立诚实守信的经营理念，提高自身的素质。

【私营企业电子商务发展迅捷】 2015年，大丰区积极指导私营企业开展电子商务工作。加强宣传和培训，针对私营中小企业的困难和需求，开展信息服务、网上培训、技术推介、企业难题招标、科技成果发布和对接等活动。全年举办16期电子商务培训班，规模以上工业企业主要负责人、农民专业合作社负责人和农民经纪人等1000多人参加培训，通过普及电子商务基本知识，讲解电子商务发展形势，推动电子商务与各行各业深度融合，实现电子商务的爆发式发展，促进全市转型升级、内涵发展、绿色增长。

【私营企业行政绿色通道构建】 2015年，大丰区构建完善私营企业行政审批流程绿色通道。年内，大丰区整合组建行政审批局，实施“三个集中、三大支撑、三项配套”（即行政审批权限集中、行政管理职能集中、行政服务事项集中，权力体系支撑、监管机制支撑、服务载体支撑，信用管理配套、中介服务配套、内部监督配套）改革试点工程，探索建立审批、监管、服务分离联动的权力运行体系，创新行政审批制度，再造权力运行流程，强化事中事后监管，健全改革配套措施。推进商事制度改革，取消最低注册资本限制、注册资本实缴制改认缴制、年检制度改为年报制度、“先证后照”改为“先照后证”（即从事后置许可经营项目的市场主体，先向工商部门申请办理营业执照，再到许可审批部门办理许可审批手续）、实行“三证合一”“一证一码”等，减少审批环节，使企业注册登记更加便利。

个体工商户

【概述】 2015年，大丰区坚持以激发社会创业活力为主线，唱响建设“创业活力区”主基调，践行“政府创造环境、人民创造财富”理念，把全民创业作为推动民营经济发展的重点，广泛宣传发动，鼓励广大群众因地制宜，兴办各类实体，实现共同致富。全年新增个体工商户9779户，累计个体工商户户数3.9万户，新办理“个转企”70户。

【个体创业载体打造】 2015年，大丰区根据各镇产业、文化等特色，打造全民创业特色街。鸿基汇金购物广场占地3.8万平方米，有店铺1500多户，从业人员2500多人。西团镇抛丸机配件一条街集聚商户80多家，主要经营钢丸、履带、喷砂房等抛丸机配件。白驹镇水浒街主要依托水浒文化，新建水浒街文化牌坊，统一更换古色古香的商户门牌标识，积极打造旅游商品、服务特色街。按照集散功能强、辐射范围广的要求，推进专业市场建设。富民农副产品交易市场、上川五金机电城、海聚汽配城、明星国际家居广场、欧蓓莎等专业市场建成开放。明星国际家居广场入驻商户近300户，年销售额超5亿元。建成瑞丰商贸中心、汇坚国际商贸城等专业市场，创业商户即可入驻。

【个体户转型升级引导】 2015年，大丰区根据个体工商户实际生产规模和经营状况，确定“个转企”的重点行业、重点对象，建立“个转企”后备

2015年，大丰区市场监督管理局对超市、批发市场、农贸市场151个批次食用农产品进行抽检，抽检结果在《大丰日报》上公示

刘龙斌　摄

库。同时制订“个转企”工作流程图和导向牌，为转企个体户开通“绿色通道”，积极鼓励、引导具备企业和公司经营条件的个体户“转型升级”，转变组织形式，向规范的企业和公司方向发展，建立现代企业制度，做大做强。具体做法：积极宣传私营企业尤其是私营有限责任公司和个体工商户在经营模式、信用度、合同签订、承担法律责任、信贷扶持力度等方面的差异，引导条件成熟的个体户自愿转型。跟踪辅导“个转企”私营企业，部分注册成企业后没有及时建立相应的企业制度，即名义上的私营企业、实际上的个体户运作，及时跟踪辅导，促其尽快规范运作。

【全民创业服务环境优化】 2015年，大丰区重视对个体户服务机制优化，提高办事效率，全力助推全民创业并取得实效。设立创业服务中心，依托“服务创业直通车”发布创业服务指南，细化公布创业流程图，开展创业政策宣传，为创业者提供相关法律、法规、政策咨询服务，开展创业指导培训，推动企业成长速度，提高发展质量。开通创业服务热线，在区市场监管局及分局开通11部创业服务热线电话，开通商标创牌、融资解困、打假维权等4部热线电话，随时为创业者帮难解困，为创业者提供贴心服务。抽调部分素质高、作风优、责任心强的人员组建创业指导员队伍，定期开展法律政策宣讲和现场帮办，实行重点项目攻坚办、大事难事协同办、企业需求马上办。

（徐佳庆）

商品交易市场

【概述】 2015年年底，大丰区有各类集贸市场33个，市场占地面积20.76万平方米，建筑面积14.12万平方米，经营面积14.05万平方米，市场建设总投资额3.20亿元，设有门店1699个，摊位2918个，实际入市经营者1454户，其中门店经营566户，摊位经营888个，市场管理人员211人，市场总成交额13.05亿元。按市场类型分，农副产品综合市场31个、工业消费品综合市场2个；按交易方式分，零售市场32个、批发市场1个；按建筑类型分，棚顶市场31个、室内市场2个；按市场开办单位组织类型分，个人独资企业18个、公司法人7个、个体工商户2个、其他类型6个（国有农场单位开办的市场3个）；按地域分布分，大中镇范围内12个（包括大丰城区8个），草堰镇1个，白驹镇3个，刘庄镇2个，西团镇2个，小

海镇1个，大桥镇2个，草庙镇1个，南阳镇2个，三龙镇3个，新丰镇1个，大中农场1个，方强农场1个，上海农场1个。

【集贸市场规范化管理】 2015年，区市场监督管理局组织各基层市场监管分局与辖区内市场主办单位签订安全经营责任状，各市场主办单位与场内经营者签订守法经营责任书，明确各自职责和义务。统一制作农贸市场监督台，公示监管责任人员联系电话及监督电话，完善集贸市场监管工作规范，推行定人、定岗、定责、定时、定标“五定”日常监管模式，印制宣传标语400份，经营户基本信息台账100本，检查台账500本，进货登记台账1000本，督促指导市场经营户如实登记所购肉类、家禽制品，严格执行进货查验、索证索票制度，对市场存在的突出问题及时通报，限期整改。

【集贸市场信用分类管理】 2015年，区市场监管局对全区33个集贸市场开展市场信用分类监管工作，围绕市场开办者管理制度是否健全，管理行为是否规范，管理措施是否落实，场内经营者经营行为和重点商品状况等评价标准，将市场信用确定为A、B、C三级，并实施相应监管措施，推动市场开办单位建立完善信用管理制度，加强入市商品检查，落实索证、索票和台账建立等制度，督促场内经营者自觉遵守质量管理等制度，加强市场经营设施建设和维护。

【农产品检测】 2015年，大丰区制订《关于建立农副产品市场食品安全检测系统的实施意见》，该意见明确指导思想和工作目标，细化实施步骤，落实资金来源，并提出有关要求，明确各部门的职责。根据农产品食品安全检测规范要求，制订“食品安全检测管理制度”“检测人员岗位职责”“检测室工作规范”和“检测流程图”，并统一制作公示上墙。印制“农产品检测台账”“不合格农产品检测台账”“农产品进货查验登记台账”“不合格农产品下架台账”和“不合格农产品退市通知书”。4个正常开展检测的市场全部与经营者签订“农贸市场食品质量安全合同”，合同明确经营者食品安全经营的责任和义务。区5个农贸市场正常开展检测活动，做到检测规范、上传及时、台账齐全、信息公示，对检测不合格的农产品及时通知下架退市并作无害化处理。同时，区市场监管局加强对食用农产品的监督抽检，对超市、批发市场、农贸市场151个批次食用农产品进行抽检，抽检结果在《大丰日报》公示。

【农贸市场专项整治】 2015年，区市场监管局组织开展市场短斤少两行为专项治理，对全区农贸市场逐一实地检查，督促公平秤设置到位，全区33个市场公平秤设置率100%。同时加强日常检查，及时受理并处理消费者关于经营者短斤少两的投诉举报。开展病死动物及其产品集中整治，强化执法检查，实现动物肉制品进货查验全程溯源管理，防止病死动物及其产品进入市场，保障人民群众食品安全。

【集贸市场文明创建】 2015年，区市场监管局紧扣“清洁乡村”创建、“优秀管理城市”创建、城市环境整治、省级文明市场创建等工作，统一集贸市场创建基本标准（证照齐全，亮照经营）。明确要求各集贸市场内的固定经营户做到证照齐全，亮照经营，门市食品经营户证照、质量承诺、自律制度悬挂统一，进（销）货台账登记规范，各类商品划行归市、陈列有序、摆放整齐。经营秩序井然，环境优良。市场内无乱停车辆、乱设摊点、乱摆商品现象，市场出口处无流动摊点，无电线乱拉乱接、消防通道不畅通、安全设施不完善等情况。在市场显著位置公示管理责任人员姓名、联系方式，设置投诉台、公平秤，市场内猪（牛、羊）肉、豆制品及熟食类经营户统一着白围裙、白护袖、白帽，熟食制品有防蝇防尘罩，场内无明显废弃物，下水畅通，无大面积积水，无明沟，配备卫生保洁人员负责全天保洁。质量合格，台账齐全。符合条件的市区农贸市场配备速测仪等检验设备，入市猪肉“两证两印”（动物检疫合格证、肉品品质检验合格证、动物检疫合格印章、肉品品质检验合格印章）齐全，家禽检疫证明收贴完好，无国家明令禁止上市的商品和明令禁止的经营行为。按照市场标准化要求，市场主办单位应建立经营者基本情况、重要商品进销货情况、上市商品检测、不合格商品退市、消费者投诉等基本台账。统一的创建标准为顺利推进集贸市场创建工作提供有效指引。

（刘龙斌）

〖编辑　丁彩前〗

商贸服务业

商贸流通

【概述】 2015年，大丰区商务监管执法工作以规范经营行为，净化商贸市场，确保消费安全为中心，创新实践，严格监管。对大丰成品油市场加强管理，针对市场上出现的安全隐患等违法行为，在全区开展成品油市场专项整治工作；行政服务中心商务局窗口的审批工作有序开展。

【商贸流通业】 2015年，商贸服务业全面发展，限额以上批零、住餐企业培植工作成效明显，各类消费促进活动切实拉动商品销售，全年实现社会消费品零售总额155.58亿元，同比增长11.8%。成品油零售分销项目大丰港成品油公司正式运行，辉丰成品油库竣工通过验收，2个新（迁）建加油站竣工运行；奥体中心休闲商业区启动招商，中交美庐城、万佳城市广场等商业综合体项目加快建设。新一轮农贸市场规划完成。根据上级统一部署，完成生猪屠宰监管职能移交工作。

【依法行政】 2015年，大丰区聘请江苏省城市规划设计研究院编制《大丰区加油（气）站“十三五”规划》，聘请中国电子商务中心编制《大丰区电子商务“十三五”发展规划》，根据专业规划，合理引导产业布局与发展。围绕商务部门中心工作，加强机关制度化、规范化建设。强化行政执法工作，组织执法人员学习培训，加强执法检查，对2例违规加油站建设项目进行查处。推行阳光政务办事公开，根据上级行政审批改革要求，完善审批事项及流程，优化审批服务。通过商务局网站、大丰商务期刊宣传商务工作动态。

（陆洋洲）

供销合作

【概述】 2015年，盐城市大丰区供销合作总社（以下简称区供销合作社）贯彻落实国家、省关于深化供销合作社综合改革精神，围绕“改造自我，服务农民”改革发展总体要求和“为农诚信，创业合作”的新时期供销合作社精神，凝心聚力，创新创优。

【苏农国际市场投运】 4月8日，苏农国际市场建成正式投运，成功举办春耕备耕、送政策、送科技、送服务暨农资农机科技推介会。苏欣农机、瑞丰农机、悦达拖拉机、苏农农资、红太阳农资连锁店、浩伦农资公司等10多个农机经销商户和农资企业参加展销，活动吸引全区200多个种养专业合作社、农机大户、家庭农场主、农民经纪人到大丰洽谈项目、选购农机。

【综合改革工作全面启动】 4月2日，中央文件《中共中央国务院关于深化供销合作社综合改革的决定》印发，10月13日，江苏省委印发文件《中共

2015年4月8日，苏农国际市场建成投运　　（单位供图）

江苏省委、江苏省人民政府关于深化供销合作社综合改革的意见》。按照以上2个文件精神，区供销合作社综合改革工作全面启动，对未改制的11个基层社进一步完善服务功能，推进供销合作社基层社改造；对3个镇恢复基层社重建工作，加快社有企业转型升级。

【推进“三服务”工作】 2015年，区供销合作社4名科级干部挂钩服务的企业分别为刘庄镇的协和新型建筑材料有限公司、恒兴饲料有限公司，小海镇的贝尔纺织科技有限公司，港区的江苏海力化工有限公司。科级干部们帮助企业销售建筑材料、特种水产饲料、纺织品等，实现开票销售额超过1亿元，帮助企业建立稳固的安全生产网络。

【电子商务平台创建】 4月中旬，区供销合作社组织全社机关干部和基层社主任到徐州市睢宁县沙集镇东风村学习电子商务，组织人员到“大丰农村淘宝”进修，至年底，本级社有5个村的电商成功加入到“互联网+供销社”的致富新模式行列。

【为农服务社联合社增多】 2015年，区供销合作社推进为农服务社联合社建设，提升为农服务社联合社建设质量，完善服务功能，延伸综合服务网络，促进基层社体制创新。全年新增7个为农服务社联合社，至年底，全区有为农服务社联合社98个。

【为农服务工作】 年初，区供销合作社围绕全年任务目标，明确在新常态下为农服务新思路和新坐标。春耕备耕开始后，浩伦农资超市在全区12个镇和5个驻丰农场开展“放心农资、贴心农民”送农资下乡活动，组织销售人员深入农民田头、家庭农场、专业合作社把优质农资和科技资料送到农民手中，指导农民合理用肥用药，全年将5万多吨农资送到全区各镇和驻丰农场。

【档案移交】 12月上旬，区供销合作社移交1989~2003年度的永久与长期文书档案到区档案馆，651卷，涉及系统的机构设置、工作职能、改革改制等资料。

（蔡根青）

2015年，大丰区夏、秋粮托市收购库点41个，粮食收购总量近23万吨

粮食经营

【概述】 2015年粮食工作紧扣全年工作目标，抓住时间节点，粮食购销、危仓老库维修改造、安全生产、粮食流通监督检查、机关作风建设深化年活动等工作取得实效。

【夏、秋粮收购】 2015年，大丰区夏粮面积增大、总量增加而面临仓容压力，全区国有企业负责人会议对粮食供求矛盾、价格机制、夏粮形势、仓容压力、加工企业现状、托市收购政策走向等方面进行分析和预判，与会人员集思广益，提出7项应对措施。组织部分库所负责人分3个批次赴广东、福建、海南、上海等地区开展促销，夏粮腾并仓容12万吨，秋粮腾并仓容近10万吨。为杜绝农民卖粮难问题的出现，动员境内沪属、省属、区属农场加入到托市收购。全区夏、秋粮托市收购库点41个，粮食收购总量近23万吨。在省、市粮食收购电视电话会召开的基础上，采取以会代训的形式，要求企业负责人统一思想，统一收购尺度标准，严格执行政策。举办题为“认识新常态、适应新常态，深刻领会依法管粮的重要意义”的专题讲座，从国家政策性粮食的收购、保管2个重要环节，阐述可能发生的刑事犯罪风险点，告诫企业经营者讲政策、守规矩。反复重申国家粮食局“五要五不准”、省局“三个绝不允许”和盐城市局“八个严格”“五个规范”的具体要求，各企业负责人与粮食局签订粮食收购与安全保管工作责任书。夏粮27个托市点统一开秤后，从基层库点到购销公司业务科室高速协调运转，与往年相比，呈现出质量优、入库进度快、农民对收购价满意、收购信息化发挥作用明显、现场管理规范有序等5个特点，部分库所开秤一周左右达到满库，通过微信、短信等媒体及时发布信息，引导售粮农民到其他托市库点交售粮食。局机关成立夏、秋粮收购工作领导小组，分设市场监管、组织协调、资金保障、现场（安全）督查、凭证审核5个工作小组，局机关停休节假日。夏、秋粮收购工作有条不紊。

【危仓老库维修改造】 2015年，大丰危仓老库维修改造历时近6个月，顺利通过省粮食局组织的检查验收，全区13个重点库所整体形象出新、功能提升，在争取的3399万元省以上专项资金投入改造的基础上，通过自筹和争取地方配套资金2170万元投入改造项目，投入资金5569万元。工期跨度夏、秋两个收购季节均没有受到影响，施工进度及现场组织在省、市局组织的历次检查观摩活动中屡获好评。2015年的夏、秋粮收购是对维修改造项目的最好检验，从仓储吸纳功能，基础配套设施，收储信息化等方面反映改造后的国有粮企设施朝着粮食流通现代化迈出了坚实的一步。出台《关于进一步加强企业国有资产经营管理的通知》以及《全区重点粮库、所常规管理百分制考核办法》，加强粮食企业国有资产管理，确保国有资产保值增值。

【粮食流通监督检查】 2015年年初，大丰粮食局提出监督检查工作只有起点，没有终点，要自加压力，抬高定位的奋斗目标，发挥好示范引领作用。2015年上半年组织开展13个重点库所现场管理家家到观摩活动，通过现场实名制评判打分，对得分较高的前三名企业负责人分别进行表彰奖励，激发国有粮食企业经营者爱护和管理国有资产的工作热情，助推企业经营者进一步明确责任和义务，并采取具体措施。加强学习培训，组织全体执法人员研读《粮食流通管理条例》《粮食流通监督检查暂行办法》等涉粮法规，对历年来的涉粮案件卷宗逐一回头看。主动到工商、物价、质监等部门跟班学习，探讨执法技巧。邀请区政府法制办工作人员授课，对监督检查中发现的疑难问题进行探讨、交流。提升监管能力，净化粮食收购市场。2015年4月以来，局市场监管科、执法大队历时近45天对全社会各类主体资格进行审核，审核各类粮食经营主体173户，占发证总数的98%，对8户不能履行经营者责任和义务的给予行政处罚，对23户不具备粮食收购条件的经营户注销其收购资格。准确把握省、市、局目标要求，突出对政策性粮食的督查。夏粮收购时将全区国有粮食企业执行国家最低收购价政策作为监管重点，除局机关挂钩人员点对点监管外，每天都有一、二班次的执法人员巡查在收购一线，对执行政策不到位的行为采取“零容忍”措施。扎实推进放心粮油工程，全方位、无盲区监管放心粮油加工企业、流通门店柜，把安全隐患排除在萌芽状态，打造大丰放心粮油品牌的金字招牌，全年成功争创盐城市三星级放心店5个，盐城市“十佳粮油放心店”1个，影响和带动全区创建工作提档升级步伐。2015年年初，区粮食局对4个粮油放心店、示范店分别给予2000元的奖励，进一步调动全区放心店、示范店经营户的积极性，营造大丰粮油放心消费环境。

【安全生产】 2015年，粮食局按“谁主管、谁负责”的原则，严抓责任制的落实。层层签订安全生产责任状和目标责任书，形成横向到边，纵向到底，责任明确，不留死角的安全生产管理新格局。安全生产的部署逢会必讲，认真组织实施各个阶段的专项行动，全年召开安全方面的动员部署会议7次，制作安全生产警示标语140余条，墙报板报37块，宣传单页资料270余份，利用短信平台发送安全生产通知、警示、提示内容420余条，全系统全年安全生产无事故。

【作风建设深化年活动】 2015年，局党委以“作风建设深化年活动”为契机，组织学习贯彻中共十八大、十八届三中四中全会和习近平系列重要讲话，特别是视察江苏重要讲话精神，落实全面从严治党各项要求，巩固和发展党的群众路线教育实践活动成果，以“三严三实”（严以修身、严以用权、严以律己，谋事要实、创业要实、做人要实）为标尺，推进新常态下机关作风建设。全区基层库所是面向广大种粮农民最直接的窗口，国有粮食企业经营者的形象和素质教育列入局党委的重要工作议程。对区委区政府部署开展的“作风建设深化年”活动，局机关、基层库所做到同部署、同动员、同落实、同检查。年内，共产党员“三严三实”教育活动推动机关作风建设的高标准、严要求，做到区委规定的“十个一律不得”。对局机关日常管理规章制度进行充实和修订，并以文件形式印发到机关科室及基层库所参与监督，制度从工作人员日常行为规范、请销假、财务管理、商务接待、公车管理、机关安全、印章保管与使用7个方面作出明确规定，特别是工作人员行为规范明确的“八个严禁”（1. 禁止利用职权和职务上的影响谋取不正当利益；2. 禁止私自从事营利性活动；3. 禁止违反公共财物管理和使用的规定，假公济私、化公为私；4. 禁止违反规定选拔任用干部；5. 禁止利用职权和职务上的影响为亲属及身边工作人员谋取利益；6. 禁止讲排场、比阔气、挥霍公款、铺张浪费；7. 禁止违反规定干预和插手市场经济活动，谋取私利；8. 禁止脱离实际，弄虚作假，损害群众利益和党群干群关系）是人人不可逾越的红线。

（夏志荣）

盐业专营

【概述】 2015年，大丰区盐务局加强食盐专营管理，依法监管盐业市场，落实消除碘缺乏危害工程，推进盐业转型发展。支持全区经济建设，开展镇、村及社区帮扶工作，支付各类帮扶资金1.1万元。科级干部每月到挂钩企业了解经营生产情况，为企业发展建言献策，按时上报挂钩服务情况。落实区委、区政府的重大决策部署，完成二院西侧的拆迁任务。落实维稳工作，全面正确履行盐务局的各项职能。全年查处盐业违法案件45起，查获各类涉案盐产品40.92吨，没收盐产品 17.66吨，罚没款93548元。金鹿渔业专业合作社饲料添加剂氯化钠行政案件一审、二审胜诉。

【食盐专营职责】 2015年，大丰区盐务局开展食盐安全放心消费创建活动，巩固食盐安全放心消费店的后续服务和管理，促进食盐放心店守法经营、诚信经营，扩大示范影响辐射效应，实现食盐放心消费店村（居）全覆盖目标。全年未发生食盐安全事件，碘盐合格率100%，碘盐覆盖率、合格碘盐供应率99%以上。

【盐业市场监管】 2015年，大丰区盐务局向全区饮食加工行业用盐户发放行政指导提示书。定期深入购盐企业核查台账资料，检查盐产品贮存场所，重点把握购进和流向环节。组织开展"雷霆风暴"联合执法和食品药品专项整治活动。联合港区管委会定期开展宣传与访查，有效规范食品加工用盐、渔业加工用盐管理和工业副产盐流向行为，杜绝工业盐和工业废渣盐等有毒有害盐产品流入食盐市场。

【盐业专营经济效益】 2015年购进各类盐产品10424吨，其中食盐6882吨、工业盐3542吨，碘盐小包装3120吨，分别完成年计划的114.55%、80.58%、110.69%、100.65%，同比分别增长3.62%、下降6.67%、下降2.74%、增长7.07%；销售各类盐产品10447吨，其中食盐6786吨、工业用盐3661吨，食盐小包装3110吨，分别完成年计划的114.80%、115%、114.41%、100.32%，同比分别增长1.62%、4.1%、下降2.7%、增长0.06%。人均碘盐供应量4.43千克。全年实现营业收入3100万元，其中主营业务收入1700万元、非盐业务收入1400万元，同比分别增长3.16%、14.02%、下降7.53%；实现利润330万元，完成年计划的100%，同比增长10%，专营经济利润创历史新高。

（谭　芳）

烟草专卖

【概述】 2015年，大丰区烟草专卖局（以下简称区烟草局）设有客户服务科、专卖监督管理科等5个职能部门，下设三龙、草庙、刘庄、城区4个基层服务站。区烟草局以"行业楷模"发展战略为指引，坚持盐城市局整体发展思路，获得"基层党建先进集体""全市政府法制工作先进单位""工人先锋号"等荣誉称号。

【卷烟销售】 至年底，全年销售卷烟23732.48箱，完成年度目标23786箱的99.75%；销售收入63482.07万元，同比增长9.69%，实现税利15408万元，同比增长23.17%。卷烟市场平稳健康运行，实现卷烟销量、税利等预期目标，密切关注销量、结构、库存、价格4大信号，以市场为导向，开拓细支烟、异型烟、低焦油卷烟等的市场空间。

【专卖管理】 2015年，区烟草局开展"四项集中整顿""冬季会战""闪电17号""闪电18号"等专项整治行动，打击非法卷烟经营活动。全年查处案件85起，查获卷烟10841.5条，案值208.4685元，其中1万元~5万元案件14起、5万元~20万元案件2起、20万元以上案件2起；年初，在盐城市局稽查支队的配合下，区烟草局立足本地抓案件，经过1年多的苦心经营，查获1起百万元的非法经营大要案件。全年刑事拘留4人、取保候审3人、逮捕2人、判刑7人，审结办理符合国家局网络案件1起，待上报的网络案件1起。

2015年，大丰区烟草局多次开展市场调研，全年卷烟市场平稳健康运行 （单位供图）

【基础管理】 2015年，区烟草局以"三联三带"创优活动为载体，组织开展楷模战略知识测试、主题演讲比赛、楷模评比等活动。编制目标策划书与延伸到部门的绩效合约书，将发展目标细化落实到岗位，一级抓一级、层层抓落实，实现发展目标对组织、条线和岗位绩效的统领指导和有机衔接。

【队伍建设】 2015年，区烟草局深入开展客户经理岗位竞聘与双向选岗活动，重视全员技能鉴定培训，注重理论结合实际，精炼内容、突出重点，提升技能鉴定通过率；推进一批QC创新项目，激发全员创新意识；开展作风整顿活动，把纪律和规矩摆在前面，规范管理；落实"一岗双责"要求，制订安全应急预防措施，开展"安全生产月"、应急演练等活动，推进安全文化建设；落实安全和廉政"两条高压线"，做好安全维稳工作。

（姚　祥）

石油经营

【概述】 2015年，中国石化销售有限公司江苏盐城大丰石油分公司（以下简称石油公司）围绕中国石化销售有限公司江苏石油分公司"三年奋斗目标"，拓市场，强管理，抓改革，保稳定，经全司上下奋力拼搏，完成年度奋斗目标，各项工作取得进步。全年实现成品油销售量近8万吨，销售非油品近1000万元。全年HSE（健康、安全、环保）和数质量管理无重大责任事故，公司总体和谐稳定发展。

【运营安全平稳】 2015年，石油公司注重安全责任落实，重新梳理并明确各岗位安全职责，进一步落实基层组织的安全主体责任和职能部门的安全监管责任，强化各级安全红线意识；注重安全风险防范，紧抓“风险评估、危害识别、预案演练”三大法宝，着重提升员工安全意识及应急处置能力；注重“加油现场、卸油现场、施工现场”管理，严格督查和“四不两直”（不发通知、不打招呼、不听汇报、不用陪同接待、直奔基层、直插现场）检查，开展承包商安全管理专项整治，发现问题，严肃问责；注重安全闭环管理，充分发挥安全监管职能，强“三基”，反“三违”，全面推行“三标”（标准化班组、标准化岗位、标准化操作）工作，全年实现安全生产无事故目标。

【经营质量提升】 2015年，石油公司注重油、非、气、卡互动及客户的开发与维护，经营质量稳步提升。注重资源保供体系完善；注重零售量利平衡，坚持“量效兼顾，以效为先”的经营原则，深化“一站一策”措施的落实，从“进站率、加满率、通过率及回头率”入手，一一突破，加强与中石油、中海油价格协调，慎重点与点竞争，严格量效评估，实现效益最大化；注重终端市场，开展“地毯式”市场调查，梳理竞争对手情况，挖掘潜在客户，强化客户的分级管理；注重非油品经营创效能力提升，运用考核杠杆，实行全员营销，优化经营结构，提升非油品门店零售水平。

【网点建设工作持续推进】 6月，城南加油站建成运营，申丰路加油站和东宁路加油站先后开工建设，与上海农场成功合作，合资组建G228国道联营加油站，有效弥补市场空白。

【管理水平提升】 2015年，石油公司细化职责分工，重奖重罚，强化压力传导，内部基础管理水平实现“触地反弹”。持续优化绩效考核机制；强化数质量管理，严格商品损溢管理，推行超损赔偿制度，加油站损溢管理水平提升；深入开展商标打假维权工作，对辖区内社会加油站进行拉网式摸底排查，清理拆除过期铜牌2个，清理2个社会加油站的侵权行为；开展改革经营管理建议工作，全员参与，分级奖评，全年上报经营管理建议16条，获奖近3000元。

【企业改革成效初显】 2015年，石油公司推进优化用工工作，通过5000吨以下加油站的委托管理和5000吨以上加油站的定员定编，进一步优化加油站岗位设置和人员编制，提高人均劳效。推进县公司体制改革，根据省、分公司的统一部署，公司管理机构的职能进行整合，管理更加精细，职责更加明确。针对加油卡客户数和持卡消费量的下滑问题，设立专职加油卡客户经理，跟踪维护，加油卡客户数和持卡消费量均有所回升。

【党建工作】 2015年，石油公司注重班子及人才队伍建设，深入开展“三严三实”（严以修身、严以用权、严以律己，谋事要实、创业要实、做人要实）主题教育活动，强化支部标准化建设，做好党员发展工作，全年新发展1名党员，1名预备党员转正。深入学习宣传中共十八届三中、四中和五中全会精神，提升党员的思想政治素质。开展“比学赶帮超”活动，鼓励员工进位争先。强化加油站“家文化”建设，让员工在加油站上班有“家”的感觉，在城区加油站设立“环卫驿站”，方便环卫工人。大丰第九加油站被省公司评为“为民服务创新争优”金牌示范站。加强党风廉政建设，签订党风廉政责任书，深入开展“五个一”活动（上一堂廉政教育课，开展一次廉政谈话，举办一次警示教育，选树一批正面典型，查处一批违规违纪员工），全年2人因违规违纪被解除劳动合同。加强群团建设，以开展“安康杯”竞赛、“我为安全作诊断”等活动为重点，引导员工学技术，促进员工重视安全健康，大丰第八加油站获盐城市“工人先锋号”。和谐企业建设，持续开展“真困难真帮助”活动，全年救助困难员工30人次，发放救助帮扶资金近30000元，形成和谐稳定的局面。

（刘　森）

现代服务业

【概述】 2015年，大丰区现代服务业实现服务业增加值245.31亿元，同比增长13%；服务业定报企业开票销售180.62亿元，同比增长20%，新兴服务业增加值114.72亿元，同比增长15%，高出大丰区服务业增加值增幅2个百分点，占服务业增加值比重48%；净增服务业定报企业66个，同比增加15个。12月，大丰区电子商务协会成立，入会企业50多个。全年大丰区电子商务交易68亿元，同比增长21%，列入省统计平台企业92个，工业企业应用电子商务2000多个，农村淘宝村级服务站开业103个，京东商城、苏宁云商落户开业，全国首个农资电商平台农一网上线销售1.4亿元。出台全省第一个县级电子商务规划。

【产业发展】 2015年，大丰区大数据产业实现产值1.2亿元，带动相关产业产值20多亿元。创意产业对接项目400多单，拉动产值近1亿元。城市综合体建设取得突破，城东新区万佳城市广场加快建设，15个知名餐饮类、服饰类和休闲娱乐类品牌达成入驻意向。大数据产业园云计算数据中心投入使用，入驻企业50多个。东方1号创意产业园集聚企业和产学研平台70多个，台湾芝柏集团等29个企业达成入驻意向。中汽中心盐城汽车试验场投入运营，与一汽大众、路虎等大型汽车制造商开展合作。大丰港现代物流中心、东方1号创意产业园、专业市场集聚区等3个

2015年，大丰港现代物流中心、东方1号创意产业园、专业市场集聚区共完成投资14.2亿元

盐城市级以上服务业集聚区完成投资14.2亿元、实现营业收入63.33亿元、税收2.24亿元。

【招商引资】 3月，在香港举办服务业专题招商活动。5月，在全区开展“服务业发展突击月”活动，组织服务业项目开竣工观摩。开发区等经济版块多次在上海、杭州等地专题组织服务业招商。全年服务业在谈项目33个，签约项目27个，在建项目48个，竣工项目27个，其中各类新兴服务业项目47个。阿里巴巴、京东商城、苏宁云商等龙头电商企业，中兴通讯、航空互联、运盛医疗等知名大数据企业，万通影视、创客空间等创意品牌企业落户。服务业外资项目取得突破，落户绿色联盟、智世联创等外资项目10个，总投资1.92亿美元。

【物流】 2015年，大丰有港口、公路、铁路等多种运输方式，综合交通运输体系成为大丰物流业发展的重要支撑。国家一类口岸大丰港距盐城机场45千米；盐城至大丰港的高速公路开工建设，盐城至大丰港轻轨项目在筹划之中；新长铁路大丰港支线列入国家规划，大丰现代物流中心所需的交通网络基本形成。“数字大丰”建设为社会提供快速、系统、简便的信息服务。大丰电子商务平台的信息基础设施，为大丰加快物流业发展奠定基础。大丰区有各类货运、集装箱运输、仓储、货代、速递、船务公司、物流管理咨询及投资公司等各类物流企业近500个，传统物流企业开始向现代物流企业转型。西班牙TCB集团、宁波港集团等积极与大丰港进行战略合作。大丰港现代物流园区、服务业集聚区等现代物流业载体加快建设。新落户的石化、风电、机械、造纸、钢铁等大中型企业，对专业化物流服务的需求发展迅速，成为带动大丰区物流产业发展的重要市场基础。

（张　鑫）

【电子商务】 2015年，通过规划引领、园区集聚、基地孵化、中心支持、人才支撑，大丰电子商务加快发展。电商产业园、大数据产业园等四大园区企业集聚初具规模。农村电商设立113个农村淘宝服务点，1个苏宁云商乡镇服务站。大润发飞牛网“千乡万馆”到镇、村招募代理人。农村淘宝、苏宁易购开展地产品上网销售。跨境电商（大丰港）孵化中心启动建设。示范创建卓有成效，大中镇恒北村、刘庄镇友谊村、三龙镇龙东村被确认为江苏省电子商务示范村；大丰区职业技术教育中心被确认为江苏省电子商务人才培训基地；三龙镇龙东村、三龙镇斗龙港村、西团镇众心村、白驹镇狮子口村等被认定为盐城市电子商务示范村。深入开展服务培训，电商普及培训突破1万人次。

（陆洋洲）

〖编辑　顾　锋〗

旅游·麋鹿保护

旅游景点

【概述】 2015年，大丰旅游局坚持“景点为王、政府主导、市场导向”的发展思路，以建设“‘长三角’富有吸引力的旅游目的地”为目标，推进全区旅游业健康稳步发展。2015年全区接待游客1000万人次，同比增长69.5%；实现旅游综合收入65亿元，同比增长18.2%。全年新增国家AAAAA级景区1个，AAAA级景区1个，AAA级景区1个，省四星级乡村旅游区1个，省三星级乡村旅游区1个，省工业旅游示范点1个。

【中华麋鹿园】 中华麋鹿园为国家AAAAA级旅游景区，有麋鹿2818头，是世界上最大的野生麋鹿放养地，拥有世界上最大的麋鹿种群，建立了世界上最大的麋鹿基因库。该园是全球唯一以“湿地生态、麋鹿文化”为主题的旅游景区，集生态旅游、休闲度假、科普教育、科研保护于一体，园内建有电教馆、野生麋鹿园、中国南黄海湿地馆、百鸟园、动物园、农家乐园、海洋生物标本馆、珍禽异兽标本馆、蝴蝶标本馆、打靶场、麋鹿塔、观鹿台等十多个旅游景点，设有接待游客的高档宾馆、培训中心，每年可接待中外游客50万人以上，获得“中国十佳湿地旅游目的地”、“中国生态旅游15个精选项目”之一、“世博之旅”推荐线路、首批“江苏自驾游基地试点单位”、五星级“江苏最美的地方”和首批“中国低碳旅游景区”等称号。

【大丰上海知青纪念馆】 大丰上海知青纪念馆为国家AAAA级景区，建成中国知青主题馆、纪念馆主馆、文史院、海丰少年馆、北上海历史展陈馆等数个景点，是国家级青少年爱国主义教育基地、省级影视基地。馆内藏有当年知青生活、生产的实物资料2万多件。纪念馆主馆分6个展区，分别为：历史印痕、知青名录、生活实景、农场建设、人物春秋、文明记忆。馆内有17个小景点：主馆、知青会所、元华浴室、老虎灶、护馆河、橘园、息壤元华、稻香村、渔家坳、桃花源、知青劳动体验区、老树、老井、西池塘、伙食房、菜田和职工俱乐部。其间的《北上海1950》拍摄基地，真实再现了20世纪50年代村庄的原始景象，是国内唯一反映20世纪50年代建筑风格的影视基地。主馆北侧的是以20世纪70年代建筑风格为背景的知青影视一条街，复制20世纪70年代农场的12幢标志建筑，打造国内唯一的知青题材为背景的专业影视区，《北上海1968》《两个女人的战争》在这个区域拍摄。大丰青少年教育基地，作为国内首座大型知青文化主题馆，通过8000平方米的知青年代建筑群，在了解中国知青运动概况的同时，以曾经为大丰沿海开发做出突出贡献的知青故事为创意基础，对知青年代人、事、物，进行生活再现和史实互动。

【大丰港海洋世界】 大丰港海洋世界为国家AAAA级景区，是国内首个以海洋为主题的情景式互动体验馆。景区占地面积33.3公顷，一期工程建成2万平方米的中国·大丰海洋科技馆、3000平方米的热带植物馆、12万平方米的明月湖、3万平方米的连栋大棚（耐盐特种蔬菜高效栽培）、3万平方米的智能温室（耐盐苗木扩繁基地）、1.2万平方米的海洋生物产业孵化区观光带、1万平方米的盐土大地商务酒店等。二期工程占地面积3.3公顷，以梦幻、卡通、时尚的海洋风情为元素，重点建设海洋剧场、儿童乐园、海洋时尚美食坊、海滨市集四大工程。

【新丰荷兰花海】 荷兰花海位于新丰镇，2013年创建成江苏省四星级乡村旅游点，2015年创成国家AAAA级旅游景区，荷兰花海是盐城市统筹城乡发展的试点、江苏省智慧旅游和电子商务示范基地。项目深度挖掘民国村镇规划第一镇的历史底蕴，依据原有地形，在不变动原有地貌的基础上加以修整，以“田园、河网、木质建筑、风车、花海”为设计元素，以荷兰名花郁金香为特色，打造集观光、娱乐、餐饮、种植于一体的颇具荷兰风情的花海。建有游客服务中心、咖啡屋、风车情侣馆、洋家乐休闲中心、购物中心，并配备旅游观光车、游艇、皮划艇、快艇等旅游设施。

【东方湿地公园】 东方湿地公园是国家AAA级旅游景区，是一座集休闲、娱乐、创意于一体的现代城市公园，公园分为南园和北园。南园以湖、果林和绿化为主要特色，北园是以湖、景观、建筑、假山、喷泉和水幕电影、广场为主的综合性公园。公园入口是儿童乐园，建有摩天轮、滑行龙、仿古火车、弹跳、摇头飞椅、恐怖城等儿童娱乐设施。公园内的东方1号创意产业园，是江苏省首个旅游商品研发基地，也是苏北地区首个文化创意产业园。楼内一层是创意设计展示中心，建有蓝馆、红馆和综合展览馆。红馆为创意生活馆，蓝馆为工业设计馆，主要展示国内外创意设计的最新成果和世界工业、生活领域的高端前沿产品。二楼和三楼是创新产品生产区，吸引了包括上海木马、苏州斑马等中国顶尖创意团队入驻。

【大丰港动物园】 大丰港动物园位于海港新城启动区西侧，是国家AAA级景区。该园主要分三个区域，北区为麋鹿苑，主要有麋鹿等食草动物；中区为珍禽园，以各种珍稀鸟类为主要看点；南区有大熊猫乐园、虎狮熊豹猛兽馆、动物表演场和亲子动物区等景点。园内有各种珍稀鸟类300余种、6000多只，有熊猫、麋鹿、丹顶鹤、东北虎等十多种国家一类保护动物，更有法国黑天鹅、南美金刚鹦鹉等十多种世界珍稀野生动物。

【中华水浒园】 中华水浒园为国家AAA级旅游景区，位于白驹镇的花家垛，四面环水，是依托施耐庵故里这一独有资源新建的主题文化园。项目总规划面积48公顷，一期规划面积14公顷，逐步建成施家垛水浒主题文化体验区、花家垛核心文化展示区、古镇历史文化保护区等特色旅游文化景点。首期工程水泊桥、水浒街牌坊、施耐庵书院、碑廊、停车场、亲水平台、快活林客栈等建成对外开放。加快旅游商品一条街、游客服务中心、浔阳楼、快活林客栈、聚义桥等十大工程建设，完善文化旅游产业基本要素，以展示“施公故里、水浒原乡”不一样的文化魅力。

【丰收大地现代农业示范区】 丰收大地现代农业示范区是省四星级乡村旅游区、全国休闲农业与乡村旅游示范点。建成以现代农业展示馆、孙桥现代农业科技馆、花卉超市、种苗世界及有机蔬菜生产展示、种子种苗农资一条街为景点的现代农业展示风光带，以农家乐丰收园、金品苑观光采摘、葡萄长廊、农庄垂钓、农家生活体验、有氧沐浴、有机食疗为特色的城市氧吧休闲度假区。园内建有农业科技服务中心、游客中心、现代农业展示中心、花卉交易中心、种苗世界、有机蔬菜生产展示中心，以及丰收游园、三星级绿岛生态园餐厅、精油加工车间等休闲、餐饮、购物场所，是游客感受乡村旅游魅力的旅游休闲度假目的地。

2015年4月25日，大丰港动物园通过中国动物园协会考评专家的考核，成为2015年全国首个加入中国动物园协会的县级动物园

【恒北村梨园风光】 位于大中镇恒北村的梨园风光为江苏省四星级乡村旅游区，占地7.5公顷，设有入口广场、果品展示中心、文化活动中心、体育活动中心、健身氧吧、晨练功能区、亲子乐园儿童天地、映像恒北展示馆、湖边茶室等。中央为湖光景色区，沿湖周围设有钓鱼台、葡萄长廊、湖畔广场等。

【希望的田野】 “希望的田野”为江苏省四星级乡村旅游区，位于草庙新镇区西侧，规划面积667公顷，核心区200公顷。园区采取客商投资、能人入股、农户参与的总体运行模式，并以优惠政策鼓励本地农户创业，是一个集农业观光、垂钓休闲、珍禽养殖、乡村农家乐于一体的新型生态农业示范基地。园区包含庄稼乐园、垂钓中心、无土养殖示范区、孔雀观赏园、牙獐养殖园、姜尚美食坊、果品采摘园、草庙红名贵植物园、QQ农场和现代农业展示馆等十大功能区。各功能区别具特色，各有亮点，在各大功能区之间有休闲观光小径贯穿相通，连成一幅“树在园中、园在绿中、姹紫嫣红、交相辉映”的乡间美景。

【东方桃花洲】 东方桃花洲位于大桥镇，2015年创成江苏省四星级乡村旅游区，主要围绕农业观光旅游、果品采摘、文化旅游商品品牌运营三大功能定位，打造集文化旅游商品品牌中心、果品仓储物流中心、农业科技展示中心等为一体的乡村旅游景点。规划建设有小南湖公园、千亩桃园、花卉苗木种植区、“桃花源”农家大院、“桃花岛”休闲渔舍、“桃花潭”温泉酒店等。

【七彩花田】 七彩花田位于草堰镇，2015年创成江苏省三星级乡村旅游区，是一座集观光、休闲、娱乐等功能为一体的现代观光农业花卉主题园。以“田园、河流、木屋、鲜花”为设计元素，以玫瑰为特色，并引进薰衣草、波斯菊、月季、红枫等各种花木，打造颇具浪漫风情的七彩花田。园内设有一帘幽梦廊道、玫瑰剧场、花田萌宠园、农具展示馆、梦幻乐园、梦田花圃、花田里咖啡馆等特色景点，游客徜徉其间能感受景中有景、园中有园的绚丽花韵，体验自然生态的乡村慢生活。

【滩涂风光】 川东港闸东南部的滩涂风光，占地90公顷，建设周期2年。区内具有动物群落多样性特征，物种丰富。其中，国家重点保护的一类野生动物有麋鹿、丹顶鹤、白头鹤、白鲟等14种，稀有动物多，二类国家重点保护野生动物有66种。景区分为精品旅游养生、湿地体验休闲、特色动物保护、高端桑拿保健四大片区，包括麋鹿家园、青纱绿帐、牙獐寻踪、白鹭栖息、盐场古风、湿地博览、海涂沙盘、蚕沙研发、休闲养心等20多个景点。

【施耐庵公园】 施耐庵公园为国家AA级景区，建有纪念褒扬区、中心大道主景区、滨水区、水浒文化区、体育活动区、宣传演艺区、运动草坪区、绿色丛林区、老年活动区、儿童游乐区以及革命烈士纪念馆、施耐庵史迹馆、博物馆。园内山、水、湖、树木花草、音乐喷泉等，形成红色氛围与绿色生态为一体、革命历史与人文活动相交融的特色景观。

【银杏湖公园】 银杏湖公园为国家AA级旅游景区，该园以20世纪50年代形成的长约1.5千米的银杏林带为依托向东拓展而建，整个公园占地约19公顷，由两个部分组成：跃进河东侧是占地面积约14万平方米的公园主体；跃进河西侧是占地面积约5万平方米的银杏林带。公园以绿化为主调，配以广场、桥梁、钢膜结构、灯光等公园景观元素，实现自然景观与都市氛围的有机结合。公园内以银杏为主题，有海浪舞台、露天舞池、观景平台、灯柱广场、儿童天地、蛙声十里、烟花九月、苇荡风情、花海麦浪及现代风格的桥梁等20多个景点，可供市民休憩游玩，是集观赏、游览、娱乐、健身于一体的开放式公园。

【姜尚公园】 位于草庙镇的姜尚公园为国家AA级景区。公园以苏州园林为主体风格，分为“湖光春色、历史凝晖、田园风光、长卷如画”四大景区，“姜尚文化”为主题，把江南古桥、苏式古亭、钓鱼台、船舫、长廊等元素浓缩在8公顷的公园内，倾力打造以江南水乡为背景的生态文化公园，是全国仅有的以姜子牙命名的主题文化公园。公园规划展示厅、陈列室、太公书画社等，为广大游客介绍有关姜子牙传奇的一生。实物展示、名家字画鉴赏、现代声光特技引领游客穿越3000年时空，领略这位政治家，韬略家，军事家的神奇风采。

【刘庄净土院】 刘庄净土院位于刘庄镇紫林路南首西侧，2013年创建成国家AA级景区，分为山门殿、天王殿、玉佛 、大雄宝殿、念佛堂、斋堂、寮房、高鹤年纪念馆（待建）八大区域。该院是全国著名女众净土道场，香火旺盛。

【巴厘岛温泉俱乐部】 温泉俱乐部坐落于港城风光秀美的日月湖畔，建筑面积9800平方米，温泉养生特色氛围浓郁。俱乐部泉水取自地下基岩深处1580米，出水表层温度52℃，泉水中富含锂、锶、溴、氟、镭等微量元素，配有东南亚顶级的水疗、专业的中医保健、豪华的包厢，配有薰衣草池、人参池、玫瑰池、牛奶池、红酒池、鱼疗池等十多个汤池和十多间室内养生池及恒温游泳池、瀑布冲淋等特色项目，是顾客养生休闲的好去处。

【西郊梅园】 西郊梅园位于大中镇，占地200公顷，是一座集生态园林、旅游观光、健身休闲为一体的综合性旅游景区，为苏北地区最大规模的梅园。绿化面积占陆地面积80%，基本形成四季常绿，季季有花，色彩丰富，森林氧吧的宜人景观。西郊梅园和浙江东方梅园合作，打造13.3公顷的“精品梅苑”景点，引进1万余株梅树，以全国各种梅花为主体景观，有骨红、朱砂、绿萼、美人梅、宫粉梅、江梅、垂枝梅等珍贵品种，并配置传统的岁寒三友（松、竹、梅）和花中四君子（梅、兰、竹、菊）等多种植物群落。

【中华麋鹿园自驾游营地】 中华麋鹿园自驾游营地坐落在草庙镇，位于临海高等级公路（国道228）东侧，国家AAAAA级景区中华麋鹿园西首，距离中华麋鹿园3千米。自驾游营地项目总面积66.7公顷，总投资5亿元。作为国家AAAAA级景区——中华麋鹿园的配套服务区，自驾游营地内重点打造乌邦寺商业小镇、五星级汽车野营基地等核心功能区，为旅客提供游览、餐饮、住宿、购物、休闲、娱乐、信息咨询、租赁、旅游品集散、汽车营地、主题酒店、商业配套等综合服务，建设华东地区独具特色的集野外露营、户外运动、休闲娱乐等功能于一体的自驾游基地。

旅游设施建设

【基础设施建设】 2015年，中华麋鹿园完成星级公厕、生态桥及鹿王展示区建设及项目主要建设地点平整、环境整治、土方和河道疏浚、315千伏安用电报装等工程。海盗王国一期工程竣工，欢庆广场、商业街、四大件、动漫区、儿童室内游乐场等对外开放；二期动漫区、儿童室内游乐场、世界海盗城堡及相关配套设施在建设。新丰镇荷兰花海圣劳伦斯中心竣工。知青农场青春梦想体验中心完成红色体验各功能建设、绿化景观等基础配套建设。草堰镇三元农庄栈桥、亲水平台、休闲四合院、休闲餐饮和智能化会所等主体工程及配套设施基本完工。麋鹿生态度假村建成游客接待中心、四合院农家乐、别墅式酒店、自助银行等综合服务设施，项目对外开放。未来科技馆序厅、地球家园、海洋世界、生命之谜、畅想未来2050、宇宙探索六大展厅和4D影院等主体部分竣工。风电智能应用展示馆完成风电科技展示中心、景观湖及其他相关附属配套设施建设，智能微电网系统并网发电。农耕文化园、恒北美满壹号温泉酒店、果品文化园、阿姆斯特丹茶吧、太平禅寺等项目按照进度施工。

【旅游厕所建设】 4月24日，全市召开旅游厕所建设提升动员会议，成立旅游厕所建设提升工作领导小组，按照“数量充足、干净无味、实用免费、管理有效”的目标要求，建成旅游厕所40座，其中AAA级厕所13座。

【旅游集散中心建成开放】 大丰旅游集散中心位于大丰区开发区国际商务大厦1楼，是整合散客旅游资源和规范散客旅游市场以及满足市民个性化旅游需求和促进自助游消费市场培育的重要综合性功能设施，要提供人性化、个性化、定制化服务，通过私人定制化的旅游线路安排，将车辆、导游、餐饮、住宿、导购等形成一条龙服务，开创旅游销售新模式。

【开通旅游直通车】 2015年，大丰开通上海、南京、盐城等地的旅游直通车，在全区开通4条旅游公交专线，将中华麋鹿园、荷兰花海、恒北梨园、知青农场等景区以及客运总站等交通枢纽连接起来。

【丰收大地游客中心和食用菌展销馆建成开放】 2015年，丰收大地游客服务中心建成开放，占地0.65公顷，建筑面积3400平方米，总投资2000多万元，是丰收大地旅游业发展的重要基础设施。游客服务中心包括多功能会议中心、食用菌展销馆、商务中心、客房餐厅等部分，集餐饮住宿、休闲娱乐、电子商务等功能于一体，可为游客提供舒适便捷的服务。中心还具备会议、培训等功能，以学术交流、高峰论坛和农业培训等策应丰收大地产业升级。食用菌展销馆是丰收大地食用菌健康体验基地的展销平台，占地300多平方米。丰收大地营销发展有限公司与内地和台湾100多个食用菌企业开展合作，采取线上销售、线下体验的O2O平台模式，展示杏鲍菇、灵菇、红菇、竹荪、猴头菇、松茸等30多种菌菇、300多个品项，联合30个菌菇企业开办丰收大地百菇园淘宝旗舰店，是国内品种最全、品项最多的菌菇类网络销售平台。

2015年12月，大丰旅游集散中心建成开放

旅游管理

【中华麋鹿园创成AAAAA级景区】 2015年，中华麋鹿园创成国家AAAAA级景区，依托于江苏大丰麋鹿国家级自然保护区，占地2667公顷，其中湿地8%，植被覆盖率70%，数万亩的连片森林，形成一个天然氧吧，空气质量达到国家一级标准，水资源达到国家二级饮用水标准。中华麋鹿园是全球唯一以“湿地生态、麋鹿文化”为主题的旅游景区，围绕麋鹿、湿地的生态主题，将麋鹿元素用于景观营造、产品设计和纪念品的开发等多个方面，实现景区的主题化。

【荷兰花海获评AAAA级景区】 国家AAAA级景区、江苏省四星级乡村旅游区荷兰花海是盐城市统筹城乡发展的试点，江苏省智慧旅游和电子商务示范基地。荷兰花海深度挖掘“民国村镇规划第一村”的历史底蕴，以1919年荷兰水利专家特莱克规划新丰农田水利为渊源，秉持“立足盐城、承接上海、辐射‘长三角’”的功能定位，围绕“观光旅游、婚纱摄影、健康养年”三大产业布局，以“田园、河网、木质建筑、风车、花海”为设计元素，以郁金香为特色，打造集观光、娱乐、餐饮、种植于一体的“中国郁金香第一花海”。

【旅游年卡发行】 1月20日，大丰旅游年卡正式对外发行，全年发放旅游年卡2.46万张。对本地市民发行旅游年卡，实现“百元游遍大丰”的梦想，让更多的老百姓享受到旅游发展带来的实惠，最先体验和评判大丰旅游发展的好坏，共享旅游发展成果。

【“加快旅游发展、融入‘互联网+’”讲座】 12月18日，区旅游局专题举办“加快旅游发展、融入‘互联网+’”讲座，特邀张永连主讲。各镇分管镇长、各区园分管负责人，各景区（点）、星级酒店、旅行社主要负责人，旅游

2015年12月18日，大丰区旅游局举办“加快旅游发展、融入‘互联网+’”专题讲座（单位供图）

行业协会会员单位负责人参加这次讲座。

【“管家式”导游培训】 3月28~29日，大丰旅游局组织开展第一期“管家式”导游培训。特邀盐城师范学院范晓庆、唐金稳讲授旅游管家职业技能，全面提升导游服务水平和质量。

【导游职业技能大赛】 11月17日，区旅游局举办了大丰区导游职业技能大赛。比赛设自我介绍、导游讲解、知识问答、才艺展示4个环节，活动旨在提升导游队伍整体水平，打造一支“形象好，懂旅游，会导游，善服务，有资质”的优秀导游队伍，提高游客满意度，展示大丰旅游美丽风采。

【初级救护员培训活动】 11月14日，区旅游局举办初级救护员培训班，邀请区红十字会应急救护培训师、大丰人民医院120急救中心副主任沈桂芳担任主讲，全区各景区景点、星级酒店和旅行社等涉旅单位的相关人员参加培训。

【出租车司机优质服务专题培训】 8月17日，大丰出租车司机优质服务专题培训开班仪式在大丰上海知青纪念馆3D报告厅举行。文明办、旅游局主要负责人和巴士汽车服务有限公司200多名员工参加了这次培训。

【邵琪伟到大丰视察】 4月28日，全国政协常委、国家旅游局原局长邵琪伟到大丰视察旅游发展工作，市长陈平，政协主席韦新，市委常委、政法委书记袁国萍陪同视察。在大丰期间，邵琪伟一行参观考察大丰麋鹿国家级自然保护区、荷兰花海、知青农场，对大丰市旅游发展取得的成绩表示肯定。

【谢润盛到大丰调研】 11月23日，省政府办公厅主任谢润盛一行到大丰调研旅游工作，盐城市副市长张京麟，大丰区委副书记、代区长宋勇，大丰区委常委、政法委书记袁国萍等陪同调研。调研中，谢润盛对大丰旅游业取得的成绩给予肯定。

【省广电总台领导到大丰视察】 4月6日，省广电总台副台长黄信、省旅游局副局长汤永林一行到大丰视察。市长陈平，市委常委、政法委书记袁国萍，市委常委、宣传部部长石根美陪同。黄信、汤永林一行参观了荷兰花海，并对大丰景区建设表示赞赏。

【省旅游局领导到大丰视察】 5月8日，省旅游局局长、党组书记秦景安到大丰考察，盐城市委常委、大丰市委书记倪峰，市委常委、政法委书记袁国萍陪同。在大丰期间，秦景安一行考察了荷兰花海、丰收大地、知青农场、恒北村等景点景区，肯定大丰旅游产业景区建设、品牌创建、环境优化等工作。

【大型媒体采风团到大丰采风】 12月2日，“2015美丽中国行 聚焦生态盐城”大型媒体采风团到大丰荷兰花海、知青农场、恒北村采风，盐城市旅游局副局长达明山全程陪同。

旅游推介

【2015年麋鹿文化旅游季】 4月11日，2015年中国大丰麋鹿文化旅游季暨荷兰花海国际郁金香文化月开幕，市长陈平在开幕式上致辞，荷兰驻中国大使馆农业参赞赫马丁、中国摄影家协会副主席张桐胜、省旅游局副局长陈芬分别讲话。来自荷兰驻中国大使馆、荷兰贸促会、中国社会科学院、中国摄影家协会、中国园艺学会、江苏省旅游局、江苏省旅游协会、江苏省摄影家协会、江苏省花木协会的嘉宾，100多个旅行社负责人、20多位新闻媒体记者，以及世界各地的游客，共同为大丰旅游点赞喝彩。

【鹿王争霸赛电视现场直播】 6月5日，“鹿王争霸，谁与争锋”江苏电视台大型直播活动开机仪式在大丰麋鹿国家级自然保护区举行，麋鹿保护区、江苏电视台、大丰电视台、大丰旅游度假区、旅游局、环保局共同拉开此次直播的序幕。6月6日，江苏卫视、江苏公共新闻频道、江苏网络电视台直播鹿王争霸赛，观众通过电视媒体、网络媒体亲眼目睹一年一度鹿王争霸赛的激烈场面、见证鹿王的诞生。

【“大丰好玩呢”旅游峰会】 4月11日，由大丰旅游局、新民晚报社共同主办的2015年“大丰好玩呢”旅游峰会在半岛酒店国际会议中心举办。盐城市委常委、大丰市委书记倪峰，中国社会科学院旅游中心研究员张坚钟，新民晚报社党委委员、副总编辑季颖及市领导陈平、吴家祥、韦新、袁国萍、韦应生等出席会议。春秋旅行社、携程等旅游龙头企业以及“长三角”地区百强旅行社负责人，《新民晚报》《新华日报》等新闻媒体记者参加会议。

【春秋旅行社旅游联谊会暨大丰旅游专题推介会】 3月17日，2015年春秋旅行社旅游联谊会暨大丰旅游专题推介会在大丰举行，近200个旅行社到大丰参加活动。市长陈平、上海春秋国际旅行社（集团）有限公司董事长王正华分别致辞，双方还签订了《2015~2018年旅游营销战略合作协议》。

【大丰花车获奖】 9月12日，大丰第3次受邀参加上海旅游节花车大巡游活动。大丰花车和来自19个国家的21支境外表演团体、国内10支表演团队和23辆花车一起，在上海这座不夜城尽显迷人风情。经过专家评审与市民投票评选，大丰花车获“最佳仿真效果奖”。

【旅游推介会在各地举办】 9月14日，“请到麋鹿故乡来——大丰好玩呢”发布会在上海静安广场举行。11月27日，2015年大丰（南京）旅游推介会在南京饭店举行。江苏省旅游局和南京市旅游局的领导以及100多位来自南京地区旅行社和媒体的代表参加活动。12月10日，2015年大丰（连云港）旅游推介会在云台宾馆举行。连云港市旅游局的领导以及100多位来自连云港地区的旅行社和媒体的代表参加了活动。

旅游饭店

【半岛温泉酒店】 半岛温泉酒店为五星级旅游饭店。酒店集商务会议、休闲度假、温泉养生为一体，酒店占地10.8万平方米，建筑面积50639平方米，是大丰海港新城的精品工程、标志性工程。该酒店全程委托太湖高尔夫酒店管理团队专业管理。酒店整体环境以温泉、园林和湖景为主要特色，装饰设计采用现代西式表现手法，创造出一个既豪华富丽、典雅别致，又自然清新、美轮美奂的怡人空间。酒店设有各类标准房、行政套房和总统套房206间，各类会议室和餐厅规格齐全，可同时接待1500余人会议及就餐。休闲娱乐区设有温泉泳池、健身房、棋牌室、斯诺克、美容美发等配套设施，商务中心、购物中心、票务中心和综合服务中心将为顾客提供全方位的贴心服务。

【新词大酒店】 新词大酒店为四星级旅游饭店，毗邻沿海高速，交通便捷。酒店外观宏伟、环境高雅，房间布置幽雅舒适，拥有总统套房和各类高级行政套房、双人房、大床房278间，内有中央空调、24小时热水供应、卫星电视、烟感消防报警器、自动喷淋系统等现代化设施。酒店配有各式中餐厅、西餐厅（咖啡厅）及风格迥异的宴会厅和包房30间，可同时容纳313人入住和1500人用餐。酒店附设商务中心、商场、美容美发厅、大型桑拿中心、棋牌室、台球室、票务中心等多项服务设施，是宾客休闲、旅游、度假、会议的理想首选。

【银都大酒店】 银都大酒店建筑面积10000平方米，拥有豪华套间、普通套间、标准间118间，中西餐厅18个，餐位700个，菜肴以淮扬菜、川菜、粤菜为主，有大小会议厅6个，还拥有歌舞厅、桑拿中心、棋牌室等娱乐设施，同时提供商务、旅游、购物、洗衣等服务。

【丰东大酒店】 丰东大酒店为三星级旅游饭店。酒店设有各类行政套房、商务套房、商务标准间及商务单人间53间（套），拥有可同时接待350人的多功能宴会大厅及豪华贵宾厅（及日式包厢）16间，可为各类商务活动提供淮扬、潮粤、川湘等各地菜肴。酒店还设有购物中心、酒吧、康乐等消费、娱乐设施。

【建丰国际宾馆】 建丰国际宾馆为三星级旅游饭店，有各类客房80间（套），包括标准间、高级间、豪华间、豪华套间等多种套型，可满足各种商务客人的需求。客房内陈设高雅，色彩自然和谐。酒店拥有多个中餐厅，环境幽雅，烹饪精湛，能提供多种风味菜肴。

2015年4月11日，中国大丰麋鹿文化旅游季暨荷兰花海国际郁金香文化月开幕

东方湿地

【概述】 大丰拥有亚洲东方最大的一块湿地，面积7.8万公顷。湿地由林地、芦荡、草滩、沼泽、盐裸地组成，孕育着种类繁多的珍稀动植物。生活着鸟类315种、兽类12种、两栖爬行类27种、鱼类150种、昆虫599种、

植物499种。其中，丹顶鹤、黑嘴鸥、天鹅、白尾海雕、牙獐等国家一级、二级保护动物30多种，列入《中日候鸟保护协定》的鸟类93种。2002年，联合国开发计划署的《中国湿地生物多样性保护与可持续利用》项目在大丰实施。在大丰人的保护下，湿地的生态系统日趋完善，生物圈逐年扩大，生物数量不断增加，丹顶鹤、黑嘴鸥、震蛋鸦雀等珍稀鸟类栖息数量增长近10倍。1999年，大丰被国家湿地项目办确定为中国四大湿地项目示范保护区之一。2002年，大丰又被联合国湿地保护组织列入《国际重要湿地名录》，成为永久性保护地。

【大丰麋鹿国家级自然保护区】 国家AAAAA级景区的江苏大丰国家级麋鹿自然保护区位于大丰东南端，东连黄海，南与东台市交界，是保护完好的半原始湿地，面积2666.67公顷。在保护区内自由栖息着麋鹿、丹顶鹤、牙獐等400多种动物，生长着500多种植物，区内有麋鹿2818头。麋鹿自然保护区建于1986年，是世界上最大的，也是唯一的野生麋鹿保护区，保护区拥有一流的野生动物保护设施和科研队伍。

【东沙岛】 有天然海上博物馆之称的东沙岛位于大丰海岸线外侧，距大丰陆地海岸最近距离12千米，称其为岛，但实际上只能算是沙洲，涨潮是海，落潮为滩，这是东沙的最大特色。东沙历史上是由长江和黄河从南北两个方向夹带泥沙汇聚沉积而成，东沙海图零米以上面积7万公顷，最高海拔5.8米。四周散布着亮月沙、毛竹沙、外毛竹沙、竹根沙、牛角沙、河豚沙、太阳沙等多个沙洲。东沙岛的特殊成因构成丰富的海洋生物链，是鱼类、贝类等海洋生物繁衍生长的场所。据勘察统计，这里沿海浮游动物有桡足类、水母类、栉水母类、樱虾类、糖虾类、毛鄂类等98种。沿海底栖动物183种，其中腔肠动物4种，环节动物31种，软体动物78种，腕足动物2种，甲壳动物62种，棘皮动物6种。其中的泥螺、香螺、螃蟹、条虾、文蛤、青蛤、四角蛤、蛏蛏、牡蛎等等，是人们常吃的美味。

（朱舒捷）

麋鹿保护

【概述】 江苏大丰麋鹿国家级自然保护区（以下简称保护区）位于江苏省东部的黄海之滨，占地2666.67公顷。1986年由原林业部和江苏省政府联合批准建立。1997年12月，经国务院批准晋升为国家级自然保护区，承担着保护麋鹿、丹顶鹤及其湿地生态系统，恢复野生麋鹿种群的重要任务。截至2015年年底，保护区麋鹿数量已经由原先的39头发展到2818头，占世界麋鹿总数的近一半，其繁殖率、存活率、年递增率均居世界之首。为恢复麋鹿野生种群，保护区分别于1998年、2002年、2003年、2006年举行4次麋鹿野放试验，放归麋鹿53头，有野生麋鹿数量265头。

2015年，麋鹿保护区功能区划调整获得国家批准。总面积2666.67公顷，其中核心区面积1656.67公顷，缓冲区面积288公顷，实验区面积722公顷。

麋鹿保护与研究工作成绩明显。主持国家、省、盐城市级科研课题6个，其中国家重点攻关课题2个。出版了江苏符号系列丛书《大丰麋鹿》，并到英国参加书展，在专业刊物上发表科研论文7篇。

2015年中华麋鹿园景区被国家旅游局评定为AAAAA级旅游景区，成为苏北首批国家AAAAA级旅游景区，旅游事业进入跨越发展阶段，建成了集旅游、科普、观光于一体的智慧旅游景区，每年吸引游客30万人次。2月，保护区被中共盐城市委、盐城市人民政府授予“盐城市旅游业发展工作先进单位”称号；6月，被中国科协命名为“2015~2019年度全国科普教育基地”；12月，被江苏省台湾事务工作办公室命名为“江苏省对台交流基地”；12月，获由国家林业局颁发的保护森林和野生动植物资源“先进集体”称号。

【盐城市首批国家可持续发展实验区示范基地】 2015年，经各县（市、区）科技局推荐，盐城市创建国家可持续发展实验区领导小组办公室组织专家评审、现场考察、集体研究、社会公示等程序，保护区入选盐城市第一批国家可持续发展实验区示范基地名单。保护区自成立以来，贯彻实施可持续发展战略，坚持以人与自然和谐为主线，以科技和体制创新为突破口，生态环境明显改善，资源利用率显著提高，走上了经济效益、社会效益、生态效益三方面可持续发展道路。

【保护区工会第一届会员大会召开】 4月10日，江苏省大丰麋鹿国家级自然保护区管理处工会第一届会员大会召开，盐城市总工会主席周新民一行出席大会。此次工会选举产生首届工会委员会和经费审查委员会，协商成立女职工工会委员会。

【邵琪伟视察保护区】 4月28日，全国政协常委、国家旅游局原局长邵琪伟视察江苏省大丰麋鹿国家级自然保护区生态旅游发展工作，市长陈平，市政协主席韦新，市委常委、政法委书记袁国萍陪同。邵琪伟一行乘坐游览电瓶车，观赏了麋鹿半野生放养区，对保护区的发展给予肯定。

【大丰麋鹿移居厦门】 5月26日，经国家林业局批准，江苏省大丰麋鹿国家级自然保护区挑选6头麋鹿（2雄，4雌），经过麻醉、血检、标记等程序，6头麋鹿被送往厦门市海沧野生动物园。这次大丰麋鹿迁入厦门海沧野生动物园，对于扩大麋鹿的生存空间，探索异地选点放养具有重要的现实意义和科学价值。

【鹿王角逐战直播】 6月6日，中国大丰鹿王争霸赛现场直播活动在大丰麋鹿国家级自然保护区内上演，省广播电视总台除提供直播现场的一辆高清卫星直播车以外，还在麋鹿的

2015年10月，中华麋鹿园被国家旅游局评定为AAAAA级旅游景区，实现盐城国家AAAAA级景区零的突破
沈　怡　摄

生活区搭建了隐蔽帐篷，设置了3个机位4台摄像机捕捉画面，记录鹿王争霸历程。此次直播，大丰麋鹿保护区邀请了中国科学院动物研究所研究员蒋志刚对鹿王争霸、麋鹿生存习性、南黄海湿地等专业知识进行详细解读。

【大丰麋鹿保护区功能区划调整方案获批复】 7月16日，国家林业局和中华人民共和国环境保护部联合批复，同意大丰麋鹿保护区功能区划调整，功能区划调整后保护区总面积2666.67公顷，其中核心区面积1656.67公顷，缓冲区面积288公顷，实验区面积722公顷。

【保护区获批国家AAAAA级】 10月15日，国家旅游局官方网站发布公告，江苏省盐城市大丰中华麋鹿园获批国家AAAAA级旅游景区，实现苏北AAAAA旅游景区零的突破。

【麋鹿种群管理科学研讨会在保护区召开】 10月28日，大丰麋鹿种群管理科学研讨会在江苏大丰麋鹿国家级自然保护区召开，来自国家林业局、省林业局及中国科学院、国内高校等单位的20余位专家、学者参加会议。国家林业局动植物与自然保护区管理司司长严旬、省林业局副局长葛明宏、省野保站站长徐惠强出席此次会议。此次研讨会探讨未来大丰麋鹿种群保护与发展的方向、思路和策略，使麋鹿物种呈良性有序的发展态势，对麋鹿种群科学管理起到推动作用。

【湿地管理计划编制及信息更新培训班举办】 12月1~2日，国际重要湿地管理计划编制及信息更新培训班在保护区举办，此次培训重点面向国际重要湿地成员及湿地保护科研机构，有120人参加培训。培训期间，专家教授分别讲解了国际重要湿地管理框架、湿地管理计划编制及实施、国际重要湿地生态修复及保护管理等内容，要求培训人员立足各自湿地保护的实际情况出发，同专家一起探讨国际重要湿地保护过程中存在的一些问题，并共同寻求解决的方法。

（侯立冰）

〖编辑　陈一青〗

农　业

综　述

2015年，大丰区委、区政府贯彻落实中共十八大、十八届三中、四中、五中全会精神和习近平视察江苏重要讲话精神，主动适应经济发展新常态，围绕稳粮增收、提质增效、创新驱动的总要求，重视结构调整，转变发展方式，现代农业得到长足发展，农业现代化工程由全省第三区间跃入第二区间，在全省进14位。全区新增高效种植业面积6733公顷，新增设施农业面积2040公顷，新增“一户一棚”8560户。全年饲养生猪212万头，其中出栏137万头，生猪规模养殖比重92%；饲养家禽3483万羽，其中出栏2270万羽；饲养山羊54.1万头，其中出栏31.54万头；大牲畜存栏2.39万头，全区新建省级生态健康养殖示范场7个。全区发放蚕种2.34万张，产蚕茧1207吨，实现蚕茧产值3070.2万元。实施高标准粮田建设，推进农业生产机械化，新增大中型拖拉机、联合收割机、插秧机等各类农机具3300台（套），全区农机总动力84万千瓦，农业机械化水平86%。全区完成成片造林1254公顷，其中沿海防护林600公顷、一般造林328公顷、花卉苗木326公顷；新建和完善高标准农田林网10254公顷，绿色通道132千米，四旁植树155.7万株，森林抚育面积1334公顷，完成绿色盐城建设14项重点工程。林木覆盖率27.24%。全区农业废弃物综合利用率93.82%。加强农产品质量安全建设，实现区镇检测室联网联检常态化，建立健全区、镇、村、企业（基地）四级监管网络；蔬菜农药残留、畜禽产品违禁物残留、生鲜乳违禁物残留例行监测合格率分别99.17%、100%和100%，“三品”（无公害农产品、绿色食品、有机食品）认证数量292个，继续保持全省领先。

（朱玉淋）

农村经营管理

【概述】 2015年，全区农村经营管理坚持以促进农民持续增收、加快农村土地流转、全面推进村务公开、落实农村政策为重点，开展农村经营管理工作，为农民增收和农业农村经济发展发挥作用。

【农民收入持续增长】 2015年，全区上下始终坚持以农民增收为中心，增加农民资产性、工资性、投资性、转移性收入。实施农民创业富民行动，加大农民创业培训力度，强化规划引领、平台搭建和政策激励，引导农民自主创业和返乡创业，催生农民收入新的增长点。构建农民增收长效机制，增加农民集体资产股份、土地股权投资、土地流转、房屋出租、集体建设用地增值等各类收益。2015年实现农村常住居民人均可支配收入17917.9元，比2014年增长9.2%。

【农村土地有序流转】 2015年，全区新增农村土地流转面积6667公顷，发展农业适度规模经营面积7500公顷。全年兑现农村土地连片规模流转奖补资金673万元。建立区级农村土地流转交易中心，健全大中、草庙、大桥3个镇农村土地交易服务站，完善土地流转“一站式”服务，规范其他镇（区）土地流转行为。2015年，全区新发展家庭农场105个，总数248个，家庭农场经营面积5733公顷。新创建省级示范家庭农场4个、盐城市级示范家庭农场7个。全年兑现家庭农场奖补资金294万元，改善家庭农场水利、交通、供电等基础设施条件。

【村务公开全面推进】 2015年，全区218个村（居）都建成统一的村务公开栏，公开内容、公开时间统一，公开形式多样，农村综合信息服务平台全面建成投入使用，实现村务公开栏标准化、村务公开格式统一化、村务公开时间固定化、村务公开程序规范化的“四化”要求，村务公开工作走上常态化、规范化、制度化的轨道。

【农村政策落实】 2015年，全区206个村（居）开展农村土地确权登记颁证工作，完成资料收集整理的村201个，开展工作底图绘制的村180个，开展入户调查的村134个，完成公示审核的村30个。其中，西团、万盈2个试点镇的30个村基本完成农村土地确权试点工作。2015年，全区实施一事一议财政奖补项目43个，涉及40个村，项目建设村级水泥路56千米，投资1805万元，其中村级筹资152万元、筹劳折代金191万元、省配套奖补资金1332万元、镇（区）财政投入31万元、其他资金99万元。2015年，全区落实农村公共服务运行维护经费1728万元，其中管护人员报酬1205万元、公共设施维修费523万元。

【村组干部报酬稳步提高】 2015年，全区按照“基本报酬+考核报酬+岗位补贴”的工资报酬管理制度，基础报酬和岗位补贴按季发放，考核报酬根据年终工作考评审核发放。全区1329个组的1701名村组干部，分配工资报酬总额5030.21万元，比2014年增加497.81万元，增长10%。其中村党组织书记人均工资报酬38041元，比2014年增长9%。

【村级“四有一责”建设达标】 2015年，全区“四有一责”（有持续稳定的集体收入，有功能齐全的活动阵地，有先进适用的信息网络，有群众拥护的双强带头人；强化村党组织领导责任）建设全面达到省定标准，被表彰为江苏省村级“四有一责”建设先进县（市、区）。在有持续稳定的集体收入上，实现村级集体经营性收入9136万元，村平42万元，村集体经营性收入全部达15万元，村级债务得到有效控制，全年化解村级债务1700万元。在有功能齐全的活动阵地上，全区216个村党群综合服务中心建筑面积全部超200平方米，其中有180个村达500平方米。在有先进适用的信息网络上，加强信息资源整合，农村网络综合服务平台全面建成，全区农村信息服务站点覆盖率100%。在强化村党组织领导责任上，建立健全议事决策、考核评议、党务村务公开等民主决策、管理、监督制度。

【农民合作组织有序运行】 2015年，全区新增农民专业合作社17个，总数809个，发展成员20.43万人，新增省级农民合作社示范社6个。农民专业合作社先后争取国家、省、盐城市项目支持资金200万元。建立政府优先扶持名录制度，列入政府优先扶持名录的农民专业合作社299个。组织落实合作社年报告制度，提交年报告的471个，占全区农民专业合作社的58.2%。2015年，全区15个农民资金互助合作社，发展社员5.2万人，吸纳社员互助金4.3亿元，投放资金3.4亿元，为农民增收、农业增效、农村经济发展发挥作用。为规范管理农民资金互助合作社，有效防范风险，落实区镇双重监管责任，强化审计监管，实行网上实时监控，全面推行会计委派制，在所有权、使用权、收益权不变的前提下，全区4198万元的备付金、系统风险金实行区社“双印鉴”集中管理。

2015年7月24日，大丰市委农工办举办农村土地确权登记颁证培训班（单位供图）

【政策性农业保险大力推进】 2015年，全区实现政策性农业保险保费总收入10178.1万元，其中高效设施农业保险保费收入5325.5万元，占总保费的52%。全年兑付理赔资金7015.37万元，赔付资金全部通过财政一折通发放到位。全区农业政策性保险实现了“三个基本涵盖”（保险险种基本涵盖种植业养殖业主要品种，保险责任基本涵盖发生较为频繁和容易造成较大损失的灾害风险，参保对象基本涵盖从事农业生产的各类主体）。

【农村财务规范管理】 2015年，全区完善村级财务管理制度，建立健全村级资金预算决算管理体系，强化农村“三资”（资金、资产、资源）管理，加强农村财务队伍建设，做到农村财务管理制度化、规范化，有效维护农村经济社会稳定。

【“十二五”扶贫开发工作】 2015年，开展“牵手致富”工程，实施机关党员干部与“一有三缺”农户从资金、技术、项目等方面进行挂钩对接。全面落实政策救助，健全农村低保标准和五保供养增长机制。突出重点开展扶贫，通过政府购买公益性岗位，定向安排低收入农户上岗就业，从事二、三产业，增加收入。新建帮扶工作队，建立健全以“第一书记”（党建富民指导员）驻点、区直单位挂钩帮扶、民营企业结对共建的“三位一体”扶贫工作机制。2015年，对未脱贫的2531个低收入人口，采取因人施策、精准扶贫、精准脱贫，人均收入全部超5000元。2015年，区委、区政府组建8支帮扶工作队对未脱贫的8个经济薄弱村开展帮扶，帮扶单位直接落实帮扶资金134万元，实施帮扶项目18个，投入项目资金1850万元，经济薄弱村集体年经营性收入均超过15万元，完成“十二五”扶贫工作各项目标任务。落实盐城市领导挂钩经济薄弱村扶持项目，小海镇新村村购置门面房、西团镇马港村新建标房、刘庄镇云溪居委会购置门面房等项目全面实施，兑现补助资金450万元。

统筹城乡发展和新农村建设

【概述】 2015年，全区坚持以推进统筹城乡发展试点镇村建设为重点，着力推进城乡规划、供水、垃圾处理、污水处理、公共交通、就业和社会保障、社会治理"七个一体化"，不断提升城乡空间布局、功能形态、人居环境、公共服务设施水平。

【项目建设加快】 2015年，全区统筹城乡发展2个试点镇24个试点村实施涵盖特色产业、基础设施、公共服务、农村社区、环境整治等项目88个，完成投入14亿元。其中，盐城市级试点镇村"两镇两村"（新丰镇、西团镇，三龙镇斗龙港村、大中镇恒北村）实施项目17个，投入9.7亿元；区级10个试点村实施项目33个，投入2.1亿元；镇级12个试点村实施项目38个，投入2.2亿元。

【特色亮点明显】 2015年，大丰区统筹城乡发展试点镇村各具特色，建造一批乡村旅游、特色产业示范工程。创建盐城市级"一镇一示范新型社区"12个。新丰镇的荷兰风情特色，在全省乃至全国都有一定的名气。西团镇发展抛丸机特色产业，成为中国产业名镇。斗龙港村的渔家风情，彰显黄海之滨特色渔村。恒北村打造了梨园风光、生态宜居、乡村旅游特色。

【城乡一体化推进】 2015年，完善提升城乡规划、供水、垃圾处理、污水处理、公共交通、就业和社会保障、社会治理"七个一体化"。铺设三级管网8260千米，建成供水加压站16座，在盐城市率先实现城乡供水一体化。全区建成垃圾压缩中转站16座，配置垃圾运输车16辆，建成垃圾池3.8万座，设置垃圾桶1.2万个，配备保洁员2000多人。全区建设生活污水处理厂9座，实现了镇镇全覆盖，铺设截污管网300多千米，建设农村小型污水处理设施50个。全区实施农村四级公路、农村公路桥梁、小农桥等公共交通基础设施工程，2015年分别新建120千米、46座、200座，西团、南阳、草庙、小海等镇开通镇村公交，方便群众的交通出行。2015年，全区新增转移农村劳动力6100人，新增城乡劳动者职业技能培训6900人。各类社会保险基本做到应保尽保，应发尽发。加快信息网络、文化娱乐、人口计生、体育健身、综合服务建设。建立农村防范体系，在农村主要道路安装监控设备1200多套。

2015年，大丰铺设三级管网8260千米，建成供水加压站16座，在盐城市率先实现城乡供水一体化

【督查指导有力】 年内，区委办公室、区政府办公室印发了《关于落实2015年全区统筹城乡发展试点镇村重点项目建设的通知》，落实2015年全区统筹城乡发展试点镇村重点项目。区重大事项督查考核办公室和区委农工办（统筹办）组织相关人员对全区统筹城乡发展试点镇村重点项目建设情况开展"月月查、家家到"督查活动。区四套班子主要领导、分管领导和区相关部门负责人26次到试点镇村调研指导工作，推动全区统筹城乡发展工作步伐。

（刘晓生）

农村环境综合整治

【概述】 2015年，盐城市大丰区各镇、各有关单位按照全区城乡环境整治工作会议部署要求，深入实施"清洁乡村"行动，持续开展镇区环境卫生和镇容镇貌整治，各镇的镇区绿化、裸土植绿、道路平整、划线停车、摊位管理、日常保洁等基础性整治工作取得阶段性成效。全区农村环境综合整治完成5年目标任务，通过省级全域考核验收。整治及提升期间，整治乱堆乱放30多万处，统一规范废品收购点650处，拆除破旧空心房260处。新增绿化树木1600多万株，新建水泥道路680千米、桥梁900多座，老村庄墙面出新9.5万户。有76个行政村在主要农庄集聚点或交通干线道口及小游园周边布置景观栅栏，总长128千米。9月10日，大丰区明确区住建局为全区村庄环境长效管理责任部门，内设长效管理办公室，具体负责全区村庄环境长效管理工作。9月21日出台了《盐城市大丰区农村环境综合长效管理办法》，全面推进田水路林村"五位一体"的网

2015年9月21日，大丰区出台《盐城市大丰区农村环境综合长效管理办法》，全面推进田水路林村"五位一体"的网络化、包干制、一盘棋、全覆盖的长效管理机制

络化、包干制、一盘棋、全覆盖的长效管理机制。

【项目建设】 2015年，大丰区根据盐城市委办、市政府办下发的《关于全市开展"清洁乡村"行动的通知》要求，研究制定了《全区"清洁乡村"行动考核评分暂行办法》，指导各镇（区）严把整治标准，分类组织推进。除各镇镇政府所在镇区外，大丰区将"清洁乡村"行动覆盖到所有被撤并的老镇区，总计28个镇区，要求各镇在全面落实开展绿地行动、规范停车秩序、加强环卫保洁、建立垃圾收运体系、提升镇区绿化水平、整治单位庭院环境、强化日常管理7项任务的基础上，追加实施"整治出新一条主要街道、新建或改造提升一座街心公园、新建一所二类公厕"3个具体项目，每个项目均明确了标准要求、责任部门和完成时限。各镇对照标准要求，结合本地实际，充实完善实施方案，并全面落实到具体整治项目。全区实施"清洁乡村"行动重点工程项目274项，完成投入2.4亿元；实施新型城镇化项目102项，完成投资10.6亿元。

【绿地行动】 2015年，大丰全面排查所有集镇区域裸土，组织开展绿地行动。新丰、西团、三龙等镇区植树种草，增加绿地面积，基本消除裸土。区交通局完成全区国道、省道两侧的环境整治和裸土植绿，对主要县、乡公路两侧裸土进行绿化补植。全区集镇新增绿地面积12万平方米。

【停车秩序规范】 年内，大丰区各镇均制定机动车和非机动停车泊位的划线方案，其中新丰、白驹、三龙、刘庄等镇区道路的停车位完成施划；白驹、小海等镇区新建停车场完成。各镇均制作安装相关交通标识标牌，并将在主要道口安装视频监控探头。至2015年年底，大丰区各镇区施划交通标线140多千米，新增停车泊位2000多个。

【环卫保洁加强】 年内，大丰区全面开展镇区环境卫生大扫除，清除镇区积存垃圾；镇区水环境整治工作结合村庄环境整治工作扎实推进，落实专人巡查保洁；建筑工地已落实常态化管理；各镇按标准对主次干道、居民小区的垃圾桶、果皮箱等环卫设施进行补足，全区各镇区和被撤并的老镇区新增垃圾桶8400个，新增垃圾桶4200个；结合旅游厕所革命，各镇按照新建一所二类公厕的要求大力推进，年内全区集镇区共新建公厕12座。

【垃圾收运体系建立】 2015年，按照"组保洁、村收集、镇转运、市集中收置"的要求，建立科学健全的垃圾收运体系，镇区建成配套完善的垃圾中转站14座，镇区垃圾清运覆盖率100%。

【镇区绿化水平提升】 2015年，大丰区以提升镇区绿化水平为重点，着力改善人居环境。白驹镇花家垛公园建成，新丰镇泰兴村绿化节点、草堰镇市民休闲公园、刘庄镇创意小游园、三龙镇街心小游园、万盈镇二排河主题公园基本建成；各镇镇区主要道路、河道按要求进行绿化补植、提升。

【单位庭院环境整治】 2015年，大丰区发挥各镇政府大院作为"清洁乡村"行动实施的带头示范作用，推动企事业单位、学校庭院环境整治全面展开。将驻集镇机关、企事业单位作为单位达标的主体，合理划分区域，落实长效管理措施；组织单位干部职工开展卫生大扫除，清理卫生死角。全区各镇有5万多人次投入环境大清扫，清理垃圾2.8万吨。

（葛顺明）

种植业

【概述】 2015年，农业结构调整开创新局面，形成新丰花卉苗木、大桥油桃、南阳韭菜、大中早酥梨、万盈蓝莓、西团薄壳核桃、白驹瓜果蔬菜等一批特色产业基地。"双草线"（草堰至草庙江界河沿线）现代农业示范带初具规模，现代农业示范园区建设取得新突破，全区区、镇两级建特色农业示范园区19个，其中国家级农业科技园1个，省级现代农业园区1个，盐城市级现代农业园区15个。大丰创成全国休闲农业与乡村旅游示范县；荷兰花海创成全国休闲农业与乡村旅游五星级示范园区，获评"我最喜爱的长三角休闲农业与乡村旅游景点"。荷兰花海、丰禾大地、九州田

2015年，大丰粮食种植总面积12.04万公顷，每亩单产443千克，总产79.94万吨，粮食产量实现连续12年增产

园获评盐城市“最具魅力休闲农业园区”。丰禾大地、锦绣大地、华丰优质稻米产业园3个园区创成盐城市级现代农业园区。全区开展农作物高产增效创建活动，推进粮食生产，保证粮食安全，推广“三新”（新品种、新技术、新模式）技术，实施科技研究与技术攻关，引进品比试验的麦子、玉米、油菜、水稻等新品种50多个。大中、南阳的万亩“菜篮子”工程永久性蔬菜保供基地建成。大丰被农业部列为全国农业信息进村入户试点县。

【粮食产量实现“十二连增”】 2015年，粮食种植总面积12.04万公顷，每亩单产443千克，总产79.94万吨，比2014年增0.68万吨，粮食产量实现连续12年增产。

【农业电子商务发展迅速】 2015年，大丰建成运营淘宝村80个；建成并运营“丰农网”“农一网”、丰收大地农产品营销公司3个自主电商平台。丰收大地被授予“全省农业电子商务示范单位”。

【省级农产品质量安全示范县建设】 2015年，大丰新增无公害农产品62个，绿色食品5个，无公害产地33个。截至2015年年底，大丰有农业“三品”（无公害农产品、绿色食品、有机农产品）总计292个，其中无公害农产品254个，绿色食品38个。全区新增食用农产品“三品”产量58.24万吨，农业“三品”产量202.63万吨，农业“三品”产量占比48.43%。久禾生物和奇港食品2个蔬菜生产企业获评“国家三星级优秀蔬菜生产商”，全省仅此两个；南阳韭菜、南阳辣根、南阳柿子获评国家地理标志认证商标；大中镇早酥梨获评第十三届中国国际农产品交易会“有较强影响力的果品区域公用品牌”。

【大丰大米】 大丰的气候条件和土壤环境适宜水稻种植。水稻种植在境内有很长的历史。2015年，全区12个镇和大丰港区都有种植，6个省属和沪属农场全部大面积种植，种植面积4.67万公顷，稻谷总产量40万吨以上，加工成“大丰大米”约30万吨。“大丰大米”按照绿色无公害标准化栽培技术规程生产，品种多样、品质独特，能满足不同消费者的喜好。有圆形米，有长形米。圆形米如珍珠，味香；长形米似细梭，口感糯。有精制米，也有糙米，精制米绵软香甜，糙米营养丰富，“大丰大米”销往上海和江苏、浙江、安徽、广东等20多个省、市。全区有11个企业加工生产的“大丰大米”被认定为“无公害农产品”，有10个企业的大米被认定为“绿色食品”，有5个企业加工生产的大米被认定为“有机食品”。

【大丰大麦】 大丰是全国大麦种植的主产区之一，当地独特的土壤条件十分适宜大麦的生长，出产的大麦，籽粒饱满，营养成分丰富；加工后的麦仁、麦片、麦糁子等产品，煮熟后不生硬，味香、口感绵软糯滑；其不仅成为全国紧俏的优质啤酒原料，而且成为消费者十分喜爱的小杂粮品种。2015年，大丰有麦仁加工企业18个，年生产能力20万吨。产品销售遍布全国各地，主要销地为北京、上海、福建、浙江、广东等。10多年来大丰麦仁加工企业一直是全国“娃哈哈”“银鹭”两大八宝粥生产企业麦仁原料的主要供应商，供应量占到两企业需求量的70%以上，“大丰麦仁”的品质和质量深受食品加工企业和广大消费者的信赖。

【大丰大桥油桃】 油桃于20世纪20年代初在江苏平原地区和沿海地区广泛种植，后慢慢拓植至大丰大桥。大桥镇四季分明、光照充足、水源丰富、土壤独特的地理环境非常适合油桃生长。2015年，大丰大桥油桃种植面积133公顷，产量3000吨，形成有名的千亩桃园。大丰大桥油桃品种多样，均具有成熟早，果实大，外观漂亮，风味甜，口感好，品质优良，耐贮运，适应性强，丰产稳产的特征。大丰大桥油桃树苗从栽植到开花结果仅需14个月时间。2016年“大丰大桥油桃”被认定为绿色食品A级产品，获绿色食品证书。

（朱玉淋）

林果业

【概述】 2015年，大丰区突出沿海防护林、河堤退耕还林、绿色通道、村庄绿化、农田林网、高效林业建设等重点工程，全面推进绿色大丰建设。完成区级重点工程6项：大丰沿海林场新增成片造林133公顷；盐丰高速绿色通道建设宽度50米，完成造林109公顷；疏港航道防护林带建设宽度30米，完成补植93公顷；草庙新建农田林网667公顷，栽植苗木5万株；沈海高速绿色通道补植苗木2.4万株；临海高等级公路补植苗木5.3万株。各镇完成38条大沟河堤退耕还林16.9公顷，建设农田林网2247公顷，村庄绿化示范村12个，绿色通道23.2千米。实现了增加城乡绿量、美化生态环境、提升景观效果的目标。大丰区成片造林面积列全省第九位、盐城市第二位，被盐城市委、市政府评为2015年度绿色盐城建设综合先进县（市、区）。

【创新绿化造林投入机制】 2月27日，市政府制订出台《全市重点林地绿化造林工程市镇合营实施方案》，对骨干河道、省级以上道路两侧等新增重点林地绿化造林实行市镇合营模式。土地流转费用由市财政连续10年给予定额补助，1~5年补助700元/亩，6~10年补助500元/亩；苗木费用实行市镇分担，市里负担60%，镇负担40%；林木收益按比例分成，市里得30%，镇村得70%。

【春季林业重点工作督查】 4月14日，省林业局副局长王德平带领督查组到大丰，督查春季林业重点工作。督查组察看了新丰镇全心村盐丰高速绿色通道、大中镇双喜村南中心河河堤绿化、大桥镇高效设施油桃基地、区沿海林场防护林建设等现场，肯定大丰春季林业重点工作所取得的成绩。

【第九次森林资源清查】 5~10月，大丰按照省和盐城市林业局统一部署，组织开展第九次森林资源清查。完成区域内按4千米×3千米网格布设的236个国家级地面固定样地复位调查和辅助资料收集，完成5个按20千米×20千米间隔系统抽取的专项生态状况调查样方的设置和调查，准确查清全区森林资源的数量、质量、结构、分类及其消长变化动态，掌握森林生态系统的现状和变化趋势。清查成果经省和盐城市林业局审核通过，为全省森林资源清查数据库和信息管理系统的更新提供基础信息。

【南通市农业系统到大丰考察】 6月5日，南通市农委副主任孙建坤率领所属县（市、区）农委（林业局）负责人到大丰考察造林绿化建设工作。考察组观摩了盐丰高速绿色通道、新丰镇荷兰花海、大中镇南中心河绿化现场、恒北村早酥梨基地、大桥镇油桃基地、大丰区沿海林场等，并就利用沿海区位特色优势，开展造林绿化工作进行交流探讨。

2015年，大丰区水果产量74650吨，年末实有果园面积4803.3公顷

【森林资源年度监测】 8月12~20日，国家林业局华东森林资源监测中心检查组在省、盐城市林业局相关负责人的陪同下，到大丰开展2015年国家森林资源年度监测工作，主要对大丰2014年以来发生的林地管理及林木采伐管理等情况进行专项检查。在大丰期间，检查组听取大丰区森林资源管理情况汇报，收集相关台账资料，查阅林地管理和林木采伐管理档案，对照遥感判读图斑抽取了核查样本26个，利用GPS（全球定位系统）深入到南阳镇、草庙镇、新丰镇、市林场、市沿海林场、麋鹿保护区和有关驻丰农场，对每个林地和采伐图斑都进行现场逐一检查核对，了解实际情况，并详细记录调查因子状况。检查组对大丰区森林资源管理工作给予好评。

【果树生产】 2015年，大丰区水果产量为74650吨，年末实有果园面积4803.3公顷，其中梨园2180公顷、柿园1943.3公顷、葡萄园133.3公顷。组织参加第八届“神园杯”江苏优质水果评比，获得金奖1个。组织参加2015年盐城市优质果品评比大赛，获得金奖3个、银奖2个、铜奖4个及最佳组织奖。制定梨、葡萄、柿子生产技术规程，通过与南京农业大学合作，引进糖梨、尖柿等新品种，在大中镇恒北村进行试验栽培。

【中国园艺学会柿分会专家到大丰考察】 5月23日，中国园艺学会柿分会理事长罗正荣、副理事长渠慎春一行到大丰考察柿子生产工作。考察组一行察看了大中镇恒北村“映像恒北”展示厅及南阳镇诚心村、城乡村柿子园生产情况，认为大丰柿子生产规模较大、管理水平较高，可通过科技示范引导，提升柿子生产效益。10月16日，参加中国园艺学会柿分会第二届常务理事会第三次会议的60余名专家，在柿分会理事长罗正荣、副理事长渠慎春的带领下，到盐城市大丰区考察柿子生产情况。专家们实地察看了大中镇恒北村“映像恒北”展示厅、恒北村及南阳镇诚心村、城乡村柿园建设情况，并与当地的技术人员和果农进行了交流。

（朱玉淋）

畜牧业

【概述】 2015年，大丰围绕建设现代畜牧业的总目标，以保障畜产品有效供给、促进农民增收为重要任务，以畜牧业转型升级为重点，以抓好畜禽基础免疫为保障，以强化检疫监督执法为手段，大力发展高效、生态、环保畜牧业，全区畜牧业保持高效、健康发展的良好态势。

【规模养殖示范创建活动】 2015年，大丰深入开展部级、省级畜禽养殖示范创建活动，全区新增设施养殖户168户，新增畜禽舍274个。全区发展各类养殖大户3809户，其中万头奶牛场2个，万头以上猪场40个，万羽蛋禽场138个，万羽肉禽场469个，生猪大中型规模养殖比重76%，有5个养殖场通过省级生态健康养殖示范创建，1个养殖场通过农业部畜禽养殖标准化示范创建复检。

【畜禽粪污综合利用推进】 2015年，温氏合作养殖粪污综合利用整体推进。温氏公司肉禽合作养殖户基本普及推广粪污降解床处理模式；温氏种禽场22万套种禽推行室内粪污发酵床处理利用模式；有306户温氏合作养猪户建成和在建室外粪污处理发酵床。生态立体循环种养模式有效推广。江苏梅林畜牧有限公司年饲养80万头生猪全面推行“猪—沼—种”立体生态模式。推进畜禽粪污集中处理示范工作。江苏苏港和顺生物科技有限公司承担实施的畜禽粪污集中处理综合利用项目总投资6400万元，正式运行使用，公司与近300户蛋鸡规模养殖户签订粪污收集处理合同，形成年处理150万羽的蛋鸡粪污处理能力。

【动物基础免疫】 2015年，在动物防疫工作上，大丰围绕“力争不发生，确保不扩散，绝对不流行”的工作目标，组织开展春、夏、秋季三大防控行动，突出以高致病性禽流感、牲畜口蹄疫、高致病性猪蓝耳病、猪瘟、小反刍兽疫、新城疫等重大动物疫病的免疫注射为主，以免疫监测为支撑等综合防控措施的落实，全区重大动物疫病免疫密度常年保持100%，免疫抗体有效保护率85%。

【检疫监督】 2015年，大丰建立完善区、镇、村三级动物卫生监督和畜产品质量安全工作网格化监管机制，推进日常巡查监管与专项整治行动相结合的监管机制，实现监管责任全覆盖，上下联动、齐抓共管，加大监管工作力度，全年产地检疫生猪100万头，屠宰检疫生猪30万头；全区“瘦肉精”抽样检测产地环节1.69万头份、屠宰环节1.46万头份，未见阳性；完成辖区内五个奶牛场的2.12万头奶牛的两次“双病”检测，配合上级进行四次药残抽检和两次质量抽检，确保全区动物及其产品的安全供应。严格养殖环节病死动物无害化处理工作，加快病死动物无害化收集处理体系建设。区政府制定了《大丰区病死动物无害化处理工作方案》，大丰被省农委确定为第三批动物无害化收集处理体系建设项目县，项目总投资1200万元，完成招投标工作。2015年，全区无害化处理病死生猪37148头。

【畜禽屠宰管理工作强化】 7月15日，生猪定点屠宰监管职责移交区农委。根据省农委《关于印发〈2015年全省生猪屠宰专项整治行动实施方案〉的通知》和市政府《关于加强畜禽屠宰行业监督管理工作意见》等文件精神，结合生猪屠宰管理职能划转农委的新形势、新要求，大丰全面落实加强宣传发动、强化监管巡查、严格执法办案、全面启动生猪屠宰行业清理整顿工作四项整治措施，全区生猪屠宰企业29个，关闭生猪屠宰企业6个、暂停1个。

（朱玉淋）

2015年，大丰区开展部、省级畜禽养殖示范创建活动，全年新增设施养殖户168户，新增畜禽舍274个

蚕桑业

【概述】 2015年，大丰蚕桑（种）生产坚持以市场为导向，以科技兴蚕为抓手，克服春季遭受晚霜，秋季遭受洪涝等灾害性天气的影响，引导广大蚕农管好桑、多养蚕、产优茧、增效益。全区投产桑园608公顷（其中蚕种场20公顷），生产蚕种8.49万张，农村丝茧发放蚕种2.34万张，生产蚕

2015年，大丰实施科技入户6年，培养蚕桑科技示范户1600户

茧1207吨。全年平均亩桑饲养蚕种2.8张，亩产茧210.9千克，全年平均张种单产39.5千克，蚕茧产值3070万元，平均张种产值1312元。区蚕桑技术指导站被江苏省蚕种所表彰为先进单位。

【大丰被列入国家蚕桑产业技术体系试验范围】 从2011年开始大丰连续5年被列入国家蚕桑产业技术体系苏北综合试验站试验范围，在桑树病虫害测报工作中积累了大量的第一手资料，为桑树病虫害的防治工作提供了宝贵的资料。

【科技入户项目实施】 2015年，大丰实施科技入户6年，培养蚕桑科技示范户1600户，推广桑树品种育71-1，蚕品种为箐松×皓月，主推技术五项即小蚕自动化加温补湿、省力化大棚养蚕、方格蔟自动上蔟、桑树病虫害综合防治、桑园复合套种技术。通过科技入户工程，对科技示范户进行技术培训、指导，提高示范户的科技应用水平和蚕桑生产水平，提高蚕茧产量和质量，使示范户“三新技术”入户率和到位率95%以上，年收入较2014年增长10%以上。

【养蚕布局新模式推广】 传统蚕农一年最多饲养4期蚕，大丰区草庙镇沿河村“南峰蚕桑家庭农场”2015年7次8批（二秋蚕为2批）养蚕，其中二春蚕和二秋蚕占三次春蚕和三次秋蚕的50% ~60%；一春蚕和一秋蚕约占30%；三春蚕、三秋蚕和夏蚕饲养的比例较小。二春和二秋蚕期，养蚕气候适宜，茧质好，产量高，该场每次发种均在60~70张。该场二秋蚕桑采取分批饲养，二秋蚕的张单产77斤，是历次养蚕的最好水平。2015年饲养蚕种279张，产茧9181千克，产值38.41万元。

【原蚕小蚕人工饲料育试验】 2015年，通过试验3季，日系品种达到生产要求，中系品种有了很大的突破，能够达到生产要求。秋季饲养38克，良蛹率99%，大大高于全场平均水平，收茧量和制种产量均超过全场平均水平。购置空气吸湿机，对中、日系品种全面覆盖，减少僵病发生，平均良蛹率提高3%以上。

（朱玉淋）

渔 业

【概述】 大丰渔业生产养殖品种有100多种，主要品种有异育银鲫、脊尾白虾等十多个。2015年实现水产品总产量17.5万吨，渔业经济总产值68.64亿元，同比增长了6%，新增设施渔业面积1.07万公顷，水产品年出口创汇3400万美元，新建成盐城市级现代渔业园区1个。全年新增无公害基地2000公顷，全区无公害基地面积总数2.39万公顷。

【渔业科技进村入户工程】 2015年，全区遴选渔业科技示范户450户，示范户覆盖全区所有行政区域，带动养殖户5000多户，辐射带动面积近2万公顷养殖水面。

【水产品加工业有长足发展】 2015年，水产品规模加工企业、品牌企业稳步发展，全市有各类水产品加工企业30多个，加工总量14万吨，规模加工企业8个，江苏宝龙集团成为国家级农业产业化龙头企业，盐城东沙紫菜交易市场有限公司成为省级农业产业化龙头企业，一次紫菜加工机组50台（套），二次深加工生产线4条，江苏瑞达海洋食品有限公司为全国最大的紫菜养殖加工企业，盐城海瑞食品有限公司为快速成长型企业。全市渔业品牌产品有宝龙淡水小龙虾、裕盛沙蚕，黄海东沙紫菜、金丰异育银鲫、神王黄泥螺等。年加工业产值16亿元。

【渔业执法取得新成果】 2015年，渔政执法力度加大，严厉打击电力捕鱼等渔业违章作业，全年共出动执法人员1236人次，查处电力捕鱼案件73起，收缴电捕工具81台（套），处以罚款12.1万余元，全年调处渔业污染事故15起，挽回养殖户经济损失45万余元。

【大丰蓝色旅游开发工作受表彰】 2015年，大丰区利用区位优势，全面提高休闲渔业发展水平，促进渔业产业转型升级。江苏大丰蓝色旅游开发有限公司于2010年开工建设景区大丰港海洋世界，秉承“景点为王、政府主导、市场导向”的发展思路，以“突破项目、提升人气、融合产业”为发展方向，建设最佳蓝色旅游目的地。景区融合港区、港口、港城风景，形成以滩涂生态湿地为主题的观光休闲与科普互动的黄海特色旅游。大丰蓝色旅游开发有限公司获2015年度全国休闲渔业示范基地称号，全省仅有9个单位获此称号。

【斗龙港地区出产的鲫鱼销量大】 由于成陆时间迟、水中含盐量相对较高（2‰左右）、滩涂地区大量的芦苇净化水质的原因，斗龙港地区出产的鱼类尤其是鲫鱼，体色黄绿中带青灰，肉质比较密实、有韧劲，味道甘甜，有特殊的草香味，呈现出独特的体色，具有独特的风味与口感，2015年产量4.2万吨，销往全国各地。

（朱　琳）

农业机械

【概述】 2015年，全区农机化各项工作稳步提升。全区农机总动力84万千瓦，主要农作物机械化水平86%。全年新增大中型拖拉机、联合收割机、插秧机等各类农机具3300台（套），其中推广水稻插秧机288标准台（套），机插率78.5%；报废淘汰农机具1100多台；新增大中型拖拉机配套秸秆还田机376台（套）、秸秆打捆机12台，主要农作物秸秆机械化还田率66%，秸秆综合利用率98%；新增农机合作社8个。

【农机购置补贴】 2015年，全区实施中央及省级财政农机购置补贴资金2944万元，带动农民投入资金9000余万元。补贴各类农业机械2515台（套），其中，步进式水稻插秧机30台，乘坐式插秧机86台，育秧播种机11台，各类大中型拖拉机415台，粮食烘干机44台，秸秆粉碎还田机234台，旋耕机604台，捡拾压捆机12台，各类联合收割机259台，条播机6台，小粒播种机35 台，穴播机8台，开沟机64台，动力喷雾机77台，自走喷杆喷雾机16台，增氧机525台，农用抓草机23台，水产养殖环境智能设备61台。

【秸秆机械化还田和综合利用】 5月25日、10月15日，大丰分别召开全区夏季、秋季秸秆综合利用和“双禁”工作会议，层层签订责任状，制订《秸秆综合利用工作意见》，出台多项扶持政策，省级财政投入1421万元，区级财政投入近1500万元。组织2600多台大中型拖拉机参与还田作业，举办技术培训班28期，培训2700人次。组织第三方核查。科学建设镇、村、组三级收贮网络，新建5000吨以上规模化收贮中心3个，秸秆集中收贮利用突破10万吨。

【农机新技术推广】 2015年，大丰继续推进水稻机插秧，5月中旬集中举办水稻机插秧技术培训班，培训1100人次。机插秧面积2.3万公顷以上，水稻机插率比2014年提升3个百分点。6月2日，盐城市夏季秸秆机械化还田暨水稻机插秧现场推进会在大丰召开。玉米生产机械化水平不断提高，玉米机播、机收面积分别为21300公顷、15300公顷。加快粮食烘干机械的示范推广步伐，新增粮食烘干机52台、烘干能力700吨以上。6月10日省（盐城片）油菜生产机械化技术现场演示培训推进会在大丰召开。全区新增高效植保机械260台，喷滴灌、蔬菜播种机、田园管理机等设施栽培农业机械92台，高效渔业机械2000台，畜禽养殖机械60台。高效设施农业机械化水平增幅近4%。

【农机服务】 2015年，大丰举办农机驾驶员、职业技能培训班28期，培训大中型拖拉机、联合收割机驾驶员509人，职业技能鉴定培训初级、中级、高级820人。5月中旬，盐城市农机服务经纪人高级工培训班在大丰举办，来自全市农机合作组织负责人、农机大户等60余人参加培训。推进农机服务社会化和产业化，促进农机服务组织规范发展。实施机具库棚建设项目2个。10月13日，举办全区农机合作社建设现场推进会暨理事长培训班。全年农机跨区作业收入8000万元，参加跨区作业的联合收割机、插秧机等机具800台（套）。4月8日上午，在苏农国际广场举办春耕备耕“送政策、送科技、送服务”活动，来自全市各镇（区）的农场主、农机大户400余人参加，《农民日报》专门进行宣传报道。

【农机安全生产管理】 2015年，大丰层层落实农机安全生产责任制，签订安全生产责任书（状）1.2万余份。印发各类宣传资料1.8万余份，区、镇开展驾驶人安全培训班28期。加大安全检查和专项整治工作，出动检查人员1320人次，检查农业机械9200多台次，纠正800余人次的违法违规行为，排除各类农机事故隐患380个。加强牌证管理，享受财政补贴拖拉机、联合收割机上牌率、驾驶人持证率100%。开展“送检下乡”服务，“平安农机通”入网超过1.2万户，发放跨区作业证800份，在销售企业设置办证点，为购机者提供牌证业务“一站式服务”。农机安全生产管理工作列盐城市第一名。

【农业机械保有量】 2015年，大中型拖拉机、联合收割机保有量分别为3738台和3579台，小型拖拉机保有量8350台，大中拖配套秸秆还田机保有量3091台，各类播种机保有量9490台，机动弥雾机保有量83810台，插秧机保有量1639台，粮食烘干机161台。

【农机化作业水平】 2015年，全区完成机耕面积14.78万公顷，主要农作物机耕率 99.1%；机播面积12.11万公顷，主要农作物机种率79.8%；机收面积11.93万公顷，其中，机收二麦面积6.08万公顷，机收水稻面积3.47万公顷，玉米机收面积1.57万公顷，油菜机收面积0.49万公顷，主要农作物机收率79.9%；主要农作物秸秆机械还田面积9.48万公顷。

（朱玉淋）

农业资源综合开发

【概述】 全市完成2014年度国家农业综合开发项目任务，通过盐城市级检查。2014年大丰市农业综合开发项目：土地治理项目6个，建设高标准农田2667公顷，计划总投资5720万元，其中财政投资5200万元；产业化经营项目3个，其中，财政补助项目3个，补贴资金1280万元。全区2015年度国家农业综合开发资金土地治理项目至年底完成70%的建设任务。

【农业综合开发项目通过检查】 9月，大丰区2014年度农业综合开发项目通过检查。2014年大丰市农业综合开发土地治理项目为白驹镇高标准农田建设项目实际完成总投资1430万元(其中财政投资1300万元)，分5个标段组织实施，其中土建工程3个标段，电力线路和绿化工程各1个标段。项目工程于2014年9月初开工建设，2015年6月完成全部施工任务。修建灌溉站16座、机耕桥35座、渡槽9座、涵洞167座、农门100座、过渠板150座、水泥路14.86千米、防渗渠10.41千米、高压线路2千米，变压器16台(套)。草堰镇高标准农田建设项目实际完成总投资1430万元(其中财政投资1300万元)，分5个标段组织实施，其中土建工程3个标段，电力线路和绿化工程各1个标段。项目工程于2014年9月初开工建设，2015年6月完成全部施工任务。修建灌溉站12座、机耕桥26座、渡槽20座、节制闸1座、涵洞218座、水泥路16.24千米、防渗渠10.35千米、农门118座、过渠板70座、高压线路6千米，变压器10台(套)。刘庄镇高标准农田建设项目(东方村)实际完成总投资715万元(其中财政投资650万元)，分4个标段组织实施，其中土建工程2个标段，电力线路和绿化工程各1个标段。项目工程于2014年9月初开工建设，2015年5月完成全部施工任务。修建灌溉站4座、机耕桥19座、渡槽1座、涵洞193座、水泥路10.43千米、防渗渠3.14千米、农门30座、过渠板23座、高压线路2.02千米，变压器4台套。大桥镇高标准农田建设项目实际完成总投资702.01万元(其中财政投资637.01万元)，分4个标段组织实施，其中土建工程2个标段，电力线路和绿化工程各1个标段。项目工程于2014年9月初开工建设，2015年5月完成全部施工任务。修建灌溉站2座、机耕桥10座、渡槽4座、涵洞56座、水泥路7.67千米、防渗渠4.4千米、农门27座、高压线路6千米，变压器10台(套)。草庙镇高标准农田建设项目实际完成总投资704.06万元(其中财政投资639.06万元)，分4个标段组织实施，其中土建工程2个标段，电力线路和绿化工程各1个标段。项目工程于2014年9月初开工建设，2015年5月完成全部施工任务。修建灌溉站5座、机耕桥11座、涵洞5座、水泥路8.9千米、防渗渠6.95千米、农门30座、过渠板30座、高压线路0.8千米，变压器5台(套)。刘庄镇高标准农田建设项目(新桥村)实际完成总投资715万元(其中财政投资650万元)，分4个标段组织实施，其中土建工程2个标段，电力线路和绿化工程各1个标段。项目工程于2014年9月初开工建设，2015年5月完成全部施工任务。修建排灌站3座、闸1座、机耕桥17座、渡槽2座、涵洞117座、水泥路8.78千米、防渗渠4.14千米、农门48(座)、高压线路0.15千米，变压器2台(套)。

【农业综合开发产业化经营】 2015年，大丰区产业化补助项目1个，为盐城市大丰区400万羽苗鸡孵化基地扩建项目。项目位于大丰市大桥镇东塔村境内，占地2400平方米，在原有养殖基地范围内进行改扩建，总投资164.25万元，财政资金100万元，合作社自筹64.25万元。建设内容为新建孵化车间700平方米，硬化场地1250平方米，新上鸡笼300组，添置巷道式孵化机3台、喂料机2台等。完成全部建设并投入生产。2015年度产业化贷款贴息项目5个，分别为：江苏金色农业科技发展有限公司实施的盐城市大丰市2万吨稻麦种生产加工收购原料流动资金贷款贴息项目；大丰市佳丰油脂有限责任公司实施的盐城市大丰市2万吨油菜籽加工收购生产原料流动资金贷款贴息项目；盐城市华辰水产实业有限公司实施的盐城市大丰市2.5万吨颗粒饲料加工收购生产原料流动资金贷款贴息项目；盐城海瑞食品有限公司实施的盐城市大丰市900吨紫菜加工收购生产原料流动资金贷款贴息项目；盐城亚欧海产有限公司实施的盐城市大丰市4000吨水产品加工收购生产原料流动资金贷款贴息项目。

【农业综合开发土地治理项目启动】 2015年，大丰区农业综合开发土地治理治理项目5个，总投资5252万元，其中财政投资5200万元，建设高标准农田2667公顷。分别是：大中镇高标准农田建设项目总投资1313万元，其中财政资金1300万元，自筹资金13万元。西团镇高标准农田建设项目总投资1313万元，其中，财政资金1300万元，自筹资金13万元。草堰镇高标准农田建设项目总投资1313万元，财政资金1300万元，自筹资金13万元。新丰镇高标准农田建设项目总投资656.5万元，财政资金650万元，自筹资金6.5万元。草庙镇高标准农田建设项目总投资656.5万元，财政资金650万元，自筹资金6.5万元。主要建设项目有水利措施，包括新建泵站、防渗渠、机耕桥、涵洞等渠系建筑物、高压线路及配套；田间道路，水泥路补助；林业措施，种植苗木；科技措施，包括技术培训及科技推广。

(朱　琳)

农业科学技术研究

【概述】 2015年，农业科学技术研究工作以农作物高产增效创建万亩示范片工作为重点，在三龙镇创建1个玉米万亩示范片；春夏播期间，在华丰农场和刘庄镇实施2个水稻整体推进项目，在稻麦原种场创建1个水稻万亩示范片；在白驹镇、西团镇和大中镇创建3个小麦万亩示范片、由稻麦原种场创建1个部级油菜高产增效项目。经联合测产验收，全部达到创建目标。开展“工厂化集中育秧集成技术研究”“控释肥筛选及一次性施肥技术试验”“玉米板茬直播与机械全程培管技术”等新技术的研究与推广；承担国家产业技术体系项目中玉米、小麦、大麦等作物的基地县任务。

【农作物新品种引进】 全年引进品种比较试验的麦子、玉米、油菜、水稻等新品种50多个，掌握各种作物品种的品质、产量、栽培特性等，对产量高、品质优、有市场需求的品种宣传推广。开展全市春、秋季新品种试验、示范观摩活动，形成小麦以郑麦9023、扬麦16为主；油菜以史力佳、秦油10号为主；水稻以淮稻5号、南粳9108为主；玉米以苏玉10号、苏玉19号为主的品种布局。

【棉花种植新技术推广】 2015年，围绕快乐植棉，推广棉花轻简育苗移栽技术，加大棉花穴盘基质育苗移栽技术的推广力度，全年示范推广棉花轻简育苗移栽技术1400公顷，育苗成活率94.5%。发展高产高效棉田。2015年在新丰、西团和小海镇组织实施4个棉花万亩示范片的高产增效创建，均取得较好的经济效益和社会效益。

（朱玉淋）

农村经贸

【概述】 2015年，大丰区从招引培育农业龙头企业、搞活农产品市场流通、做大休闲观光农业等方面着手，农业产业化经营水平稳步提高，农村经贸健康有序发展。

【农业招商引资开展】 2015年，全区开展各类专题招商活动，落户建设一批规模农产品加工项目。完成“三资”投资农业22.7亿元，新办年投资500万元以上的农业龙头企业项目9个，其中1亿元以上项目5个，总投资20.5亿元，完成投资10.5亿元。全区农产品加工集中区包括丰收大地农产品加工区、光明食品工业园、盐土大地海洋生物产业科技园，规划总面积1400公顷。至年底，农产品加工集中区完成基础设施投入2.6亿元，进区项目18个，完成投资19.4亿元。2015年，盐城市大丰区木材产业园被认定为省级农产品加工集中区。

【农业工程推进扎实】 2015年，全区重点推广光明集团、佳丰公司优质种苗培育、标准化种植、精深加工、电子商务等全产业链的农产品生产加工销售发展模式。13个列入盐城市“百家”农业产业化重点龙头企业实现销售71.8亿元，5个列入盐城市2015年农产品加工重点项目完成投资11.8亿元。2015年，重点开展上海市场的直销对接活动，大丰区常年在上海有农产品直销的经营主体78个，年直销额23.1亿元（含驻大丰农场）。建成区级电商产业园，1月6日，华东地区首家阿里巴巴“农村淘宝”项目落户大丰，阿里巴巴、鸡毛箭、宅办公等13个电商企业正常营运。建成丰龙网、农产品电子销售平台和农一网3个自主电商平台。2015年全区农产品电商销售总额超10亿元。2015年，全力推进荷兰花海、梨园风光、鹿苑人家、渔家风情等休闲观光农业景点建设。举办恒北国际梨花季、荷兰花海国际郁金香文化月、首届丰禾大地油桃采摘文化季、丰收大地“2015年中国食用菌美食文化节暨中国食用菌健康体验基地博览会”等活动。4月11日，荷兰花海单日接待游客突破35万人次。

【农业产业化经营水平提高】 2015年，全区依托现有规模农业龙头企业，开展培植提升行动。对列入盐城市“百家”农业产业化龙头企业和农产品加工重点项目进行重点培植。2015年全区新增开票销售超2000万元的规模农产品加工企业29个、超30亿元的1个、超10亿元的3个。全区245个年销售500万元以上的规模龙头企业实现销售405.3亿元，带动农户23.3万户。2015年，新增省级农业产业化重点龙头企业2个，南阳镇的韭菜、辣根、柿子3种农副产品获中国地理标志商标。2015年，全区30个规模龙头企业获得贷款7.34亿元。与农业银行合作开展了新型经营主体“金农贷”业务，150个新型经营主体获授信3600万元，其中75个新型经营主体获贷款1843万元。2015年，全区“一村一品”实现产业全覆盖。发展具有一定规模和产业特色的专业村116个、专业镇3个，涵盖种植业、养殖业、服务业等产业，发展新丰花卉苗木、大桥油桃、南阳韭菜、大中早酥梨、万盈蓝莓、西团薄壳核桃、白驹瓜果蔬菜等一批特色产业，推动现代农业发展。

（刘晓生）

〖编辑　陈一青〗

综 述

2015年，大丰区水利局围绕“加快水利改革发展，早日实现水利现代化”的目标，开拓创新，完成2015年度各项目标任务。实施川东港部分河段拓浚工程、王港闸下移工程、三里闸拆建工程、小型农田水利重点县工程、千亿斤粮食田间工程、农村河道疏浚整治工程等项目，改善全区水利基础设施条件，提升全区防汛抗灾能力，成功抵御“苏迪罗”等强台风袭击，将灾害损失降到最低限度；推行“河长制”，建立健全农村河道长效管护体制机制；实施通榆河取水口强化预处理工程、膜处理示范工程、镇村管网改造工程的实施，提升城乡供水一体化的能力和水平；加大饮用水源地达标建设工作力度，积极配合盐城市政府做好新水源地建设项目各项工作，从根本上解决全区饮用水安全问题；强化法治宣传教育，规范执法行为，加大水事违法案件查处力度，确保全区水事秩序持续稳定。2015年，大丰区水利局被表彰为大丰区综合考核先进单位、生态文明建设工作先进单位、“三重”推进工作先进单位。

水利建设

【川东港工程】 2015年，大丰重点实施丁溪河段、老川东港段河道拓浚。丁溪河段工程主要是开挖河道8.30千米，完成河道开挖及堤防填筑等各类土方403.77万立方米，完成建筑工程中蒋坝桥、沈灶桥，西渣大桥等3座桥梁施工；完成丁溪河节制闸、赵环节制闸主和七里港闸施工；完成灌注桩防护109根和高压旋喷桩756米，浇筑砼挡墙1197米。工程永久征地67.24公顷，临时征地115.99公顷，拆除农户136户，拆迁企事业单位6个，砍伐树木8663棵。老川东港工程主要是开挖老川东港和新老闸间河道32.5千米，完成河道开挖及堤防填筑等各类土方996.99万立方米，完成建筑物工程中川港桥主体工程；红卫桥、姚灶大桥、大桥桥、川东大桥、川东闸桥完成施工临时道路；影响建筑物全面开工建设。工程永久征用土地302.81公顷，临时征用土地464.98公顷，拆除农户126户，拆迁企事业单位办公场所10个，砍伐树木11.14万棵。

2015年，大丰对70个村淤积严重的农村河道进行“整村推进、连片治理”

【王港闸下移工程】 2015年，大丰完成王港新闸管理用房、上游河道6.8千米疏浚、上游河道北侧堤防1.15千米裁弯取直段水下筑堤、20千伏永久供电、通信线路等扫尾工程，王港闸下移工程基本完工。

【三里闸拆建工程】 2015年，大丰完成征地拆迁补偿、10千伏线路及变压器迁移、拆除老闸和交通桥，上下游及拦淤坝围堰完成80%，坡面防护完成20%，完成方桩预制389根、上下游防护段土方开挖5000立方米、闸塘土方开挖2.85万立方米。

【小型农田水利重点县工程】 大丰区2014年中央财政小型农田水利重点县工程包含白驹、大中、新丰3个项目区，涉及3个镇25个行政村。2015年2月，工程开工，9月竣工。项目区新拆建各类泵站34座，新拆建排涝闸33座，新建涵洞886座，新建过路涵21座，新建防渗渠15.79千米，新建高效节水灌溉示范片2处，占地576.67公顷。铺设低压管道62.65千米，配套节水灌溉自动化系统11套。总投资4000万元。项目实施完成后，新增节水灌溉面积860公顷，恢复灌溉面积420公顷，改善灌溉面积1033公顷，改善排涝面积9720公顷。

【小型农田水利重点县奖补工程】 2月，大丰市2014年小型农田水利重点县奖补资金专项工程开工，9月竣工。项目涉及大中镇的灶圩、晋丰、晋北、恒北、恒丰、海丰6个行政村，建设内容为新建小型农田灌溉站6座、排涝站1座、过路涵洞4座。总投资300万元。项目实施完成后，改善灌溉面积200公顷，改善排涝面积226.67公顷，产生一定的节地效益和防洪减灾效益。

【千亿斤粮食田间工程】 2014年，大丰区新增千亿斤粮食生产能力规划田间工程项目，2015年3月开工建设，6月底完工，在大桥镇大桥村、江岸村、东塔村和方向村等村新拆建各类建筑物120处（座），其中，规划新建防渗渠6处，长10.57千米；新建泵站5座、分水闸5座、涵洞94座、渡槽及过路涵（分水闸）10座。总投资1500万元。项目工程实施完成后，新增和恢复灌溉面积566.67公顷，改善灌溉面积100公顷。

【农村河道疏浚整治工程】 2015年，大丰区按照“将淤积严重的农村河道利用三年时间疏浚一遍”的总要求，自2014年12月开工，对70个村进行“整村推进，连片治理”，到2015年4月底全面竣工，完成大中沟土方875.61万立方米，疏浚大沟40条，长度172.76千米，疏浚土方310.97万立方米；疏浚中沟210条，长度528.73千米，土方564.64万立方米。总投资6500万元。

防汛防旱

【水情雨情】 6月24日，大丰市普降暴雨，内河水位急剧上涨，全市平均降雨量90毫米，其中大丰港、新丰镇、三龙镇降雨量均超过100毫米，防汛抗灾形势十分严峻。城区外围水位最高1.8米，经济开发区、大丰港经济区、三龙镇水位均超过或接近警戒水位。大丰市防汛防旱指挥部办公室迅速启动防汛预案，科学调度，沿海5个闸全部大开大排，守潮开关闸，将城区水位控制在1.1米以下，确保水情得以控制。此次强降雨，只有三龙有一小部分农田短时间积水。

【台风】 7月11日的第9号台风“灿鸿”和8月10日的第13号台风“苏迪罗”，2次强台风外围影响全区。特别是8月10日的台风，致使大丰市普降特大暴雨，平均降雨量347毫米，是有水文资料统计以来历史第二大雨。强降雨过程造成全市水位迅速上升，全区主要河道水位全部超警戒水位，受涝面积73666公顷，农作物受灾面积68433公顷。灾后大丰市沿海川东闸5闸守潮开闸，大开大排，全力抢排除涝，第一时间组织相关工作人员分组分片挂钩到镇、服务到村、指导到户、督查到田，现场察看农作物倒伏受灾情况，开展灾后技术指导工作，降低农业损失。8月16日，大丰市受淹农田全部出水。

2015年8月9~11日，受第13号台风“苏迪罗”影响，大丰市普降特大暴雨，全市平均降雨量347毫米，是有水文资料统计以来历史第二大雨

【汛前检查】 5月14日，大丰市召开防汛防旱工作会议，成立汛前检查领导小组，部署全区防汛工作。会后领导小组分赴内地、沿海、城区、园区、旅游景区，对防汛责任制、险工患段、在建工程、各类预案、防汛物资、河道清障、抢险队伍等情况仔细排查，发现问题，及时通报相关责任单位整改。

【防汛责任制】 2015年，市政府按照防汛防旱行政首长负责制的工作要求，针对部分镇党委、政府和区防汛防旱指挥部成员单位主要领导、分管领导变动情况，对区防汛防旱指挥部、水利工程防汛责任人进行调整和充实，进一步细化相关单位和负责人的职责分工，明确防汛工作的具体要求，落实防汛防旱工作责任。

【防汛物资储备及抢险队伍建设】 2015年，大丰区防汛防旱指挥部不断扩充防汛物资储备，储备本级编织袋23.7万只、树棍木材50立方米、块石1.3万立方米、土工布4000平方米、铁丝2773千克、抢排泵418台、6寸潜水泵60台、12寸潜水泵19台、柴油机25台、发电机组10组、移动防汛泵车5辆。加大地方防汛机动抢险队伍建设，在沿海组建10个堤防抢险队，2150人；内地组建406个抢险队，12310人；城区组建12个抢险队，2040人。严格物资储备管理制度，合理确定仓储地点，对抢险物资实行专库储存、专人负责，确保应急调用快速到位。

【防汛预案修订】 2015年，区水利局根据情况变化，总结往年防汛防旱经验教训和2014年防汛工作中暴露出来的问题，结合汛前检查中发现的问题，修订完善防洪、抗旱、防台应急预案9个，完善《防台风人员撤离专项预案》。加大对涉河建设项目安全监管力度，按照分级管理的原则，督促相关部门和单位认真整改项目实施过程中存在的问题，落实施工导流方案和安全度汛措施。

水利工程管理

【沿海港道观测】 针对2015年春夏交替雨水少、用水多等实际情况，大丰加强沿海港道监测，及时掌握回淤情况，要求各闸管所错开农业用水高峰期，拉大水位差开闸，最大程度延迟关闸时间，以清顶浑，冲淤保港，确保汛期排水通畅。

【新竹海堤修复工程】 2015年，新竹海堤维修加固工程投入100万元，维修加固长度8千米（其中护坡维修351米），主要对新竹海堤水毁堤坡进行修复，完成土方21000立方米，混凝土2000立方米，块石3000吨，防护林10.67公顷（46550株）。

【创建省级水利工程管理单位】 2015年，区水利局向上争取项目资金，支持有条件的水利工程管理单位创建省级水利工程管理单位，进一步提升大丰区水利工程管理水平和能力。竹港闸管理所通过盐城市级验收。

【四卯酉闸下迁项目论证启动】 四卯酉闸下迁项目是大丰区沿海水利工程建设的重点工作。2015年，区水利局积极向江苏省水利厅争取，得到意向性同意并启动项目论证工作。

【安全工作】 2015年，区水利局对全区水利系统安全生产工作进行细化和分解落实，与各单位签订《2015年度安全生产目标责任状》。加强定期和不定期安全检查，对安全生产有隐患的单位要求立即整改。2015年重点开展安全生产月活动、建筑施工专项检查和安全生产百日行动安全大检查。

【绿化工作】 2015年，区水利局完成水利绿化面积197.73公顷，成片造林124.40公顷，补植73.33公顷，植树15.2万株。其中通榆河完成种植面积17.67公顷，海堤完成种植面积180.07公顷。

水资源管理

【最严格水资源管理制度贯彻落实】 2015年，大丰区政府出台《大丰市人民政府办公室关于对全市最严格水资源管理制度落实情况进行考核的通知》，制订最严格水资源管理制度的考核细则，明确最严格水资源管理制度的考核主体、考核内容、考核方式及考核责任，明确各目标年用水总量、用水效率和水功能区限制纳污三条红线的考核指标。2015年，大丰区在盐城市对2014年年度全市最严格水资源管理制度考核中获得优秀等次。

【取水许可审批管理】 2015年，大丰区严格取水许可审批管理，促进计划用水和产业结构优化升级，保障经济社会的合理用水需求。根据江苏省物价局、省财政厅和省水利厅《关于调整水资源费有关问题的通知》，全面调整水资源费征收标准，依法征收水资源费，全年征收水资源费647万元，所收水资源费全部上缴区财政局，严格按照《江苏省水资源费项目资金使用管理办法》，规范水资源费使用。

【饮用水水源地达标建设】 2015年，区水利局建立以“河长制”为核心的水污染防治工作责任机制，编制《大丰市饮用水源地安全保障规划》《大丰市饮用水源地达标建设方案》，划定通榆河、新团河饮用水源地保护区范围，建立保护区巡查制度，加强水源地水质监测，确保水源地安全。2015年，通榆河饮用水源地和新团河备用饮用水源地达标建设工作通过省级验收。

【地下水资源保护】 2015年，大丰区水利局在充分调查、征求意见的基础上编制《盐城市大丰区地下水压采方案》，对全区所有深井分别提出封填、保留和封存等合理可行的处置方案。

方案通过盐城市水利局组织的专家组评审，并报大丰区政府批准实施。

【推进节水型社会建设】 2015年，按照《大丰市节水型学校创建实施方案（2015~2020）》，创建省级、市级、县级节水型学校7所；盐城市级节水型企业、节水型园区各1个；县级节水型载体6个。完成对百威英博大富豪（盐城）啤酒有限公司等节水技改3项。在节水型企业方面，盐城科菲特生化技术有限公司在企业改造时节水项目投入使用，2015年投资423万元，建设污水处理厂，将污水处理后回用；百威英博大富豪（盐城）啤酒有限公司投资367万元，完成包装预喷淋和糖化CIP节水改造项目，年节水4万立方米。

水政执法

【法治宣传教育】 2015年，大丰区水利局利用“世界水日”“中国水周”做好防洪保安、水土保持、水环境保护、水生态文明建设、农村饮水安全、城乡河道疏浚整治、节约用水等宣传，投入宣传经费8万余元，张贴和悬挂宣传标语1500余条，印发宣传资料4000余份。

【规范执法行为】 2015年，大丰区水利局制订《大丰区水利局推进综合执法工作实施方案》，印发《大丰区水利局关于加强水政执法巡查工作的通知》，推行行政执法责任制，落实行政许可、行政处罚等案卷评查、评议考核、责任追究等制度。完善水行政行为监督审查制度，开展重大水行政许可、行政处罚、行政复议决定等备案审查工作。

【水事纠纷行政调解】 2015年，大丰区水利局以涉水事务工作为重，对涉水事务中存在的隐患和重大矛盾及时排查和处理，妥善处理群体信访事件，化解矛盾、维护稳定。全年协调处理水事纠纷20余起，立案查处水事违法案件3起。

【防汛清障】 2015年，大丰区水利局出动执法艇18次，人员140人次，对斗龙港河等主要行洪骨干河道进行拉网式检查、清障，督促设障户自行清除鱼罾、鱼簖26处，鱼坞子30多处，强制清除各类阻水障碍物80多处。2015年，斗龙港通过盐城市防指组织的验收并受验收组好评，再次被命名为“防汛清障免检河道”。

【法治水利】 2015年，大丰区水利局认真总结“六五”普法工作，将“六五”普法期间的文件、档案、照片、视频等资料整理汇总，装订成册，接受江苏省、盐城市、大丰区组织的验收，受省、市、区领导一致好评。区水利局编制的《大丰市水利局法治水利示范点建设申报材料》顺利通过江苏省水利厅政策法规处的初期验收。

城乡水务一体化

【城乡供水一体化工程】 2015年，大丰区城乡供水一体化提升工程总投资1.74亿元。其中通榆河取水口强化预处理工程投资9500万元，工程土建基本完成，进入设备安装阶段；5万吨/日超滤膜处理+2000吨/日纳膜膜处理工程，投资3500万元，完工通水；主管网环网工程投资2000万元，完成西团至小海15.5千米、白驹至刘庄9千米的环网工程并通水；拆除危险水塔74座，实际投资145万元；计划改造180口深井，为应急情况乡镇供水，完成43口备用深井改造，完成投资134.58万元；老八镇加压站及刘庄水厂改造工程基本完成，总投资960万元；开发区6个村管网改造工程全面完工通水，总投资875万元；中华麋鹿园供水管网铺设工程，建设内容包括15.2千米DN250供水主管道安装及加压站建设，工程竣工并通过验收。

【城市供水】 2015年，大丰区自来水公司秉承“公益为先，勇于担当”的经营理念，在上级部门的12次抽检和每月卫生监督部门的水质检测结果公示中，全区各项水质指标均优于国家标准，未有不合格项。秉着“心怀谦恭，水润万家”的服务理念，全年妥善处理用户求助、咨询、投诉1800余起，用户答复满意率98%。

【镇村供水管理】 2015年，大丰区镇村供水服务用户20.6万户，全年安全供水无事故，水量应抄尽抄、水费应收尽收，抄收率100%。坚持每两周召开1次分公司经理工作例会，对运行工作存在的问题，进行集中办公、集中会商、集中解决；健全核查机制，对管网维修、水费抄收等情况，由总公司组织随机核查，核查结果进行公示，规范工作流程。强化制度建设，全年制订和完善各类制度100余条。

【城市污水处理管理】 2015年，大丰区城北和开发区污水处理厂围绕“水质达标、水平提高、节能降耗”目标，按照江苏省《城镇污水处理厂运行管理考核标准》，进一步加强管理水平，提升污水处理运营效率。全年清淤12次，管网安全正常运行，城区污水收集率、处理率90%以上。完成污泥处理技术调研，将污泥送至砖瓦厂进行焚烧制砖处置，全年处置污泥7058.8吨，实现污泥处置的规范化和资源化利用。进一步完善硬件设施、软件台账建设，做到设施完好、运营规范、台账齐全、责任明确，城市污水处理这一项顺利通过国家环保模范城市、国家生态市、国家卫生城市的现场考核和技术评估。

（石伟丰）

〖编辑 顾 锋〗

建筑市场

【概述】 2015年，大丰区坚持把建筑业作为富民强区、转移农村劳动力的优势产业来培植，以建筑业转型升级为主线，以发展绿色建筑为方向，以住宅产业现代化为重点，以新型建筑工业化生产方式为手段，优化建筑产业结构，推进建筑产业现代化。实施外向开拓、规模经营战略，从严执行工程建设强制性标准，严格履行法定程序，强化市场准入管理，规范招投标、施工许可、质量安全监督、竣工验收备案等制度，严厉查处违规发包、恶意拖欠等行为，构建健康开放，竞争有序的市场秩序，建筑业发展各项工作取得新成效。建筑企业抓住国家“一带一路”发展机遇，在承接一般建筑工程的同时，不断向大体量、技术含量高、利润丰厚的大型工程发起冲击，不断向中西部的城市拓展，以点带面，逐步推广，积极培植新的经济增长点。全区完成建筑业总产值86.78亿元，比2014年增长32.58%，其中市内产值36亿元，外施产值42亿元；实现增加值24.2亿元，比2014年增长23.0%。培植产值超10亿元总包企业2个，新增或升级施工企业18个。新增高级职称人员16人，中级职称人员53人；新增一级建造师15人，二级建造师52人。创省级新技术应用示范工程1项，盐城市级标准化示范工地23个，省级标准化示范工地9个。全年工程质量合格率100%，创盐城市级优质工程5个，省级优质工程2个。

【外埠建筑市场开拓】 2015年，大丰区建设主管部门主动适应国家建筑经济的发展形势，稳步推进“走出去”战略，发展壮大外埠建筑市场。根据2015年盐城市政府建筑业发展工作会议精神和下达的发展建筑业目标任务，大丰区住房和城乡建设局印发《2015年全区建筑业发展目标任务及考核办法》文件，分解落实建筑业发展目标任务，制订相应的考核细则和奖惩办法，增强各企业加快发展建筑业的紧迫感和责任感。先后组织有关人员赴上海市、湖南省长沙市、浙江省杭州市等地学习建筑产业现代化发展，拓展建筑工业化的发展思路。围绕年初确定的目标，加大外埠建筑市场开拓力度，巩固原有市场，开拓新兴市场，整体市场份额扩大。年内，全行业外出施工人数2.3万人。在北京市场开工建筑面积6万平方米。在巩固内蒙古自治区及苏州、南京、无锡等规模市场的同时，新开拓新疆维吾尔自治区及秦皇岛、唐山等市场。江苏恒生建设有限公司以苏州市场为龙头，加大外埠市场开拓力度，新开辟陕西、河北秦皇岛等市场，公司在建工程项目合同造价超4亿元，外出施工在建项目合同造价额3.5亿元。江苏东远建筑有限公司在竞争激烈的南京建筑市场上承接工程面积6万平方米，在湖北省大冶市承接10万平方米的欧蓓莎国际商城项目，在宁夏回族自治区青铜峡市承接12万平方米的欧蓓莎商海城项目。江苏三圩建筑工程有限公司在新疆承接了近6000万元的开发项目，是大丰区第一个进新疆项目。盐城阳达公司在北京劳务从业人数1650人，在手劳务合同额6600万元，公司在站稳北京劳务分包市场同时，积极与大丰区重点龙头企业合作，工程承接在形式上取得新的突破，一改过去以分包和劳务形式的施工格局，分别在河北秦皇岛，内蒙古包头、呼和浩特、辽宁沈阳等市场上以总承包的方式独立承接工程造价2.4亿元的工程项目。

【建筑产业结构转型升级】 2015年，大丰区住房和城乡建设局按照“施工总承包企业作强，专业承包企业作精，劳务分包企业作专”的原则，鼓励和引导施工总承包企业通过兼并、重组、改制等方式，形成一批资产规模大、技术力量雄厚、管理先进、跨行业经营、具有核心竞争力的大型企业集团。专业承包企业和劳务分包企业结合自身优势，加快经营结构调整，拓宽服务领域，做精做专，突出主业，形成特色。形成以总承包企业为龙头、专业承包企业为骨干、劳务分包企业为基础的企业集群，构筑起分工明确、配套协作、整体优势明显的产业结构。坚持“一业为主，多种经营”的发展方针，突破工程施工的单一模式，不断延伸产业链，扩大企业经营规模，做大建筑业。通过改变建筑业房屋建筑偏大的经营格局，鼓励和支持企业由传统的房屋建筑为主向路桥、水电等专业建筑业拓展，由建筑业一业为主向房地产、新型建材、制造业延伸，由传统的工民建向钢结构、市政工程、建筑装修装饰工程、道路工程、桥梁工程、水电设备安装工程、环境工程和智能建筑等领域进军，拓展建筑企业经营服务领域。截至2015年年底，全区拥有一级资质企业4个，二级资质企业21个、三级资质施工企业67个、劳务企业14个，设计与施工一体化企业5个。

【工程款和农民工工资拖欠矛盾化解】 2015年，大丰区住房和城乡建设局在全区范围内开展建设工程项目摸底大检查，重点排查工程款支付不到位的企业，建立房地产企业和施工企业信用档案，加强建设工程承发包管理，严格规范建筑企业农民工用工。实行农民工保证金制度，落实专款专账户、专款专用，定期或不定期检查各房地产开发企业和建筑企业，检查结果作为评定其市场信用度的主要依据，发现问题，立即下发整改通知，限期整改，督促企业及时支付工程款和农民工工资，对发现拖欠农民工工资的行为采取有力措施，督促企业及时落实资金，对拒不解决的房地产开发企业和建筑企业依照法律法规给予从严处理。同时畅通投诉渠道，受理农民工来信来访，引导农民工通过合法渠道反映诉求，做到“有诉必接，接诉必查”。从2014年9月至2015年年底，该局处理拖欠工程款和农民工工资矛盾126起，解决清欠工程款3.1亿元，农民工工资6500万元。

【建筑市场秩序整顿】 2015年，大丰区建设主管部门开展“打非治违”专项治理行动，整顿规范建筑市场秩序。全年查处建筑工程类案件17起。重点检查建设工程三方责任主体项目负责人履职情况，工程违法发包、转包，违法分包、挂靠，施工企业无资质承接工程等违法行为。从建设、勘察、设计、施工、监理各方主体，从工程合同、施工许可、施工图审查、竣工验收各环节，从企业资质、安全许可和个人注册执业资格审批、日常监督等各项工作入手，及时发现建筑施工各类违法行为。同时综合运用法律、经济、行政等手段，采取暂停施工，约谈主要负责人，安全生产许可证动态管理和经济处罚等措施，严厉打击建筑施工各类违法行为。对全区建筑施工企业开展年度资质动态核查工作。严格执行施工许可、工程竣工备案和勘察设计合同备案管理制度。区建设主管部门与招投标办公室、法院等部门建立了建筑工程实行施工现场与招投标有形市场“两场联动”机制，工程信息化监管有效推进，继续对建设工程项目现场的施工企业项目部关键性管理人员实行LBS无线定位系统动态考核。通过严厉打击非法、违法建筑施工行为，不断完善健全建筑安全生产相关管理制度，将打击非法、违法建筑施工行为纳入制度化、规范化、经常化的轨道。

【建筑节能与绿色建筑】 2015年，大丰区加强有效监管，全区建筑节能和绿色建筑工作逐步走向规范化。区建设主管部门贯彻执行《江苏省绿色建筑发展条例》和《民用建筑节能条例》等法律、法规及规范标准，围绕建设资源节约型社会，推进绿色建筑，以改善建筑功能为目标，以提高能源利用效率为核心，以新建建筑和示范工程应用为龙头，落实各项节能政策和措施，加强日常监督和管理，推进绿色建筑及建筑节能工作。年内，全区通过建筑节能施工图审查新开工项目总面积134.3万平方米，其中公建项目建筑面积56.85万平方米，居住建筑项目面积77.45万平方米。当年取得江苏省住房和城乡建设厅颁发的绿色建筑标识项目8项，合计建筑面积55.77 万平方米。新建居住建筑全面执行应用可再生能源（太阳能光热），新建公共建筑应用可再生能源项目面积12.13万平方米，其中太阳能光热5.28万平方米，太阳能光电项目6.2万平方米。

（葛顺明）

工程建设管理

【概述】 2015年，大丰区住房和城乡建设局全面落实安全生产法律法规，建立完善安全生产长效机制，坚决贯彻“安全第一，预防为主，综合治理”的方针，以控制和减少安全事故为目标，落实责任，加强监督。以规范参建主体质量行为为基础，推进“工程质量治理两年行动”，推动建筑工程施工质量标准化。以质量巡查、抽测为主要质量监督手段，对项目实行差

2015年11月20日，大丰区住房和城乡建设局工作人员在新丰镇太兴村指导美丽乡村建设 葛顺明 摄

别化管理，重点抓好住宅工程质量监管，严格落实质量分户验收制度，通过优化设计图纸、优化施工方案等措施，有效控制质量通病的问题出现。规范检测市场行为，加强商品混凝土等建筑材料质量和节能保温施工质量的管理。全年在建受监项目158个，面积331万平方米。城区受监率100%，各镇公建与住宅工程受监率100%，其他项目受监率80%。出具监督报告91份，竣工面积120万平方米，工程质量合格率100%。申报省级文明工地10个、盐城市级文明工地16个、大丰区级文明工地33个。

【建设工程质量管理】 2015年，大丰区住房和城乡建设局按照国家标准、规范组织监督，重抓质量巡查和抽查监督，充分发挥工程质量监督制度、工程监理制度在确保工程质量方面的作用。开展“创名牌、创优质”工程活动。推行标准化管理模式，逐步实现从被动防范向源头管理转变，从阶段性检查整治向规范化、制度化管理转变；加强基层、基础工作，突出企业在质量管理工作中的主体地位。实行抽查与巡查相结合，行为与实物监督同步。及时掌握工程进度，保证实物抽查频率，工程实物质量一直处于受控状态。抽查的钢筋、混凝土强度、pvc管材等材料质量均合格。抓好保障性住房和市政基础设施工程质量监督。严格按照工程质量法律法规和标准执行，保证各类保障性住房价廉质不低，确保市政基础设施和公用设施工程项目达到使用功能的质量要求。推进住宅工程通病防治、分户验收深化工作。针对住宅工程易发生现浇板裂缝、屋面渗漏、粉刷空鼓、地面起砂、几何尺寸偏差等通病的实情，继续加强质量通病防治。区建设主管部门要求建设和施工单位签订《住宅质量通病防治责任书》，对原设计未明确或低于通病防治技术标准的，一律按通病防治技术标准执行。依据《江苏省住宅工程质量分户验收规则》，所有工程在竣工验收前组织分户验收。住户对质量通病的投诉率比2014年下降30%。

【建设工程安全管理】 2015年，大丰区住房和城乡建设局以落实工程建设各方参建主体安全责任为重点，形成安全监管的长效机制，保持全市建设领域安全态势平稳，事故频率控制在指标范围内。把每季度的定期安全大检查与平时不定期巡查相结合，及时掌握全区的安全生产动态，发现问题及时处理，做到不漏一个工程项目，不放过一个安全隐患，达到点面结合，确保建筑工程安全监管的立体效应。同时督促建筑施工企业和监理单位建立安全隐患排查工作制度，并有效运行。督促企业建立日常隐患排查机制，实现安全隐患排查治理常态化、规范化、法治化。严格安全生产许可证动态监管和安全事故责任追究制度，对发生事故企业一律上报省住房和城乡建设厅按上限暂扣安全生产许可证；对安全巡查督查发现存在违法违规和安全隐患突出的企业和责任人，实施严厉处罚，并列为不良行为记录予以通报和曝光，增强监督执法效力。采取“四不两直”（不发通知、不打招呼、不听汇报、不陪同接待，直奔基层、直插现场）的方式，对全区范围内的在建工程进行拉网式检查7次，发出限期整改通知书638份，提出整改意见731条，整改通知书书面回复率95%。

【城建档案管理】 2015年，大丰区住房和城乡建设局坚持以“依法治档”为重点，突出抓好工程声像档案、电子档案、村镇建设档案资源建设，加强城建档案管理和资源建设、档案信息化建设和档案队伍建设，优化档案利用平台，抓各项规章制度的落实，改善建设档案工作环境和保管条件，硬件设施日益完善。努力提升档案管理水平和档案利用服务水平。全年审核接收650个工程档案资料，组织整理编制工程档案4401卷，接待查档220人次，提供利用档案1000多卷，拍摄工程照片3500张，录像68分钟，数字化扫描24465份，著录4401卷，开展城建档案利用服务，接待社会查档，对事关重点工程、招商引资等特殊情况利用的，建立查询“绿色通道”，节假日照常提供查询服务，复印出具证明材料4000多份，为房屋改扩建、产权证办理、旧城改造、工程评优、企业资质评定、司法鉴定等提供有价值的凭证，取得良好的社会效益。

【建设职工教育培训】 2015年，大丰区住房和城乡建设局制订住建系统安全培训工作实施方案，按照国务院安委会关于加强安全培训的通知要求，对全市建设行业相关人员的安全培训进行细化，实现月月有安全培训。组织质量安全监督人员参加上级组织的各类培训学习活动，参加江苏省、盐城市监督人员业务培训30人次。利用工程施工淡季，组织质量、安全继续教育培训。针对工程建设中易发生的问题，对全市质量安全管理人员、一线施工人员进行培训，培训建筑施工企业安全生产“三类人员”（施工企业负责人、项目负责人、专职安全员）450人，钢筋工、木工、瓦工等工种职工259人，并取得国家职业技能鉴定证书。开展送教到工地活动5次。

【建设工程造价管理】 2015年，大丰区住房和城乡建设局审核458个工程招标控制价，工程总造价23.63亿元，提出审核修改意见81份，出具招标控制价备查表196份。围绕市场需求，深入一线调研材料价格，扩大采集范围，对每种材料的价格均从网络、经销商及采购方等多方面进行调研，从而确保发布材料信息的准确性。并根据市场实际需求，发布12期指导价，每期46种主要建筑材料，为全区工程招投标和竣工结算提供参考依据。参与区国有投资项目施工过程中的造价控制，指导和监控咨询企业在政府重点工程中全过程造价服务的质量，引导企业和执业人员严格按照指导规程的程序、内容、方法和要求规范服务于建设工程，为政府投资工程把好造价关。全年接受电话答疑50余次，参与协调重大造价纠纷2次，主持造价争议调解16起。

【建筑行业“安全生产月”活动开展】 6月，大丰区住房和城乡建设局开展建筑行业“安全生产月”活动。坚持“安全第一、预防为主、综合治理”方针，结合“安全生产年”活动的各项工作任务，组织开展“安全生产月”活动，围绕“加强安全法治、保障安全生产”主题，创新形式、丰富内容、增强实效，提高了建筑施工从业人员的安全意识和防范能力，推进了安全文化建设，普及了安全生产法律法规和安全知识，为推动全区建筑行业安全生产状况的持续平稳发展营造了良好氛围。组织各施工单位在工地悬挂各类安全生产宣传标语760条，组织燃气经营企业悬挂各类安全生产宣传标语18条。在各作业点和燃气经营网点悬挂安全标志牌。举办安全宣传展览、安全知识竞赛、安全知识培训班、组织班组安全活动，以掀起“安全生产月”活动的宣传热潮。6月16日，市安委会组织“安全生产月”咨询日活动，市住建局参加现场咨询活动，设立咨询台，接受市民咨询，发放安全生产宣传资料600多份。在安全月期间，燃气专项检查由燃气办组织，对所有气站及网点进行拉网式检查，建筑施工检查由质安站对全市建筑工地进行检查，并配合“两区”（港区、开发区）开展专项检查活动，安全月期间出动检查人员40多人次，派出车辆5辆，发出整改通知38份，排除隐患4处。开展安全生产科技创新活动，要求各施工单位和燃气经营企业在“安全生产月”活动期间，加大施工安全生产和燃气经营企业的科技投入，以科技创新，促进安全生产。

【建筑施工监理人员安全培训班】 1月15~16日，大丰区住房和城乡建设局举办了一期建筑施工安全监理人员培训班。当地和外来监理企业的100多名监理人员参加培训。培训班邀请盐城市建设工程安全监督站的专家讲授《建设工程监理规范》等建筑施工监理专业知识。此次安全培训的主要内容包括建筑工程施工监理工作依据、基层程序、工作职责、施工过程监理的方法和措施等。

【建设工程质量安全培训班】 2月3~4日，大丰区举办了一期建设工程质量安全培训班。培训班邀请中国建筑科学研究院培训中心的专家授课。培训内容包括《工程质量治理两年行动方案》《住宅工程质量通病控制标准》、新《中华人民共和国安全生产法》等内容。授课专家结合典型案例和自身从事建设工程管理的经验，进行了深入浅出地讲解。

【建筑施工新规范培训班】 6月30日~7月1日，大丰区住房和城乡建设局举办了一期建筑施工新规范培训班。培训班邀请了中国建筑科学研究院培训中心的专家。授课专家分别就国家住建部新出台的《混凝土结构工程施工质量验收规范》《建筑工程施工现场供用电安全规范》技术内容、适用范围以及强制性条文进行解读，并结合实践经验，用生动的案例讲解混凝土结构工程施工及建筑工程施工现场供用电安全管理的要点。

2015年10月15日，大丰区住房和城乡建设局举办建筑施工安全人员培训班
葛顺明 摄

【建筑施工安全检查】 9月24日，区住房和城乡建设局邀请盐城市建设工程安全监督站专家对大丰区建设工程施工安全进行检查指导，开展专家现场查隐患活动，加强建筑施工安全生产，及时排查安全隐患，防范安全事故发生。专家组一行深入施工现场，全面检查中交·美庐城项目等建筑工地。在建设单位、施工企业、监理企业的配合下，重点对施工现场安全防护、临时用电、机械设备、脚手架、项目工程资料、教育培训、安保体系建立等方面进行细致检查，现场提出整改意见。并对工程项目的施工企业技术负责人、项目经理、监理企业总监、旁站监理、专职安全员进行了针对性的安全技术业务指导。

【建设工程质量安全现场观摩会召开】 10月28日，大丰区住房和城乡建设局组织建筑施工企业、监理企业的负责人、项目经理、项目总监300多人，集中观摩中交美庐城项目施工现场，通过实物示范、样板引路的方式，总结推广建设工程质量安全管理的有效措施和典型经验。在随后召开的建设工程质量安全现场推进会上，大丰区住房和城乡建设局点评一年来全区建筑工地安全专项治理行动和工程质量两年行动工作情况，并对下一阶段工作进行部署。

（葛顺明）

房地产管理

【概述】 2015年，大丰区住房和城乡建设局按照“规范办事程序、强化内部管理、突出优质服务、科学合理发展”的工作总体思路，规范市场监管秩序，改善窗口服务质量，推进保障性住房建设，提升房产管理工作水平。推进房地产项目投资，形成商品房、经济适用住房、公共租赁住房、拆迁安置房并存的住房供应体系，房地产市场更加趋于理性。从商品房预售许可条件、现场查勘、预售事项公开等方面依法发放商品房预售许可证。全面加强商品房合同备案注销管理，对所有取消商品房合同备案登记的全部实行网上公示，从合同登记备案管理规范商品房市场交易秩序。加大物业企业、中介企业规范化管理，推行物业服务企业等级服务收费制度。通过举办物业服务现场经验交流会等形式，组织和支持物业服务企业开展物业管理示范小区和平安小区创建活动。加大对物业服务企业的考核力度，将业主评价纳入到目标考核和企业信用管理内容。建立物业市场日常巡查和专项检查制度，严肃处理服务质量低、服务态度差、乱收费、侵占和损害业主利益的企业，规范物业服务行为，落实物业小区长效管理的办法措施，做到问题在一线发现，隐患在一线排查，矛盾在一线解决，维护了房地产市场的和谐稳定。

【房地产业发展】 2015年，大丰区住房和城乡建设局以“保障发展、稳定房价、服务民生”为主线，规范房地产开发行为，房地产市场平稳有序发展。全年完成房地产投资36.8亿元，比2014年增长1.3%；新开工面积134.88万平方米，比2014年下降26.26%；竣工面积102.36万平方米，比2014年下降2.51%；商品房批准预售面积105.61万平方米，比2014年下降17.21%；商品房合同销售84.17万平方米，比2014年增长11.38%。

【房地产市场管理】 2015年，大丰区住房和城乡建设局创新管理模式，实现房地产市场监管的科技化、信息化、网络化，完善网上楼市，确保相关信息准确、真实。做好省住建厅商品房预售合同备案日报系统的调整工作，按照省住房和城乡建设厅要求，每日按时上报商品房预售合同备案数据，并及时调整上报系统，使数据与省住房和城乡建设系统无缝对接。做好房地产市场分析工作，按照盐城市房管局要求，按时报送部、厅及盐城市局的年报和定报工作。每月及时向区委、区政府及地税等相关部门报送月度商品房销售情况以及市场分析报告。完成新建商品房网上备案系统暨预售资金监管系统的建设工作。指导企业做好房地产资质申报工作，新培植5个房地产开发企业，做好43个房地产开发公司资质年检工作。加强房地产市场监管力度，完善商品房预售制度，4月17日出台《大丰市新建商品房预售资金监管办法》（大政规发〔2015〕2号），防范商品房交易风险，保障购房人的合法权益。完成江南山水城、新东苑二期、香堤雅郡、中凯银杏湖等15个房地产开发项目的分期综合验收工作，通过综合验收，完善了小区综合配套设施设备。

2015年10月1~3日，盐城・大丰秋季房地产、汽车博览会暨第四届少儿才艺大奖赛在大丰奥体中心举办

【产权产籍管理】 2015年，大丰区住房和城乡建设部门推进权属登记与房地产交易的规范化管理和标准化服务工作。房屋登记中心多措并举，提升服务水平，实行首问负责制、责任追究，强化工作人员责任意识。转变工作作风，优化效能建设。发挥信箱、热线作用，积极参与行风热线栏目，畅通群众诉求表达、利益协调和权益保障渠道，开辟产权办证“绿色通道”，对行动不便困难群众提供上门服务。对重点项目及龙头企业，开展特事特办的贴心服务。全年房屋登记中心发放房屋权属证书、证明29704份。其中预购商品房预告登记、预购商品房抵押预告登记证明7497份；房屋所有权证16136份；房屋他项权证6071份。

【直管公房管理】 2015年，大丰区住房和城乡建设局组织各房管所做好直管公房安全管理、房租收缴、维修养护等工作。年内6次就直管公房安全维护进行专门部署和检查，集中力量对直管公房的电路和结构安全进行拉网式检查，并根据检查情况及时作出隐患排除方案。实行安全管理责任制，工作人员分片包干、任务明确、落实责任，做好安全防范和维修工作，有效防范和控制各类事故的发生。加大维修资金投入，对危旧公房分类进行整修加固，对老化电线全面更新，并加强安全知识宣传，定期发放安全防范资料到户、到人，让公房住户树立安全事故的防范意识，维护公房承租户的生命和财产安全。全年完成修缮房屋531户，修缮房屋面积1.95万平方米。全面清理转租、转借的公房，重新签订租赁合同，确立租赁关系。全面清理和整顿陈欠租金，确保年度房租收缴率100%。

【评估、测绘服务】 2015年，房产评估出具抵押、存量房上市评估报告1656宗，评估建筑面积54.41万平方米，征收拆迁评估私有房屋约1935宗，单位83宗，征收拆迁评估建筑面积38.16万平方米。房产测绘出具商品房面积核定书43份，测绘面积81.86万平方米；预测报告书39份，预测面积88.4万平方米，房产配图2375份，服务企事业单位43家。

【白蚁防治监管】 2015年，大丰区住房和城乡建设部门坚持以防为主、防治结合、综合治理的原则，加强白蚁防治从业人员管理，统一施工器械，规范标准化施工和档案管理，强化工程质量检测，建立工程质量考评制度，建立白蚁防治管理网络系统，开展白蚁防治工作。拓展新开发住宅小区、工业厂房、新建房屋、园林建筑和老旧房屋等领域的白蚁预防与综合治理工作，执行白蚁防治质量技术标准，落实防控措施，遏制白蚁危害及蔓延，确保房屋居住安全。全年白蚁预防施工164万平方米，施药覆盖率100%，收缴白蚁防治费434万元。

【危房鉴定服务】 2015年，大丰区住房和城乡建设局受理鉴定109宗，其中私房翻修鉴定97宗，鉴定面积9600平方米；企事业单位鉴定12宗、鉴定面积2.2万平方米。年内开展2次房屋安全排查，逐幢排查全区各单位各部门上报的老旧楼房154幢、23.78万平方米。其中建于20世纪70年代建设的楼房6幢、8668平方米，80年代建设的楼房79幢、10.72万平方米，90年代楼房69幢、12.18万平方米，以及建于七八十年代大量老旧平房。在所上报的危旧房屋中，确定的危险房屋涉及8处，建筑面积4985平方米以及3处合计1990平方米的危楼，其中1处纳入2015年拆迁计划。房屋安全鉴定办公室每次排查勘察均作记录，并形成详细的图文资料，对鉴定的危楼和老旧房建成一房一档的档案资料。房屋安全鉴定办公室在受理鉴定申请后，安排工作人员现场查勘、鉴定、拍照取证，并将原定为7个工作日缩短至3–5个工作日。

【房产档案管理】 2015年，房产档案整理、拍摄、编号、上架产权产籍档案约9458卷，他项权档案约5231卷，预告登记及预告抵押登记档案10320卷，预告登记及预告抵押注销800卷，他项权注销档案约1954卷，整理拆迁注销档案约104卷，当年档案整理、录入、归档入库率100%。为服务对象办理缴纳税费、办理土地证、二手房买卖、抵押登记、户籍迁移等提供2.95万人次的房产档案查档服务。在做好日常的立卷归档、查档、库房管理的同时，狠抓房产档案的规范化、制度化、现代化管理，严格按照《档案法》《城市房地产权属档案管理办法》《房屋权属登记信息查询暂行办法》等法律法规的要求，建立健全档案整理、管理、利用和保密制度。对房产实物档案进行分类整理，房产档案信息数据录入扫描和建库，建立高质量标准化的信息数据库。

【春季房地产汽车博览会】 5月1~3日，“天居·上尚城”2015年江苏·大丰春季房地产汽车博览会暨美食嘉年华活动在大丰奥体中心举办。有24个房地产企业（26个楼盘）、15家汽车经销商（33个汽车车型）、26家餐饮经销商参展。接待观展人数10万人次，发放各类宣传资料30多万册，现场签订合同159套，总面积1.8万平方米，总销售额8600万元，现场认购135套，面积1.3万平方米。汽车成交158辆，成交额2370万元。

【秋季房地产汽车博览会】 10月1~3日，中交美庐城2015年盐城·大丰秋季房地产、汽车博览会暨第四届少儿才艺大奖赛（海选）活动在大丰奥体中心举办。此次博览会历时3天，由大丰房地产业协会、大丰阳明广告信息中心承办主办。历时3天的博览会，有24个房地产企业（28个楼盘）16家汽车经销商参展，500名少儿选手参与少儿才艺大赛海选。房地产楼盘现场签订合同188套，总面积2.06万平方米，总销售额1.03亿元，现场认购126套，面积1.39万平方米。汽车成交138辆，成交额2600万元。房地产汽车博览会参展楼盘众多，活动丰富，有房展、有车展、有少儿才艺大赛海选，同时还穿插现场抽奖等活动，营造了良好的展位环境，满足了市民消费的需求。

【公租房消防应急救援演练】 6月5日，大丰区住房和城乡建设局在市区德惠花园小区组织开展公租房消防应急救援预案演练活动。各房管所、物管办、住房保障办、振城建设有限公司的负责人和安全管理人员参加演练，并邀请市消防大队的负责人现场指导。在演练过程中，失火报警、人员紧急集合、灭火、人员物资疏散转移等一系列环节井然有序，达到预期效果。此次演练历时一个多小时，通过消防演练的形式，不仅促使公租房管理人员提高了消防安全意识，掌握了现场基本抢救常识，同时提高了住建系统内有关单位及相关人员的快速反应能力和实战能力，为公租房消防工作打下了基础。

（葛顺明）

物业管理

【概述】 2015年，大丰区物业管理行业围绕“谋发展、强法治、惠民生、抓长效”的工作定位，以整顿规范物业管理市场秩序为重点，不断转变工作作风，加强行业监管，提升服务水平，全面完成了全年工作任务。全区物业管理行业抓住区人大组织《江苏省物业管理条例》执法检查的机遇，推进物业管理工作上台阶。加大小区基础设施改造投入力度。针对小区业主反映较多的问题和各类创建要求，实施停车位改造、道路维修、绿化提升、环卫设施改造、安全隐患整改等工程，全面提升小区配套服务功能。出台《物业服务企业及项目负责人信用信息管理办法》规章制度，从物业服务企业的内部管理、项目服务、考核方式、考核结果运用等方面进行规范，对建立一个公平公正、诚信经营的市场环境提供了制度支撑。出台《关于进一步完善市区住宅小区智能化设施的通知》，推进物业企业在小区的安全秩序管理。抓好物业管理优秀项目创建工作。截至2015年年底，创建国家级物业服务示范住宅小区3个，省级物业服务示范住宅小区8个，盐城市级物业服务示范住宅小区33个，为全区物业服务升级提质树立了样板。

【物业管理规范化】 2015年，大丰区住房和城乡建设局以物业管理规范化为重点，组织物业管理项目“月月家家到”观摩活动，观摩活动由物业企业项目经理介绍概况，大家参观现场、相互交流。成立由住建局、城管局、公安局、质监局、消防大队、物价局等部门组成联合检查小组，对全区38家物业小区的技防及安全巡查、电梯、消防设施设备管护、小区环境及绿化养护、规范收费等方面进行检查，对检查发现的问题要求责任单位限期整改，逾期不改或整改不到位的由区住建局牵头实施帮助整改，年内均整改到位。对物管用房的面积、位置、功能是否符合标准进行审核，办理10起物管用房确认。受理完成9个物业服务企业的资质新申报和资质升级。出台《盐城市大丰区物业服务企业及项目负责人信用信息管理办法》，对每个企业设立基准分，通过考评，每年年底形成年度信用记分结果，评定物业服务企业及其项目负责人的信用等级，并加强对考核结果的运用，接受公众监督。

【前期物业招投标】 2015年，大丰区住房和城乡建设部门按照《中华人民共和国招投标法》《物业管理条例》《前期物业招投标管理暂行办法》等法律法规的要求，要求所有的住宅项目必须通过招投标方式选聘物业服务企业。完善前期物业招投标，对开发单位的招标行为规范指导，凡建筑面积在10万平方米以上的住宅物业必须进行公开招投标，10万平方米以下、3万平方米以上的住宅物业原则上要求公开招投标。从招标文件、招标公告、招投标程序、前期物业合同签订等程序入手，对前期物业招投标全过程进行严格监管，保证招标投标过程公正、公平、公开。2015年，全区完成前期物业招投标项目13个。

2015年，大丰区住房和城乡建设局多次组织物业服务企业观摩学习优秀小区的物业管理 （单位供图）

【住宅专项维修资金】 2015年，大丰区住房和城乡建设部门扩大住宅专项维修资金归集的覆盖面，完善住宅专项维修资金自动化管理系统，畅通住宅专项维修资金的使用渠道，使住宅专项维修资金的缴存、管理、使用、核算等各个环节更加系统化、规范化、合理化，切实维护好业主的合法权益。2015年收取新老小区业主维修基金6400户，收缴维修基金5233万元，房屋维修基金归集率100%。做好维修基金日常管理工作和维修基金发票管理工作。同时受理小区居民公共部位维修动用房屋维修基金的申请57起，金额127.8万元。

【物业管理观摩活动】 2月9日，区住房和城乡建设局组织25个物业服务企业现场观摩学习海棠花园、润丰嘉园等小区物业管理。全区物管小区的物业企业负责人和项目经理参加此次活动。观摩活动通过典型引路，推广经验，以点带面、传帮带等方式，组织物业服务企业观摩小区保洁、绿化、秩序维护、设施设备维护、车辆管理、小区安全管理等先进物业管理经验和管理模式。该局要求物业服务企业要认真学习借鉴先进经验，坚持以人为本，精心服务，创新物业管理模式，推进诚信体系建设，建立健全长效管理机制，投入文明小区和优秀小区创建，突出小区安全管理，为广大业主营造良好的生活环境。

【物业行业首届职工技能比赛】 5月1日，大丰区物业服务行业首届职工劳动技能、执业体能比赛活动在市奥体中心举行。来自全区35家物业公司的404名选手参加比赛。这次大赛紧扣物业管理工作的实际，分为保安团体赛、消防团体赛以及消防个人技能、保安个人体能、保洁个人技能比赛，目的是展示物业行业的风采，提升物业从业人员的整体素质，打造民生物业、品牌物业、效能物业。这次比赛的保安、保洁、消防是物业服务的基础项目，也是核心内容。经过激烈角逐，江苏汇鑫物业管理有限公司获保安团体比赛一等奖，江苏清风物业管理有限公司获消防团体比赛一等奖，陈玉宾获消防个人技能比赛一等奖，孙鑫鑫获保安体能比赛一等奖，刘素梅获保洁个人技能比赛一等奖。

（葛顺明）

住房制度改革

【概述】 2015年，大丰区住房和城乡建设局贯彻落实国家、省、盐城市住房保障政策，深化城镇住房制度改革，稳步推进住房商品化、社会化，建立适应社会主义市场经济体制要求的城镇住房制度。完善城市住房保障体系，形成包括经济适用住房、公共租赁住房、限价商品住房、棚户区危旧房改造安置住房在内的面向不同收入群体的多层次、差异化的住房保障体系，加快解决低收入家庭的住房困难，使群众居住条件得到改善。积极与省住建厅、盐城市住房公积金管理中心加强汇报沟通，落实更多的保障性住房建设引导资金，全年落实上级资金2694万元。

【保障性住房工程】 2015年，大丰区加大政策、资金和融资平台支持力度，按照国家法律、法规和强制性规范实施保障性住房工程建设。坚持“快字当头，质量为先”，加强保障性住房建设质量安全管理，全力打造民生幸福工程。各类保障性住房建设完成开工1734套，占任务125.65%；基本建成3010套，占任务125.94%。其中公共租赁住房（含廉租住房）开工462套，占任务154%；基本建成1298套，占任务162.25%。新增租赁补贴119户，占任务119%。经济适用住房开工480套，占任务145.45%；基本建成285套，占任务101.79%。限价商品住房基本建成464套，占任务113.17%。棚户区危旧房改造安置住房开工673套，占任务103.54%；基本建成844套，占任务105.5%。

【住房保障覆盖面扩大】 2015年4月，大丰区在盐城各县（市、区）中率先出台《大丰市市区2015年度租赁补贴发放认定条件和补贴标准》，将申请保障家庭的人均月收入由原来的1236元以下调整为1318元以下，降低了保障门槛；调整后的租赁补贴保障标准在盐城各县市中处于领先水平。调整完善经济适用住房申购政策。分配经济适用住房154套，公共租赁住房180套，促进了公共住房资源合理配置。

（葛顺明）

住房公积金管理

【概述】 2015年，盐城市住房公积金大丰管理部（以下简称大丰住房公积金管理部）围绕“拓展服务新领域，建设民生公积金”，锐意创新、主动作为，全年归集住房公积金4亿元，同比增长16.9%。新增开户单位97个，新增开户职工9385人。提取住房公积金6637人次，2.37亿元。发放个人住房贷款1210户，3.19亿元。全区住房公积金管理工作实现平稳较快发展，连续三年被盐城市住房公积金管理中心评为目标任务绩效考核综合先进集体。

【住房公积金服务】 2015年，大丰住房公积金管理部坚持加强服务意识、拓展服务领域。实行预约服务、上门服务，以解决职工“时间紧、请假难、签字难”的实际困难。定期召开开发企业座谈会，详细讲解公积金新政，对房地产销售人员进行业务培训，使职工第一时间了解相关政策。此外，设置服务监督台、意见箱，在业务大厅增设投诉窗口，全体职工挂牌亮牌，公开服务承诺，时刻接受群众监督。每月不定时抽取部分办理业务的职工进行调查问卷的填写，及时听取广大职工的意见和建议。成立行风监督小组，同时聘请人大代表、村镇干部作为社会行风监督员，定期进行走访、反馈，通过和社会行风监督员的座谈交流，发现问题及时整改。2015年，大丰住房公积金管理部被区委、区政府授予“服务发展创新创优和深化改革工作奖”。

【住房公积金扩面】 2015年，大丰住房公积金管理部围绕省全面小康指标体系中住房公积金制度覆盖率98%的总要求，区政府出台《关于全面建立住房公积金制度的实施意见》，启动实施“住房公积金扩面三年行动计划”。开展集中宣传和面上宣传工作，通过电视、报纸等媒体宣传公积金政策35次，并每月在“中国大丰”门户网站公布新增开户企业及人数。邀请企业负责人座谈，深入企业一线，追踪报道企业建制拓面进度，全力维护企业职工合法权益。盐城市联鑫钢铁有限公司、迪皮埃风电叶片大丰有限公司、无锡庆丰（大丰）纺织有限公司等一批重点企业相继建制。住房公积金归集扩面取得较大突破，全区97个单位、9385人建立住房公积金制度，同比分别增长22.8%、113.64%。

【住房公积金行政执法】 2015年，大丰住房公积金管理部坚持深化改革理念、规范执法行为。按照“严格、规范、公正、文明”要求，严格执行持证上岗、亮证执法制度。规范行政执法流程，接受社会公众监督评议，做到“依法、说理、诚信”三融合，全面履行行政执法职能，努力提高综合执法能力和执法水平，住房公积金行政执法工作全面开展、有力推进，取得较好成效。对尚未建制的企业，主动上门做好宣传引导工作，加大跟踪督促力度。对久拖不建的单位，严格履行立案、调查取证、催建催缴、审查、责令限期改正、行政处罚告知、听证、行政处罚执行等执法程序。2015年，管理部先后送达开户通知书92份、催建通知书71份、责令限期改正通知书8份、行政处罚执行书1份。通过行政执法杠杆，促使14个企业为4126名职工建立公积金账户，较好地维护了广大职工合法权益。

【住房公积金资金运行】 2015年，大

丰住房公积金管理部贷款业务量持续增长，个贷率105.06%。为满足广大职工的贷款诉求、帮助职工提高住房消费能力，管理部全面执行贷款轮候制度，与银行合作办理“公转商贴息贷款”，有效缓解了资金供需矛盾。同时，规范办贷流程，防范贷款风险。建立“贷前严审、贷中规范、贷后跟进”贷款风险管理机制，加强日常监控。通过电话、短信、实地催收等多种方式，对可能发生逾期的贷款及时进行催收。全年发放个人住房贷款1210笔、3.19亿元，同比增长20.8%，53.4%，完成目标任务的265.8%，贷款逾期率始终保持为零。

至2015年，大丰住房公积金管理部连续3年被盐城市住房公积金管理中心评为目标任务绩效考核综合先进集体

【住房公积金内部防控】 2015年，大丰住房公积金管理部坚持加强内部监督，严防管理漏洞。健全内部管理制度和业务操作规程，使干部职工在工作上有章可循、有据可依，各科室相互配合，相互制约。构建严密的内控体系。健全会计核算管理，完善财务稽核办法，规范财务操作规程，加强风险防范，确保全区住房公积金运作使用合法合规、资金管理真实完整。健全内部廉建制度。细化履职措施，完善考核机制，严格责任追究，保障党风廉政建设责任制落到实处。坚持廉洁从政理念，增强拒腐防变能力，党员干部自觉运用《中国共产党廉洁自律准则》规范自身行为，永葆党的先进性和纯洁性，推动党风廉政建设有效开展。

（毕筱筱）

〖编辑　丁彩前〗

城镇建设综述

2015年，大丰区城镇建设工作围绕“提升老城、决战新城、突破港城”的思路，推进新城市和新型城镇化建设。全年组织实施功能完善、旧城改造、基础设施、安居工程、景观绿化五大类50项城建重点工程建设，完成投资65.38亿元。市区建成区面积28.5平方千米，城市化率58.25%。新建和修复城市道路面积60万平方米，新增城市家具（指城市中各种户外环境设施。具体来说，就是信息设施，卫生设施，照明安全设施，娱乐服务设施，交通设施以及艺术景观设施如雕塑、艺术小品等）、城市小品（布置在城市街头、广场、绿地等处室外环境中的小型建筑设施）106处，对城区康平路、大华路、财政巷、影视巷等道路提升改造。档案馆、老干部活动中心交付使用，文化会展中心主体封顶，图书馆新馆主体竣工。幸福小区等老旧小区基础设施改造、城南城北便民市场、健康小区截污控源、明达停车场等民生工程全面建成，公共自行车系统扩大至港区和荷兰花海。与此同时，服务于全区的中心工作，完成中华麋鹿园AAAAA景区创建工程、荷兰花海游客步行道路出新、绿化提升等项目。统筹推进城乡环境整治工作，实施城市环境综合整治项目56项，完成投入2000万元；开展以整治镇区环境卫生、镇容镇貌为重点的“清洁乡村”行动，实施重点项目274项，完成投入2.4亿元；村庄环境整治在盐城市率先通过省级全域考核验收。实施新型城镇化项目102项，完成投资10.6亿元。

（葛顺明）

城市、村镇规划

【概述】 2015年，大丰区住房和城乡建设局重视城乡规划工作，重抓规划编制、审批、实施、验收等环节，全力提升规划管理和服务水平。以“高起点规划，高标准定位”为原则，城乡总体规划、控制性详细规划和修建性详细规划均选择队伍实力强、设计水平高、社会影响大及群众评价高的院所进行设计，规划方案评审邀请省内外规划界知名专家担任评委，并做到多方论证，多方案比选，保证规划设计方案科学合理。提升完善城市总体规划，新一轮城市总体规划通过省政府批准实施。根据城市发展的实际需求，高标准编制城市绿地系统规划、农贸市场布局规划、中心城区湿地规划等各类专项规划。按照《中华人民共和国城乡规划法》《江苏省城乡规划条例》等法律法规的要求，加大对城乡规划实施管理和执法力度，严格将总体规划和控制性详细规划作为提供出让地块规划设计条件、批复建设项目选址、审查建筑设计方案、核发建设用地规划许可证等手续的依据，保障总体规划和控制性详细规划的法定地位和执行刚性，规划实施严肃真实。严格执行规划方案公示制度，对评审通过的规划设计方案及时向社会公示；严格执行规划审批制度，对建设单位报送的材料按要求进行审查，做到不符合规划要求或手续不全的建设项目一律不予审批；严格执行建设项目竣工验收制度，加强对项目规划执行情况的督查和管理，严格按照规划图纸对项目进行竣工验收，保证规划与建设标准的统一。树立“规划为民”意识，提高规划服务人民的水平。组织规划人员深入基层，结合实际，定期指导规划工作的开展，加快村镇规划建设进度，提升村镇规划质量和水平。结合区划调整实际，完成《新型城镇化和城乡发展一体化规划》编制，修编完善各镇的集镇总体规划、村庄规划和控制性详细规划。加强对村镇道路交通、给水排水、电力电信、环卫环保、绿化美化等方面的专项规划，建立健全基层公共服务设施配套，做到用规划提升城乡建设品位，用规划改善城乡发展面貌，用规划满足群众物质文化需求。

【专业规划编制】 2015年，大丰区住房和城乡建设局着眼未来城市发展方向，高起点开展专业规划编制。委托高资质规划设计单位编制完成《大丰区农贸市场布局规划》《大丰市区综合交通规划》《大丰中心城区湿地规划》，并通过专家评审。同时，对控制性详规编制单元进行分区和编码。

【城市规划管理】 2015年，大丰区住房和城乡建设局核发城市规划选址意见书27份，用地面积48万平方米；建设用地规划许可证22份，用地面积70万平方米；建设工程规划许可证258份，总建筑面积186万平方米；小型工程规划许可证18份；村居民个人建房规划许可证18份；补办建房证明3份；用地红线图12份，建设工程规划设计要点61份，规划验收核实证142份。发放行政许可561份，发证合格率100%，按时办结率100%。规划展览馆接待各类团队32批，接待参观总人数780人次。规划测绘方面，完成沉降观测项目95项，工程放样项目86项，竣工测量70万平方米。规划设计方面，完成“大丰区城市分区规划”“常州工业园区污水管网设计”等170多项规划设计项目。

【村镇规划编制】 2015年，大丰区各镇在完成城镇总体规划、部分控制性详细规划的基础上，对照国家沿海发展规划和城乡统筹发展以及“宜居、通畅、低碳、生态”的要求，完善和提升原有规划，使功能定位更加准确，规划布局更加合理，设计风格更加新颖。编制完成《大丰区小海镇控制性详细规划修编》《草堰镇三元村美丽乡村建设规划》等村镇建设规划。通过规划引领城镇发展的作用越来越凸现。全区发放村镇建设工程选址意见书21份，用地规划许可证24份，建设工程规划许可证49份。

【镇村建设】 2015年，大丰区各镇实施新型城镇化建设重点工程102项，清洁乡村行动重点工程274项，完成投资13亿元。建制镇人均道路面积21.15平方米，集镇污水处理率44.17%，集镇人均公园绿地面积8.8平方米，集镇建成区绿化覆盖率23.1%，集镇生活垃圾处理率98.24%。各镇均培植新村庄集聚点2个以上，建成30户以上的集聚点60多个，入住户7000多户。白驹镇狮

2015年，大丰区各镇实施新型城镇化建设。新丰镇裕南村、大中镇灶圩村等新村庄建设规模均在300户以上

子口村、大中镇泰西村、新丰镇裕南村、新丰镇全心村、大中镇灶圩村等新村庄建设规模均在300户以上。坚持以推进统筹城乡发展试点镇村建设为重点，推进城乡规划、供水、垃圾处理、污水处理、公共交通、就业和社会保障、社会管理“七个一体化”，提升城乡空间布局、功能形态、人居环境、公共服务设施水平。疏浚区属骨干河道和镇（区）大中河道82条，清杂中小沟1187条，12个镇全部建成镇级垃圾压缩中转站，镇生活污水处理厂，截污管网铺设实现全覆盖。完成农村危房改造800户，大中镇新团村、新丰镇太兴村、全心村创建成省级美丽乡村示范点，草堰镇三元村完成省级美丽乡村示范点相关资料申报核定工作。落实上级农村危房改造、渔民上岸、重点镇建设、美丽乡村等补助资金4270万元。

【规划建设综合执法】 2015年，大丰区住房和城乡建设局创新执法理念，改进执法方式，注重业务练兵，加强规划建设综合执法工作。大丰区规划建设综合执法大队推行“说理式执法”和“执法预警”制度。建立起一整套规范执法行为和执法流程的《执法过错责任追究办法》《违法建设日报告制度》《综合执法工作导则》等20多项规章制度，做到有规可依、执规必严、违规必究。全面推进执法队伍规范化建设，实行举报、投诉等事件处理的自动化，立案、处理、案件管理等执法程序标准化、规范化，确保执法管理过程的透明性和公正性。年内，全区住房和城乡建设领域立案查处违法违规案件74件，其中涉及规划45件，建筑工程23件，燃气6件。拆除各类违法建设385处，拆违面积2.3万平方米。

【《大丰市城市综合交通规划》通过专家论证】 1月24日，《大丰市城市综合交通规划（2014—2030）》通过专家论证。该规划策应沿海开发战略，构建“畅达开放、健康和谐、绿色生态”的特色低碳综合交通体系，引领城市区位提升、城乡统筹发展，支撑城市空间有序拓展与用地升级，形成海陆并举的畅达交通格局。由省住建厅、省交通厅、省铁路办、东南大学、省城市规划设计院、盐城市规划局等单位专家组成的专家组，经过讨论，同意该规划通过评审论证，认为该规划目标明确，思路清晰，内容全面，符合国家和省关于城市综合交通规划编制的要求，提出的道路网络规划、公交规划、停车规划、慢行交通规划等规划方案总体合理，对高铁站选址、中心城区停车等专题研究，对城市交通设施建设具有指导作用。

【新一轮城市总体规划获省政府批准】 7月10日,《大丰市城市总体规划(2014—2030)》获省政府批准。新一轮城市总体规划将大丰的城市性质定位为长三角北翼重要的现代制造业基地和物流基地、江苏沿海现代化港口城市、长三角北部生态型宜居城市。总体城市设计保持以“河风海韵,生态湿地”为特色的自然风貌,建设以“活力都市,宜居之城”为目标的特色空间。到2020年,中心城区规划人口规模40万人,建设用地控制在45.42平方千米以内;到2030年,中心城区规划人口规模47万人,建设用地控制在51.47平方千米以内。

【草堰镇7户违法建筑集中拆除】 10月10日,大丰区规划建设综合执法大队对草堰镇集镇规划区范围内的违法建筑实施依法拆除。此次行动,拆除违法建筑7户,面积548平方米。草堰镇新街西路、东环路、通榆路等7户居民在未办理任何建房手续的情况下,擅自侵占集镇道路、河道建房,属严重违法违规建设行为。大丰区规划建设综合执法大队执法人员多次到现场,制止违建户的违法行为,但部分违建户不但未停工,反而突击施工,抢建违法建筑。区规划建设综合执法大队在草堰镇有关执法部门的配合下,采用挖掘机、切割机等机械与人力相结合的办法,对7处违法建筑进行了依法拆除。

（葛顺明）

城市建设

【概述】 2015年,大丰区组织实施功能完善、旧城改造、基础设施、安居工程、景观绿化五大类50项城建重点工程建设,完成投资65.38亿元,工程开工率98%,竣工率95%,招投标率、工程质量一次性验收合格率均100%。

【路桥工程】 2015年,大丰城区实施道路工程建设,增强通行能力。新增道路面积52.3万平方米。康平路改造、建设路北延、财政巷改造、浦江路改造、大华路、育红路一小段、朝阳南路、黄岛港路、影视巷等工程竣工通车。盛丰路北延工程、育红路(金丰路—常新路段)加快建设。加快民生建设,增添城市亮点。健康小区截污控源、明达停车场、实小高中片区、大四河沿线建筑物立面出新、二卯西河污水截流、红花中心河污水截流等工程竣工交付。实施环境建设,完善基础设施。老城区的地下管网及地形图测绘基本完成,数据审核中。试验区软件信息平台进入数据录入阶段,硬件采购同步进行。

2015年,大丰城区新增道路面积52.3万平方米。康平路改造、建设路北延等工程竣工通车

【城市房屋征收拆迁】 2015年,大丰区完成征收拆迁490户,拆除面积9.8万平方米。4月,组织开展房屋征收(拆迁)扫尾突击月活动,通过一个月的努力,主城区国有土地上征收项目全部完成。5月,实施影视巷搬迁项目,涉及搬迁对象32户全部完成。7月,实施大丰第二人民医院西侧改造项目,涉及搬迁对象55户。房屋征收拆迁的稳步推进,为城市建设和项目建设提供了用地保障。

【城建融资】 2015年,大丰区城建国有资产经营有限公司创新融资模式,拓宽融资渠道,完善融资平台的运行机制,做好项目申报的前期工作,采取多种措施加强贷款和融资项目管理,确保贷款和融资到账和使用进度。通过信托、流贷、定向融资到账20亿元。城建融资为城市建设特别是房屋征收拆迁和重点工程的顺利推进提供了资金保障。

【实小及丰中片区污水截流工程】 2015年,大丰城区实小及丰中片区污水截流工程总投资约300万元,主要是对实验小学和大丰高级中学内部管网进行截流改造,同时对该区域工农路、健康路、幸福路、飞达路和新村路污水管道进行东西向贯通改造,整个工程于6月竣工。实小及丰中片区截流系统建成后,该片区的生活污水被截流,解决污水直排河道和下水道的问题,通过污水管网收集至污水处理厂进行处理,有效改善了城区水环境。

【大四河沿线建筑立面改造出新工程】 2015年,大丰区投入497万元,对工农路至新村路之间大四河沿线两侧建筑进行立面改造出新,涉及47幢陈旧建筑,粉刷面积12万平方米。大丰区住房和城乡建设局分两个标段通过招标确定施工单位,制订施工方案和工期推进计划,安排专业技术人员跟班作业,加快推进大四河沿线建筑立面改造工程,确保工程按时序进度推进。整个建筑立面出新改造工程于6月竣工。

【朝阳路改造工程】 大丰区朝阳路改造工程位于城区西部片区，北起健康路，南至工农路，改造项目全长267米，总投资195万元。改造工程主要对破损的老路面进行改造，新建沥青路面。该工程于4月底竣工。

【康平路截污控源改造工程】 大丰区康平路截污控源工程实施二卯西河至飞达路段，全长1400米，宽18米，总投资约1500万元，截污控源与道路改造同步实施，将该道路中央原来一道管径0.8米雨污合流管道改造成污水管道，在道路东侧新增一道污水收集支管，西侧新增一道1~1.5米管径的雨水管道，分别收集沿途住宅小区的雨水和污水，彻底改变该路段污水直排入市区河流的现状，有效改善市区水质。改造后的路面为沥青混凝土面层，道路等级质量提高。该工程8月底竣工。

【市区育红东路改造工程】 大丰区育红东路道路改造工程实施人民路至康平路段，全长685米，宽22米，总投资240万元。主要工程量为将原有道路两侧人行道彩砖改铺成荷兰砖，水泥路牙改铺成大理石路牙，破除旧的沥青面层加铺11厘米厚的沥青面层。该工程于4月底竣工。

【健康小区截污控源工程】 大丰区健康小区南至健康路、北至幸福路、西至康平路、东至卫校巷，属于老旧小区，原管道为雨污合流，且年久失修，排水不畅。截污控源改造工程总投资1264万元，通过分别铺设雨水和污水管道，将雨水和生活污水分流，污水管道接入城市污水管网，建立污水收集系统，有效解决了该小区汛期易涝易淹和生活污水直排的问题，改善了健康小区居民生活环境。该工程于11月底竣工。

【浦江巷改造工程】 大丰区浦江巷改造工程北起健康路南至工农路，全长280米，宽7米，总投资115万元。改造工程主要包括将原来的雨污合流管道改铺成雨污分流管道，分别铺设直径各60厘米的雨水和污水管道，实行雨污分流，新建沥青混凝土路面。该工程于5月底竣工。

【财政巷改造工程】 5月20日，大丰区财政巷改造工程全面完成沥青路面摊铺工作并正式通行。财政巷改造工程北起健康路、南至大华路，全长350米、宽6.8米，总投资200万元，将原来雨污合流的管道改造成雨污分流管道，分别新建直径各60厘米的雨水和污水管道，将城中菜市场附近住宅小区的污水收集至污水管网，解决了以前该区域住宅小区生活污水直排市区河流的问题。在此基础上，破除旧路面，新建沥青混凝土面层的道路。

【房屋征收宣传活动】 1月5日，大丰区住房和城乡建设局在城区施耐庵公园举行房屋征收宣传咨询活动。为贯彻落实中共十八届四中全会提出的依法治国的要求，深化法制宣传工作，营造有利于房屋征收工作顺利开展的社会氛围，大丰区住房和城乡建设局从2015年开始，将每年的1月定为全市房屋征收法制宣传月，充分利用新闻媒体、网站、现场咨询等形式，广泛宣传房屋征收法规政策。该局精心筹划，设立咨询点，组织房屋征收工作人员现场宣传房屋征收政策，对市民群众关心的房屋征收法规、征收补偿安置政策进行耐心细致的解答。当天发放房屋征收法规、征收补偿安置政策宣传单200多份，接受咨询200多人次，得到市民群众的好评，取得良好的法治宣传效果和社会效应。

（葛顺明）

城东新区建设

【概述】 城东新区地处东宁路以东，南翔路以北，五一河以西，通港大道以南，规划面积13.26平方千米。2015年，围绕打造“宜居、宜业、宜游的现代化城东新区”的要求，实施项目12个，新开工建设1000万元以上项目3个，竣工1000万元以上项目6个，投入建设资金16.95亿元，实现财税收入5163万元。

【城东新区工程建设】 2015年，城东新区基础设施逐步完善，健康路、大中路北延、北兴路西延规划设计完成；占地4万平方米的幸福广场建成并对外开放；生态广场进场施工；五一河风光带绿化提升工程建成并对外开放。景观绿化力度加大，全长2600米、占地面积40万平方米的团结河风光带工程竣工并对外开放；幸福湖公园、湿地公园绿化提升工程竣工；团结路西侧背景林土方造型结束，大树种植完成30%。重点工程抢工会战，文化会展中心主体混凝土结构封顶，墙体四层结束，五层墙体施工，消防管道五层安装结束；丰华国际商务大厦样品间完成50%，外墙幕墙完成90%，空调暖通、消防管道施工；宝达大酒店主体竣工，外墙保温施工完成40%，窗框安装完成30%；城市综合体1–2号总部经济商务办公楼完成主体结构至16层，3号配套公寓楼完成主体结构至16层，裙房施工至3层，4号楼生活卖场开始桩基施工。民生工程进展显著，档案馆、老干部活动中心工程交付使用；图书馆工程主体、幕墙及室内消防预埋完成，屋面造型及室外雨污水管道施工；博物馆工程监理、审计、土建、勘探、设计工程招标完成，桩基进场。房地产开发快速推进，望园·莱茵城、直立·香榭丽、翰林华府等小区商品房销售良好；人才公寓交付使用；吉祥花园、东方1号印象城、中豪御湖世家、荣润理想城、香格里拉、星河名园等项目施工建设。

【城东新区创意产业】 2015年，大丰城东新区制订招商引资的扶持激励政策，集聚56个著名设计企业和产学研合作基地，集聚高端设计师200多名；东方1号创意产业园驻台联络处挂牌成立，成为苏北地区创意产业园区在台湾的第一家分支机构；成立“3D国际小创客”培养实训基地，推

2015年，大丰城东新区围绕打造"宜居、宜业、宜游的现代化城东新区"的要求，实施项目12个，投入建设资金16.95亿元，实现财税收入5163万元

动当地传统产业的转型升级和工业经济的创新提升；通过先导区的规划运营，与企业、产学研基地开展多层次多领域的深度合作，市场对接项目700余单，拉动产值近1亿元。

【城东新区拆迁征地】 2015年，大丰城东新区围绕项目建设开展征地、拆迁工作。全年实施12个项目，完成104户、2.08万平方米的拆迁工作。同时加大安置房建设力度，开工建设东方汇贤居二期安置房12栋楼、约7万平方米；聚丰家园二期9栋楼、约6万平方米，前期手续都已到位。

【城东新区项目资金筹集】 2015年，大丰城东新区科学运作融资平台，通过多元化的资金筹措方式，先后与银行、信托投资公司、投融资租赁公司等机构合作，成功融资8.5亿元；结合新区规划，推介土地招商，为土地出让做好准备，保障了城东新区项目建设。

【城东新区城市管理】 2015年，大丰区建立城东新区城市化管理三级巡查、维护制度，及时发现问题，及时跟进维护到位。一方面，加快城市管理长效化。发挥城管部门的主体职能和新区城管办的助手作用，配合做好市容秩序、环境卫生等方面管理工作，对市政、园林、环卫、路灯等基础实施实行全方位监督和管理，针对重点路段（区域）实行三班制保洁，确保新区高标准、高品质的卫生环境。另一方面，推动园林管理全面化。加快推进城市管理由粗放型向集约型、精确型和实时性转变，提升主干道节点绿化景观优化；提升东方湿地公园、幸福湖公园等园林景观的管理水平，实现高质量管理、高效率服务，做到管理无死角，接待无差错。

【城东新区党建工作】 2015年，城东新区严格按照要求，高质量地开展"星期六"党校学习及每月20日党员统一活动日活动，系统地学习习近平总书记系列重要讲话精神，组织赴华丰农场廉政文化教育基地参加"510"警示活动，观看廉政电影，主办廉政巡演；开展"五个一活动"（组织一次警示教育活动，一次先进典型教育活动，主要领导上一次党课，一次专题报告会，开展一次廉政文化活动），签订责任清单，建立动态廉政档案；深化"作风建设深化年"活动，开展各种专项整治，同时组织开展专题党课，组织专题民主生活会，切实转变工作作风，取得较好的效果。

（陈梦影）

城市管理

【概述】 2015年，大丰区城市管理局（以下简称区城管局）围绕创建国家园林城市和江苏省优秀管理城市目标，对照标准，寻找差距，有计划、有重点地开展市容秩序、环境卫生、园林绿化、景观亮化各项工作，全力改善面貌提升形象。国家园林城市创建通过住建部验收，正式发文命名大丰为国家园林城市。健康西路省级市容管理示范路通过省考核验收，健康东路盐城市容管理示范路、滨河社区盐城市城市管理示范社区通过盐城市考核验收。

【市容秩序】 2015年，大丰区规范整治市容秩序。区城管行政执法局和行政执法大队正式运转，在原职能基础上，集中行使住建、工商、环保、水利等部门的部分行政处罚权，环节减少，程序优化，效能提升。全年开展相关法律法规、行政执法程序知识培训18次，常态化组织综合执法90余次，依法取缔流动占道经营摊点820多个，查纠出店经营710多户，查扣移动广告牌709块，立案处理违法建设案件20余起，查处违规人力三轮车50余辆。采取市场化运作方法，对城区17条主干道沿线慢车道非机动车辆停放进行管理，施划非机动车停放线。严格按照《大丰城区户外广告和店牌店招设置专项规划》要求，提高户外广告准设标准和档次，高标准设置高炮广告宣传版面71块，灯杆道旗5600多杆，统一制作空调外机遮挡罩498只。完成临海高等级公路荣誉牌迁移、金丰廉韵主题公园提升改造任务。市容秩序明显好转。

【市区环境卫生】 2015年，大丰区提升市区环卫保洁水平。抓作业考核。继续推行路长制、月巡查考核日志方式，加强对早班、午班、晚班保洁人员的考核，发现问题及时整改。抓作业质量。在城区主干道及重点地段推行两班四轮转的环卫作业模式，一周一轮转，不间断、无缝隙。延长闹市区和主要干道保洁时间至晚间23点，保洁区域延伸至沿街店铺墙角，消除盲区、死角。渣土管理实行24小时全天候蹲点守候检查制度，限时限区域通行。共建清洁乡村，建立“区查镇、镇查村、村查组”的考核机制，全力推进“厕所革命”（厕所革命是指对发展中国家的厕所进行改造的一项举措，最早由联合国儿童基金会提出，厕所是衡量文明的重要标志，改善厕所卫生状况直接关系到这些国家的人民健康和环境状况）。

【市区园林绿化】 2015年，大丰区加强园林绿化管养。细化绿化养护管理规定和绿化养护百分考核办法，对城区绿化实行“无缝隙、全覆盖”管护。成立专门考核小组，加强对面上绿化管护、病虫害防治等工作的督查指导，定期考核、通报，城区绿化管护水平得到提高。

【市区景观亮化】 2015年，大丰区加强主城区照明维护。注重源头把关。在亮化方案设计环节加强审核，在材质、工艺、施工、光源电器选择等方面严格把关，新建小区亮化纳入综合验收内容。加大检修、巡查、值班力度，建立24小时巡修制度，一般故障4小时内修复到位，复杂故障24小时内维修到位。城区亮灯率、设施完好率一直保持在99%以上。

【市区工程建设品质品位提升】 2015年，大丰区注重园林绿化提质增量，新增绿地面积80万平方米，获绿色盐城建设先进单位；环卫设施提档升级，垃圾密闭化运输率100%，城市道路机械化清扫率提高76%，环卫设施完好率98%以上。废弃有机物处理中心加快项目筹备，大吉焚烧发电厂建成运行；城市照明步入节能环保快车道。城市照明推广使用高效、节能、无污染的新光源、新技术，推进节能减排。城市绿色照明在全省受检的县（市、区）中名列第三；数字化城管试运行，建立健全及时发现、快速交办、跟踪督办的综合管理机制；城市环境综合整治快速推进，城市环境面貌得到改善，完成《大丰区环境卫生专业规划》修编、《大丰区“十三五”城镇垃圾处理设施专项规划》编制；城市公共自行车系统实现扩容增量。

【城管服务环境优化】 2015年，大丰区完成中央、省、盐城市领导到大丰视察及重大活动保障70余次。行政审批优质便捷。简化审批程序，缩短办件时限，对所有申请事项实行“个案追踪”，全年办理行政审批事项500件，办件零积压、零投诉，群众满意率100%。大丰区城管部门抽调专门人员常驻港口行政服务中心，服务“三港”建设。区城管局廉政建设坚持一岗双职，围绕工程建设、行政许可、行政执法等热点，落实措施、防患未然，党风廉政建设取得新成效，全年没有发生违纪违规违法事件。

（顾 荟）

2015年，大丰提升市区环卫保洁水平，延长闹市区和主要干道保洁时间，消除盲区、死角。图为大丰环卫工人冲洗路面

公共设施建设

【概述】 2015年，大丰区加快市政公用基础设施建设，不断改善人居环境。实施城市河道综合整治，对城区主要河道定期换水，康平路改造、财政巷、健康小区等污水截流工程竣工，城市水绿特色日益彰显。市区范围垃圾日产日清，生活垃圾无害化处理率100%。加强渣土运输管理，实行市区主要干道渣土运输车辆限时通行。加快天然气工程建设步伐，为市民提供清洁、安全、优质的天然气。以创建国家园林城市为重点，制订实施建筑工地施工围挡、公园绿化管理等方面规范，加大对城区道路、河道的环卫保洁力度，城市形象和美誉度得到提升。

【市政设施管养】 2015年，大丰区住房和城乡建设局建立巡查制度，根据责任分工要求，对巡查发现的问题和各方反映的事项，及时落实到相关责任单位整改，做到件件有落实、事事有回音，实现处置及时率和满意率100%。年内，处理12345区长热线325件，数字化城管898件。完成道路修复5.6万平方米，疏通下水道60千米，更换窨井匡盖172套，施划标线1.5万平方米，后街小巷黑化面积4万平方米。

【燃气供气工程】 2015年，大丰区优化燃气产业结构，在稳定液化石油气供给的基础上，发展管道天然气。全年新增天然气管道90.8千米，累计建设燃气管网长度约734.6千米；新增天然气工商业用户58户，累计417户；新增居民通气用户4900户，新增配套用户4720户，累计通气用户

2015年，大丰优化燃气产业结构，在稳定液化石油气供给的基础上，发展管道天然气

39470户，累计配套用户6万户。全年天然气供应总量1.5亿立方米，液化气供应总量8600吨。新增天然气加气站2座。

【燃气安全管理】 2015年，大丰区住房和城乡建设局对照《江苏省城镇燃气安全检查标准》的要求，对全区1个天然气管输企业、2个天然气经营企业、8个瓶装燃气经营企业、3家加气站开展燃气安全检查8次，发放安全隐患限期整改通知书92份，均整改到位。开展燃气业"罐区安全""百日行动"等专项检查工作。打击瓶装液化气无证经营、倒灌、短斤缺两、掺杂使假等违法违规行为；整治燃气管线违章占压和野蛮施工开挖等行为；规范燃气设施建设行为。督促天然气企业加强入户检查燃气设施的力度，在燃气公司的入户安检材料中抽10%的用户进行电话回访，查看企业安全检查的效果，保障居民生活用气安全。组织燃气经营企业，在新丰镇模拟天然气管网遭施工破坏发生泄漏的应急处置。通过演练，增强了燃气行业做好安全工作、防范事故发生、在紧急情况下各组人员有条不紊采取相应对策、迅速排险的能力。同时检验应急预案的实践性和可行性，有效锻炼了应急救援队伍，提高了应对突发事故的指挥协调和抢险救援能力，为燃气安全应急工作和城市安全运行提供了有力的保障。

【市政工程质量技术讲座】 4月16日晚，大丰区住房和城乡建设局举办了一期市政工程质量技术讲座。该局市政工程一线的管理人员、各市政工程施工企业、监理企业的负责人听取了讲座。该局针对当前城建重点工程量大、工期紧的实际，利用晚上时间，邀请省苏交科集团股份有限公司的专家，围绕市政公用工程质量两年行动这个主题，从大丰城市建设实际出发，通过丰富翔实的案例，理性透彻的分析，从道路改造、雨污分流工程的设计，钢筋、混凝土等材料实体质量检测、市政工程施工规范要求、文明施工等方面，为大丰城建重点工程设计、施工、管理把脉献策。

【城市防汛措施】 2015年，大丰区住房和城乡建设局修订完善城市防洪预案，组建一支100多人的抢险突击队伍。组织对城区的排水系统进行检修，确保排水管道畅通、排水闸门启闭灵活，设备及时维修到位，运转正常。购置专业管道疏通车辆和设备，对城区150多千米的排水管网、7000多个窨井进行了全面梳理、清掏，对36个下水道出口进行了"拉网式"检查。在城区排水系统进行疏浚的基础上，安排城区道路维修计划，并组织实施，保证汛期道路畅通。汛期中，根据市防指的统一部署，及时做好下水道出口的开启、关闭，低洼地及重要地段的抢排和市政设施的修复。对低洼地段、河道等重点部位安排专人负责，降雨期间组织力量上路巡查，发现有堵水或内涝情况，迅速采取相应措施，及时将积水排出。实施低洼片区的整治工程。5月底完成石油小区、常新小区、丝织小区、四小西侧教师公寓、财政巷、浦江巷等低洼片区改造工作。同时，加强汛期建筑工地的安全管理，对工地民工人数做好调查摸底，登记造册，对不能保障安全度汛的民工工棚切实采取措施进行加固，确保安全。

【燃气安全检查】 9月，大丰区住房和城乡建设局邀请盐城市城乡建设局燃气管理处及行业领域专家，对全区燃气行业开展全方位的安全专项检查活动。专家组对照《江苏省城镇燃气安全检查标准》的要求，对全区8个石油液化气经营企业、2个天然气经营企业、1个天然气管输企业、1个石油液化气加气站、2个天然气加气站逐条逐项地排查安全隐患。就检查出的问题，专家组责令相关燃气企业要严格按照标准的要求，一一整改到位。针对本次检查中发现的安全隐患，大丰区住房和城乡建设局要求各企业继续跟进整改落实，深化燃气安全专项治理行动，加强燃气设施设备运行维护和巡查，切实保障供气安全。

【燃气行业安全管理培训班】 11月20日，大丰区住房和城乡建设局举办燃气行业安全管理培训班，全区各镇村镇建设服务中心、燃气经营企业的负责人、安全管理员60多人参加培训。为确保培训取得实效，培训班邀请了盐城市燃气管理办公室的有关专家进行授课，主要培训内容包括国务院《城镇燃气管理条例》《江苏省燃气管理条例》等法律法规和燃气基础知识、燃气安全事故案例及分析、燃气应急抢险知识、燃气火灾与消防及应急处理、管道天然气施工规范、入户检查方法、压力容器相关知识，授课专家采取大量案例分析，并结合工作实际，进行深入浅出的讲解。

（葛顺明）

环境保护

【概述】 2015年，大丰区以新《中华人民共和国环境保护法》正式实施为契机，主动适应环境保护新常态，加快生态文明建设，提高环境质量，全区经济社会与生态文明建设协调发展，环境保护工作取得明显成效。

【生态建设】 2015年，大丰区创建国家生态市、国家环保模范城市通过环保部考核验收，10个镇（白驹、刘庄、西团、小海、草庙、万盈、南阳、三龙、新丰、大中）建成国家级生态镇，覆盖率83.3%，省级生态镇实现全覆盖。科学划定四级六类生态红线，省级红线区域面积1212.66平方千米，其中陆域953.75平方千米，占总面积的31.18%，区镇两级红线区域面积255平方千米。实施亚行贷款湿地修复项目，在珍禽自然保护区第二轮调整中，大丰港南北两侧1.87万公顷（28万亩）土地从实验区中调出，核心区1333多公顷鱼塘“退渔还湿”全部到位，大丰港区码头及海洋工程海洋生态修复项目实施。

2015年，大丰区建成9个镇级生活污水处理厂、11个被撤并镇污水处理站

【污染减排】 2015年，大丰区全面落实主要污染物总量控制制度，制订完善实施方案，采取工程、结构、监管、科技等综合减排方式，推进凌云海热电等脱硫脱硝重点工程减排项目，化学需氧量、氨氮、氮氧化物超额完成减排任务。制订并印发大气污染防治实施方案，在市区范围内拆除51台小锅炉，加快淘汰黄标车和老旧机动车，加强扬尘污染治理，区年均PM2.5数值与2014年相比下降近10%，空气质量呈稳中向好态势，从而有力支持了大市区——“盐城好空气”。

【化工园区整治】 2015年，华丰工业园环保专项整治工作全省首家，也是唯一一家通过省环保厅考核评估。在废气整治上，化工园区按照一流装备、连续化生产、管道式输送、DCS控制的要求，大幅削减废气总量，采取生物除臭、低温等离子、催化燃烧等先进技术对废气特征因子进行有效处置，建设24台RTO废气焚烧炉和1套二氧化硫回收系统，年减排VOC1.5万吨。在废水治理上，化工园区实行一企一管、清污分流、分质处理，对各企业清下水总排口统一安装节制闸阀，并加强监控企业废水排放在线检测设备和治理现场视频，确保污水达标排放。在固废管理上，化工园区开展专项检查，健全台账资料，9000吨/年的危废集中焚烧工程正常运行，28万立方米的危废填埋项目建成并通过试生产核准，所有企业的危废不出园区即可得到安全处置。

【农村环境质量改善】 2015年，大丰区镇级生活污水妥善处理。建成9个镇级生活污水处理厂、11个被撤并镇污水处理站，镇级污水处理按照“十必接”要求建设配套污水收集、输送管网210多千米。各镇污水处理厂全部委托第三方规范化管理，确保正常运行、达标排放。畜禽粪便无害化处置加快推进。落实畜禽养殖污染综合治理三年行动计划，建设发酵床237张，港区、草庙等7个地区开展畜禽粪便无害化处置试点，苏港和顺公司总投资6300万元的畜禽粪污集中处理综合利用建成试运营，四川博世德上市公司投资约1.5亿元投资项目年末开工在即。秸秆“双禁”（禁烧禁抛）工作成效显著。组织14个环保执法巡查组，分片区开展全天候执法巡查。加强与公安部门联动执法，对秸秆焚烧、抛河行为露头即查处，增强震慑警示效果。加强人防与技防相结合，安装176个高清网络球机摄像头，安排专人值守，第一时间通知现场执法巡查人员到场取证并实施处罚。农村垃圾妥善处置。建立完善农村垃圾收集处置体系，投资额2亿元、日处理能力约600吨的垃圾发电项目建成投运。

【环保项目服务】 2015年，大丰区全年办理建设项目环保审批372个，包括工业类项目169个、三产类项目74个、开发及其他类项目129个，履行环评程序编制报告书45个、报告表184个、登记表143个；另外完成建筑夜间施工审批87件。在重点项目环评审批服务方面，审批1亿元以上投资项目72个，涉及申报投资总额272.56亿元；为江苏华天能源装备有限公司、江苏金川新材料有限公司、江苏海力化工有限公司等29个省、盐城市级环保审批项目实行一事一策、量身制订服务方案，完成环保审批工作，为项目顺利落户提供保障。

【环保执法】2015年，大丰区全面启动环境保护大检查、环保专项整治百日行动、全区三产服务业检查等专项行动，严格依法查处各类环境违法行为。全年实施现场监察2500多人次，检查企业484个，梳理上报70余个违法违规建设项目，实施行政处罚40余起违法行为，处罚金额188万元，实施查封、扣押5个企业，对3个企业采取按日连续计罚措施，向公安部门移送案件3起，有效打击了各类环境违法行为。全年调处环境污染信访884件，查处率100%，到省环境信访量下降10%以上，群众满意率95%以上。全年征收排污费2325.9万元，超额完成排污费征收目标任务。能力建设方面，投资近1000万元建设了黄海平原监测站，并与华测公司建立长期合作关系。

【饮用水源有效保护】2015年，大丰区开展“清水雷霆”行动，取缔饮用水源地一级、二级保护区内所有排污口，严厉查处环境违法违规行为。有效应对上游污染带经过通榆河大丰段的突发事件，严密排查沿线企业，高密度监测水质状况，大丰城区没有出现停水事件。投入240万元购置美国便携式气相色谱质谱联用仪，生物毒性检测仪，大幅度提高监测能力。

【环保知识宣传】2015年，大丰区利用报纸、电视等载体，加强环保宣传。4月10日，在《中国环境报》上发表《强化监管，促进转型升级》，宣传区生态文明建设成果。结合“6·5”世界环境日，开展环保知识宣传活动，布置宣传展板，发放宣传材料。在各镇（区）企业内张挂横幅和固定标语300多条，电子显示屏播放标语400条左右，在全社会营造依法保护环境的氛围。编印《生态文明建设和环境保护重要文件摘编》《江苏省大气污染防治条例》1000本，发放全系统和重点排污企业、区有关部门。

【环保队伍管理】2015年，区环保局在科级干部开展“三严三实”集中教育的基础上，将活动拓展至全局范围。在全系统创新开展以“对党尽忠、对父母尽孝、对工作尽心、对执法尽责”为主要内容的“四尽”大讨论，努力改进作风，营造风清气正的政治生态。以党风廉政建设责任制为龙头，加强责任落实，5个支部都配备了纪检委员，梳理出项目审批、争取资金、环境监察等8个方面存在的廉政风险，修订完善制度汇编。新成立苏盐园区分局，为副科级事业单位，核定编制5人。局系统被盐城市评为2013~2014年盐城市文明创建先进单位。

（张　平）

生态文明建设

【概述】2015年，大丰区树立“生态是生产力、生态是竞争力、生态是品牌力”的理念，实施“生态立区”战略，把生态区建设作为加快转型升级、绿色发展的重要内容，统筹推进产业结构调整、基础设施建设、城乡环境整治、工业污染治理、环保执法监管、基层绿色创建、自然资源保护等重点生态工程建设。2013年年底在盐城率先建成江苏省生态市，2014年12月通过国家生态市技术评估，2015年1月通过国家环保模范城市考核验收，建成国家园林城市。

【生态结构优化】2015年，大丰区筑牢生态安全屏障，坚持保护优先、自然恢复为主，实施沟河圩堤林田塘生态保护和修复。生态发展格局优化。合理划分优化开发、重点开发、限制开发和禁止开发区域，构建“三横两纵”的城市化格局、农业发展格局、生态安全格局和自然岸线格局，为生态文明建设和经济提质增效提供有力支撑。严守生态红线。制订实施《生态红线区域保护实施方案》，科学划定省、市、区、镇四级生态红线，其中省级红线区域陆域面积953.75平方公里，占国土面积的31.18%，在生态红线区域内严格实行分级分类管理和生态功能规划。加强饮用水源保护。实施《饮用水源保护区核定及规范化建设实施计划》，开展通榆河“清水走廊”建设，通榆河一级保护区内严禁审批与饮用水源保护无关的建设项目。投入近1亿元，全力实施通榆河取水口提升及强化预处理工程，投资7000万元实施规范化建设工程，一级保护区内的14户居民全部完成拆迁，消除饮用水源地内人类活动给水源地水质带来的潜在影响。实施生态修复工程。实施亚行贷款湿地修复项目，在已有省级森林公园基础上，扩建666.67公顷（1万亩）林地。加强珍禽自然保护区保护，保护区核心区1300多公顷（2万多亩）养殖鱼塘全部实施“退渔还湿”。开展生物多样性调查，全面规划总面积53.14平方公里中心城区湿地保护。建成西郊生态风貌区、东方湿地公园、银杏湖公园等十大城市公园，城区绿化覆盖率36.3%；实施农村绿化“2211”工程［即要求各镇和两区2015年做到：2条以上大沟河堤退耕还田，建成133.33公顷（2000亩）农田林网示范片，建成1个村庄绿化示范村，建成一条道路绿色通道］，林木覆盖率27.5%。

【绿色生态建设】2015年，大丰区放大“国家可持续发展先进示范区”品牌效应，把生态资源变成产业资源、旅游资源，发展绿色经济、低碳经济和循环经济。优先发展生态工业。发展新产业，培育丰富新业态，产业结构不断优化。金风科技风电“装机”容量中国第一、世界第二，黄海药谷生物医药研发中心建成运营，世界首台（套）兆瓦级非并网风电淡化海水示范项目投产，小型模块化成套设备被国家列入援助马尔代夫项目。风电产业园建成“江苏省特色产业集群”，新能源淡化海水产业园建成国家海洋经济创新发展区域示范

2015年，大丰区坚持保护优先、自然恢复为主，实施沟河圩堆林田塘生态保护和修复

区，电子信息产业园建成中国印制电路板生产示范基地。现代服务业发展迅速。全省首家阿里巴巴落户电商产业园，京东商城、苏宁易购、农一网等知名企业相继入驻。东方1号创意产业园一期工程、3D打印技术中心运营良好，被认定为国家工业设计中心。国际软件园引进中兴通讯、百度推广等企业150多个，大数据产业园云计算数据中心投入使用。发展生态农业。充分发挥丰富优质自然资源优势，建成江苏省级农业标准化生产示范基地，建成有机大米、茅菜、紫菜三大国家级有机食品生产基地。全区85%以上耕地生产的都是有机、绿色及无公害农产品。“恒喜”食用油获得中国驰名商标，“恒北早酥梨”“南阳韭菜、南阳辣根、南阳柿子”获得国家地理标志证明商标，农业“三品”（无公害农产品，绿色食品和有机农产品）总数360个，被认定为“全国有机产品认证示范创建区”。建成高效农业面积8.33万公顷（125万亩）、特色现代农业园区19个，新发展家庭农场248家。发展生态旅游。中华麋鹿园创成盐城首家国家AAAAA级旅游景区，全区建成国家AAAA级旅游景区3个、国家A级旅游景区11个、省级旅游度假区1个、省四星级乡村旅游点4个、A级景区数量名列全省各县（市、区）前列。海洋世界、知青农场、大丰港动物园等建成开放，荷兰花海成为盐城最富人气景点。“请到麋鹿故乡来——大丰好玩呢”享誉海内外，大丰区被评为“中国最佳休闲小城”“最美中国文化旅游城市”“长三角最佳慢生活旅游名城”“全国休闲农业与乡村旅游示范县（市、区）”。全年接待国内外游客1000万人次。

【环境治理】 2015年，大丰区加强污染防治，提升环境质量。控制主要污染物减排。落实主要污染物总量控制制度，采取工程、结构、监管和科技等综合减排措施，先后关闭高污染高耗能企业73个、重污染生产线5条，新上脱硫脱硝工程5个，实施污水集中处理工程13个，新增污水处理能力8.5万吨/日。对化工、印染、酿造、造纸、电镀等行业全面推行清洁生产审核，运用清洁生产技术和工艺进行改造，完成对100个企业清洁生产审核工作。全面完成“十二五”减排任务。加强大气污染防治。贯彻落实国务院《大气污染行动计划》，制订大丰区大气污染防治实施方案，2013年率先建成2个包含PM2.5等6项指标的空气自动监测站。重点加强建筑施工扬尘和道路扬尘污染防治，开展油气回收工作，推广使用清洁能源，开展工业集中区企业“煤改气”整治工作。推进全区高污染燃料锅炉及热水炉专项整治，市区淘汰小锅炉37台。加强机动车尾气检测监管，实施机动车提前淘汰补助政策，加速淘汰黄标车。加强减排监测体系建设。全区有7家单位列入国家重点监控企业，其中污水处理厂4个、工业废水企业2个、危废重点企业1个，所有企业均按照规范要求制订方案，正常上传在线监控数据，国控重点污染源自动监控数据传输有效率超过75%，企业自行监测结果公布率超过90%，环保监督性监测结果公布率100%，符合相关要求。

【城乡环境综合整治】 2015年，大丰区坚持以工程项目为重点，开展城乡环境综合整治，营造天蓝、水净、地绿的城乡环境，建设美丽大丰。加强工业污染防控治理。坚持招商选资决不放低环保门槛，接受产业转移决不接受污染转移，加快发展决不以牺牲环境为代价，做到“经得起检查、经得起监督、经得起群众举报”。重点实施园区工业有机废气污染专项整治，与南京大学环境保护专家团队进行技术合作，对华丰工业园等园区企业进行专项整治，2013年以来累计投入资金1.8亿元，园区卫生防护距离内居民全部搬迁到位，关、停、并、转化工企业20多个。污水集中处理厂、集中供热中心、危废集中处置中心、环境监测大楼等建成投运，生态防护林基本建成，工业园区环境质量明显提升。深化农村环境综合整治。实施以农村垃圾集中处理、镇污水处理全覆盖、沟河整治长效管理及城乡供水一体化为主要内容的农村环境综合整治“3+1”工程。实现基础设施全到位、队伍网络全覆盖、长效机制全建成，连续三年被评为省村庄环境整治先进县（市）。全区建成镇级生活污水处理厂9个、垃圾压缩中转站12座、垃圾房3.3万座，配备管理和保洁人员1950多名。累计投入12.3亿元，疏浚市属骨干河道和镇（区）大中河道82条，清杂中小沟1187条。推进畜禽粪便无害化处置，科学划定畜禽禁养、限养区、关停或搬迁禁养区内所有的畜禽养殖场（点），依法整治限养区内的畜禽养殖场（点），畜禽粪便无害化处置工程有序推进。秸秆禁烧禁抛，建设“蓝天卫士”秸秆禁烧监控平台，通过技防人防相结合的措施，空气质量大幅提升，实现考核通报“零火点”。加强农村医疗废弃物处置，建设地绿、水清、村庄美的新农村。实施“生态细胞”创建工程。建成国际生态学校1所、省级绿色社区5个、省级绿色学校16所、省级环境保护示范教育基地1个。坚持区、镇、村三级同创，10个镇建成国家级生态镇，省级生态镇实现全覆盖，4个村通过国家级生态村验收，2个村建成省级美丽乡村示范点，恒北村美丽乡村建设获得国家科技支撑计划农村领域立项支持，草堰村入选中国传统村落名录。

【生态文明建设】 2015年，大丰区不断完善生态文明建设的组织领导、考核奖惩、公众参与和资金投入机制，在全区形成镇区、部门整体联动，社会力量参与，合力推进生态文明建设的工作格局。坚持科学统筹谋划。编制《大丰区生态文明建设规划（2015—2021）》，并经区人大审议通过予以实施，充分发挥规划引领作用。建立健全组织领导机制。成立区生态文明建设领导小组，统筹安排与督查全区生态文明建设工作。各镇区、部门也成立相应组织领导体系，构建横向到边、纵向到底的建设组织网络。全区配备专（兼）职镇环保干事12名，聘请村级环保监督员121名。形成区、镇（区）、村三级环保工作网络。细化分解目标任务，明确相关部门职责，签订目标责任书，定期开展考核督查，确保工作部署落地见效。建立健全公众参与机制。在全区开展广泛多层次、立体式的宣传教育，形成全社会参与生态文明建设的氛围。健全公众参与机制，环境影响报告表和报告书项目从受理到审批均在网上进行全程公示，畅通电话、传真、电子邮件等沟通渠道，保障群众的知情权、参与权和监督权。建立完善生态文明制度。探索建立生态环境源头保护制度，编制自然资源资产负债表，对领导干部实行自然资源资产离任审计，建立领导干部任期环境质量考核制度和生活环境损害终身追究制度。严格生态环境监管制度，加大陆海统筹的生态系统修复和污染防治区域联动力度，建立大气污染防治、水环境整治长效管理机制。完善执法监督、投入保障、舆论引导等机制，不断增创生态文明的新优势，为人民群众创造更好的生产生活环境。

【国家环保模范城市通过考核】 1月27~29日，国家环保模范城市考核验收组对大丰市国家环保模范城市工作进行现场验收检查。考核验收组认为大丰市创模工作扎实，档案资料齐全、数据翔实，成效显著，技术评估反馈意见整改要求落实到位，各项指标均达到或基本达到考核要求，同意大丰市创建国家环境保护模范城市工作通过考核验收。多年来，大丰坚持把创建国家环境保护模范城市作为推进生态文明建设的重点，以统筹城乡环境保护为主线，改善民生福祉为目标，注重转变经济发展方式，将生态文明推向深入。开展创建活动以来，环境保护的体制机制更加完善，公众环保意识明显增强，产业结构持续优化，生态环境得到改善。

【国家级生态区通过考核】 6月11~12日，环保部生态司副司长邱启文、省环保厅总工程师刘建琳率国家生态市建设考核验收组到大丰市，对大丰市国家生态区建设工作进行考核验收。考核组认为大丰市重视国家生态区建设工作，组织有力、工作扎实、成效显著，达到国家生态区考核指标要求，同意大丰市通过国家生态市考核验收，并按程序报环保部审核批准。

（翟祖桥）

〖编辑　丁彩前〗

财政·税务

财　政

【概述】2015年，大丰区财政局围绕全区“十二五”规划目标和区委、区政府工作重点，加强财源培育，优化支出结构，深化财政改革，严肃财经纪律，不断提高依法理财、科学理财的能力和水平。全区财政收入稳定增长，财政支出结构优化，财政改革向纵深推进，财政系统干部队伍建设加强，财政部门较好发挥了“稳增长、调结构、促改革、惠民生、防风险”的职能作用，促进了全区经济和社会事业发展。全年实现一般公共预算收入69.33亿元，收入总量在全省各县（市）中排第12位，比2014年进一位。一般公共预算收入中税收收入占比为83.1%，超过2014年0.6个百分点，超过省定标准3.1个百分点。财政决算、预算管理、国有资产统计等多项工作获省市财政部门表彰。区财政局被盐城市文明委评为“2013~2014年度盐城市文明单位”，被江苏省财政厅评为“全省法治财政标准化建设示范点”。

【财政预算执行】一般公共预算：2015年，全区一般公共收入预算67.22亿元，实际完成69.33亿元，完成预算的103.1%；完成一般公共预算支出94.76亿元，比2014年增加11.86亿元，增长14.3%。区本级一般公共收入预算42.16亿元，实际完成43.98亿元，完成预算的104.3%；区本级一般公共预算支出78.82亿元，比2014年增加9.9亿元，增长14.4%。实现财政收支平衡。

政府性基金预算：全区完成政府性基金收入10.22亿元。其中，港口建设费收入972万元，散装水泥专项资金收入21万元，新型墙体材料专项基金收入71万元，政府住房基金收入307万元，城市公用事业附加收入2502万元，国有土地收益基金收入3216万元，农业土地开发资金收入1500万元，国有土地使用权出让收入89601万元，城市基础设施配套费收入1287万元，水土保持补偿费收入31万元，污水处理费收入2741万元。全区实现政府性基金支出13.64亿元。其中，社会保障和就业支出2223万元，城乡社区支出126847万元，农林水支出31万元，交通运输支出5495万元，资源勘探电力信息等支出66万元，商业服务业等支出100万元，彩票公益金安排的支出1670万元。

社保基金预算：全区完成社会保险基金收入20.71亿元，占年初预算的113.3%。实现社会保险基金支出18.16亿元，占年初预算的103.2%。其中，企业职工养老保险收入95409万元，支出83893万元；城乡居民养老保险收入25976万元，支出20252万元；城镇职工基本医疗保险收入43800万元，支出38800万元；城镇居民基本医疗保险收入6585万元，支出6513万元；新型农村合作医疗基金收入23104万元，支出22912万元。

国有资本经营预算：全区实现国有资本经营预算收入3000万元，其中：其他国有资本经营预算收入3000万元。全区国有资本经营预算支出3000万元，其中，农林水支出3000万元。

【财政支持发展】2015年，大丰区发挥财政政策和财政资金的调控职能，利用好财政的稳定器和逆周期调节器作用，统筹使用各类资金，推动全区经济社会健康发展。加强财源建设，支持经济转型发展。安排转型升级专项资金2.19亿元，支持传统产业提档升级，支持新兴产业、现代服务业、旅游产业加快发展。鼓励企业加大技改投入，拨付企业技改和新兴产业设备投资补助1694万元。培育发展科技型中小企业，兑付政策奖励资金869万元。拨付旅游发展资金3000万元，支持和引导旅游产业发展。落实鼓励全民创业、发展民营经济的各项政策措施，安排全民创业资金和民营经济发展资金2500万元。创新资金投入方式，为企业发展提供支撑。做大做强政策性担保公司，新增担保公司注册资金3000万元，担保公司注册资金总额1.8亿元，为中小企业融资提供支持，全年担保额6.5亿元。在盐城率先设立中小企业应急过桥资金，累计为中小企业提供过桥资金9.46亿元。支持镇、园（区）

2015年大丰区一般公共预算收支执行情况

表17 单位：万元

预算科目	决算数	预算科目	决算数
一、税收收入	575974	一、一般公共服务支出	158373
增值税	56496	二、外交支出	
其中：改征增值税	23587	三、国防支出	334
营业税	294322	四、公共安全支出	30065
企业所得税	30274	五、教育支出	147238
企业所得税退税		六、科学技术支出	35831
个人所得税	14647	七、文化体育与传媒支出	23005
资源税	21	八、社会保障和就业支出	58474
城市维护建设税	29769	九、医疗卫生与计划生育支出	51721
房产税	34621	十、节能环保支出	25981
印花税	6726	十一、城乡社区支出	82505
城镇土地使用税	19466	十二、农林水支出	161969
土地增值税	69318	十三、交通运输支出	32660
车船税	2627	十四、资源勘探信息等支出	20963
耕地占用税	2346	十五、商业服务业等支出	16405
契税	15341	十六、金融支出	3300
烟叶税		十七、援助其他地区支出	860
其他税收收入		十八、国土海洋气象等支出	5397
二、非税收入	117292	十九、住房保障支出	16831
专项收入	29028	二十、粮油物资储备支出	2061
行政事业性收费收入	29814	二十一、其他支出	71378
罚没收入	8721	二十二、债务付息支出	2166
国有资本经营收入		其中：地方政府一般债券付息支出	2166
国有资源（资产）有偿使用收入	49729	二十三、债务发行费用支出	121
其他收入			
一般公共预算收入合计	693266	一般公共预算支出合计	947638

发展，全年为各经济板块提供过桥资金40.02亿元。同时，落实省生态转移支付1.02亿元，落实上级债券资金14.46亿元，全年落实上级资金28.9亿元。

【财政服务企业】 2015年，大丰区把加快推进企业转型升级作为财政工作的重点，落实中央、省推动经济发展的各项措施，开展送政策、送温暖进企业等“三服务”活动，通过财企对接，破解企业发展难题，助推企业健康平稳运行。出台和落实支持地方金融改革的扶持政策和资金，用有限的财政资金撬动大量的信贷资金，支持中小企业发展。加快财政支持竞争性领域企业改革和推进新兴产业创业投资工作，集中扶持壮大技术含量高、市场竞争力强、经济效益明显的项目，支持新兴产业发展。2015年，全区纳税超1000万元工业企业25个，其中，超5000万元6个、超1亿元3个。在盐城市纳税前50强工业企业“英雄榜”中，大丰区正大丰海、金风科技等8个企业榜上有名，上榜企业数量和规模均领先盐城各县（市、区）。开展企业调查研究，帮助企业落实上级专项扶持政策，为企业争取更多的项目资金，为企业创造良好的发展环境。及时调整完善重点企业项目库，完善重点税源企业联系点制度，开展企业税源调查工作，摸清税源家底，为税收的组织征收提供基本资料，做好新增税源企业调查，为科学决策提供可靠依据。加大服务外商投资企业力度，完成外商投资企业联合财政年检工作，用好商务发展资金，引导外经贸转型发展。做好省财政专员办交办的增值税退税审核工作，全年为企业办理退税2189.78万元。

【财政保障民生】 2015年，大丰区财政工作坚持共享发展理念，把保障和改善民生作为财政工作的出发点和

2015年1月，大丰市十四届人大四次会议组织代表开展“财政预算编制”专题审议　　严正东　摄

落脚点，持续加大对民生领域的投入力度，当年新增财力用于民生支出比重超过80%。集中财力为民兴办实事，筹集资金5.02亿元，全力支持川东港拓浚、通榆河取水口整治提升等区委、区政府为民办实事工程。健全社会保障体系，提高基础养老金发放标准，在苏北率先达115元/人·月；连续14年提高企业离退休人员待遇。落实被征地农民基本生活保障政策，安排专项资金2500万元用于被征地农民基本生活补助。实行工伤保险制度“全覆盖”，将机关单位工作人员全部纳入工伤保险保障范围。提高城镇居民和新农合筹资标准，财政补助从350元/人·年提高到380元/人·年，全区参加城镇居民基本医疗保险11.12万人，新型农村合作医疗47.31万人。加大民政保障投入，将居家养老经费列入财政预算，筹集专项资金支持城乡居家养老服务中心（站）建设；推进适度普惠型儿童福利制度，安排500万元财政资金，将低保边缘户、困境儿童纳入保障范围。安排财政专项资金500万元，全面实施“惠民殡葬”普惠政策。加强抚恤、低保、重残、救灾、救济等专项经费投入，全年发放低保金5615万元，无固定收入重残人员生活补助1280万元，五保老人生活补助1170万元。继续实施尊老金制度，全年给22793名80岁以上老人发放尊老金1976万元。筹集再就业资金1320万元，落实就业和再就业政策。推进失业保险征缴工作，全年失业保险参保人数7.67万人，筹集失业保险基金5019万元，为2296人足额发放失业保险待遇3737万元。推进基层医疗卫生机构基础设施标准化建设，2015年区财政投资1080万元，补助67家新建村卫生室和25家改扩建村卫生室。推进公立医院改革，2015年区财政对3个县级公立医院投入资金1477.20万元。加大卫生事业投入，投资新建人民医院高新区分院，安排财政专项资金解决乡村医生参加职工养老保险和职工医疗保险问题。

【财政支农惠农】　2015年，区财政部门围绕“稳粮增收、提质增效、创新驱动”的总要求，以建设现代高效农业产业体系、促进农民增收为核心，筹集资金，全面落实各项强农惠农富农政策，提高支农资金使用绩效，重点扶持农业结构调整、新型农业经营主体适度规模经营、农业基础设施建设、农业物质装备和技术水平提升、农业农村生态环境建设等项目，提升全区农业综合生产能力，实现农业增效、农民增收、农村稳定的发展目标。2015年全区各级财政农林水投入16.2亿元，其中，农业保险赔付7080万元、农机具购置补贴3028万元，现代农业生产发展3080万元、新型农业经营主体432万元、秸秆综合利用2141万元、绿色江苏及绿化建设奖补1016万元、农业现代化工程建设奖补1130万元、小型农田水利设施4000万元、农村河道疏浚和村庄河塘整治3200万元、农村饮水安全工程5000万元、重大水利建设工程26500万元。规范农业综合开发项目管理，落实上级农业综合开发项目资金，2015年落实各级财政部门项目资金5335万元，其中，土地治理项目投入5200万元，建成草堰、西团、大中、草庙、新丰等5个高标准农田规模项目区；产业化经营财政“先建后补项目”1个，投入财政资金100万元；省级农发补助项目2个，投入财政资金35万元。

【财政服务社会】　2015年，区财政部门调整优化支出结构，主动服务科学发展，把社会事业发展的薄弱环节作为财政支出重点予以优先保障，推动社会事业发展。落实关于加大财政教育投入的文件精神，逐步完善教育经费保障机制，加大教育经费投入，推动教育均衡发展，促进各类学校办学条件改善，全区教育现代化水平提升。落实义务教育公用经费保障政策，按照省定的小学每生每年700元、初中每生每年1000元标准予以保障，全年安排义务教育公用经费3399万元。做好义务教育薄弱学校基本办学条件改善工作，结合校舍维修改造长效机制、校安工程等项目，统筹安排改善义务教育薄弱学校基本办学条件资金1000万元。完善政府主导的扶贫助学机制，落实中等职业学校和普通高中国家助学金政策，对义务教育学校家庭困难学生发放生活补助，落实中等职业学校免学费政策，对学前教育家庭困难学生给予资助，全年发放扶贫助学经费1302万元。加大财政投入，支持中小学校园安全保卫工作，安排教育安全保障经费579万元。加强科技投入，发挥1000万元科技成果转化风险补偿资金引导作用，支持经济发展。加大人才工作投入力度，建立财政扶持人才优先发展长效机制，支持实施“616”人才引进计划。实施文化惠民工程，安排重大文化活动专项资金，支持举办元旦新春音乐会、“五一”劳动者之歌等大型公益文化活动。加大公共体育服务体系建设，支持群众体育活动和竞技体育发展，支持体育基础设施建设，推动体育事业快速发展。

【会计管理服务】 2015年，区财政局全面贯彻落实国家和省、市会计管理工作要求，发挥会计在支持经济和社会事业发展中的促进作用。加强会计法规宣传。按照财政普法规划，开展“财政法制宣传月”活动，宣传《中华人民共和国会计法》、会计从业管理新规定等，参与“5·18”大丰法制广场和“12·4”全国法制宣传日活动。加大普及新《中华人民共和国预算法》的宣传力度，组织开展全区行政事业单位新“预算法”培训班，210名财务负责人参加培训。做好会计专业技术资格报名审核工作。全区参加会计专业技术资格考试人数1100多人，合格167人，其中，初级110人、中级38人、高级19人，有14人通过评审取得高级会计师资格。加强会计基础管理。做好会计从业资格证书发放、调转、变更等工作，全年发放会计从业资格证书629本，办理会计从业资格证书调转、信息变更362件。加强会计代理记账机构管理。对大丰恒信代理记账有限公司代理记账设立条件及运行情况进行核查。根据《代理记账管理办法》的规定，批准成立大丰市思博会计咨询有限公司。做好珠算技术等级鉴定工作，组织区职业技术教育中心215名学生进行珠算技能等级鉴定。举办珠算式心算能力选拔赛，组队参加盐城市第十一届珠心算能力比赛，大丰商业幼儿园队以团体总分第二名的成绩获学前组二等奖。袁培轩、徐燊分别获得学前组、一年级组第三名，杨莉获得学前组教练二等奖。做好会计继续教育培训工作。结合经济社会发展和会计行业发展要求，统筹规划，分类指导，加强服务，注重质量，培训按行政事业、企业类分类开展，学习采取面授培训和远程网络培训形式。全年组织会计人员后续教育和各类会计专业培训66期、6150人次。

【部门预算管理】 2015年，大丰区财政局全面贯彻新《中华人民共和国预算法》，不断深化财政改革。深化预算编制改革，将政府性基金、国有资本经营收入、国有资源（资产）有偿使用收入等全部纳入预算管理，编制公共财政预算、政府性基金预算、国有资本经营预算、社保基金预算和政府采购预算等。贯彻执行中央八项规定和区委六项规定，坚持勤俭节约，反对铺张浪费，从严从紧编制预算，压缩一般性支出，编制“三公”经费预算。提高财政资金使用效率，在保工资、保运转、保平衡的基础上，集中资金落实区委、区政府重大决策，保障和改善民生，推进经济结构调整，支持经济发展，支持农村改革与发展。科学编制部门预算，规范预算编制口径，细化预算编制项目，所有预算收支编制到项级科目。实行部门预算基础数据精细化、定额管理标准化、监督监管透明化，确保预算编制做到实、细、准。稳步推进预算信息公开，除涉密内容外，政府预算、部门预算和“三公”经费预算都将按照新“预算法”的规定和要求及时向社会公开，主动接受社会监督。组织实施区人代会批准的2015年部门预算，从部门预算执行情况看，财政预算科学规范，没有出现大的支出矛盾，没有出现资金高度困难的情况，财政抗风险能力增强。

【财政国库管理】 2015年，大丰区财政部门坚持以增强预算执行管理能力为重点，以保障资金安全运行为根本，深化国库各项改革，提升国库管理整体水平。加强财政库行联网建设，实现财政与人行金库和商业银行之间财政存款、收入适时联网查询。加强财政预算支出经济分类管理，严格支出用款计划经济分类科目编制与实际执行支出相匹配。严格规范财政专户管理，全面清理整顿存量财政专户，除经财政部审核并报国务院批准予以保留的财政专户外，其余财政专户全部撤销。除国务院另有规定外，一律不得新设专项支出专户。开展政府综合财务报告试编工作，全面、完整地反映政府财务状况、运营情况和受托责任履行情况，加强对政府财务报告制度相关重点、难点问题的研讨，提高政府财务报告的编制水平。加强预算会计基础性工作，做好财政资金的日常拨付、调度和管理工作，提高总预算会计工作质量和工作效率，保障财政资金安全、高效运行。优化管理流程，健全内控制度，实施国库集中收付精细化管理，做到“管好每一分钱、拨好每一笔款、记好每一笔账、确保财政资金安全”。做好会计集中核算工作，加强对资金的统一调度和管理，降低资金划拨支付成本，提高资金使用效益。2015年开出支付凭证87789份，支付各类财政资金95亿元，其中预算内资金51.29亿元。遵循“公开是原则，不公开是例外”和“预决算同步”的主旨，紧跟预算公开的步伐，推进决算公开工作。加强国库集中收付执行情况综合分析，注重财政支出效益的评价，提高财政资金整体使用效益和财政保障能力。

【非税收入管理】 2015年，大丰区财政部门坚持“改革创新求发展，立足规范抓管理”，深化非税收入收缴管理。完善征管办法，在“单位开票、银行代收、财政统管、政府统筹”征管模式的基础上，明确执收单位、代理银行、财政部门在非税收入管理方面的职责。加强源头管控，通过非税收缴管理软件系统及时更新非税收入项目、标准等信息，杜绝单位乱设收费项目、擅自调整收费标准等现象发生。加强以票管收，以票据为“龙头”，实现以“票”管“收”，做好票据的印制、发放、核销、稽查等工作。加强行政事业性收费管理，根据上级文件精神，取消、停征和免征一批行政事业性收费项目。自2015年4月1日起，统一取消收费许可证及其年度审验制度，行政事业性、政府制定价格的经营服务性收费单位实行收费情况报告制度。加强收费行为监管，确保收费政策公开、公平。会同物价局整理编印《大丰市行政事业性收费项目目录》（截至2015年5月）、《大丰市经营服务性收费项目目录》（截至2015年5月），向全区行政事业单位、社会团体及定报企业免费发放，同时在网站上予以公示，使收费项目、收费依据、收费标准更加公开，提高收费政策的透明度。加强非税收入征收管理，全年完成非税收入21.95亿元。其中，国有土地使用权出让收入97692万元，计提农业土地开发资金1500万元，计提国有土地收益基金3216万元。安排土地出让金11.08亿元，支持全区经济建设和招商引资工作。做好体育彩票、福利彩票等资金管理。落实专项资金7965.6万元，促进地方经济建设和社会公益事业的发展。

【政府采购管理】 2015年，大丰区政府采购工作围绕全区经济建设中心和改革发展大局，以"廉洁、规范、高效"为目标，扩大采购规模和范围，提高采购质量和服务水平。加强招标采购监督管理，突出抓好事中、事后监管，对所有政府采购项目招标采购的需求、信息公告、招标文件编制等情况进行审核，现场监督开标、评标活动，鉴证和管理政府采购合同和验收等事项。扩大政府采购实施范围和规模，覆盖区、镇二级行政机关、事业单位和社会团体组织以及各区园及全区所有国有资金投资项目（含BT、BOT模式建设项目），采购资金来源覆盖到预算内、预算外、政府性基金、非税收入，以及以财政性资金作为还款来源和以国有资产作为担保的借贷资金。加强政府采购代理机构和评审专家管理，严格招标代理机构代理资格，建立招标代理机构资质档案，对政府采购专家实行集中和分散培训，做到管理有制度、考核有细则、培训有计划、评审公正化。通过建立"管采分离、职能分设、规范运作"的工作机制，政府采购管理工作得到加强。全年政府采购预算11.49亿元，其中，财政性资金7.33亿元、其他资金4.16亿元。实际完成采购10.17亿元，比预算节约资金1.32亿元，综合节约率11.52%。货物类采购预算1.69亿元，实际完成采购1.54亿元，节约资金1445.08万元，节约率8.56%；工程类采购预算8.92亿元，实际完成采购7.84亿元，节约资金1.08亿元，节约率12.09%；服务类采购预算8850.89万元，实际完成采购7847.15万元，节约资金1003.74万元，节约率11.34%。小微企业成为大丰区政府采购市场大赢家，合同授予金额6.46亿元，占全区政府采购总额的63.51%。

【财政监督检查】 2015年，大丰区财政工作围绕以构建科学合理、系统全面、责权明确、运作规范的财政"大监督"格局为中心，明确财政监督工作方向，推进财政监督检查工作，将监督与管理紧密融合起来，建立起财政监督长效管理机制。围绕预算编制、预算执行、绩效管理和财政监督"四位一体"，以财政资金收支活动为对象，实行事前审核、事中检查、事后评价的全过程和全方位动态管理，提高财政科学化、精细化、长效化管理水平，建立健全覆盖政府性资金和财政运行全过程的监督机制。细化年度检查工作计划，将涉及民生领域资金使用情况和厉行节约各项措施落实情况列入检查重点，全年对15个预算单位开展"三公"经费检查。加强会计核算管理，严把资金支出关口，对不符合规定的各项支出，一律不报销不列支。加强预算约束管理，严格控制专项经费新增、追加和调整，强调预算执行刚性。加强重大专项资金监管。全年开展财政支出监督检查5户、会计监督检查5户，查处各类违规资金19.34万元，保证了财政资金合理规范使用、核算。严格管控公用务车。落实中央"八项规定"，抓好公务用车管理。配合区机关事务处开展公务用车改革工作，全区保留执法执勤用车104辆。制订出台《大丰区公务用车规范使用管理制度》，划定纪律红线，严肃刚性制度规定，加大监管力度。建立财政与纪检、监察、审计等部门的工作联动机制，实现资源共享、优势互补，合力查处各类涉及财政资金的违纪违规案件，保证财政资金使用的规范、高效和安全。

【镇级财政建设】 2015年，区财政局以支持镇级财政建设为中心，以创建省级"规范化财政所"为重点，加强镇级财政管理。加强财政收入组织督查，指导各镇培育壮大骨干产业和企业，加强协税护税、综合治税，发展总部经济，积极挖掘新的收入增长点，加强小税种征收，促进镇级财政收入平稳较快增长。落实财政奖补政策，支持镇村经济社会发展。2015年，区财政拨付4个城乡统筹发展试点镇村建设项目奖补资金200万元，兑现4个镇5个村统筹城乡发展和新农村建设村庄集聚点楼房建设奖补资金120万元，审核拨付56个村发展集体经济和化解债务奖补资金277.19万元，兑现8个村党群服务中心建设奖补资金170万元。科学调度资金，采取人员经费按需按月拨付、其他运转经费按收入进度比例拨付的资金调度方式，保障镇村两级正常运转和社会事业发展。继续推进省级"规范化财政所"创建，按照机构队伍规范化、业务工作规范化、内部管理规范化和基础设施规范化的要求，全面提升镇级财政管理工作水平。2015年，草庙、大中、新丰、三龙4个镇财政所全部通过省级验收。加强财政资金监管，实施镇财政资金就地就近联动监管。2015年，区财政传递资金监管信息56个，资金总额6.41亿元，市级财政组织抽查巡查18次，其中，抽查巡查建设类资金个数9个、抽查巡查补助类资金个数5个。全区镇级监管项目643个、资金总额9.61亿元。其中，接收市财政监管信息480个、资金总额6.41亿元，镇级财政登记监管信息163个、资金总额3.20亿元；基本支出项目152个、资金3.03亿元，补贴类项目289个、资金4.46亿元，建设类项目

202个、资金2.12亿元。全年组织抽查巡查1108次，其中建设类资金207个、补助类资金842个。严格落实惠农政策，以财政支农补贴"一折通"为重点，做好粮食直补、农资综合补贴、良种补贴、棉花目标价格补贴等发放工作。全年发放各类涉农补贴资金4.36亿元。做好农桥项目建设管理和村级公益事业一事一议财政奖补工作，全年新建或修建农桥200座，比省下达任务数多87座，总投资3019.4万元，其中，省补助904万元、区财政配套1660.2万元、镇级财政配套445.2万元。实施农村水泥路一事一议财政奖补项目43个，投入资金1804.85万元，其中，省奖补资金1332万元。

【财政信息化建设】 2015年，财政信息化工作按照财政管理科学化、规范化、精细化的要求，落实"金财工程"建设任务，推进财政各项改革。完善财政一体化信息系统。涵盖财政预算编制、国库支付、非税收缴、资产管理、会计核算等所有核心业务，实现单一门户操作，基础资料共享。全年解决软件漏洞65处，完善新功能15处，优化运行环境5处，流程更清晰，管理更科学，提升了财政一体化信息系统的运行效率。推进服务器和桌面虚拟化建设。通过服务器虚拟化将传统的物理计算资源虚拟化，减少资源浪费。利用硬件资源，实现数据应用集群和存储冗余。在虚拟化环境中，实现应用系统快速迁移。建立预算单位云桌面。预算单位通过光纤专网访问财政业务系统，无需配置电脑，所有CPU、内存、硬盘空间等统一由服务器分配，实现中心机房统一配置、统一管理、统一故障恢复。建设国有资产配置预算管理系统。通过信息化管理手段，实现国有资产配置根据机构职能和人员编制，按照相关标准编制单位资产配置年度预算，核定预算单位年度资产配置总规模，并实行资产购置预算、购置申请、购置审核、政府采购、资产登记等系统化、全过程管理，实现国有资产的计划管理和源头控制，提高了国有资产管理的信息化、科学化、规范化水平。

【财政队伍建设】 2015年，区财政局坚持把加强财政干部建设贯穿到财政工作全过程，贯彻好"管理要全面、标准要严格、环节要衔接、措施要配套、责任要分明"的干部管理要求，打造一支政治过硬、作风过硬、业务过硬的财政干部队伍。做好党的群众路线教育实践活动后续工作，组织开展"回头看"，开展专项整治，抓好自身整改落实。推进作风建设，解决机关作风建设中存在的突出问题，在服务意识、工作效率、真抓实干、依法行政、促进发展等方面取得明显成效。加强党风廉政建设，履行党组主体责任和纪检监督责任，把党风廉政建设与财政业务工作结合起来，做到同部署、同落实、同考核，全面推进党风廉政建设和反腐败工作。落实党风廉政建设责任制，严格执行中央"八项规定"和厉行节约各项规定，严肃财经纪律，严格执行制度，坚持用制度管人、管事、管钱，确保财政资金和财政干部"两个安全"，营造出财政部门风清气正、勤政廉政的良好环境。

（吴渡生　韦礼和）

国家税收

【概述】 2015年，大丰区国税局以"夯实基础、提升标杆、项目引领、创新争优"为工作主基调，各项工作呈现全面发力、多点突破、纵深推进的良好态势。年内，区国税局分别被盐城市国税局和大丰区委区政府授予"综合先进奖"，局领导班子被盐城市国税局党组评为"先进县（市、区）局领导班子"。区国税局系统及下属两个分局被授予"盐城市文明单位"称号。

【国税收入】 2015年，区国税局实现工商各税收入22.29亿元，增长10.2%；实现一般公共预算收入7.26亿元，增长19.5%，超过盐城平均增幅19.1个百分点，总量苏北第一，超额完成区政府年度目标任务。及时兑现小微企业、出口退税、高新企业等各类税收优惠6.92亿元，审核历年多缴税金，及时清理退税5261万元，核减382户企业多缴税金932万元，有16户企业审核补税117万元，做到无预收、无未退，组织收入呈现出"量质双赢"的新局面。

【税收改革】 2015年，区国税局以风险应对示范点创建为契机，着力打赢税收管理改革"第三战役"。全年组织对454户企业实施风险应对，应对总成效2.65亿元，入库成效6709万元，领跑于盐城各县（市、区）局。全年采集录入情报8.38万条，配比率100%，有7个情报采集模板被盐城市国税局采用，情报工作在盐城市国税

2015年，大丰区国税局被评为"盐城市级依法行政示范点"。图为大丰市国税局"感悟国税"暨税收宣传月活动启动仪式　　徐志峰　摄

局考核中继续保持第一位。全年入库非居民税收4339万元，同比增长251%，国际税收管理工作在盐城市国税系统保持领先位置。加强税警联合，重点打击发票犯罪，全年立案检查和协查案件56起，查处30万元以上大要案9件，稽查查补成效2328万元，有9人被依法起诉追究刑事责任。加大欠税追征力度，欠税户次、欠税余额及欠税占比，在盐城市各县（市、区）中保持最好水平。

【依法治税】 2015年，区国税局以有效防控内外两个层面涉税风险为切入点，组织开展税收政策、重大税收风险、特定税收事项管理等政策解读活动11期，参加人员2000多人次，保证政策的规范执行，有效提升纳税人的自主遵从。有序推进增值税发票升级版和车辆购置税新政的实施，全区3772户纳税人增值税发票升级版全部按时推行到位。全年开展执法监督检查5次，批评教育6人次，纠改处罚金额违背裁量基准4户次、应处未处罚2户次。加强日常执法监督，综合监督考评信息平台和执法管理信息系统机内形成差错从2014年的11387条下降到2015年的9条，并连续多月保持零差错。年内，区国税局被评为“盐城市级依法行政示范点”。

【纳税服务】 2015年，区国税局开展纳税服务示范点创建，严格执行税收职责清单要求，开通全职能办税窗口，简化报送资料39项，办税服务大厅整体办税效率提升26%。畅通业务衔接，纳税人进厅一次办结率由原来的76.2%提高到94.3%。推广网上办税，大丰区网上认证占比99.3%，网上报税占比96.1%，均高于盐城市平均水平。搭建以96888771特服号、12366纳税服务热线、短信平台和微信公众平台为载体的纳税咨询渠道，全年接听受理纳税人咨询3800多户次，准期答复率100%。拓展24小时自助办税、涉税文书邮政专递等非接触式服务方式，使纳税人办税更加自主便捷。年内，大丰区行政服务中心国税窗口被评为“盐城市优秀服务窗口”和“盐城市四星级文明窗口”。

【国税队伍建设】 2015年，区国税局全面落实从严治队和倾情带队要求，坚持把“抓规范、转作风、强执行”作为推进工作的着力点，从细节入手，激发队伍活力，提升部门形象。2015年，区国税局结合盐城市国税局新一轮人事改革，对区国税系统竞争上岗的9名分局长全部交流换岗，56人通过竞争走上股级干部岗位，其中40周岁以下干部提拔率85%，对61人实施交流换岗。开展“三严三实”教育活动，区国税局党组2次专题听取纪检组工作报告，分3期开展任前廉政谈话，开展廉政讲座、廉政党课、旁听庭审、参观基地等多种形式的廉政教育。区国税局纪检组被区纪委评为“纪检监察工作先进集体”。组织开展执纪检查6次，通报批评3人次。全年开展各类学习培训73期，受训6500多人次。建立10个文体协会，组织各类兴趣讲座16期、组织参加盐城市国税局和大丰区政府各类文体活动86人次。实施职工食堂、健康体检、大病补助、减压室、健身房和淋浴室等多项温暖工程。干部队伍精神面貌改善，向心力和凝聚力增强。

（胡建勇）

地方税收

【概述】 2015年，盐城市大丰地方税务局围绕“科学、规范、高效、廉明”的组织愿景，树立“忠实履职、安全履职”的工作理念，推进法治、效能、廉明、幸福“四个地税”建设，全面完成年度目标任务。在盐城地税局组织的年度考核中，区地税局获得绩效考评“先进单位”，并蝉联第一名；在大丰区委区政府组织的年度考核中获“综合先进奖”。

【地税收入】 2015年，区地税局针对经济下行压力加大，政策性减收规模扩大、挖潜增收难度增大等多重不利因素，围绕组织收入中心，开展税源深度分析，建立“五方共担”机制，科学下达任务指标，实施考核，努力征足实有税源。全年组织各项收入72.48亿元，首次突破70亿元，同比增长14.02%，其中税收55.92亿元、社保费13.72亿元、基金（费）2.84亿元。完成一般公共预算收入50.39亿元，同比增长15.92%，占年度任务的102%，占全区公共预算收入72.68%，为全区地方发展提供了可靠的财力保障。

【地税税种管理】 2015年，区地税局按照税种、行业、征管事项出台挖潜增收措施，开展“八大专项”行动。重抓“两业”（建筑业、房地产业）税源管控，核查项目3920个，入库两业整治税收1.13亿元。严管股权转让税收，入库个人所得税5700万元，占全市股权转让税收总额的62%。创新土增税清算方式，提请审计部门介入，有效突破清算瓶颈。加强车船税管理，严防税款外流，入库车船税2627万元。创新反避税管理手段，相关做法得到省、盐城市局肯定。持续开展“社保欠费清缴”行动，发放社保费限期缴纳通知书280份、征收决定书15份，妥善处置11起因企业欠费引起的职工上访。规范欠税管理，清理新欠296户入库1853万元，清理陈欠61户入库737万元，清欠率50.3%。

【综合治税】 2015年，区地税局完善社会综合治税体系，健全第三方数据采集机制，加大信息共享力度，全年采集23个部门68类27万多条信息，通过风险推送产生应对绩效2568万元。超前谋划国税地税合作，委托国税部门代征门临税款1700万元。充分发挥镇村两级协护税网络作用，在各镇（区）普遍成立综合治税办公室，完善扩充个体定额、房屋出租、房土税源清册，全面加强日常巡查，力堵零散税源滴漏点，全年入库个体税收6304万元，增长11.05%，其中门面房税收1260万元，取得良好的社会效应。

2015年，大丰区地税局开展“服务企业百日行动”活动，全面落实税收优惠，助力企业转型升级 邱鹏 摄

【依法治税】 2015年，区地税局坚持把依法治税理念贯穿于地税工作始终，统一执法流程，规范证据采集，细化裁量基准，严格实施处罚，强化执法督查，全年处罚605户，入库罚款406万元，加收滞纳金1872万元。加大稽查查处力度，打击发票违章行为，全年查处假发票案件19起，查处大要案6起，其中1000万元以上2起，稽查入库税款超1亿元，稽查案例获省局第一名，纳税服务、基础管理、中等风险应对、稽查4类案卷均被市局评为优秀案卷。开展“税收优惠全落实、服务发展准发力”“全民创业、地税助梦”及“服务企业百日行动”等活动，全面落实税收优惠，助力企业转型升级，办理税收优惠487户次，减免税款1.34亿元，被省地税局评为“依法行政示范单位”。

【地税风险管理】 2015年，区地税局聚焦改革目标，通过调整机构职能设置、优化人力资源配置、完善管理运行机制，全面建立起“五位一体”的专业化管理模式（指根据税源专业化管理的要求，按照税源管理事项划分，以业务流程为主线，建立以纳税服务、基础管理、风险监控、税务稽查、中等风险应对五位一体的税源专业化管理模式）。落实税源管理事项清单，建立健全岗责体系，加强工作统筹，整合征管联席、风险联动、纳服联席3类会议为1个税务联席会议，召开联席会议3次，形成处理意见78条。发挥风险引擎作用，科学识别推送风险，高标准下达应对任务，按月考核应对绩效。开展风险应对技能竞赛，营造积极争先氛围。全年推送中高等风险1037户次，结案1016户，应对入库税款2.48亿元，应对户数、应对绩效均列盐城第一位，风险管理的效应充分凸显。

【地税纳税服务】 2015年，区地税局融入“互联网+税务”理念，拓展办税服务渠道，推广自助办税服务，优化网上办税功能，开通微信公众平台，及时发布税收政策、办税服务提醒等信息。在全国同级税务机关中首家启用涉税业务网上排队、排队预警等功能，实现线上线下全方位服务。深化涉税行政审批改革，全面实施“三证合一”“一照一码”登记制度。开展税法宣传，组织开展税法宣传月、法制宣传周、自行车骑行日等活动，参加省市局组织的税收征文、税宣摄影比赛，摄影作品获省局一等奖。优化办税流程，精简办税资料，实施预约服务、延时服务，开展“服务明星”评选，提升服务水平，办税服务指标稳居前列。地税窗口连续多年被评为“区级机关十佳服务窗口”，办税服务厅被评为“全国巾帼文明岗”。

【地税干部队伍建设】 2015年，区地税局践行“三严三实”工作要求，严格落实“一岗双责”，签订党风廉政建设责任状，完善两权监督制约机制。学习贯彻党纪党规，常态化开展执纪执法专项检查。创新廉政教育载体，开展“510”警示教育，听取服刑人员现身说法，参观廉政教育基地，开展廉政谈话活动；举办反腐倡廉和预防职务犯罪专题讲座，创作廉政作品，公益廉政广告《惊梦》获省局三等奖；参加区纪委廉政知识竞赛，1人获二等奖、1人获三等奖，廉政建设特色做法被中纪委网站刊用，被命名为“省级廉政文化示范点”，被区委区政府评为2015年“反腐倡廉和作风建设先进单位”，是垂直部门唯一获此奖项的单位。实施人才强税战略，组织各类培训18期。树立科学用人导向，重视年轻干部培养，1人被评为“江苏省优秀团干部”。发挥文化引领功能，举办职工趣味运动会，常态化开展文体团队活动。开展文明交通、扶贫帮困、无偿献血等志愿者活动，弘扬地税正能量。修订完善《重特事件救助办法》，以解决干部职工后顾之忧。努力打造“书香地税”，新购各类书籍2000册，试办读书沙龙，开展读书心得交流评比，局职工书屋被命名为“2015年全国工会职工书屋示范点”。干部队伍风清、气正、心齐、劲足，“把职业当事业，把要求当追求”的地税精神特质明显增强。

（周奎香）

〖编辑 丁彩前〗

金融

综　述

2015年，大丰区金融部门坚持“稳中求进、提质增效”的总基调，积极适应经济发展新常态。社会融资总量快速稳定增长。信贷总量在盐城市继续保持领先位次。年末，全区总存款余额498.49亿元，比年初增加58.75亿元，其中储蓄存款余额312.38亿元，比年初增加37.64元；各项贷款余额335.03亿元，比年初增加48.81亿元，贷款增量列盐城市7县（市）第一位。

直接债券融资发展迅速。全年通过债务性融资工具，募集资金30.16亿元。发行私募债2个，大丰经济开发区恒瑞投资与国金证券合作融资2亿元，大丰港集团公司与浦发银行合作融资10亿元。开发信托项目1个，城投公司与民生银行合作融资4亿元。开展定向融资1个，城投公司与宁波银行合作融资5亿元。开展租赁业务1笔，高鑫投资与招银金融租赁合作融资0.5亿元。办理资产证券化项目1个，大丰港集团公司与长江证券合作融资8.66亿元。

拓展银企合作。开展季度银企对接“家家到”活动，向需求企业（项目）发放贷款26.58亿元。3月中旬至6月中旬，组织开展“银行行长进百企”服务活动，切实解决企业生产经营过程中的资金短缺困难。组织开展金融单位支持新型农业经营主体发展的“接二连三”对接活动，向33户新型农业经营主体发放贷款3.6亿元。9月份，组织开展盐城金融超市“大丰园区行”活动，15家银行向174个企业和各类创业主体授信31.02亿元。

加大对实体经济的支持力度。申办“金融支持转型升级系列工程”和“小微企业升级扩面”示范项目，大丰农村商业银行“浓情贷”项目入选“江苏金融支持转型升级系列工程”2015年度省级重点示范项目，获得0.5亿元合意贷款、1.5亿元支农再贷款的专项资金。加大创业信贷支持。大丰市人民政府金融与企业上市工作办公室、大丰市经济和信息化委员会、大丰市财政局、中国人民银行大丰支行联合制定《大丰市中小企业应急过桥资金使用管理办法》，由大丰财政出资设立中小企业应急“过桥资金”，支持和促进小微企业主、回乡农民工、个体工商户、高校毕业生等群体创业就业。5月，正式启动大丰中小企业应急“过桥资金”。至12月末，为50个企业提供“过桥资金”10亿元。

深化农村支付服务环境建设。深入推广农村金融综合服务站工作，提前实现农村金融综合服务站行政村全覆盖。推动粮食收购非现金结算工作，在13个收购点推行网上银行和电话银行结算。粮食收购期间通过网银办理非现金结算2900笔，交易金额1.84亿元。电话银行办理非现金结算4279笔，交易金额1.32

2015年3月26日，中信银行大丰支行开业

亿元。试行农村电商金融综合服务。江苏大丰农村商业银行全面升级金融服务站，在恒北村建立金融便利店，以社会保障卡为载体，推行农村电商金融综合服务。

（谢　益）

银　行

【中国人民银行大丰支行】 2015年，中国人民银行大丰支行贯彻执行稳健的货币政策，有效防范金融风险，维护一方金融平安，提升金融服务和管理水平，支持地方社会经济平稳健康发展。

积极向上为地方法人金融机构协调再贷款，为江苏大丰农村商业银行争取支农再贷款4.46亿元、支小再贷款1亿元，为大丰江南村镇银行协调支农再贷款0.44亿元。开展中小企业、涉农贷款信贷政策导向评估工作。推动江苏大丰农村商业银行在苏北地方法人金融机构首家发行大额存单。推动江苏大丰农村商业银行全民创业支行支持全民创业增量拓面工作，支持全民创业和小微企业发展。1~12月，创业支行接待客户1000多户，为350户创业主体发放贷款2.2亿元，涉及建筑、纺织、铸造、养殖等产业。

建立金融生态建设长效机制。规划2015年度金融生态创建工作，制定工作目标，明确工作重点和措施，有序地稳步推进金融生态环境建设，大丰区被江苏省金融稳定工作协调小组认定为金融生态优秀县。开展“送金融稳定工作下乡”活动。依托各镇金融营业网点及农村金融综合服务站平台，面向广大农户、农村经济组织全方位宣传金融稳定、征信、反假币等金融知识，以专题宣传活动为契机，探索建立辖区金融稳定宣传工作长效机制。

加强金融机构服务与管理。对辖区银行业金融机构2014年度执行人民银行政策进行现场评估，综合评价A类银行2家、B类银行10家、C类银行1家。做好新设银行业金融机构开业管理与服务工作，招商银行大丰支行、中信银行大丰支行分别于2015年1月、3月正式开业，兴业银行大丰支行2015年12月试营业，银行业金融机构总数17家，列盐城市各县（市）之首。做好存款保险制度实施前后各项工作，加强对存款保险舆情和存款类金融机构的流动性监测，督查存款类金融机构规范做好存款保险制度实施宣传工作，做好2家地方法人金融机构投保手续审核上报以及保费核准工作，实施存款保险制度。

2015年11月，中国人民银行大丰支行举办2015年新版人民币宣传活动

（单位供图）

构建多层次的信用体系建设机制。做好机构信用代码配发和应用工作，积极推介机构信用代码，扩大机构信用代码的应用范围，全年发放机构信用代码1962份。严格遵守信用报告查询相关制度，做好个人信用报告查询收费舆情监测工作。全年办理个人征信查询业务3365笔。组织开展“征信知识乡村行”“征信知识进校园”“信用记录关爱日”系列宣传活动，广泛宣传征信知识。推进农村信用体系试验区建设工作，依托江苏大丰农村商业银行股份有限公司，收集建立农户信用档案。江苏大丰农村商业银行股份有限公司建立农户档案15.2万户，占农户总数的90%，授信备案8.23万户，占建档户的55%。参与地方信用体系共建工作，推动用电等非银行信息的采集和共享工作。

推进人民币流通满意工程。加大现金基础设备投放力度，5家银行10元券设备投放到位。各银行网点新增投入使用A类点钞机45台，存取款一体机2台，取款机2台，残损币兑换仪全部按时配备到位。落实小面额货币主办银行，全年新增5个小面额货币主办银行网点。11月，与中国人民银行盐城市中心支行联合在大丰举办2015年新版人民币大型广场宣传活动。强化人民币收付业务和反假货币业务现场执法检查力度。开展反假货币知识宣传活动，开展“600个单位反假货币行”专项宣传活动。加大残损券、特残币的兑换和鉴定管理，全年鉴定特残币215笔、金额6.91万元。

外汇管理水平提高。提高国际收支统计申报质量，国际收支统计申报数据准确率99.94%。打击外汇管理违规行为，充分利用业务系统和跨境资金流动监测与分析等系统，开展外汇业务现场检查和核查。根据国家外汇管理局统一部署对地下钱庄交易对手开展专项检查，对2个公司“擅自改变结汇资金用途”的违规行为进行行政处罚，维护辖内外汇市场秩序。加强货物贸易外汇管理，做好货物贸易企业辅导期管理工作，全年为辖内26个企业办理名录登记手续。指导辖内辉丰农化、联鑫钢铁2个公司短期外债指标申请工作，拓宽中资企业的融资渠道，解决企业融资难和融资贵问题。9月18日，辉丰农化借入首笔外债633万美元，实现大丰区中资企业短期外债签约登记业务"零"突破。

开展"善美家风 德润央行——我的家训家规和家风故事"征集活动，弘扬中华民族优秀传统文化。联合大丰区总工会组织开展大丰金融机构2015年度点钞识假技能竞赛，举办2015年新版人民币知识竞答活动。

（谢　益）

【中国工商银行股份有限公司大丰支行】 2015年，中国工商银行股份有限公司大丰支行（简称大丰工行）以资产业务市场拓展、个金业务竞争力提升工作为重点，实施机构改革，强化风险控制，夯实管理基础，实现利润9500万元，比2014年增加1071万元，实现人均利润超百万，完成中间业务收入4365万元，比2014年增加484万元。年末三项存款余额26.97亿元，比年初减少0.42 亿元；各项贷款余额26.51亿元，比年初增加4.18亿元。签发银行承兑汇票5.2亿元，办理国际贸易融资2298万美元，开立信用证2001万美元，办理风险参贷1亿元。

开拓信贷市场，按照"重点项目、优质客户、成熟产品"的总体定位，加大对大丰区沿海开发、新特产业、城市建设、科技创新等项目的支持力度。开展"工行园区行""银企对接家家到""盐城市小微企业融资直通车"等活动。创新融资产品，推行"网贷通""发票融资""银团贷款"等业务，营销融资产品"大丰经济开发区产业提升工程项目"2.8亿元，发放供应链融资 2 .8亿元，应收账款保理2亿元，支持地方经济的发展。利用工行海外机构多、国际贸易融资产品丰富的特点，支持外向型经济发展，发放风险参贷、进口押汇、出口贸易融资、进口信用证等国际贸易融资贷款3.5亿元，为企业参与国际竞争提供金融服务。强化风险控制，重点做好"防劣变、清违约、压降剪刀差"，年末不良贷款余额172万元，比年初下降1212万元，不良率0.06%，不良贷款绝对额、不良率在中国工商银行盐城市各分行中最低。

优化收益结构，完成中间业务收入4365万元，占总收入的42.3%，比2014年提升10个百分点。人民币理财（对公）2.7亿元，人民币理财（个人）12.52亿元，代售保险3657万元，销售基金8670万元，国际结算3.05亿美元、结售汇1.12亿美元，企业网上银行新增128个，个人网上银行新增用户13584个，新增商务POS机用户89户，灵通卡发卡18030张。拓展分期付款业务，完成分期1733笔，交易额6424万元，实现中间业务收入594万元。拓展票据业务，以低风险业务为切入点，通过票据质押贷款，票据托收存款质押开票，票据贴现等多项业务联动营销，增加经营收入，促进经营效益的增长。

夯实服务基础，强化服务管理，提升服务水平。在中国工商银行股份有限公司盐城分行组织的考核中，大丰工行服务综合得分99分，客户满意度99分。大丰工行营业部被中国工商银行江苏省分行评为省工行文明服务标杆网点。统筹规划，调整网点布局结构，适应城市规划发展的变化，年末有网点8个，贵宾理财中心1个，一般理财网点5 个，自助+理财网点2个。服务场所、机具全面升级，年末有17台存取款一体机，5台查询登折机，386台电话POS机。发挥电子银行对客户和业务的分流作用，电话银行，网上银行全天候为客户服务，离柜率68%以上。

推进企业内控文化建设，开展"内控长效管理年""争创合规网点，争当合规柜员"等活动，推进内控管理长效机制建设，建立"精确制导、精准检查、有效监督"的内部控制体系。加强制度执行力建设，有效防范和规避经营风险，提高管理水平。开展以员工参与非法集资、赌博、与客户资金往来、充当资金掮客、违规为他人担保和经商办企业等"六种行为"为重点的员工不良行为排查治理活动，将风险消灭在萌芽状态，推动业务健康发展。实施员工关爱计划，召开以"魅力女性幸福人生"为主题的员工座谈会，举行"唱响工行 放飞梦想"员工OK大赛、组织"争先创优立新功，全员畅享工行梦"劳模先进性宣讲。开办24期"月月讲堂"，通过文化园地、文化展板、张贴个性化的企业文化标语等形式，弘扬"工于至诚、行以致远"的核心价值观。

（陈　锋）

【中国农业银行股份有限公司盐城大丰支行】 2015年，中国农业银行股份有限公司盐城大丰支行（简称大丰农行）推进规模、质量、效益、稳定"四位一体"协调发展。年末，存款余额54.33亿元，比年初增加1.47亿元；贷款余额30.33亿元，贷款余额比年初净增4.74亿元，超额完成大丰区委区政府考核目标。

成立三农事业部，组建服务"三农"联络员队伍，联络员247人，其中分管镇长12人、农经站或财政所负责人22人、村组干部或经济带头人213人。举办"三农"专题讲座22期，近1500人次参加学习。在西团镇、裕华镇网点旧址及荷兰花海重新装修并投入使用1个金融便利店，2个离行式自助式银行。年末，有惠农服务点211个，其中，中国人民银行大丰支行示范服务点5个，综合服务站32个，初步建成一个覆盖全区农村的惠农服务网络。

开展平安农业银行创建活动，联合公安部门开展走进广场、走进社区、走进学校的防诈骗金融知识宣传活动，发放宣传单22000份，成功堵截各类诈骗案件71起，堵截金额90.4万元。

（沈　忠）

【中国银行股份有限公司大丰支行】 2015年，中国银行股份有限公司大丰支行（简称大丰中行）实现营业净收入20441万元，比2014年增加738万

2015年5月28日，中国人民银行大丰支行、中国银行大丰支行在万盈中心小学开展“金融知识进校园”活动，并向该校赠书　（人行供图）

元。实现拨备前利润15267万元，比2014年下降201万元。实现账面非利息收入6866.32万元，比2014年增加203万元。完成国际贸易结算4.67亿美元，跨境人民币结算4.9亿元。年末，本外币各项存款余额45.36亿元，本外币各项贷款余额38.53亿元。实现无案件、无重大违规的风险管理目标。中国银行股份有限公司大丰幸福路支行被中国银行股份有限公司评为“优质服务高效网点创建”示范窗口。中国银行股份有限公司大丰永泰广场支行在中国银行股份有限公司“万马奔腾”网点业绩竞赛活动中，获“百佳进位奖”，名列中国银行系统全国第十名，江苏省第一名。

拓展个人金融业务，重点开展批量代发业务专项竞赛和“十户千人”行政事业代发重点营销活动。实施公私联动策略，组织个人金融产品宣讲团，深入企业、行政机关、学校等场所开展个人金融产品系列化宣传营销活动。开展“一元观影”“一元洗车”活动，打造中国银行信用卡品牌形象。

加强公司金融业务，组织银企对接，推行落实园区“首席客户经理制”，以大丰区域重大项目为重点，以大丰港经济开发区、大丰经济开发区、各产业园为业务增长载体，提高金融市场竞争力。拓展表外业务，通过短期融资债券、理财池、海外直贷等业务为企业提供资金支持。

积极落实上级银行“向南看”战略，提升全员文明优质服务水平，加强网点晨会监控和指导工作，及时做好客户投诉及处置工作。以示范网点创建促进服务效能提升为突破口，提升示范网点的影响力和竞争力。加强品牌形象建设，重视加强品牌形象宣传。积极参与社会公益活动，多次开展扶贫活动。加强员工声誉风险“六要点”（业务办理、员工言论、客户投诉、纠纷处理、日常工作、媒体应对）教育，及时化解不良信息，多措并举，化解15起潜在的声誉风险事件，维护中国银行的形象。

围绕精细化管理目标，按照总行“新三道防线”建设要求，明晰支行部门、岗位、人员内控职责，保障内控制度的有效执行。根据年度检查计划序时开展现场检查。及时组织开展对前期检查发现问题的整改及验证工作，提升检查整改质效。加强对授信业务的管理，建立不良贷款预警处置机制，运用法律、行政、经济等综合手段，及时压降不良贷款。完善行政后勤保障相关流程，职能部门制定相关服务承诺制，推行网络报修制度。发挥财务管理职能，强化费用使用的规范性、前瞻性、均衡性，健全财务管理监督，确保经营费用支出依法合规。加强监察工作，重点做好“员工行为”排查工作，组织员工进行警示教育。

坚持“以人为本”，采取多种措施，增强发展信心，积极拓宽员工职业生涯通道，提高员工队伍的整体素质。不断创新、丰富、延伸中国银行企业文化的内容，在每个网点设立“职工小家”和“党员之家”。实施人才立行战略，充分挖掘、提升人力资源效能，引导员工规划职业生涯，加强后备人才培养，搭建员工展示自身价值的舞台。完善大丰中行“行心工程”实施细则，加强后勤保障服务水平，做好员工心理辅导等工作。

（钱　澍）

【中国建设银行股份有限公司大丰支行】 2015年，中国建设银行股份有限公司大丰支行（简称大丰建行）以“抓重点、稳发力、提质量、增效益，推动全行转型发展向纵深迈进”为目标，结合服务“双提升”（规范化服务水平提升、产品销售能力提升）、网点“三综合”（网点综合化、柜员综合化、营销综合化）等专项活动，提高金融服务质量。实现账面利润3972万元，中间业务收入2572万元，公司贷款不良率继续保持为零，个人贷款不良率为0.18%。年末，一般性存款余额23.00亿元，贷款余额11.81亿元。大丰建行被盐城市精神文明建设委员会评为2013—2014年度盐城市文明单位，被盐城市公安局评为2014年度盐城市内部治安保卫工作先进集体。

加大对重点项目、重点企业的支持力度。江苏大丰海港控股集团有限公司综合授信16亿元，龙源风电、土储中心、裕丰旅游、谷登机械等单位贷款授信9.58亿元。

加强产品创新力度，增强企业创新动力。成功办理全省建设银行系统内首笔汇金宝2号产品（海兴化工）和全省首笔中资民营企业（辉丰农化）借外债业务。日均外汇存款增加4964万美元，新型融资业务发生额3.42亿元，年末外汇存款额增加5143万美元，3项指标列中国建设银行盐城市分行系统第一。

参加各类活动。参与中国人民银行大丰支行“金融知识普及月”活动，在大丰振丰机械有限公司、大丰永昌空压机有限公司、大丰鑫航科技有限公司、大丰永安门窗有限公司等单位，开展反假币宣传和金融知识宣传活动。参加社会公益活动，组织员工踊跃参加“众人携手、爱心助学、共建和谐”活动，爱心助学捐款4420元。发动青年员工担当文明交通志愿者，投身文明创建工作。

（宋　坤）

【交通银行股份有限公司盐城大丰支行】 2015年年末，交通银行股份有限公司盐城大丰支行（简称大丰交行）总存款余额6.63亿元，总贷款余额18.99亿元。

大丰交行在银行间市场开展人民币交易量、外汇交易量均大幅增长，全年票据交易量超过20亿元。参与金融市场创新，开展黄金期货夜盘，原油期货多币种银期转账、黄金进口交易、黄金同业拆借、AU9995人民币黄金即期询价交易、白银自营交易等业务创新。

加强品牌差异化优势宣传，以“沃德财富”“蕴通财富”“e动交行”品牌为重点，树立个人金融业务、公司业务及电子化渠道三位一体的品牌形象。

加快人工网点、电子银行、客户经理“三位一体”融合发展，启动综合型网点建设，推进矩阵式改革。全年新增2个离行式自助银行，年末电银分流率73.17%，比2014年年末提升6.73个百分点。改善客户经理工作业态，推行“一业为主，兼做其他”的工作方式，完善全产品计价考核体系。

（杨新慧）

【中国邮政储蓄银行股份有限公司大丰市支行】 中国邮政储蓄银行股份有限公司大丰市支行（简称大丰邮储银行）下辖两个职能管理部门和两个业务拓展部门，自营网点5个，邮政二级支行19个及邮政代理所12个，网点覆盖大丰城区及各镇。2015年，大丰邮储银行实现业务收入5701万元，完成业务利润2650万元，业务收入、业务利润2项指标完成量列盐城市邮储银行县（市、区）支行第二。新增保险保费6102万元，列盐城市邮储银行县（市、区）支行第一。信贷投放4.92亿元，列盐城市邮储银行县（市、区）支行第二。公司存款年日均3.63亿元，列盐城市邮储银行县（市、区）支行第一。票据贴现13.5亿元，实现业务收入330万元，列盐城市邮储银行县（市、区）支行第一。

组织多项针对储蓄余额和资金结算服务的系列竞赛活动，调动员工积极性。年末，个人储蓄余额净增4732万元，理财资金池产品日均保有量增量5049万元。

通过组织客户经理，多渠道加大对农村市场、农户经营领域、个体工商户的走访营销工作，储备多类客户群与项目群。2015年零售信贷投放4.92亿元，列盐城市邮储银行县（市、区）支行第二。

将中小企业贷款业务发展重心放在小微企业的融资需求上，加强银企对接，充分利用有利时机，主动出击，掌握小微企业贷款营销的主动权，2015年对小微企业贷款投放1.08亿元。

加强队伍建设。因人制宜盘活人力资源，适时进行岗位调整，精干专业化营销队伍。推进党风廉政建设，通过自学、支部组织等学习，提高党员干部队伍廉洁从业意识。完善邮储银行廉政建设制度，严格执行重要事项集体决策和申报审批制度。

（李彬彬）

【中国农业发展银行盐城市大丰区支行】 2015年，中国农业发展银行盐城市大丰区支行（简称大丰农发行）坚持“构建发展新常态、实现绩效新提升，充分发挥支持盐城三农的骨干作用”的指导思想，强化信贷支农职能，发放各类贷款 4.644亿元。其中，粮食收购贷款2.256亿元，油料收购贷款1000万元，农业科技短期贷款5150万元，产业化龙头企业短期贷款2420万元。实现日均企事业单位存款3.78亿元，经营性利润1445 万元，中间业务收入99.7万元，国际业务结算量982.32 万美元。

提高风险管控能力。大丰农发行贯彻落实风险管控及基础管理相关文件规定，开展“一加强两遏制”（加强内部管控、遏制违规经营和违法犯罪）的自查，对有贷款余额的19个企业的贷款材料及贷后管理各项工作回头看，重点检查现金、同业往来、存款、贷款、财务经费等。对上级行检查出的问题，及时落实人员进行整改，夯实信贷风险管理的基础。组织客户经理开展对重点行业、重点环

2015年，大丰农发行秋粮收购资金全部实现非现金结算　（单位供图）

节的风险排查及分类排队工作，重点排查易发生风险和风险集中度高的客户。

加强内部控制管理，保障业务规范化。要求柜面人员，严格按照各项财会制度和操作流程，办理业务，填报数据。通过临柜和会计监控系统，对柜面操作情况进行检查，发现问题，及时指正，规范业务操作。

加强项目营销，制定措施，严格考核。上报中国农业发展银行江苏省分行江苏恒瑞投资开发有限公司的2.2亿元水利项目材料，获中国农业发展银行江苏省分行同意放贷的批复。

推进收购资金非现金结算。改善支付结算环境，提高夏、秋两季收购的金融服务水平，大丰农发行与大丰农商行、银联公司合作推行POS机结算，开通农商行粮食收购辅助账户网银、电话银行功能，召开收购资金非现金结算现场推介会。向粮食主管部门宣传非现金结算的优势和安全性，推行非现金结算方式。联合粮食主管部门在每个收购网点张贴公告，鼓励农民进行非现金结算。2015年夏粮收购期间，拨付托市粮食收购资金2.89亿元、自主经营贷款资金1.21亿元，非现金结算量60%以上，2015年秋粮收购资金全部实现非现金结算。

（陈泳伊）

【上海浦东发展银行股份有限公司大丰支行】 2015年年末，上海浦东发展银行股份有限公司大丰支行（简称大丰浦发行）本外币贷款余额6.71亿元，比年初增加2.54亿元，其中，公司贷款余额5.83亿元，比年初增加1.77亿元；个人贷款余额0.88亿元，比年初增加0.77亿元。表内外授信余额33亿元，表内外余额和新增量列盐城分行系统内第一。各项存款余额17.06亿元，比年初增加8.15亿元，其中对公存款余额15.9亿元，比年初增加7.73亿元；储蓄存款余额1.16亿元，比年初增加0.41亿元。在上海浦东发展银行股份有限公司盐城分行季度综合考核中连续4个季度排名第一，在上海浦东发展银行股份有限公司南京分行2015年年终综合考评中被评为“优胜基层网点”。被大丰区政府评为“服务发展创新创优和深化改革工作”先进单位。

2015年，以强化授信服务为重点，支持实体经济发展，充分发挥浦发银行政策及产品优势，为企业发展多渠道融通资金。推广E企付、汇通利、浦商融等特色金融产品，发挥“股债贷+国内外”多元化、综合性金融服务优势，围绕股票质押式回购、股权基金、产业基金、绿色能源债等特色产品培育新业务增长点。先后为大丰港等十多个企业办理融资性保函、出口代付、融资租赁保理、跨境兑、参付通、证付况等金融特色产品业务，降低了企业的融资成本。其中参付通、证付兑等产品为上海浦东发展银行股份有限公司江苏省辖系统内首单业务。

牢固树立风险意识，加强风险防范，严防信贷资产风险，日常工作中审慎审查每一个客户、每一个产品、每一笔业务，注重业务产品事前、事中、事后的风险预警，加强贷后管理工作。以合规经营为前提，严格落实案件防控措施，加强员工动态管理，经常性开展员工行为专项排查，及时消除风险隐患。

以“新思维·心服务”为指引，追求卓越的网点服务，强化全员标准化服务意识，引入外部机构监管，采取神秘人暗访制度对银行的服务进行评价，在上海浦东发展银行股份有限公司星级网点评比中，大丰浦发行服务在2星标准以上。以服务技能标准化、服务职能专业化、服务素质职业化为方向，打造标杆网点，塑造大丰浦发行企业形象，提升全员服务价值认同感和服务文化趋同感。加强员工政治思想和职业道德教育，开展奉献爱心活动，通过内部系统引导员工慈善捐款5次。4月组织员工现场捐款2800元，走访区敬老院。

（沈金高）

【江苏大丰农村商业银行股份有限公司】 2015年，江苏大丰农村商业银行股份有限公司（简称大丰农商行）加大信贷投放，加快金融创新，提升服务水平，被中华全国总工会评为“模范职工之家”，获江苏省农村信用社联合社支农资金组织及运用、业务拓展、综合收益考核优胜奖，在大丰区2015年度目标任务综合考核中获综合考核先进奖，被大丰区慈善总会授予2014~2015年度“慈善之星”称号。2015年纳税1.61亿元。年末，存款余额218.2亿元，比2014年年末增加40.51亿元，增幅22.8%，市场份额44.14%；贷款余额151.76亿元，

2015年3月，中国人民银行大丰支行、大丰农村商业银行工作人员走进田头，宣传金融风险防范知识 （人行供图）

比2014年年末增加24.08亿元，增幅18.86%，市场份额45.3%。存贷款增幅在江苏省62家农村商业银行中均排名前十。电子银行离柜率65.55%，国际业务结算量2.16亿美元，比2014年增加5600万美元。

参加大丰区政府4次银企对接活动，推行“送贷上门”，新增小微企业客户390户，个人贷款客户1738户，新增贷款在盐城8家农商行中排名第1，完成大丰区政府考核指标的133.77%。启动新一轮“阳光信贷”，新建农户档案5.44万户，发放贷款971户、5375万元，有效解决贷款难、手续繁等问题。贯彻大丰区政府《进一步加大创业信贷支持实施办法》，以创业支行牵头，支持创业者351户，放贷2亿元。开办妇女创业、下岗职工小额贷，发放51户、255万元。支持全民创业工作得到大丰区领导的充分肯定。

结合“互联网+金融”发展新模式，建设“在线金融超市”，上线互联网金融平台，提供会员注册、商户拓展、客户体验等服务，完善产品预约、在线购物、网上申贷、积分回馈等功能。注册会员20多万人，积分会员14.7万人，成功交易14.66万笔，710万元。创新理财产品，推出质押贷、小微企业“周转贷”、妇女创业贷、“三峡情”移民贷等8个信贷产品，其中农民经纪人贷款被江苏省银行业协会评为江苏银行业服务三农十佳特色金融产品。向江苏省农村信用社联合社申请定制的“616”人才联名卡，是为大丰区引进人才量身定制的银行卡，从工资发放、生活、住房、交通等各类补贴提供“一站式”便捷服务。顺利通过中国人民银行审慎合格评估，为江苏省首批加入金融机构自律机制基础成员。成功发行同业存单（4期）、大额存单。实现手机银行自主申贷功能。

代理发放社会保障卡24万张，客户可凭“一张卡”办理水、电、燃气、医保、农保以及贷款业务。通过社保卡发放贷款712户、3593万元，社保卡放贷做法得到江苏省人力资源和社会保障厅的肯定。规范运作726个农村金融服务站，在恒北村试点建设新型便民金融服务点。完善电话、微信、网络申贷渠道，办理互联网平台申请贷款578笔，完成电话申请贷款1313笔，815万元。成立“农商行社会实践训练营”，为900多个在校大学生提供实践机会和锻炼岗位，帮助大学生了解社会，增强阅历，锻炼动手能力，提振就业信心。

承办第五届全国银行绩效考核论坛，冠名举办“携手农商行寻找最美学生”“寻找群众最满意村官”等活动，成立爱心救助基金，捐款200多万元，资助贫困生104名。全员自发捐资捐物近5万元，帮扶困难群众40多人。强化客户服务和管理规范，加强反假币、反诈骗、反非法集资宣传与防范，堵截电信诈骗18起，堵截金额67.08万元。

（沈　飞）

【江苏银行股份有限公司大丰支行】2015年，江苏银行股份有限公司大丰支行（简称江苏银行大丰支行）本着“植根大丰、服务地方”的经营思路，充分发挥“机制灵活、服务高效”的经营优势，实现经营利润4500余万元，理财产品销售9.11亿元，国际业务结算量9594万美元。年末，总存款余额24亿元，比年初增加3.86亿元，存款总量创历史新高；各项贷款余额16.19亿元，比年初增加3.05亿元，超额完成大丰区政府下达的新增贷款考核指标。获江苏银行授予旺季零售业务营销竞赛“优秀县域行”称号，被江苏银行盐城分行评为2015年度先进集体。在2015年度大丰区委、大丰区政府综合考核中，被评为综合先进单位。

参与“盐城市金融超市进大丰”“行长进百企”等银企对接活动，成功落实一笔6亿元结构化融资项目；P2G项目提款1亿元；信用证、银票、商票、国际贸易融资等表外敞口授信比年初增加2.4亿元；营销江苏银行盐城分行首笔银行理财直接融资工具，得到江苏银行8亿元的立项批复。

通过与大丰国税局、科技局、人社局对接，借助小微企业网贷产品税e融、人才贷等创新产品，寻找客户，分析客户，确立营销方案，提高对客户的走访频次，及时了解企业的资金需求、经营状况等，提高服务质量、服务效率。重点做好个人贷款产品的推广。持续开展以路演等方式批量化营销“卡易贷”。开展路演活动51次，发放卡易贷231笔，金额2634万元。营销优质楼盘，做大房贷规模，年末，个人住房贷款1.95亿元，比年初增加3702万元。

开展“党员进社区”活动，以“党员进社区，融创美好生活”为主题，以支行与社区的党组织结对共建为主要形式，以联建、联创、联办、联管为主要内容，组织党员及业务骨干走进社区，打通银行服务社区居民的“最后一公里”。江苏银行大丰支行党支部与大刘社区、浦江社区、浦江名苑小区等社区签订统筹共建协议，开展“三严三实”专题党课教育、节日走访慰问（建军节进社区慰问退伍军人、教师节进社区慰问退休老教师、重阳节进社区慰问老人）、金融知识讲座等活动，向社区居民普及金融知识、宣传特色产品。

（杨　阳）

【苏州银行股份有限公司大丰支行】2015年，苏州银行股份有限公司大丰支行突出市场营销、队伍建设、内控合规三项重点，坚持业绩文化和合规文化的和谐统一，实现贵金属销售46.6万元、股票型基金销售211.2万元。年末，手机银行有效户5565户，比年初增加3698户。储蓄存款余额7.48亿元；储蓄存款日均余额1.11亿元，比年初增加1736万元；个人贷款余额8188万元，比年初增加938万元；个人贷款日均6711万元，比年初增加1843万元。

通过“走出去”“请进来”等活动宣传产品特色，接触客户，提高苏州银行在老百姓中的知名度。按照上级行提出的“大手拉小手，紧紧不放手”的要求，配备专门人员联系公司授信客户，实行公司、零售产品的联合营销、捆绑营销，提高产品的覆盖度。防范经营风险，实现合规经营，推进全面风险管理，2015年业务运营安全无事故。

（张　庆）

【江苏大丰江南村镇银行股份有限公司】 2015年，江苏大丰江南村镇银行股份有限公司（简称大丰江南村镇银行）实现营业收入7547万元，拨备前利润3112万元，利润总额2512万元。年末，各项存款余额10.26亿元，比年初增加1.03亿元，增幅11.18%，其中，储蓄存款余额4.25亿元，比年初增加8572万元，增幅25.23%，储蓄存款占比41.46%；对公存款余额6.01亿元，比年初增加1752万元，增幅3%。各项贷款余额8.98亿元，比年初增加0.32亿元，增幅3.75%。大丰江南村镇银行刘庄支行被盐城市银行业协会评为2015年度盐城市银行业文明规范服务乡镇星级示范单位。

大丰江南村镇银行通过每周六的客户经理座谈会、每日晨会，由员工自我通报业绩和工作安排，营造良好、紧张的竞争氛围。年末，员工爱行储蓄存款余额2.61亿元，比年初增加9935万元。增设营业网点。12月18日，大丰江南村镇银行裕华支行开业，3天吸收储蓄存款1200余万元，储蓄存款以居民定期存款为主。在大丰城区御景嘉园社区成立提供存取款、回单打印等自助服务的智能自助型社区银行。

组织联谊活动，搭建拓展潜在优质客户沟通平台，巩固壮大优质客户群体。邀请大丰区纳税前100个企业业主中的大丰江南村镇银行客户、部分个体工商户客户40人，参加医学专家主讲的“惠江南健康沙龙”活动。邀请主要大客户参加中央音乐学院演奏家主演的“悦江南音乐沙龙”活动。

顺应网络发展形势，创建大丰江南村镇银行微信公众号，开展多样化的推广活动。与餐饮、住宿、护理、休闲娱乐、摄影、家电等行业在大丰区具有知名度的商户合作，开展刷江南银行卡享受折扣优惠活动。举办员工墙投票竞赛、国庆七天刮刮乐、重阳节敬老助力以及裕华支行开业助力等线上活动。2015年大丰江南村镇银行微信公众号推送信息128条，粉丝数量2.57万人，微信平台浏览量17.69万人次。

简化流程，服务“三农”、服务中小企业。推出“公司+担保公司+养殖户”等多种创新型的服务方式，减少申报环节，加大“三农”、小微企业贷款的投放力度。梳理大丰区范围内信贷需求在500万元以下的目标客户，建立营销档案，划分区域，落实客户经理跟踪负责，加大对客户经理的考核力度，采用“一对一”贴身营销、“一加一”督导推进，引导客户经理做实、做散、做小“三农”客户和小微企业。定期与民营企业协会、青商会开展形式多样的联谊活动，推进小微企业贷款业务发展，2015年发放个人贷款389笔，贷款额1.79亿元。

与妇联举办小微企业妇女创业能手参加的“‘江南银行杯’巾帼创业大赛”等活动，加强与下岗再就业、创业人士的沟通联系，与87个“女强人”“女能人”签订合作协议，发放妇女创业贷款450万元，年末贷款余额342万元。

加大贷款清收力度。2015年清收不良贷款45.16万元，年末不良贷款余额降至1808万元，不良贷款率2%。加强理财产品营销力度。年末，理财产品余额2.8亿元，比年初增加2.5亿元，日均保有量1.4亿元。利用电子银行产品免收工本费、免收汇款手续费，借记卡ATM全国跨行取款免收手续费的价格优势，发展电子银行客户。年末，有手机银行用户732户、有效个人网银用户311户、商务通用户115户、借记卡用户4426户。加速电子渠道的建设。12月大丰江南村镇银行IC卡正式上线发行，理财系统销售平台增加客户等级评估、手动触发录音录像等功能。

加强业务检查，防范柜面操作风险。开展对所辖网点账户、对账及反洗钱的专项检查。强化员工岗位风险管控，对符合轮岗条件的3名运营监管员、4个网点的柜员实行岗位轮换，轮岗率100%。加大柜员业务知识和业务技能学习培训力度，学习、考试成绩与柜员上岗和定级挂钩。

（邓宏康）

【江苏太仓农村商业银行股份有限公司大丰支行】 2015年，江苏太仓农村商业银行股份有限公司大丰支行（简称太仓农商行大丰支行）加强内部管理建设，加大不良贷款处置力度，实现营业收入2687万元，比2014年增长614万元，营业利润550万元，与2014年基本持平。年末，各项存款余额3.26亿元，比年初增加2877万元，增幅9.7%，其中对公存款余额2.97亿元，比年初增加4024万元，增幅15.6%，储蓄存款余额2750万元，比年初减少1227万元，降幅30.8%；各项贷款余额3.45亿元，当年核销不良贷款3689万元，各项贷款余额实际比年初增加1555万元，增幅4.2%。

（陈鹤飞）

保　险

【中国人民财产保险股份有限公司大丰支公司】 2015年，中国人民财产保险股份有限公司大丰支公司（简称大丰人保财险公司）加快农村网络建设步伐，先后建立新丰、万盈、白驹、三龙4个中心镇门店，业务覆盖大丰区12个建制镇、两区（大丰经济开发区、大丰港经济开发区）和驻丰农场。完成保费收入1.61亿元，比2014年增长14.99%，其中机动车辆险保费收入9293万元，比2014年增长22.12%，非车险保费收入3341万元，比2014年增长15.33%，农险保费收入3512万元。

推进高效农业保险，主要种植业险种承保面积占播种面积的95%，基本做到应保尽保。完成高效农业保费收入1865万元，占总保费的53%。其中，育肥猪保险，承保数77.19万头，保费收入909万元，比2014年增加80%。

拓展业务，2月初，大丰人保财险公司组合承保旅游景点荷兰花海公众责任险和财产综合险，收取保费

20万元，提供5000万元的公众责任险保障和1亿元的财产综合险保障。

加强理赔服务，主动与法院、公安、司法等部门沟通协调，就人伤事故一体化处理机制达成共识，4月底进入正常运行。2015年结案7000余件，赔付8900万元。

（李华锋）

【中国人寿保险股份有限公司大丰支公司】 2015年，中国人寿保险股份有限公司大丰支公司（简称大丰人保寿险公司）实现总保费（股份）3.23亿元，比2014年增长5.85%。市场份额46.93%。结案4922余份，支付赔款1686万余元。大病保险赔付690.3万元，3012人次。年末，营销持证人964人。

强化服务，通过组织大拜访、少儿才艺表演、连云港海滨之旅、江南小镇休闲之旅等活动，提升公司的市场地位。实施六大民生工程（老人保险、农民保险、残疾人保险、全民体育保险、计生保险和大病保险），运用政府搭台、公司运作、部门操作的模式，团险部人员深入到镇、村、组拓展业务，全年实现农村小额保险近91万元，老年人保险165万元。

（柏禹茗）

【中国太平洋财产保险股份有限公司大丰支公司】 2015年，中国太平洋财产保险股份有限公司大丰支公司（简称大丰太平洋产险公司）加强员工培训，3月中旬举办服务礼仪和服务标准的视频培训，12月底举办非车险视频培训，提高员工业务水平。全年完成保费收入3830万元，比2014年增长10.2%，其中车险保费收入3125万元，增长11.6%，非车险保费收入705万元，增长21.7%。结案3157件，赔款支出1699万元。

（管慧静）

【中国太平洋人寿保险股份有限公司大丰支公司】 2015年，中国太平洋人寿保险股份有限公司大丰支公司（简称大丰太平洋寿险公司）加强内部管理，3~9月开展“两个加强、两个遏制”（加强内部管控、加强外部监管、遏制违规经营、遏制违法犯罪）专项检查，提升员工和销售人员的风险管控意识，增强合规意识。全年实现标准保费2685万元，比2014年增加18%。

（张莉霞）

【中华联合财产保险股份有限公司大丰支公司】 2015年，中华联合财产保险股份有限公司大丰支公司（以下简称大丰中华财险公司）实现保费1390万元，比2014年增长16.8%，被中华联合财产保险股份有限公司盐城中心支公司评为先进经营单位。

实行“财产保险+农业保险”模式。财产险业务以车险业务为龙头，非车财险、人身意外伤害险和健康险齐头并进。非车财险以企业财产保险、工程险和各种责任险为主。人身意外伤害险和健康险以团体人身意外伤害、个人人身意外伤害、学平险和短期借款人人身意外伤害保险为主。与大丰区政府“联办共保”的农业保险发展快。2015年年底，大丰区委农办将农险经营模式由按险种划分调整为按区域划分，将小海镇、西团镇、刘庄镇3个镇整体所有涉农险种划归中华财险大丰支公司独家承保。

（黄素华）

证　券

【华泰证券股份有限公司大丰金丰南大街证券营业部】 2015年，华泰证券股份有限公司大丰金丰南大街证券营业部（简称华泰证券大丰营业部）提高服务意识，逐步向精品营业部模式发展。营造良好的客户投资环境，设置客户服务区、洽谈区、演示区等功能区。充实前台营销队伍，拓展营销渠道，有效提高客户覆盖率。承销政府城投债，为辉丰股份公司提供股权质押，为丰东股份公司提供大宗交易平台。

依托公司网络平台，率先推出网上及手机开户，24小时网上自助申请，量身定制理财服务。建立一套融合紫金理财服务与联盈理财的客户服务体系，以统一的标准、统一的产品、统一的价格、统一的流程向客户提供理财服务。会同华泰证券股份有限公司理财中心，对紫金理财服务进行改版升级，推出紫金理财服务体系V5.2版。引进上海量胜投资有限公司私募对冲产品“华泰涨乐5号”。

（陈　浩）

资本市场

【概述】 2015年，大丰区因地制宜强化创新，突出重点深化服务，整治秩序优化金融环境，发行私募债2个，融资12亿元；开发信托项目1个，融资4亿元；定向融资5亿元；租赁融资0.5亿元；资产证券化10亿元。

【企业上市】 大丰港（香港）海外投资控股有限公司成功签约收购香港联交所上市公司——伽玛物流集团46.43%股权，获得香港证监会及联交所的批准，迅速展开对小股东的全面要约收购，持股比例超过66%，更名为大丰港和顺科技股份有限公司，市值大幅度提升。丰山集团申报辅导期材料；焕鑫股份在“新三板”成功融资1.44亿元，融资金额列盐城市挂牌企业首位；南海石材在Q板成功挂牌，富奥电梯成为大丰区首家E板挂牌企业；科菲特、凯嘉胶带完成股改，中德精锻、金色工业炉等“新三板”后备企业股改中。年末，大丰区有上市公司3个，新三板挂牌企业1个，上海股权托管交易中心挂牌企业11个。

（张　杰）

〖编辑　周剑飞〗

交通·邮电·供电

交通综述

2015年，大丰区交通运输局贯彻区委十一届五次全体扩大会议和大丰交通工作会议精神，围绕全年工作目标奋力拼搏，各项工作取得较好成绩。

【工程建设】2015年，大丰区完成交通工程建设投资11.86亿元。盐淮高速大丰港高速公路特殊路基处理全部完成；土方开挖全部完成，土方填筑完成95%；小型构造物全部完成；桥梁工程完成98%，防护工程完成65%；路面底基层完成75%，基层完成36%，完成投资4亿元。351省道大丰段东起临海高等级公路，西至204国道，全长44千米，全线按双向四车道一级公路标准建设，路基全宽26米，总投资13.6亿元。先导段（临海高等级公路—草庙镇）全长12.93千米，1月20日进场，土地报批、征地拆迁、工程建设按时序进度推进。路基清表、路基开挖、底槽处理全部结束，便道便桥打通至终点；5%灰土过渡层完成9.8万立方米，完成总量的100%；6%灰土完成21.88万立方米，完成总量的82.5%；桥梁完成东干河中桥、场群河小桥除锥护坡以外的全部工程量，完成黄海复河中桥、东竖河中桥桩基38根，墩柱16根，全幅墩、台帽12道，先张板梁147片；完成先导段箱涵、管涵施工。完成投资4亿元。方大线提档升级工程。该项目全长2.10千米，建成后道路部分宽16米，部分宽17.5米，总投资6500万元，2014年9月通过公开招标确定施工单位。工程因沿线障碍物清除难度大，采取矛盾协调和工程技术管理办法，完成强电杆线、弱电杆线的迁移，大中、西团2镇完成征地拆迁工作，工程完工通车，完成投资6000万元。海堤公路大丰北段。项目北起亭湖交界处，南至四卯西桥北侧，全长37.4千米，原有路面宽度7米，路基全宽8米，改造后路面全宽7.5米，路基全宽9米，二级公路，概算总投资1.02亿元。项目于5月通过公开招标程序，确定施工单位和监理单位。该工程由北向南，分2个施工标段，9月完工通车。通榆河白驹、龙堤大桥均跨三级航道通榆河，桥梁全宽均为10米，白驹大桥全长351.6米，龙堤大桥全长411.6米，采用105米的变截面箱梁（大丰桥梁史上最大跨径），一跨过河，总投资5800万元。在2014年主桥合龙的基础上加快桥头接线施工，10月，2座桥全面建成通车。麋鹿公路至老海堤公路连接线工程项目起于麋鹿保护区接通临海高等级公路连接线（沿麋鹿保护区北大门向西700米处），向北跨复河至老海堤复线，全长700米，路面宽度为6.5米，总投资500万元，上半年建成通车。省道226大丰北段路灯工程。省道226大丰北段全长19.2千米，设置路灯780盏、变压器13台，估算总投资800万元。因区委、区政府落实区住建局对盐徐高速省道226出口至市区的连接线（约5千米）按照航道桥以南段的断面形式进行拓宽，高速以北段路灯及变压器于9月底完成安装，11月通电亮灯，完成投资600万元。新便线新丰镇水泥厂至沈方线道路拓宽工程。该项目位于大丰区县道303新便线上，东起沈方线，向西至新丰水泥厂，拐弯向南至荷兰花海，全长1830米，其中东西长1430米，路面宽15米，路基顶宽16米，南北向长400米，路面宽7.5米，路基全宽8.5米。估算总投资1500万元。8月，完成招标工作，9月，施工单位进场，完成东西向路床灰土填筑并覆土过冬，完成沿线1道箱涵及1道圆管涵，完成南北向路基开挖回填，当年完成投资700万元。农村路桥建设工程。建成农村四级公路120.56千米提档升级农村公路169千米，改造危桥55座。

【行业监管】2015年，区交通运输局以行业监管工作为重点，强化运输市场秩序监管，规范执法行为，运输市场监管力度加大。全年查处各类违章案件236起，打击“黑车”15辆，罚没款15.4万元。联合公安、城管等部门共同开展非法营运电瓶三轮车、人力客运三轮车非法加装动力装置专项整治行动，查处非法营运电瓶三轮车4辆、人力客运三轮车非法加装动力装置37辆。安全生产机制全面落实。深入开展“平安交通”创建、安全生产专项整治、打非治违行动和“安全生产月”活动，继续推进“三化”建设，进一步健全完善应急保障体系，防范和遏制重特大事故，提升坚守安全生产“红线”的能力。落实安全生产企业主体责任和职能单位监管责任，全面推行“一岗双责”，层层级级落实安全责任，签订安全生产责任状1631份。开展安全生产大检查，以道路运输（包括道路危化品运输）、水上运输（包括水上危化品运输、渡口、旅游船舶）、道路危桥险段、内河港口码头、交通工程建设、交通企业、人员密集场所等行业和领域为重点，以元旦、春节运输、全国两会、清明节、“五一”、国庆、五中全会等重大节日、重大活动为契机，开展较大检查10次，排查一般事故隐患380余条，投入整改资金50万元，整改率100%。超限运输治理效果明显。深化源头治理，加大路面执法力度，定期与高速公路等部门开展联合治超行动，始终保持路面治超的高压态势。查处违法超限车辆216辆、卸驳载1800多吨、处罚80余万元。文明客运创建深入开展。联合市文明委扎实开展文明客运行业创建活动，抓客运文明服务质量。每季进行客运服务质量的明察暗访，通报督查结果。加大客运投诉举报的查处力度，及时受理举报投诉。强化从业人员素质教育，提高客运驾乘人员规范经营、文明服务意识，从规范服务、文明服务等方面提升全市客运行业文明服务水平，表彰“文明驾驶员”12名。维修市场专项整治全面启动。重点打击无证经营、超越许可经营等行为。上半年检查各类维修企业200个次，上门抽查维修企业200个次，抽查各类车辆200辆次，发现问题3起，全部整改到位。完成3020辆次的车辆技术等级评定，完成二级维护4100多辆次。全面推进信誉企业创建活动，评选AAA级企业1个，AA级企业4个，A级企业2个。依法行政和法治建设成效显著。研究制订《依法行政工作要点》《法制宣传教育工作要点》和行政执法单位考核细则。加强法律法规宣传，强化“六五”普法教育，举办法制广场宣传活动，组织全体执法人员深入学习《中华人民共和国道路运输条例》《中华人民共和国行政强制法》、新修订的《中华人民共和国行政诉讼法》等法律法规。组织系统内执法人员执法培训2期，组织运管、综合、港口行政执法人员参加省厅轮训，提高执法水平，规范执法行为。

交通建设

【概述】 2015年，大丰完成交通工程建设投资11.86亿元。盐淮高速大丰港高速公路，完成投资4亿元；351省道大丰段先导段（临海高等级公路—草庙镇），完成投资4亿元。方大线提档升级工程，完成投资6000万元。9月，海堤公路大丰北段完工通车，完成投资1.02亿元。10月，通榆河白驹、龙堤大桥2座桥全面建成通车，完成投资500万元。麋鹿公路至老海堤公路连接线工程，上半年建成通车，完成投资500万元。9月底，省道226大丰北段路灯工程完成安装，11月通电亮灯，完成投资600万元。新便线新丰镇水泥厂至沈方线道路拓宽工程，当年完成投资700万元；农村路桥建设工程，建成农村四级公路120.56千米，完成投资3857万元，提档升级农村公路169千米，完成投资8616万元，改造危桥55座，完成投资7627.95万元。

【等级公路养护】 2015年，完成沥青路面病害维修26000平方米，水泥路面病害维修18000平方米，处理路基水毁4500立方米，更换里程碑120块、百米桩340根，增设各类标志标牌354块，补植绿化树木26000多株，清理路基堆积物1800多处、边坡种植草皮13.4万平方米，全面提升大丰区农村公路路况质量。年末自查县道MQI（公路技术状况指数）值83.2、路面损坏优良率85.1%，乡村道路好路率83.5 %。

【桥梁安全管护】 2015年，区交通运输局加大路政巡查力度，开展安全监督检查和隐患排查治理。国省干线三类桥梁S332线的大刘桥和G204线的刘庄北桥，限载等安全标志全部设置到位。县道三、四类桥梁14座，均设置禁令标志（限载），断车的桥梁，均发布断车通告，设置断桥措施并列入重建计划。2015年，危桥改造30座，增设信号灯4处，检查发现并修复安全设施（防护栏）11处81米，修复交通标志13套，投入资金5000余万元，取缔公路非法标志28块，清理路边临时搭建及摊点29处。

【农村公路管养】 2015年，全区12

2015年，盐淮高速大丰港高速公路完成投资4亿元

个镇及经济开发区和港区2个管委会均成立农村公路管养办，配备管养人员。养护人员采取公开招标、择优录用，将农村公路养护人员与镇环境保洁员合二为一，节约用工，提高报酬，调动养护人员的积极性。建立健全季度考核机制，每季度定期组织技术人员对全区农村公路进行考核，奖优罚劣，农村公路养护管理工作有序开展。

【临海高等级公路管护】 2015年，区交通运输局全面更换公路用地范围内的枯死绿化，修补草坪2000平方米。在5处绿化节点、2处观景台栽植、更换、补植各类树种近7000棵。新增、更换重要经济节点的指示标志37块，维修钢质护栏190米、标线172米、防眩板10块、爆闪灯9个、标志牌12块。铣刨重铺大中农场路段污染路面3000平方米，并重新漆画标线。清理各类固定、移动非标59块。全线11座高炮广告锈蚀柱身除锈刷新和15座高炮版面全面更新，维修完成损坏碟形排水沟1100米、中分带盖板27块、百米桩110根。

【丁峰一行到大丰调研】 6月17日，省交通运输厅副厅长丁峰一行到大丰调研农村公路管养情况。盐城市交通局局长管亚光、副局长裴义婷，大丰市市长陈平、副市长石根美等领导陪同。近年来，大丰交通工作抢抓沿海开发新机遇，大力实施沿海开发战略，把大办交通放在更加突出的位置，完成交通基础设施建设投资近70亿元，新建、改造公路突破1200千米，同步改造危窄桥梁200座。通港大道、疏港航道、省道226大丰北段、临海高等级公路等一批交通重点工程相继建成通车，盐淮高速大丰港段、省道351继续建设中。境内基本形成联网畅通的公路集疏运体系，为加快推进大丰沿海开发和经济社会发展提供坚强支撑。丁峰一行先后察看临海高等级公路、大中镇恒北村农村公路养护现场，并与村民代表进行座谈。丁峰对大丰交通基础设施建设与农村公路养护等工作取得的成绩充分肯定，希望大丰总结好的经验和做法，将农村公路规划与城市规划相结合，与"十三五"规划同步研究。要加大农村公路管养力度，加大安保工程建设，全面排查安全隐患，完善警示标志，加大农村公路超载超限的治理力度，确保农村公路通行安全、畅通。

【朱克江慰问施工人员】 8月8日上午，盐城市委书记朱克江到交通重点工程盐淮高速公路大丰港段建设现场，慰问奋战在工程建设一线的施工人员。盐城市市委常委、秘书长潘道津，盐城市市委常委、大丰市市委书记倪峰，盐城市副市长王荣，盐城市交通运输局局长管亚光，大丰市市长陈平，大丰市市委常委、宣传部部长石根美等领导陪同。朱克江看望工程建设者并送上防暑降温用品，希望工程建设管理单位继续发扬顽强拼搏精神，按照标准化管理的要求，加快项目建设进度，确保年度贯通目标如期实现。盐淮高速公路大丰港至盐城段是江苏省"五纵九横五联"高速公路网规划中"横二"丰（沛）县至大丰港高速公路的重要组成部分，项目东接大丰港，西与S18盐淮高速公路、G15沈海高速公路衔接。路线经过大丰港经济开发区、海丰农场、大中镇、新丰镇、步凤镇，设置大丰港互通、大丰北互通，终点接盐淮高速公路步凤枢纽一期工程，全长36.61千米。自2013年11月开工以来，工程相关主体组织力量抢工会战，完成投资10.41亿元。至2015年年底，路基土方基本完成，桥梁下部结构等工程全部完工，桥面铺装完成8.52千米。

【通榆河白驹大桥建成通车】 5月17日，通榆河白驹大桥改建工程竣工，该桥位于大丰市白驹镇内，桥梁纵跨通榆河，桥梁长度351.6米，桥梁宽度10米，设计荷载为公路-II级，工程总投资2800万元。

2015年9月10日，大丰开通城区至中华麋鹿园公交专线 李 燕 摄

交通运输

【概述】 2015年，区交通运输局以推进客运交通升级改造工程为重点，着力改善客运服务质量，完善客运服务体系，强化客运管理职能，规范行政审批程序。

【重点运输】 2015年，区交通运输局做好节假日、学生以及新兵接送安全运输工作。春运期间，全区投入客运班车326辆12188座、出租车180辆900座、城市公交47辆，加班包车213辆次，班车正班正点率99%。春运期间完成旅客发送量41.03万人次，城市出租发送23万车次；国庆黄金周期间投入客运班车317辆11758座、加班包车303辆次，完成旅客发送量10.6万人次；高考、中考投入运输车辆190辆，执法保障运输人员100余人次，运送高考学生1614人，运送中考学生数3039人；运送新兵266人。

【客运统筹】 2015年，区交通运输局制订并完善大丰区城市公交线路及站场规划方案，新开通小海、万盈、大桥3个镇的镇村公交线路6条，营运线路总里程139.8千米，设置首末站7个，镇村公交覆盖行政村42个，区镇班线覆盖行政村4个。

【公交发展】 2015年，城乡公交发展走“政府搭台、部门指导、企业唱戏”的城乡客运统筹发展的惠民之路。寻求政府加大投入，拓展城乡公交建设资金来源渠道，对线路实施优化，提高线路发班率和正点率，让城乡公交开起来开下去，让公交服务质量提升。推进大丰区出租客运和谐劳动关系创建，探索研究出租车的管理新方法。9月10日，开通大丰城区至中华麋鹿园保护区公交专线，完善大丰区交通线路布局。

【物流市场】 2015年，区交通运输局推进全区物流发展，培植物流企业222个，新增842辆货运车辆。大丰港航运有限公司计划新建12艘LNG（液化天然气动力）示范船，当年建成2艘。

2015年，大丰区新办港口经营许可企业2个，港口经营持证率95%以上

交通管理

【概述】 2015年，区交通运输部门树立大局观念，贯彻落实上级的各项工作部署，克服困难，化解矛盾，完成区委、区政府交办的各项任务。

【运输市场综合管理】 2015年，农村公路管理工作实现新突破。强化路域环境整治、安全设施管护，路政管理，全面提升农村公路通行能力。处理非法占用农村公路打谷晒场120起；改善公路水路运输市场环境。强化源头管理，严厉打击非法经营，维护运输市场经营秩序。开展交通运输“优质服务年”及全市内河水上交通安全及港口建设和经营行为专项整治，采取挤疏堵相结合的方法，加大检查力度，查处未按规定进行道路运输证审验和在通航水域内设置固定渔具案件77起，新办港口经营许可企业2个，处理港口案件2起，全市港口经营持证率95%以上，处罚款3.1万元。组织开展创建“平安交通”“打非治违”活动、开展打击“黑车”非法经营整治、违建内河港口码头、清理整顿“黄标车”等专项活动，保持交通运输综合管理安全稳定的良好形势。

【维修市场管理】 2015年，全区2万辆次营运车辆通过二级维护竣工检测，并根据国标要求对各类营运车辆进行技术条件评定，检测评定各类车辆近6000辆，完成营运车辆技术评定和竣工检测把关工作，保证车辆安全性能，为维护道路运输市场安全提供保障。其间，检查各类维修、运输企业160个次，对查出的违规行为企业进行整改，同时处罚无证经营业户1户，处理违规经营业户40户。加大二级维护强制维护的力度，规范维修市场秩序和提高服务质量。全年采取不定期上门抽查维修企业200个次，抽查各类车辆200辆次，发现问题3起，全部整改到位。结合3·15鼓励企业开展维修行业放心消费“示范先进单位”活动，在市区举办1次维修服务技术咨询会，全区评出AAA级企业1个，AA级企业3个，A级企业4个，为机动车维修行业放心消费树立良好的形象。落实11号部令对道路运输车辆燃油消耗核查工作的部署，全年核查车辆350辆，强制退出市场淘汰车辆20辆。

【内河港口码头监管】 2015年，内河港口处牵头负责，重点检查内河港口码头安全隐患和违法经营行为。1年来，取缔非法在建码头1处，对大丰博汇码头无证经营进行跟踪整治，检查内河港口企业19个，发现安全隐患45个，并跟踪落实整改；对大丰区3个危险化学品企业码头消防应急设备、危害性化学液泄露应急设备、安全规章制度、人员值班、船岸联系及码头应急预案等情况进行多次现场检查，查出隐患10条，整改9条，推进博汇纸业码头取许工作。

【交通稽查】 2015年，区交通运输部门履行道路运政管理职责，加强部门间协作，开展专项整治，维护好道路运输市场秩序，全年出动稽查车1285辆次，查处各类运政案件332件，处罚金额24.82万元。进行残疾三轮车、电瓶三轮车、人力改装车专项整治，查处三轮车150辆，非法营运电瓶三轮车18辆，运输市场经营环境得到净化。

【驾培智能培训】 2015年，网络培训学员14000名，交通驾校培训客货运输从业人员10期12000名。做好驾培智能系统与公安部门的对接，全年查处使用作假“跑马机”4台，严厉打击弄虚作假行为，驾培市场规范化运行。

【客运监管】 2015年，区交通运输部门每季度明察暗访出租车10辆，公交线路8条公交车8辆，农客线5条班车5辆。定期对客运站的安全秩序进行监督、检查、登记，全年检查客运车521辆，发现并整改安全隐患52次，其中区交通运输管理处交稽查科进行立案查处3起，对屡教不改的2个班线进行停业整顿，并取消其春运资格；通过日常车辆动态监管车辆784辆，发现行车轨迹异常车辆34辆，对违规车辆进行通报并整改到位。

【驻站监管】 2015年，区交通运输管理处在大丰汽车站设立驻站办公室，负责监督检查车站的安全、秩序等方面工作。全年进行客运专项检查268人次，源头客车检查589人次；安全设备设施检查率100%，灭火器材完好率100%，客车驾驶从业人员检查合格率100%，GPS客车规范运营抽查率每月20%以上，客运车辆催保96辆次、例保检查率100%。

【车辆GPS监管】 2015年，大丰区“两客一危”企业GPS系统安装率100%，实现车辆安全管理的动态管理，对及时发现并制止道路运输违法、违规行为，加强客运企业的安全生产监管起到一定效果。

地方海事

【综述】 2015年，盐城市大丰地方海事处抓水上交通安全监管，突出水路危险品运输船舶安全监管和通榆河船舶水污染防治工作，贯彻执行省海事局“严格执法推进年”活动。全年上航9453人次，出动海巡艇3405艘次，巡航里程29749千米；检查船舶18651艘；“12395”接警48起，无水上交通事故，结案率100%。办理船舶进、出港签证20355次，至9月底，征收港务费143万元，船检港监费（特种秩序维护费）39万元；办理海事行政处罚案件6767件（其中一般程序56件），罚款165.2万元；办理水上综合执法案件13件，罚款2400元。执法记录仪100%配备到位，海事执法实行执法记录仪全程记录，台账规范。10月1日起，船舶港务费、特种秩序维护费停征，全年无行政复议案件和行政诉讼败诉案件。全年辖区内没有发生沉船亡人责任事故，没有发生干线航道8小时以上堵塞责任事故；没有发生船舶污染水体事件。新建海中代渡桥，撤除海中渡口、新丰镇同裕渡口、开发区建设五组渡口，完成境内“零渡口”目标。

2015年，盐城市大丰地方海事处全年上航9453人次，出动海巡艇3405艘次，巡航里程29749千米，检查船舶18651艘

【危化品运输监管】 2015年，盐城市大丰地方海事处组织饮用水源保护区巡航778次，发放宣传材料350份；组织危险化学品运输安全集中宣传5次，与危险化学品企业码头签证安全管理责任状4份，办理危险化学品进出港签证1739起，办理进出港申报1739起，48.44万吨。

【春运水上交通安全监管】 2015年，春运期间，出动海事执法人员355人次，海巡艇287艘次，巡艇里程3512千米，发放宣传资料350份，悬挂标语8幅，查处违章89起，辖区内没有发生1起上报死亡事故和8小时以上的堵塞事故，春运期间水上交通安全稳定。

【水路运输专项整治】 4月，盐城市大丰地方海事处发函至各船闸，从4月25日起，每天18:00至次日8:00期间，禁止夜间放行危险化学品运输船舶，保护饮用水源。为排查消除危险化学品水路运输安全隐患，从5月1日至7月31日，集中3个月的时间，组织开展水路危险货物运输大检查。7月，大丰地方海事处配合省局完成内河港口危险化学品船舶VITS船舶跟踪系统安装。危险化学品运输船舶申报和签证、检查业务归大丰港内河海事所，确保辖区内危险化学品运输船舶适航、货物适运。所有危险化学品运输船舶进入大丰区通航水域都实行报港准入制，实行登船检查，现场报港签证。按照“先报港、后进港、先申报、后装卸”的原则，加强危险化学品运输船舶进出港管控；大丰地方海事处在海事执法车、海巡艇上都配备电脑、打印机和3G无线网，危险化学品运输船舶都做到100%实船签证。执法人员每天都到博汇等重点企业码头现场办公，为船民办理船舶签证手续，签证前执法人员通过实船检查，了解船舶适装性能，船员配备及培训情况，及时发现安全隐患，对存在安全隐患的危险化学品运输船舶不予签证，在隐患消除前禁止离港或进港，避免危险化学品运输船舶水上交通事故的发生。

【饮用水源保护区专项整治】 2015年，盐城市大丰地方海事处宣传教育提高水路运输从业人员水源保护意识，现场巡航规范船舶航行作业行为。大丰地方海事处抽调3艘海巡艇，依托草堰海事所和刘庄闸交通管制点，配足海事执法人员，加强对进入通榆河航行的船舶进行检查，督促船舶按规定安装并正常使用污水、垃圾存贮装置、集油或者油水分离装置，配备国家规定的防污设备和器材；对不符合航行条件的挂桨机船、流动加油船禁止在通榆河及其主要供水河道水域内航行、停泊和作业；对未安装或未按规定使用船舶污染装备的船舶实施行政处罚。大丰地方海事处安排2艘海巡艇长期驻守在通榆河饮用水源保护区附近，规范通榆河水源保护区和新团河备用水源保护区船舶秩序，加强水源保护区的现场巡航，确保通榆河饮用水源保护区每日巡航不少于2次，发现重点危险化学品运输船舶实行跟踪护航；通过高频率的巡航，及时发现和清理船舶乱停乱靠行为，从严查处船舶违法排放垃圾及废油污水等违法行为，坚决杜绝船舶水污染事件发生。

【旅游水域安全监管】 至2015年年底，境内有涉水风景旅游区7处，麋鹿保护区、施耐庵公园、东方湿地公园和大丰港区海洋科技馆、大丰港日月湖、新丰镇荷兰花海、西郊生态公园。大丰地方海事处在加强安全检查，督促经营人完成报备手续，落实安全管理制度和管理人员，设置救生设备。4月荷兰花海旅游节和5月西郊公园开园期间，大丰地方海事处强化对水上游乐项目的安全监管，出动海事执法人员260人次，海事执法车61辆次，海巡艇20艘次。大丰地方海事处配合麋鹿保护区办理相关游船到位手续，规范安全措施，把安全工作落到实处。

（陈征涛）

信息化建设

【概述】 2015年，区信息化工作推进信息基础设施建设，推进电子政务，电商拓市，无线城市建设，助推经济和社会发展。列入全区电子信息产业统计企业20个，2015年实现产值62.25亿元，其中，电子信息产业园实现销售7990万元，国际软件园实现销售4.70亿元。

【智慧大丰建设】 2015年，区信息化工作推动“互联网+”建设进程，配合高新区多次与百度、“360”、南大苏富特、阿里、中兴等行业知名企业洽谈，与中兴签订大数据战略合作协议，并加快具体项目落地；与“360”战略合作协议工业企业电商拓市，初步形成车联网、智慧交通、智慧医疗等方面的合作意向。整合全区信息资源。依据大丰区信息化中长期发展规划，由政府信息中心牵头，对全区数据中心进行物理整合，明确各单位今后不再新上机房。建设各类公共平台与智慧项目。建设大丰工业云平台、中小企业云平台、智慧节能平台、智慧医疗平台、智慧城管平台、智慧交通平台、智慧旅游和智慧环保平台，完善公共服务。丰东公司智能车间获得国家级示范工程荣誉，博敏电子获评省智能车间。开启智慧大丰重点项目建设。中华麋鹿园AAAAA景区、荷兰花海AAAA景区、港口大数据中心、大丰港指挥调度中心、大丰港智慧引航、电商产业园大数据中心、云计算中心项目、“农一网”、大丰电商产业园、工业企业互联网营销平台、蓝天卫士项目、智慧大丰时空信息云平台。其中农村综合信息服务平台由1个系统门户（网上村委会）、6个分平台系统（农产品市场信息服务系统、农村三资管理系统、农村土地承包与流转管理系统、农村社会管理系统、为农服务系统、三农咨询系统）组成，实现农村管理的“互联网+”。4月，大丰区通过省“四有一责”考核组验收。

【大数据产业发展】 2015年，高新技术区大数据产业园列为全省首批互联网产业园，并纳入省互联网经济和云计算与大数据产业发展总体规划。强化招商引资，配合组织2015年江苏大丰高新技术区（上海）投资环境推介会、大丰本土创新创意产业招商推介会等6场招商推介会，联系到台湾液晶屏、新材料、工业3D打印、跨境虚拟网商园、手机游戏研发等项目，签约“360”搜索大丰营销中心、电子信息基础材料、绿能商贸大丰研发基地等20多个项目。

【信息基础设施】 2015年，大丰区实施光进铜退宽带提速升级，宽带实现村村通，省级园区和城区1000兆，镇村100兆。建设高清大丰和实施三网融合，建设云媒体高清互动平台，借助电视机家庭显示终端，高效整合电视、广播、报刊、互联网四大媒体，开展视频业务、通信业务和互联网业务，为用户提供三网融合的全方位服务。推动免费网络建设。大丰区建成智慧城市无线网络免费接入点485个，实现“双核一带”和主要镇区园的全覆盖，主要覆盖机关事业单位、金融保险系统的办事大厅以及重要旅游景点、星级酒店、车站和图书馆等重要公共场所，涉及区域广、数据流量大，方便居民及旅客生活出行。根据国务院及相关部委的要求，结合大丰区实际情况，协调运营商提速不提价，7月开始，全区无线网络速度由10兆提到20兆。加大对智慧城市无线网络建设运营的经费保障力度，鼓励各企事业从自身发展需要和社会责任考虑，适时适当对外开放各自单

2015年4月，大丰农村信息化工作通过省“四有一责”考核组验收
胡金波 摄

位的无线资源。推进LTE（4G网络）建设。推动电信、移动、联通、广电网络四大运营商，加快LTE（4G）基站建设，推动FDD和TDD（中国4G网络的两种模式）、LTE混合组网工程项目，2015年年底，实现全区4G网络全覆盖。根据规划引领的原则，编制智慧大丰发展规划和大丰区“十三五”信息化规划。

【国家级和省级平台创立】 2015年，全区创立国家级或省级平台4个，分别是“农一网”：信息消费创新应用示范项目（工信部）；丰收大地：2015年农村信息化应用示范基地（省经信委）；大丰高新技术区：江苏省两化融合试验区（省经信委）；荷兰花海：“旅游+互联网”示范基地（省信息化领导小组办公室和省旅游局）。

（朱俊方）

邮　政

【概述】 2015年，大丰区邮政分公司贯彻江苏省、盐城市公司和区委、区政府各项工作部署，主动适应新常态，依法治企促转型，完成全年目标任务。2015年，大丰区邮政分公司实现业务总收入8386.13万元，完成年度计划的109.02%，同比增长19.95%，增幅列盐城市第二位，计划完成率列第四位，全面完成收入、收支差计划。

【邮政业务】 2015年，大丰区邮政分公司突出抓好金融总资产的规模增长和结构调整，着力抓好绿卡、农电费等重点项目，开展跨年度竞赛、“走千访万”“夕阳红项目”等营销活动。建立应急机制，及时化解保险满期给付利益不匹配带来的各种风险。组织商易通、卡和电子银行、ATM交易等专项竞赛活动，并根据各网点的当地实际情况，开展“夏秋粮棉”收购的吸储项目，突出重点，抢抓活期储蓄市场，改善邮储余额比例。加强营业人员保险业务的专业培训，与中邮人寿、人寿保险公司联合举办保险期缴训练营活动，开展“保险业务突击旬”“突击月”等竞赛活动，针对保险发展不平衡等情况，将业务发展较好的网点的具体做法通过OA（办公自动化）系统下发到各网点组织网点人员学习借鉴，并进行复制营销。2015年，实现金融总资产8.64亿元，余额净增1.42亿元；发展电子银行23914万户，新发有效邮政绿卡54106万张；销售保险标准保费54544万元，“日月鑫”保有量18595万元。2015年，完成文化传媒类业务收入707.4万元，完成全年计划的90%。坚持价值发行导向，突出高费率报刊、畅销报刊以及第三方订阅市场；组织开展报刊大收订营销活动，发动专业营销人员及投递人员收订各类报刊80.5万元；开展政务书刊营销活动，全年销售各类政务书刊1.3万余册，销售实洋9.54万余元，为全盐城市唯一正常开展政务书刊营销的县（市、区）分公司。借助大丰旅游市场资源，发展旅游经济，与麋鹿保护区、水立方水上乐园、大丰港动物园等旅游景点合作，投资景点门禁系统建设，全年制作明信片门票36万枚，实现收入48万元。与区团委、区教育局联合，成功举办“纪念抗战70周年少儿书信大赛”，通过招商、冠名等项目形式，形成收入4.5万元。在全区率先开展“小小报童”活动，多次组织小学生开展活动，出售《参考消息》等报刊2500余份；与中小学、幼儿园联合开展活动，全年聘请讲师教授开展公益讲座5场，参听人员超过3500人。针对假日经济、生肖邮品发行，组织货源进行销售，培育集邮市场，推进各类主题营销活动，组织沙龙活动6场次，形成生肖项目收入42万元。每月对所有重点项目一一排序，对发展相对较慢的项目定下时间表，规定时间跟上并超过时序。做好新邮基础资料的管理工作，做好新邮兑付工作，做到规范经营，针对2014年新邮预订户的相关资料建立详细的名址库。加大集邮文化的宣传力度，宣传集邮、突出集邮，5~6月举行集邮进校园和进社区的活动，组织展销活动3场次，形成收入37.6万元。2015年，完成集邮业务收入225.49万元，完成全年计划100.22%，同比增长5.49%。开展邮储短信分季度竞赛活动，按月下达竞赛目标，按旬组织点评，按日通报督查。不断探索“自邮一族”业务发展模式，通过印发宣传单、群发短信、LED（LED电子显示屏）广告等形式，提高业务品牌知名度。2015年，完成电子商务业务收入257.67万元，同比增长16.5%。其中，短信收入182.14万元；代办车险业务办理保单1507笔，完成市公司下达计划的113.66%，形成业务收入67.06万元。全力推进“苏邮惠民”加盟店建设，重点抓好连锁配送网络建设、农资分销、协议客户开发等工作，分销业务全年实现总收入153.14万元。将包裹快递业务作为邮务类转型的突破口，坚持高目标引领，重点做好大客户开发，集中力量做大做强包裹快递业务，全年完成收件量55.49万件，日均收寄量1529件，实现全资费收入585.76万元，收件总量、日均收件量、收入规模等关键性业务指标均处盐城市首位。

【企业管理】 2015年，大丰区邮政分公司开展各类分社活动16场，实现农资销量78吨；全年开展各类电商网购节活动12场，实现代购金额6万元，2015年年底建设农村电商服务站207个。6月，对公司经营机构设置进行调整：成立快递中心，整合邮务类专业经营机构，成立文化礼仪传媒中心，顺利完成经营机构设置调整。财务新旧系统并行，妥善推进ERP（企业资源计划）上线，五项主数据导入、财务各模块的上线工作均顺利实施，实现NC系统和ERP系统数据同步、ERP系统顺利运行。加大人力资源盘活减员力度，优化人力资源配置，着力分析全局的用工现状和用工结构，全年实施B类工转聘28名，转岗1人，从纯邮政网点转到代理金融网点前台营业。深入开展“金融合规文化深化年”活动，提升金融风险防控水平，形成“合规人人有责、合规创造价值、合规带来平安”的文化理念。围绕金融及消防安全、重大节日及活动时间节点，结合“安全生产月”，开展安全检查，及时发现隐患并整改，成功实现全年安全生产无重大责任事故。根据集团、省、市公司关于“子改分”工作的进度安排，完成区公司和所辖各分支机构的名称变更工作，并启用新印章。

【通信建设】 2015年，大丰区邮政分公司投入大量人力、物力用于网点改造、投递网建设和生产作业组织升级，年内改造11个邮政网点，提升邮政网点服务功能，有力支撑金融业务的发展和转型，上半年，公司人民路储蓄所成功申报升级为集团级转型网点。

【文明创建】 2015年，大丰区邮政分公司开展“三严三实”（严以修身、严以用权、严以律己，谋事要实、创业要实、做人要实）专题教育活动，召开“三严三实”专题民主生活会，形成积极向上、干事创业、风清气正的政治生态。组织学习贯彻中共十八大和十八届三中、四中、五中全会精神；贯彻落实党风廉政建设责任制，严格执行“三重一大”决策制度。对重要岗位工作人员和领导班子成员进行廉政和拒腐防变教育。常态化开展“文明五大员”特色邮路创建工作。开展“认识新常态”大讨论活动，明确“一体两翼三平台”的经营发展战略及“追求卓越”的企业文化。丰富职工文化生活，举办“三八”妇女节活动和“百亿工程”知识竞答比赛暨新常态主题联欢晚会，组织参加盐城市公司主办的田径类运动会。

2015年，大丰区邮政分公司实现业务总收入8386.13万元，完成年度计划的109.02%

【“我为景区添光彩”创建活动】 4月12日，大丰分公司在大中镇恒北村举办“我为景区添光彩，我把美丽留下来”主题创建活动。大丰市大中镇恒北村是江苏省四星级乡村旅游点，4月，该村宣布举办“国际梨花节”的消息吸引大批中外游客前来参观休闲。大丰分公司主动与恒北村对接，并与景区联合开展“我为景区添光彩，我把美丽留下来”主题志愿活动。大丰邮政分公司近60名志愿者到景区开展义务宣传文明旅游事项，清扫和拣拾垃圾。以此次活动为契机，有效拓展邮政业务，叠加开展工会活动。寻找邮政服务恒北村建设国家级最美乡村的合作契机，并推出服务三农一揽子方案；开展“我把美丽留下来”职工摄影比赛；组织职工在恒北村观看由盐城市歌舞团演出的大型露天文艺表演。

【“自邮一族”会员自助游活动】 年内，大丰区分公司举办“自邮一族”会员扬州自助游活动，加大邮政“自邮一族”品牌宣传力度，增强会员粘连度，有30余名会员参加，参观何园、东关一条街、双博馆等景点。行车途中，开展“自邮一族”代办车险知识有奖抢答赛活动。“大丰之声”等媒体跟踪报道。

【与公安局联合开展金融网点安全演练活动】 6月，根据“金融合规文化深化年”活动方案，结合6月“安全生产月”活动，大丰分公司与大丰公安局城西派出所在金丰路营业所开展“三防”及消防演练活动。

【参观廉政警示教育展示馆】 7月10日，大丰邮政分公司组织公司领导班子、中层干部及管理人员、各专业正副局长22人，到金丰廉韵·大丰市廉政教育展示馆参观学习，接受党风廉政警示教育。大家依次参观各个展厅，了解到很多贪腐典型案例，观看廉政教育警示纪录片。

【电商服务站正式启动】10月11日，大丰区邮政分公司在大龙正青样板店举行电商服务站启动仪式。此次启动仪式融合邮掌柜网络购物、金融电信诈骗、分销秋季农资订货等内容，专业联动，形式多样，内容丰富。针对此次活动，大丰公司特别制订农资优惠、邮掌柜购物等优惠政策，吸引很多社员现场询价。现场有60余人参加此次活动，其中现场订购农资的社员11位，现金结算销售复合肥2吨。

（高　燕）

电　信

【概述】2015年，大丰电信公司围绕有效益规模发展主题，深入推进改革转型，强化能力建设，拓展业务，创新管理，不断探索品牌建设和企业文化发展的新途径，各项工作取得新成效，确保企业持续、稳健、有效地发展。

【效益提升】2015年，大丰电信公司主营业务收入完成 1.77亿元，达年度预算的99.53%。其中系统集成收入实现559万元，达年度预算94.54%；流量收入3780万元，达年度指标的93.89%。实现净利润2596万元，完成年度预算的96.84 %。

【全业务发展】2015年，天翼出账用户净增0.25万户，出账用户14.26万户。2015年网间收入到达份额34.89%，网间天翼份额较2014年提升0.11%，天翼ARPU（每用户平均收入）76元。4G终端销售3.4万部。宽带净增0.43万，总量9.2万。iTV（中国电信互动电视）全年新增0.6万部。

【网络支撑强化】2015年，大丰电信公司开展“满意宽带·2015”“畅享4G·2015”“集约化维护”等专项装维建设活动，优化队伍结构，强化客户品牌服务，注重网络安全的优化和改造，提升网络运行保障能力、市场响应能力和业务提供能力，为全业务发展提供有力的支撑。全年完成投资5705万元。其中，主干光缆建设投资911.45万元，新增3.82万芯公里。FTTH（光纤到户）建设投资3034万元，总覆盖32.2万户，其中城市9.5万户、农村22.7万户，完成覆盖21.4万户，实现大丰FTTH全覆盖。4G建设投资203.56万元，新增0.81万芯公里。开通宏基站259个，4G室分50处，开通aWi-Fi（覆盖江苏全省的免费公用无线网络）51处。完成城区4G网络覆盖优化工作，下载速率由40.3兆比特每秒提升到51兆比特每秒。

【通信质量改善】2015年，大丰电信公司强化装维服务质量管控，做好派单整治闭环管理，做好装维服务质量日通报、周分析和月总结，优化问题工单的处理流程，提高问题工单的处理效率。配合流量经营，深度优化无线网络建设，弥补网络覆盖空洞，提高深度覆盖水平。在网络安全方面，开展基站安全达标整治工作，对政企支撑组织架构进行优化调整，设置专门的产品支撑工程师岗位，承接标准化产品的支撑服务工作。组织多名产品支撑人员参加省、盐城市公司春季大练兵、重点行业产品专项培训等活动。

【装维效能提升】从年中起，大丰电信公司组织开展旨在提高装维产能、清理在途工单的专项劳动竞赛，每天通报各装维单元的装维工进度，对业绩差的支局，派发整改督办单。组织强化三级检查，检查792户工单，整改97个问题。下半年完成装移机1.79万单，迁改3.07万单，日均装移机竣工270户以上，是2014年同期的3.05倍。12月底，人均装维产能从7月的2.3增长到5.25，装维产能是往年同期的4.82倍。

【内部流程完善】2015年，大丰电信公司管理以人为本，以教育和正向激励为主，不断建立健全各种制度办法，加强和完善内控机制，努力打造高效团队。以内部“市场化”为原则，建章立制，对内部工作流程进行回看和梳理，提升团队的协调力和执行力。

【成本管控】2015年，大丰电信公司优化整合办公、维修类材料等管理制度，有效降低管理费用，降本增效。对外包营业厅及出租房屋水电进行分表管理，全年收回水电费51万元。通过整合优化、包装提值等举措，对闲置房屋资源进行合理盘活，新增房租收入35万元。结合自有厅外包及员工配置优化，清理外包人员51名，月均外包费降低23万元。

【服务风貌改观】2015年，大丰电信

2015年，大丰电信公司认真执行服务规范，全年服务关键指标控制在合理范围之内，被盐城市公司表彰为2015年度服务工作先进集体

公司除日常服务检查外，重点做好服务投申诉问题的督办与回单闭环管控工作，坚持每周的服务通报、每月的服务例会制度，强化服务规范的执行。对用户投诉有回音，有落实，全年服务关键指标控制在合理范围之内，被盐城市公司表彰为2015年度服务工作先进集体。

【文明创建】 2015年，公司参加政府主导的义务大扫除、市场秩序维护和公共设施保护、公共环境美化等志愿服务活动。组织51名志愿者参加义务劳动和交通执勤等活动。在卫生城市迎复审期间，公司领导上路指挥维持车辆秩序，保持市容环境整洁，展现电信公司的公益形象。

【科技创新】 2015年，公司高度重视成果创新工作，组队参加江苏省QC成果发布交流会，参与小组被评为2015年全国质量管理信得过班组，受到集团公司专项追加奖励。公司张苏军被评为江苏省全面质量管理卓越领导者。

【服务网点拓展】 2015年，公司新建商圈门店8个，新建有效机卡代销点9个，推行五级经营单元划小，推广以店包片营维合一，在城区3个分局规划19个社区店。对长期销量不达标和零销量网点进行降级或撤销处理，截至12月底，大丰实体渠道门店数量为81个（其中合作店25个，专营店28个，卖场店26个，直营店1个）。

（姜晓东）

联　通

【概述】 2015年，中国联通大丰分公司以“1513”行动纲领（以价值创造为核心，以五为经营理念和十字企业文化为统领，以三大行动计划为重点完成未来三年目标）为引领，以融合业务为根本的经营理念，推动大丰地区社会信息化进程。2015年，中国联通大丰分公司实现收入近5000万元。截至2015年年底，移网在网用户近10万户，全年新增4G移网用户近2万户，固话在网用户近2万户，宽带用户近1万户。

【业务发展】 2015年，中国联通大丰分公司针对农村地区以农村信息化为目标，重点开展农村信息化建设，与村委会合作，宣传公司惠农政策，深入24个村进行业务宣传受理。针对城区客户，重点向客户推广公司的融合业务，将移动业务与宽带业务捆绑打包，为用户提供综合通信服务方案，节约用户通信成本，使公司业务得到发展，取得双赢效果。

【服务和维系工作】 3月，中国联通大丰分公司整体搬入新办公大楼。年内，重点推进落实转型、分级服务，改进服务短板，降低投诉，基本实现提升客户满意度、降低客户投诉率和高端客户离网率的工作目标。公司重视服务质量提升工作。在2015年中国联通盐城分公司的明察暗访中，各营业厅服务经受住考验，严格执行实名制。加强预付费的二充维系工作，制订统一回访口径，完善回访模板，调整考核机制以及本地二充维系系统的上线应用。

【网络质量提升】 2015年，大丰联通致力于网络的建设与优化，提升网络质量。开展“沃飞跃”精品网络建设等专题优化行动，改善网络质量。在大丰城区及各乡镇加设基站，2014年年底，大丰联通建有基站360座，2015年的基站建设数量比前期总数翻了一倍。2015年新铺设光缆180千米，光缆总量1500千米。2015年，致力于加快光纤网络建设和网速提升工作，尽快成为“全光网城市”，把宽带提速降费落到实处，做到使百姓“用得上—网络普及、用得起—宽带降费、用得好—宽带提速”。在线路遇到故障时，大丰联通第一时间给出应对措施，抢修网络，保障用户的利益。

【助力园区信息化建设】 2015年，省经济和信息化委员会和中国联通江苏省分公司联合开展全省“企企通”建设试点园区及企业评选认定工作，进一步加快工业信息基础设施建设，提升全省企业互联网化水平。其中，大丰区高新技术开发区被评为试点园区，成为53个试点园区之一。中国联通大丰分公司配合推进“企企通”，推动大丰区工业信息基础设施建设工作。园区搭建云平台，加强系统数据的安全性与稳定性，提高系统使用效率，方便园区员工的工作与生活。随着信息化的发展，OA系统（办公自动化系统）建设成为提高企业管理水平和效率的必然趋势和重要途径。OA系统的应用规范事务管理过程，提高事务处理效率，降低办公费用。OA系统是实现异地办公和移动办公的重要工具。OA系统的推进，是信息化办公的重要环节，营造良好的工作氛围，提高服务质量。

（孙晓晨）

移动通信

【概述】 中国移动通信集团江苏有限公司大丰分公司（简称“中国移动大丰分公司”）是中国移动在盐城市大丰区的分公司。2015年，大丰移动运营收入约2.9亿元，移动通信用户45万，农村用户约29万户；4G用户16万户，4G用户户均流量847兆；移动互联网宽带接入用户（不含手机）约6.7万户。2015年，中国移动大丰分公司是大丰用户最多的通信运营商，公司在岗职工152名。

【运营状况】 2015年，公司优化服务网点，整合渠道资源，深化渠道转型，优化渠道体系，新建渠道17个，核心商圈覆盖率近75%。提供4G、宽带、互联网电视等各种移动数据和服务业务，加大电子渠道硬件设备投入，推广便捷服务业务。

【客户服务】 2015年，公司继续推行“便捷服务，满意100”“我为移动加10分”主题活动，实施差异服务体系建设，陆续举办"优质服务，十分满意""315总经理接待日""一线穿越"等多项服务活动，被评为盐城市公司先进集体、先进基层党组织，盐城市文明单位，江苏省消费者协会颁发的诚信单位，获得盐城总工会、大丰区总工会颁发的"工人先锋号"，盐城市大丰区人民政府颁发的"综合先进奖""共青团工作服务发展奖""中华麋鹿园创建国家AAAAA级景区工作先进集体"等荣誉称号，客户满意度保持行业领先水平。

【4G网络建设】 2015年是中国移动4G高速发展的1年。截至2015年年底，大丰移动4G站点589个。重点提升深度覆盖、持续提升广度覆盖、居民区利用原2G室分和微站室外打室内推进室内浅覆盖、推进小基站建设、加快异构网络的构建等多重手段，继续保证4G网络领先优势。

【中华麋鹿园智慧旅游项目】 2015年，中国移动大丰分公司助力中华麋鹿园创建国家AAAAA级旅游景点，采用景区内无线网络覆盖、景区智慧旅游管理互动平台、客源分析系统等先进的智慧旅游平台建设方案，同时还嵌入4G应用，例如观光车的4G车载监控及4G转Wi-Fi等，最大限度地实现中华麋鹿园信息资源共享，提供完善的综合信息资源利用和应用支撑服务能力，提升中华麋鹿园的管理和服务水平，被评为中华麋鹿园创建国家AAAAA级景区工作先进集体。

【数字化城市建设】 2015年，中国移动大丰分公司推进数字化大丰城市建设进程，加快转变经济发展方式、创新社会管理。为巴士公司提供车辆定位监控系统，保障出租车安全出行；为校车提供4G车载实时监控定位系统，保障学生安全出行；与大丰区环境保护局合作推出蓝天卫士高空监控系统，为大丰人民生活提供方便，提升民众生活质量和社会满意度。

【志愿者服务】 2015年，中国移动大丰分公司扩大志愿者的注册数量，打造特色志愿者队伍，在全公司开展志愿文化的宣扬和传播，动员尚未加入志愿组织的员工注册为志愿者，自愿参与志愿活动。对现有志愿者队伍梳理整编，围绕应急抢险、文明传播、志愿服务、手机维护、结队帮扶5个方面，完善专业小分队建设。开展形式多样的志愿活动。常年紧抓"学雷锋"主题，推进"学习雷锋好榜样"志愿服务周周行活动。依托不同的时间点，开展其他主题的志愿者服务，如无偿献血、社区结对关爱弱势群体、定期清扫社区街道、交通执勤、校园爱心捐赠等。

【公益活动和文明创建】 2015年，中国移动大丰分公司深入贯彻"推动科学发展、促进社会和谐、服务人民群众、加强基层组织"的总体要求，鼓励和组织员工参与各类社会公益活动，做好各项文明创建工作，充分发挥优秀企业公民的模范带头作用。

（罗丽君）

2015年，中国移动大丰分公司实施差异服务体系建设，举办多项服务活动，客户满意度保持行业领先水平

供　电

【概述】 2015年，国网盐城市大丰区供电公司抢抓发展机遇，加快电网建设步伐，优质服务、提升效能，全面超额完成全年目标任务。获得江苏省"厂务公开民主管理示范单位"，江苏省电力公司"先进集体"，盐城供电公司"四好领导班子"称号，连续七年获得大丰市"综合先进奖"。

【经济技术指标完成良好】 2015年，大丰区全社会用电量49.97亿千瓦时，同比下降5.24%。其中第一产业用电1.87亿千瓦时，同比增长16.46%；第二产业用电41.61亿千瓦时，同比下降7.39%，其中工业用电41.29亿千瓦时，同比下降7.47%；第三产业用电2.50亿千瓦时，同比增长6.08%；城乡居民生活用电3.99亿千瓦时，同比增长3.94%。电网最高负荷75.14万千瓦，同比下降15.54%。

【安全管控】 2015年，大丰区供电公司贯彻落实新《中华人民共和国安全生产法》，对全区电网进行"拉网式"体检，改善电网设备状况。落实区委、区政府防汛、防台工作部署，台风过境期间，公司第一时间启动应急预案，出动29支抢修队伍，1000多人，有效应对台风险情。开展全区输变电线路抽巡检、化工企业用电状况等专项行动，提升安全用电水平，2015年，除突发恶劣天气影响外，全区配电线路跳闸率同比下降6.1%。与公安、安监、经信委建立多方联动机制，有效防范树木碰线等危险源点，公司顺利通过新一轮安全性评价工作查评，被省电力公司评为"安全生产先进集体""安康杯竞赛优胜企业"。化解各种不稳定因素，公司系统未发生越级上访和集访事件。截至12月31日，公司实现安全生产6708天。

【电网建设】 2015年，大丰区供电公司完成大丰"十三五"电网规划编制，并通过区政府评审。加快电网主网建设，2015年，大丰电力主网投资3.28亿元，建成投产220千伏永泰、110千伏川南等7项输变电工程及配套工程，完成5座单主变变电站扩建任务。建成省公司年度重点工程——大丰港高压岸电系统，完成4套220伏小容量岸电桩、2台高速公路充电桩建设任务。完成配农网工程项目1411个、资金投入2.92亿元，大丰农网综合电压合格率位居全省第四，末端电能质量持续提升。

【企业管理】 2015年，大丰区供电公司开展"依法治企年"活动，加强重点项目过程控制，完成年度6大类25条重点问题自查整改，企业管理规范化进程加快。以离任审计、纪委巡查为契机，自查整改问题25条，修订完善各类管理制度8项。编制岗位廉政风险清单，开展关键岗位轮岗交流，廉政风险防控机制初步形成。配电网运行管理科学化，2015年，开展带电作业483次，减少停电用户7409户，减少停电1812.5小时。强化指标诊断分析和低位预警，同业对标综合排名位列盐城各县市区第一位，各项指标进位争先。重视科技创新，信通运维班QC小组被评为全国优秀质量小组。

截至2015年12月31日，国网盐城市大丰区供电公司实现安全生产6708天

【供电服务】 2015年，大丰区供电公司以接受人大工作评议为契机，做细做实供电优质服务。开展"智慧苏电·幸福民生"优质服务主题活动，常态开展"电力体检""夏日生产服务直通车"等活动，助力企业节能增效。全力支持、服务新能源替代化石能源的并网发电，促成全省首家分布式智能微网——金丰科技2.4兆瓦机组成功并网。开展电工技能培训，完成麋鹿旅游季、中高考等40多项保电任务。认真对待95598、微信等各种渠道客户诉求，白驹供电所入选"中国最美供电所"，公司营业厅被评为盐城市"五星级窗口"，"五心"志愿服务队被评为区"十大品牌"。

【党建和精神文明建设】 2015年，大丰区供电公司开展"三严三实"（严以修身、严以用权、严以律己，谋事要实、创业要实、做人要实）专题教育，查摆整改不严不实问题。深化"两个责任在支部"工作，公司通过盐城供电公司、大丰区纪委党风廉政建设巡查，公司获得盐城供电公司"党风廉政建设先进单位"称号。重视干部队伍建设，10名重点岗位人员赴浦东干部学院培训，公开竞聘中层管理人员和供电所"一长四员"，管理队伍调优、调顺。建成农电培训基地，开展青年员工实操能力提升专项行动。1名员工入选国网公司优秀专家人才后备，QC小组多次被评为国家优秀质量小组，公司二次检修班被评为盐城市模范职工小家。职工服务中心建成。

（卢　艳）

【编辑　顾　锋】

经济管理与监督

发展和改革

【概述】 2015年是全面完成“十二五”规划的收官之年、全面深化改革的关键之年、全面推进依法治国的开局之年。大丰区以“稳中求进、提质增效”为总基调，适应经济新常态，推动转型升级、内涵发展、绿色增长，重抓结构调整，重抓沿海开放开发，重抓现代服务业，重抓城镇建设，重抓绿色生态，重抓民生改善，较好地完成各项工作任务。

【“十三五”规划编制】 2015年，大丰区组织人员赴山东、浙江等发达地区考察学习，谋划“十三五”规划。由区发改委牵头组织研究全区经济社会发展战略与思路、推进陆海统筹和提升沿海开发水平、全面推进节约集约用地和创新土地管理体制机制、加快金融业发展、生态文明建设、人才支撑发展、做大做强大丰港和发挥港口龙头带动作用、电网建设8个重大课题，牵头组织编制现代服务业发展、工业转型升级和全民创业、现代农业发展、人才发展、土地利用、现代交通运输、水利发展、港口发展等28个专项规划和12个镇、5个区等17个经济主体“十三五”发展规划。选聘南京大学设计研究院作为规划编制单位，大丰区先后5次组织南京大学设计研究院到大丰现场考察、召开座谈会，落实规划初稿征求意见。聘请著名经济学家、南京大学原党委书记、博士生导师洪银兴，上海社会科学院院长王战，省政府参事室主任宋林飞，省委省政府首席经济专家、省社科联原党组书记张颢瀚，南京大学教授、博士生导师钱志新，上海市政府发展研究中心副巡视员徐铮，江苏省发改委发展规划处处长孙志高等高层次人才为专家咨询委员会。11月，洪银兴教授关于中共十八届五中全会精神以及“十三五”规划思路专题讲座和“十三五”规划“专家行”活动顺利开展。做好“十三五”期间拟实施的重大项目的编排并做好向上对接工作，江苏省“十三五”规划纲要中体现盐城项目和事项的有15项，其中大丰有港区锚地、10万吨~15万吨级航道、千吨级LNG、沪苏大丰产业联动集聚区、大丰麋鹿国家级自然保护区等多项列入省“十三五”规划，数量列盐城第一。

【经济运行监控】 年初，大丰区充分调研分析2015年国民经济和社会发展计划执行情况，科学编制全区2015年国民经济和社会发展计划目标，分解、细化全年经济工作的目标任务，加强经济发展责任制的落实。根据区委工作会议、区政府常务会议的精神，制订《关于起草2014年国民经济社会发展计划执行情况和2015年国民经济社会发展计划草案报告的情况汇报》，并提请人代会讨论通过。随宏观形势、政策环境、自身情况、统计口径等变化，及时作出“十二五”预期目标调整。组织多部门参与季度经济形势分析，合力研判形势。全年实现GDP535亿元、增长11%，全口径工业开票销售705.71亿元、增长10.1%，规模以上工业增加值209.79亿元、增长11.9%，一般公共预算收入69.33亿元、增长15.5%。

【项目建设】 年初，大丰区科学编制2015年百项重点工程计划，细化目标任务，抓好固定资产投资工作的汇总、统计工作，做好固定资产投资形势的分析，做到及时汇报，并提出做好地方固定资产投资的建议和措施。围绕22项盐城“三重”项目、23项盐城“八大类”重点工程、150项大丰百项重点工程等重点，做到每个重点项目工程、项目、事项均明确责任单位、责任人，督促具体抓好项目的组织推进和要素协调，制订项目实施计划，协调要素组织，及时解决项目实施过程中的困难和问题。配合重大项目办对1亿元以上项目加快备案审核，新开工1亿元以上项目60个、竣工1亿元以上项目33个，全区完成固定资产投资394.95亿元、增长22.4%。加强与省、市发改委对接，博汇化学机械浆、光明工业园天然气利用一期工程项目、大丰港一期码头LNG加气站、大丰南翔路CNG加气站、西康路天然气汽车加气站等项目获核准批复，碧海项目获准调整项目内容等。落实能源自主创新和能源装备专项、保障安居工程配套基础设施工程、计划生育服务体系建设、镇卫生院建设、农村学前教育推进工程、千亿斤粮食产能规划田间工程建设等各项项目资金1.8亿元左右，大丰区申丰奶牛场畜禽类粪污无害化处理及规模化生物天然气项目获批国家级规模化生物天然气试点项目、中央预算内总投资为3000万元。参与4月23日深圳2015年大丰（深圳）投资环境推介会、4月27日台北江苏大丰（两岸）经贸交流合作说明会。9月30日，2015年麋鹿生态旅游季以及盐城央企招商等各类招商活动，成功招引中交地产大丰有限公司美庐城大型城市综合体项目，该项目占地面积6.73公顷，总投资11亿元，重点打造大丰首个大型城市综合体项目，总建筑面积近22万平方米，中交美庐城规划建成大型一站式商场、影院及特色步行街，集时尚购物、娱乐休闲、中外美食、儿童娱乐中心、滨水风情商业街于一身的国际级综合体。

【沿海开发】 2015年，大丰区推进沿海重点项目建设，深水航道一期工程、英茂糖业、国储能源化工、江苏环球海洋生物、浙江金壳、明月海藻二期等一批重点工程开工建设，滚装码头、B型保税物流中心、石材交易基地、中韩海陆联运基地等加快建设，粮食进口指定口岸通过国家质检总局验收，进口木材检验检疫熏蒸除害中心获国家质检总局批复，扬泰宿淮地区"无水港"内陆网点全面铺开，中汽汽车试验场成功承办2015年中国量产车性能大赛，海贼王国游乐园一期建成对外开放并成功举办首届大丰港动漫节，海洋乐园、海洋剧场为国家AAAA级旅游景区海洋世界增添新的亮点，50个沿海开发重点项目全年完成投资46.7亿元。牵头策应"一带一路"国家战略，区委、区政府出台《关于策应"一带一路"战略，推动大丰沿海新一轮大发展的实施意见》《关于聚精会神推进沿海开发，实现沿海开发新跨越的实施意见》等文件，排出42个重点项目（事项、载体）和26项区直部门支持大丰港发展的项目（事项），定期督查推进，确保项目（事项）按时序落实，2015年港口货物吞吐量突破7000万吨、20万标箱。推动沿海合作园区整合发展，根据推动大丰港经济开发区、沪苏（大丰）产业联动集聚区、苏盐合作园区等整合发展，建设大丰港城经济区的需要，聘请国家发改委产业经济与技术经济研究所编制大丰港城经济区发展规划，把沪苏（大丰）产业联动集聚区打造成"盐城浦东"，沪苏乃至长三角区域的合作典范，最终建成中国中部重要枢纽港、长三角北翼综合商港、江苏沿海特色产业港、全国有潜力的蓝色经济增长极。

【区域协作】 2015年，大丰区服务好常州高新区大丰工业园建设，参与商讨第二轮合作事宜，考核合作项目39个、列全省南北共建园区第二，完成财政公共预算收入1.2亿元、同比增长14.3%，完成工业销售收入8.5亿元、同比增长31%，实际利用外资30万美元，完成全社会固定资产投资3亿元，规模以上工业开票销售517亿元，完成增值税961万元，招引1亿元以上工业项目1个，三产服务业项目10个，培育定报企业1个。多次向省发改委苏北办、上海市政府相关部门做好双方会办、领导拜访等衔接汇报工作，沪苏大丰产业联动集聚区开发建设推进协调领导小组第一次联席会议在南京成功召开，沪苏大丰产业联动集聚区党工委、管委会和沪苏大丰产业联动集聚区开发建设有限公司正式揭牌。注册成立投资开发公司，上海相关人员陆续入驻、开展工作。全区15个驻上海招商站围绕特色产业和战略性新兴产业全力招引重特大项目，新签约新能源、海洋生物、重型装备和电子等一大批重大项目和新兴产业项目，新开工1亿元以上项目5个、签约项目35个。

【经济结构优化】 2015年，大丰区分解2个战略性新兴产业园区、重点项目及重点企业2015年发展目标，并细化园区的推进措施，按照一月一统计、一月一汇总，及时掌握新兴产业园区项目、基础设施、创牌等推进情况并进行月度分析。新能源装备、海洋生物、电子信息"2+1"战略性新兴产业实现开票销售180亿元、同比增长30%，高新技术产业实现产值280亿元、同比增长17%、占规模以上工业总产值比重35.4%。会同重大事项考核办开展服务业重点项目督查，恒北乡村旅游服务标准化试点项目获省质检局、省发改委批准，3个服务业项目通过省服务业引导资金项目初步审核。

【体制改革】 2015年，大丰区加快推进原政府二招破产清算工作，118名职工中有108名与清算组签订终止劳

2015年，大丰港新开辟连云港—大丰港—太仓港支航线，打通大丰港至北方和长江中上游的通道

动关系协议、领取安置补偿金，原政府二招猪场地块收储工作有序进行。同时，指导沿海水泥公司、轻工经营公司、祥鸿泰和、苏丰纺织厂、银海纺织公司等企业破产及关停收储歇业清算工作。推进年初拟重组的32个企业重组工作，审核2014年重组的企业失业稳岗补贴，确保符合条件的企业能够及时享受失业保险稳岗补贴政策。配合相关部门服务好大丰港集团公司国有企业改革。推进中介机构专项清理整治工作，完善、补充中介机构名单，审查、备案符合条件的中介机构。另外，妥善处理改制企业历史遗留问题，做好原区属改制（破产）企业年满75周岁非统筹剥离人员的生活费续接工作。

（徐耀之　葛亚洲）

国土资源管理

【概述】 2015年，大丰区国土资源管理工作以推进依法行政、深化行政审批制度改革为重点，坚持把保障发展作为第一要务，把保护耕地作为第一责任，把维护农民合法权益作为第一要求，全面推进国土资源工作，取得较好业绩，被评为“国土资源报社优秀基层联系点”，获“中国地理信息产业优秀工程铜奖”等表彰。

【用地保障】 2015年，在国家用地计划偏紧，资源供需矛盾突出，特别是在大丰承载南北共建区园多、经济板块多的情况下，区国土局采取控增量、挖存量、提质量等系列措施，规划空间和建设用地指标，满足各类项目用地需求。调度流量指标。通过土地利用总体规划评估性修改调度流量指标1000公顷，保证项目落户。开展土地利用总体规划原则性修改工作，评估成果获得省国土资源厅的批复。调度用地指标。全年落实用地计划341.93公顷，其中，城镇村计划104公顷（含保障性安居工程计划3.2公顷）、单独选址计划94.6公顷、增减挂钩计划56.67公顷、工矿废弃地复垦利用指标86.67公顷。挂牌出让工业用地62宗175.2公顷；成交经营性用地16宗32.73公顷，成交价3.27亿元。供应土地136宗367.07公顷，收取土地出让金17亿元，保障了各类用地需求。节约集约用地。区政府先后出台《关于强化工业项目用地管理切实提高节约集约用地水平的通知》《闲置土地清理处置工作实施方案》，收回闲置土地8宗30.8公顷，通过增资技改途径高效利用土地126.07公顷，关闭低效砖窑2个新增耕地21.33公顷。支持全民创业和农民增收。全年办理临时用地21宗6.25公顷，大丰市人民政府出台《关于进一步支持设施农业发展的通知》，备案设施农用地127宗73.69公顷，并实现上图管理，支持规模化养殖业、种植业发展。

2015年，大丰区完成高标准基本农田建设任务1.32万公顷

【土地征收储备】 2015年，大丰区收回土地20宗，征收储备土地20公顷，落实土地储备资金2000万元，兑现2014年征收储备土地农民补偿33.33公顷，实施“三通一平”（指基本建设项目开工的前提条件，具体指:水通、电通、路通和场地平整）15万平方米。

【土地综合整治】 2015年，大丰区完成高标准基本农田建设任务1.32万公顷，实施耕地占补平衡、城乡挂钩等项目新增耕地300公顷，其中11.84公顷在省级平台挂牌交易收益1.84亿元。完成省以上投资（刘庄镇良好、建成等村高标准基本农田土地整治）项目待验收，整治面积920公顷。

【土地项目管理】 加强省投项目申报管理。2015年，区政府出台《关于进一步加强省以上投资土地整治项目管理工作的通知》，以土地综合整治为重点，转变管理方式，健全管理制度，落实管理责任，规范管理程序，加强对项目招标和项目实施的督查监管，确保项目顺利推进。

【地籍与测绘管理】 2015年，大丰区推进不动产统一登记工作，在盐城县区率先挂牌成立不动产登记局，落实1500平方米办公用房以及2000平方米档案库房；地理国情普查成果通过预验收；“四全”服务模式（以全流程优化审批、全区域便民服务、全业务网上办理、全节点效能监察为目标体系的国土资源行政审批服务模式）和“一张图”工程推进（国土资源“一张图”工程，是遥感、土地利用现状、基本农田、遥感监测、土地变更调查以及基础地理等多源信息的集合，与国土资源的计划、审批、供应、补充、开发、执法等行政监管系统叠加，共同构建统一的综合监管平台，实现资源开发利用的“天上看、网上管、地上查”，从而实现资源动态监管的目标），实现地籍业务统一平台网上全程办理。土地确权工作，全年登记发证8963宗2800公顷，办理他项权证827宗1600公顷，融资金额约52亿元，土地登记规范化建设得到加强。

【土地执法监察】 2015年，大丰区加强土地执法动态巡查，全区开展动态巡查1988次，发现土地违法行为及时制止。顺利通过2014年土地卫片执法监督检查工作。全面运行国土资源执法监管平台，利用全区境内布设的170多个高空监控点，实时监控全区基本农田保护和项目用地等情况。7月，该项目获省国土资源科技项目立项。

【征地补偿】 2015年，大丰区严格征地程序，按照批准的征收方案供地，及时在被征地村组、政府和国土门户网站公示征转用批准文件和征地补偿安置方案。全年新征地50宗86.75公顷，通过征地补偿专户以存单发放补偿款3445.49万元，涉及补偿户412户，未发生一例拖欠，有效维护了被征地农民权益。

（杨海燕）

2015年，大丰区国资办加强沿海滩涂国有资源管理，实行生态环保一票否决制，实现环境效益和经济效益“双丰收”

国有资产管理

【概述】 2015年，大丰区人民政府国有资产监督管理办公室（以下简称区国资办）按照国有资产管理科学化、精细化的要求，以制度规范化推进管理科学化，以机制系统化推进管理精细化，在实现国有资产保值增值、监管国有资产等方面探索创新，国有资产管理工作水平有所提高。资产统计报表工作获盐城市国资委“2014年度国有资产统计报表工作考核一等奖”。

【行政事业单位资产管理】 2015年，区国资办多措并举，推动资产优化配置，促进资产保值增值，行政事业单位国有资产管理日趋规范。加强经营性资产管理，开展全区区直行政事业单位经营性资产全面检查，做好到期出租办公用房收回管理工作。全年集中管理合同285份，征收行政事业单位租金收入1356.27万元，收回行政单位到期办公用房3间148平方米。规范资产处置管理，全年审核处置报废资产590.17万元，公开处置资产5次，其中汽车处置4起，增值率29.55%。抓好通用国有资产日常管理，出台《大丰市行政事业单位部分通用资产配置预算标准（试行）》文件，建立资产购建预算制度，增强资产配置的计划性、合理性、有效性和规范性，实现资产管理与预算管理的结合，提升全区国有资产管理水平。做好国有资产统计工作，审核、汇总全区行政事业单位资产信息系统数据。截至2014年年底，纳入资产系统的单位302户，资产总额83.08亿元，固定资产总额22.91亿元。其中，行政单位资产总额47.06亿元，固定资产8.06亿元；事业单位资产总额36.02亿元，固定资产14.85亿元。同时，根据上级部署要求，按程序标准，组织实施并完成工商、质监和食品药品监督管理局，以及计生委和卫生局等部门的资产清查工作。

【国有及国有控（参）股企业国有资产管理】 2015年，区国资办通过印发文件、集中培训、建立国企管理QQ交流群等多种方式和途径，帮助解决报表填制过程中遇到的问题和困难，做好国有及国有控（参）股企业国有资产统计工作，提高统计质量。全区94个国有及国有控（参）股企业2014年年报全部按时上报。截至2014年年底，区国有及国有控（参）股企业资产总额622.8亿元，负债总额387.32亿元，所有者权益总额235.48亿元。联合工商部门颁发《关于做好国家出资企业工商登记及年检工作的通知》，规范国有企业的注册、产权变动、产权注销、年检等行为，实现国有企业基础数据库动态管理和长效管理。开展国家出资企业年检工作，及时掌握全区国家出资企业国有资产占有、增减变动、经营及二、三级全资、控股或参股动态情况，完善全区国家出资企业国有资产管理基础资料。全年完成92个国有出资企业年检。

【国有企业改革】 2015年，区国资办根据区委、区政府的工作部署，按照有利于大丰科学发展和沿海开发、有利于增强国有经济活力、有利于国有资产保值增值的总体要求，有计划、有步骤地组织实施并完成港区管委会、港区范围内国有企业、稻麦原种场等单位的清产核资工作，摸清“家底”，明晰产权，为港区体制划分和企业改革的开展打基础。以解决国有企业发展的矛盾和问题为导向，以破除体制机制障碍为重点，释放改革红利，激发国有企业发展的内生动力。通过资产注入的方法，使大丰港集团公司的注册资本由原来的30亿元增加到50亿元，为做大做强集团公司，推动企业可持续发展提供有效扶持。坚持“一企一策”，加快推进大丰沿海滩涂投资发展有限公司改革，组建江苏大丰沿海开发集团，其下属江苏金色农业科技发展有限公司改制工作进展顺利。

【滩涂资源管理】 2015年，区国资办坚持创新、协调、绿色、开放、共享发展，加强沿海滩涂国有资源管理。创新管理机制，组建全省首家市县级国有独资企业，对全区滩涂资源实行集中统一规划、统一开发、统一管理。规划引领协调发展，科学编制高标准滩涂开发中长期规划，突出发展高效农业、高效渔业、生态林业示范基地。开放合作规范运行，指导经营企业改组，明确企业对滩涂国有资产的运营管理职权，坚持走规范运作、有序推进的良性发展道路。保护开发绿色发展，坚持科学保护和有序开发并重，实行生态环保一票否决制，确保20%的项目资金用于生态保护、20%的开发面积用于生态建设，实现环境效益和经济效益“双丰收”。“十二五”期间，整合滩涂2.93万公顷，完成大的工程项目10个，总投资25832万元，建成标准化鱼塘73个，升级改造后的海水养殖基地，平均增幅40%。2015年征收租金收入6035万元，比整合当初2011年净增值4192万元，上缴国有资产收益3000万元。

【国企职教幼教退休教师生活待遇妥善解决】 2015年，区国资办按照相关文件精神，全面梳理企业及群众反映的问题，多次与上级相关部门对接沟通，明确处理意见，统一实施标准。妥善解决国有企业职教幼教退休教师待遇问题是事关国家政策落实和群众利益的大事，审核中始终坚持严格政策、规范操作原则，高质量地完成国有企业职教幼教退休教师待遇问题审核工作。坚持公开、公平、公正原则，对符合条件的19名退休教师，及时进行公示，并细致做好补贴测算和发放工作。对不符合条件的人员，坚持直面矛盾，注重政策宣讲，做好解释工作，及时解答他们的疑惑，使其了解政策，知晓政策，弄清楚自身不合格的原因，多渠道掌握他们的思想动态，有针对性地加强交流，国有企业职教幼教退休教师待遇问题得到妥善处理。

（吴渡生　韦礼和）

招标采购管理

【概述】 2015年，大丰区招标采购管理工作坚持“稳中求进、提质增效”的总基调，创新思路、规范操作、提高服务、加强监管，全区招标采购工作再上新台阶。全年完成各类招标采购项目639宗，项目预算46.85亿元，实际支付42.08亿元，节约资金4.77亿元，平均节约率10.2%，项目数、交易额位居盐城市各县（市、区）之首，大丰市招标采购管理办公室被盐城市公共资源交易管理办公室评为“盐城市公共资源交易工作先进单位”。

【招投标市场监管】 2015年，大丰区抓好国务院《招标投标法实施条例》《政府采购法实施条例》、省住建厅《关于房屋建筑和市政基础设施工程贯彻招标投标法实施条例的意见》（苏建规字〔2013〕4号）文件的贯彻落实；规范监理、货物招投标行为，全面使用省建设工程招标办编制的江苏省监理、货物招投标预审文件、招标文件示范文本和评标办法；加强勘察设计招投标监管；加大对招投标中串通投标、弄虚作假行为的查处力度，集中开展打击建筑工程违法施工转包分包行为。全年在工程建设项目招投标过程中发现多起围标串标案件，涉及7个工程项目、13个投标企业，全部移送相关部门依法处理。

【招投标制度创新】 2015年，大丰区调整非国有投资工程的发包方式，使用非国有资金投资的工业用房、商业用房和商品住宅的房屋建筑工程，建设单位可以自主决定采用招标发包或直接发包，以及是否进入有形市场开展工程交易活动；贯彻落实《政府采购法实施条例》，拓展政府采购组织形式，加强政府采购和监督管理；规范招投标异议和投诉处理，形成重点投诉质疑调查处理机制，探索网上受理异议和投诉。

【电子招标投标】 2015年，大丰区进入交易中心依法招标的房屋建筑和市政工程项目，其施工招投标全部实行电子招投标；监理项目从7月1日起全面实施电子招投标，走在盐城市前列；完善远程异地评标制度，全年进行远程异地评标35宗，其中主场16宗、客场19宗；全面使用省5.0监管系统，实行全省建设工程招投标业务数据定时交换，项目经理锁定信息、工程竣工销号信息共享；协调CA、电子签章等有关各方，妥善解决电子招投标活动中出现的新情况、新问题，确保电子化招投标系统安全、稳定、可靠运行；研究探索采购类项目电子招标投标。

【招标代理机构规范管理】 2015年，大丰区通过代理管理系统对招标代理机构实行日常考核和动态管理，每季度及时公示代理机构完成的业绩和日常考评计分；推行代理项目组组长使用个人CA证书登录电子招投标系统办理代理事宜，所发出的招标文件等全部加盖组长执业印章；对代理公司业务人员要求持证上岗，无证人员不得进入开标室、评标室；加强人员培训。4月，对代理公司从业人员进行业务和法律法规培训；10月，举办全区建设工程招标投标法律法规知识竞赛。

【招投标动态考核】 2015年，大丰区

做好招投标评委的考勤考核工作，对一般违规行为实行扣分处理；对评标质量实行“一标一评”的日常考核，并定期公布考核情况；做好评委信息的动态管理，形成评委的电子资料，实行实时动态维护，方便评委信息查阅，与项目有关的评委正确回避；做好增聘评委的审核与管理，对增聘的不同专业的27名评委进行审核、分类，并进行上岗前培训，大丰专家评委库专业力量得到充实。

【招标采购标识启用】 3月18日，大丰市招标采购标识正式启用。标识主体由汉字“丰”的抽象运转图形组成，“丰”代表大丰市。标识主体又可看成由英文大写字母“C”和“G”变形组成，环绕在“1”的周围，“GC”为“工程”汉语拼音首字母，“CG”为“采购”汉语拼音首字母。标识寓意为：大丰市各类工程、采购交易在一个平台上高效运行。大丰市招标采购标识的使用对增强单位的凝聚力，激励广大职工奋发有为、开拓创新，扩大大丰招标采购知晓率、影响力，提升大丰招标采购文化品牌发挥积极作用。

【招投标信息公开】 4月18日，大丰招标采购管理办公室在盐城市同行首家推出的“大丰招标采购网”手机版正式上线，这是该办运用现代科技的手段，加强招标采购交易的公开化、科学化、规范化管理，推出的又一举措。招标采购项目信息公开，让尽可能多的潜在投标人参与项目招投标活动，是提高项目竞争性，降低项目建设成本，防范招标采购活动中的围标、串标等不规范行为和腐败现象发生的有效措施。为此，区招标采购管理办公室运用现代科技手段，采取多种途径公开项目信息，提高招标采购活动透明度。他们利用现代互联网技术，通过江苏省建设工程招标网、盐城政府采购网、中国大丰网、大丰招标采购网等不同层级、不同类别的网站发布项目信息；通过电视、广播、报刊、LED电子屏和触摸屏等不同媒体发布项目信息；通过电子邮箱主动向有资质、信誉好的企业发布项目信息。2015年，该办把如何将信息公开赋予更多的服务功能，更好地为招标采购人、潜在投标人、供应商服务摆上议事日程，经过3个多月开发，“大丰招标采购网”手机版应运而生。手机版版面清晰、美观、简洁，浏览效果好，更加注重用户体验，内容打开速度快，适应了用户随时、随地、随身获取招标采购资讯、知识的需求。信息的大公开，促进整个招标投标工作流程的公开，提升了项目的参与度。2015年，“大丰招标采购网”平均日浏览量3100人次，最多日浏览量4746人次。每个项目有多个投标人参与，健康小区截污控源改造工程项目多达106个企业报名竞标，不少项目不仅当地企业前来投标，而且吸引了上海、浙江等外省、市的企业到大丰区拓展业务。

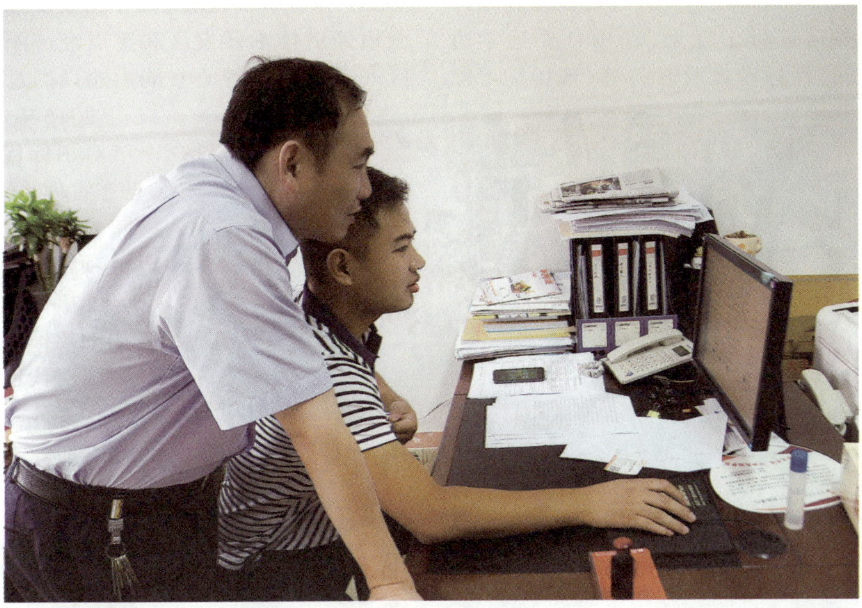

2015年4月18日，大丰招标采购管理办公室推出的“大丰招标采购网”手机版正式上线，为盐城市同行首家

【“‘510’自警教育”活动】 5月，大丰招标采购管理办公室开展作风自警教育活动，促使党员干部增强廉洁自律意识，转变作风。观看一次廉政教育影片。区招标采购管理办公室全体人员集中观看《严守党的纪律》《坚决反对“四风”》等警示教育片和《爸爸，您去哪儿了》廉政微电影。其中这部廉政微电影就是由身边的群众演员在大丰拍摄制作完成，非常贴近生活，大家通过观看，对照反思，从中吸取教训。影片使得清白处世、拒绝贪腐、公正清廉、遵纪守法的文明理念深入人心。举行一次廉政知识测试。在市纪委组织单位副科级以上领导统一参加廉政知识测试的基础上，将测试扩大到办公室全体党员干部，通过一道道试题的练习，加强了党员干部秉公用权、廉洁从政的思想观念，增强了贯彻党纪规章的自觉性。参观一次廉政教育基地。区招标采购管理办公室全体人员参观华丰农场廉政教育基地，通过观看正反两面典型教育图片和案例，近距离接触市纪委办案点工作和生活环境，亲身体验办案区的严肃和氛围，促使大家树立正确的人生观、价值观和世界观，加强自律意识。开展廉政专题讲座。区招标采购管理办公室党组书记、主任戴珺围绕反腐主题，紧密联系区党风廉政建设现状，给全体党员干部上了一堂生动、深刻的专题廉政党课。通过作风自警教育活动，提高了干部职工对预防职务犯罪的重要性和必要性的认识。

【上海评标专家联动】 8月，上海海丰米业有限公司位于海丰农场的“上海市农场管理局2.7万吨粮食储藏新建项目”在大丰区招标采购交易中心进行招标。该项目由上海市财政投资建设，为上海市的建设项目。按属地化管理要求，该项目纳入大丰区招标采购管理办公室监管范围。鉴于该项目的质量监督、项目管理、工程验收均按照上海市的有关标准执行，考虑到评标时上海专家更为熟悉上海市房建工程的建设要求，故此项目采取在大丰开标、至上海评标的模式。上海专家由上海市建筑建材业市场管理总站专家库中随机抽取，大丰专家由大丰区招标采购管理办公室在江苏省建设工程专家库中随机抽取。在评标过程中，两地专家对项目都提出合理化建议。同时，两地专家对施工工艺、规范等的差异性进行探讨。此次尝试，获得业主的认可，同时获得两地招投标管理部门的肯定，“大丰招标、上海评标”模式给大丰区招投标工作带来了新的亮点。

【招标投标法律法规知识竞赛】 10月30日，由大丰区招标采购管理办公室主办的2015年大丰区建设工程招标投标法律法规知识竞赛顺利举行，来自全区招标采购监管机构、招标代理机构30名选手参加了比赛。竞赛采用书面闭卷形式，题型分为单选题、多选题、判断题。此次竞赛是区招管办按照省建设工程招标办统一部署，在全区范围内开展建设工程招标投标法律法规知识宣传贯彻和培训的重要组成部分，通过竞赛，提高了招标投标管理、从业人员素质。

【全区单体投资额最大项目招投标】 大丰英茂糖业有限公司是英茂糖业（香港）有限公司在大丰区投资设立的下属公司，香港英茂由上海光明食品（集团）下属上海市糖业烟酒（集团）有限公司控股，属于国有控股外资企业。大丰英茂糖业有限公司食糖仓储及配套加工项目占地26.67公顷（400亩），项目总投资约16亿元，项目建成后，可年产各种规格精制白糖100万吨，该项目为华东地区最大的食糖仓储、加工、贸易中心。精炼糖及供热中心工程设计、采购、施工一体化为该项目一期工程子项目，预算金额8.23亿元，为大丰区单体投资额最大招投标项目。2015年，项目进入招投标程序后，区招标采购管理办公室领导先后3次会办，研究确定招投标方案，并对可能出现的情况提前制订预案，明确各个具体环节的责任人；业务科室人员查询国内完成项目实例，咨询招标、评标方法，同时依据法律法规严格审核招标文件，把控相关条款；根据项目复杂的实际情况，从上海市市级专家库中随机抽取评委进行评标，保证了评委的素质和评标的质量；在开评标过程中，程序规范、服务热情、监督严格。精炼糖及供热中心工程设计、采购、施工一体化项目招投标工作顺利完成，为大丰英茂糖业有限公司食糖仓储及配套加工项目的实施奠定了基础。

【新增采购类评委培训会】 11月18日，区招标采购管理办公室召开新增评委培训会议，对新增的27名采购类评委进行岗前培训。培训会邀请2名政府采购货物和服务资深评标专家，就政府采购法实施条例、招标文件、评标办法、评标程序、评标工作纪律、评委的权利和义务、评委的职业道德和考核管理、评标专家信息管理等内容进行系统培训，并进行“实战”演练。培训会上，评标专家与新增评委还进行了互动，新增评委边学边问，评标专家及时解答，现场学习辅导气氛浓厚，培训效果明显。

（刘桂生）

安全生产监督管理

【概述】 2015年，大丰区深入宣传贯彻《中华人民共和国安全生产法》，全面排查整治事故隐患，筑牢安全生产基层基础，全力提升安全监管监察水平，安全生产形势持续保持稳定，保障了全区经济社会科学发展安全发展。

【安全生产责任落实】 2015年，大丰区利用传统和新兴媒体，通过举办培训班、组织知识竞赛等形式，宣传新《中华人民共和国安全生产法》，明确新《中华人民共和国安全生产法》的属地管理、行业监管和企业主体责任，层层级级签订安全生产责任状，做到“全覆盖”“无遗漏”。建立健全“党政同责、一岗双责、失职追责”责任体系，做到管行业必须管安全、管业务必须管安全、管生产经营必须管安全。把安全生产责任向村（居）延伸，全面实现“五级五覆盖”。根据省政府《关于切实加强全省开发区安全生产监管监察能力建设的意见》和盐城市政府《关于切实加强全市经济技术开发区和重点经济园区安全生产监管监察能力建设的意

2015年，大丰区安监局常态化开展安全生产检查，查纠事故隐患

见》、盐城市政府办公室《关于进一步加强化工园区安全管理的实施意见》，全面强化开发区、重点经济园区及化工园区安全管理工作。

【安全生产大检查】 2015年，大丰区加强组织领导和属地、部门的统筹协调，组织开展安全生产大检查，做到检查常态化，不断档、无间隙。坚持企业自查自纠，"四不两直"（不发通知、不打招呼、不听汇报、不陪同接待，直奔基层、直插现场）暗查暗访，部门、镇（区）、企业"三级"巡查，不拘形式，重在实效。吸取外地事故教训，重点开展元旦、春节、各级两会"五一"、国庆等重点时段安全生产大检查。分析季节安全生产规律，加强重大危险源、重点部位、重点环节的安全检查。委托专业服务机构，对海兴化工、海力化工、辉丰农化，以及联鑫钢铁等重点企业全面进行体检式检查，查纠了一批事故隐患，取得明显效果。

【安全生产专项整治百日行动】 2015年，大丰区把化工园区、化工码头、石化仓储区，把危化品生产、使用、储存单位，把危化品、易燃易爆和有毒有害物品专项整治放在重要位置，组织开展安全生产专项整治百日行动。组成由安全生产专家参与的检查组，开展多轮次的"家家到"检查。委托具有甲级资质的安全评价专业公司，对化工企业罐区、仓库进行专项检查和安全评价。加强化工企业安全技术支撑，所有化工企业都与安全专业服务机构或安全专家签订服务合同。推进烟花爆竹、粉尘防爆、涉氨制冷、冶金等重点工贸企业安全检查，努力消除安全风险。

【安全生产标准化建设】 2015年，大丰区加大标准化创建力度，明确目标，落实责任，安全生产标准化工作取得显著成效。全区1208个企业通过标准化创建评审确认，其中一级1个、二级50个、三级608个、小微企业549个，始终走在盐城各县（市、区）前列。

【事故隐患排查治理体系建设】 2015年，大丰区按照"扩面增量、规范增效"和"三全两规范一及时"（全员、全方位、全过程开展隐患排查治理；按照安全检查表进行规范化检查、隐患统计分析、预警预测、督查整改等过程规范化运行；及时如实上报整改事故隐患）要求，拓展覆盖面，注重实际应用，取得新的进展。全区1900家生产经营单位和12个镇、3个区、31个部门正常登录使用系统，上报事故隐患数据22556条，整改22240条，整改率98.6%。

【高危企业在线监控和应急管理平台】 2015年，大丰区高危企业在线监控和应急管理平台投入运行，健全完善相关制度，明确管理机构及人员，推行规范化管理，构建起大丰区、港区、高危企业安全生产三级预警机制，对全区化工企业、冶金企业、烟花爆竹批发企业等高危企业重点岗位实时在线监控。

【安全培训】 2015年，大丰区宣传贯彻新《中华人民共和国安全生产法》，树立"培训不到位是重大安全隐患"的意识，坚持"分级分类、按需施教、学以致用、注重实效"的原则，科学设置培训内容，精选培训师资，改进培训方式方法，严格监督检查，提高安全培训教育成效。全年培训"三项岗位"人员（主要负责人、安全管理人员和特种作业人员）7378人，生产经营单位安全生产持证上岗率大幅提升。

【安监行政执法】 2015年，大丰区开展安全生产行政执法和"打非治违"工作，以法治手段督促企业落实安全生产主体责任，提高依法治安水平。通过举办培训班、开展专题讲座、张贴宣传标语等形式，宣传贯彻新《中华人民共和国安全生产法》，创造依法治安良好环境。严厉打击非法生产经营建设行为，严肃查处事故和拒不整改事故隐患等违法行为。

【基层安监机构能力建设】 2015年，大丰区各镇（区）重视基层安监机构能力建设，从机构设置、人员编制、办公场所、经费保障、装备设施、制度建设等方面给予保障，提升基层安监机构能力建设水平。区安全生产监察大队、大丰港经济开发区安监分局、大丰经济开发区安监分局、大中镇安监站、刘庄镇安监站、白驹镇安监站、小海镇安监站、大桥镇安监站、南阳镇安监站均通过省级达标验收，其他镇（区）安监机构也基本具备了达标条件。

【安监荣誉】 2015年，大丰区安监局党组成员、副局长陈亚平被国家安监总局评为"全国安全生产监管监察先进个人"，入选"中国好人榜"。"七一"前夕，江苏省委宣传部表彰陈亚平为全省"最美基层共产党员"。省委宣传部在大丰举行陈亚平先进事迹集中采访媒体见面会，组织《新华日报》《现代快报》、江苏电视台等省内主流媒体集中采访陈亚平。省电视台拍摄制作专题节目，以"江苏最美人物发布厅"的形式进行播放，在全社会引起较大反响。

（陈　白）

审计监督

【概述】 2015年，大丰区审计局依法履行审计职责，独立行使审计监督权，在促进政策执行、规范权力运行、提高财政绩效、队伍建设、职责履行等方面全面加强审计监督，努力实现审计监督全覆盖，发挥审计监督的"免疫系统"功能。全年完成审计项目35个，审计查出违规金额3.98亿元，促进增收节支和挽回损失9.37亿元；完成政府投资工程决算审计项目168个，审计工程决算资金47.59亿元，审计核减工程造价为财政节约资金5.39亿元。被区以上有关报刊和网站用稿202篇（次），其中省级以上采用120篇（次）。连续12年被盐城市文明委命名为"盐城市文明单位"；再次蝉联盐城市审计系统年度

2015年，大丰区审计局组织干部职工接受廉政警示教育　（单位供图）

综合考核先进集体第一名；连续5年在大丰区年度目标任务综合考核中获“综合先进奖”。2个审计项目分别被评为盐城市优秀审计项目和盐城市表彰审计项目。在盐城市审计系统首家建成档案工作省五星级和盐城市域内第一家省AAAA级数字档案室。

预算执行审计。加强财政审计，促进规范预算管理行为，推进财政资金审计监督全覆盖，组织实施财政同级审，实施镇财政决算审计项目2个，财政收支审计项目12个。完成区财政局具体组织2014年区本级预算执行、大丰地税局参与组织2014年区本级预算执行、大丰区经信委等5个部门预算执行和其他财政收支审计项目7个。注重加强财政收入结构性分析，注重对财政收入真实性、合规性的审计，促进经济可持续发展。注重审计财政支出的合法性和效益性，重点关注财政沉淀资金，促进财政资金安全、规范、高效使用。对部门（单位）“三公”经费支出情况进行重点审查，促进勤俭节约，防止损失浪费。通过审计促进增加财政收入6.90亿元，减少财政支出5.20亿元。预算执行审计反映的问题实事求是，提出的建议针对性强且切实可行，审计整改工作措施实、到位率高，预算执行审计工作得到大丰区人大常委会、区政府的肯定。

专项审计和审计调查。实施民生审计和专项审计调查项目，促进各项惠民政策落到实处。对民生审计项目重抓审前调查，在调查、了解惠民政策的落实情况、民生资金的社会效益等方面重点审计，确保民生项目审深、审实、审透。实施2014年城镇保障性安居工程跟踪审计、2014年大丰市政府为民办实事工程、大丰市2013~2014年再就业培训补贴资金、大丰市2014年人才引导资金、大丰市2014年重大科技成果转化资金、大丰市政策性农业保险资金管理使用情况专项审计和审计调查项目。

经济责任审计。紧扣权力运行和公共资金安全加强审计监督，贯彻落实《大丰市党政主要领导干部经济责任审计实施细则》，把握“权力运行”和“责任落实”两个重点，围绕对科级领导干部行使权力的制约和监督，推进经济责任审计，实现科级领导干部经济责任审计全覆盖。重点关注科级领导干部履行经济责任情况，将“三公”经费和镇政府负债情况纳入审计重点内容，促进领导干部依法依规行使权力。全年完成经济责任审计项目10个，其中，任中3个，离任7个。

政府投资审计。加强政府投资审计，促进投资管理规范，加强工程管理，节约政府投资，提高资金效益。修订完善《聘用社会中介机构参与政府投资项目审计工作的管理办法》，加强社会中介机构管理，规范政府投资项目审计行为，加强廉政风险防范。全年审计工程决算项目168个，审计工程决算资金47.59亿元，核减工程造价为财政节约资金5.39亿元。

【部门预算执行审计】 2015年，大丰区构建财政审计大格局，依托大数据分析技术，成立审前调研组、数据攻关组、审计核查组，通过对财政及相关部门财务及业务数据的多维度、多层次分析，采取“集中分析、锁定疑点、分散核查”的方式，首次对区本级69个一级预算单位2014年预算执行审计实行全覆盖，在盐城市审计系统首家实现部门预算执行审计全覆盖。建立预算执行数据库，明确数据分析重点，构建4个一级数据分析模型、20个二级数据分析模型。利用数据分析模型，对采集的数据进行分析比对，形成审计疑点，有的放矢确定重点审计事项。根据重要性原则，确定将预算管理、预算收入及支出执行方面13类疑点问题涉及的21个一级预算单位、58个二级预算单位作为延伸调查的重点内容。最终确认三类7个违规违纪事项，在较短的审计时间内，揭示全区部门预算资金使用中存在的问题，做到精准审计，突破审计力量的不足对审计全覆盖的制约。审计查出个别单位预算收入838.51万元未及时解缴国库、8个单位虚列支出855.76万元挂往来、个别单位应支未支11426.40万元、16个单位无政府采购预算或超预算采购232.76万元、3个单位房屋出租收入41.05万元未及时申报纳税、9个单位未按规定使用非税收入票据违规收费440.99万元、5个单位开具非税收入票据超过一个月延迟解缴现金非税收入69.63万元等问题。

【社保基金实时联网审计】 2015年，大丰区实施联网审计，实时监控社保基金。建立健全计算机信息系统使用安全管理规章制度，实时查询、备份企业职工养老保险、机关事业养老保险、城镇居民养老保险、职工基本医疗保险、城镇居民医疗保险、生育保险、工伤保险和失业保险等社会保险数据，确保社保联网审计数据顺利采集和运用。利用核查模型综合分析社保数据，发现疑点信息53条，及时提请大丰区人社局相关部门排查核对，在盐城审计系统首家实行社保基金实时联网审计。

【税收征管质量延伸调查】 2015年，大丰区在对地税部门税收征管质量审计中，首次对房地产开发商税收征管情况延伸调查，调查发现富园公司在朝阳景都小区土地增值税清算申报中，存在虚列成本偷逃税收4000多万元。大丰区审计局及时移交大丰地税部门进行查处，年内追缴入库税款954万元。

【省五星级审计档案】 2015年，大丰区加强档案的组织管理、基础业务、信息化建设、开发利用，按照“思想重视，制度健全，立足发展，突出服务”的档案工作总体思路，严格按照《江苏省机关团体企事业单位档案工作规范》中的标准和要求，加强制度建设、基础设施建设、档案管理队伍建设，突出健全网络、规范业务、信息化建设、开发利用四个重点，规范档案管理，重抓档案工作的规范化、标准化、信息化，大丰区审计局顺利建成盐城审计系统第一家五星级档案管理单位，档案工作跻身全省审计系统先进行列。推进审计档案管理现代化，重抓数字档案室的基础业务、基础设施、数字档案资源建设。建立《电子文件归档制度》《电子档案移交接收制度》《电子档案利用制度》《档案数据安全保密制度》等规定，注重制度落实，档案信息化管理水平提高，有效保障电子档案的安全、完整和有效利用，大丰区审计局顺利建成江苏省AAAA级数字档案室，为盐城市域内第一家。

【审计绩效考核】 2015年，大丰区实施“绩效考核审计化”，服务项目建设，提升审计监督服务层次和水平。组织考核专家组，开展招商引资项目投入额审计考核认定工作，严格标准、统一尺度、公平公正，以审计的视角和方法开展工作，形成动真碰硬的考核导向，促进项目建设的健康发展。2015年接受申报1亿元以上新开工项目117个，审核投资总额74.10亿元；接受申报1亿元以上竣工项目85个，审核投资资金126.73亿元。

（张明安）

统计管理

【概述】 2015年，全区统计工作围绕服务“转型发展、稳中求进”要求，推进统计方法制度改革，实施镇（区）统计职能整合，提升部门统计职能，统计基层基础建设成效明显，统计监测与服务水平稳步提升，较好地完成各项目标任务。

【1%全国人口抽样调查】 年初，大丰市人民政府下发《关于认真做好全市2015年人口抽样调查工作的通知》，成立了全市1%人口抽样调查领导小组及办公室，制订《大丰市2015年1%人口抽样调查工作计划》；各镇（区、农场）及相关部门专门明确1名分管负责人，统计局抽调12名业务骨干组成4个工作组，各镇（区、农场）及相关部门对口配备业务人员；区1%人口抽样调查领导小组办公室按照上级要求，重新检测“第三次全国经济普查”回收的每台手持电子终端PDA，确保每个调查小区能有2台以上PDA采集数据。宣传培训全面高效。细化宣传方案，编印调查宣传资料，利用户外广告宣传栏、宣传车、报纸、广播、电视、政府网站、公众微信平台等手段，配合调查人员上门宣传等灵活多样的形式，分阶段、有重点地将宣传发动工作贯穿于调查工作的始终，提高广大市民特别是调查对象对1%人口抽样调查的知晓率；9月下旬，组织60余名调查员、调查指导员业务培训，确保调查员能够熟练掌握和使用普查区电子地图、PDA、调查方案和调查表，保证调查数据采集及时、质量可靠。基础工作认真细致。开展样本框整理，5月，统计局组织集中业务培训各镇（区）统计员，掌握《2015年1%人口抽样调查社区表》基本指标内容及取数方法；组建业务QQ群，通过交流群及时反馈、有效沟通、快速解决各统计员在实际核查、调查阶段遇到的新情况、新问题；

2015年，大丰区统计局领导检查指导基层统计工作　（单位供图）

8月，组织召开全区1%人口抽样调查小区地图绘制培训会议，详细培训调查区边界、调查小区的确定和划分、地图绘制技巧及相关注意事项。健全各项制度。制订人口抽样调查办公室工作制度和考核办法，建立领导小组成员单位分片挂钩督查制度、部门联络员制度；区人口抽样调查办公室成立4个督查组，于9月中旬，全程督查各镇区组织机构、人员、资金落实情况。截至2015年年底，按照调查方案时序，户主姓名底册编制和摸底工作全部结束，进入正式登记阶段。

【统计改革】 2015年，区统计局整合镇区统计职能。结合统计改革和镇区统计工作需要，整合各镇区统计机构和人员，2次对各镇区统计人员及业务整合情况、制度落实情况进行督查，有效提升了镇区的统计能力和水平。加强部门统计工作。建立健全部门统计网络和主要指标月度报告制度，完善部门统计联席会议制度，每季度召开一次联席会议，通报部门数据报送情况；自主开发部门数据共享平台，推进部门参加“四上企业”（规模以上工业企业、房地产企业，资质等级以上建筑业企业，限额以上批发零售业、住宿和餐饮业企业，规模以上服务业企业）培植及联网直报工作，促进部门数据快速共享利用。有序推进统计改革。通过细化方案，加强培训，督查指导，有效推进GDP核算、固定资产投资、服务业、电子商务、劳动工资、能源和科技等统计改革，保证各项统计改革工作的顺利进行。

【统计监测与服务】 2015年，区统计局开展全面小康监测。上半年组织召开全区全面建成小康社会工作推进会，专题会办研究重点薄弱指标，建立全面建成小康社会部门交流工作机制，通过部门联席会议等形式，加强与经济主管部门衔接，掌握支撑数据动态，开展经济运行的动态监测分析研究。优化提升统计服务工作。改版“大丰统计信息网”“大丰统计微信”，制作“电子统计年鉴”，编印《数据观察》《统计月报》《统计快报》《统计年鉴》《统计改革及主要统计指标解读》。注重统计分析与研究，区统计局机关全年撰写上报统计信息480篇，其中省局内网采用200篇；上报统计分析115篇，其中省局内网采用31篇，信息和分析上报数量均居盐城市前列；上报统计专报18期，其中6期得到区领导批示，多角度、全方位为经济社会发展提供优质的统计服务。

【依法统计】 2015年，区统计局加强基本单位名录库维护更新。推进名录库建设联审制度化、工作督查经常化、业务培训常态化，加强部门、镇（区）基本单位名录库管理职能，加强与税务、质监、编办、民政、工商等部门信息沟通，加强与镇区及经济主管部门的对接，及时做好基层单位名录库更新和定报企业申报，更新企业名录4810个，变更登记8个信息有变动的企业，1~10月全区新申报新增“四上”单位77家，其中规模以上工业企业16个，规模以上服务业企业36个，限额以上批发零售业、住宿和餐饮业企业15个，资质等级以上建筑业企业10个，单位名录库更新维护工作继续保持盐城领先水平。推进统计法制宣传和执法工作。年初，根据省、盐城市统计局对新形势下依法治统的相关要求，组织制订《2015年大丰市统计法制工作要点》《2015年大丰市统计法制宣传工作计划》和《2015年大丰市统计监审工作计划》；围绕法制宣传和法制检查两个重点，加大《江苏省统计条例》宣传，对“四上”企业开展统计数据质量检查活动，开展法治宣传活动3次，制作宣传戗牌8块，印发宣传单600多份，对全区“四上”企业中的20个企业的统计数据质量进行执法检查。有序开展定报企业联网直报工作。结合统计改革需要，重新整合专业科室及人员的职能，细化“主副岗工作责任制”，每个专业均设立主岗和副岗人员，加强对上对接和对下交流沟通，企业联网直报工作质量明显提升；开展专项调查工作，年内组织开展工业与服务业发展环境调查，房地产专项调查，企业景气指数和企业家信心指数等专项调查6次，为科学决策提供可靠保障。

【统计行风建设】 2015年，大丰区统计局通过开展班子成员民主生活会，领导与职工的交心会，征集民意16条，梳理共性问题8条，并逐一研究对策措施。执行党风廉政建设有关规定。组织局机关人员学习传达《奢侈浪费专项整治工作方案》《关于进一步加强经费管理严肃财经纪律的通知》《为官不为专项整治工作方案》等文件精神，规范经费使用管理，严格执行财经纪律，推进“作风建设深化年”活动，抓“懒政”、整“庸政”、治“怠政”，提振公职人员精气神。加强党风廉政责任。学习部署《2015年大丰区党风廉政建设和反腐败工作责任分解意见》，着重从“强化党委（组）主体责任”“强化作风建设监督检查”“健全改进作风长效机制”等方面明确党组、领导干部和党员群众肩负的责任，以及在加强党风廉政建设和反腐败工作中需要自觉对照做好的具体事务。

（胡志友）

工商行政管理

【概述】 2015年3月，根据省政府《关于调整完善市县工商质监食品药品管理体制加强市场监管的意见》要求，大丰市在盐城市率先实现工商、质监、食药监三局整合，成立市场监督管理局。2015年，大丰区市场监管局工商行政管理工作紧扣深化改革、转型发展主线，强服务促发展，强监管促履职，强维权惠民生，强基础争进位，获得全国消协组织先进集体、盐城市文明单位标兵、中华麋鹿园创建国家AAAAA级景区工作先进集体等称号。

【工商服务经济发展】 2015年，区市场监管局工商行政管理工作始终

2015年，大丰区市场监督管理局组织开展"三严三实"专题党课，提升干部职工的履职能力　刘龙斌　摄

围绕经济中心，把促进发展作为职能工作履行的落脚点，搭建服务平台，创新服务方式，提升服务效能。围绕商事登记改革抓服务。牵头完成工商营业执照、组织机构代码证和税务登记证"三证合一"改革工作，全年办理"一照一码"登记业务1973笔。实行商事登记快速准入，放宽市场主体住所登记条件；实行注册资本认缴登记制；落实经营范围"前置改后置"工作，实施先照后证登记；推行网上登记，支持电商登记和网络创业。截至2015年12月底，全区有市场主体56429户，其中企业16091户（外资329户），个体工商户39529户，农民专业合作社809户。落实年报公示制度，全区应参加2014年报的各类市场主体为44196户，已年报35933户，年报率81.3%。围绕实施品牌战略抓服务。引导商标国内注册申请400余件，国际商标注册4件。"大丰南阳柿子"等3件商标获得国家级地理标志商标，大丰区地理标志商标总数跃居盐城第一。"丰收大地"等3件商标获批省著名商标。"恒北"观光旅游、"半岛"酒店等9件商标获批盐城知名商标。"大丰人好呢""大丰好玩呢"申报的24件商标被国家商标局全部受理。围绕助推企业发展抓服务。助力企业拓宽融资渠道，办理动产抵押99件，为企业融资19.45亿元，办理股权出质登记21件，担保标的总额18.31亿元。开展重合同守信用企业的复查和认定工作，对502户重合同守信用企业开展复查工作，新认定129户重合同守信用企业。

【工商维权】 非融资性机构整治。2015年，大丰区依法取缔江苏隆旺投资有限公司在大丰人民北路涉嫌从事金融业务点，对北京恒昌聚兴信息技术咨询有限公司大丰分公司和镭驰资产管理（上海）有限公司大丰分公司涉嫌非法从事金融业务的情况进行调查。向公安机关移送盐城金源投资有限公司大丰分公司、大丰市互惠特种经济作物专业合作社、大丰市兴农羊角椒专业合作社、大丰市农信特种经济作物专业合作社4个涉非机构案，依法追究其刑事责任，净化了金融市场环境。消保维权工作。畅通投诉举报途径。2015年，登记、分流、处置消费者投诉、举报704件，所有投诉举报均得到妥善处理，为消费者挽回经济损失752万元。食用农产品监管。对超市、批发市场、农贸市场151个批次食用农产品进行抽检，抽检结果在《大丰日报》上进行公示。工商各类专项检查。组织开展"一节两会"安全检查，人员密集场所专项检查，春季暨"五一"涉安主体检查，装饰装修行业专项整治，"黑网吧"及校园周边经营秩序专项整治，国庆、中秋安全生产大检查，旅游纪念品市场等专项检查，检查各类市场主体950多户次。同时配合公安部门开展烟花爆竹专项检查，根据政法委的要求参加校园周边食宿点的专项检查等。广告监管。对擅自发布户外广告行为、发布违法虚假广告从严查处，累计查处广告案件13件。同时根据区文明办的要求先后12次巡查沿海高速的户外广告，督促广告企业进行维护更新，保持良好的对外形象；督促全区79块户外广告位出新公益广告。

【工商队伍建设】 2015年，大丰区把加强工商队伍建设作为推动转型发展的根本保障，在提升队伍的凝聚力、战斗力上下功夫。抓学习促履职能力。研究制订业务培训计划和培训方案，开展业务技能集中培训工作，通过邀请上级科室领导到大丰集中授课、选派部分人员跟班学习、各科室负责人轮流授课等方式，结合日常监管工作中常见的重点问题进行有针对性的讲解和指导，提升干部职工的履职能力和水平。抓廉政建勤廉团队。组织开展"守纪律、讲规矩"党纪政纪知识测试，组织全体干部职工集中观看廉政教育微电影，去廉政教育基地开展警示教育活动。在全系统组织开展廉政座右铭征集活动，征集廉政座右铭近200条。工商局班子成员分别挂钩分局、科室和下属事业单位，开展形式多样的廉政谈心活动。以创建廉政文化示范点为重点，发挥廉政文化的熏陶净化功能，营造文化育廉的氛围，大桥分局作为全区4家单位之一获得盐城市级廉政文化示范点称号，新丰分局获得区级廉政文化示范点称号。抓制度促创先争优。制订机关日常工作规范、行政处罚工作规范等11项规章制度，对干部职工的行为举止和监管执法工作提出更高的标准和要求，规范了市场监管执法业务和内部管理。通过制度完善，使各项工作有据可依、有章可循，真正做到用制度管人、管事、管权，树立了工商系统良好形象。

（刘龙斌）

价格管理

【概述】 2015年，大丰区贯彻落实《中共中央国务院关于推进价格机制改革的若干意见》，减少政府定价项目，加强资源性产品价格改革，完善医疗价格改革，推进收费管理制度改革，严格价格执法监督，为全区经济社会发展营造良好的价费环境。

【景点周边价格环境整治】 2015年，区发展和改革委员会会同区市场监管局对各旅游景区周边的饭店、酒楼、农家乐等场所进行价格环境整治，采取家家到的方式上门指导，发放《餐饮行业价格政策提醒函》，提高业主的价格政策知晓度；对景区内售票处、各分景点、土特产品商店、酒店等场所加强价格政策指导，改善了旅游市场价格环境，"中华麋鹿园"顺利通过国家AAAAA级景点验收。

【配合做好环境治理】 2015年，区发展和改革委员会配合城区"小锅炉"集中整治，科学测算大丰阳光热电有限公司的热水集中配送成本和大丰华润燃气公司的天然气初装费成本，提出优惠措施建议，促进城区沐浴场所小锅炉清理工作实施；会同城管、环保、财政等部门外出调研垃圾处理价格的经验，提出江苏大吉能源有限公司的垃圾处置价格建议，经区政府研究同意后与大吉公司签订垃圾处理特许经营权协议；会同有关园区研究测算有关污水处理厂的污水处理价格，污水处理的双方协商确定价格。经区政府同意，修订城市生活垃圾处理费管理办法。

2015年，大丰港海洋世界被区发展和改革委员会推荐为江苏省价格诚信区域申报单位，并顺利通过江苏省、盐城市物价局组织的验收

【市场价格稳定】 2015年，区发展和改革委员会加强价格监测预警，重视价格监测预警体系建设，对重要商品和服务价格监测分析和预警预报，推进"数字物价""智慧物价"建设，加入"盐城动感物价"平台。健全平价商店长效管理，加强平价商店考核，不定期对平价商店经营情况进行暗访，对发现的问题及时纠正。组织协调农超对接，尝试在"丰收大地"现代农业示范区、部分农业专业合作社与大型超市之间牵线搭桥，建立直接联系，减少农副产品流通环节。将价格监测工作与平价商店管理结合起来，更新价格监测品种，由每月一报改为每三天监测采价一次，平价商店以价格监测数据为基础确定平价销售价格。

【民生价费管理】 2015年，区发展和改革委员会及时制订大丰区春学期学校收费政策；加强商品房明码标价和商品房销售"一价清"工作，组织对商品房明码标价工作的督查；推进公共租赁住房和廉租住房并轨运行；

2015年居民消费价格指数

表18

项目名称	指数	项目名称	指数
居民消费价格总指数	101.2	水产品	98.1
非食品价格指数	101.1	菜	104.0
服务项目价格指数	101.4	二、烟酒及用品	104.8
一、食品	101.6	三、衣着	104.7
粮食	102.2	四、家庭设备用品及维修服务	100.7
淀粉	99.7	五、医疗保健和个人用品	100.9
干豆及豆制品类	97.3	六、交通及通信	96.6
油脂	91.5	七、娱乐教育文化用品及服务	102.6
肉禽及其制品	107.7	八、居住	100.1
蛋	88.3		

审批相关经济适用房销售价格；完善物业服务管理，会同区住建、市场监督管理等相关职能部门对全区物业服务单位的服务质量和收费情况进行专项检查，对发现的问题下发通知促其整改。

【公共产品价格管理】 2015年，区发展和改革委员会调整了垃圾焚烧处置价格；会同区经信委研究集中供热情况和热力价格情况。区政府出台集中供热管理办法和煤热价格联动办法；修订了《大丰市城市生活垃圾处理费征收管理办法》。

【价格执法监督】 2015年，区发展和改革委员会革新价格执法理念，将价格监管的重心和重点逐步从政府定价领域转移到市场价格行为监管和反垄断执法上。年内，有组织、有计划地开展教育收费、商品房销售明码标价、涉企收费、医药卫生服务价格、旅游行业明码标价等专项检查，协助国家发改委、省物价局开展环保电价检查和药品等企业反垄断调查。组织开展元旦、春节、清明、五一、端午、中秋、国庆节日市场专项检查，查处价格违法案件12件，入库罚没款549万元。反价格垄断执法领域取得突破，配合省物价局开展反垄断案件的调查，并及时提供反垄断案件线索，得到国家和省物价局的认可。

【价格诚信建设】 2015年，区发展和改革委员会以创建省价格诚信单位的申报活动为契机，推进价格信用体系的建设。把江苏大丰蓝色旅游开发有限公司（大丰港海洋世界），推荐为江苏省价格诚信区域申报单位，并上门对其管理人员及其员工进行相关法律法规、政策的宣讲和有关业务培训，指导申报单位完善相关规章制度，建立创建台账，顺利通过江苏省、盐城市物价局组织的验收，共同打造新的价格诚信标杆。

【价格鉴证稳步实施】 2015年，区发展和改革委员会完成公安机关委托的涉案财产价格鉴证256件，司法机关委托的涉案财产价格鉴证26件，道路交通事故车损物损价格认定38件，其他非涉案财产价格认定24件。稳步推进涉税财物价格认定工作，主动跟国税、地税部门沟通，寻找工作切入点，开拓抵税物、应税物、土地转让等涉税财产的价格认定工作。开拓创新工作思路，开展非司法价格认证工作，打造价格认证机构在政府征地、拆迁补偿价格认证工作中的公信力。全年完成该类委托24件，认定总额6699.89万元。

【价格成本监审】 2015年，区发展和改革委员会实施民办学校、民办幼儿园成本监审，按照国家阶梯式气价、水价工作要求，开展天然气和自来水成本监审。及时完成上级要求的各项成本专项调查和常规调查任务，搞好农户存粮调查、农资调查及棉花、玉米等预测调查，先后在成本监审和农本调查方面撰写分析文章13篇，其中《成本监审中财务费用之浅见》被国家级刊物《财会学习》以及《江苏价格》采用。

（葛亚洲）

食品药品监督管理

【概述】 2015年，大丰区市场监管局食品药品监管工作围绕“保障公众饮食用药安全”目标，履行监管职责，开展食品药品安全专项整治，打击制售假劣食品、药品违法行为，整顿和规范了市场秩序，有效地防控了辖区内重大食品、药品安全事故的发生。

【食品安全】 2015年，大丰区政府及时调整食品安全委员会成员，出台全区食品药品安全工作目标任务和重点工作安排，将食品安全工作列入政府年度工作目标；3月16日召开大丰食品安全工作会议，部署食品安全重点工作，与各镇（区）、各职能部门签订责任状；区政府第43次常务会议专题研究食品安全工作；每季度召开食安委成员单位会议，部署重点工作，督查阶段任务。区人大开展《中华人民共和国农产品质量安全法》执法检查，推进食品药品监管工作。健全监管机构。在盐城首家组建市场监管局，增挂食品药品监管局牌子；设立10个食品药品监管分局，各分局成立食品安全监管领导小组，将各镇区划分为10个区域、46个网格，签订食品安全监管责任状，层层落实监管责任。加强属地责任。区政府出台《关于加强镇（区）食品安全基层责任网络建设的通知》，明确基层食品安全工作职责、运行机制，落实镇（区）属地管理责任。各镇（区）均设立主要负责人担任食安委的主任，分管负责人兼任办公室主任，明确专人负责食品安全，村居（社区）设食品监管协管员，并通过组织培训、开展考核、发放津贴和表彰奖励等方式，促进其承担协助执法、隐患排查、信息报告、宣传引导等职责，对289名协管员进行以奖代补。加大投入保障。全区食品药品专项经费在省下划基数基础上，分三次追加112万元，其中35万元用于基层网络建设，70万元为基层分局购置快检设备，7万元用于创建省食品安全城市宣传。严格督查考核。将食品安全重点工作纳入区委区政府重大事项督查，督查情况上报区主要领导，印发至各镇（区）、各相关部门。将食品药品安全纳入民生幸福和社会事业重要内容进行考核。在监管方面，大丰区市场监管局采取系列措施，严格监管。食品生产环节监管上，召开全区食品生产监管工作会议，125个企业负责人签订食品安全承诺书。实施安全风险防控，分类指导企业风险隐患排查整改228条。推进“三分”（A级、B级、C级）监管，全区134个食品企业有B级企业23个，C级企业111个。在苏北首家出台《食品生产加工小作坊生产加工条件备案暂行办法》，有178个食品生产加工小作坊申请备案登记。在江苏人酒业江苏有限公司、江苏丰山酒业有限公司2个白酒生产企业和江苏兄弟维生素有限公司、大丰海嘉诺药业有限公司2个食品添加剂生产企业开展电子追溯系统建设，是盐城

2015年6月16日，大丰举行食品安全宣传周启动仪式　　刘龙斌　摄

市任务最多、完成最快的县区。食品流通环节监管上，在城区60家单位试点开展食品流通环节信用分类分级管理工作。对上级通报的问题产品重点处置，先后开展含铝食品、冷冻肉品、河豚鱼、假冒食盐等专项检查。食用农产品监管上，对超市、批发市场、农贸市场151个批次食用农产品进行抽检，抽检结果在《大丰日报》上公示。餐饮环节监管上，开展学校食堂、敬老院食堂、卫生镇创建、旅游景区等餐饮专项检查。完成中高考、2015年麋鹿生态旅游季保障等6次重大活动安全保障任务。全面实施量化分级，应评定单位数1945家，A级单位182家，B级单位1161家，C级单位602家。实施农村家宴备案，落实办餐主体责任、属地管理责任和监管部门责任，重点突出镇（区）政府属地管理责任。

【药品安全】 2015年，大丰区落实药械和保化安全责任，与所有涉药械和保化单位签订《安全承诺书》。落实药械和保化安全责任，加强日常监管，规范涉药械和保化生产、经营使用单位的行为，全区所有涉药械生产、经营企业均按国家规定的时间要求，于12月31日前分别通过新版GMP和GSP认证。加强诚信评价管理，实行涉药涉械单位信用等级评定，全区208家涉药械单位中，131家被评定为诚信级单位，守信77家，无警示和失信单位。加强涉药械单位的守信意识，推进不良反应监测、风险防范体系建设，全年全区报告药品不良反应997例，每百万人口1384例，医疗器械不良事件352例，每百万人口491例，化妆品不良反应报告33例，同时发放化妆品风险告知书6000多份，区药品不良反应、医疗器械不良事件监测工作位居盐城第一。加强药品电子监管，全面推进药品经营企业药品购销核注核销工作，全区药品经营企业入网核注核销率100%，居全省前列。

【食品药品专项整治】 2015年，大丰区市场监管局开展含铝食品、冷冻肉品、河豚鱼、假冒食盐专项检查。出动执法人员1428人次，检查食品经营单位2128户次，查处违法违规行为126起，限期整改228家。开展学校食堂专项检查。制订《秋季食品安全专项检查方案》，联合大丰区教育局对19家学校食堂进行督查，下发整改意见书13份。开展敬老院食堂专项检查。与大丰区民政、消防部门联合对19家敬老院食堂进行专项检查，下发整改意见书19份。开展卫生镇创建专项检查。组织对万盈镇、草庙镇监管人员和餐饮单位经营者进行创建业务培训，检查两镇46家单位，下发整改意见书42份。开展旅游景区专项检查。检查景区周边26家餐饮单位，下发监督意见书12份。开展夏季餐饮整治。开展重点时段整治。加强药械保化市场整治，全年出动执法人员3000余人次，在全区组织开展各级布置的药械保化专项整治19次，有效净化了全区药械保化市场。开展全区稳定工作十大专项整治百日行动，出动执法人员3400余人次，检查食品生产、经营、餐饮单位9068户次，发现违法违规行为487起，立案162件，检查“三品一械”（药品、保健食品、保健用品和医疗器械）单位539户次，发现存在问题单位27户，立案11件，较好打击了食品药品违法行为。

【食品安全城市创建】 2015年，大丰区被确定为首批江苏省级食品安全城市创建单位。大丰区政府组织外出考察学习，借鉴先进地区经验，制订创建方案，成立领导小组，召开动员大会，层层签订创建责任状，全面启动创建工作。同时通过召开推进会议、组织重点工作督查，推动各镇（区）、各部门落实创建工作任务。在全区党政机关、学校（幼儿园）、敬老院、规模骨干企业食堂和大型餐饮服务单位中推进“明厨亮灶”工程，2015年建成32家。全面开展创建宣传。下发《全区创建食品安全城市宣传工作方案》，制作沿街道旗，播放食品安全户外公益广告，营造创建浓烈氛围；在主城区人流密集地段设置达“六有”要求的食品药品科普宣传站5个；在村（居）设置宣传栏、张贴宣传画，增强食品安全意识；在学校编印发放5万册食品安全知识教材，普及食品安全知识；印制宣传海报和温馨提示各1万份，在餐饮单位醒目位置张贴，倡导健康饮食理念；在《大丰日报》开辟专栏、大丰电视台播放公益广告、推广“食安大丰”微信公众号，设立短信宣传平台，全面宣传食品安全。通过立体式多渠道开展食品安全宣传，推动形成全社会广泛参与的社会共治格局。11月，盐城市食药监局局长赵宁带队到大丰区督查食品安全工作，对大丰区的食品安全尤其是省级食品安全城市创建工作给予肯定，并在大丰启动“食品安全盐阜行”宣传活动。

（刘龙斌）

质量技术监督

【概述】 2015年，大丰区市场监管局质量技术监督工作围绕转变发展方式，完善质量发展格局，健全质量服务体系，创新质量监管方式，促进了全区经济社会持续健康发展。

【质量品牌创建】 2015年，大丰区推进质量强区工作，区政府专门成立由分管领导任组长，各有关部门和单位主要负责人为成员的质量强区工作领导小组，领导小组下设办公室，定期召开领导小组会议，研究分析质量形势，部署重点工作，解决难点问题。出台《大丰区贯彻实施质量发展纲要2015年行动计划》《大丰区质量强区活动实施意见》，质量强区领导小组制订《大丰区2015年质量强区工作计划》《关于在全区企业推行总经理质量奖的指导意见》《关于在企业推行首席质量官制度的指导意见》等一系列实施意见。各镇、各部门围绕建设质量强区，制订配套政策，完善工作措施，全面推进质量强区、质量强镇、质量强企建设。实施名牌战略，2015年，新增江苏省名牌产品2件，盐城市名牌产品14件，丰山集团获得盐城市第三届市长质量奖，丰山集团、正大丰海分别被列入全省AAA级、AA级质量信用企业，2个企业被盐城市评为质量提升十佳企业。

【质量监督服务】 2015年，大丰区实施标准化战略，持续推进已申报标准化试点项目，指导“大丰港口物流服务业标准化试点”“恒北乡村旅游服务标准化试点”、国家级现代农业综合标准化示范区等项目建设。围绕社会需求和产业趋势，培育新试点项目，指导“荷兰花海花卉文化生态旅游服务标准化试点”“省级养老服务标准化试点”、盐城悦盛现代农业发展有限公司肉鸡养殖标准化示范等项目申报工作。推介标准化成果，推荐裕华大蒜参加国际标准化委员会开展的“一地一品一盘一书一报道”的“五个一”活动。区行政服务中心服务标准化试点工作作为盐城市唯一一家参评试点单位，参加国标委开展的服务示范项目典型案例征集活动。“大丰大蒜标准化示范区”被盐城市质监局推荐参加“全国农业标准化示范区建设20年成果展”。开展“计量为民，助农办实事”活动，针对与群众生活密切相关的商场超市、加油站等开展计量监督检查，让老百姓购放心物、加放心油。发挥检验检测公共技术服务平台的作用，为全区抛丸机、空压机等特色产业提供质量检验和相关技术咨询服务，年内完成盐城区域空气压缩机和金属表面处理装备两类产品省级监督抽查90批次，受理产品委托检验895批次，检定各类计量器具5.5万台（件）。计量“两免费”检定活动惠及24个农贸市场，148个镇卫生院、妇幼保健站和村卫生室，免费检定计量器具1950台（件）。

2015年，大丰质检所向学生普及质量知识　　刘龙斌　摄

【质量安全监管】 2015年，大丰区推进落实企业质量安全主体责任，在优质产品示范区产业集群企业、生产许可证企业等生产企业中开展企业质量安全承诺活动，在省、市名牌产品企业中开展质量比对提升活动。对金属表面处理行业进行培育，其产业集群于11月正式通过省级优质产品生产示范区验收。组织力量对生产许可证和3C证书获证企业进行巡查。严格特种设备安全监管，全年出动现场安全监察564人次，现场监察使用单位253家，发现安全隐患325条，下发整改意见书108份，安全监察指令书23份，立案查处11起。组织开展电梯、气瓶等各类专项整治，全区未发生特种设备安全责任事故。推行特种设备标准化使用镇（园区）创建工作。组织开展特种设备安全月活动，由区市场监管局拍摄的微电影《职责》，获得盐城市“生命之歌”文艺会演第三名。

【质量监督纪律】 2015年，区质监部门重视机关党建工作，开展学习型党组织建设；全面落实党风廉政建设责任制，加强作风建设日常监督；加强专项整治活动长效化建设，新建立和完善11项规章制度；开展创新服务举措和办实事活动，质监领导班子成员分别挂钩一个重点企业，帮助企业解决生产经营中的困难。

（刘龙斌）

〖编辑　丁彩前〗

人民武装

【概述】2015年，中国人民解放军江苏省盐城市大丰区人民武装部围绕强军目标，举旗铸魂固根本，凝心聚力抓准备，立言立行改作风，全面建设继续保持稳步提升的良好势头。被省军区评为先进团级党委、军事训练先进单位。

【思想政治建设】2015年，大丰人武部坚持把学习贯彻习近平系列重要讲话精神作为首要政治任务，深入开展“三严三实”专题教育整顿和“新一代革命军人样子”大讨论活动，教育引导干部职工看清改革大势、昂扬精神状态、践行强军目标，持续夯实民兵预备役人员高举旗帜、听党指挥、履行使命的思想根基，真正把大家的思想和行动统一到党中央、中央军委和习近平决策指示上来。结合纪念抗战胜利70周年和全民国防教育日，充分运用红色资源开展全民国防教育，加大优抚安置工作力度，营造全社会关心支持国防建设的浓厚氛围。草庙镇组织民兵保护生态的做法被《中国民兵》刊用。深入开展“双百双建”（省军区所属一百多个团级单位帮扶一百多个贫困生）活动，部机关与刘庄镇民主村党总支挂钩共建，结对帮扶白驹镇红星小学，三龙镇、小海镇、大桥镇闻令而动，资助贫困生，受到群众广泛好评。

【军事斗争准备】2015年，大丰人武部认真贯彻新形势下军事战略方针，召开党委会专题议战议训，推动各项准备向纵深进击。严格落实战备制度，扎实开展战备值班综合整治，集中组织民兵情报信息员集训，大丰港一类海防民兵哨所被盐城市海防委表彰为海防工作先进单位。先后投入165万元，提升战备“四化”（规范化、信息化、常态化、实战化）建设水平，受到省军区作战能力评估组好评。大抓实战化训练，扎实开展“三实”（实投、实弹、实爆）和首长机关训练，安排6批42名民兵骨干参加跨区联训，承办盐城市应急处突骨干集训，部分专武部长参加军分区组织的业务技能训练考核获得团体总分第一名，蒋元林取得个人总分第一名；区民兵应急连干部骨干参加军分区实战化比武考核，取得团体总分和个人综合第一名的好成绩，新丰镇、开发区、港区民兵参训率高、训练成绩好。

【后备力量建设】2015年，大丰人武部深入推进动员军事斗争准备，组织区国动委及相关成员单位参加“苏防-2015A”演习和“畅通-2015A”保交护路演练，完成预备役高炮二师四团大丰直属队快速动员任务，战时国防动员能力得到检验。深化民兵组织建设调整改革，新建频谱管控、网络防护等新型民兵分队。大中镇、南阳镇、万盈镇整组潜力调查扎实，编组科学合理。区民兵应急连分别接受军分区和省军区整组点验，综合成绩名列全省第一名。针对“当兵冷、征兵难”等实际，各镇（区）广泛宣传发动，紧盯关键环节，突出廉洁征兵，完成兵役征集任务。草堰镇、白驹镇、西团镇征兵工作取得实效、兵源质量高。按照建设标准和时间节点，在新丰镇、港区试点先行，持续推进第三批基层民兵营（连）规范化和民兵基层党组织建设。除10个村部在建的村外，其余全部达标。兄弟单位先后到西团镇人武部、三龙镇人武部及龙东村、大中镇阜北村和恒北村参观见学，给予较高评价。

【安全管理】2015年，大丰人武部坚持依法从严治军，巩固深化正规化建设现场观摩会成果，深入开展“学法规、明职责、严纪律、正秩序”等活动，认真抓好作风纪律教育整顿，代表军分区迎接省军区依法从严治军大检查。积极防范重大安全问题，强化节假日、敏感时节和民兵轻武器封存调运、民兵应急分队训练期间的安全管理工作，定期组织防暴恐袭击演练，牢牢把握安全工作主动权。紧盯“人、车、枪、弹、密、酒”等重点环节，建好制度机制，落实责任区分，实行分类管控，确保事事有人抓、人人有责任、件件有落实，保持了人武部安全稳定。

【后勤装备保障】2015年，大丰人武

部深化军事斗争后勤准备，加强后勤专业技能训练，结合参加演习演练，积极开展后勤保障能力检验评估。坚持把财力物力向能打胜仗聚焦，严格党委理财制度，强化后勤精细管理，从严控制经费使用，加强物资集中采购统管，全年接待费和行政消耗性开支大幅下降。扎实开展通用武器装备战备完好性普查整治，认真落实武器弹药动态管理，民兵武器装备仓库连续37年安全无事故。严密组织民兵轻武器封存调运上缴，加强兵器室管理人员业务技能培训，提升正规化管理水平，为军分区提供了观摩现场。

【人武部队伍建设】 年内，大丰人武部持续开展创建“三型”（学习型、服务型、创新型）党组织活动，聚焦能打胜仗，深化党委班子岗位练兵，不断提高领导人武部建设科学发展和指挥打仗能力。认真抓好民主集中制经常性学习教育，修订完善党委议事规则，强化按程序、按规则、按集体意志办事的意识。健全学习、训练、考核和讲评制度，结合组织重大军事活动和完成急难险重任务，引导大家自我加压、勇于担当、多岗锤炼，干部队伍“靠素质立身、凭实绩进步、以胜任胜出”的意识强烈，综合素质进步明显。牢固树立作风建设永远在路上的思想，坚决执行各级关于加强作风建设的硬性规定，巩固深化教育实践活动成果，推动作风建设持续向上向好。

（陈晓波）

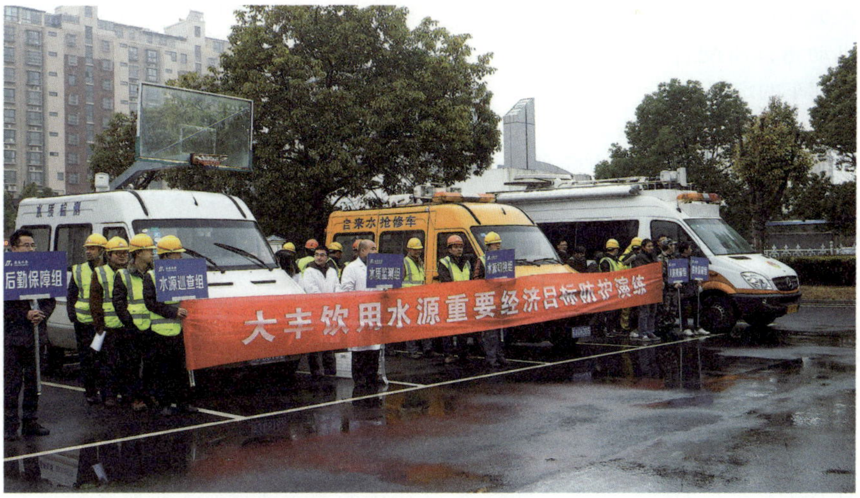

2015年12月23日，大丰区人防办与大丰区自来水公司联合开展大丰饮用水源重要经济目标防护演练　（单位供图）

人民防空

【概述】 2015年，大丰区人民防空办公室（简称大丰区人防办）围绕“向打仗靠拢、为打仗保障”的战略目标，以“能打仗，打胜仗”为总要求，以战时防空、平时服务、应急支援为使命，努力打造法治人防，在基层人防信息化建设、行政审批、依法行政、机关作风建设和宣传教育工作上取得较好的成绩，被省民防局表彰为县（市、区）人防工作先进单位、宣传工作先进集体、“六五”普法先进单位，被盐城市民防局评为综合考核特等奖，被大丰区委、区政府表彰为进位争先先进单位、服务发展创新创优和深化改革工作先进单位奖。

【人防工程建设】 2015年，区人防办加强人防工程质量监管力度。在做好人防工程项目审批基础上，完善设计、监理、防护设备安装企业等质量主体的资格准入制度，凡在大丰实施人防工程设计、监理和防护设备安装的企业必须具有符合国家、省、市人防部门的资格要求，从源头上控制好人防工程的设计和施工质量。落实建设单位依法建设人防工程的责任，严格各施工关键节点的质量把控和报验以及质量验收等要求，对不按程序报验的人防工程不予进行竣工验收。通过制定考核办法，结合工程建设领域信用信息评价系统，对各质量主体在工程施工中质量行为进行百分量化评估，建立信用等级红黑名单。在工程竣工验收中，专门成立人防工程竣工验收备案领导小组，并对小组成员的职责进行明确分工。

【人防专业队整组】 4月，大丰7支人防专业队进行整组，整组人数300人。5月8日，盐城市委常委、军分区政委宋修明，盐城市民防局副局长刘汉坤，大丰市委副书记宋勇，市人武部部长张守中、政委周小进对大丰人防医疗救护专业队、防化专业队、通信专业队、抢险抢修专业队4支人防专业队和志愿者队伍进行点验，参点人数计120人。

【基层人防信息化试点项目】 年初，省民防局下发关于在大丰市开展基层人防信息化建设试点的通知。该工作被大丰市政府列为2015年重点工作。基层人防信息化项目建设的主要任务是建设功能相对齐备的县级人防地面指挥中心信息系统，配套县至乡镇（街道）的人防应急指挥信息系统，有效提升人防组织指挥的信息化水平；建设对重要经济目标、人防工程、疏散基地，以及城市重要区位的综合监视系统。项目建成后，将成为江苏省县级人防信息化建设标准化示范点，在全省推广。年底完成省试点关于基层人防信息系统的前期调研、项目立项及项目设计方案工作。

【人防机动指挥所建设】 年内，区人防办开展每周一次的车场日活动，对机动指挥车设备加电，定期对机动指挥车设备使用性能进行检查，配合施工单位解决在使用中发现的部分问题。要求施工单位再次对机动指挥所维护人员进行专业培训，进一步规范机动指挥车的操作流程，增强专业人员在机动指挥系统中的应变能力。机动指挥所配合盐城市局完成机动指挥车的定期演练活动。12月23日，与区自来水公司开展了一次大丰饮用水源重要经济目标防护演练活动。

【防空警报网络建设】 2015年，大丰人防办与警报器维保单位续签警报器维护协议，加强警报设施的维护管理，确保每台警报器处于良好状态。对原有警报系统实施升级，防空警报网首次覆盖到大丰港。市区范围内警报器集控率、覆盖率达到100%。9月18日，在全省统一组织的防空警报试鸣活动中，试鸣响率达到100%。

【人防宣传教育】 2015年春节期间，通过市委、市政府送戏下乡平台，与大丰艺术团合作，结合人防元素，专门编排新编联唱《吉祥五星唱人防》、小品《人防志愿者》、小组唱《大丰人防之歌》和快板《我们都是兵》等人防节目，在市区、各镇（区）巡回演出46场，每场演出中安排三次人防知识有奖抢答，对抢答正确的群众发放人防应急器材作为奖品，让人民群众在喜闻乐见中认识人防，关注人防，深受广大干部群众欢迎。继续与大丰日报社、大丰电视台签订宣传协议，利用媒体每月一次宣传人防的各类知识及相关应急支援技能，在2015年的宣传中，新增由专门聘请的律师对人防的法律法规知识进行解读栏目，使人防的法律法规宣传更严谨易懂，应急支援宣传更切实可行。专门设计开发出印有人防小知识的宣传水杯，与印刷公司签订协议，首批增印人防宣传纸杯100万只，分别发放到各区直单位人防工作站、街道（镇）人防工作站和社区（村）人防服务站及区委党校党政领导干部培训班。与大丰武术运动协会、文明办开展“人防杯”太极拳进社区表演比赛活动，让人们在生活中有更多的机会接触人防、了解人防。

【人防教育基地建设】 年内，区人防办在区委党校建设全区党政机关人员人防教育基地，在飞达路初级中学建设全区中小学生人防教育基地，因人而异制订人防宣传内容，对党政机关人员侧重宣传人防法规，对全区中小学生通过辐射带动作用开展人防知识教育活动，使全区中小学生从小树立人防意识，带动家庭及全社会关注人防。进一步整合资源，与区教育局联合在城东实验小学建设小学生人防教育基地，该项目2015年年底进入设计阶段。

【人防进农村】 按照先试点、后推广、逐步推进的要求，在完善2014年建成的草堰镇村级人防服务站试点经验的基础上，以建立“六个一”（一个办公场所、一个人防应急器材室、一个人防应急医疗救护点、一个人防宣传栏、一支人防志愿者队伍、一个抢险救灾应急支援预案）标准的村级人防服务站为重点，2015年在万盈镇、南阳镇、西团镇、草庙镇、大桥镇和白驹镇6个镇完成了村级人防服务站全覆盖建设。

【依法行政】 人防行政执法环境得以优化，2015年，大丰人防办充分利用“星期六党校”组织机关人员开展每周学法活动，引导机关人员掌握法律知识，增强法律意识。运用区委党校人防进机关教育基地，强化对党政机关领导干部进行人防法规的宣讲，引导机关人员关注人防法规。邀请人防法律顾问对全办人员进行人防法规相关内容专题讲座，增强执行人防法规的自觉性。同时聘请区涤非律师所律师为人防法律顾问，将依法行政贯穿于各项工作始终，在聘请合同中明确要求法律顾问每周半天进行一次业务指导，每月一次法律讲座（《大丰日报》、大丰电视台），每月一次法律知识辅导，每年协助追缴人防经费不少于应缴款的20%。整合社会各方面力量，努力营造法治人防氛围，助推人防大发展。执法程序得以规范，进一步修订和完善人防行政执法制度、执法文书和人防行政处罚程序，统一规范执法文书，严格按程序规范执法行为。人防案件的执法过程全程由人防法律顾问参与、指导与把关。在具体案件的处理与实施过程中，多次请盐城市民防局法制处、大丰法制办、法院等相关单位对行政执法过程进行会商指导。人防执法力度得以加强，进一步健全人防执法队伍，人防办执法人员全部实现持证上岗。严格执法程序，依法处理各类上访案件，做到有法必依、执法必严。依法维护人防法规的尊严和当事人的合法权益，通过依法行政保证法治人防落到实处。

【易地建设费收支管理】 2015年年初，大丰人防办将人防易地建设费的使用列入部门预算，按照规定统一使用《江苏省非税收入一般缴款书》，实行收支两条线管理，同时通过人防工程立项审批、竣工验收，依法筹集人防易地建设费，在此过程中主动接受财政、物价部门的监督。

【行政审批权力运行】 按照盐城市局权力下放的相关要求，5月，大丰人防办出台《大丰市人民防空办公室行政审批内部管理办法（试行）》，从工程的质量监管、竣工验收备案到人防工程的规范使用都明确了相关人员的职责。5月，制定《大丰市人防办人防建设审批流程和岗位职责》，真正做到定员定岗定责，确保人防工程建设与管理审批规范运行。同时，要求全办工作人员都具备行政审批业务办理能力，熟练掌握行政审批流程，5月开始，每月安排一名工作人员到行政审批中心窗口学习参与人防工程的建设审批办理。9月28日，区行政审批局揭牌成立，作为首批划转行政审批事项的部门之一，主动与行政审批局对接，做好行政审批相关业务的交接工作，同时，为加强审批环节事中事后的监管制订了切实可行的制度措施。

【人防办机关作风建设】 2015年，大丰人防办以“星期六党校”为契机，开设星期六党校专题大讲堂。通过由各科室讲业务、法律顾问辅导法律法规、党员干部讲廉政等专题讲座，着重学习中共十八届四中全会精神及中国共产党廉洁自律准则等相关文件，引导激发机关干部在政治上保持坚定的立场、在业务上保持精良的技能。同时通过观看相关廉政案例，以鲜活生动的事实，教育全办人员时刻以勤政、廉政的标准开展好各项工作。开展“每日三问”活动。在全体机关干部中开展以“我的工作任务完成了吗？我的服务对象满意了吗？我的言行符合廉政准则了吗？”三个问题来推进机关工作工作效率的提升，并将“每日三问”制作成宣传栏固定在电梯口墙面上，上下班适时提醒与自我督促。开展党风廉政建设，严格按照廉政建设的相关要求开展工作，对“三重一大”相关事项及时会办研究，在“5·10”作风自警活动中，组织全办人员到新四军纪念馆等教育基地进行参观学习，使全办人员绷紧廉政弦。

（杜小燕）

人民消防

【概述】 2015年，大丰消防大队围绕实现“两稳定一提升”（火灾形势、队伍管理稳定和先进质次提升）的总目标，按照“打基础、树品牌、保稳定”的总要求，适应形势需要，在稳定中求发展，在发展中求突破，圆满完成年初确定的主要目标任务，多项重点工作在支队受到好评，代表支队接受省总队检验考核。

【思想政治建设】 2015年，大丰消防大队以“学习践行强军目标，做新一代革命军人”主题教育活动为主线，抓好班子建设和人才队伍建设。大队以中共十八届三中、四中全会，全军和公安现役部队政治工作会议精神为指导，聚焦党在新形势下的强军目标，把握军队政治工作时代主题，围绕学习贯彻习近平主席系列重要讲话精神这条主线，贯彻落实上级党委的一系列重要决策部署，为建设一支“听党指挥、能打胜仗、作风优良”的公安消防部队，有效履行党和人民赋予的神圣使命，为完成以防火灭火为中心的各项工作任务提供强有力的思想政治保证和精神动力。

【践行强军目标】 2015年，大丰消防大队坚持开展实战化练兵活动，把践行强军目标作为“党委工程、主官工程、重点工程、基础工程”来抓，努力提高官兵技战术水平，严格落实执勤值班制度，加强对责任区情况的熟悉，确保部队时刻处于良好的战备状态。年内，大队根据上级有关要求，认真研究制订大队练兵计划，在全体官兵大力营造练兵氛围，制订严格奖惩措施，充分调动全体官兵的参与热情。训练中，坚持全员参训，科学施训，分岗位训，干部骨干带头训，努力提高官兵的整体素质。

【灭火救援】 截至2015年年末，大丰区连续15年未发生大的火灾事故。2015年接警出动707起，其中火灾扑救466起，抢险救援241起，出动车辆1055辆，出动警力6103人，抢救被困人员195人，疏散被困人员12人，抢救财产价值432.7万元。

【消防宣传培训】 2015年，大丰消防大队牢固树立“消防工作宣传系于一半”的理念，加强消防宣传工作。加大安全提示力度：在全区115个单位LED显示屏，6处商场区场户外大屏，12个小区的户外视频24小时滚动播放消防宣传标语、消防公益广告。全体监督员严格落实“每周一宣”，深入各类单位、场所开展社会面消防宣传。在城东实验小学成功举办第五届社区消防节系列活动。立足传统媒体宣传：在大丰电视台每晚黄金时段滚动播放消防宣传字幕，在《大丰日报》刊登《关于开展夏季消防检查工作的通告》，专门印制1000份《劳动密集型企业消防安全治理手册》和“自查自纠表”、承诺书等材料发放至各消防安全重点单位和劳动密集型企业。抓住新兴媒体宣传：消防大队利用微博和微信公众号两个互联网宣传平台每天发布消防安全常识，拍摄两部“微视频”，制作宣传常识贴画。每月利用移动互联网短信平台向不同目标人群发送消防宣传短信。加大宣传投入：消防大队在瑞城国际小区新建一处消防体验室，并斥资14万元改造一辆消防宣传车，每周末赴乡镇主要街道开展消防宣传。

【双拥共建活动】 2015年，大丰消防大队积极投身文明单位创建和青年文明号争创活动，主动与团区委、区文明办对接联系，实施帮助孤老的爱心工程、援助失学儿童的希望工程。出资近1万元用于资助社区贫困家庭、离退休老干部和贫困学生。常年资助贫困家庭和学生2户；为缺水老百姓义务送水1500余吨；参加地方政府执勤保卫60余次，出动警力400余人；义务冲洗清扫道路5000余米。

（汪志强）

2015年7月4日，大丰消防大队举行消防演练　（单位供图）

武 警

【概述】 2015年，武警大丰中队贯彻落实三级党委扩大会议和全军政治工作会议精神，坚持政治建军、改革强军、依法治军，不断建强班子、规范秩序、改进作风，圆满完成以执勤处突为中心的各项任务，部队建设呈现出全面进步、稳步向上的良好态势。中队多次在支队比武竞赛中取得优异成绩，1人立三等功，6人被评为“优秀士兵”，3人受到支队嘉奖。

【武警执勤】 2015年，武警大丰中队严格落实“湖北会议”精神，完善执勤设施标准，加强执勤战法研训，贯彻共建共管、共教共育、联检联评、联合演练等制度，高标准完成了看守所监区外围武装警戒、武装巡逻、武装押解、机动备勤等临时任务，多次受到武警江苏省总队、武警盐城市支队和区委、区政府表彰。副区长、区公安局局长顾富昌多次慰问一线执勤官兵。

【军事训练】 2015年，武警大丰中队依据《军事训练与考核大纲》，以能打仗、打胜仗为目标，强化干部骨干教学能力和官兵遂行执勤处突任务能力，全年完成训练时间496小时。开展实战化训练，新增反恐怖、反爆炸、反劫持人质训练课目22个，以支队勤训轮换与应急班反恐比武为契机，严格按纲施训，科学组训，确保训练质量，完成射击、擒敌、单兵战术动作、通过400米障碍、扛圆木协助跑、特种战术基础、临危反应动作、战术手语、阳台攀登、抓绳索攀登、伪装侦查、秘录等课目，官兵军事素质提升明显。

【武警中队思想政治工作】 2015年，武警大丰中队贯彻全军政治工作会议精神，扎实开展思想政治教育，充分发挥政治工作把关定向和服务保证的作用。开展主题教育，锤炼官兵忠诚于党的政治信仰和“一不怕苦，二不怕死”的战斗精神；开展“四互四有”（互相尊重有尊严，互相关爱有温暖，互相理解有信任，互相学习有进步）活动，掌握官兵思想动态，密切内部关系；发挥党员骨干作用，叫响“看我的、跟我上”口号；利用驻地资源，组织官兵参观烈士陵园和纪念馆，接受革命传统教育。

【武警中队管理】 2015年，武警大丰中队坚持依法从严治军，强化遵纪守法、精细管理、安全发展理念，进一步正规战备、训练、工作、生活秩序，部队正规化建设水平稳步提升。在时间上，重点抓住8小时以外的管理，强化各级官兵职责，严格落实请销假制度；在人员上，突出对干部、公勤人员的管理，要求一视同仁，坚决杜绝特殊化，重点解决乱拉关系、侵占战士利益、形象差等问题；在空间上，由营区管理延伸至集训点、医院、家庭，通过各种渠道及时掌握在外人员的思想状况和现实表现，加强跟踪管理。严格落实枪弹管理制度，加强对武器弹药的动态管理，保证武器弹药的完好率。

（谭 星）

2015年，武警大丰中队坚持政治建军、改革强军、依法治军，部队建设呈现出全面进步、稳步向上的良好态势

边 防

【概述】 2015年，大丰边防大队坚持以中共十八届四中全会、全军及公安现役部队政治工作会议精神为引领，严格按照部局、总队、支队三级党委扩大会的总体部署，以争先创优为目标，以“四项建设”（基础信息化建设，警务实战化建设，执法规范化建设，队伍正规化建设）为重点，强化责任提升素质，转变作风狠抓落实，创新边防辖区管理，深化爱民固边战略，全面加强执法规范化、部队正规化建设，不断维护边防辖区安全稳定，圆满完成抗战胜利70周年纪念日、国家公祭日等系列重大安保任务，受到驻地党委和辖区群众的好评。

【深化平安辖区建设】 2015年，大丰边防大队在组织开展“春季净海行动”、出租房屋清查、“百城禁毒会战”“百日集中打防”等专项行动中，查获1名疑似越南籍“三非”（非法居留，非法务工，非法入境）人员，抓获“三逃”（批捕在逃，负案在逃，服刑或者羁押在逃）人员4名。

【救助重大困难及危险】 大丰边防大队将做好群众工作作为贯彻落实党的群众路线的重点，年内救助落水群众、海上遇险渔民、鱼塘决堤险情，妥善处置因家庭矛盾纠纷引起的挟持人质事件，帮助群众挽回损失400多万元，同时关注辖区弱势群体，开展“献爱心，送温暖”活动，予以力所能及的帮助和扶持，把关爱之情及时传送到人民心中，2015年开展各类帮扶活动十余次，救助20多人。

【国家级野生动物保护】 2015年，大丰边防大队针对辖区麋鹿珍稀动物保护的需要，成立珍稀动物保护小分队，在加强沿海滩涂管理的同时，做好麋鹿珍稀动物的保护工作。年内，抢救麋鹿50余只、斑海豹1只的事迹受到中央及省级媒体的争相报道，进一步树立了边防大队官兵戍边为民的良好形象，为中心工作的开展奠定了良好的舆论基础。

【警务新模式探索】 按照"四项建设"要求，大丰边防大队顺应动态化、信息化时代背景下警务发展要求，在服务保障、勤务指挥、情报研判、勤务监督上下功夫，创新基层警务新模式，年内将大队斗龙港所、大丰港所、王港所纳入实战指挥建设范畴，建立集接处警、指挥调度、视频监控、信息研判、巡查督导为一体的现代化勤务指挥室，全面提升违法犯罪打击成效和质态，不断提升社会管理水平。

【强化实战实训练兵】 为深化实战训练年目标要求，年内，大丰边防大队结合岗位技能练兵活动，立足实战、着眼实战，开展各项练兵活动。其中，针对反恐形势严峻，在两会、"9・3"安保等重大敏感时期，与驻地南阳中学、博汇集团开展逃生模拟演练，联合渔政、海事部门开展海上应急救援演练，并参加省消防总队实兵消防模拟演练，全面提升部队快速反应能力和协调配合能力。

【万钢调研指导大丰港边防派出所辖区】 10月28日，全国政协副主席、致公党中央主席、科技部部长万钢一行到大丰港边防派出所辖区进行实地考察。万钢了解了新能源淡化海水产业示范项目，观摩了淡化海水工程技术研究中心、操作车间等，详细询问了近年来海水淡化项目改造升级等工程进度情况，对大丰港经济区在新能源运用、要素协调等取得的成绩表示赞赏。同时万钢对边防部队维护沿海辖区社会治安稳定、和谐警民关系等举措给予高度评价，希望官兵在今后的执法执勤中迈出新步伐，展现新面貌，创造新业绩。

【大丰港边防派出所受表彰】 年内，大丰港边防派出所围绕建设法治边防的总目标，科学谋划，周密部署，深入推进执法主体、执法制度、执法管理、执法信息化和边防法治文化建设，实现了边防执法公信力和群众满意度不断提升、执法能力和执法水平不断提高、法治工作和队伍建设不断加强的工作目标。2015年，被公安部边防管理局表彰为执法示范单位。

【斗龙港边防派出所受表彰】 2015年，斗龙港边防派出所围绕公安工作战略目标，贯彻落实上级各项决策部署，以完善立体化现代化社会治安防控体系为主线，以"四项建设"为牵引，全面加强和改进边防派出所工作，实施城乡社区警务战略，做好人口管理、情报信息、治安管理、群防群治和服务群众等基层基础工作，防范和打击违法犯罪以及维护沿海治安的能力不断提升，获得各级党委政府、公安机关和人民群众的充分肯定。2015年12月被江苏省公安厅评为全省"优秀公安派出所"。

（孙树华）

政法委及综治

【概述】 2015年，大丰政法部门推进平安大丰、法治大丰和过硬队伍建设，各项工作取得新成效，人民群众公众安全感和法治建设满意率均列省、市前列，政法综治工作绩效继续位居盐城第一位，连续五年被省委、省政府评为"全省社会治安综合治理先进集体"，被全国普法办评为"全国法治县（市、区）创建活动先进单位"。

【政法工作会议】 2月13日，市委政法委在市行政中心召开全市政法工作会议，总结2014年政法工作情况，研究分析2015年形势，并对全年政法综治平安、法治创建工作进行部署。制订下发《2015年政法工作要点》和"2015年全市综治平安建设、法治建设重点项目责任分解表"，表彰2014年度"十佳政法干警"和"十佳政法单位"。市委常委、市委副书记宋勇，市委常委、政法委书记袁国萍在会议上讲话。

【矛盾纠纷排查化解】 2015年，以抗日战争胜利70周年、国家公祭日、中共十八届五中全会等重要时期安全稳定为重点，深入开展"五项排查"（排查化解社会矛盾纠纷、排查防控社会稳定风险、排查整治安全生产隐患、排查化解网络负面舆情和排查干部作风问题）和"化解涉法涉诉信访积案专项整治"活动，全力排查化解涉法涉诉信访积案73件，全区全年未发生造成负面影响的涉法涉诉信访事件。全年受理调解矛盾纠纷4666件，调解成功率99.6%。

【公共安全监督强化】 区委政法委牵头组织开展拉网式安全检查，年内，检查单位611个，发现隐患437处，督促整改隐患210处。查处各类道路交通违法行为51666起，其中查处电动车违法21794起。开展重点车辆单位安全检查32次，排查整改安全隐患11处。排查重点道路147条，安装交通信号灯5处，调整交通信号灯23处，增设、完善国道228交通标志4处。开展"春雷行动"和"禁毒会战"，加大对重点案件、暴力犯罪、侵财案件和涉毒违法犯罪的打击力度，确保社会大局平安稳定。

【特殊人群管控】 2015年，区委政法委牵头对精神障碍患者实现精细化管控。将全区2677名精神障碍患者纳入统一管理，对于其中有肇事肇祸史或倾向的216名患者作为肇事肇祸精神障碍患者列入重点人员管控，落实救助和"四位一体"（综治办、社区干部、社区民警和监护人）的管控措施。创新流动人口服务管理。加

2015年，大丰区不断推进法治大丰建设，繁荣法治文化，提升全民法治素养。图为“12·4”全国法制宣传日活动（单位供图）

快推进户籍制度改革，加快居住证发证工作，不断扩大向居住证持有人提供公共服务的范围，2015年登记流动人口6662人，现居住证管理系统累计有流动人口55535人，全面落实“以证管人”“以业管人”“以房管人”“以网管人”措施。落实对刑释解教人员的帮扶管控措施。按配比要求配备专职社工27名，安置帮教专职社工18名，兼职社工32名，手机定位覆盖率和应办尽办率均达100%，重点社区服刑人员监控定位率达100%。

【信息化建设加强】 年内，“四频合一”（综治信息视频系统、政法维稳视频指挥系统、人民来访远程视频接访系统、社会面视频监控系统）建设全部到位，综治信息系统实战应用能力全面提升，实现了数据实时网上流转、重点工作网上推动、特殊人群网上服务管控、OA网上办公网上考评、网上实时研判。区综治办成立信息化建设工作领导小组和项目组，召集各镇（区）、各综治成员单位分管领导协调推进会，切实加强组织保障；强化信息系统业务培训，对信息员全面开展信息化专项培训，把人员培训与数据导入工作相结合。完成综治信息终端延伸工作，开通PC账号326个，移动终端账号342个，实现综治成员单位和村（社区）全覆盖；整合综治成员单位信息资源，及时组织录入机构队伍、实有人口、特殊人群、重点青少年、社会组织等基础数据。大丰综治办制定出台《大丰市综治信息系统运行管理手册》《大丰市综治信息化建设运用考核办法》《大丰市综治信息化建设信息员岗位职责》等文件，并通过“日查周报”机制，及时通过综治信息系统通报成员单位及各镇工作进展情况。

【综治三级平台建设】 社会治理服务中心实体化运作，3月综治办整体进驻中心办公，中心工作力量不断充实完善，通过完善运行机制，进一步整合十大中心的资源，同时探索平台建设和信息化建设的对接，初步形成以平台建设为枢纽推动信息化实战化运用的格局。推动镇级平台规范化建设。指导各镇（区）把有关为民服务项目整合进综合服务中心，变小集中为大集中。推动村级社会治理服务站建设。以村“一站三室”和社区“一委一居一站一办”为标准，形成区镇有平台、村村有网络的工作模式，在大中镇新东苑社区开展“四化社区”试点工作，着力提升基层社会治理服务水平。

【社区网格化管理】 2015年，区综治办明确各级网格长的“三知三清三掌握”（知社区每户家庭人员情况、经济状况、守法情况；社区居民就业情况清、流动情况清、贫困情况清；掌握社区单位、社团组织和热点难点问题情况）职责，让社区（村）干部进村入户访民情、解民难，做到“人到格中去，事在网中办”。开展网格信息化共建，推行“一格多员、一员多能、一岗多责”管理模式，将网格化建设和综治信息化建设有效融合，解决群众各类诉求4000多件，提高了基层服务管理工作效能。

【技防织密】 2015年，大丰将技防织密工程列为全区“四大工程”之一，全区村居主要路口、重要水源等地全面设防，增加300多个监控点，最少的镇增加15个以上，最多的镇达到40个。技防织密工程全部采用数字高清监控设备，监控像素等级达到1080P以上，并具备和区公安局图像应用平台联网的功能。区政府出台政策，每新增一个监控点，区财政奖励5000元，由区综治办、区公安局组织验收。

【综治基层队伍建设】 2015年，全区262个村（居）配综治维稳专干262人，配备率100%。12个镇全部配备政法委书记和政法委员，镇综治办专职工作人员全部达3人以上。村级维稳专干、社区民警全部进入村居两委班子。为提升基层人员的工作业务素质能力，先后5次举办基层综治人员业务培训班，切实增强了基层综治人员的服务管理能力。

【宣传载体创新】 1月，开通“法治大丰”微信公众平台，运用“互联网+”思维，为群众提供优质高效快捷的服务。启动“法治万户行”宣传项目，将法治宣传标语制作成展板，固定安装到全区所有小区的单元楼，不断提升法治大丰宣传质效。在全区各镇、各部门明确一名公职人员为法治联络员，强化法治大丰工作的上下联动和法治宣传工作的审核把关。

（夏　伟）

公　安

【概述】 2015年，大丰区公安机关以完善立体化现代化社会治安防控体系为载体，全面深化公安改革，扎实推进“四项建设”（基础信息化、警务实战化、执法规范化、队伍正规化），切实提升服务全区大局和经济社会发展的能力。大丰区公安局被大丰区委、区政府和盐城市公安局分别授予“综合先进奖”。

【重大活动和敏感节点安保实现“零差错”】 2015年，大丰区公安局围绕全国和省、市两会、“9·3”纪念日、中共十八届五中全会、中国—中东欧国家领导人会晤等重要敏感节点，不断健全社会面管控工作机制，落实警情、案情、舆情信息日研判制度，先后获取各类深层次内幕性情报信息57条，对各类重点人管控实施滚动研判，处置涉丰负面网络舆情142起。先后出动警力1.8万余人次，高标准高质量完成“4·11”孟非到大丰以及五一、十一旅游季活动安全保卫218场次。

【传统型违法犯罪保持下降态势】 2015年，大丰区公安局不断巩固“技防城”建设成果，新增监控点422个，并对部分监控点进行升级。做实城区合成巡防机制，实行时间、空间上的全覆盖，新招录50名巡防队员充实城区巡防力量，有效实现机关合成队、巡特警大队、交通警察大队以及城区派出所的“四巡合一”。扎实推动城乡一体化巡防，适时组织武装巡逻，形成严密的治安防控网络。大丰区传统型犯罪连续4年保持下降态势。

【交通安全监管四项指数下降】 大丰区公安局深入实施生命保障工程、城市畅通工程以及文明交通行动计划，积极开展交通秩序专项整治行动，全力推动交通设施的提档升级。2015年，道路交通安全监管四项指数实现全面下降，降幅最大值达21.8%。在每年车辆平均以1万余辆速度增长的情况下，交通事故亡人数实现逆向下降，由2010年的228人逐年下降到2015年的160人。

【“八类”严重刑事犯罪破案率百分之百】 2015年，大丰区公安局以控、破严重刑事犯罪为保民平安的底线，不断深化“盯案”“督案”机制的落实。全区发生故意杀人等“八类”严重刑事犯罪案件25起，较2014年下降10.7%，并保持全破。成功侦破公安部挂牌的毒品案件等一批大要案件。尤其是在“8·12”故意杀人案发生后，第一时间启动命案侦破机制，抽调百余精干警力组成专案组开展工作，克服诸多不利因素，顶住网络舆论压力，历时40多天成功攻克该案。

【现行案件破案率保持盐城第一】 2015年，大丰区公安局立足于做大做强合成侦查新机制，最大程度实现力量整合、手段集成和数据汇聚，全力提升破案打击水平，在刑事发案始终处于盐城最低水平的条件下，年内成功侦破各类案件646起，现行案件破案率位列盐城第一。不间断地组织开展“禁毒会战”“春雷行动”“百日侦防会战”等系列打击犯罪专项行动，累计抓获刑事作案成员数、刑事拘留数和逮捕人数与2014年相比全部上升。

【刑事技术“一长四必”新机制在盐城市推广】 2015年，大丰区公安局将刑事科学技术作为提升打处质效的生命线来抓，特别是公安部、江苏省公安厅部署开展“一长四必”（公安局长对现场勘查负总责，做到必堪、必采、必录、必比）机制建设以来，全力深化攻坚，着力在刑事案件现场勘查率、13类现场勘查率以及检材资料提取等核心技术上下功夫，取得明显突破，各项指标均位于盐城市前列。大丰区公安局刑侦科学技术室先后被江苏省公安厅表彰为全省技术工作先进集体和示范技术室。2015年5月，盐城市公安局现场会在大丰召开。

【“进村入户”三年行动计划全面推进】 2015年，大丰区公安局把全警“进村入户”作为提升群众满意度的重要平台，年内向群众报告工作562场次，收集民意诉求1870余件，解决实际困难1230件，在江苏省社会公众安全感专项调查中，大丰位列盐城第一。坚持将“进村入户”打造成夯实基础工作的重要平台，走访21万户60余万人次，采集信息160万余条，开展防范宣传活动300余场次，社区民警熟悉率位列盐城第一位。

2015年，大丰区公安局执法质量考核评估连续8年保持全省优秀

【服务民生】 2015年，大丰区公安局以开展“打击侵财犯罪质效提升年活动”为重点，严厉打击入室盗窃、盗窃电动车等民生类案件，侵财型案件破案率位列盐城市第一。不断加大与群众生活密切相关的食药环案件的查处力度，全力组织开展好打击食药环案件“利剑行动”，查处食药环案件7起，抓获各类犯罪嫌疑人30名。“4·7”通榆河水污染案件发生后，第一时间组成专案组，短期内将16名犯罪嫌疑人全部抓捕归案。

【执法质量全省优秀】 2015年，大丰区公安局强化民警执法能力素质培育，先后有407人通过中级执法资格考试，85人通过高级执法资格考试，5人通过国家司法考试。从细微着眼，从规范入手，强化执法流程监督，健全案件回访制度，扎实开展执法安全隐患排查整改。公安信访投诉总量连续两年下降均达50%，公安部、江苏省公安厅和盐城市公安局交办的信访督办件为“零”，执法质量考核评估连续8年保持全省优秀。

【公安文化建设】 2015年，大丰区公安局成立公安文联，设立写作、摄影、书画3个协会，发展会员50余人。积极组织开展优秀文学、摄影作品评比活动，丰富民警的业余文化生活，提升公安民警素质。按照“一所一队一特色”的要求，建成三龙派出所等公安文化示范点，以点带面，全面推动公安文化的蓬勃发展。

（袁汉清）

检　察

【概述】 2015年，盐城市大丰区检察院（以下简称区检察院）围绕中心工作，忠实履行宪法法律赋予的职责，各项工作取得新进展，并继续保持创优争先的良好态势，为推动全区经济社会发展迈上新台阶提供了有力的司法保障。先后被区委、区政府授予“综合先进奖”“反腐倡廉和作风建设工作奖”，被盐城市检察院表彰为“先进检察院”，被盐城市文明委表彰为“文明单位”“公信示范检察院”。

【服务沿海开发】 2015年，区检察院聚焦“三港”（港口、港城和临港产业区）建设，快侦快结，快捕快诉，严厉打击危害沿海开发的各类犯罪，决定批捕7件10人，提起公诉10件19人，致力维护临港地区良好的社会秩序和政务环境；聚焦合作共建，开展“服务沿海开发检察行”活动，预约接访，主动寻访，帮助企业排忧解难40余件，列席重大工程招投标，助力园区产业集聚和转型升级；聚焦安全生产，成立检察长宣讲团，举办法治讲座32场次，预防重大安全事故，努力当好推进沿海开发的安全员、监督员和引导员。

2015年5月7日，大丰市检察院走进港口，开展职务犯罪预防活动
徐　斌　摄

【严惩严重刑事犯罪】 2015年，区检察院密切关注社会治安和公共安全领域出现的新情况，突出打击严重影响人民群众安全感的犯罪、妨害社会管理秩序的犯罪、破坏社会主义市场经济秩序的犯罪。年内，决定批准逮捕211人，决定提起公诉637人。成功办理公安部督办的董某等11人利用邪教组织破坏法律实施案，顾某等40人非法吸收公众存款暨集资诈骗案，被评为“全盐城市最有影响力案件”。

【查办和预防职务犯罪】 2015年，区检察院集中开展“查办和预防发生在群众身边、损害群众利益职务犯罪”专项工作，重点打击国家机关工作人员因玩忽职守、滥用职权，致使国家专项资金补贴被骗取，并用于个人消费、私人经营等非公务开支的行为。2015年，立案查办“三农”（农村、农业和农民）等民生领域的贪污贿赂案件7件8人，立案查办渎职侵权案件5件6人，大案率100%。周某滥用职权、受贿、贪污案被省检察院评为“十大精品反渎案件”。认真落实中央关于追逃追赃工作的统一部署，加强与有关部门的协作配合，成功抓获潜逃近三年的贪污犯罪嫌疑人潘某，有力震慑了犯罪分子。牢固树立“查办案件是成绩，预防犯罪也是成绩”的司法理念，向相关单位提出防控风险、堵塞漏洞的检察建议19件；开通网上行贿犯罪档案查询功能，提供行贿档案查询2136批次6450人，推进“廉洁准入制度”的落实；联合相关部门召开“预防职务犯罪邮路”工作会议，组建“预防邮路”志愿者服务队，创新实现专业化预防和社会化预防的有机结合。

【维护司法公正】 2015年，区检察院强化刑事诉讼检察监督，以推进诉讼制度改革为契机，全面贯彻证据裁判规则，加强审查把关和审前分流，坚决防止“带病”（瑕疵或问题或不规范）案件进入审判程序，确保侦查、起诉的案件事实证据经得起法律的检验，决定不批捕34件56人，不起诉10件10人；以“两法衔接”（行政执法与刑事司法衔接工作机制）工作纳入区政府依法行政考核为契机，联合相关部门开展“两法衔接”专项检查活动，督促行政机关上传执法信息288条，监督行政机关移送涉嫌犯罪案件线索15件；出台《重大疑难案件公安机关听取检察机关意见实施办法》，提前介入重大案件侦查13件，有效加强配合制约，着力提升办案质效。强化刑事执行检察监督，注重维护被羁押人员的合法权益，开展羁押必要性审查，对14名捕后不需要继续羁押的犯罪嫌疑人建议释放或变更强制措施；注重维护法制的权威性，开展社区矫正检察监督，对3名监外执行刑罚条件消失的罪犯及时建议收监；注重维护刑罚执行的严肃性，开展职务犯罪财产刑执行监督，健全信息共享、司法联动、社会调查等工作机制，对17名罪犯提出财产刑执行监督检察建议，相关做法被省检察院推广。强化民事行政检察监督，认真落实中共十八届四中全会精神，积极构建多元化民事、行政检察监督格局，对行政机关违法行使职权或不行使职权的行为，提出督促履行职责检察建议5件，促进依法行政；对民事审判和执行中的不当情形提出检察建议6件，促进公正司法；对认为裁判正确的民事行政申诉案件，认真做好释法说理工作，促进服判息诉；深入开展虚假诉讼监督专项检察活动，及时提请抗诉或建议再审，促进诚信建设。

【社会矛盾化解】 2015年，区检察院针对重点环节，建立涉法涉诉信访导入、纠错、退出机制，启用远程视频接访系统，方便群众就地反映诉求。年内，办理群众信访170件次，做到件件有着落、事事有回音。针对重点对象，加强检察环节司法救助工作，先后向10名生活确有困难的刑事被害人或其近亲属发放司法救助金3.21万元。针对重点时期，深入排查涉检矛盾隐患，对重点信访积案和信访人员，严格落实领导包保责任，确保活动期间的社会稳定。

【参与社会治理】 2015年，区检察院适时组织“拒绝高息诱惑、远离非法集资”“尊重知识产权、护航创新之路”等法制宣传活动，通过以案释法、警示教育的形式，引导和促进全民守法。推进未成年人刑事检察工作，坚持“少捕慎诉，强化帮教”原则，落实专人办理、犯罪记录封存制度，组织“巡回普法进校园”活动23场次，筑牢保护未成年人的法律防线。

【“民生检察”打造】 2015年，区检察院推行“亲民工程”，升级网上“检察为民服务中心”，集案件管理、信访接待、信息查询、检务公开等功能于一体，提供优质、高效、便民服务；推行“安民工程”，开展“破坏环境资源和危害食品药品安全案件专项立案监督”活动，提前介入，引导侦查，依法起诉涉嫌生产销售有毒有害食品犯罪、销售假药犯罪案件3件7人；推行“护民工程”，通过支持起诉、提起公诉、息诉和解等方式，帮助72名农民工讨回欠薪，对实施暴力危害社会、经鉴定依法不负刑事责任的精神病人及时提出强制医疗申请，最大限度地维护社会弱势群体的合法权益。

【“生态检察”构建】 2月，大丰检察院制定出台《服务“旅游兴区”发展战略的实施意见》，提出和落实针对性服务举措17条，主动对接中华麋鹿园国家AAAAA级景区创建工作，加大涉旅矛盾化解力度，帮助景区解决建设、发展过程中的涉法问题，用检察业务助力旅游服务。进一步健全和完善专业办案、类案预防、无缝监督的“生态检察”大丰模式，被盐城市检察院评定为“最佳创新创优项目”。

【“三严三实”专题教育开展】 2015年，区检察院强化示范意识，定期召开民主生活会，自觉开展主题党日教育活动，班子成员带头讲党课，带头研学，带头开展批评与自我批评，带头抓好整改落实，有效增强践行“三严三实”的思想自觉和行动自觉；强化亲民意识，结合区委“三解三促一加强”“进村入户”要求，开展干部下基层活动，认真答复意见建议，帮助解决实际问题30余件；强化争先意识，深入学习刘文胜先进事迹，开展“刘文胜式标兵”评选和“一创三争”活动，不断提升干警的优良作风。区检察院事迹入选《江苏省检察机关“三严三实”专题教育学习读本——信念 榜样 力量》。

【司法规范化建设】 2015年，区检察院以“司法规范化建设年”为契机，深入开展规范司法行为专项整治活动，定期开展“卯酉讲坛”、典型案例研讨、法律文书评比、庭审观摩评议、检察文化沙龙等活动41次，不断提升干警的业务素能。结合排查情况，突出问题导向，坚持即查即改，完善制度规范，下大气力整治不公正、不文明、不规范、不廉洁的司法行为，使规范司法成为干警的行为习惯。

【接受内外监督】 2015年，区检察院在全市检察机关率先出台落实主体责任、监督责任“双三十条”，有效推行干警八小时外纪律作风监督共管机制。专题向区人大常委会报告监所检察工作情况、渎职侵权检察工作情况，主动向代表委员、人民监督员、特约检察员及各村（居）委主任寄送《鹿乡检韵》检察季刊。4月，出台《关于检察环节听取辩护人意见的若干规定》，依法保障律师执业，努力构建良性互动的检律关系。深化检务公开建设，打造“6+3”自主宣传平台，即“两微一网一端一群一报”6个自媒体平台和“影、视、刊”三大传统媒体平台，全方位、深层次、多元化传递“检察好声音”。2015年，公开法律文书450份、案件程序性信息1111条、重要案件信息64条，充分保障人民群众的知情权、参与权和监督权。

（苏学峰）

法 院

【概述】 2015年，大丰法院围绕司法为民、公正司法工作主线，依法履职，深化改革，建强队伍，主动作为，推动法院各项工作进一步发展。全年新收案件11864件，办结11418件，同比分别上升26.98%和13.91%，收结案数均创历史新高。被省委、省政府表彰为“人民满意政法单位”并记“集体一等功”，被省综治委表彰为“预防青少年违法犯罪先进集体”，获“涉诉信访工作先进法院”等十余项市级表彰，且连续五年被区委、区政府授予“综合先进奖”，5个先进集体、27名先进个人受到盐城市级以上表彰。

【服务大局】 2015年，大丰法院始终保持对杀人、抢劫、涉毒等刑事犯罪的高压态势，审结各类刑事案件492件，判处被告人680人，依法审结涉案金额近8亿元的顾某等40名被告人非法吸收公众存款案，维护地方社会稳定。策应“一带一路”建设和海洋强国战略，建立沿海开发纠纷绿色通道，依法审结商事案件1087件，涉案标的6.7亿元，保障了大丰港区联鑫钢铁三期、中汽盐城汽车试验场等一批重大项目的顺利推进，促进了新能源、电子信息、海洋生物等新特产业的发展。认真落实立案登记制，受理行政案件114件，审结93件，同比分别增长44.3%和14.81%，制定《行政首长出庭规范》，通过发送《出庭应诉建议函》、开设行政执法大讲堂等方式，依法促进行政机关依法行政。邀请妇联、工会等组织参加多元调解，调解撤诉率60.9%，同比上升7.6个百分点。成立信访工作领导小组和审判委员会信访专业委员会，开通远程视频接访系统，落实重点案件包案制、院领导周二接访制、首问负责制等制度，重信重访数压降12%。向有关部门发送司法建议16条，反馈率达100%。在知识产权日、禁毒日、宪法宣传日等重要时点，集中发放普法资料10000余册。

【保障民生】 2015年，大丰法院持续开展为农民工讨薪维权专项活动，严惩危害食品药品安全犯罪，畅通交通事故理赔“直通车”，办结民生类民事案件2984件，调解撤诉率达55.7%。强化便民诉讼惠民，开通远程网上立案系统，加强对弱势群体的司法保护和救助力度，引入公益律师服务平台，提供“一站式”诉讼服务，当场登记立案率99.2%，促进司法服务亲民化、阳光化、智能化。成立少年家事法庭，组建“法左情右”志愿服务队，开通“法治校园直通车”，倡导“五心维权”（爱心司法、倾心维权、耐心服务、热心教育、诚心感化）理念，创立“三言”（敬老宣言、夫妻誓言、教养箴言）家事纠纷劝解机制和“1+N”家事协作处理机制，全力维护青少年合法权益。创建“互联网+”执行模式，高标准建设执行指挥中心，加强司法查控、资产处置、失信惩戒、犯罪处罚等各项工作，执结执行案件3529件，执行到位金额8.2亿元，执行标的到位率达75.7%，同比上升30.6个百分点。

【改革创新】 2015年，大丰法院深化院长、庭长办案制度改革，全年院长、庭长办理各类案件2266件。深化审判权运行机制改革，在西团法庭组建两个“1+1+1”（一个审判员加一个法官助理加一个书记员）审判团队，以“西团经验”为基础形成的《关于构建以庭审为中心的审判模式的调研》一文通过省高院的重点调研课题评审。深化书记员管理制度改革，逐步完善书记员的招录聘用、教育培训、考核管理、职业保障等制度规范，推行“三级九等”分级管理，24名聘用制书记员通过省高院定岗考核。

【审判管理】 2015年，大丰法院规范法庭工作指导机制，认真落实院领导挂钩人民法庭制度，深入基层指导审判实践。规范案件质量评查机制，开展薄弱环节、薄弱指标专项治理，通过“随机式”庭审评查对83件案件展开考评，评选出优秀庭审10个。严格司法责任制，落实发改案件“一案一评一通报”制度，审判质效有效提升。

【司法公开】 2015年，大丰法院加强微博、微信、政务网站、庭审直播、新闻发布“五位一体”建设，举办新闻发布会4次，开展庭审直播64次，微博直播案件5件，网上发布裁判文书6188份，发布信息4000余条。推进“公开网拍”工程，处置涉诉资产一律通过淘宝网公开竞价、公开拍卖，最大限度地提高资产处置的效益，为当事人节省标的物拍卖成本。全年人民陪审员参与审理案件1722件，保障了群众的知情权和监督权。邀请代表、委员旁听案件庭审200余人次，举办座谈会8次，评查案件7次，收集意见和建议60余条。

【队伍素能提升】 2015年，大丰法院按照“三严三实”主题教育的要求，深入开展向邹碧华学习活动和本院干警补充精神能量行动。组织参加廉政教育系列活动600余人次，发出督查通报8期，营造浓厚的廉政氛围。扎实开展“能力作风建设深化年”活动，组织开展行政诉讼法、民事诉讼法、刑法修正案（九）等业务培训班共46次。4篇案例入选《2015年中国法院年度案例》，2篇案例分别入选《江苏省人民法院公报》《人民司法·案例》，3篇学术论文入选国家级期刊，4篇学术论文入选省级期刊。加强青年人才的培养使用，落实多岗历练、职业导师、列席审判委员会等制度，10名青年干警受到盐城市级以上表彰，6位青年干警晋升审判员岗位，4位青年法官晋升至中层领导岗位。

【“阳光司法伴你行”活动】 3月上旬，大丰法院举办“阳光司法伴你行”系列活动，通过到驾校开展巡回法庭、集中宣判大会、法治讲座、发放宣传手册等活动，呼吁广大驾驶员提高守法意识、狠抓技术水平、注意行车礼仪。

【“与你同行”妇女儿童权益保障法制宣传活动】 3月8日，大丰法院举办“与你同行”妇女儿童权益保障法制宣传活动，通过法律咨询、发放宣传手册等形式，引导妇女儿童用法律武器维护自身的合法权益，并召开新闻发布会，发布八大典型案例，大丰电视台、《大丰日报》等多家媒体及团委、妇联、关工委等相关单位应邀出席。

【“创新·保护·发展”知识产权新闻发布会】 4月23日，大丰法院召开“创新·保护·发展”知识产权新闻发布会，发布5大典型案例，新华网、《江苏法制报》、盐城电视台、《大丰日报》、大丰电视台等多家媒体出席。

【人大代表、政协委员参观法院】 5月4日是立案登记制实施的首个工作日，大丰法院邀请6名人大代表和政协委员视察立案登记工作。立案一庭庭长介绍了该院关于立案登记制改革工作的情况，并与人大代表、政协委员进行座谈交流，代表、委员们给予高度肯定，并结合自身工作实际，就落实立案登记制提出许多有价值的意见建议。

【省高院评估考察西团法庭试点工作】 5月15日，省高院民一庭审判长葛晓明一行对西团人民法庭审判权运行机制改革试点工作进行评估考察。省高院评估小组通过查阅全部卷宗、召开座谈会和个别访谈等方式，对西团法庭完善主审法官办案责任制、建立审判团队管理模式、改进院庭庭长监督指导方式等的落实情况提出建议和要求。

【“510警示教育”活动】 5月16日上午，大丰法院组织全院干警到廉政教育基地开展“510警示教育”活动，参观廉政教育展示馆和纪委办案场所，观看廉政教育专题片，并进行廉政宣誓，党组成员、纪检组组长韩云龙通报了法院系统违反八项规定的典型案例，并传达相关文件精神。

【法院开放日】 5月22日上午，大丰法院组织专题法院开放日，盐城监狱、国税局、住房公积金管理中心等单位干警、职工120余人参观了法院立案大厅、基石文化展厅、院史陈列室、文心书苑等场所，观看廉政警示专题片，并旁听一起由大丰法院党组成员、副院长徐远峰担任审判长的武某受贿案件的庭审。

【“6·26”禁毒宣传教育活动】 6月24日上午，大丰法院开展毒品犯罪案件集中宣判暨“6·26”禁毒宣传教育活动，通过集中宣判、发布重大案例、法制教育等形式开展法制宣传教育，人大代表、政协委员、学生代表、社区服刑人员等共计220余人参加了本次活动。

【朱亮被任命为大丰法院代院长】 7月15日，在大丰市十四届人大常委会第28次会议上，大丰市人大常委会主任会议《关于提请任命大丰市人民法院代院长的议案》获全票通过，任命朱亮为大丰市人民法院代院长。

【“法左情右”天平志愿服务队成立仪式暨爱心捐款活动】 9月2日下午，大丰法院举行“法左情右”天平志愿服务队成立仪式暨爱心捐款活动，特邀区妇女联合会主席、团区委书记等参加，并为事实孤儿罗某筹得捐款近万元。

【省青少年“成长护航工程”专项督查组到大丰法院考核】 9月25日，省青少年“成长护航工程”专项督查组徐中伶一行到大丰法院考核，现场观摩少年法庭、家事法庭、心理疏导室、天平志愿者活动基地等场所，督查组对大丰法院青少年维权工作给予高度赞扬。

【“为青少年成长护航”新闻发布会召开】 10月23日，大丰法院在盐城中院新闻发布厅召开“为青少年成长护航”新闻发布会，并发布6起典型案例，中国新闻网、《盐阜大众报》、《东方生活报》、盐城电视台、盐城广播电视台等多家媒体参加。

【盐城中院代院长王世华一行到大丰考察】 11月4日，盐城市中级人民法院代院长王世华一行到大丰法院考察工作，实地察看应急指挥中心、诉讼服务大厅、少年法庭、家事法庭等场所，并召开干警代表座谈会。

【“诉讼服务暖民心”新闻发布会召开】 12月23日上午，大丰法院召开“为民、便民、利民——诉讼服务暖民心”新闻发布会，发布5起典型案例，盐城广播电视台、《大丰日报》、大丰电视台等多家媒体出席新闻发布会。

【盐城大丰两级法院召开代表、委员座谈会】 为进一步加强人大代表、政协委员的联络工作，自觉接受人大、政协的监督，盐城市中院和盐城市大丰区法院于12月28日上午在大丰法院召开驻大丰省、市人大代表、政协委员座谈会，向代表、委员汇报法院工作情况，并就法院工作征求与会代表、委员的意见，代表、委员们高度评价本次联络活动，并对法院工作提出宝贵的意见。

（董静文）

司法行政

【概述】 2015年，全区司法行政工作坚持围绕中心、服务大局，以人民群众满意为标准，努力打造“服务型、创新型、学习型”司法行政机关，为“建设新大丰，发展上台阶”创造良好的法治环境。年内，区司法局被省司法厅记集体二等功，并被表彰为“2014~2015年度全省优秀县（市、区）司法局”；草庙镇川东居委会成功创成全区第二家国家级“民主法治示范村”，煜衡律师事务所获全国律协表彰，草庙镇司法所长沈卫华被司法部表彰为“全国优秀司法所长”，援藏律师宗永林获全国律协“服务无律师县活动突出贡献奖”表彰。

【基层基础建设改善】 2015年，大丰司法局投入50余万元，整合原有“五大中心”（法律援助中心、社区矫正管理教育服务中心、安置帮教管理服务中心、法治宣传教育中心、社会矛盾纠纷调处服务中心）资源，建成开放式“12348”对外服务大厅，为人民群众提供“一站式”的法律服务；14个镇（区）全部建成公共法律服务中心，为来访群众在法律方面进行释疑解惑；全区262个村（居）均建成司法行政服务站，在村（居）普遍设立法律服务社，为辖区居民提供法制宣传、法律咨询等服务；投入40余万元，为基层司法所配发电脑、打印机、执法记录仪、矫务通等装备，编制完成“标准化”司法所管理手册，试点标准化司法所管理模式。

【便民服务】 2015年，大丰司法局开展“零距离”便民法律服务系列活动；组建区政府法律顾问团，为区委、区政府领导和镇主要领导全部配备法律顾问；全年参与重大项目论证8次，办理重大项目法律事务32件；制定出台《“一村一顾问”工作暂行管理办法》《法律服务行业及从业人员管理考核办法》和《法律援助案件质量考核办法》，对公共法律服务开展情况量化考核；编制法律服务行业新的发展五年规划；新建成信息化公证办证密室，将当事人对公证服务的评价纳入质量考核。全年，全区法律服务人员共办理各类案件3253件，担任法律顾问704家，参与信访接待510人次；区公证处办理各类公证2721件，区法律援助中心受理各类法律援助案件753件。

【法治宣传教育】 2015年，大丰司法局深入推进“六五”普法工作，开通建成“法治大丰网”、大丰法治宣传官方微博和微信；定时定点开展“法治微电影广场巡映”活动；充分发挥各类宣传媒体的作用，增强法治宣传的覆盖面和渗透率，打造出“鹿乡法之韵”普法工作品牌；拍摄“六五”普法专题片，印制“六五”普法宣传画册，代表盐城市接受省“六五”普法终期考核验收；新建成省级法治文化示范点2家，青少年法治宣传教育基地1处；新申报省级“民主法治示范村（居）”13家、盐城级10家；全年组织开展各类大型法治活动130余场，组织20批3000多名学生到法治教育基地参观学习，全年发放普法宣传资料3万余份，赠送各类普法读本8000余册。

【矛盾纠纷排查化解】 2015年，大丰司法局建立完善人民调解与行政调解、司法调解联动工作体系；强化区、镇两级调处服务中心和10个行业性、专业性调委会规范化运行；对调解中心成立以来的典型案例精心挑选，选取有代表性、典型性、影响力的案例汇编成册；组建由律师、法官等法律专业人士组成的重大社会矛盾专家调解团。2015年排查矛盾纠纷13040次，受理矛盾纠纷5195件，调解成功5193件，其中区大调解中心及10个行（专）业性调委会受理调处矛盾纠纷771件，全部做到案结事了，化解陈年信访积案6件。

【规范化执法能力提升】 2015年，大丰司法局拓展升级社区矫正监管系统功能，配齐矫务通终端，建成社区矫正心理咨询室和远程视频会见室，建立起严密的监管网络；落实“一月一培训”制度，每月定期组织社区矫正执法人员和专职社工开展政治素质和专业技能的培训；建立社区矫正专职工作者“星级评定升”制度，落实工资与星级挂钩机制；认真落实“特赦”政策，特赦符合条件社区矫正对象13人；完善调查评估、人员交付、接茬帮教等各个流程的衔接程序，落实重点人员“必接必送”；扎实开展社区矫正“百日安全工作大会战”活动，保证特殊人群衔接管理无疏漏。全区在册服刑人员、在管刑释解戒人员，全部按照相关要求管控到位，当年无重新犯罪。

【服务大局】 2015年，大丰司法局执行区委、区政府部署，先后抽调4人支援港区、园区等经济发展一线工作；局机关科级干部每月定期到挂钩企业开展“三服务”活动，全年为企业解决实际困难22件；扎实抓好“机关+农村”支部共建活动，投入10万元为团结、塘西两个挂钩村建成新的法治宣传栏；采取以奖代补的形式，投入5万元，支持川东居委会建成独具特色的法治文化公园；年底专门安排20万元支持4个帮扶村修建道路、桥梁、涵闸等；组织机关全体工作人员，开展“进村入户送温暖”活动，走访慰问困难群众、新中国成立前老党员200余户，圆满完成区委、区政府交办的信访积案化解、房屋征收、秸秆“双禁”、扶贫帮困等阶段性中心工作。

【司法行政队伍建设】 2015年，大丰司法局认真学习贯彻中共十八届三中、四中、五中全会和习近平总书记系列重要讲话精神，扎实开展“三严三实”“‘510’警示教育活动”，认真学习《纪律处分条例》《廉洁自律准则》，强化政治纪律和规矩意识；健全完善对机关管理、重点工作、各类案件等督查处理机制，实行每月一督查、每季一通报；修订完善各条线的管理考核办法，定期对局机关、司法所工作人员、专职人民调解员、社工开展考核；加强执法人员职业资格、执法能力、卷宗管理规范化培训；开展“服务型、创新型、学习型”司法行政机关创建活动，树立了司法行政队伍的良好形象。

（李晟浩）

〖编辑　朱晓华〗

科学技术

综　述

2015年，盐城市大丰区以深化科技体制改革为动力，按照“坚持创新驱动，建平台创品牌引人才聚产业”的总体思路，着力实施创新驱动战略和科教兴区战略，拓展实施科技创新工程，不断巩固全区全国科技进步先进市、国家知识产权试点城市、省创新型试点城市建设成果，强化科技计划项目组织、科技创新载体平台建设推动、科技品牌争创、产学研协同创新和知识产权申报与保护、科技创新宣传等工作，科技创新基础进一步夯实，科技创新综合实力进一步增强，科技服务经济能力进一步提升。在盐城市2015年度目标任务绩效考核中，大丰区科技工作获综合先进第一名和科技创新与转型升级单项奖第一名，区科技局被表彰为全区2015年绩效考核综合先进集体。

科技计划实施

【组织科技计划项目申报】 2015年，区科技局组织申报省级以上各类科技计划项目60个，其中国家级14项，省级46项。被列入省级以上科技计划项目29个，争取上级科技扶持资金超3000万元。其中，江苏金风科技有限公司的“大功率直驱永磁系列风电机组研发及产业化”项目，获得省科技成果转化资金计划项目1200万元资金支持，使大丰获得省重大科技成果转化项目总数达15个，继续位居苏北、苏中前列，盐城第一。5个项目获得国家星火计划、2个项目获得国家火炬计划项目的立项，10个企业引进的高层次创新人才获省“博士集聚”和“科技副总”类项目立项。

【科技减税政策支持企业发展】 2015年，区科技局联合税务部门积极落实企业研发费用加计扣除、高新技术企业所得税减免等扶持中小企业技术创新的税收政策，为科技型企业减免税收11510.8万元，其中研发投入加计扣除减免税额2481.63万元，高企减免税9029.17万元。鼓励企业在经费投入、业绩评价以及分配制度等方面加强创新，充分调动企业及科技人员的创造性，认真开展一系列科技政策奖励工作，落实盐城市和大丰区相关科技政策奖励资金1000余万元。

高新技术产业

【科技创新出成果】 截至2015年年底，大丰拥有国家火炬计划高新技术企业6个、国家级高新技术企业48个；拥有省级以上创新型试点企业6个、省民营科技企业343个、省科技型中小企业120个。成功开发新产品430多个，其中，高新技术产品405个。2015年高新技术产业产值306.82亿元，占规模以上工业总产值比重35.7%。江苏金风科技有限公司的“2.5兆瓦直驱永磁风电机组研发

2015年6月12日，常州大学科研人员到大丰海洋产业研究院调研
（单位供图）

及产业化”项目获得2015年度江苏省科学技术奖二等奖。江苏辉丰农化股份有限公司的“新型吗啉类杀菌剂烯酰吗啉的研制及产业化”项目获得2015年度盐城市科学技术奖特等奖。江苏大洋精锻有限公司、江苏爵格工业设备有限公司、江苏真美包装科技有限公司、迪皮埃风电叶片大丰有限公司、大丰跃龙化学有限公司等12个企业被认定为盐城市高新技术企业。

【14个企业被认定为国家高新技术企业】 2015年，江苏真鹿科技有限公司、江苏博敏电子有限公司、江苏凯嘉胶带有限公司、江苏大洋精锻有限公司、江苏省成越科技有限公司、江苏益科热处理设备有限公司、江苏丰东热技术股份有限公司（复审）、大丰跃龙化学有限公司、大丰奥泰机械有限公司、大丰广振汽车部件有限公司、盐城正达龙铸造机械有限公司、迪皮埃风电叶片大丰有限公司、大丰市大昌燃气设备有限公司、大丰市奥凯流体机械有限公司被认定为国家高新技术企业。

【77个产品被认定为省高新技术产品】 2015年，20%噻吩磺隆·乙草胺可湿性粉剂、氰氟草酯、烟嘧磺隆、氟节胺、GD450–L型水平定向钻机、RPP–4同步回转油气混输装置、1.5兆瓦超低风速直驱永磁发电机定子、等速万向节滑套精密锻件、等速万向节星形套精密锻件、烟嘧磺隆原药及40克/升烟嘧磺隆油悬浮剂、盐酸土霉素、GD90–27型水平定向钻、维生素B1（硝酸硫胺）、维生素B1（盐酸硫胺）、维生素B1（硝酸硫胺）颗粒、1,2–苯并异噻唑啉–3–酮、大型液晶显示器印制电路板、新型节能环保绝热隔音材料—岩棉、精喹禾灵原药及制剂、氟乐灵原药及480克/升氟乐灵乳油、噻苯隆、咪鲜胺锰盐、唑螨酯、75%烟嘧磺隆·溴苯腈水分散粒剂、汽车输出轴（中间凹面）精锻件、汽车电动转向器（EPS）中传动涡轮、GD3500–L型水平定向钻机、维生素H、RPP–6同步回转油气混输装置、4–氯–3–甲基苯酚（PCMC）、精锻长柄球笼滑套、精锻倒角三销轴叉、抛丸机用分箱式除尘器总成、WQ35–4型通过式螺纹钢抛丸机、QZX850盘圆型抛丸机、疏浚定位系统、挖泥控制系统、等速万向节钟形壳精密锻件、新型汽车传动轴用轴头、热带型泡罩铝（热带铝）包装用复合材料、BCA系列通过式前清洗机、FBQ系列重载可控气氛渗碳淬火炉、下仓专用抛丸器、功能性对虾配合饲料、RMW型水淬箱式渗碳炉、二氰蒽醌、38%2甲4氯·溴苯腈可溶性粉剂、QLF37–X4型吊钩式抛丸强化机、QLF–B150型高效薄板抛丸除锈机、（2'R）–2'–脱氧–2'–氟–2'–甲基脲苷、QM100装夹辊道通过式抛丸清理机、Q450L履带通过式抛丸清理机、一种超大容积的汽车用液化天然气气瓶、新型立式杜瓦瓶、升级版立式贮罐、轴、轮对的包（涂）装装置、膨化海苔机、高品质生物质炭、果糖氯化钠注射液、旋回轮淬火装置、轴用淬火装置、凸轮轴感应淬火装置、GD650–L型水平定向钻机、横式标准轴淬火装置、GW109/2500直驱永磁风电机组、GW121/2500直驱永磁风电机组、分布式智能微电网、海上风电场智能运维系统、履带式抛丸清理机、钢带专用抛丸清理机、汽车冷却水泵用高强度耐磨型叶轮、轿车变速器精密冷锻轴、等速驱动轴内星轮精密锻件、等速驱动轴滑套精密锻件、无水乙酸钠、三水乙酸钠、制动活塞被认定为省高新技术产品。

2015年，大丰77个产品被认定为省高新技术产品　　万　成　摄

科技成果

【政产学研合作】 2015年，大丰区不断创新政产学研合作方式，扎实推进与清华大学、复旦大学、上海交通大学、西安交通大学、华东理工大学、常州大学和中科院植物所、海洋所、遗传发育所等高校院、所的多层次、多形式的政产学研合作。通过组织开展一系列活动，引导和促进一大批企业开展产学研合作工作，促进科技成果的加速转化，助推企业技术难题的解决和新产品的研发。新建常州大学技术转移中心大丰分中心。组织50多个企业负责人分别参加第五届中国江苏产学研合作成果展示暨江苏省产业技术研究院技术转移对接会、盐城市518科技成果交易会等重大科技活动，取得良好成效。新签各类政产学研合作协议136份。征集企业重大技术需求20项，全年引进外籍院士1名、两院院士4名、“千人计划”专家5名、“双创”领军人才63名。

【创新载体平台建设】 年内，大丰区新获认定国家火炬计划特色产业基地1个（国家火炬计划大丰汽车零部件特色产业基地）；东方1号、经济开发区留学人员创业园新获认定省级科技企业孵化器，新改扩建孵化器面积4.2万平方米，新增入孵项目32个，新增大学生科技创业项目12个；新获认定省级企业工程技术研究中心2个、省级研究生工作站2个。3个众创空间列入省级众创空间并获240万元资助；大丰国际软件园众创集聚区列入省级众创集聚区并获140万元资助；申报省民营科技企业63个、省科技型中小企业（备案）27个；筹建江苏农村科技服务超市大丰特种水产产业分店及便利店。组织32个企业参加盐城市第二届、江苏省第三届、中国第四届科技创新创业大赛，孔亮团队获国家大赛第三名和最具人气团队，取得盐城市参加本届大赛最好成绩；裴嘉阳创业团队成功夺得第三届江苏省科技创业大赛总决赛二等奖，被盐城市政府推荐为省“双创之星”候选团队；9个团队和企业在盐城市第二届科技创业大赛中获奖。

2015年，江苏辉丰农化股份有限公司获批国家知识产权优势企业

知识产权保护

【知识产权宣传教育和培训】　2015年，区科技局广泛开展知识产权宣传培训系列活动。由区知识产权局牵头，联合教育、文化广播、市场监督等部门在区域内各大广场开展形式多样的咨询服务活动；通过走出去、请进来、知识产权图片展、发放宣传资料、赠送《中国知识产权报》和《中华人民共和国专利法》、举办专利讲座等方式，普及知识产权法律法规。结合科技计划项目申报，深入企业开展知识产权宣传，针对企业的具体情况采取“一企一训”“一企一策”“共性集中”等方式进行知识产权辅导和服务，较好地解决企业在发展过程中遇到的知识产权难题。全年组织各级各类培训8次，300人以上的大型培训一次。2015年，培育具有知识产权工程师资格人员12名。区域内所有企业知识产权战略推进计划项目承担单位均参加了知识产权工程师培训，通过这一系列的宣传教育和培训，为大丰区知识产权工作的深入开展打下良好基础。

【知识产权工作成效显著】　2015年，区知识产权局认真组织开展盐城市大丰区国家知识产权试点城市、新一轮江苏省知识产权战略区域示范单位工作，被国家知识产权局表彰为全国知识产权试点工作先进集体。区知识产权局连续9年被省知识产权局表彰为全省知识产权工作先进集体。为推动国家标准《企业知识产权管理规范》（GB/T 29490–2013）在大丰的贯彻实施，区知识产权局引导辖区内骨干企业建立知识产权制度，实施企业知识产权战略，全面提高知识产权综合管理水平。以全区高新技术企业和重点规模企业为主体，确立41个企业作为贯标（贯彻企业知识产权管理标准）创建单位，截至2015年年底，有16个企业通过“贯标”验收，其中11个企业获优秀格次，同时大丰还组织11个省标验收合格企业向国标过渡，占盐城地区过渡企业总数的1/4，树立了全区企业知识产权管理品牌。2015年，盐城地区获得贯标优秀的企业共计7个，大丰占4个。江苏辉丰农化股份有限公司、江苏云马农机制造有限公司获批国家知识产权优势企业。江苏森威精锻有限公司获批省知识产权战略推进计划一般项目，为盐城地区唯一立项项目。大丰丰泰流体机械科技有限公司的旋转式压缩机获批第九届江苏省专利项目奖。根据国家和江苏省、盐城市知识产权局统一安排，组织知识产权执法维权“护航”专项行动。2015年先后开展三次专利执法检查，共查处假冒专利案件20件，全部结案。

【专利工作新突破】　2015年，盐城市大丰区申请专利3326件，其中发明专利申请498件，授权专利1993件，其中发明专利授权82件，PCT申请5件。专利申请量、PCT申请量、专利授权总量、发明专利授权量、万人有效发明专利拥有量均位居盐城首位。全面完成培育知识产权密集型企业、专利大户、优势企业、专利达标企业、消除零专利企业等工作全年目标任务。在复杂多变的宏观形势下，大丰企业积极调整优化产业结构，提升创新主体专利布局能力，减少非专利保护目的的专利申请，更加重视专利质量提升，专利结构不断优化，质与量同步提升。

国家可持续发展先进示范区建设

【概述】　2015年，大丰获批加入国家可持续发展实验区协同创新战略联盟。参加由科技部、中国21世纪议程管理中心联合组织在苏州吴江举办的“国家可持续发展实验区应对

2015年，大丰麋鹿保护区获盐城市科技局“盐城国家可持续发展实验区示范基地政策引导”项目立项

气候变化能力建设（华东片区）培训班”。组织江苏谷登工程机械装备有限公司参加中国可持续发展研究会等部门联合在广州举行的“2015第一届中国创新科技成果交流会”。参加2015年中国可持续发展研讨会，提交论文6篇，其中大丰麋鹿保护区作为江苏省唯一的地方代表在会上做典型发言。组织大丰海洋产业研究院、大丰第三人民医院等2个单位申报2015年省重点研发计划（社会发展）项目。组织大中镇、西团镇申报2015年省小城镇科技示范工程项目。组织大丰港、东方1号、大丰林场等8个单位申报2015年盐城市第一批国家可持续发展实验区示范基地项目，批准立项6项。大丰麋鹿保护区获盐城科技局“盐城国家可持续发展实验区示范基地政策引导”项目立项，获项目资金20万元。

防震减灾

【概述】 2015年，大丰的防震减灾围绕地震监测预报、地震灾害预防、地震应急救援三大体系建设，贯彻落实《盐城市防震减灾目标管理责任书》的要求，防震减灾工作取得优异成绩：获盐城市综合评比并列第一名，全省评比优秀单位。地震监测预报工作获全省先进。

【震情监测网络逐步完善】 年内，大丰辖区内地震监测台网运行正常，及时维修观测设施，保证监测资料连续可靠，信息传输及时准确。全省2015年观测记录测评中，所有评比科目均取得优异的成绩，其中计算机报数获全省第一名，电磁波信息观测仪获全省第二名，FHD-2B仪地磁获全省优秀奖。2015年，自筹资金22万元，整修改造地震台综合办公楼，加强办公区管理，规范值班秩序。同时，定期对宏观点哨进行业务培训和工作检查。

【震灾防御】 2015年，大丰地震局根据年初确定的切实开展抗震设防管理的计划，依法加大建设工程抗震设防要求管理工作力度，为工程建设单位做好抗震设防服务工作。进一步加强地震安全性评价管理工作，对生命线工程，存在严重次生灾害可能性的重大工程，地震烈度复核项目按规定要求做好地震安全性评价工作，并按地震安评结果进行设计施工，确保工程质量。全年审批工程建设项目89件，开展地震安全性评价10项。

【灾情速报网络建设】 2015年，大丰地震局根据地震灾情速报的有关要求，完善和充实速报网络，进一步对灾情速报人员在速报的内容、程序和要求等方面进行明确，规范地震灾情速报工作，同时做好应急工作的软硬件建设，加强地震监测和观测环境保护体系建设。建立健全网络，完善大丰“三网一员”建设，在全区12个镇分别确定一名地震工作信息员，并在全区所有村、居委会设立一名地震灾情速报员，并定期通过短信平台辅导灾情信息速报规范，组织参加省市信息演练。

【农村民居抗震工作】 2015年，大丰地震局会同区新农村建设办公室、区住建局，结合新农村建设多次深入乡村，从农村民居的规划、选址、建筑施工等各个环节入手，组织开展农村民居地震安全宣传活动，通过展板、影像、发放资料等宣传指导农村民居抗震设防工作，发放《农村民居抗震指南》3000余份，推进农村民居地震安全工作的开展。

【地震安全示范社区建设】 2015年，大丰地震局为增强公众的防震减灾意识，提高防震避震和自救互救能力，根据省市地震局的要求，开展地震安全示范社区建设工作。选择基础条件较好的大中镇新东苑社区开展创建工作，通过建立创建组织机构和工作制度，完善社区的应急预案，开展形式多样的防震减灾宣传活动，在社区设置专门的科普宣传画廊，配备应急救援设备和图书等科普资料，组建社区志愿者队伍，并购置家庭应急包等防灾应急装备。通过创建活动，大中镇新东苑社区创建为省级地震安全示范社区。

【防震减灾知识宣传】 2015年，大丰地震局按照“积极慎重、科学有效”的防震减灾宣传原则，提高广大干群防震减灾意识，营造“政府主导，部门配合，群众支持”的浓厚氛围。年初制定《大丰市2015年防震减灾宣传工作计划》，提出全年防震减灾宣传工作的目标任务，做到有计划按步骤地进行防震减灾宣传。扩大传播防震减灾的信息量和宣传面，开展各项防震减灾宣传工作，通过专题、网络、简报、橱窗、展板等多种形式，利用“5·1”《中华人民共和国防震减灾法》实施日、“5 · 12”防灾减灾日和“7 · 28”唐山地震纪念日、科普宣传周以及“12·4”法制宣传日的时机，组织防震减灾知识和法规宣传。结合地震安全示范社区和示范学校的建设，多渠道广泛传播地震科普知识。区地震局始终坚持“教育一个孩子，影响一个家庭，带动整个社会”的宣传理念，提高学生的防震减灾科普知识，从而提高全民的防震减灾意识，科学应对地震灾害，减少灾后损失。

（丁楚兰 潘 丰）

气象事业

【概述】 2015年，大丰气象局围绕提升“四个能力”（提高气象预测预报能力、气象防灾减灾能力、应对气候变化能力、开发利用气候资源能力）、建设“四个一流”（ 一流的装备、一流的技术、一流的人才、一流的台站），以做好各项气象服务为根本，推进现代气象业务体系建设，进一步扩大公共气象服务覆盖面和影响力。继续做好防灾减灾气象服务工作，以提高预报预测准确率和“两个体系建设”（建成完善的城市气象防灾减灾和公共服务体系）为中心，不断提高气象业务服务能力。继续加强党风廉政建设和精神文明建设，努力建设和谐机关，完成了各项工作任务，获得盐城市气象系统优秀达标单位、大丰区委“服务发展创新创优和深化改革工作奖”。

【气象业务水平提高】 2015年，大丰气象局通过加强业务人员培训，完善业务运行制度，加大考核力度，不断提高内在质量。全年各项业务工作质量稳定，达到省市局目标要求。综合气象探测业务质量指标：99.89%，盐城市气象局各县排名第二名；（国家站）质量指标：100%，盐城市气象局各县排名第一名；（区域站）质量指标：99.85%，盐城市气象局各县排名第二名；酸雨记录、报表质量：均无错情。传输率：国家站（本站）新长Z文件：100%；区域自动站资料传输率和要素到报（缺测）率：（传输率）99.89%，（到报率）0.11%；能见度资料传输率：100%；gps/met资料传输率：98.21%。农业气象观测、旬（月）报工作基数4972.9个，错比0.0‰，全年农气报表经省局审核无错情。2015年预报服务总体情况良好，预报准确率达到目标要求。按照上级业务部门的要求，认真做好各项气候业务和减灾服务以及应用气象等方面的业务。

【气象服务】 2015年，大丰气象局按照“一年四季不放松，每个过程不放过”的要求，积极实施“以人为本，无微不至，无所不在”的服务理念，应用上级产品和科研成果以及本地预报服务工具方法，扎实做好气象监测、预报和预警服务工作，完善服务流程，增强服务的可用性。全年制作重要天气报告18期，专题气象服务25期，发布预警信号71次，向区委、区政府领导汇报天气情况8次，接收电视台记者采访28次，向社会各界发送气象短信109万多条，接受电话答询130多万次。组织建立大丰港气象服务系统，开辟新的服务模式和服务方法，为大丰港口经济建设提供气象保障。

【气象行政管理】 2015年，大丰气象局组织重点人员深入学习《中华人民共和国气象法》《中华人民共和国行政许可法》和《江苏省气象管理办法》等法律法规，提升知法和用法能力。开展法律法规宣传活动，利用纪念“3 · 23”世界气象日、法制宣传周、科普宣传周等活动，通过报纸、电视新闻媒体、制作宣传版面、印发宣传单、悬挂宣传标语等多种形式深入街头、企业、社区开展社会宣传，重点宣传气象法律法规和防灾减灾知识。多次协调有关部门对化工园区的化工企业和氢气球施放进行安全检查，工作中做到依法行政，优质服务。认真开展安全生产专项检查活动，年内组织3次较大规模的安全检查，重点对危化企业和其他高危行业开展防雷专项检查，督促整改大量隐患，履行法律法规赋予的气象行政管理职能。规范防雷审批制度的执行，所有减免项目全部按照要求报批执行，执行新建建筑物防雷装置设计分段验收程序，确保每个项目都能跟踪检查到位。根据上级要求，统一对防雷减灾技术服务基本装备、归档资料管理，并使用省局统一平台软件制作检测报告。

（耿 健）

〖编辑 朱晓华〗

综 述

2015年，大丰教育工作紧扣“盐城领先、全省争先、全国有影响”的目标，贯彻落实《大丰市中长期教育改革和发展规划纲要（2010~2020）》，以提升综合质量为核心，加快改革转型，稳妥推进教育教学改革，实施民生工程，强化教师队伍建设，全面提高常态化教育管理水平，推进大丰教育的健康发展。据2015年年报统计，大丰区各类幼儿园47所，其中由区教育行政部门主办的公办幼儿园4所，镇政府主办的公办幼儿园27所，民办幼儿园16所，有508个班，在园幼儿15816人；小学33所，有698个班，在校学生27494人，入学率和巩固率均为100%；特殊教育学校1所，12个班，在校学生144人，其中随班就读47人；初级中学27所，其中九年一贯制学校2所，有班级370个，在校学生14077人，入学率100%，流动率0.28%，升学率99.46%；普通高中4所，其中高级中学3所，完全中学1所，有180个教学班，在校学生8883人；中等职业学校1所，在校学生3803人。幼儿园教职工1720人，其中专任教师1020人；小学教职工2056人，其中专任教师1907人，有中级职称的1237人，有高级职称的200人；普通中学教职工2718人，其中专任教师2358人，有高级职称的872人，有中级职称的1058人；中等职业学校专任教师242人，有初级职称29人，有中级职称的90人，有高级职称的103人。

学前教育

【概述】 2015年，学前教育以改善办园条件，提高保教质量为重点，落实省教育厅《关于实施第二期学前教育五年行动计划的意见》和《关于深化学前教育体制改革试点工作的意见》文件精神，贯彻《3~6岁儿童学习与发展指南》《江苏省学前教育管理条例》，实施《大丰区学前教育五年行动计划》年度目标任务，优化城区幼儿园布局调整规划，推进镇公办中心园项目建设。组织开展学前教育宣传月系列活动，加强对学前教育的指导和管理，清理、整顿无证园，突出治理“小学化、乱办班、乱收费”现象。开展教师全员培训、教研沙龙活动，强化园际交流与学习，发挥省、市优质园的示范、辐射、带动作用，促进全区学前教育事业健康有序发展。加大江苏省和盐城市优质幼儿园、大丰区管理规范示范幼儿园及大丰区特色幼儿园创建工作力度，加强内涵建设。2015年2月创建成江苏省学前教育改革发展示范区，区教育局被盐城市委办、市政府办表彰为盐城市“十二五”学前教育先进集体。

【学前教育环境更加优化】 2015年，根据《大丰市人民政府关于全市幼儿园布局规划（2011~2015年）》《大丰区学前教育五年行动计划》及发展学前教育的相关配套文件，建立由政府牵头，发改委、财政、住建、国土、人社、卫生、教育等部门共同参与的学前教育联席会议制度，并定期会办学前教育改革发展中的大事、难事，形成学前教育“政府负责、分级管理、教育部门主管、有关部门分工负责”的管理体制和工作机制。盐城市委常委、大丰区委书记倪峰到大丰区实验幼儿园视察指导学前教育工作，慰问一线幼儿教师。区长陈平、副区长赵玉霞多次到城区、镇幼儿园现场会办研究学前教育相关问题。中国江苏网、江苏文明网、盐城教育网对大丰区幼儿园新建工程、进编新教师专业提升等工作进行宣传报道。区教育局、区教育督导室结合年初教育工作目标、年度教育工作重点对学前教育工作考评细则进行完善，强化教育局、镇政府在学前教育发展中的主体地位和监管意识。

【学前教育布局日益科学】 2015年，大丰推进学前教育的布局调整，全面构建区、镇办园的学前教育网络，逐步实现城区每1万人左右居民区建一所幼儿园的目标，基本形成覆盖城乡的学前教育优质公共服务体系。新建小区配套幼儿园均按照《江苏省优质幼儿园评估标准》进行建设并实施到位。2015年，新建幼儿园4所、改扩建幼儿园14所，新增建筑面积22540平方米，其中草堰镇中心幼儿园投入使用，高新区幼儿园、刘庄镇中心幼儿园、大丰港实验幼儿园进行内部装潢。为激励各镇加大学前教育投入，区政府落实以奖代补政策，设立学前教育专项奖补资金，凡新建公办幼儿园，每园奖励100万元，确保每个镇至少建成1所达省优质园标准的公办中心园。全区有公办幼儿园31所，民办幼儿园16所。其中，省优质园34所、盐城市优质园7所、合格园9所，优质资源覆盖率提高到82%。全区学前教育布局更加趋于科学合理。

【学前教育投入显著增加】 2015年，财政性学前教育经费为6071.26万元，占财政性教育经费比例为5.53%。在不断加大幼儿园建设的同时，建立健全资助制度，按照省定标准资助家庭经济困难幼儿，每生每年平均1000元，资助比例达到在园幼儿的12%。2015年对1487名困难幼儿发放资助资金148.68 万元。全面推行残疾幼儿免费就读制度，区特殊教育学校成立学前教育康复班，对学前残疾儿童进行免费康复教育。

【幼儿教师素质全面提升】 2015年，加强幼儿教师队伍建设，提高幼儿教师综合素质。加强师德教育，要求教师真正把投身教育作为自觉行动。突出质量意识，结合教育改革，将每年工作计划的任务目标分解量化，具体到人。重视教师培训，建立并完善幼儿教师继续教育和定期培训制度，采取集中通识培训和园本培训相结合的形式，形成与现代教育相适应的幼儿教师培训体系和机制，针对新教师组织了系统的、有针对性的培训，组织开展全区新教师才艺展示活动。注重骨干教师培养。幼教系统有江苏省特级教师2人，盐城市学科带头人7人，盐城市教学能手11人，省教育评估院幼教评估组专家4人。建立互助机制，通过开展优质园与薄弱园结队帮扶、骨干教师送教下乡、组织优质课展评和教师技能竞赛等活动，提高广大幼儿教师的专业素养和保教能力。对未取得教师资格证书的所有在岗教师进行全面考核，在岗教师资质合格率100%。2015年，面向全省公开考录31名新教师入编幼儿教师队伍，公办幼儿园事业编制教师比例37.3%。

【保教水平显著提高】 2015年，通过年度“学前教育宣传月”系列活动和“大丰区管理规范示范园”创建等活动，规范办园行为。坚持学前教育管理数字化，所有幼儿园全部接入互联网，实现“园园通”。专门建立学前教育网站，进行信息化管理。修订并印发《关于开展大丰区特色幼儿园创建工作的意见》的通知，制订大丰区特色幼儿园评比细则。推进省课程游戏化建设项目，刘庄镇中心幼儿园《利用地方教育资源实施园本课程游戏化建设》得到有效实施。全面实施省优质园创建联动发展项目，4月15日，盐城市优质幼儿园验收专家组一行6人到大丰对城东实验幼儿园、大丰港实验幼儿园创建盐城市优质园工作进行评估验收。12月22~25日，省优质园评估专家组对申报省优质幼儿园的城东实验幼儿园、大桥镇中心幼儿园、刘庄镇中心幼儿园和草庙镇川东幼儿园进行评估验收，4所幼儿园均通过专家组的现场评估验收。2015年，全区创建成盐城市优质园4所，分别为区城东实验幼儿园、大丰港实验幼儿园、草庙镇川东幼儿园和三龙镇六舍幼儿园。

2015年2月，大丰市创建成江苏省学前教育改革发展示范区

基础教育

【概述】 2015年，大丰推进依法治教，强化教师队伍建设，规范学校办学行为，开展校园特色文化建设，提升学校内涵。以常规管理为重点，巩固“常规管理强化年”“常规管理提升年”的建设成果，推进教育教学管理工作规范有序、健康运行，促进各类教育均衡发展，从而推进全区基础教育管理水平的全面、规范、有效提升，促进教育质量的全面提高。

【小学教育优质发展】 2015年，大丰制定《大丰区改善义务教育薄弱学校基本办学条件项目规划》，投入1176万元分别用于小学阶段学校工程建设和设备购置，有效改善学校办学条件。实施校安工程，投入资金6110万元，新建校舍17490平方米。制订《大丰区中小学“智慧校园”创建规划和年度创建计划》，全年投入710多万元用于学校标准化建设，加大对教育信息化和装备标准化建设的投入，完善小学教育教学设备设施。实施教师岗位交流制度，推动县域内义务教育的均衡发展。2015年，新招录的11名小学教师全部下派到农村学校，根据城乡学校学科教师余缺情况，在城乡间交流小学教师276名。完善校长交流机制，任期满两届的校长或新任校级干部一律异校任职。2015年，异地交流小学校级干部13名。

【初中教育内涵发展】 2015年，大丰投入561万元分别用于初中学校工程建设和设备购置，有效改善学校办学条件。实施校安工程，总投资1.26亿元，新建校舍47591平方米；投入资金140万元，加固校舍4752平方米。加大对教育信息化和装备标准化建设投入，完善教育教学设备设施，全年用于初中学校标准化建设投入的资金680多万元。为策应沿海经济开发，配套新区服务功能，2015年，启动高新区实验初中建设工程，学校占地9.2公顷，建筑面积33000平方米。

【普高教育特色发展】 2015年，新丰中学和南阳中学成立创建工作领导小组，争取创建专项资金1600万元，统筹协调推进创建四星级高中工作。大丰区第二中学启用初、高中校区分离办学模式，为创建三星级高中奠定基础。全面加强高中课程基地建设，优化课程结构。大丰高级中学“青少年信息技术课程基地”开发基础应用类课程、知识拓展类课程、兴趣特色类课程等十多种校本课程，使青少年信息技术课程基地成为实践性、体验性、自主性教学的新课堂。南阳中学以“沿海滩涂湿地”生物课程基地为中心，建成“一湖二馆三室”等多个生物课程基地，编写《麋鹿保护》《湿地珍禽》《湿地种植》《湿地养殖》4册校本教材，初步建立起生物课程基地体系。开展课堂教学改革，举办2015年大丰区高中课改现场会，对高效课堂模式进行展示和研讨，并邀请省教育评估院专家袁益民到现场点评和指导，推动全区高中课改向纵深推进。大丰高级中学全面推行“3+1”课堂教学模式，获得大丰区科技进步三等奖。

【素质教育深入实施】 2015年，教育部门推进小班化教育，围绕“备、教、改、评、纠、辅、督”等环节，以学年度“家家到”方式，分职能组进行常规视导。分别召开小学、初中、高中、职教教育教学工作会议，落实局领导班子、科室负责人定点挂钩帮扶措施。对部分学校薄弱学科进行梳理，由区教师发展中心研训员牵头组成学科班子，蹲点指导。做好各学段学情检测分析，制订《大丰区义务教育阶段教学过程监控及教学质量评估细则》。组织人员督查市、区教学工作会议精神落实情况，对学校加强教学管理、提高教学质量工作方案、培优补差工作等进行逐一检查。专题召开义务教育教学质量分析会，分析2015年教育教学情况，对义务教育阶段教学质量进行剖析，并对提高义务教育阶段综合办学质量提出明确的要求。适时开展德育教育活动，深入开展阳光体育活动，举办大丰区第六届中小学阳光体育艺术节开幕式、田径运动会及乒乓球、篮球、排球比赛活动，承办2015年江苏省青少年科技竞赛（大丰分赛区）系列活动，展示全区素质教育成果和中小学生全面发展、个性发展的风采。

2015年，大丰高级中学全面推行“3+1”课堂教学模式，获得大丰区科技进步三等奖

【常规管理常抓不懈】 2015年，区教育局贯彻落实教育工作会议精神，修订并完善了《大丰区小学、初中教育教学常规管理评价细则》，深化学校常规管理。承办盐城市初中教育内涵建设现场推进会，组织校长赴南通开展以跟岗学习学校管理为主要内容的“影子培训”，组织小学校长参加盐城市小学内涵建设现场会，推动并强化全区小学、初中常规管理，深入推进内涵建设，提升办学质量和水平。加强对学校常规管理工作督查指导，开展飞行检查和随机督查活动，采取抽查的方式对部分学校环境、日常管理、办学行为等进行随机检查，督促各学校强化常规管理，规范办学行为，发现问题当场指出，限期整改，促进学校教育教学工作的常态化管理。大丰区实验初中、白驹初中分别获得“盐城市首批初中精致管理先进校”“特色建设先进校”称号，大丰区实验小学、万盈小学获得“盐城市首批小学内涵建设先进校”称号。

【责任督学挂牌上岗】 2015年，区教育局组织28名责任督学及118名区督导专家库成员参加2015年责任督学及教育督导专家培训会议，邀请盐城市政协副秘书长、盐城市政府教育督导室原主任童骋就责任督学的职责、督导工作的方式方法及注意事项对与会人员进行详细的辅导，提升责任督学及专家库成员的督导水平，为大丰全面推进“中小学督学责任区挂牌督导创新县（市、区）”奠定坚实的基础。2015年，各责任督学组织开展多次责任督学进校督导活动，有效指导责任学校的教育教学活动，促使办学行为日趋规范，提升办学水平和办学质量。

2015年4月19日，大丰市城东实验小学组织学生观看“同一片天空 同一个家园”绘画优秀作品展

【教师素质全面提升】 2015年，全区10名教师被区委、区政府表彰为十佳“师德标兵”，涌现一批大丰最美教师。全面搭建教师成长平台，组织以学校、共同体、全区为单位的教学比武、基本功竞赛、优质课比赛教学研讨活动。2015年，承办省初中语文优质课比赛、盐城市高中英语优质课比赛、盐城市高中地理优质课比赛、盐城市初中语文课外阅读推进会等多项活动，组织教师参加省级观摩课，观看江苏省“教学新时空”的实况转播，选拔优秀教师参加省、市各学科课堂教学比赛，获盐城市高中英语优质课比赛一等奖、高中地理学科基本功比赛一等奖、初中语文优质课比赛一等奖、初中化学学科基本功比赛一等奖、初中化学优质课一等奖。继续举办中小学教师暑期全员培训活动，围绕“善教”主题，全区5000名中小学教师全部参加培训学习。5月、10月分别组织全区中小学教师参加“融合知识教育”和“班主任知识”网上学习，3000多名教师通过竞赛考试，占义务教育阶段教师总数的80%。组织中小学教师参加“大学慕课”学习，组织对新录用教师的培训。推进“三名”（名教师、名学校、名校长）工程，组织大丰区第九批教学能手、学科带头人评审工作，2015年，新增区级第九批学科带头人68人、教学能手138人。全区拥有省特级教师10人、盐城市名教师6人、盐城市学科带头人67人、盐城市级教学能手156人、大丰区级学科带头人448人、大丰区级教学能手827人，全区骨干教师1514人。

【德育工作成效显著】 2015年，区教育局研究制订《教育系统2015年德育和教育法治工作要点》，明确2015年度学校德育和教育法治工作的目标任务、工作要求。加强未成年人思想道德教育实践活动，下发《关于进一步加强未成年人思想道德教育实践活动的通知》，围绕通知精神组织全区中小学开展“美丽大丰港”征文比赛，举办第25届中小学生爱国主义教育影评、“凭吊革命先烈”“学习雷锋、争做美德少年”“中华经典诵读”“童心向党”歌咏、“中秋圆梦”“向国旗敬礼”、纪念中国人民抗日战争胜利70周年等德育实践活动，丰富学校德育活动内容，提升学校德育工作水平。开展“美德少年”评选工作，有10名中小学生被推荐表彰为“盐城市百名美德少年”，新团初级中学的杨皓被评为“第三届江苏省百名美德少年”。开展“盐城市和谐校园”创建，5所学校被命名为“第五批盐城市和谐校园”。组织参加盐城市中小学德育工作创新成果评审，获二等奖7个，三等奖3个，获奖总数为盐城各县（市、区）之首。

【特色品牌效应彰显】 2015年，全区各学校加强校园文化建设，开发特色校本课程，加强课程项目建设，全面开展特色社团、兴趣小组活动，提升内涵建设水平。2015年，大丰承办盐城市初中教育内涵建设现场推进会，实验初中的“成功教育”、飞达路初中的“双分教育”、刘庄初中的“和雅文化”、白驹初中的“小班化教育”均给与会人员留下深刻印象。小学校园环境更加优美，特色更加鲜明，幸福路小学、城东实验小学、南翔实验小学被教育部命名为“全国青少年校园足球特色学校”，城东实验小学获“江苏省科普教育基地”称号，幸福路小学被省教育厅命名为“江苏省篮球特色学校”，区实验小学、区城东实验小学被表彰为“盐城市心理健康特色学校”，人民路小学被确认为“盐城市首批生态环保型学校”，区第一小学、区城东实验小学获“盐城市艺术教育特色学校”称号，万盈小学的“快乐家园”特色文化课程项目在省教育厅视导时得到检查组的肯定和好评。区实验小学的“行知文化”，裕华小学、新丰小学的“双语阅读”，刘庄小学的“空竹运动”，康平路小学的“花样跳绳”，三龙小学的“感恩教育”，白驹小学的“水浒文化”，草庙小学的象棋文化各具特色。

【课程基地得以拓展】 2015年，根据省、市有关课程建设的通知精神，区教育局组织相关学校做好申报和答辩工作，三渣初中的“小班化背景下农村初中生语文课外自主阅读能力提升工程”分别通过盐城市级和江苏省级评审答辩，被列为2015年省正式项目。大丰高级中学、南阳中学、白驹初中、方强初中、万盈小学、大丰区特殊教育学校接受江苏省教育厅组织的对课程项目的视导调研，视导组对大丰区加大投入，推进项目建设，重点加强硬件设施的建设、校本课程的开发、社团活动的开展、特色文化氛围的营造以及取得的成效给予充分肯定。大丰高级中学围绕“青少年信息技术课程基地”建设加大资金投入，构建了以“五大中心”和“三类课程”为支撑的基地框架，优化课堂教学模式，丰富办学内涵，推进学校特色发展。

【招生工作规范有序】 2015年，招生工作严格执行招生政策，确保招生工作的顺利实施和秩序稳定。2015年有高考考生3723人，全区设大丰高级中学、大丰区实验初级中学两个标准化考点，共129个考场。中考考生5927人，设大丰高级中学、大丰区实验初级中学、大丰区新丰中学3个考点，共102个考场。义务教育阶段共招收初一新生4648人，小学一年级新生4599人。全区全年报名参加本、专科自学考试人数3935人，报考规模继续位于盐城市前列，其中有63人取得本、专科毕业证书。2015年组织全国计算机等级考试、剑桥少儿英语考试和中小学学生书法等级证书考试等各类证书考试12次，报考人数破16000人。成人高校招生考试顺利进行，2015年大丰区有1259名考生报名参加成人高考，设理工、经管、文史等类别，整个考试工作组织到位，进展顺利。

【体艺科技推进】 2015年，加强体艺工作的推进力度，深入开展阳光体育活动，对各中小学的阳光体育大课间活动进行督查，中小学生每天活动一小时得到保证，学生的体能素质明显提高。出台大丰区2015年初中毕业生体育考试方案，实施《学生体质健康标准》，施行面100%，各学校根据要求组织测试，上报测试数据工作规范。组织2015年体育中考以及普通高中招收高水平运动队和艺术社团考试。举办大丰区第六届中小学阳光体育艺术节开幕式、田径运动会及乒乓球、篮球、排球比赛活动，举办首届“权健杯”小学生足球联赛、“三独”（独唱、独奏、独舞）比赛，承办2015年江苏省青少年科技竞赛（大丰分赛区）系列活动，充分展示了大丰区素质教育成果和中小学生全面发展、个性发展的风采。组队参加省、市体艺比赛，成绩突出。2015年获江苏省级比赛金牌3枚、银牌7枚、铜牌5枚，盐城市级金牌6枚、银牌9枚、铜牌12枚。参加江苏省青少年田径锦标赛暨县组田径（第一赛区）比赛并获江苏省团体第11名。2015年大丰区幸福路小学丁怡同学入选国家少年足球队，成为大丰足球入选国家少年队的第一人。城东实验小学参加世界机器人大赛中国赛区比赛，获特等奖1个，一等奖2个，二等奖8个，三等奖1个。举办2015江苏省青少年科技竞赛（盐城市选拔赛），推动大丰区青少年科技创新活动广泛深入地开展。

【爱心助学建成品牌】 2015年，区教育局、区教育工会组织开展“彩云妈妈”“阳光爸爸”节日送温暖、献爱心活动。有近800名教师加入这个爱心团队。各学校的“彩云妈妈”“阳光爸爸”利用春节、“六一”儿童节、端午节等节日集中开展活动，策划形式多样的主题活动，和孩子们共度佳节，此活动还被区文明办授予“2015年十佳志愿服务项目”称号。幸福路小学一学生患白血病，配型成功后，却因为经济原因无法动手术，区教育局了解后，由红会牵头在全区师生中倡议捐款，后得到社会各界的支持，所得款项全部捐给陈文静同学，区教育红会从束昱辉基金中一次性拿出10万元进行救助，为患病家庭献上一份爱心。做好对2015级贫困大学生摸底登记工作，通过多种渠道助学，确保不让一个孩子因贫失学。全面开展对困难教职工的帮扶和救助工作，由大丰区教育工会牵头，做好贫困师生档案建设，多方筹措资金，将扶贫帮困工作推向常态化。

【社会实践常态推进】 2015年，启动社会实践拓展活动以来，组织全区1万多名中小学生分批到青少年活动中心参加社会实践拓展活动，每期400人左右，历时两天半，总共30多期。开设军事训练、户外拓展、手工制作、参观采风、才艺展示、安全演练等课程，让学生在轻松愉快的活动中拓宽视野、丰富知识、增强体质、陶冶情操。

职业教育

【概述】 2015年，大丰职业教育按照创建省高水平现代化职业学校的要求，把服务沿海经济发展和服务学生的全面发展、终身发展作为办学宗旨，以提高学校教育教学质量为核心，推进职业教育，抓好职业教育招生工作和培训工作，求真务实，争先创优。全年各类非学历培训7877人，驾校新招收学员1270人。中等职业毕业生技能考试合格率95%，综合高中部2012级学生中级工考试过关率100%。

【招生和培训成绩突出】 2015年，职业教育加大生源的组织力度，及时调整招生策略，抓好志愿填报和录取报到等环节。2015年计划招收初中毕业生1044人，其中五年制高职招生320人，综合高中部招生362人，中职部招生362人，另外成人本专科招生882人，其中，开放教育招生485人、奥鹏远程教育招生397人。职业技能培训工作取得新的进展，省商务厅认定的省电子商务人才培训基地挂牌，取得省退役士兵中高级培训资质，利用大丰区全民创业培训中心、盐城市创业实训基地的有利条件，开展创业培训，被评为盐城市二星级中小企业公共服务平台、盐城市创业辅导基地。

【教学质量稳步提升】 2015年，大丰职业教育继续推行有效教学，通过公开课、示范课、集体备课等形式规范课堂教学，提升课堂教学的有效性。组织教师参加盐城市组织的“聚焦课堂教学、促进目标达成”的教学观摩活动，为一线教师提供了提升课堂教学有效性的理论指导和操作范式。加强教学过程管理，强化考核，对过程管理中发现的不规范、不到位的现象及时按照考核条例要求立即整改、限期到位。提高技能教学水平，推进理论实习一体化教学，探索新型技能教学模式，举办由金风科技公司赞助的“金风杯”技能大赛。综合高中部2012级学生中级工考试过关率100%，高考技能成绩列盐城市第三。在省、市技能大赛中，3名教师获得省赛教师组一等奖，2名教师获省赛指导教师一等奖，3名教师获得市赛教师组一等奖，技能考试合格率95%。高职部30人参加专转本考试，录取24人，其中12人为二本层次，综合高中部在对口高考中有31人达本科线。

【教科研工作有效推进】 2015年，大丰区职业技术教育中心新立项省级开放大学课题1个、县级课题3个，结题省级课题1个，教师公开发表的教学论文12篇，教学改革创新教材《数控车削工艺编程与加工》由中国矿业大学出版社正式出版，成为大丰职教史上第一本自行开发并正式出版的教材，编制地方教材2本，公共基础课参加盐城市评比，2人获一等奖，3人获二等奖；专业课评比，获盐城市一等奖。6件作品参加盐城市信息化教学大赛，获盐城市一等奖、江苏省二等奖。在盐城市第六届“我的教学故事”评比中，6人获一等奖，12人获二等奖，获奖层次和数量列盐城市之首。在2015年“凤凰杯”江苏省职业学校微课大赛中获三等奖。

【毕业生就业形势改观】 2015年，大丰区职业技术教育中心对照全年工作计划，在社会经济转型升级，对口就业机会减少，高质量对口就业社会需求时空节点差距值增大的不利形势下，紧紧抓住社会对“互联网+”的复合型技术人才需求不断增加的大好机遇，提早介入，通过整体化就业工作培训与学习，全面提高学生就业率。2015年大丰区职教中心全日制毕业生955人，分五年制高职、综合高中、中职三种类型，分布在加工制造类、财经商贸类等九大类、25个专业。当年度直接就业人数为654人，另有266人升入高等学校学习，就业率96.30%，其中对口就业率85.57%。大丰区职教中心被江苏城市职业学院表彰为2015年“就业工作先进集体”，明进机械厂出资15万元在大丰设立奖学金和助学金机制，用来帮助职校学生完成学业、学成本领就业，鼓励学生抓住机遇创业。通过问卷调查，用人单位对职业学校毕业生在单位工作表现的满意率94%。

【教师队伍建设不断加强】 2015年，大丰区职教中心积极开展“我与学校‘共兴衰、共荣辱、共发展’”的“三共”教育活动，组织开展“最美教师”征文活动，培养教职工的集体荣誉感和与学校共发展的自觉性。创新师德师风教育，将有关师德师风建设的规定在校园网站发布，供大家学习、践行。形式多样的教育活动促使广大教职工提高了为人师表、教书育人意识。学校还不断加大对教师业务培训的投入力度，选派4名一线教师赴英国参加现代学徒制培训；安排41名教师参加省级培训；组建3个名师工作团队，进行现代教育技术的培训；实施青蓝工程，组织青年教师教学比武。活动的开展，有效促进教师队伍整体素质的提升。

2015年，大丰区职业技术教育中心通过公开课、示范课、集体备课等形式规范课堂教学，提升教学质量

【校园文化建设提档升级】 2015年，职业教育校园文化建设力度加大，职教中心校园内的各种建筑、道路、桥、绿化区域的命名既做到意蕴深长，又体现校园文化特色；校训、校风、教风、学风、培养目标的内涵更加丰富；投入资金提升校园绿化的品位；在醒目位置树立宣传牌，宣传优秀教师、学习标兵、文明标兵、技能标兵、常规标兵、优秀舍长等先进事迹，张贴社会主义核心价值观的内容，营造校园文化气氛，提升校园正能量。开展丰富多彩的社团活动，举办校园文化艺术节。初步形成以优秀校园文化引领、激励师生成长的良好氛围。

【办学条件改善】 2015年，投资3500万元的实训综合楼工程主体封顶；投资300万元，完善数控技术应用专业实训基地的功能，建成数控技术应用省高水平示范性实训基地，为学生实习提供了高标准平台，改善实验实训设施的结构，提高服务专业教学的能力；投资500万元，首批建成省高水平现代化职业学校。

特殊教育

【概述】 2015年，大丰区特殊教育坚持实施素质教育，遵循特殊教育的办学规律，推进特殊教育新课程改革，不断巩固教育现代化创建成果，建成环境一流、管理一流、设施一流、质量一流的基本现代化特殊教育学校，残疾儿童随班就读辐射至全区各普通中小学，全区三类残疾儿童入学率98.5%以上。

【办学条件改善】 大丰区特殊教育学校占地面积14540平方米，建筑面积7400平方米。2015年，学校有教学班9个，学生127名，教职工28名，其中中学高级教师4名，小学高级教师19名，盐城市学科带头人5名，大丰市学科带头人2名。

【特殊教育领导更加关注】 5月30日，盐城市委常委、大丰市委书记倪峰到特殊学校与残疾儿童欢度“六一”，向小朋友致以节日的祝贺，并向长期从事特殊教育的教师表示慰问。倪峰一行观看了聋哑儿童和智障儿童的文艺表演，并与学生互动游戏。交办政府相关部门划拨30万元给特殊教育学校添置现代化教育教学设备，12台触控一体机购置安装到位。

【特色教育注重实用】 2015年，区特殊教育学校注重技能传授与实践操作相结合，开设了烹饪、缝纫、编织、理发、麦秆画等职业技术教育项目。做到师资、场地、资金等落实到位，教学中注重技能的传授与实践操作考核相结合，使学生真正掌握谋生的本领。学校注重研发校本教材，彰显个性教育特色。启动校本课程开发计划，组织教师认真研究使用过的教材，根据自己积累的教育教学经验，结合学校实际及学生特点，灵活调整教材内容和要求，挖掘课内外资源，对教材进行科学地删减、增补、重组，建立起适合学生发展的校本课程体系，满足学生个性化教育需求。巩固素质教育成果，教学质量显著提高。区特殊教育学校向南京特殊教育职业技术学院输送了9名聋人大学生，向南京市聋人高级中学输送了7名聋人高中生。

【康复训练正常开展】 2015年，区特殊教育学校在原有的感统训练室、语言训练康复教室基础上，建立了多感官综合训练系统，运用智能化教育手段对残疾学生进行语言和听力康复训练，特别是注重缺陷补偿，彰显康复教育特色，为学生的教育、康复训练提供了良好的服务条件和训练设备。以实施“发展潜能，补偿缺陷”为康复理念，对每一位学生进行初期评估，制定康复计划，开展一对一的个性化康复教育训练，最大限度地挖掘其智力潜能，补偿其身心缺陷，取得显著的康复效果。多感官综合训练康复中心大楼540万元建设资金全部到位。

【体艺课程精彩纷呈】 2015年，区特殊教育学校贯彻《学校体育卫生工作条件》，在提高残疾学生科学文化知识的同时，把抓好体育、卫生、职业教育等工作作为实施素质教育的突破口，上好健康教育课，仔细宣讲卫生防疫知识，提高学生预防疾病能力，增强学生体质，促使学生的身心得到健康发展。特教教育学校遵循把残疾学生培养成为自食其力的劳动者这一宗旨，教给学生谋生之技，从学生实际出发，开设了麦秸秆贴画、微机等职业技能教学课，定期对学生的理论知识和实践操作进行考核，为学生将来走上社会能自食其力打下基础。

【办学质量稳步提高】 2015年，区特殊教育学校落实新课改，推进校本课程的开发，用新课改的理念武装教师，用新课改的理念指导教师的教学实践。在教科研中出思想、出经验、出成果，通过教育科研创特色、树形象。要求教师不断强化质量意识，确立教书与育人并举的指导思想。教学过程注重因材施教，实施了个别化教学方案，教学质量显著提高。2015年度，区特殊教育学校获“教育工作贡献奖”，被评为“廉政文化建设合格学校”。舞蹈《阳光男孩》获得盐城市残疾人文艺会演一等奖，并代表盐城市赴淮安参加全省残疾人文艺演出；学生绘画作品获“东方1号”印象城少儿绘画大赛展示奖；高旭军被区委、区政府表彰为“十佳校长”；夏益娟获得盐城市“最美教师”提名奖。

2015年，大丰区特殊教育学校向南京特殊教育职业技术学院输送了9名聋人大学生，向南京市聋人高级中学输送了7名聋人高中生

社区教育

【概述】 2015年，社区教育工作按照“全员、全程、全面”要求，完善社区教育的相关组织、制度，促进社区教育工作的常态化、规范化。各镇相应建立完善社区教育工作领导小组和各项工作制度，社区教育工作落实到镇、村（居）、企事业单位，并纳入考核内容。建立健全区、镇、村三级社区教育网络，形成普、职、成相互沟

通协调发展，多维、立体、开放的社区教育体系。遵照上级指示精神，依托大丰区职业技术教育中心这一平台，以镇社区教育中心为骨干、各村（居）居民学校为支撑，建立全区党员远程教育网、社区教育网、中小学校校通、居民宽带网等远程教育和信息技术的现代网络教育体系。

【城镇社区教育】 2015年，社区教育与各镇有关部门合作，结合重大节日，开展社区活动。上半年，各镇社区教育中心与镇文化站、社区医院、市科技局、老体协、团委、妇联一同组织“文艺、卫生、科技三下乡活动”，足迹遍布镇村、敬老院。5月，刘庄镇社区教育中心和团市委联合举办了“中国梦·青春梦”演讲比赛，裕华街道办在碧桂园小区举办了第三届社区运动会，吸引了100多名居民参加棋类、扑克牌、篮球、拔河比赛，大中镇恒北村居民学校利用多功能活动室创办周末农民剧院，放映《地雷战》《南征北战》《地道战》等经典老影片。

【基层社区教育】 2015年，社区教育继续加强各镇社区教育中心的基础能力建设，做好社区教育中心资源的整合和配置。一些镇社区教育中心搬进了新建的校舍，部分社区教育中心与镇相关教育资源进行整合，做到共建共享。三级（区、镇、村）办学体系完善，2015年创建省级社区教育中心2个。至2015年年底，全区建成省级社区教育中心9个，盐城市级社区教育中心1个，全区村（居）居民学校建成率100%。贯彻《国家、省市关于社区教育的相关政策法规》，使部分困扰社区教育发展的现实问题（乡镇成教经费不足、师资短缺、设备不齐等）得到妥善解决。实施社区教育富民工程，利用课堂教学、电化教育、现场示范、巡回服务等形式，举办返乡农民工或在乡农民工技能学历双提升教育、农村致富培训、农民经纪人培训、村组干部培训、“绿色证书”培训、企业职工培训、下岗待岗转岗职工培训以及各类“短、平、快”的农业实用技术培训，形成全方位、系列化的农村成教培训新格局，使得全区社区教育的基础能力得到加强。

【信息化建设】 2015年，各社区教育中心开展计算机应用技术培训班90多期，培训党政机关干部和企业管理人员1200多人次。社区教育网建成主栏目18个、子栏目48个、网页90多个、图片500多幅、信息资料80万字，网页浏览人数超过1万人。各社区教育中心还引导社区居民学习“江苏学习在线”的优质课程，并为社区50周岁以上的1200多人进行实名注册，每周利用一个下午的时间集中指导学习，学时8000多个学时。大中镇社区教育中心再次被中国成人教育协会授予“农村社区学习中心”称号。大中镇社区教育中心在老年远程教育上的成绩，被中国老年教育协会评为全国首批老年远程教育先进收视点。

【教师队伍建设】 2015年，全区12个社区教育中心每个中心至少配有3名专职教师。村村建有居民学校，校长由村组党支部书记或村主任担任，学校配备1名专职的副校长，兼职社区教育联络员，负责社区教育工作。各居民学校配备5~10名由各村干部、专业户、养殖能手组成的兼职教师。各镇还建立由800多名有专长、有知识、爱奉献的退休干部、教师、专业户组成的社区教育志愿者队伍。镇社区教育中心定期对兼职教师、志愿者进行业务培训和专业培训。

【各类社区培训】 2015年，各镇社区教育中心主动与农业、副业、乡镇企业挂钩，利用多种渠道开展多种形式的农民实用技术培训。草庙、万盈等镇将有关农民实用技术的科教片、录像送到田头、农家小院播放，号称“科技下乡大篷车”。各社区教育中心还相应成立全民创业培训学校，把学历教育与返乡在乡农民技能学历双提升、退役士兵就业培训、下岗转岗职工再就业培训结合起来，从多学科、多内容、多层面上满足社区成员的教育需求。2015年，实施农村各类培训50000多人次，其中农村新增和剩余劳动力转移培训5400人，农村致富骨干、经纪人培训5500人，农业实用技术综合培训25000多人次，企业职工培训19200人，技能学历双提升培训1056人。

【社区再就业工作】 2015年，社区教育开展家政、电子商务、养殖、计算机、农艺、建筑等各类实用技术培训200多期，年培训各类再就业人员17800多人次。学员培训做到学以致用、学能就业、学能致富，提高了劳动者再就业综合素质，缓解全区劳动力就业压力。

【民办教育管理】 年内，教育部门规范民办教育，建立全区民办教育机构的台账资料，出台民办教育机构评估细则，对民办教育培训机构进行专门的检查评估。截至2015年年底，全区正式挂牌的各类民办学校16所。全区各级各类民办学校均完善法人治理结构，设立学校董事会、理事会，建立健全内部管理机构，分别从资格审批、收费管理、学籍管理、教育教学管理、教师队伍管理等多个层面精心监管着民办教育。2015年，组织对民办教育机构开学工作检查、学校安全和教育教学工作的专项督导，与民办教育机构签订诚信办学承诺书和安全工作责任状。对举办学历教育、学前教育的民办学校的管理水平、办学水平、教学质量、办学效益等进行不定期检查、督导。

师资建设

【概述】 2015年，全区各中小学、幼儿园专任教师接受各类培训总计14327人次；深化城乡学校发展共同体建设，全区义务教育学校由城区学校牵头，调整组建了11个学校发展共同体（初中4个，小学7个）开展教研活动，实行单向、双向交流，中、小学共同体教师单向交流126人、双向交流208人；城乡学校骨干教师实行点对点结对交流，既充分发挥骨干教师的辐射、示范、带动作用，同时也促进了城乡学校教师的专业成长。

【综合素养提升】 2015年，教育主管部门在完善政治、业务学习制度的基础上，利用政治学习、业务学习时机，强化教师师德建设。从制度上规范师德要求，强调在职教师不得从事有偿家教、不乱收费、不乱订教辅用书、不向家长索要财物等。与所有教师签订《拒绝有偿家教承诺书》。不断丰富师德建设内容，举办了第三届“教书育人”技能大赛，内容涵盖“设计一份主题教育活动方案、演讲我的教育故事、教育案例分析”三个方面；组织“学规范、塑师德”主题征文评选活动，宣传师德先进典型，弘扬高尚师德师风；开展“最美教师”评选表彰活动和教师节庆祝表彰活动；举行“微善举”主题教育实践活动。

【课堂效益提高】 2015年，教育主管部门一手抓学习，一手抓科研，注重提高课堂效率。组织“教学管理常规年”的各项活动，深入到全区所有学校，加强教学常规的过程性考核，尤其在备、教、改等主要环节上加大考核力度，对每一位被听课教师的各个方面都进行跟踪检查。针对部分课堂教学效益不高的学校，研训员临时借班上观摩课，与教师共同商讨提高课堂效率的措施；针对部分薄弱学科，组织教师每周开展集体教研活动；搭建有效教学的研究平台，组织初中、小学学段语文、数学、外语、生物、化学、地理等学科的基本功大赛或优质课比赛；组织研训员进课堂活动，给学生上课，让教师观摩，发挥引领和示范作用。

【教师专业素养提升】 2015年，区教育局印发《关于做好2015年中小学教师和校长培训工作的通知》，加强教师业务培训，组织为期一周的新教师寒假培训和为期20天的教师暑期全员培训。在全面总结培训经验和充分吸收中小学教师意见和建议的基础上，制订培训方案，围绕课堂教学“善教”主题，采取任务驱动式培训方式，组织全区5000多名中小学教师参加暑期培训，并组织统一考试。教师培训分别采用远程培训、集中研训、影子培训、网上浏览、校本研修等多种培训方式，开放12个研训现场，小学举办系列研训活动，组织中小学教师参加“大学慕课”学习。5月、10月分别组织全区中小学教师参加“融合知识教育”和“班主任知识”网上学习，分别有3258名和3069名教师通过培训竞赛。每一个培训项目，都要经过前期调研、科学设计、有效实施、监测评估四个过程，特别是寒假对新教师进行培训后，又组织全体研训员对新教师的备、教、改分学科进行面对面指导，帮助新教师尽快成长。2015年，选派7名校长、教师出国培训，57名优秀教师、校长参加省级培训，102名优秀教师、校长参加市级培训，促进了校长、教师专业素养的全面提升。同时，向省争取了650名中小学教师网络培训、300名区级以上骨干教师教育科研能力提升“名师团”送培。培训工作促进了教师队伍专业素养的全面提升。

2015年，大丰高考本二以上达线人数1026人，本科达线率30.9%。图为大丰高级中学毕业班学生集中动员迎接高考

【办学质量提高】 2015年，全区中小学教学质量稳居盐城市中上游。其中，小学学段无论是教育部还是盐城市组织的学业质量检测，各方面情况均比以往有了较大幅度的提高，尤其是学业检测合格率提高的幅度更大。中考合格率71.2%，创历史新高，优秀率12.7%，为高中阶段教育提供良好的生源基础。高考成绩在考生人数减少的情况下，本二以上达线人数1026人，本科达线率30.9%，在盐城9个县（市、区）中居中上游水平。

【强化校长管理】 2015年，教育部门加强校长队伍管理、考核和培训，完善校长任期目标责任制，加强监督、强化考核、落实奖惩。不断完善校长定期交流机制，凡任期满两届或在同一学校任职满10年的校长统一实行异校交流。2015年，异校交流义务教育学校校长14名，交流中小学副校长12名，新提拔并异校交流中小学副校长7人。建立干部选拔任用交流机制，凡经学校民主推荐、局党委考察任用的校级干部，一律异校任职。

【教师交流机制完善】 2015年，教育部门制定《大丰市教育局关于建立中小学校长教师交流制度的实施意见（试行）》和《关于建立城乡学校发展共同体，开展城乡教师交流合作的实施意见》，全力推动区域内义务教育的均衡发展，完善城乡教师考核交流机制。根据城乡学校学科教师余缺情况，通过进城教师考录和义务教育阶段学校发展共同体交流等多种形式开展城乡教师交流。在城乡中小学间交流教师545人，占比16.28%。

【区域交流增进】 5月5日，青海省同德县派遣15名校长、40名教师到大丰，开始为期1个月的跟岗学习学校管理经验和教学经验。大丰教育局派遣5名校长前往青海省同德县开展为期15天的指导教学管理活动。此次教育交流，全面贯彻国家教育方针，坚持爱国主义和民族团结理念，开启了东部与西部教育的直接交流，得到区委、区政府以及教育主管领导的充分肯定，为增进东西部教育交流做出贡献。

【学习型、科研型教师队伍逐步形成】 2015年，坚持学习型教师、科研型队伍建设思路，提升区域教育的软实力。根据《关于印发盐城市教师队伍建设“双提工程”指导意见的通知》和《关于组织2015年盐城市中小学（幼儿园）教师教学基本功市级考核的通知》要求，11月15日，组织全区幼儿园、小学、初中、高中4个学段819名中小学教师参加15个学科的基本功能力统一考试，其中137人被定为A等（优秀等级）；组建“名师工作室”“特色项目工作室”、名师工作网，打造个性化、特色化名师群体，形成浓郁的科学发展氛围；组织初中、小学学段语文、数学、外语、生物、化学、地理等学科的优秀选手参加省、市级基本功大赛和优质课比赛，1人获省级小学组一等奖，4人获市级小学组一等奖，1人获省级初中组一等奖，6人获市级初中组一等奖。2015年共审批立项省级课题26个，区级课题“小课题”337个，“十二五”课题33个，年末结题“小课题”、“十二五”课题共291个。开展“一年一文”优秀教育叙事评选活动，提倡每个教师一年至少写一篇有一定质量的教育文章，实行学会论文评审活动在学会网站上投稿、网上评审、成果网上公示，做到全程透明。2015年接收教师投稿2000余篇，评选出优秀教学论文820篇，“一年一文”教育叙事、教育随笔征文已经成为大丰教育的学术品牌；在传统学术品牌建设中，还衍生出“学会微信公众号”“课题研究叙事”“教育语录”3个学术项目，经评选，有200余篇文章获奖。组织大丰市第九批中学学科带头人、教学能手的评选，评选出大丰区级普通高中学科带头人21名，教学能手41名；初级中学学科带头人47名，教学能手97名。推荐参加盐城市骨干教师评选，评选出盐城市级中学学科带头人13人，教学能手27名、教坛新秀30名。2015年，全区有17名在职教师参加研究生学习，并取得结业证书。

【新教师考录工作规范有序】 2015年，经区机构编制委员会批准，大丰区教育系统面向社会实际考录幼儿教师31名，中小学教师26名（小学教师11人、初中教师9人、高中教师4人、职高教师2人）。新考录的中小学教师全部是师范类应届本科以上毕业生。考试采用异地全封闭方式进行，命题、笔试、面试、阅卷等组织工作全部由外地教师负责，区纪委全程监督。所有招录的中小学（幼儿园）教师，除研究生、职教类专业课教师安排在普通高中和大丰区职业技术教育中心任教外，义务教育阶段新招录的教师全部安排到农村中小学任教，招录的公办幼儿教师均按考试成绩从高分到低分实行公开选岗。新教师考录改善了教师队伍的年龄结构、学科结构，确保教师队伍的良性发展。

【搭建教师发展成长平台】 2015年，大丰区教育工会组织多种教职工竞赛和论文征集活动，创建劳模创新工作室，为教师发展搭建成长平台。为在教育系统营造“多读书、读好书”的浓厚氛围，交流分享读书快乐，举行“阅读点亮人生”演讲比赛，区实验小学陈杏兰、城东实验幼儿园朱婷玉、实验幼儿园陈柳获一等奖；组织以“诚信传道育人”“诚信伴我成长”为主题的“诚信文化进校园”演讲比赛活动；举办2015年教育系统教职工乒乓球比赛；组织全区教育系统职工参与区总工会的“最美劳动者”的评比表彰，大丰高级中学教师史佳佳获2015年度“最美劳动者”称号。

教育后勤保障

【概述】 2015年，教育行风、后勤财务、校园安全、重大工程都体现了立足全局、服务中心的意识，全面贯彻“优先发展、育人为本、促进公平、改革创新、提高质量、服务社会”的方针政策，努力践行“师生为重，服务为先”的理念，落实《大丰市中长期改革和发展规划纲要（2010~2020）》，对加强后勤保障管理工作提出了“学习、实践、教育、责任、服务”的要求，后勤管理形成网络化、制度化、常态化，明确责任，强化服务，真心付出，为师生办实事，做好事。教育系统风清气正，平安校园领跑盐城，教育投入得到优先保障和大幅度增加，重大工程推动教育现代化向更高水平迈进，为大丰教育事业实现又好又快发展战略愿景提供了有力的基础支撑。

【教育财政投入稳步增长】 2015年，大丰区教育局全面落实规划纲要提出的各项目标任务，完善各项经费保障制度，不断加大教育投入。按每生每年幼儿园370元、小学700元、初中1000元、高中1000元的标准，安排学前教育公用经费62.72万元、义务教育公用经费3399.11万元、高中公用经费1379.7万元。按每生每年小学150元、初中200元的标准，安排义务教育校舍维修长效机制经费708万元。落实各项资助政策，确保扶贫资金到位，对4096名义务教育阶段家庭经济困难学生发放生活补助458.5万元；对2898名家庭经济困难学生发放高中助学金289.8万元；对673名中职学生发放助学金67.45万元；对234名家庭经济困难大学生发放助学贷款171.01万元；免费提供教科书价值667.84万元；免费提供作业本价值136.42万元。2015年，公共财政教育支出占公共财政预算支出的比例15.7%，比2014年提高0.58个百分点；公共财政教育支出增

2015年，大丰启动高新区初级中学和港区九年一贯制学校新校区建设

长19.01%，高于财政经常性收入增长3.59个百分点；生均公共财政预算教育事业费支出小学、初中、高中、职中分别比上年增长22.63%、50.7%、31.42%、9.08%；生均公共财政预算公用经费支出小学、初中、高中、职中分别比上年增长0.36%、3.88%、0.64%、0.1%。

【平安校园建设有成效】 2015年，校园建设始终坚持“健全学校安全监控体系，消除各类安全隐患”的办学理念，及时、全面地提升平安校园创建水平。2015年又有1所学校申报江苏省级平安校园，省级平安校园率73%。交通安全方面，9月正式实施校车安全工程，首批开通27条线路，29辆校车正式投入运营，设置站点300个左右，乘车人数约1200人，涉及开发区、港区、大中镇、西团镇、草庙镇、三龙镇等2区4镇。国庆前又新增12辆校车，南阳镇、小海镇于11月份正式开通，其后，对草堰镇、新丰镇基础设施进行提档升级。下半年，白驹镇、刘庄镇和大桥镇各有一条运行线路开通运行。在学生食品安全管理方面，启动实施“明厨亮灶”工程，开展“盐城市示范食堂”创建活动，深化学校食堂卫生监督分级量化管理，全区学校食堂除3所学校为C级外，有41个学校食堂达到盐城市A级食堂标准，其余都达到B级食堂的标准。在消防安全管理方面，宣传《全民消防安全宣传教育纲要》，广泛开展消防培训，消防安全受教育率100%。

【校舍安全工程建设推进】 2015年，大丰推进校安工程建设，在春、秋学期期末组织督查组对各校校舍安全进行专项督查，对督查中发现有重大安全隐患且无法使用的D级危险校舍责令全部拆除，并利用寒暑假期加固维修安全性能差的校舍。2015年，校安工程投入资金2.5亿元，拆除旧危校舍4栋，面积1048平方米。加固校舍面积2.1万平方米，投入343万元。新建校舍22栋，面积9万平方米，投入资金2.4亿元。加大校舍维修改造力度，全年完成校舍维修改造面积3.2万平方米，投入维修资金约520万元。中小学校舍抗震设防安全比率由校安工程实施前的3.68%提高到69.3%。

【教育现代化建设步伐加快】 2015年，学校教育技术装备新增投入1050万元。其中，图书室投入75万元，实验室投入资金31万元，学校信息化建设投入资金807万元，劳动器材、美术器材、音乐器材共投入资金71万元，体育器材投入资金66万元。图书管理系统配备率100%。教育技术装备建、配、管、用、研、培同步到位。

【区域教育资源配置优质均衡】 2015年，启动高新区初级中学和港区九年一贯制学校新校区建设。新校区新征土地10公顷，总建筑面积6.1万平方米。新校区建设高起点规划、高标准实施，新校区的建成将优化教育资源的配置，解决大丰港区和高新技术区适龄儿童“入学难”的问题。

（丁善辉　崔跃兵）

〖编辑　陈一青〗

综 述

2015年，全区文化广电新闻出版工作呈现出良好局面，区文广新局连续5年在年度目标任务绩效考核中被区委、区政府授予综合先进奖，连续5年在盐城市文广新局年度综合考核中名列前茅。

文化基础设施建设得到加强。总投资超过10亿元的大型文化综合体“两馆一中心”（文化会展中心、图书馆新馆、博物馆新馆）土建竣工。区美术馆建成对外开放。实施施耐庵纪念馆布展陈列提升改造，新建施耐庵书院、碑林。建成荷兰花海数字影院、港区数字影院、港区图书馆。公共文化设施总面积111850平方米，每1万人拥有公共文化设施面积1827.4平方米，在盐城市位于前列，超过全省平均水平。

公共文化服务体系建设提档升级。区文广新局贯彻区政府出台的《关于加强镇文化站和村、社区文化室规范化建设的意见》，加强基层文化基础设施建设，拓展公共文化服务网络，镇文化站和村、社区文化室设施建设取得新进展。建成国家等级镇综合文化站12个，其中一级站4个、二级站5个、三级站3个。大中镇同德村农家书屋被国家新闻出版广电总局授予“全国示范农家书屋”称号。新丰镇裕北村农家书屋建成江苏省五星级示范农家书屋。在全区范围内创建示范村、社区文化室，截至2015年年底，初步实现村、社区示范文化室全覆盖。完成农家书屋纳入县级公共图书馆总分馆制省级试点和农家书屋提升省级试点任务。

文化活动异彩纷呈。组织大型民间文艺踩街、新春广场文艺演出、青年歌手电视大奖赛、春节团拜会专场文艺演出、旅游推介赴上海市专场演出、农村文艺调演暨元宵专场文艺晚会、大型文化旅游活动专场演出等大中型文化活动。与区旅游兴市战略实施相策应，组织“荷兰花海系列文化活动”“恒北梨园风光乡村游”“西郊梅园文化节”等多场大型户外文化活动，培植了地方特色文化活动品牌。

文化惠民工程有效实施。区歌舞团完成送戏下乡、进广场、到社区、到旅游景区100多场，区电影站完成农村公益电影放映2580场，完成各镇固定点电影放映728场。送书下乡超过5万册。

文艺作品创作成果丰硕。区文广新局参与联合拍摄的34集电视连续剧《于无声处》5月分别在中央电视台一套晚黄金强档和江苏卫视晚黄金时段播出，并于12月28日获第30届中国电视剧“飞天奖”优秀电视剧奖。原创大型廉政话剧《桥》获2015年盐城市文化艺术节舞台节目展演唯一的最高奖——文华大奖，并获得6个单项奖。邀请词、曲作家进行采风活动，创作13首展现美丽大丰新形象的歌曲在国家级音乐刊物《词刊》和《歌曲》上刊登。《梨花海》《大丰的海》《梦想起飞的地方》等原创歌曲获得社会好评。《黎明静悄悄》《鹿苑金秋》《坚守》《层林尽染》等多幅摄影作品在国际国内展览赛事入选获奖。

新闻舆论宣传引导力得到较大提升。连续多年被省广电局表彰为新闻报道先进单位。与上海电视台、江苏电视台、深圳电视台合作，加强台际交流，连续3年举办鹿王争霸赛电视现场直播。重视对外宣传工作，连续5年获盐城电视繁荣杯一等奖。广播电视基础建设经过连续几年的投入，实施广播、电视节目数字播出、电视节目制作网编辑系统改造升级，节目传播质量得到大幅跃升。

广播电视发展取得突破。截至2015年年底，全区发展有线电视用户21万多户，门楼户入户率107.8%，全区在全省率先全部实现有线电视调频广播共缆传输“双入户”，双入户总数12.38万户，入户率96.91%。实施广电管理体制改革，推进广电网络整合工作，完成广电网络资产评估、资产转让、股权确认、人员处置等工作。大丰广电网络公司组建以来，投资8000多万元，完成城区所有小区的网络双向化改造，农村集镇网络双向化改造完成80%，整转用户18.5万户，整转率超过90%。

文化产业集聚发展。文化产业总量规模有了新提升。截至2015年，全区文化产业单位655个；文化产业增加值占GDP的3.56%。创意设计、影视生产制作、动漫游戏、数字出版等文化新业态发展提速，初步建成国家级创意设计中心，1个省级文化产业示范基地，1个省级影视基地，1个动漫游乐主题公园，形成有影响力的文化旅游项目超过10个。推进文化旅游融合发展。海盗王国是苏北最大的动漫主题公园。荷兰花海、恒北梨园风光、西郊梅园作为重点建设的旅游景区，成为国际郁金香文化月、西郊梅园文化节等系列文化活动开展的支撑载体，影响力日益扩大。突出文化科技融合发展。高新技术区国际软件园、大数据产业园，吸引了一批互联网信息服务、软件开发、数字内容服务为主营业务的新兴文化业态企业入驻，入园企业包括大丰百度等150多个企业。开设华东首家阿里巴巴农村淘宝大丰服务中心及18个村级服务站，寻求在文化新业态上的新突破。

文化市场和新闻出版管理水平提高。文化市场管理执行国家法律法规和上级的部署要求，加强常态检查巡查，年巡查超过2300人次，组织开展安全生产和规范经营大检查，依法打击违法违规行为，规范文化市场经营秩序，促进繁荣发展。区文化行政综合执法大队连续2年被省文化厅表彰为省文化综合执法先进集体。坚持开展"扫黄打非"专项行动。开展出版物市场、校园周边环境专项整治，依法查处非法出版物案件。区文广新局被省新闻出版局授予"江苏省先进新闻出版单位"称号，大丰区被命名为江苏书香之县（市、区）。

艺术创作及演出

【概述】 2015年，大丰坚持以总书记习近平在文艺座谈会上的重要讲话精神为引领，把社会效益放在首位，贯彻《中共中央关于繁荣社会主义文艺的意见》和全国戏曲工作座谈会精神，贴近实际、贴近生活、贴近群众，实现文艺作品思想性、知识性、艺术性和观赏性的有机统一，激发广大文化工作者的创作热情和创造活力，创作了一批突出反映改革发展成果和大丰风土人情的作品。2015年全区群众文艺创作在国际上获得金奖8个，银奖4个，铜奖5个，勋带奖5个，入选作品180多件；在国家级文艺赛事、展览中获得金奖3个，银奖2个，铜奖25个；在省级赛事中获得金奖3个，银奖2个；盐城市文艺赛事中获得金奖14个，银奖28个，铜奖38个，组织奖1个，单项奖5个。全年创作3部大戏、7部小戏、28部小品以及其他类型的作品23部，获奖35部（次），其中省级3部（次），盐城市级32部（次）。全年完成送戏下乡88场。

【摄影作品获奖颇丰】 杨国美、严正东10多幅摄影作品入选2015年德国DVF三地巡回国际摄影展，其中杨国美的作品《苍茫岁月》《野渡》，严正东摄影作品《逐鹿滩涂》《哺》《言传身教》入选该展自然数码开放组，严正东的《湿地和声》《馒头大嫂》入选该展彩色数码开放组；在希腊、阿拉伯联合酋长国第一届国际摄影四地巡回展上，杨国美作品《海潮初涨》在LIWA沙龙获得GPU金牌、AL WASL沙龙PSA勋带奖和MEDITERRANEAN沙龙评委推荐奖，《野溪雄姿》获得AUP银牌，严正东作品《野生麋鹿》获得Europa沙龙FIAP金牌和MEDITERRANEAN沙龙GPU勋带奖。严正东摄影作品《神龙嬉海》和陈红军摄影作品《夜》获"辉丰杯"全国荷兰花海摄影大赛银奖、25幅作品获得铜奖。

【《于无声处》获飞天奖】 12月28日晚，由国家新闻出版广电总局、浙江省人民政府共同主办的国家级政府大奖、中国广播影视大奖——第30届中国电视剧"飞天奖"颁奖典礼，在杭州举行。由中天龙文化传媒集团、江苏广电幸福蓝海联合出品，大丰区文广新局参与投资拍摄的34集电视连续剧《于无声处》获飞天奖"优秀电视剧奖"。

【多部艺术作品获省级以上大奖】 2015年，区非物质文化遗产项目传承人陈银付的瓷刻作品《鹿王争霸》获国家级工艺美术大师精品博览会特别金奖、《松鹤迎春》获金奖、《冬日暖阳》获江苏省艺博杯金奖。葛定明创作的国画作品《蓦然回首却惊秋》从全省2600多位作者创作的3000余件作品中脱颖而出，获江苏省第五届新人美术作品展"新人奖"（最高奖），填补了大丰该奖项历史上的空白。新丰镇文化站葛羽获2015中国·江苏首届葫芦丝巴乌陶笛全国邀请赛银奖；吴奇篆刻作品入选第二届江苏省

2015年，大丰区大桥镇农家老太袁洁宣，闲暇之余在家创作水粉画100多幅

篆刻艺术展和江苏篆刻艺术大展。

【话剧《桥》获盐城市首届艺术节文化大奖】 2015年，大型原创廉政话剧《桥》参加盐城市艺术节精品舞台剧目展演，获艺术节唯一最高奖——文华大奖，同时获艺术节文华奖编剧奖、导演奖、舞美设计奖、优秀表演奖、表演新人奖。话剧《桥》以身边人讲身边事，主题突出，感染力强，具有深刻的警示教育意义，是廉政教育的好教材。

【群众文艺调演精彩纷呈】 3月4日，由市委宣传部、市文化广电新闻出版局共同主办的大丰市2015年农村文艺调演在大丰剧院举行。这次调演全市12个镇排练了39个文艺节目参加角逐。经评选，大中镇选送的音乐情景剧《让心灵去旅行》、万盈镇的诗音舞《价值观》、西团镇的人文微型舞剧《香干、丑干子》等5个节目获特等奖，南阳的歌伴舞《你我同精彩》、大桥镇的《湖上清韵》、草堰镇的舞蹈《扎西德勒》等9个节目获一等奖，白驹镇的舞蹈《中国调》、三龙镇的小品《醉猴回家》等4个节目获二等奖。

文物保护

【概述】 2015年，大丰区文物保护部门做好区博物馆、施耐庵纪念馆的免费对外开放工作，承接各种展览6次，接纳参观者10余万人次。做好第一次全国可移动文物普查数据审核工作；做好区博物馆新馆筹备和建设工作；做好全区红色革命遗址保护提升工作；施耐庵纪念馆申报中华水浒园AAA旅游景区；施耐庵纪念馆做好书院、花家垛等项目工程的建设实施，各项工作有序开展。

【举办摄影展、书画展等展览】 2015年，全年利用区文化阵地举办“李东明鸟类科普知识摄影展”“百世一系——苏派碑刻名家作品展”“停云留翰——文征明之碑刻拓片特展”“大丰区纪念中国人民抗日战争暨世界反法西斯战争胜利70周年书画展”“大吉羊——南京博物院院藏羊文物展”“张丽娟‘飞羽视界’鸟类摄影作品展”。

2015年12月，施耐庵纪念馆被批准为国家AAA旅游景区

【红色革命遗址保护提升】 8月9日，大丰在白驹会师碑举行“大丰市红色革命遗址——白驹会师碑修缮一期工程开工仪式”。会师碑的修缮文物本体维修为主，以正面保证维修效果，采用花岗岩贴面，碑座新做八路军、新四军会师相关浮雕图案，碑台水泥栏杆、台阶改为汉白玉石栏杆和铺面，地面做青石。2015年年底竣工并对外开放。

【信息平台运用】 2015年，按照年初工作目标，博物馆和施耐庵纪念馆分别完成手机微信网络客户端的创建工作，通过网络平台不断发布和更新内容，加大宣传力度。

【景点创建工作】 2015年，申报中华水浒园AAA旅游景区，施耐庵纪念馆于2015年12月底正式批准为国家AAA旅游景区。

【施耐庵纪念馆项目工程建设】 6月10日，施耐庵书院内部布置展陈工程由江苏七彩虹建筑装饰工程有限公司中标承包。10月份工程完成并对外开放。以创建AAA景点要求，在花家垛上增加景点建设及环境提升，除原施耐庵纪念馆景点外，增加施耐庵书院、施耐庵碑林、长啸亭、远观榭、码头、莲花池、厕所、道路广场建设、标牌标识、大型停车场以及绿化提升。

公共文化及设施建设

【概述】 2015年，全区区镇村三级公共文化设施网络覆盖率100%。基层公共文化网络建设加快发展，2015年继续开展镇文化站和村、社区文化室规范化建设，初步完成全区村、社区文化室规范化建设任务。启动镇综合文化站（文广服务中心）、村（社区）综合文化服务中心标准化建设工作。图书馆总分馆建设不断推进。

【文化会展中心土建竣工】 新建的大丰市文化会展中心位于城东新区冬柏路西侧，中央湖畔，毗邻大丰市奥体中心，是集大剧院、音乐厅、会展厅、规划展示厅为一体的综合性群众文化基础设施。项目占地面积83560平方米，总建筑面积69734平方米，总投资7亿元。2015年年底工程土建竣工。

【图书馆新馆建设】 2015年，图书馆新馆进入装潢设计阶段。图书馆新馆位于城东新区丰华路以西、幸福路以南，占地面积4.3公顷，新建图书馆

1.7万平方米，博物馆0.7万平方米，集阅览、外借、参考咨询、数据库检索、文献传递、数字图书、文化信息共享及自然、文化遗产保存等功能于一体，总投资约2.2亿元。

【施耐庵纪念馆提升工程】 2015年，施耐庵纪念馆提升工程完成，内容包括新建施耐庵书院、碑林、进馆桥梁改造、水上通道建设、绿化景观和周边环境提升，是2015年区委、区政府以及文化主管部门的重点工作。工期于2015年年底基本结束。改造提升后的施耐庵纪念馆对外开放进行试运行。

【镇、村（社区）文化阵地建设】 10月21日，全区召开推动文化建设迈上新台阶大会，区委书记在会议上提出“抓好镇、村文化阵地的标准化建设，在全市、全省要走在前面”的要求。出台大丰区人民政府《关于加强文化建设迈上新台阶政策扶持的若干意见》等文件。区文广新局根据区委、区政府主要领导的要求，在全区范围内，对镇、村文化阵地现状进行摸排，针对性提出了《大丰区镇、村（社区）文化设施提升工程实施方案》和《大丰区镇综合文化站、村（社区）综合文化服务中心标准化建设实施意见》，并上报区委、区政府。

【图书馆总分馆建设推进】 2015年，区图书馆根据省新闻出版广电局、省文化厅的具体部署，在总结2014年农家书屋纳入县级公共图书馆总分馆制试点工作经验基础上开展图书馆总分馆建设。分馆数由2014年的55个发展到141个。全区公共图书馆总分馆体系服务运行良好，吸引群众广泛参与全民阅读活动，在推动现代公共文化服务体系和“书香大丰”建设中发挥作用。

群众文化

【概述】 2015年，全区开展惠民演出和节日文化活动，组织大中型文化活动80多场次。策划了一系列较高层次的展演、展览、展示活动，组织了春节系列文化活动、刘禾生、许建琼国画展、陈以苏书法艺术展、麋鹿生态旅游季专场文艺演出、“江苏有线杯”青年歌手大奖赛、东方1号文化创意产品展览、陈银付瓷刻精品展、文征明碑刻拓片展、“金丰廉韵”廉政文化巡回演出、第七届农民读书节、2015年“书香大丰”全民阅读演讲比赛、纪念抗战胜利暨世界反法西斯战争胜利70周年专场文艺晚会等大中型文化活动。围绕百姓星光大舞台打造“周周演”“文化周末”群众文化活动品牌，影响力日趋扩大，公益文艺演出场场爆满，2015年下半年组织“周周演”演出近30场。为了响应全区“文化强区、旅游兴区”的发展战略，文化与旅游融合发展，组织中国·恒北国际梨花季、2015年中国大丰麋鹿生态旅游季暨荷兰花海国际郁金香文化月等多场大型文化旅游活动。

2015年，大丰区围绕百姓星光大舞台，打造“周周演”“文化周末”群众文化活动品牌

【“维也纳”和鹿乡的新年约会】 12月30日晚，维也纳节日交响乐团在大丰区奥体中心举行了2015新年音乐会。新年音乐会在《轻骑兵序曲》中拉开序幕。在指挥家瓦西里斯·塞萨尼斯的指挥下，《春之声圆舞曲》《蓝色多瑙河圆舞曲》等经典名曲一一奏响，时而高亢激昂，时而优美舒缓。音乐会上，女高音歌唱家尤丽娅·萨芙拉索娃、男中音歌唱家安德里亚·卡斯特罗也一展歌喉。

【春节系列文化活动】 2015年春节文化活动从1月上旬开始，3月上旬结束。2015年春节期间，全区组织文艺宣传队18支，开展送戏进村、进社区241场，受教育观众17.1万人；制作花船42条，花担60副、龙灯18条，组织腰鼓队16支，组织民间文艺踩街122场；慰问离退休干部、老党员、劳动模范，招商引资有功人员745户；组织现场为农民撰写赠送春联16300多副；为农民送科技致富信息610多条；免费电影460场；组织书法、美术、摄影展览18次；组织专家讲座、知识竞赛9次，灯谜竞猜5次。棋牌竞赛12次，乒乓球赛7次，歌咏比赛5次，人员培训3次，组织回乡大中专学生座谈汇报会13场。

【元宵文艺晚会】 3月4日晚，2015大丰市元宵文艺晚会在大丰剧院举行，晚会在2015年大丰市农村文艺调演获奖节目的颁奖仪式后拉开帷幕。晚会演出节目是由全市近年来在盐城市以上文艺大赛部分获奖作品、大丰2015年农村文艺调演优秀作品、大丰历届青年歌手大奖赛十佳十优选手总决赛优秀歌手等三部分构成。节目形式多样，内容丰富，精彩纷呈。

【百姓星光大舞台“周周演”】2015年，大丰围绕百姓星光大舞台，打造“周周演”“文化周末”群众文化活动品牌，百姓星光大舞台投资近400万元，配备LED大屏、先进灯光音响等设施，是为群众文化服务的一个大型平台。百姓星光大舞台“周周演”的节目大多来自各镇、各部门、企业、校园以及业余文艺团队，都是由群众根据身边人、身边事自编自演，受到市民欢迎，百姓星光大舞台启用以来，知名度越来越响，全年演出54场。

【“荷兰花海”系列文化活动】2015年，大丰市围绕重大节庆活动在“荷兰花海”开展了一系列文化活动，“荷兰花海”文化品牌影响扩大。2015年辉丰杯“荷兰花海”中国·大丰全国摄影大展、荷兰花海郁金香文化月书画交流会、荷兰花海国际郁金香文化月，活动历时40天，组织100多场演出和各类文旅活动，包括荷兰文化展、“洋眼看江苏·大丰行·找寻最美花园”、北欧风情民间文艺巡演、千人相亲大会、圣劳伦斯宗教文化展等，4月12日邀请江苏电视台著名主持人孟非到花海现场，现场观众人数超过30万人，“荷兰花海”多次被中央电视台、江苏公共频道、城市频道、教育频道、腾讯新闻首页等多家知名媒体报道。

【乡约·中国恒北国际梨花季】4月6日上午，乡约·中国恒北国际梨花季暨记住乡愁——百万市民游乡村启动仪式在恒北村举行。开幕式演出在戏曲联唱《五星临门赞恒北》中拉开序幕。此次活动从4月4日开始，到4月12日结束。活动期间，举行乡约·中国恒北国际梨花季暨记住乡愁——百万市民游乡村启动仪式、“恒迪杯”梨花情主题征文和摄影比赛、“梨花闹”美食嘉年华、森风汽车展、梨花有约之丰收大地、“梨园风光、恒北恒美”民俗文化、“永不分‘梨’、‘柿’代幸福”新家庭文化等活动，让游客在游览美景、放松身心的同时，感受浓厚的人文氛围。活动提升了恒北品牌效益，推动了文化产业和旅游产业的融合，同时也弘扬了恒北梨文化。

2015年8月28日，大丰区举行纪念中国人民抗日战争暨世界反法西斯战争胜利70周年群众文艺晚会。图为《保卫黄河》剧照

【纪念抗战胜利70周年专场文艺晚会】8月28日晚，大丰区在百姓星光大舞台举行纪念中国人民抗日战争暨世界反法西斯战争胜利70周年群众文艺晚会。晚会上演了一系列抗战题材的节目。情景表演《松花江上》唱出了东北沦陷后，人民流亡失所的悲愤；群舞《保卫黄河》《南泥湾》《黄水谣》表现了抗日军民和中华民族不屈不挠的精神；少儿舞蹈《新华报童》、表演唱《毕业歌》反映了那样年代那样的青少年为了抗日而奋斗的激情；《在太行山上》《到敌人后方去》把人们带回到烽火连天的抗战岁月，追忆那段艰苦卓绝的历史；合唱《走向复兴》激励到场近1000名观众在新的时期面向未来，不怕艰苦，共同走向民族复兴。

文化产业

【概述】2015年全区文化产业总量规模有了新提升，创意设计、影视生产制作、动漫游戏、数字出版等文化新业态发展提速，形成有影响力的文化旅游项目超过10个，推进文化旅游、文化科技融合发展。

【文化产业发展提速】2015年，大丰规划建设团结湖文化产业集聚区，总投资40亿元，集聚项目11个，投资超5亿元项目3个。串场河历史文化旅游观光带地域包括草堰、白驹、刘庄3个镇，集聚各类项目9个，总投资2亿元，在建项目4个。市高新技术区集聚大丰百度等文化产业项目20多个，落户的动漫游戏、数字媒体、软件、大数据等项目8个。

【东方1号亮相成都展销会】5月15~17日，由省经信委主办的“江苏产品万里行”走进成都，东方1号创意产业园作为省工业设计示范园区代表亮相。此次展销会为期3天，东方1号创意产业园推出的自主品牌“VMINI”“知青农场”“欢乐麋鹿园”等展品，吸引大量游客参观抢购。许多客商向东方1号送上大量设计服务订单。本次展销会，东方1号拓展了产品市场，加大了营销力度，提高了东方1号自创品牌的知名度和市场占有率。

【大丰与台湾亚太文创产业协会签订合作协议】11月3日，两岸企业家紫金山峰会在南京举行。此届峰会以“创新合作模式，促进产业融合”为主题，突出中小企业、青年和基层民众这一重点，引导两岸企业携手参与“一带一路”建设，推动两岸经济合作深入发展。两岸企业领袖、工商团体负责人、财经学者等800多人出席开幕式。区委副书记、区长宋勇出席文化创意产业合作推进小组专题论坛活动，并与台湾亚太文创产业协会签订两岸文创发展暨推进盐城市大丰区为文化智慧城市框架合作协议。

【区文化产业商会正式成立】 11月10日，区文化产业商会成立大会暨第一届会员大会在绿岛生态园举行。首批通过审核的110多个单位会员和个人会员齐聚一堂，选举名誉会长、会长。首批会员单位业态涵盖文化旅游、网络文化、文化艺术等方面。商会以促进文化产业发展繁荣、促进会员单位共赢共进为宗旨，致力于当好联系政府和本行业会员之间的桥梁纽带，促进文化产业的交流和合作，搞好行业协调，倡导行业自律，构建开放、有序、公平、健康的文化市场，为繁荣大丰文化事业建设贡献力量。

文化市场管理

【概述】 2015年，大丰文化市场管理工作坚持“繁荣与净化两手硬”的方针，以人民群众满意为标准，以规范文化市场秩序为目标，规范行政执法程序，做好全区文化市场监管工作。2015年，盐城市大丰区文化行政综合执法大队被区人民政府表彰为2015年安全生产工作先进集体。该大队选送的《大丰市诚信网吧接纳未成年人进入营业场所案》获全省文化综合执法案卷评查三等奖，与四川省自贡市文化行政综合执法机构开展了执法交流与结对合作活动。

【娱乐场所安装视频监控】 2015年，区文化行政综合执法大队为落实国家和省级有关规定，实现对文化经营场所的实时视频监控，提升执法监管的科学化、信息化水平，从3月开始，督促歌舞娱乐场所、网吧和电子游戏机室建立和落实安全技术措施，凡新申办的娱乐场所进行视频监控设施安装。至年底，全市网吧安装了视频监控设施。

【出版物市场专项整治行动】 2015年，制订《大丰区出版物市场专项整治行动工作方案》，结合大丰实际，明确行动工作目标、重点和职责分工。通过地方电视台、电台、《大丰日报》和区政府网站等多种媒体对专项整治行动进行宣传，向社会公布专项行动的目标、任务和措施，对出版物市场基本情况及专项行动的意义进行广泛报道。并向社会公布举报电话，让群众参与监督。自3月以来，对出版物图书、报纸、期刊、音像制品、电子出版物等出版物市场，进行梳理和巡查。加强出版物市场专项整治行动，规范出版物市场经营秩序，保护出版物知识产权，推动出版物产业繁荣发展，为未成年人健康成长创造良好的社会文化环境。

【农村演出市场专项整治行动】 2015年，大丰依法加强农村演出市场监管。以中共十八届五中全会精神为指导，认识做好农村演出市场监管工作的重要性。针对本地区礼仪演出市场的实际，制订具体的工作方案，并逐一落实，责任到人。严格审批，规范管理。依法审批各类演出经营活动。按照审批程序对演出单位的主体资格、演出的内容进行审查，并将审批的情况及时通报上级文化市场行政综合执法机构。对临时搭建舞台、看台的营业性演出作为重点管理的对象，并通报相关部门加强其舞台安全的监管。建立镇影剧院演出上报制度，签订演出责任状。加强巡查，严格执法。根据当地演出的规律，加强对演出市场的巡查。对擅自从事营业性演出的，依法予以取缔，对辖区内合法的演出团体和演出个人情况，做到底数清楚，措施得力。注视农村演出市场活动的动向，对演出的时间、地点、规模等情况登记造册，提前做好预警防范工作。

【暑期文化市场专项整治】 根据江苏省文化厅《关于开展全省暑期文化市场整治活动的通知》要求，文化部门结合文化市场实际情况，自7月10日起，采取舆论宣传，营造氛围，经营者自觉守法诚信经营，不接纳未成年人进行营业场所。发挥文化站属地和义务监督员作用，及时发现和处理违规经营行为。开展部门联合，加大巡查力度，消除生产安全隐患和违规经营。

【高考、中考期间环境噪声污染专项治理】 2015年高考、中考期间，大丰依法对娱乐场所实行不间断地严格巡查，特别是靠近考生食宿点附近的歌舞娱乐场所，要求在每天20：00至次日凌晨6：00（其中6月7日至6月9日以及6月15日至6月18日上午期间，全天候24小时）噪声不超标。对扩音系统的声压级场、场外噪音白天与夜间的规定分贝不符合标准要求的责令其限期整改，限期整改不到位的坚决予以停业整顿。对两家尚未超出环保规定，但有可能影响考生复习迎考的高音喇叭，通过说理式执法，使其经营者停止使用。为考生营造出一个安全、安静、舒适的考试和生活环境。

【节假日期间安全生产管理】 2015年，文广新局针对重大活动以及节假日期间文化市场违法违规行为易发生的特点，重点排查网吧、歌舞娱乐场所、游艺等娱乐场所的安全生产隐患，检查消防疏散通道、安全出口等是否畅通，检验消防器材是否合格、应急照明是否正常、指示标志是否完备，查阅各项安全巡查管理记录和制度是否建立健全。对所查单位锁闭门窗和堵塞消防通道等违规行为提出严肃批评，要求限期整改，并做好跟踪落实。加强大型文化活动巡查力度。按照“谁主办、谁负责”的原则，明确主办单位的安全责任，督促主办单位制订和落实各项安全保卫措施，严防重大安全生产事故发生。进一步加大对农村演出活动的巡查力度，严厉查处无证照演出团队，对表演内容涉嫌低俗、媚俗、节目不健康的一律予以取缔。

【校园周边专项检查】 2015年，开展了校园周边文化市场专项检查，对校园周边依法设立的书店、音像店和网吧等文化市场经营单位进行集中检查，重点检查场所内证照是否悬挂上墙，消防安全设施是否完好齐全有效，各类书籍进货来源是否合法，出售或租赁的书报内容是否健康、是否含非法出版物，网吧是否严格按规定核对登记上网消费者有效身份信息，是否接纳未成年人进入营业场所等，对违法违规经营的依法查处；严厉打击擅自在校园周边设立的黑书店、流动摊点、黑网吧等场所，对符合国家设立条件的场所给予整改纠正，办理证照后规范守法经营，对不符合设立条件的给予告诫，责令当事人立即停业，对不听告诫的仍然违法经营的依法予以取缔。

新闻出版市场

【概述】 2015年，大丰新闻出版管理工作围绕年初既定的目标任务，继续开展"农家书屋"达标创建、评星创星、数字农家书屋全覆盖及农家书屋纳入区图书馆总分馆建设工作。坚持"繁荣与净化两手硬"的方针，加大新闻出版管理工作的组织推进力度，打击违法经营活动，以查缴封堵政治性非法出版物及有害信息为第一要务，以开展专项行动为工作平台，组织各有关职能部门，动员社会各方面力量，开展"扫黄打非"综合治理行动。大丰的出版物市场得到净化，知识产权得到有效保护。

【农家书屋建设工作】 2015年，大丰仍然是省农家书屋提升工程试点县（区），根据上级要求开展"农家书屋"达标创建、评星创星活动。在上级支持下，投资40.7万元购置新书19110册，分发到全区105个农家书屋，完成2015年出版物补充更新的任务。大丰获得2015年度"江苏省实施农家书屋提升工程试点工作示范县（市、区）"称号。大中镇光明村梁佳佳、大中镇德丰村宋红明、草庙镇川东社区张育芹、新丰镇裕北村陈美华4人获得"2014~2015年度江苏省优秀农家书屋管理员"称号。

【"书香大丰"全民阅读活动】 大丰制订2015年"书香大丰"全民阅读系列活动方案。根据方案开展各种读书活动。在"盐渎风"盐城市第三届全民读书月演讲比赛中，大丰选手朱婷玉演讲的《读书使人优美》以第一名获得成人组一等奖；冯荟瑾演讲的《面朝阳光　春暖花开》以第一名获得中学组一等奖；仇什演讲的《读书伴我快乐成长》获得小学组二等奖。在万盈镇举行2015年大丰区第七届农民读书节"书架进农家"活动启动仪式，向全区有关农家书屋发放书架120张，向105个农家书屋发放图书19110册，其他各文化站根据各自的特点大多数举行了农家书屋管理员培训、读书征文、暑期乐园、"书香农家"摄影展等活动。

【印刷复制业管理工作强化】 年初区文广新局印发印刷年检通知，并对照企业年报工作将2015年印刷年度核验工作与统计年报工作相结合，统一部署、同步实施、按期上报。17个抽样调查的企业（包括印刷、打字复印、出版物零售）全部按时完成上报。对大丰市科星印刷有限公司、江苏丰山集团有限公司等4个登记不符的企业进行变更，注销了江苏申诚塑业有限公司、大丰市海鸥印刷厂等5个不符条件的印刷企业，其余80个印刷企业全部通过年检。加强印刷企业的日常监管和安全生产检查，强化印刷企业印刷报备案，印刷活动登记工作，对印刷业负责人和重点岗位人员进行上岗培训，联合公安部门依法查处非法印刷复制活动，严堵非法出版物源头。

【净化出版市场】 2015年，组织相关部门（单位）40余人收看收听第28次全国"扫黄打非"工作电视电话会。与综合执法队联合开展出版物市场和校园周边环境整治，在2014年出版物首次进行网上试年检的基础上，2015年全面在网上开展出版物年度核验工作。截至2015年年底，全区新增出版物经营单位5个，自动停业及注（吊）销6个，其余43个出版物经营单位通过了省及盐城市年度审核。2015年，根据有关举报及平时的日常检查，收缴非法出版物300余册，净化全区出版物市场。

【"正版正货"示范店创建活动】 在"4·26"知识产权保护日前后，市文广新局与科技局、公安局、法院、检察院、市场监督管理局等部门进行知识产权联合大检查，在检查的同时，发放知识产权宣传手册200余份。宣传全市在版权行政执法、产业发展、示范创建、公共服务及软件正版化等方面的工作成果，命名20余个正版正货示范店（铺），提高广大企业、部门的知识产权意识。

新华书店

【概述】 2015年，大丰新华书店有限责任公司（以下简称大丰公司）按照股份公司提出的"成为以书业为核心，以物业为依托，以数字技术为基础的多元化新型传媒上市企业"的总体定位，以调结构，促发展为主线，抢抓主业销售，深化多元发展，全年实现销售3848万元，实现利润260万元。

【经营项目拓展】 2015年，大丰公司把"创新发展，抢抓机遇，转型升级"作为经营思路，细化工作目标和考核办法，量化考核员工业绩，发挥收入分配的引导作用，激发企业内部的生机和活力，取得较好效益。开展全员销售，人人有任务，在多元发展项目上有了新突破，全店员工销售复印纸2462箱，35.96万元，凤凰秘藏销售216箱，码洋34.21万元。

【一般图书销售扩大】 2015年，大丰公司员工转变经营观念，改变门店等

2015年，大丰新华书店拓展经营项目，引进电子阅读、电子学习产品等项目，实现销售157.5万元

客上门的老传统，用新的营销理念做好当前的一般图书销售。以书城为阵地，长期坚持开展各种营销活动，每年在书城举办近百项营销活动，采用限时特供、超值送、买书赠书、购书赠券等多种营销促销手段，拓展中心门店的经营项目，扩大销售品种。2015年，引进玩具、电子阅读、电子学习产品等项目，销售157.5万元。

【党风廉政建设】 2015年，大丰公司坚持民主集中制的议事和决策制度，实行班子、职工定期会议制度，建立科学民主的决策机制；坚持以人为本，营造良好的企业文化，注重干部队伍整体素质的提升、工作方法的创新和培育良好的团队精神；坚持制度考核，建立了良好的管理机制，实行规范化管理。通过干部廉政守法教育，通报腐败案例等形式，党员干部从中吸取教训，形成不能腐、不敢腐，不想腐的制度环境。

【结对帮扶出成效】 2015年，大丰公司与海南乐东公司在2014年的基础上，挖掘优势，协调双方共同发展，周密安排结对帮扶工作，工作中遵循“四有”（有组织领导、有阶段计划、有实施方案、有督查落实），确保帮扶工作落到实处，受到社会好评。通过1年的努力，乐东公司全面完成海南股份公司下达的任务指标。

（邵爱生）

广播电视

【概述】 2015年，大丰广播电视工作紧扣区委、区政府提出的“坚持科学发展，建设幸福大丰”的总体目标，广播电视工作呈现出良好态势，在盐城市综合考评中名列第一，获盐城市广播电视“繁荣杯”一等奖，被盐城市人事局、盐城市广电局表彰为广播电视工作先进单位，

【广播电视传播力增强】 2015年，服从服务于区委、区政府中心工作和重点工作，利用广播电台、电视台、《大丰日报》、“掌上大丰”客户端、大丰新闻网、广电新媒体微信公众号等多平台、多载体、多终端联合高密度报道，强化主流舆论引导的及时性、公信力。围绕践行社会主义核心价值观，突出加大对列入全国6月份“中国好人榜”的陈亚平的全方位、多终端宣传，以时代楷模、“最美人物”生动传播核心价值和新时期“大丰精神”。联合市委组织部，利用新媒体平台开展“寻找身边最美党员”活动，关注广电微信官方平台参与评选的人数超过15万人，有效集聚和传播正能量。

【鹿王争霸赛现场直播活动】 “鹿王争霸赛”是大丰独特的资源，6月，大丰广电台与省台电视新闻中心联合开展“鹿王争霸、谁与争锋”融媒体现场直播，大丰符号和城市形象的影响力、美誉度得到扩大。

【对外宣传保持第一】 2015年，电视对外宣传继续保持盐城各县市中的领先位次。电视新闻、电视专题、广播新闻等外宣考核项目走在盐城前列。2015年，央视用稿4条，《江苏新时空》《盐城新闻》用稿质量和条目较2014年又有新的提升。

【多部作品获奖】 2015年，大丰有30多部件作品在盐城获得政府奖，其中一等奖和特别奖7件，4部作品获得省级政府奖的二、三等奖。在省县市报研究会年度好新闻作品评选中，获一等奖1个、二等奖4个、三等奖8个、好版面和好标题各1个。

【全媒体全业务平台建设】 2015年，根据区政府2015年重点工作任务部署安排，2015年三季度，区文广新局启动实施区广播电视台全媒体、全业务广播电视节目采编播中心平台建设项目，利用互联网+新优势，搭建电视+新平台，实现内容的“中央厨房”综合生产，全媒体分发。项目完成后将为多样化的节目形态提供高效的制作流程和丰富的制作手段，并与现有新媒体发布系统无缝链接，实现节目内容的多屏分发，形成完整开放的节目生态系统。

【无线数字电视地面覆盖工程】 2015年，大丰实施无线数字化覆盖工程，加快建设地面数字电视传输覆盖网，有利于推进基本公共文化服务标准化、均等化，提升广播电视公共服务水平和质量。区文广新局配合该项工程的实施，对安播机房的供电设施进行改造，提供可靠的供电保障。

【农村应急广播“村村响”工程】2015年，区文广新局落实国家广电总局和省广电局的文件精神，组织实施农村应急广播“村村响”工程，并申报成为省试点县，获得省补助资金100万元。

【广电数字化、智能化建设加快】2015年，有线电视网络基础改造稳步推进，高清宽带用户发展加快，广电智慧社区项目启动建设。实施完成了大丰中信银行数据专线业务、大丰港海盗王国主题公园一期、二期智能化项目，草庙凤翔大酒店、天河沐浴智能化项目通过验收。天津权健医院华东总部培训中心的灯光及AV系统项目、智能化工程中标，签下总额848万元的合同。

【媒体融合发展步伐加快】2015年，加快传统媒体和新媒体融合发展，运用新技术新应用创新媒体传播方式，掌握网上舆论宣传主动权，CUTV大丰分台、“掌上大丰”移动客户端、《大丰日报》新闻网、微信、微博等网络媒体主流舆论阵地的作用开始发挥，大丰广电新媒体微信公众号拥有粉丝超过7万人，多次跻身全国县级广电新媒体前20强，全媒体建设取得新的突破。

【广播电视依法行政】2015年，区文广新局执行广播电视管理规章规定，强化对媒体宣传播出及节目的监管力度，加强收听收看，净化荧屏声频，抵制低俗之风，查处违规播出和违规广告，保证全区范围内广播电视播出节目导向正确、格调健康和传播秩序的规范有序。组织开展打击非法境外电视网络接收设备专项整治行动，强化卫星广播电视接收设施管理，1~10月份在全区范围内采取4次联合执法行动，现场查处、收缴“小耳朵”818台套，9月17日在文广新局广场进行现场集中销毁。2015年再次被省广电局命名为江苏省“无小耳朵社区”建设标兵县。

【广电产业经营拓展】2015年，区广电台在开展传统视听广告业务的同时，将创收新的增长点着重放在组织实施大型活动、O2O实体店以及广电国旅的创收上。同时，房展会、最美学生、最美村官等多项大型活动的成功实施，都为广电台产业经营创收带来了新的增长点。

《大丰日报》

【概述】2015年，区新闻信息中心围绕区委、区政府重大决策部署，坚持舆论导向，服务中心，服务大局，较好完成了《大丰日报》的编辑出版工作，为全区经济社会又好又快发展提供舆论支持。

【新闻宣传工作】2015年，《大丰日报》围绕区委、区政府中心工作，宣传区委、区政府重大决策部署，及时反映各行各业、各条战线在经济新常态下发展的新思路、改革的新突破、开放的新局面、工作的新举措，全面展示全区上下取得的新成果、新业绩。围绕贯彻落实市委十一届五次全会精神，开设“建设新大丰，发展上台阶”专栏，报道区委、区政府转型升级、内涵发展的重大决策部署和各镇区、各部门、各单位加快发展的新做法、新经验、新成效。围绕“三严三实”（严以修身、严以用权、严以律己；谋事要实、创业要实、做人要实）专题教育活动，开设“践行三严三实，锤炼过硬作风”专栏，反映全区各级党员干部加强作风建设，自觉践行“三严三实”，努力成为忠诚、干净、担当表率的做法与经验。围绕区委、区政府重点工作，开设“力夺首季开门红”“大干二季度，确保双过半”“深化两服务，发展保稳定”“大丰好玩呢”“实施‘616’聚才促发展”“来自沿海开发一线的报道”等专栏，围绕栏目定位，采写刊发了一批具有较高质量的稿件，凝心聚力，推进全区重点工作。

【报纸内容丰富】2015年，区新闻信息中心围绕提高办报质量，扩大《大丰日报》影响，在提升新闻稿件质量、提升版面编辑质量上下功夫，取得成效。强化新闻策划。围绕区委、区政府的工作重点，全面梳理整合全区各条线亮点工作，策划系列报道和特别报道选题，及时组织采写。先后刊发了策应一带一路、聚焦现代服务业等10多个系列报道和循环经济、电商经济等多个特别报道，不仅丰富了版面，也使全区亮点工作得到全景式展示。注重关注民生。组织记者深入基层、深入一线，了解群众的所思所盼，反映他们的所求所愿，关注群众的衣食住行，采写了有关住房保障、劳动保险、医疗保障方面的报道，受到群众欢迎。完善新机制。调整完善采用全媒体采编平台、实行采编分开后中心的采编流程、各项规章制度，使采编质量、效率得到很大提升。同时，坚持编委会例会、部室周会制度，研究布置宣传报道的主要内容、重点策划和重要稿件，做到有计划、有布置、有落实。坚持月度好稿评选制度，调动采编人员的工作积极性。发展新媒体。《大丰日报》数字报日点击量9000多人次，微信粉丝18000多人，无线大丰手机APP用户9200多人，提升新媒体的知名度。

【作风建设见成效】2015年，区新闻信息中心将作风建设贯穿采编工作始终，以作风建设打造新闻队伍的良好形象，以作风建设提升办报水平。深入开展“三严三实”专题教育活动。在学习相关会议和文件精神的基础上，中心班子和中层党员干部，对照“三严三实”，排查梳理自身学习工作中不严不实的问题，排出问题清单，结合各自的工作实际，制订整改措施，改进中心的工作作风。严守宣传纪律。遵守区委贯彻落实改进工作作风、密切联系群众六项规定的具体办法要求，改进新闻报道的方式方法，精简会议新闻报道，深化领导活动报道，全年未发生新闻宣传事故。

（李丁非）

〖编辑　陈一青〗

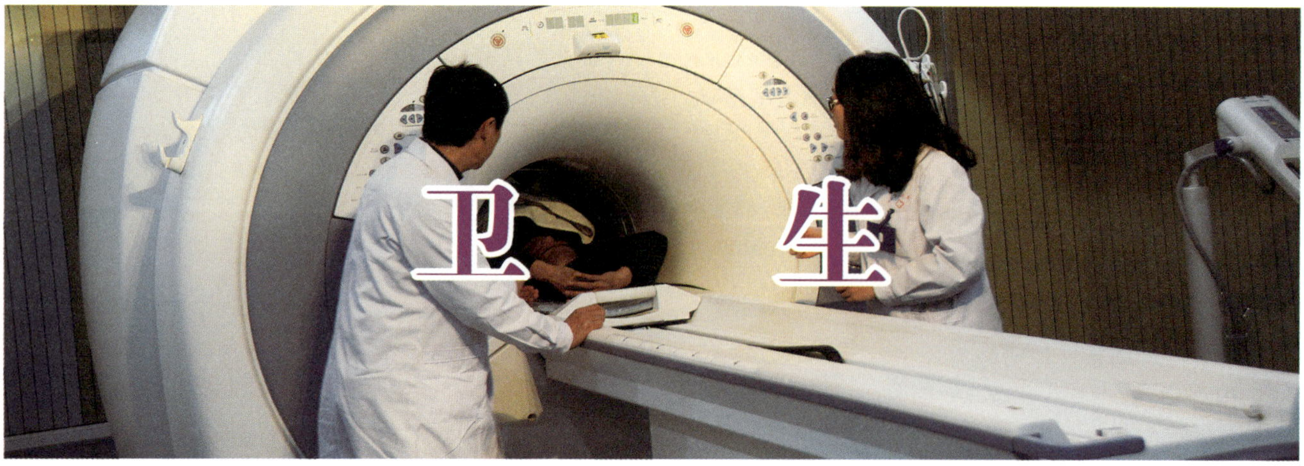

卫 生

综 述

2015年，大丰区有公立医疗卫生计生机构43个，其中区级医疗机构3个（人民医院、中医院、二院），卫生计生机构4个（卫生监督所、疾病预防控制中心、计划生育指导站、妇幼保健所）；镇卫生院17个（含城市社区卫生服务中心4个、防保所1个），村卫生室216个；计生服务中心（办）19个；另有民营医疗机构15个。全系统有职工2863人（不含民营医院，下同），其中卫生技术人员2432人，每千人拥有医生数2.88人，实际开放床位2838张，另有注册乡村医生586人。全区城乡居民主要健康指标处于较高水平，人均期望寿命80.17岁，婴儿死亡率2.9‰，孕产妇死亡率为零。2015年年末全区户籍人口71.72万人，出生人口7586人，人口出生率10.52‰，人口死亡率7.75‰，人口自然增长率2.77‰，男女出生人口性别比为107.97∶100，出生政策符合率99.95 %。9月22日，区卫生和计划生育委员会正式组建。开办卫生计生业务讲坛，相互熟悉卫生和计生工作内容。

【乡村医生签约服务】 2015年年初，大丰区个性化乡村医生签约服务工作被评为全国十大卫生改革创新举措和江苏百佳改革案例；并在6月25日《国务院深化医药卫生体制改革领导小组简报》专刊予以报道。全国有近百批次省市卫生部门同行、专家、媒体记者到大丰区考察学习采访。年内，大丰区扩大乡村医生签约服务范围，深化服务内涵，与居家养老服务衔接，签约服务的成效进一步显现。

2015年，大丰区扩大乡村医生签约服务范围，与居家养老服务衔接

【智慧医疗品牌】 2015年，大丰区在全省率先建成基于居民健康档案的区域卫生信息平台并通过省级验收。与连云港、淮安一起率先在全省开通使用居民健康卡，又与上市公司运盛（上海）医疗有限公司合作共建“互联网+大健康”项目。有近40批次省内外考察团到大丰学习卫生信息化做法，先后多次在全国、全省会议上介绍经验做法。

【卫生应急】 2015年，大丰区新收录各类应急工作方案2篇；开展霍乱疫情、中东呼吸综合征疫情等专题防控培训3次，实战演练2次；开展症状监测和突发公共卫生风险周评估45周次。8月，大丰区在全省卫生应急规范化建设工作现场会交流有关做法；代表盐城接受省卫生应急中期评估。

卫生改革

【群众就医保障】 2015年，大丰区基层医疗卫生机构销售基本药物5400万元，二级医院使用基本药物的比例

30%。新农合补偿307.84万人次，补偿金额2.25亿元。卫生服务项目有效落实。居民电子健康档案建档率82.56%，65周岁以上老年人免费体检率82%。农村住院分娩补助2545人、免费补服叶酸3287人，分别完成省定任务数的115%和126%。宫颈癌筛查25150人、乳腺癌筛查26722人，发现宫颈癌23例、宫颈癌前期病变52例，乳腺高度可疑癌和需要密切随访的172例。

【公立医院改革】 2015年，大丰区人民医院与省集约式预约诊疗服务平台链接，开通手机爱心诊室，实现网络预约挂号和微信就诊咨询。10月，人民医院在4个"丰医技术联盟"的基础上，与区域内外9个不同层次的医疗卫生机构（江苏省大中农场医院、上海市上海农场劳动医院、上海市宝山区光明社区卫生服务中心、大丰区第二人民医院、大丰区第三人民医院、城西社区卫生服务中心、三龙中心卫生院、大桥中心卫生院、草堰镇卫生院）建成大丰人民医院医疗集团。依托人民医院、中医院设立了涉及影像、心电、心内科、内分泌科和骨科等科室的远程会诊中心，正常开展区一镇一村远程会诊。分级诊疗制度建设加快。89.86%的患者留在区域内就诊。

【慢性病规范管理】 2015年，大丰区以健康"三个一"工程（即每个家庭拥有1名合格的家庭医生，每个居民拥有1份动态管理的电子健康档案和1张服务功能完善的居民健康卡）实施为突破口，推动基层首诊。以功能整合为举措、营造用卡环境为重点，发放居民健康卡15万张。以运用为目标，建立居民健康"活档"，将区域内各级医疗机构诊疗、健康管理等信息实时存入档案，促进健康档案的运用，累计建立居民电子健康档案58万份，建档率82%。以人才培训为重点，加快家庭医生培养步伐，人民医院建成全科医生培训基地，有212名医生取得全科医生证书，每万人口全科医生数2.86人。以高血压、糖尿病规范健康管理为突破口，推动慢性病分级诊疗。作为全国高血压糖尿病全程健康管理6个项目单位之一和全省6家糖尿病区域一体化管理试点地区，全区所有卫生院、村卫生室骨干人员全部接受糖尿病"三位一体"管理理念、基本技能培训；糖尿病筛查质量、管理流程得到省专家的肯定；统筹运用新农合、基本公共卫生服务等政策，向慢性病全程健康管理倾斜。国家项目试点方案评审得到专家组一致首肯，位列项目成员单位第一名。

【基层卫生工作】 2015年，三龙中心卫生院、小海中心卫生院获全国首批"群众满意的乡镇卫生院"称号。大丰为盐城市各市县区最多。南阳镇卫生院建成"省示范乡镇卫生院"；城西社区卫生服务中心成为省家庭医生服务模式创新建设单位；万盈镇卫生院骨伤科被省卫生计生委列为首批乡镇卫生院特色专科重点建设单位。

公共卫生管理

【疾病预防控制加强】 2015年，大丰区传染病防控保持平稳态势，传染病总发病率为108.49/10万，甲乙类传染病发病率为75.13/10万，艾滋病、结核病等重大疾病防治通过省"十二五"规划专项验收。11种免疫规划疫苗接种率均在98%以上。港区防保所数字化接种门诊投入使用。

【卫生监督水平提升】 2015年，大丰区公共场所监督4490户次，经常性监督覆盖率100%；发放（年审）许可证523份、健康培训合格证15693本；行政处罚立案查处66件，罚没款73400元，1起涉嫌犯罪的案件及时移送公安部门，行政许可、行政处罚各有1份案卷获盐城市二等奖。大丰获2015年盐城市卫生计生监督技能竞赛团体二等奖。邹小燕（大桥镇计生中心主任）代表盐城市参加省卫生计生监督技能竞赛活动获二等奖，代表江苏省参加国家卫生计生监督竞赛获团体一等奖、个人三等奖。

【妇幼保健质效指标全面完成】 2015年，大丰区孕产妇死亡率为零，孕产妇保健管理率、艾滋病筛查率、梅毒筛查率、乙肝表面抗原检测率、妇女病普查率均100%，婚检率90.51%，出生缺陷发生率2.20‰，婴幼儿死亡率3.98‰，7岁以下儿童保健管理率99.10%，新生儿疾病筛查率99.94%。精神卫生管理扎实推进。检测重性精神病2792人，检测率（全区人口占比）3.83%；在册规范管理2627人，规范管理率97.58%；收治重性精神病患者1472人次。

【爱国卫生运动】 2015年，大丰区国家卫生镇创建实现零的突破，万盈镇通过验收；草庙镇建成省级卫生镇；19个村建成省级卫生村。农村水质监测覆盖率100%，水质监测合格率89.2%，水质监测数据与自来水公司在线共享、同步监控。完成8000座改厕任务。血地防工作稳步开展。组织实施省级灭螺重点工程，全面完成年度查灭螺、查治病工作任务。加强碘盐市场监督管理，碘盐质量合格率、人群碘盐覆盖率符合规定要求。

【三级医疗卫生体系建设】 2015年，人民医院高新区医院主体结构完成，区妇保所投资500万元建成妇幼保健服务大楼2330平方米。全面启动标准化建设，基层医疗卫生机构基础设施标准化建设工程列入政府为民办实事工程。其中，草庙镇卫生院病房楼竣工，白驹中心卫生院异地新建病房综合楼进入装修阶段，三龙、万盈、方强、大中等卫生院项目建设中。镇级医疗卫生机构新购置1400万元的医疗设备。完成村卫生室提档升级工程，新建113个、改扩建47个村卫生室，占村卫生室总数的80%，提前2年完成盐城市村卫生室达标建设任务，为70个村卫生室新配备210万元设备。

医（药）政管理

【医疗质量服务管理】 2015年，大丰区以落实核心制度、基本规范、"三基"（医疗卫生基本理论、基本知识、基本技能）训练为重点，规范医疗机构和从业人员执业行为，保障医疗质量安全。人民医院、中医院全面开展优质护理工作，各有5个A类病房。严格血液质量安全管理，全区无偿献血6725人次，献血量219.61万毫升；无偿献血占临床用血的比例100%，二级医院成分输血率100%，红细胞使用率99.9%。

【中医药事业发展】 2015年，大丰中医院增名盐城市中西医结合医院，组织开展第五届"中医就在你身边"中医药文化科普巡讲系列活动。人民医院开展综合医院示范中医科建设工作；新丰镇卫生院实现年中药饮片销售百万的目标，顺利通过江苏省乡镇卫生院示范中医科验收；大中、草堰、草庙、小海、刘庄、大桥、方强卫生院被确定为省中医诊疗区（中医馆）服务能力建设项目；南阳镇卫生院被确定为省示范中医科建设单位。100%的镇卫生院（社区卫生服务中心）、95%的村卫生室能够提供中医药服务。

【急救医疗服务】 2015年，大丰区制订出台《盐城市大丰区院前医疗急救管理实施办法（2015版）》。急救中心配备救护车12辆，所有救护车辆都按标准要求配置救护设备，并安装车载GPS。急救中心医、护、驾人员均统一着装，统一标识，统一接受中心管理。全区院前医疗救治工作更加有力、有序、有效。

行风建设

【卫生计生有机融合】 9月22日，区卫生计生委组建后，卫生计生全面深度融合，服务资源初步有效整合，做到新的领导班子第一时间分工到位，第一时间人员集中办公到位，第一时间资产财务整合到位。从视觉环境等方面消除原卫生和计生的旧痕迹，致力形成大丰区卫生计生委对外整体形象。开办卫生计生业务讲坛，相互熟悉卫生和计生工作内容，推动卫生计生工作从整合到融合、人员从合并到形成合力。团结、融合、创新、发展的机构改革目标得以实现。

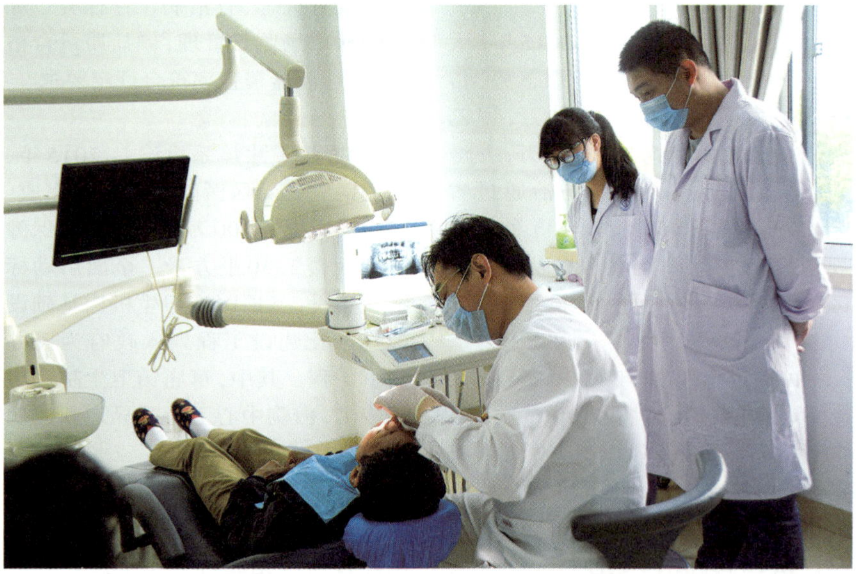

2015年，大丰区进一步规范医疗机构和从业人员的执业行为，保障医疗质量安全。图为大丰中医院医生为实习生示范

【卫生队伍建设】 2015年，大丰区采取提前面试签约和招录考试相结合的方式，招录本科以上应往届毕业生85人；结合区"616"人才引进三年行动计划，柔性引进（指打破国籍、户籍、地域、身份、档案、人事关系等人才流动中的刚性制约，在不改变和影响人才与所属单位人事关系的前提下，适应市场经济和人才社会化发展要求的政府引导、市场调节、契约管理的非本地户籍人才的人才引进方式）2名医学领军人才。11月，面对人才工作新形势，在盐城市率先采用校园考试招聘新形式，保证招聘数量和质量。重视科研教育和科技创新。召开全系统首次科技表彰大会，对2014年、2015年获得科教研重大成果的单位和个人给予重奖。人民医院"急性脑卒中患者睡眠障碍的异质性研究"等4个科研项目获盐城市新技术引进奖二等奖。

【党风廉政建设】 2015年，大丰区继续开设"每月一课卫生计生讲坛"（共计55期）。成功举办第二届廉政书画摄影展、第二届卫生计生系统职工体育运动会、首届卫生计生系统元旦文艺会演和学准则、学条例知识竞赛和辩论赛。与区委宣传部文明办、区新闻信息中心联合举办"大丰最美卫生计生工作者"评选活动。加强党风廉政教育。推荐廉政读物十余本，印发《廉政教育读本》2期和《卫生系统典型案件警示录》500多本。多次组织机关全体和下属单位中层以上干部到区廉政谈话中心、盐城尚德昭廉教育馆，开展现场警示教育活动。开展区纪委专项巡查反馈意见集中整改月活动。

（王国生　陈伟琴）

〖编辑　丁彩前〗

体　育

综　述

2015年，大丰区体育局按照全区体育工作会议的部署要求，把握工作重点，拓宽工作思路，开展群众体育活动，抓好竞技体育基础工作，拓展体育产业。在省市县级体育工作考核中，名列全省第18位、苏北第二位。首批建成江苏省公共体育服务体系示范区。

开展群众体育工作。先后举办国际篮球明星挑战赛、江苏省沿海城市体育舞蹈锦标赛、全国男子排球冠军赛等省级、国家级比赛，以及迎新春羽毛球比赛、荷兰花海健身跑活动等群众性体育活动。竞技体育成绩保持佳绩。参加2015年江苏省青少年田径锦标赛暨县组田径比赛（第一赛区），取得团体总分143.5分的好成绩，位居第11名；参加盐城市第七届运动会获得金牌42枚、银牌65枚、铜牌47枚，获赛会优秀奖。奥体中心、全民健身中心开放水平和运营效益不断提升，体育设施建设不断完善。

【全市体育工作会议召开】 2月12日，大丰市政府组织召开全市体育工作会议，会上，副市长赵玉霞总结回顾全市2014年体育工作，要求市体育局按照市委、市政府的统一部署，研究制订2015年体育工作目标和任务，激发体育发展的内在力、爆发力和影响力，全力开创大丰体育新局面。会议表彰2014年度10个体育工作先进集体和30位先进个人。

群众体育

【概述】 2015年，按照市委十一届五次全体（扩大）会议提出的“确保周周有群众体育活动、月月有品牌比赛、季季有省级以上赛事”的要求，大丰群众体育广泛开展全民健身活动，成功举办具有本地特色的群众体育健身活动150场次。充分发挥各体育协会的职能作用，组织各类体育健身活动80余次，培养和激发群众参与健身的兴趣。新增村级晨（晚）练示范点33个。

【群众体育活动丰富多彩】 2015年，区体育局以提高群众身体素质为目标，做到每天有群众参与体育锻炼，每两个月承办一次大型赛事，推动群众体育上新台阶。全年举办国际篮球明星挑战赛、江苏省沿海城市体育舞蹈锦标赛、全国男子排球冠军赛、迎新春羽毛球比赛、2015年恒北村梨花节、荷兰花海健身跑活动、2015年老年人体育节启动仪式等多项活动。其中，区第六届全民健身运动会分6个部别，共设有篮球、游泳、乒乓球等十多个项目，参与人数1万人以上、100多场次，持续半年时间。全区各镇（区）、机关、企事业单位、社会团体、学校以及社会各界积极开展群众性体育活动，丰富了群众的业余体育生活。

【全民健身志愿服务队伍扩大】 2015年，区体育局鼓励全民健身志愿服务活动，推荐参加国家级社会体育指导员培训人数4人，一级社会体育指导员培训9人，分别参加20个健身项目的学习，同时晋升社会体育指导员314名，其中，三级254名，二级47名，一级9名，国家级4名。年底，大丰共有各级社会体育指导员3286名。

【体育协会、俱乐部活动频繁】 2015年，大丰体育局批准成立大丰区羽毛球协会和大丰港广场舞协会，全年各单项体协举办和协办各级各类比赛50多项，有3万人次参加，充分发挥了体育社团的指导功能，使体育健身更加贴近市民，提高了群众参与健身的兴趣。

【老年人体育节活动】 4月22日，老年人体育节正式启动。此次活动以“科学健身，幸福生活新常态”为主题，围绕六大赛事展开，历时5个多月。其间，在全区范围举办广场舞、门球、太极拳等各类老年人喜闻乐见的运动项目，推动了老年人体育运动的发展，受到全区老年人的欢迎。各镇、各单位的老年体协按照部署，开展老年体育健身项目的培训、展示和

2015年8月28日，大丰第六届全民健身运动会乒乓球比赛在奥体中心举行

比赛，部分单位专门召开老年人体育运动会，促进了大丰区老年体育工作的开展。

【全民健身日启动仪式】 8月8日，大丰市2015年“国土杯”全民健身日活动启动仪式暨第六届全民健身运动会开幕式在市奥体中心举行。仪式上，运动会会旗方阵、裁判员方阵、驻丰代表队方阵、老年代表队方阵、市中小学生代表队方阵和镇区代表队方阵、企业代表队方阵、市级机关代表队方阵走过主席台接受检阅。随后进行团体操、太极拳、广播操、腰鼓、健身秧歌等展演。

【第二届卫生系统运动会】 11月15日，由大丰区总工会、大丰区体育局和大丰区卫生和计划生育委员会联合举办的大丰区卫生计生系统第二届“丰医杯”职工体育运动会在奥体中心体育局开幕。此次运动会设置了羽毛球、乒乓球、游泳3项个人比赛项目和三人篮球、三人绑腿、走板、拔河4项集体比赛项目。全区30多支队伍近600多名卫生计生系统人员报名参加比赛。经过一天紧张激烈的比拼，区人民医院代表队以124分的总成绩获第一名，区同仁医院和区第三人民医院分别以32分、28分的成绩获二、三名。

【农商行第三届职工运动会】 9月26日，由江苏大丰农村商业银行、江苏大丰农村商业银行工会主办，大丰区体育局协办的江苏大丰农村商业银行股份有限公司第三届职工运动会在奥体中心开幕。本届运动会共有农商行58个支行、部室组成的12个代表队、250名运动员参赛。经过一天紧张激烈的比拼，资金市场二部等4个代表队获团体奖，万盈支行等7个代表队获组团奖，张兵等40余人获个人单项奖。此次运动会的成功举办，让干部职工认识到自觉锻炼身体的重要性，展示了大丰农商人健康、文明、积极向上的良好精神面貌，提高了团队的凝聚力，同时对全区全民健身运动的推广起到良好的宣传和促进作用。

【第六届全民健身运动会】 大丰第六届全民健身运动会从2015年6月开始，11月闭幕，历时6个月。分为学生部、企业部、镇区部、市级机关部（含下属单位）、老年人部、驻大丰单位部6个部别，设有篮球、游泳、乒乓球等37个项目，比赛100多场次，参与人数达1万人以上。大丰区第六届全民健身运动会规模、人数均为历届之最。

竞技体育

【概述】 2015年，大丰区竞技体育在运动员的参赛注册、培养和输送方面，结合大丰实际情况寻求多元化、多渠道方式，保障了全区竞技体育的可持续发展。组队参加2015年江苏省青少年田径锦标赛暨县组田径比赛（第一赛区）、盐城市第七届运动会等比赛，获得较好的成绩。重视体育后备人才建设，向上输送优秀运动员。

【於秀敏获射击世界杯亚军】 4月，在塞浦路斯的斯拉纳卡举行的2015年国际射联飞碟射击世界杯中，大丰籍运动员於秀敏夺得女子双向飞碟亚军，为中国飞碟队拿到了第三张里约奥运会入场券。

【体育后备人才建设】 2015年，大丰区少年体校坚持“体教结合”方针，完善业余训练制度、强化管理，科学开展业余训练。注重培养骨干教练，不断提高整体执教能力和训练水平。依托体育传统校资源培养和发现更多的体育后备人才，努力推进青少年体育俱乐部工作。区少体校学生肖炜、陆玮、朱艳经过层层选拔，分别被省跆拳道队、田径队以及国家女子标枪青少队选中，进入省队、国家队接受专业训练。区幸福路小学丁怡同学入选中国国家少年足球队，成为盐城市入选中国国家少年足球队的第一人。

【青少年阳光体育运动推广】 2015年，区体育局在全区各中小学推行国家体育锻炼标准，以“青少年阳光体育运动”为载体，开展田径运动会、广播操比赛、校园足球比赛等多种形式的体育活动和课余训练，引导更多的青少年参加体育锻炼，努力提高全区中小学生的身体素质。

【参加、承办各级各类比赛】 参加2015年江苏省青少年田径锦标赛暨县组田径比赛（第一赛区），取得团体总分143.5分、团体第11名，共计1金、7银、3铜的好成绩。代表盐城市参加江苏省青少年田径比赛，获得2金、1银、1铜的好成绩。其中，田径项目获总分第一、金牌第一。同时，举办盐城市第七届运动会中小学部羽毛球比赛，承办网球比赛，并组织289名运动员参加网球、篮球、跆拳道、羽毛球、武术、田径、乒乓球、游泳、举重等项目的比赛，获得金牌42枚、银牌65枚、铜牌47枚，获赛会优秀奖。

【运动员输送】 2015年，区少年体校有学生180人，教师13人，向国家青年队和省少体校各输送田径运动员1名，向上海闵行和杨浦体校各输送1名运动员，向盐城市体校输送30多名运动员。

体育设施

【概述】 2015年，大丰区体育局坚持体育惠民理念，奥体中心、全民健身中心全面对外开放，每月20日对除区游泳馆外的其他系统直属场馆全天候对广大群众免费开放；区体育场除有赛事活动外，每天早晚对广大群众免费开放，特定节日对特定群体免费开放。

【体育健身设施完善】 2015年，大丰体育局进一步加密城市设施"10分钟体育健身圈"建设，年内，新增健身步道10千米，新增村级晨（晚）练示范点33个，赠送音响器材40台套，对城区及部分镇补充完善健身路径健身器材近32套。国民体质测试与运动健身指导站建成开放，添置了骨密度仪、动脉硬化检测仪、人体成分分析仪等一批先进仪器。全年免费测试5000多人，平均每人开出精准"运动处方"3–5条。医保卡健身卡一卡通顺利开通，可用于游泳、羽毛球、乒乓球、健身等运动项目。成功开通"大丰体育与健康同行"微信平台，第一时间发布场馆信息。

【举行村级晨（晚）练示范点命名暨社会体育指导员培训班开班仪式】 根据市委、市政府的要求，7月20日，大丰市体育局在市奥体中心体育馆举行晨（晚）练示范点命名暨社会体育指导员培训班开班仪式。市人民政府副市长赵玉霞、市体育局局长及各镇老年体协负责人、文化站站长、授牌的33个晨（晚）练示范点出席此次仪式，市政府办副主任施茂盛主持仪式。仪式上共命名万盈镇三合村、西团镇众心村等33个健身点为大丰市村级晨（晚）练示范点。仪式最后，举行为期一天的社会体育指导员培训。村级晨（晚）练示范点创建工作，是大丰推进基层体育建设、发展群众体育事业的重要举措。

2015年3月19日，大丰城东实验小学举办"小力神"杯校园足球联赛
王 越 摄

【奥体中心承办多项赛事】 全年承办2015年国际篮球明星挑战赛、2015年全国城市体育舞蹈公开赛暨江苏省全民健身交谊舞大赛、全国男子排球冠军赛等赛事。协助举办大丰区新春人才招聘会、2015年江苏·大丰春季、秋季房地产暨汽车博览会、第六届韩国歌星演唱会和大丰新年音乐会，提高了全区人民的生活品位。

【2015年国际篮球明星挑战赛】 5月17日，2015年国际篮球明星挑战赛美国弗莱克斯职业俱乐部篮球队VS古巴国家男子篮球队的比赛在大丰奥体中心体育馆举行。比赛中，扣篮、远投三分不断上演，为观众上演了一场篮球视觉盛宴。最终，古巴队以73∶64取胜。

【全国城市体育舞蹈公开赛暨江苏省全民健身交谊舞大赛】 5月30日，"2015年全国城市体育舞蹈公开赛暨江苏省部分城市交谊舞大赛"在大丰奥体中心举行，有来自全国6个省（市）51支代表队近2000名选手参加比赛。本次比赛由江苏省体育舞蹈运动协会、盐城市体育舞蹈运动协会主办，大丰体育舞蹈运动协会、大丰体育局等多家单位具体协办，设置摩登舞、拉丁舞两大类10个舞种，并按职业组、专业组、年龄组分为200多个组别进行比赛。比赛中，选手们的舞姿赢得全场观众阵阵掌声，特别邀请的世界级选手及全国冠军的精彩表演，为大家献上了一场舞蹈盛宴。

【361°全国男子排球冠军赛】 6月17~21日，361°全国男子排球冠军赛（大丰海露纯净水赛区）的比赛，在大丰奥体中心体育馆举行。参加的队伍有上海、北京、八一、福建、辽宁、河北6支代表队。经过5天15场激烈的循环赛后，八一队和北京队取得大丰海露纯净水赛区的冠军、亚军，并参加全国总决赛。

（于步翠）

〖编辑 朱晓华〗

人民生活

【概述】 2015年，大丰区坚持“稳中求进”工作总基调，全区经济运行呈现“稳中有进、稳中向好”的良好态势，城乡居民收入增长，城乡居民居住条件改善，社会保障水平提高。

【城镇居民生活】 2015年，全年城镇常住居民人均可支配收入28752.5元，比2014年增加2398.5元，同比增长9.1%；城镇居民人均生活消费支出18002.6元，比2014年增加1176.5元，同比增长7.7%。其中，人均食品烟酒消费支出4938.5元，比2014年增加31.5元，同比增长0.6%；医疗保健消费支出2037.2元，比2014年增加929.2元，同比增长83.9%；交通通信消费支出3370.6元，比2014年增加858.6元，同比增长34.2%。城乡居民居住条件持续改善，年末城镇居民人均住房建筑面积42.6平方米，比2014年增加2.6平方米，同比增长6.5%。

【农村居民生活】 2015年，全年农村常住居民人均可支配收入17917.9元，比2014年增加1503.9元，同比增长9.2%；其中工资性收入9102元，经营性收入6590元。农村居民人均生活消费支出12473.4元，比2014年增加1485.4元，同比增长13.5%；其中食品烟酒支出3097.4元，占生活消费支出的比重为24.8%，比2014年降低4.3%；医疗保健消费支出1026.7元，占生活消费支出的比重为8.2%，比2014年增加0.2%；交通通信消费支出2454.9元，占生活消费支出的比重为19.7%，比2014年增加5.4%；居住类消费2805.8元，占生活消费支出的比重为22.5%，比2014年降低0.8%。年末农村居民人均居住房屋面积为57.3平方米，比2014年增加1.5平方米，增长0.3%。

（胡志友）

民政事务

【概 述】 2015年，民政工作坚持“执政为民、民生优先”理念，以建设现代民政示范区为统揽，强化民生保障，创新社会治理，完善公共服务，推动民政事业整体提升。大丰区被省民政厅命名为现代民政示范区。

【社会救助】 2015年，民政部门出台《大丰区社会托底救助实施办法》，整合现有的各项救助政策，实现救助全覆盖，保障困难群体基本权益。实施办法涵盖基本生活、医疗、司法、住房、就业、教育、残疾、失独、灾害等多方面内容。出台《大丰区城市低收入家庭认定办法》，规范公共租赁住房、经济适用住房保障以及其他社会救助工作中的城市低收入家庭收入认定行为，确保低收入家庭认定过程公开、公正、公平。完善临时救助制度，完善低保边缘困难家庭救助文件，扩大救助范围，规范救助程序，提高救助效率。建立区、镇、村（居）三级主动发现、快速响应、及时救助机制，做好突发事件导致群众生活困难的救助工作。全区保障城乡低保对象9962户17361人，其中，城镇2929户5140人，农村7033户12221人，城乡低保每月保障标准分别提高到490元、380元，人均月补差分别达到280元和233元。供养“五保”对象1443人，其中，集中供养718人，分散供养725人，集中和分散年供养标准分别提高到8800元、7300元。供养孤儿66人，分散和集中供养补助标准分别为每人每月1000元和每人每月1700元。城市“三无”［城市居民中无劳动能力、无收入来源、无法定赡养（抚养、扶养）人］老人48人，供养标准每人每月1230元。20世纪60年代初精减退职老职工243人，生活补助全部提高到1250元。全额资助医疗救助对象21666人参加农村合作医疗或者城镇居民医疗保险，资助金额176.6万元。医疗救助对象由原来七类增加到八类，无固定收入重残人员纳入医疗救助范围，消除医疗救助盲点，救助贫困患者12482人，发放医疗救助金1805万元，解决困难群众看病难、看病贵的问题。临时救助群众2462户，发放临时救助金192万元，其中低保边缘困难户449人。低收入家庭经济状况核对工作高效精确，开展了对城乡低保、低保边缘困难户、经济适用房、公共租赁住房等的信息比对工作。核对19539人次，其中清退不符合条件低保对象1041人，月退保金额21.8万元。

【养老服务】 2015年，全区投资1200万元，建成标准化居家养老服务中心14个，所有村居全部建成居家养老服务站，依托12345指挥平台，为老年人提供生活服务。引入上海海阳集团，运营大中镇居家养老服务中心和日间照料中心，借助海阳集团云计算、互联网、物联网、智能呼叫及电子商务等先进信息技术，搭建开放平台，提升为老服务，打造智慧居家养老服务新模式。完成14个敬老院提档升级，投入7600万元新建床位1264张，改建床位449张，星级敬老院9所，敬老院安装电子“鹰眼”，并通过网络连接，实行远程监控，全天候巡查。召开消防安全现场会，对管理服务人员组织消防培训。模拟火灾现场，到各镇敬老院巡回开展消防演练。针对各镇敬老院存在的安全隐患，逐一下发整改通知，限期整改到位。全区6所敬老院办理消防许可手续。引入物业公司进驻大中镇敬老院，负责环境保洁工作，提高老人生活质量。建设福利院三期工程，投资9300万元新建护理型床位200张，主体工程竣工。举办首届养老护理员知识技能竞赛，提升养老护理水平。

【社区治理】 2015年，大丰启动“全省现代社区治理创新实验区”创建工作，推进社区治理创新。大华社区开启O2O社区治理新模式，推出“e线”工作法，通过建立社区网站、QQ群、微信群等，社区工作人员下班不下线，24小时全天候服务居民。东宁社区将每月20日确定为“居民说事日”，组织社区干部、居民代表、辖区“两代表一委员”，集中倾听居民心声，摆事、说理、解难。新街社区的“微服务”，即开通“新街便民驿站”微信公众平台，并利用该平台来发布各类便民信息、与居民互动。增强社区服务功能，同区委组织部、社区工委出台《关于加快推进社区服务中心建设的通知》，明确社区达标工作的责任主体，定期组织督促检查。开展和谐社区创建活动，城乡和谐社区建设达标率95%。开展最美村官评选活动，评选10名“群众最满意村官”和10名“优秀村官”。深入开展社区减负增效，推进“政社互动”，制定《基层群众自治组织协助政府工作事项》和《基层群众自治组织依法履行职责事项》，指导各镇区签订《协助管理协议书》，厘清行政事务与社区自治事务、政府委托事务和社区自治事务的职责边界。取消涉及28个部、委、办、局面向社区的项目97个。全区各类社会组织772个，AAAAA级3个，建立社会组织孵化基地2个。8个社会组织在省社区公益服务项目竞标中中标。社工和志愿者队伍发展，社区志愿服务队伍活跃城乡，形成“社工引领、志愿者协助”的社会志愿服务联动机制。

【社会福利】 从6月起，大丰向法定赡养、抚养、扶养义务人无赡养、抚养、扶养能力的未满18周岁的困境家庭儿童和本身有残疾或重大疾病等困难亟须保障，年龄未满18周岁的困境儿童发放基本生活补贴，已享受重残、低保等生活补助的困境儿童，按标准补差。困境儿童253名，每月领取500元基本生活补贴，监护人监护缺失儿童补贴800元。尊老金按时足额发放，按照80~89岁每月70元、90~99岁 每 月120元、100岁以上每月500元的标准，全年为2.3万名80周岁以上老年人发放尊老金1976万元。建立居家养老服务补贴制度，全区60周岁以上低保、低保边缘户中的失独老人、重点优抚对象和盐城市级以上劳模中的重度失能老人，补贴标准为每人每月180元；90周岁以上的老人，补贴标准为每人每月40元。全年销售福利彩票5292万元，其中，电脑票3681万元，中福在线1454万元，网点即开票157万元，积累公积金530万元。通过市场化运作，公开招租公用自行车服务亭，在盐城市率先建成福彩销售亭10个。

【慈善工作】 2015年，大丰在全市262个村居社区设立慈善工作站，推动慈善组织网络向基层延伸。开展“幸福大丰、情暖人间”大型慈善救助活动，募集善款500多万元，现场救助困难群众10人。开展“爱心助学”活动，向61名贫困大学生发放救助金25.9万元。开展“血透救助”活动，按照每人每年1500元标准，向292名尿毒症患者发放慈善血透救助金43.8万元。开展“万向助困（孤

2015年，大丰大中镇居家养老服务中心和日间照料中心开始运营，打造智慧居家养老服务新模式

助）”活动，资助贫困学生107人，发放救助金20.5万元。开展“重阳敬老”活动，对全区1000名五保老人，按照每人200元标准，发放重阳红包20万元，并组织老年文艺团体，到各镇敬老院巡回演出。举行“琴和心暖”钢琴发放仪式，向15个学校和单位捐赠15台钢琴，价值27万元。

【双拥优抚安置】2015年，为驻丰部队办理40件实事，区镇干部对80名困难优抚对象进行结对帮扶。提高重点优抚对象抚恤标准。全年抚恤事业费增加到4000万元，各项抚恤经费和补助及时足额发放到位，抚恤补助实现一体化发放，组织优抚对象短期疗养、上门体检和外出旅游。落实退役士兵安置政策，免费对退役士兵进行技能教育培训，培训参训率超过95%，就业率95%。实行“积分选岗、阳光安置”，符合工作安排条件的退役士兵安置率100%。开展纪念抗战胜利70周年活动，向抗战老兵发放纪念勋章，并在中央、省、市发放9000元基础上，大丰区增发1000元补助。对烈士陵园进行资源整合提升，申报国家级烈士纪念设施保护单位，并通过民政部验收。

【民政公共服务】2015年，大丰开展第二次全国地名普查，充实地名信息库。征集大丰最美地名14个，展现了大丰地名文化底蕴。规范婚姻登记。全年办理结婚登记5972对，离婚1270对，补领1318对，收养登记3对。出台全民普惠殡葬政策，每位逝者补贴1100元基本丧葬服务费用。推进农村公益性公墓建设，建成公益性公墓14个。与上海福寿园国际集团签订“大丰市殡仪服务中心”合作项目，提升殡葬服务水平。福安公墓建立信息管理系统，提升科学管理水平。加快推动福寿园公墓建设工作，满足城区市民丧葬服务需求。建设幸福家园，投入995万元实施项目45个，惠及移民2490人。社工人才队伍壮大，75人取得社工职业资格证书。

（仲维华）

人口与计划生育

【概述】2015年年末全区户籍人口为724109人，出生人口4131人，人口出生率为5.7‰，人口死亡率为6.4‰，人口自然增长率为-0.69‰。全区出生政策符合率99.95%。

【计生基础管理】2015年，计生部门推进“双评”工作。以区为龙头、镇为重点、村（居）为基础，三级联动，全区开展省“十二五”人口和计划生育目标管理责任制终期评估及人口协调发展先进县（市、区）创建评审工作，通过省级评估验收。依法行政。规范社会抚养费征收行为，逐镇开展社会抚养费征收案卷检查，规范执法程序和文书格式，做到征收主体、标准、程序、票据以及资金管理合规统一。推行生育服务证制度改革。建立“鹿乡幸福驿站”微信公众平台。结合第26个“世界人口日”“生育关怀活动月”，开展广场宣传活动12场次，开展优生优育优教专题讲座15期，发放宣传资料2万多份，结对帮扶300多人。促进人口均衡发展。对1329名新婚和符合照顾再生育条件对象，全部落实四级全员全程包保服务责任制。开展集中整治“两非”（非医学需要的胎儿性别鉴定和非医学需要的人工终止妊娠行为）专项行动，联合公安、妇联等部门开展执法检查，全区出生人口性别比总体保持在正常值范围内。

【计生民生服务】2015年，计生部门稳妥有序实施单独两孩政策，为399对单独夫妇提供再生育服务。做好全面两孩政策实施准备工作，在大丰电视台《卯酉时空》栏目全面解读政策的背景、意义和实施步骤。开展全区符合全面两孩政策目标人群调查摸底，经初步调查，有生育意愿的为4575人，占7.03%。强化生育服务。组织开展“春风送暖”和“计划生育优质服务月”活动，孕环情检查12万多人次，生殖健康检查11.9万多人次。加强对符合单独两孩政策补偿性生育高龄产妇的优生服务指导，预防高危妊娠，免费孕检2894对。实现计划生育奖励扶助政策全覆盖，及时退出、新增奖励、特别扶助对象，全年兑现农村部分计划生育家庭奖励扶助27509人、独生子女伤残死亡家庭特别扶助1464人、计生手术并发症人员特别扶助1292人，兑现企业持证退休职工和城镇非从业居民一

2015年，大丰区通过省“十二五”人口和计划生育目标管理责任制终期评估及人口协调发展先进县（市、区）的省级评估验收

次性奖励2689人，兑现奖励扶助资金4130.42万元。

【卫生计生内涵建设】 9月22日，区卫生计生委组建后，卫生计生全面深度融合，服务资源初步有效整合，实现团结、融合、创新、发展的机构改革目标。加强卫生队伍建设。采取提前面试签约和招录考试相结合的方式，招录本科以上应往届毕业生85人；结合区“616”人才引进三年行动计划，柔性引进2名医学领军人才。11月份，面对人才工作新形势，争取政策支持，在盐城市率先采用校园考试招聘新形式，保证招聘数量和质量。重视科研教育和科技创新。召开全系统首次科技表彰大会，对2014年、2015年获得科教研重大成果的单位和个人给予重奖。人民医院“急性脑卒中患者睡眠障碍的异质性研究”等4个科研项目获盐城市新技术引进奖二等奖。打造健康廉政文化。继续开设“每月一课卫生计生讲坛”（共计55期）。举办第二届廉政书画摄影展、第二届卫生计生系统职工体育运动会、首届卫生计生系统元旦文艺会演和学准则、学条例知识竞赛和辩论赛。与区委宣传部文明办、区新闻信息中心联合举办“大丰最美卫生计生工作者”评选活动。强化党风廉政教育。推荐廉政读物十余本，印发《廉政教育读本》2期和《卫生系统典型案件警示录》500多本。多次组织机关全体和下属单位中层以上干部到区廉政谈话中心、盐城尚德昭廉教育馆开展现场警示教育活动。开展区纪委专项巡查反馈意见集中整改月活动。

【“幸福家庭”建设】 2015年，大丰区建成盐城市级幸福家庭示范镇2个、示范村（居）27个。以“关爱贫困母亲、促进家庭幸福”为主题，组织开展计生协会成立35周年活动，评选表彰一批“自强母亲”。推进大中镇恒北村“新家庭计划——家庭发展能力建设”国家级项目试点工作，开展主题特色活动20余次，获得国家项目组肯定，并在国家和省有关会议上作工作交流。《大丰人家，幸福如画》新闻作品年初被评为“江苏卫生计生好新闻一等奖”。

（王国生　陈伟琴）

民族事务

【概述】 2015年，大丰民族工作贯彻落实中央民族工作会议、全国城市民族工作会议、全省民族工作会议精神，履行民族部门工作职责，改善少数民族群众的生产生活条件，为建设强富美高新大丰做出贡献。

【少数民族优惠政策落实】 2015年，区民族宗教局（以下简称区民宗局）宣传党和国家对少数民族群众的各项优惠政策，准确把握并严格执行国家民委和公安部出台的关于民族成分管理的若干规定，改进办理流程、提高办理效率、做好服务工作，让更多符合规定的少数民族考生享受到优惠政策。2015年区民宗局办理少数民族考生加分证明105份，民族成分变更28例。

【困难少数民族群众帮扶】 2015年，区民宗局把转作风与区委、区政府中心工作结合起来，通过“进村入户”“架金桥解民心”等活动，解决少数民族家庭的实际困难。大丰少数民族群众主要由云南、贵州、湖南等地婚进少数民族妇女及其子女构成，很多家庭底子薄、经济基础较差。年初，区民宗局筹措3万元，慰问全区42户贫困少数民族家庭。与区财政局联合，对全区现有的国家扶持少数民族农业发展项目，进行监督指导并严格把关资金使用。同妇联、科技等部门，组织少数民族妇女学习先进的农业技术和知识，提高生产生活技能。

【服务清真拉面馆的回族经营者】 年内，全区有8个清真拉面馆，从业人员30人左右，均为西部地区回族群众。区民宗局组织街道、社区工作人员为其制作保护少数民族群众权益宣传牌，发放联系卡，在店铺外张贴清真饮食指南，并与卫生、工商等部门协调，为其减免一定费用，赢得回族群众的信任。

【民族团结进步宣传】 2015年，区民宗局以“民族团结进步宣传月”活动为重点，开展民族政策法规知识竞赛，组织广大少数民族群众和汉族群众参与。与区法制办、司法局联合举办民族宗教工作法律法规宣传活动，发放民族宗教法律法规宣传手册500余份，宣传民族宗教相关法律法规和基本知识。协助云南、四川、西藏等地多个少数民族艺术团到大丰举办民族团结文艺演出。

（王　琨）

宗教事务

【概述】 2015年，大丰区宗教工作以中共十八届四中、五中全会精神为指导，贯彻落实全国、全省宗教工作会议精神，履行宗教部门职能，不断提升宗教工作能力，促进宗教领域安全稳定，维护社会和谐稳定。

【宗教工作法治化水平提升】 2015年，区民族宗教局（以下简称民宗局）对宗教事务管理涉及的行政审批、行政处罚、行政确认及其他行政权力进行了详细梳理，并规范宗教工作的处理程序，使宗教事务管理权责更加明晰、权力运行更加透明、事务处理更加高效，推进了民宗事务管理的法治化、制度化和规范化。

【多部门沟通协作机制建立】 2015年，区民宗局以民宗工作领导小组为依托，与维稳、教育、城管、安监等多部门合作，有效发挥领导小组作用。年初与各部门召开座谈会，加强宗教领域的防渗反邪工作，并在全区宗教界开展反邪教警示教育活动，邀请相关单位就反邪教工作向广大信教群众作深入讲解。在区基督教堂联合

2015年，大丰区基督教会年终总结会 （单位供图）

举办反邪工作成果展，通过图文并茂的形式，教育广大信教群众。

【宗教界政策法规学习】 2015年，区民宗局在全区宗教界开展了“发挥正能量、共筑中国梦”为主题的宗教政策法规学习月活动，各场所通过每个星期活动日，利用板报、宣传栏以及教职人员讲法的形式，用群众化的语言，向广大宗教界人员进行法制宣传。组织宗教教职人员学习《宗教教职人员备案办法》《民间非营利性组织会计制度》《宗教事务条例》法律法规，提升了宗教界人士的法律法规意识。

【宗教领域和谐稳定】 年初，区民宗局负责人与各宗教活动场所负责人签订宗教活动场所安全工作责任书，落实属地管理原则，强化责任落实。为满足城区信教群众宗教生活所需，区民宗局与国土、住建、交通等多部门沟通协调，推进太平禅寺二期工程建设，维护宗教领域的安全稳定。与区安监局联合检查基督教活动场所安全人员基本知识的掌握、消防器材及消防通道配备、电气线路的规范设置上的情况，对存在安全隐患问题的宗教活动场所，及时下达整改通知书，强化宗教领域安全意识。

【宗教教职人员素养提升】 2015年，区民宗局组织各宗教活动场所开展“星级宗教活动场所”评定活动，强化场所安全、财务、档案等各项管理制度的规范，并根据评定结果对获得一星、二星的宗教场所进行了授牌。年底，组织全区宗教教职人员及部分信教群众代表召开述职述评会议，通过教职人员对全年工作的述职和信教群众的评议，了解教职人员的工作能力、群众基础，有利于培养选拔年富力强、政治素质好、群众信任度高的年轻教职人员，有利于强化宗教界人士的道风建设，有利于发挥宗教界人士和信教群众在构建和谐社会、促进经济社会发展中的作用。

（王　琨）

老龄事业

【概述】 2015年，大丰老龄工作以《中华人民共和国老年人权益保障法》为指导，以保障和改善老年民生为主线，以建设养老服务体系为重点，提高养老保障水平，加强老龄宣传教育，保障老年人合法权益，全区老龄事业取得新的成绩。

【基础养老保障水平提高】 2015年，连续11年为企业离退休人员上调养老金，统筹人员人均2117元/月，企业退休职工人均1868元/月，镇管市补人员970元/月。全区城乡居民基础养老金调增到115元/月，保持苏北最高，12.8万老年人受益，新增基础养老金支出3700万元。

【老年救助标准持续提升】 年内，7437名老年人纳入城乡低保，城乡低保标准分别提高到490元/月、380元/月；城市“三无”老人生活保障标准提高到1230元/月；1960~1969年初精减退职老职工补助标准提高到1250元/月。

【“安康关爱行动”有新进展】 2015年，区财政出资56万元为27822名低保、80周岁以上老年人统一购买意外伤害保险。全区96380名老年人参加意外伤害保险，总保额219.76万元，列盐城市第一，参保率59.5%，有1805名老人获赔，赔付金额174万元。

【老年医疗保障待遇改善】 年内，居民医保、新农合筹资每人提高30元，“双无”已故离休干部配偶纳入职工医疗保险，社区卫生服务中心与离休干部、伤残军人签约服务，门诊医疗纳入社区签约服务范围。实施医保慢性（大）病门诊统筹人员与相关医院签订医疗服务协议，引导慢性（大）病人员合理治疗、合理检查、合理购药，避免医疗浪费。

【社会养老服务体系建设】 2015年，居家养老服务覆盖城乡。建成14个标准化镇（区）居家养老服务中心，所有社区（村居）全部建成居家养老服务站。建立居家养老服务补贴制度，60周岁以上困难失能老人享受每人每月180元、90周岁以上老人享受每人每月40元的上门服务补贴。全区60周岁以上老年人通过“12345”呼叫平台，即可获得助餐、助洁、助浴、助医、助行等居家养老服务。引进第三方社会服务组织托管居家养老服务，迈出养老服务公建民营的第一步。提升专业养老服务。区福利院三期工程主体工程完工。区三院投入450万元，与区福利院合作推进医养融合。社区老年人活动点有新进展。2015年，全区建立老年人居家养老活动点500多个。

【老年人优待工作】 2015年，为2.3万名80周岁以上老年人发放尊老金1976万元，发放标准为全省前列、盐城最高。发放百岁老人祝寿金4万元，重阳节慰问金1.8万元。为百岁老人免费上门体检。老年优待政策落实到位。60周岁以上老年人免费乘坐城市公交，70周岁以上老年人参观区内旅游景点免全票，60~69周岁享受半票优惠。做好“江苏省老年人优待证”发放工作。截至2015年年底，为120812名老年人免费发放“江苏省老年人优待证”。

【开展老年活动】 2015年，拓展老年活动阵地。各镇专门配备了涉老组织办公室和活动室，企事业单位、村（居）、居民小区为老年人提供健身舞广场的场地、音响设备和照明用电，全区现有室内外老年活动场所825个，为老年人搭起了学习、活动、交流的平台。开展老年文体健身活动。各镇老龄协会、老年体协组织开展吹拉弹唱、琴棋书画、球牌操舞、摄影、旅游等活动。南山艺术团舞蹈节目《又到采藕时》入选省“中国人寿杯”老年人春晚。开展老年维权公益活动。敬老月期间，区司法局、老龄办、老龄协会到各镇区巡回开展“法治阳光温暖老龄”活动，近千名老年人参加活动。现场发放各类宣传资料及手册5000余份，面对面解答老年人法律问题咨询300余人次，提供解决侵害老年人合法权益的法律意见700多条，受到广大老年群众的欢迎与好评。活动期间，镇法律服务所与镇民政办签订法律服务和法律援助共建服务协议，推进老年人法律服务和法律援助工作的深入开展，共同维护老年人的合法权益。

【第二轮“敬老文明号”创建】 2015年，各涉老部门、为老服务组织、公共服务窗口行业单位制定服务标准，拓宽服务内容，完善服务制度。在重阳节、“敬老月”、元旦、春节期间，许多单位组织职工到敬老院、到社区老人

2015年大丰区百岁以上老人名单

表19

序号	姓名	户籍所在地	性别	出生年月
1	赵培英	开发区长安村	女	1914年12月
2	王书贵	万盈镇双福村	男	1914年3月
3	沈　璜	万盈镇沈灶村	男	1916年1月
4	葛美容	万盈镇兆丰村	女	1916年4月
5	沈凤英	万盈镇万盈村	女	1915年3月
6	房二女	万盈镇殷灶村	女	1916年6月
7	王引娣	南阳吉兴村一组	女	1914年5月
8	朱朋桂	草堰镇三新村	男	1914年6月
9	王存英	草堰镇三新村	女	1914年5月
10	李龙英	草堰镇三新村	女	1916年7月
11	刘凤英	草堰镇成文村	女	1916年12月
12	沈连英	小海镇江北村	女	1914年6月
13	朱同珍	小海镇新窑村	女	1914年10月
14	康广仪	小海镇海居	男	1914年12月
15	吴文友	小海镇新村	男	1915年1月
16	曹桂英	小海镇江北	女	1916年7月
17	吴仕莲	小海镇南团居委会六组	女	1916年10月
18	董得英	白驹镇三里树四组	女	1914年1月
19	曹红珍	白驹镇窑港村七组	女	1912年11月
20	唐招娣	白驹镇马家村一组	女	1915年11月
21	卞圣达	白驹镇海宁居委会	男	1915年12月
22	陈王氏	白驹镇海宁居委会	女	1916年6月
23	李翠连	新丰镇引水村	女	1914年6月
24	范本先	新丰镇时丰村	女	1915年7月
25	沈志芳	新丰镇仁北村	女	1915年4月
26	仇凤明	新丰镇沙港村	女	1915年12月
27	孙荣凤	新丰镇三总村	女	1915年12月
28	顾则英	新丰镇时丰村	女	1916年1月
29	陈玉康	三龙镇丰余村	男	1909年5月
30	陈其女	三龙镇东红村	女	1914年6月
31	蔡如林	三龙镇富强村	男	1914年5月
32	杨秀英	西团镇西灵村	女	1916年3月
33	顾汝珍	西团镇西团村	女	1916年7月
34	卢吉娣	大桥镇方向村五组	女	1914年12月
35	蒋云英	大桥镇方向村五组	女	1915年4月
36	卢永宽	大桥镇江岸村四组	男	1915年4月
37	施伟娥	草庙镇新场村	女	1914年11月
38	王巧銮	刘庄镇云溪居委会	女	1910年3月
39	景洪喜	大中镇丰裕村二组	女	1913年10月
40	黄秀珠	大中镇裕华居委会	女	1915年5月
41	施卫明	大中镇晋丰村	女	1916年1月
42	周素兰	大中镇城中淮二新村	女	1913年11月
43	袁　凤	大中镇建业光明小区	女	1914年6月
44	陈秀兰	大中镇大新居委会	女	1914年8月
45	宣银官	大中镇建业幸福小区	男	1913年8月
46	陈惠银	大中镇裕居黄海北路	男	1916年9月
47	朱蒋氏	大中镇光明村三组	女	1916年5月
48	陈秀英	大中镇老坝村一组	女	1916年3月
49	陈连芳	大中镇新村居委会	女	1916年5月

说明：表内统计人员为2015年12月健在的老人

家中，为老人服务。5月28日，区文明办、民政局、老龄办、老龄协会联合召开市第二届“敬老文明号”创建活动汇报交流会。区社会福利院、劳动保险管理处、巴士公司、人民医院等创建重点窗口单位的负责人对本单位如何开展创建活动交流发言。

（张晓霞）

红十字会

【概述】 2015年，盐城市大丰区红十字会（以下简称区红十字会）开展“作风建设深化年”活动，抓好专题教育，完成全年各项工作任务，获江苏省红十字会报刊宣传工作先进单位三等奖，获中国红十字会总会报刊宣传先进集体三等奖。

【送温暖活动】 2月，区红十字会在苏果超市举行“博爱大礼包”发放仪式，动用博爱救助金7.5万元，购置530份大礼包并将省红十字会下拨的250条棉被、150条毛毯一并发放至各镇、村，用于春节慰问困难群众。驻会领导分别走访慰问大中镇天祥村、新丰镇大明村、小团村的困难群众，以及草庙镇麻风村和西团敬老院的孤寡老人。2015年，动用博爱救助金51.72万元，救助特困群众1000余人。8月，在区“金秋助学行动”中捐资1万元，帮助2名困难学生圆了大学梦。9月，开展“关爱生命红十字助医惠民大行动”，对第二人民医院30名困难精神病人及大中镇卫生院20名住院困难病人现场发放慰问金2.5万元。

【募捐筹资】 2015年，区红十字会以“5·8”世界红十字日为契机，依法按章开展“人道万人捐”活动，制定募捐方案，通过会议推进，协会、商会、爱心企业家倡议及媒体宣传等方式，加大各镇、各部门、企事业单位和社会爱心人士向红十字会博爱救助金募捐筹资力度。全年募集博爱救助金25.47万元。接收1名社会爱心人士定向助学捐款1000元，社会各界爱心人士定向捐助区幸福路小学患白血病学生陈文静59208元，大丰滩涂开发有限公司定向捐助白驹镇农田改善水利设施10万元，接受向尼泊尔和西藏自治区地震灾区捐款600元。8月，为3名贫困大学新生争取到盐城市红十字会“2015圆梦起航——红十字博爱助学项目”助学款，每人3000元。

【无偿献血、捐献造血干细胞、器官捐献】 5月8日，在大丰市永泰国际广场开展纪念宣传第68个世界红十字日暨盐城市红十字会建会100周年，以“博爱百年·惠及民生——红十字在行动”为主题的活动，组织市卫生医疗单位红十字志愿者、医护人员对过往群众进行义诊，宣传无偿献血、造血干细胞捐献及健康保健知识，现场安放展板20块，发放宣传资料4000余份，接受群众咨询600人次，副市长、红十字会会长赵玉霞视察活动现场，并献血400毫升。组织6月14日“世界献血者日”活动。围绕“谢谢你挽救我的生命”的活动主题，红十字会联合盐城中心血站大丰采血点，在人防大厦广场开展无偿献血和造血干细胞血样采集活动。全年完成无偿献血6000人次，采集全血180万毫升；完成造血干细胞血样采集72人份，初配再动员10人，其中高分辨检测1人，体检1人，造血干细胞志愿者入库回访35人。5月13日，兴化籍外来工陈林庆突遭车祸脑死亡，其家人决定捐献器官，救助别人。在江苏省红十字会、省器官捐献协调小组和省人民医院专家的参与下，陈林庆捐献的1个肝脏和2个肾脏通过中国人体器官捐献共享与分配系统，捐献给匹配的患者，大丰区完成首例器官捐献工作。

【应急救护培训】 2015年，区红十字会全年派送5名红十字志愿者参加江苏省救护师资培训，在规范课件、明确要求、试讲过堂的基础上安排日程，上门培训。与区安监局协商，将应急救护培训的内容列入职工安全培训内容。5月，组织救护师资人员到大中农场对211名干警和罪犯监舍疾控员进行应急救护员知识培训。6月，开始对2833名区职业技术教育中心师生进行一次全面培训。大丰港区红十字会、发改委、旅游局邀请区红十字会救护师资人员对参学人员进行了应急救护培训。11月，对青干班学员、实验幼儿园教职工及汽摩协会会员进行了应急救护培训。全年完成救护员培训1015人，普及性培训10306人。

【红十字新闻宣传】 2015年，发挥新闻志愿者队伍的作用，利用新闻媒体和红十字会网站，宣传红十字活动的基本知识、介绍红十字会重点工作和

2015年5月8日，大丰市红十字会在永泰国际广场开展纪念宣传第68个世界红十字日暨盐城市红十字会建会100周年活动 （单位供图）

职能，扩大红十字会工作的社会知晓率和工作影响力。专人负责红十字网站的维护，及时更新网站内容，力求事务公开透明。全年在《中国红十字报》《江苏红十字报》《盐城晚报》《东方生活报》《大丰日报》等各类报刊发表新闻、消息85条，在省电视台、大丰电视台等播放报道8次。大丰区博爱宣传工作获得中国红十字总会表彰。

【志愿服务】 3月，市汽车摩托车运动协会红十字会开展"小水滴助学行动"第三批集中捐助仪式。12名贫困家庭的孩子与12名爱心人士成功牵手，爱心人士每年资助500元直至中学毕业。表彰了2014年"小水滴助学行动"中表现突出的先进个人、先进集体。区红十字会指导汽摩运动协会红十字会今后工作的规范化、常态化。5月，开展以"行天下·爱相随"为主题的"捐玩具、庆六一"活动，到大丰港经济区幼儿园为外来务工人员的160人子女捐赠玩具、文具1124件及牛奶14箱。10月，16名志愿者分成4组开展"小水滴助学行动"，走访刘庄、白驹、草堰镇45户困难家庭，经核实确认，与15名孩子结对资助关系。5月8日，市红十字会以纪念第68个世界红十字日为契机，成立一支由22名有特长的红十字志愿者组成的大丰市红十字蓝天应急救援队。按照"一专多能、一队多用、反应灵敏、快速高效"的要求，完善应急预案，最大限度地保障人民财产安全。3月，组织红十字志愿者车队16名志愿者到新丰镇仁北村义务植树60棵。春节、端午节，购置慰问品到草庙镇麻风村看望和慰问麻风村的老人们，并给老人包粽子、做饭、打扫卫生。高考期间，免费接送高考学子们。重阳节，车队志愿者自带理发用具、毛巾、洗发水，为西团镇敬老院老人洗头、理发、修脚、打扫房间，陪老人下棋、谈心。镇卫生院红十字医疗志愿者为老人体检，根据年龄段给不同人群制定体检方案，敬老院的51名老人真正感受到红十字会的关爱、社会大家庭的关怀。

（赵素芬）

消费者权益保护

【概述】 2015年，大丰区消费者协会（简称区消协）围绕"携手共治 畅享消费"年主题，履行新《中华人民共和国消费者权益保护法》（以下简称"消法"）赋予的公益性职责，向消费者提供消费信息和咨询服务，提高消费者维护自身合法权益的能力，受理消费者的投诉，并对投诉事项进行调查、调解，加强维权调解队伍建设等各项工作，携手社会各界主动适应社会发展新常态，创建和谐、安全、可持续发展的消费环境。

【开展消费者权益日宣传活动】 在"3·15"国际消费者权益日当天，区消协联合社会各界，开展各种宣传、培训、咨询、讲座等活动，宣传新"消法"、维权常识、消费知识，倡导文明、健康、节约资源和保护环境的消费方式，披露消费维权中发现的失信行为和违法行为，创造消费者愿消费、想消费、畅享消费的良好消费环境。《大丰日报》开展各类专栏，纪念"3·15"国际消费者权益日。3月15日，组织行政执法部门、公用服务企业、商业流通企业55个，在市区商业中心永泰广场开展宣传、咨询、服务活动。白驹、西团、大桥、万盈、南阳、新丰、三龙、大丰港区等镇区组织相关部门，同步开展广场宣传咨询服务活动，现场均设置大型气拱门，主要服务内容有：法律法规咨询，消费知识，受理投诉，各单位维权实绩和名牌产品展示，现场发放食品安全知识手册、农资资料、新"消法"、《中华人民共和国旅游法》《家用汽车三包规定》单行本、《纪念"3·15"维权特刊》、消费年主题等宣传资料8000余份，咨询现场氛围活跃，受到广大消费者的欢迎；"3·15"当日展出宣传板500块，横幅52条，大楼悬挂条幅19条，发放各类宣传资料6万余份，接待消费者咨询近3000人次。市领导到活动现场视察并发表讲话。3月14日晚，副市长朱国新在大丰电视台发表了纪念"3·15"国际消费者权益日的讲话。在《大丰日报》上用整版篇幅作了题为《携手共治理 畅享消费》的专版宣传报道，内容有"新法普及""维权知识""证据常识""典型案例""消费警示""消费提示""消协观点"等。《扬子晚报》《江苏商报》《盐城晚报》及大丰电视台报道大丰开展消费维权活动的相关情况。

【消费维权知识"五进"活动】 2015年，区消协以消费维权知识宣传进学校、进社区、进农村、进军营、进企业等"五进"为重点，扩大消费维权知识宣传覆盖面。在部分中小学校开辟"消法"知识主题宣传专栏7期，向师生发放宣传手册、资料3000余份，接受学生消费知识咨询300余人次。同市场监管局等部门深入企业宣讲新"消法"、健康维权知识3场次，向区边防大队部队官兵宣传1场次，参训1400多人次。对全区农资经营人员结合农资经营典型案例，宣传《中华人民共和国种子法》等法律法规知识，培训识别虚假农资知识，引导农资经营守法经营。

【青少年消费文化考察】 2015年，根据省、市消协的工作部署，区消协与区教育局共同开展大丰区第二届青少年消费文化考察活动，活动收到参赛作品20篇，教育局、消协被盐城市教育局、盐城市工商行政管理局、盐城市消费者协会评为优秀组织奖；20篇上报作品中获省消协三等奖1篇；盐城市级小学组一等奖2篇，二等奖3篇；中学组一等奖2篇，二等奖2篇，传播了健康文明的消费文化，促进全市消费环境的和谐发展。

【消费维权工作】 2015年，区消协接待消费者咨询13878人次，受理消费者投诉257件，形成人民调解卷宗125件，为消费者挽回直接经济损失68.02万元，其中一件案例入选省消协2015年度十大维权案例，区消协被中消协表彰为全国消协组织先进集体。

（刘龙斌）

关心下一代

【概述】 2015年，区关心下一代工作委员会（以下简称区关工委）以关爱青少年成长成才为目标，围绕中心，服务大局，立足基层，上下协同，突出重点，注重实效，坚持为青少年服务，为促进青少年健康成长做出了新的成绩。大丰开展主题教育活动的做法，在全省关工委主题教育座谈会上作书面介绍。省关工委阳光少年网组织开展的“走访抗日老英雄”活动，区关工委获得优秀组织奖。大中镇关工委主任卞文乐被中国关工委表彰为全国关心下一代先进个人。区关工委还被中国关工委表彰为2015年度宣传工作先进集体。

【青少年主题教育活动】 2015年，根据省关工委的统一部署，在全区青少年中广泛开展了“学法守法、崇德立德”主题教育活动。突出爱国主义教育。结合重大节庆日，组织宣讲活动。深化了社会主义核心价值观教育实践活动。全区各中小学按照重在践行的要求，组织开展了多种实践活动，让核心价值观内化于心、外化于行。开展法治教育活动。和政法部门配合，调整充实了120人的法治副校长队伍和65人的法治宣讲团2支队伍，深入各中小学、区直单位开展法治宣讲400场次，青少年听众4万多人。

【校外教育辅导站工作】 2015年，全区建有校外辅导站236个，家庭辅导点一批，基本实现了村（居）全覆盖。各中心站和学校站建立电子阅览室51个。区下发了全区校外辅导站工作规则。6月24日，召开全区校外教育辅导站工作推进会，6个辅导站（点）在会上作典型介绍。7月，组织镇（区）关工委工作“家家到”调研，看了各镇（区）中心站和1个学校站；12月年终考核，看了镇（区）1个家庭辅导点。草庙镇房永忠、三龙镇陆仁佑家庭辅导点做得较好。各辅导站（点）坚持以德育人宗旨，组织青少年参加社会实践、志愿服务、道德体验等活动。在省关工委阳光少年网开展的“走访抗日老英雄”网上评优活动中，全区有2个辅导站、3名辅导员、12名学生和16件作品获奖，区关工委获得优秀组织奖。

【结对帮教工作】 2015年，区关工系统开展的“结对帮教、引领人生”活动取得成效，全区未成年人零犯罪社区（村、居）创建率97%，预防和减少青少年犯罪工作上新台阶。年初，基层关工委组织对青少年尤其是品性不够端正、不经教育容易走上违法犯罪道路的问题青少年调查摸排，做到了“找上门、见到人、谈上心、摸清情”，全区排出问题青少年369人，其中未成年人79人。全区发动“五老”734人，在职干部、教师617人，组成369个结对帮教小组，对问题青少年逐一实施结对帮教。南阳镇连续13年无未成年人犯罪，刘庄镇连续7年无未成年人犯罪，有小海无泊村和徐南村、草堰西渣村、白驹七里桥村、草庙新东村、万盈兆丰村、大中恒丰村、新丰五丰村、三龙龙西村、开发区建设村等一批10年以上无青少年犯罪的先进集体。

【关爱弱势青少年工作】 2015年，区组织开展“四助”行动。助贫困儿童生活。重点关注父母患有重病、经济条件差的，父母离异、生活无着落的，父母双亡、成了孤儿的，没有生存技能、找工作四处碰壁的，劳释回家后无亲人过问、生活无出路等的困难青少年。助贫困学生圆梦。各地关工委筹集助学资金70.73万元，帮助384个贫困学子圆了升学梦。关工委向《扬子晚报》、“利群阳光助学行动”争取，给考上大学但家庭困难的30名学生每人5000元的资助；争取政府以及教育、民政、慈善、红十字、扶贫等部门支持。其中，向区慈善总会争取5.2万元资助学生12名。助待业青年谋业。各基层关工委和广大“五老”，帮助初高中毕业后不再上学的青年找到工作，或帮助他们自主创业，助困难青年安家。基层关工委将帮助困难青年成家立业作为帮扶工作内容之一，镇（区）和区直单位关工委为困难青年成功牵线6对，修缮房屋4家。

【企业关工委建设】 2015年，全区新组建企业关工委28个。组建的各企业关工委，开展思想道德教育、法治教育、技能培训、文体活动4项重点工作。参与社会公益活动。区民营企业关工委在2015年春节前慰问特困会员、残疾会员、军烈属等130户和4个敬老院的老人，在暑期资助30多名贫困学生入学，在重阳节“敬老月”组织10个服务行业开展为民服务活动。

【宣传工作】 2015年，区关工委注重通过加强宣传工作来扩大关心下一代工作吸引力，宣传典型传播正能量。大中镇关工委主任卞文乐被中国关工委表彰为全国关心下一代先进个人，交通局关工委主任杨林枝、小海镇关工委主任陈锦才被评为盐城市“老有所为之星”。区关工委全年出简报12期。主流媒体经常报道关工委活动。《中国火炬》第四期报道卞文乐15年奉献关工事业的先进事迹。

【基层关工委建设】 2015年，加强组织和队伍建设。新组建区直关工委1个、企业关工委28个。加强阵地建设。一些镇、区直单位关工委办公室、活动室搬迁到新址，面积增加，设施齐全、标准提高。一些村居投资建设，关工委办公场地和活动设施有了新的提升。加强能力建设。1月9日举行全区关工委干部培训班，就关工委工作规则和办公自动化操作技能进行了系统培训；3月31日举行全区主题教育启动仪式，进行主题教育现场示范；8月4日宣传工作会议，对通讯员进行新闻写作知识培训。加强了工作指导。一年来，区关工委每季度召开一次会议，对阶段性工作进行布置；对主题教育、校外辅导站、结对帮教等重点工作，召开专题会议加强推进。

【盐城市基层关工委工作现场经验交流会召开】 5月7~8日，盐城市基层关工委工作现场经验交流会在大丰召开，盐城市关工委主任陆树臻、副主任葛传华，各县（市、区）关工委主任等出席会议。区委副书记宋勇出席会议并致辞，区委常委、组织部部长袁冬青陪同参观。区关工委主任朱达丰作了《做好指导、协调、督查、帮助工作，推动关工委工作在基层得到落实》的经验介绍，盐都区关工委作了交流汇报。陆树臻肯定大丰关工委的工作，希望关工委工作在基层得到落实，对做好全市关工委工作提出意见。

（康东升）

残疾人事业

【概述】 2015年，大丰区残疾人联合会（以下简称区残联）落实省、市残疾人工作会议精神，重视加快建设残疾人社会保障体系和服务体系，以开展“残疾人全面小康攻坚年”和“基础管理提升年”活动为重点，组织实施年度工作目标任务，解决残疾人最关心、最突出的利益问题，多项工作取得了新进展。

【基层残联组织建设】 年内，联合区人社局，通过公开招聘，为大桥、万盈、三龙、南阳4个镇配备残疾人专职委员，12个镇中有9个镇配备了残疾人专职委员，并明确各镇政府与残疾人专职委员签订协议，保障他们的合法权益。4月份，举办为期2天的全区残疾人专职委员培训班，15名残疾人专职委员参加培训，强化专职委员的综合素质，提升他们为残疾人服务的能力和水平。选派5名优秀镇级残联理事长参加盐城市残联组织的乡镇理事长培训班。

【残疾评定工作】 5月10~13日，组织开展残疾评定工作，参加残疾评定总人数为1238人，其中，一级残37人、二级残350人、三级残308人、四级残273人、不符合及建议手术治疗270人。全区发放残疾人证17556份。

【开展第25次“助残日”活动】 在第25次“全国助残日”前后，开展系列助残活动。组织残疾人合唱团走进大华社区，为社区残疾人及周边群众送上文艺演出。联合区司法局法律援助中心、公证处为残疾人提供政策咨询、法律援助、免费公证等服务。推进“残疾人幸福生活”计划，为残疾人发放轮椅100辆、电风扇100台。

【助残扶残公益活动】 大丰区阳光助残志愿服务队是由大丰区残联机关干部牵头组织的一支热心为残疾人服务的志愿服务队。3月，该服务队获“2014年度大丰区十佳志愿服务队称号”。联合鸿盛电气工程有限公司、巴士公司、电信公司为康复中心脑瘫儿童、托养中心残疾人送去慰问品，新丰中学86届同学到区二院为精神病者包水饺并送去150件棉衣。

【完成残疾人专项调查工作】 1月1日，大丰全面启动全国残疾人基本服务状况和需求专项调查，区残联成立调查机构，制定宣传和质量控制方案，组织14个镇（区）专职委员展开大规模的入户调查。经过互查、抽查，推磨互查等多个环节，确保调查表的差错项控制在验收标准之内。组织各镇（区）进行为期3天的系统输入培训工作，让各镇（区）准确、真实的把数据录入系统，高标准通过省、市残联的验收。

【残疾人信访稳定、维权工作】 年内，宣传《中华人民共和国残疾人保障法》，增强广大残疾人法律意识。发挥残疾人维权服务中心和残疾人法律援助站的作用，维护残疾人的合法权益。做好残疾人信访工作，接待残疾人来访187人次，没有发生越级上访。做好大丰“12345”政府服务热线交办件工作，全年接受交办件17件，做到件件有问必答、及时回复，办结率100%。

【残疾儿童康复训练】 2015年，170名残疾儿童进入各康复机构接受康复训练，其中盐城残疾儿童教育康复中心7人、盐城残疾人康复中心4人、盐城博爱医院1人、大丰第三人民医院25人、大丰区仁爱康复服务技术指导中心111人、大丰特殊教育学校11人、张家港馨声听力言语康复中心4人、南京市栖霞区钱洁语言康复中心1人、江苏省听力语言康复中心1人，南京市脑科医院1人、南京市海之星自闭症儿童康复中心1人，南京市明心儿童益智教育培训中心2人、常州市儿童医院1人。

【贫困精神病患者免费给药】 年内，

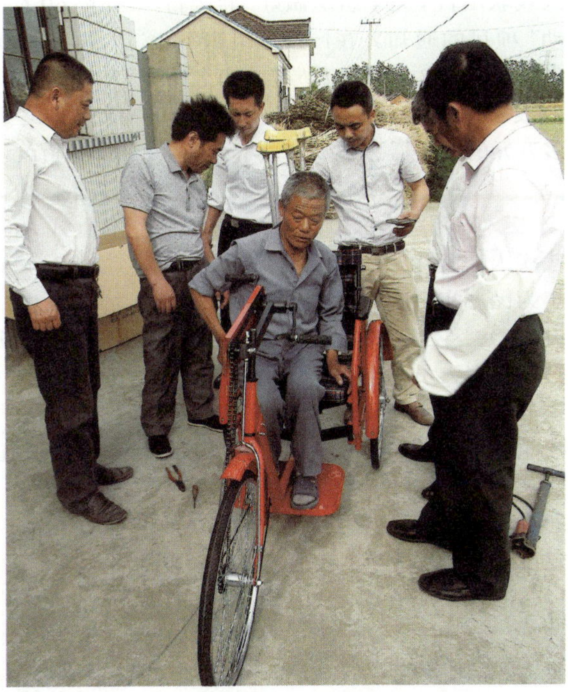

2015年，大丰区推进“残疾人幸福生活”计划，为残疾人发放轮椅100辆、电风扇100台
王婷婷　摄

区残联根据各镇（区）对精神病患者服药情况的筛查结果，落实具体工作措施，填写“大丰区贫困精神残疾人免费基本用药申请审批表”、救助卡等相关材料。全年1206名持证贫困精神残疾人每季度到区第二人民医院免费领取省定目录内二代精神类药品，并为他们提供一年一次的免费体检服务。

【贫困白内障患者复明工程】 年内，经过各镇（区）筛查，术前检查，全年为153名符合手术条件的贫困白内障患者实施免费复明手术，使他们重见了光明。

【残疾人辅具适配和无障碍设施改造工作】 年内，区残联出台大丰区《关于做好省级贫困残疾人辅助器具适配和家庭无障碍环境改造项目（七期）的通知》文件。通过登门入户筛查，确定需求名单和各类辅具种类及数量，调查出600户辅具需求家庭，发放各类辅助器具1060件。为20名下肢截肢患者安装假肢。

【组织开展“聆聪行动”项目】 4月，区残联出台《关于组织做好“聆聪行动”项目的通知》，在区残联组织下，省辅具中心7名工作人员为160名听力残疾人免费验配、安装总价值50多万元的助听器。

【残疾人康复中心大楼开工建设】 区残疾人康复中心大楼是区政府2015年为民办实事之一，经区政府批准建设以后，区残联成立专门班子，明确具体负责人员，迅速开展工作。康复中心大楼用地面积约2741平方米，建筑面积约5100平方米，主要用于残疾人康复训练与辅助器具适配。通过前期推进，工程进入实质性开工建设阶段，2015年年底主楼封顶。

【推进残疾人就业年审工作】 2015年，根据国务院《关于扶持小型微型企业健康发展的意见》以及省财政厅、省国税局、省地税局联合发布的《关于公布对小微企业减免部分政府性基金的通知》等文件规定，对安排残疾人未达到规定比例，在职职工总数20人及以下的小微企业免征3年残疾人就业保障金，根据申报系统资料统计，20人及以下的用人单位有6700多个。对达不到比例安排残疾人就业的由残联进行年审，委托地税部门代征，征收残疾人就业保障金1200万元。

【残疾人就业培训】 年内，区残联联合区人社等部门，实行区镇联动，组织保健按摩、电脑、种植养殖业等培训班，加强残疾人的职业技能培训，帮助残疾人掌握一技之长，受训残疾人100多人次。加大集中安置残疾人的力度，集中安置残疾人就业295人，扶贫基地辐射带动残疾人就业16人，带动周边180多户残疾人家庭脱贫致富，自主创业及灵活就业残疾人256人。

【残疾人各项补贴发放】 2015年，核发重残救助金及一户多残、依老养残救助金发放3353人，合计1310.64万元。其中一户多残、依老养残救助金143人，合计30.57万元。核发教育补贴60人，其中大专以上18人，每人每年1500元；高中阶段42人，每人每年1000元，合计6.9万元。核发低保家庭重残补贴金2314人，合计90.49万元。核发重度残疾人护理补贴金3589人，合计187.96万元。核发重残人员新农保补贴2841人，合计28.41万元。

【残疾人托养工作】 2015年，区级残疾人托养中心主要开展一年期的培智班，一季期综合班、合唱班，55人享受区级托养服务。12个镇级托养站，托养各类残疾人147名，其中寄宿型78人，日托型69人。

（郁　华）

革命老区开发促进工作

【概述】 2015年，大丰区老区开发促进会（以下简称区老促会）围绕中心，立足全局，服务“三农”，在推动老区发展、增进民生福祉、建设“强富美高”新大丰中发挥作用。

【调查研究】 2015年，区镇老区开发促进会开展调查研究活动，写出一批有质量的调查报告。区老促会撰写的《一项功在当代利在千秋的伟大工程——对我区农村生态建设的调查》，盐城市委常委、大丰区委书记倪峰，区委副书记、代区长宋勇分别作出批示，认为“调研很深入，提出了有价值的建议，要按照大丰区生态文明建设的总体部署抓好落实，并在谋划来年、编制‘十三五’工作中充分吸收和采纳”。区老促会提出的《对南翔东路建设管护的几点建议》，盐城市委常委、大丰区委书记倪峰及时作出批示，并要求分管领导召集有关部门和大中镇专门会办，加大该路建设和管护的力度。

【“两带”活动】 2015年，区老促会开展会员带头致富，带领群众致富的“两带”活动，在拓展帮带项目上下功夫，在建立致富长效机制上用气力，不断扩大“两带”队伍，注重总结“两带”典型，发挥典型带动效应。年内，区老促会先后走遍了全区12个镇，走访38位“两带”典型。区老促会通过报刊、简报宣传15名“两带”典型，区电视台专门开设专题节目，在区内外产生了一定影响。

【兴办实事】 2015年，区老促会加强与区水利、财政、交通等有关部门的联系和沟通，动员社会力量，多为老区群众办实事，做好事。2015年，筹措资金100多万元，为有关镇、村修了1条水泥路、3座桥梁，受到群众欢迎。

【送医下乡】 12月16日，区老促会组织区第三人民医院医生送医送药到大中镇八灶村。此次义诊开设健康咨询讲座，发放健康教育宣传资料，免费为110多位村民诊疗，为村民节约医疗费用8000多元。

【抗战胜利70周年纪念活动】 2015年，区老促会开展“重温抗战斗争史，共筑振兴强国梦”系列活动。区、镇老促会采取报告会、座谈会、走访老战士、瞻仰纪念碑等多种形式，纪念抗战胜利70周年。区老促会编写的《裕华攻坚战》《八路军与新四军会师白驹狮子口》等大丰人民抗战史料，被《江苏老区》刊发。

【区老促会被表彰】 11月23日，在省老区开发促进会、省扶贫基金会、省扶贫开发协会换届合署大会上，区老区开发促进会被江苏省老区开发促进会、江苏省扶贫基金会、江苏省扶贫开发协会表彰为全省扶贫开发与老区建设先进单位，系盐城市老促会系统唯一受表彰的单位。

（韩迪生）

农村扶贫开发

【概述】 2015年，大丰区扶贫开发协会围绕区委、区政府确定的本轮全面脱贫收官目标，结合全区农村帮扶对象7263户14046人的收入状况和22个经济薄弱村的发展实际，提高扶贫精准度，全面参与，从严从实，提前实现本轮脱贫攻坚的各项目标任务。

【国华中学招生】 2015年，全区推荐7名同学报考广东省国华纪念中学，经审核，6名同学入围参加江苏全省统考，其中4名同学通过获得夏令营面试资格，最终有刘庄中学束振晨、三圩中学金鑫、小海中学吕梦颖3名同学被录取。自2009年以来，全区总计有20名家境贫寒的优秀农村初中毕业生考取国华中学就读，其中4年前入学的11名同学已经从国华中学高中毕业升入大学就读。

【资助贫困大学生】 2015年，区扶贫开发协会暑期直接资助贫困大学生48人4.8万元，资助人数和资助额是“十二五”时期最多的一年。从2011~2015年，协会直接资助贫困大学生232人，资助额22.8万元。

【“滴水筑梦”助学】 2014年开始，区扶贫开发协会实施“滴水筑梦”助学扶贫工程，2015年继续对大丰高级中学、大丰第二中学、新丰中学、南阳中学的20名在读贫困学生进行资助。扶贫开发协会与贫困生所在学校和教育局加强沟通交流，不仅关心他们的生活困难与学习进步，更关注他们的心灵成长和情感健美。此举得到教育界和社会的广泛好评。在“滴水筑梦”助学扶贫工程的影响和带动下，区教育扶贫分会在全区教育系统中开展“彩云妈妈”“阳光爸爸”的爱心助学活动，全区近800名教师加入到这个爱心团队，两年来资助留守、孤贫学生2681名。

【产业扶贫】 2015年，区扶贫开发协会继续利用省扶贫开发贷款45万元，支持“大丰鑫海纺织有限公司”、“大丰裕兴荠菜生产专业合作社”2个农业龙头加工企业（合作社）帮带贫困户和低收入农户。2015年2个企业帮带116户实现增收脱贫。这2个企业（合作社）继续资助9名贫困高中生。“十二五”期间，利用省扶贫开发贷款的企业有3个，带动610户贫困户或低收入户实现脱贫增收目标。“十二五”时期，区镇村扶贫协会以增强贫困户和低收入户的内生发展动力与自我发展能力为主要着力点，组织推介6710户贫困户或低收入户，协调他们进入76个农业龙头企业、189个专业合作社、650个专业大户或家庭农场，对他们实行“一帮一”“几帮一”，确保他们在产业链中能“跟得上”“做得来”“有收入”，达到脱贫增收。

【科技扶贫】 2015年，区、镇、村扶贫开发协会组织配合农业科技部门和农口主管部门，落实建档立卡的贫困户和低收入农户，组织他们参加各类科技培训。2015年各镇分会参与组织举办各类培训班80期（次），参训人数7000人次，其中建档立卡的1500人次。“十二五”时期，全区扶贫协会系统参与举办各类培训班370期（次），参训人数3.2万人次，其中建档立卡的贫困户5300人次。

【牵手结对帮扶】 2015年是大丰农村本轮全面脱贫收官之年。区、镇、村扶贫开发协会系统参与牵手结对帮扶工程，2015年参与结对帮扶8个经济薄弱村和1532户“一有三缺”（有劳动能力、缺资金、缺项目、缺技术）的低收入户或贫困户。经考核，8个经济薄弱村当年的集体经营收入平均16.1万元，建档立卡的1532户帮扶对象，当年人均纯收入6110元。

【扶危济困】 2015年春节前夕，区扶贫协会继续开展“暖冬行动”，对全区农村55户特困家庭进行走访慰问送温暖。建会10年来，扶贫协会系统连年扶危济困送温暖，救助1019名贫困户，其中区协会直接救助289户。在最近连续7年的“暖冬行动”中，全区农村有2.15万户贫困农民在扶贫协会开展的扶危济困送温暖活动中受益。

【网络体系建设】 2015年，区扶贫开发协会对照社会组织国家标准，加强自身建设。5月，区扶贫开发协会正式通过盐城市民政局的考核验收，在盐城市同类公益性社团组织中唯一被授予“AAAA社团组织”称号。截至2015年年底，全区扶贫开发协会的网络体系中，有12个镇分会，18个区直部门分会，216个村扶贫开发小组，有会员3967名。

【宣传工作】 2015年，区扶贫开发协会编印《会员通讯》5期，编发文稿17篇。经镇（区直部门）扶贫分会推荐、公示和党委审核，推介“大丰扶贫人物”89名。区扶贫开发协会从2012年开始，坚持开展百户跟踪调研，连年观察记录全区120户贫困户或低收入户的发展变化情况，2015年形成新的成果，调查研究工作越做越扎实。

（杨永进）

社会矛盾纠纷大调解

【概述】 2015年，全区大调解工作围绕全区稳定发展大局，突出社会矛盾化解，服务沿海经济发展，加强人民调解组织规范化建设，完善"大调解"工作组织体系，构建顺畅高效的"大调解"运行机制，提升预防、处置、化解社会矛盾纠纷的实战能力，处置化解社会矛盾和民间纠纷。2015年，全区各级各类调解组织排查矛盾纠纷13040次，受理调解矛盾纠纷5195件，调解成功5193件，防止群体性上访109起1596人次。其中，区大调解中心及10个专（行）业性调委会受理调处矛盾纠纷771件（其中重大疑难复杂纠纷168起），全部做到案结事了。

【大调解工作机制完善】 2015年，司法部门按照"调解组织全覆盖"的要求，完善市、镇、村（居）、组（社区）四级调解组织体系，建立完善人民调解与行政调解、司法调解联动工作体系，在基层庭、所全部建成"派驻式"人民调解工作室；强化区、镇两级调处服务中心和10个专业性（行业性）调委会规范化运行，专（行）业性调委会运行和个案补贴总计安排70万元。完善等级"评、定、升"制度，加强调解质量考评，提高人民调解规范化水平。组织实施全区敏感时期的矛盾纠纷集中排查调处活动，实现对矛盾纠纷的全面掌控；不断完善和巩固定期分析研判制度、矛盾纠纷分级预警报告制度，及时分析研判各种矛盾纠纷的动态、特点和对策，有针对性地做好预防调解工作。

2015年，大丰司法部门开展"调解能力提升年"活动，提升基层调解实战能力（单位供图）

【调解员业务水平提高】 2015年，全区各级调解组织吸纳兼职调解员1463人，发展矛盾纠纷信息员3586人。加强人民调解员业务培训，组织开展人民调解相关法律知识、调解技能、卷宗档案等各方面培训，提升人民调解员队伍业务能力和水平；对调解中心成立以来的典型案例精心挑选，选取有代表性、典型性、影响力的案例汇编成册，并加以分析点评，作为调解员日常工作的参考手册，发挥典型案例汇编宣传、推广、指导工作的作用。

【基层调解实战能力提升】 2015年，司法部门开展"调解能力提升年"活动，组建由律师、法官等法律专业人士组成的重大社会矛盾专家调解团，在处置重大矛盾纠纷时发挥作用；加大基层物资、装备配备力度，投入40余万元，为基层司法所新配备了电脑、打印机、执法记录仪、矫务通等装备，编制完成"标准化"司法所管理手册，试点标准化司法所管理模式，提升基层实战能力；落实矛盾纠纷排查预警、分析研判制度，完善应急处置机制；做好陈年信访积案的化解工作，全年化解6件；探索调解工作新途径，投资20万元建设覆盖全区14个司法所的视频调解系统。

（李晟浩）

〖编辑　陈一青〗

人力资源·社会保障

综　述

2015年，大丰区人力资源和社会保障局（以下简称区人社局）围绕"建设新大丰，发展上台阶"的总要求，坚持民生为本、人才优先，突出创新驱动，加强民生保障，改革攻坚，打造质量人社、惠民人社、和谐人社、效能人社、清风人社，构建群众得实惠、社会得稳定、经济得发展的人社工作新局面。2015年，区人社局获区委、区政府综合先进奖，获盐城市人社局综合优胜奖。

就业创业

【概述】 2015年，大丰区组织实施积极的就业政策，开发就业岗位，以就业优先、创业带动就业为主线，开展就业创业服务工作，促进各类劳动者就业，城乡就业态势持续稳定。全年新增城镇就业26135人，下岗失业及就业困难人员再就业9836人；年末城镇登记失业率2.16%，低于全省和盐城市平均值；新增转移农村劳动力5574人；成功扶持创业1109人，创业带动就业6321人。

【人力资源服务载体建设】 年内，按照省级人力资源服务产业园的标准，启动装修2万平方米的人力资源服务产业园。按照四星级标准重新设计的新人力资源市场投入使用，设立招聘服务席位100个，为用人单位和劳动者提供就业信息对接、招聘洽谈、就业指导等服务。新建"大丰就业创业"微信公众服务平台，设立岗位信息、培训信息等栏目，组织专人负责招聘信息的采集、整理、发布，实时推送就业信息。

【企业用工调查】 2015年年初，区人社局根据全区经济形势发展和项目建设的实际，通过规模企业点对点服务、重点企业专人挂钩服务，组织劳动就业管理处、基层人社平台对全区企业专门组织调查，摸清企业、项目的年度用工需求。全区218个单位缺工7895人，其中生产一线操作类岗位4103人，生产管理、技术类岗位2412人，三产服务类岗位784人，其他岗位596人，企业用工需求与往年基本持平。同时，对排查出的缺工情况进行专门分析，帮助制订招聘计划，通过多形式举办招聘活动，基本满足企业用工需求。

【人才招聘】 2月24日，区人社局举办"2016新春服务企业引才用工招聘会"，221个企业参会，提供就业岗位6138个，其中管理、技术岗位1526个，企业生产一线岗位3739个，三产服务类岗位873个，15000多人到场报名应聘，4524人与用工单位达成就业意向。10月1日，举办"金秋促进就业创业暨服务企业'616'人才引进专场招聘会"，156个企业参会，提供就业岗位3932个，其中技术类岗位1214个，3000人现场求职，1653人与用工单位达成就业意向，其中返乡就业人员800多人。

【专场招聘活动】 2015年，在区公共人力资源市场举办周五劳务集市51场，提供就业岗位6121个，帮助博汇集团、联鑫钢铁、丰山集团、辉丰公司等412个企业招收员工5689人。利用春节前后1个月的时间，组织了区、镇（园）联动专场招聘会30场，帮助359个企业招工5917人，其中有2149人是回乡高校毕业生和返乡技工。点对点为重点缺工企业组织专场招聘，5月21~22日、6月4~5日为迪皮埃风电叶片大丰有限公司连续组织4场"迪皮埃风电叶片大丰有限公司专场招聘会"，招聘员工420人。10月1日，为江苏权健集团在"金秋促进就业创业暨服务企业'616'人才引进专场招聘会"上设立招聘专区，经过现场面试，直接录用410人。全年度的招聘活动有效满足了企业用工和城乡失业人员的求职需求。

【"三送"服务活动】 2015年，大丰区劳动就业管理处在全区各镇、村开展"三送"服务活动。送信息到村，通过镇、村"四有"平台，将区公共人力资源市场发布的企业招聘信息，及时传递到全区各村（社区）宣传张贴；送岗位到户，对就业困难人员、需

2015年10月1日，大丰区人社局在奥体中心举办"金秋促进就业创业暨服务企业'616'人才引进专场招聘会"

要就近就地转移的农村劳动力人员以及外出务工人员，由基层劳动保障协理员将企业岗位情况有针对性地送到每户家中；送服务到人，在区公共人力资源市场大厅开设专门窗口，为外出人员回大丰就业提供专门服务，帮助其推荐就业、转移社保关系、寄存个人档案等。

【就业困难人员再就业帮扶】 2015年，区劳动就业管理处推进"就业110"服务中心的建设，开展"情系民生，援助就业"专项活动，为零就业家庭人员、农村低收入零转移家庭人员、困难家庭未就业的大学毕业生、城市规划区范围内的被征地农民、下岗失业人员中的"4050"人员、享受最低生活保障的人员、连续失业1年以上的登记失业人员等就业困难人员提供政策咨询、就业指导、免费培训、职业介绍、创业扶持等服务，并确保就业困难人员求援登记后不挑不拣岗位的，1周内推荐就业，全年就业困难人员实现再就业869人。

【返乡农民工服务】 2015年，大丰区人社局结合"春暖行动"的安排，在区人力资源服务大厅专门设立返乡农民工求职登记窗口，免费向返乡农民工发放政策宣传资料6000多份，发送各类就业信息1万多条，推荐返乡农民工就业近3200人。

【规范失业职工审核服务】 2015年，大丰区人社局按照相关标准及规定，办理录用人员登记备案12286人，办理失业职工登记2679人次，发放"就业失业登记证"3186份，换发新"就业失业登记证"207本，办理失业职工退休（含病退）762人，新增托管失业职工档案2031份。

【家政服务业队伍建设】 2015年，大丰区人社局建立家庭服务业人才信息库，对在各级家庭服务业技能大赛中获得优异成绩的从业人员建立档案，为行业发展提供人才储备。组织开展家庭服务业宣传月活动，通过报纸、电台、电视等传统媒体进行宣传，组织家庭服务机构、培训机构走上街头，宣传家庭服务业发展的政策、家庭服务业就业服务成果和创业典型，开展现场政策咨询、家庭服务业就业创业指导等活动。

【大丰区物业服务行业首届职工技能比赛】 5月1日，大丰区人力资源和社会保障局联合住房和城乡建设局在奥体中心举办大丰区首届物业服务行业职工技能比赛。在比赛中理论、实践操作均合格的40名选手被评定为保洁员中级工职业资格，对保洁项目前三名的6人进行奖励，盐城市职业技能鉴定中心颁发保洁员高级工职业资格证书。

【人力资源中介机构管理规范化】 2015年，区人社局按照建立统一规范人力资源市场的要求，准确掌握全区27个各类人力资源中介服务机构状况，对人力资源中介服务机构管理职能、相关法规、政策进行整合，统一许可，统一管理，统一监管。规范人力资源市场信息的刊发审批和发布行为，形成权威性数据并定期发布，引导劳动者合理有序流动，维护用工单位和求职人员的合法权益。健全和完善人力资源市场制度化、专业化、社会化的"新三化"制度，通过加强信息跟踪、市场巡查、受理投诉举报，打击非法劳动中介行为，完成中介机构的年检及从业人员资格证的换发证工作，开展人力资源市场执法检查2次。

【职业技能培训】 2015年，大丰区人社局根据市场需求，调整培训方向，全年组织新登记失业人员、有创业意愿人员、新成长劳动力等各类培训班64期，参训1万多人。加强定点培训机构管理，全面推行农村劳动力职业技能培训鉴定获证奖励补助新政策，组织农村劳动力参加电焊工、农机修理、铸造工、纺织挡车、服装缝纫等12个工种的职业技能鉴定1225人次。深入开展企业内技能评价，在上海纺控、联鑫钢铁、万达纺织等重点企业建立企业技能评价体系，全年职业技能鉴定取证4504人，新增高技能人才781人。采取"技能+创业"的培训方式，开办母婴护理师免费技能培训班6期，78人参培，向培训合格学员发放注册职业资格证书，除部分自主创业人员外，其余全部推荐到怡亲月嫂服务中心就业。

【创业宣传】 2015年，大丰区人社局通过电视、报纸、网络、微博、微信等多种形式进行全方位创业宣传，营造浓烈的创业氛围。在大丰电视台、《大丰日报》和政府门户网站开设专题专栏，宣传全民创业政策、经验做法和典型事迹，大丰电视台播发全民创业宣传报道40多条，《大丰日报》开展全民创业方面宣传报道80多篇。在各类创业宣传专题活动中发放《致全区在外工作人员的一封信》35000多封，编印分发《小本创业项目汇编》和《全民创业政策汇编》各1万多本，专门制作了《家乡“大舞台”·共圆创业梦——大丰区回乡创业典型人物事迹巡礼》专题片，春节期间每天在大丰电视台定时播放。

【2016回乡创业交流活动】 2月22日，大丰区成功举办“畅叙家乡情·共圆创业梦”活动，区四套班子主要领导、各镇党委书记以及300多名回乡创业人员代表参加，活动组织观摩了大丰经济发展和全民创业成果展，活动期间签约创业项目58个。按照区镇联动的要求，各镇采用茶话会、座谈会等方式与在外事业有成人员面对面交流，了解创业意向，全区召开座谈会、茶话会29场次，2480多人参加。

【月度创业专题活动】 2015年，大丰区组织各类创业专题活动，2月，举办“2015年新春引才用工专场招聘会”，现场开展创业政策咨询、创业项目发布、现场项目对接等活动，1.2万人参加现场活动。3月，举办女性创业沙龙系列活动，邀请女老板、女种养殖能手、女创业典型分享创业心得，帮助广大女性创业者开阔视野，树立新的创业观念。4月，开展千人电子商务专题培训活动，分4期对全区规模以上工业企业主要负责人、村（居）党支部书记、农民专业合作社负责人和农民经纪人进行电子商务培训，推动电子商务与各行各业深度融合，助推网络创业发展。5月，召开纪念五四运动96周年暨十大青年创新创业先锋表彰大会，并在《大丰日报》连续宣传报道耿忠诚、汤协元等10个青年创业典型事迹。6月，启动大丰“创业之星”系列大赛，进一步强化宣传引导，突出典型带动，推动全民创业工作深入开展。7月，举办2015年高校毕业生就业暨夏季人才交流大会，促进就业创业，营造“大众创新、万众创业”的浓烈氛围。

【2015年全国青年创客工作营】 7月14~27日，大丰区在东方1号创意产业园举办“2015年全国青年创客工作营”，近300位青年创客和设计师全程参与现场创作、现场大赛，近20个制造企业的董事长或技术负责人参加工作营的指导和对接，32件作品脱颖而出，40余名青年创客和设计师获奖，江苏省、盐城市主流媒体都进行专题报道。

【创业园建设】 2015年，大丰区人社局把创业载体建设作为全民创业工作的重要环节，打牢全民创业基础。按照建设开发区的模式，加大留学生创业园、外来投资者创业园、高新技术产业园和大学生创业园等4个特色创业园区的建设力度，推动项目落户、创业主体入驻。留学生创业园引进留学人员38名、企业19个。外来投资者创业园建成江苏省小企业创业示范基地。大学生创业园5万平方米主体工程封顶。高新技术产业园联合苏州博济科技园，打造苏北首家品牌众创空间——卯西·创客邦众创空间，空间通过打造具有地方产业特色的创客系列活动和创业大赛，运用OPark园区在线平台，采用园区管理O2O模式，入驻互联网+、智能智造、软件研发、数据分析、文化创意、楼宇办公等创业项目近20个。12个镇全民创业园加快基础设施建设，完善生产生活配套，提升园区形象，框架面积1433.33公顷，建成面积1120公顷，建设标房271万平方米，入园项目692个。

【网络创业】 2015年，大丰区政府专门出台《关于加快电子商务发展的实施意见》《大丰市电子商务发展扶持政策（试行）》《关于加快推进网络创业的实施意见》等政策，加强对网络创业的引导激励，建成网络创业平台6个，发展电子商务应用企业20多个、各类个体网店近2000个。在区级层面上建立了以丰收大地为载体的全区农产品O2O网络销售平台，把大丰的农产品基地、农产品加工、农产品销售通过农副产品交易平台有机结合在一起。以服务业集聚区为载体的现代服务业电商产业园，建成并投入运营6万平方米的大丰电商产业园，农一网、鸡毛箭、宅办公等多个电商企业入驻，阿里巴巴华东首个农村淘宝项目投入运行。以高新区为载体，建成全区工业企业互联网营销中心，形成一、二、三产业全覆盖的网络创业平台。三龙镇建成电子商务中心，中心集货源组织、物流配载、金融支持、业务培训、网络服务等功能于一体，通过自建的丰龙网和淘宝、天猫等第三方平台开展网络贸易业务，发展电子商务应用企业10个，入驻网店主体180多个。白驹镇建成1500平方米的镇电子商务中心，吸引玩具企业和个体工商户入驻中心创业。

【服务业创业载体建设】 2015年，大丰区根据各镇产业、文化等特色，实行分类指导，重点拓展，打造全民创业特色街。鸿基汇金购物广场占地3.8万平方米，店铺1500多个，从业人员2500多人。西团镇抛丸机配件一条街集聚商户80多个，经营钢丸、履带、喷砂房等抛丸机配件。白驹镇水浒街依托水浒文化，新建水浒街文化牌坊，统一更换古色古香的商户门牌标识，打造旅游商品、服务特色街。推进集散功能强、辐射范围广的专业市场建设，富民农副产品交易市场、上川五金机电城、海聚汽配城、明星国际家居广场、欧蓓莎等专业市场建成开放。其中，富民农副产品批发市场入驻商户400多个，年销售额超10亿元；瑞丰商贸中心、汇坚国际商贸城等专业市场建成运营。

【金融支撑】 2015年，大丰区创新举措，将创业金融服务作为支持创业的重点工作，不断强化全民创业的金融支撑。以市场和创业主体需求为导向，在全省率先成立全民创业专业金融机构——创业支行，专门办理全区创业类贷款。有针对性地推出“青年创业贷”“大学生创业贷”，各类创业贷款当天申请、当天审批、当天发放。自运营以来，发放创业贷款1.4亿元，服务各类创业主体近530个。金茂政策性担保公司设立创业担保部，注册资本的20%专项用于创业担保，为增强创业担保能力，2015年增加注册资本6000万元，注册资本总额1.8亿元，公司在保责任余额6.5亿元。5月，专门制定《大丰区中小企业应急过桥资金使用管理办法》，设立首期规模为5000万元的中小企业应急过桥资金，与15家银行签订过桥资金合作协议，为企业提供资金过桥服务23笔5.3亿元。

【创业品牌建设】 2015年，区人社局围绕创业平台、孵化平台、服务平台3个方面加大建设力度，大丰区创业品牌培育取得显著成效。大中镇小企业创业基地、西团镇小企业创业基地、常州高新区大丰工业园外来投资者创业园建成省小企业创业示范基地，刘庄镇中小企业园、新丰镇工业园区建成省重点培育小企业创业基地，西团镇抛丸机产业园建成省中小企业产业集聚示范区，西团镇抛丸机产业园、南阳镇阀门产业园建成盐城市特色中小企业园，开发区科技创业园、高新区科技创业园建成国家级科技孵化器，大中科技创业园、常丰科技创业园、东方1号科技创业园建成省级科技孵化器，大丰区职教中心建成江苏省首批电子商务人才培训基地，江苏东方创意中小企业公共服务平台建成省级五星级公共服务平台，大丰区中小企业服务中心建成省级三星级公共服务平台，大丰区诚中投资发展有限公司、大丰区西团机电产业资产经营有限公司建成盐城市四星级公共服务平台，大丰区科技创业园有限公司建成省中小企业公共技术服务示范平台。

社会保障

【组织实施“社会保险全民参保计划”】 2015年，大丰区将社会保险扩面征缴列为重要工作，制定实施方案，加强组织推进，构建长效扩面征缴新机制，“社会保险全民参保计划”有序推进。全区八项险种参保人数95.89万人次，其中职工养老保险14.38万人、基本医疗保险13.24万人、工伤保险8.75万人、失业保险7.53万人、生育保险8.71万人，机关事业保险1.43万人，居民及中小学生医疗保险11.29万人，城乡居民养老保险17.66万人、享受养老金待遇12.9万人。企业类五项保险新增参保6.26万人，其中职工养老保险8945人、基本医疗保险8709人、工伤保险17127人、失业保险19378人、生育保险8408人。

【社保基金收入创新高】 至年底，大丰区各项险种基金收入21.25亿元，其中基本养老保险10.95亿元、基本医疗保险4.4亿元、工伤保险5159万元、失业保险5744万元、生育保险1346万元，机关事业保险1.42亿元，居民及中小学生医疗保险6585万元，城乡居民养老保险2.61亿元。各项基金当期积余3.81亿元，滚存积余20.91亿元，其中基本养老保险9.95亿元、基本医疗保险4.2亿元、工伤保险2771万元、失业保险1.68亿元、生育保险3347万元，居民及中小学生医疗保险1598万元，城乡居民养老保险4.25亿元。

【社会保障待遇水平提升】 至年底，区人社局连续11次调整企业离退休人员养老金，全区37438名统筹人员人均养老金每人每月2117元，每月人均增加212.17元，盐城领先；10438名“镇管市补”人员待遇每人每月970元。城乡居民养老金水平达到每人每月115元，继续保持苏北最高。职工医保支付限额提高到30万元，居民医保支付限额提高到20万元，职工医保和居民医保政策范围内报销比例分别达到83.5%和72.3%。全年发放各类社会保障待遇12.6亿元，其中职工养老保险5.9亿元、基本医疗保险2.63亿元、工伤保险3389万元、失业保险2639万元、生育保险1262万元，机关事业保险1.37亿元，居民及中小学生医疗保险4318万元，城乡居民养老保险1.54亿元。

【社会保险综合业务受理】 2015年，大丰区社会保险服务中心为2860名参保人员到龄退休办理缴费情况和个人账户基础信息的审核工作，受理804个参保单位68673名职工申报缴费基数调整工作，对1721个参保单位进行社会保险登记证年检和社会保险书面稽核，办理参保人员社会保险关系异地转入1055人、转出514人、出具参保缴费凭证1637份、向异地社保机构发送社保转移联系函1721份、接受联系函512份，为109名在职参保人员办理丧葬抚恤费审批手续。

【社会保险费费源排查】 2015年，区人社局利用电视、广播、报纸杂志、手机短信以及网络等各类媒体，利用大型用工洽谈会、各类专题招聘会及周五劳务集市等，宣传社会保险法律法规。深入企业召开专题会议，加强社会保险法律法规知识的宣传和培训，提升用人单位参加社会保险的责任和意识。强化“五险合一”联动促保，新参保人员实行“五险”捆绑参保，不让参保单位选择性参加险种，对因历史原因形成的参加险种不全的单位，有计划、分步骤地直接核定征收其他未参保险种应征的社会保险费。对参保险种不全、参保人数不足的用人单位申请支付工伤、生育、失业等保险待遇的，依法要求补办参加手续后才能支付相关待遇。以《社会保险登记年检和社会保险书面稽核》排查用人单位参加社会保险险种和参保人数情况，对参保险种和人数不足的单位下发限期参保通知书，在限定期间不依法办理参保手续的直接下达强制核征数据，通知地税部门征收。

【试点期间机关事业单位工作人员信息和缴费数据核对校正】 2015年，大丰区机关事业养老保险处贯彻落实人力资源社会保障部、财政部《关于贯彻落实〈国务院关于机关事业单位工作人员养老保险制度改革的决定〉的通知》（人社部发〔2015〕28号），制定出台《关于核对机关事业单位工作人员养老保险个人缴费信息的通知》(大机事险〔2015〕10号),对2014年10月1日在职的机关事业单位工作人员在1995年7月~2014年9月试点期间的个人缴费数据进行汇总。对个人基础信息,包括姓名、出生年月、工作时间、是否在编以及个人缴费数据等,按照参保单位所归属的系统分成四部分,将个人缴费以及参保工作人员基础信息交由参保单位进行核对,并与本人见面核对、签字后记录。

【被征地农民参保财政补助政策全面落实】 2015年,区人社局贯彻落实《大丰市被征地农民基本生活保障暂行办法》(大政发〔2012〕106号),按照缴费总额20%给予财政补助,鼓励劳动年龄段的被征地农民参加城镇职工基本养老保险。2015年全区1600名被征地农民享受参保补贴190万元。

【工伤保险政策完善】 2015年,大丰区人社局在总结分析建筑业工伤保险项目参保取得的成效及全面评估制度执行中存在问题的基础上,提请区政府印发《盐城市大丰区建筑业务工人员工伤保险实施办法》,明确实施范围、部门职责、经办流程等,完善建筑业农民工工伤保险制度。2015年,120个建筑施工企业200多个工程项目参加工伤保险,参保农民工1万多人,征收工伤保险费500多万元。加强和规范工伤保险待遇支付,出台《工伤保险待遇支付经办规定》,对工伤医疗、工伤康复、待遇审核、会办审批、资金结算等方面进一步明确,通过再造规范的经办流程,确保基金运行安全完整,保证参保职工工伤待遇及时支付,维护用人单位和劳动者的合法权益。

【企业退休人员待遇领取资格认证】 2015年,大丰区劳动保险管理处利用卫生、民政、公安部门提供的"人口死亡信息数据共享平台"数据进行比对,建立对高龄、异地等特殊群体退休人员的实地走访制度。2015年对全区所有领取定期待遇人员(包括供养人员、领取工伤定期待遇人员)进行待遇资格认证,暂停待遇发放2716人,对没有进行待遇资格认证的退休人员进行排查,切实加强定期待遇发放管理工作,杜绝虚报冒领现象,防止社保基金流失。针对纳入社会化管理的人员不断增多、管理精确化要求高、认证技术不断发展等实际情况,试点采用人脸识别身份认证系统开展企业退休人员待遇领取资格认证工作,简化资格认证流程,提高认证效率。

2015年,大丰社会保险服务中心办理参保人员社会保险关系异地转入1055人、转出514人,保证了参保人员社保关系的合理流动

【城乡居民养老保险春季征缴突击活动】 2015年,大丰区人社局印发《关于在全市开展"城乡居民基本养老保险春季扩面征缴突击活动"的通知》和《2015年度城乡居保扩面征缴突击季期间考核办法》,将2015年度扩面征缴目标任务分解落实到各镇区,成立挂钩工作小组,召开扩面征缴突击活动动员大会,区农保处每周将各镇突击进展情况统计汇总,在《大丰日报》公示。银行各基层网点设专门服务窗口,为参保群众提供快捷高效服务;各镇区充分发挥"四个不出村"(获得就业信息、技能培训、经办社会保险、享受社会保障服务四项人社工作不需出村,在村级人社平台办理)便民服务点作用,让缴费对象可以不出村就能及时成功缴费。突击活动期间,全区城乡居民养老保险征缴完成全年目标任务90%以上。

【全省被征地农民社会保障工作示范县创建】 2015年,大丰区贯彻落实省政府93号令和《大丰市征地补偿和被征地农民社会保障实施办法》,推进"八有"(政府有推力,实施有方案,资金有落实,报批有审核,登记有台账,就业有培训,考核有奖惩,养老有保障)为标志的征地保障示范点建设,将被征地农民刚性纳入社会保障。通过组织开展专项培训,加强经办能力建设,提高服务效能,严格基金管理,做实个人账户,确保征地保障资金的安全和完整,建成全省被征地农民社会保障工作示范县。

【"四个不出村"标准化建设水平提升】 2015年,按照"标准化建设、精细化管理、规范化运行、人性化服务"的思路,大丰区农村社会养老保险管理处在全区215个村便民服务点全面达标的基础上,提高建设标准,再造服务流程,简化服务环节,推行"一站式"服务,对基层服务平台量化考核。同时改进领取人员资格认证方式,通过网络让广大城乡社会养老参保人员随时随地、足不出户地完成资格认证。2015年10月,开展"四个不出村”示范点建设督查活动，拓展便民服务点金融服务项目，在全区建成“四个不出村”示范点57个。

【全省“四个不出村”工作总结现场会】8月26~27日，江苏省人力资源和社会保障厅为实施、推广城乡居保经办服务标准，总结全省“四个不出村”建设成果，更好地推动全省各县、市、区便民快捷服务体系建设，在大丰区召开全省城乡居保“四个不出村”总结暨服务规范国家标准部署会，省人社厅副厅长陈励阳，省农商行负责人，省农保中心、省厅农保处负责人和全省13个地级市分管领导、金融机构负责人共计85人参加会议。会前，与会人员观看大丰区“四个不出村”建设专题片并实地参观恒北村自助服务设备实现“四个不出村”服务功能。会上，大丰区人社局局长王亚东作经验交流发言。

【社会保障卡应用功能加强】2015年，大丰区人社局与金融机构沟通协调，全区每个社保卡便民服务点都安装金融和人社自助服务设备，24小时服务参保人员，有效推进城乡公共服务均等化。全区有20.1万名城乡居民社会养老保险对象直接在各镇区社保卡服务点现场完成身份核实、人脸采集、协议签订、功能激活等程序，缴费、发放可以通过社保卡直接办理，社会保障卡激活率100%。

【医疗保险实地稽查】2015年，大丰区医保中心采取分类分组核定方式，对1395个参保单位进行书面检查和实地核查，其中实地稽查82个单位（企业56个，事业单位26个），稽查率60%，调增缴费基数315个单位，新增医保基金收入415万元。加大陈欠基金催缴力度，避免基金流失。全年发送催缴通知单152份、催缴短信800余条，对1200多个欠费单位暂停医保结算待遇。

【医保“双定”机构的监督管理】2015年，大丰区医保中心印发《关于进一步完善“双定”机构监管制度的通知》（“双定”机构指定点医疗机构、定点药店），明确监管重点，细化监管区域，创新监管方式，强化监管职责，建立横向到边、纵向到底的监管网络，维护参保人员权益，保证基金运行安全。实行定点零售药店服务承诺制，严禁收集留存参保人员医保卡，严禁为未取得定点资格的药店代刷医保卡，全年稽查2.5万余人次，查处违规行为138起，追回医保基金25.6万余元，稽查覆盖率100%。建立定点机构医疗服务远程监控系统，充分利用现代化技术提升稽核监控能力，在55个定点药店和43个定点社区门诊安装远程监控系统，实现医疗监管由事后向事中的转型升级。

【医保定点医疗资源优化整合】2015年，大丰区医保中心按照布局合理、资源优化、方便就医的原则，对少数设点不合理、医疗服务质量低的定点社区门诊、厂（场）医务室进行整合，完善社区门诊服务方式，督促“双定”机构按服务职能开展相应医疗服务，2015年对4个社区门诊进行整合，提升医保服务效能。

人才工作

【高标准制度人才引进政策】2015年，盐城“515计划”出台后，大丰区委、区政府按照盐城市委的决策部署，在盐城各县（市、区）中率先拿出贯彻“515计划”的实施意见，制订出台大丰区“616”人才引进三年行动计划和实施细则，充分调动用才主体的积极性，全面激发人才活力。在盐城“515计划”人才政策基础上，大丰区“616计划”将博士生、硕士生、本科生的生活补助分别提高到4000元、3000元、2000元，分别高出盐城1000元、1000元、500元；租房补贴标准分别提高到1000元、800元、500元，分别高出盐城500元、400元、200元。大丰区扩大范围，将补助对象延伸至考录进入机关事业单位工作的博士生、硕士生、本科生，以及企业引进的高级工，极大地提高政策的“含金量”和“吸引力”。该政策自2015年3月出台后，年内引进各类人才7446名，其中，领军人才63人、专门人才1032人、高校毕业生6351人。

【高端人才招引成效显著】2015年，大丰区人社局认真贯彻落实中央、江苏省和盐城市人才工作会议精神，坚持人才优先发展战略，围绕“建平台、引人才、做环境”，实施“616计划”，加快集聚各类优秀人才，人才引进总量和本地生源回归率均大幅提高。全年引进外籍院士3人、“两院”院士18人、“千人计划”专家14人、海外高端人才131人，创新创业领军人才294人，自主申报入选国家“千人计划”2人，区域人才综合竞争力指数连续三年位居苏北第一。

【人才服务环境优化】2015年，大丰区人社局以“616计划”为重点，建设一网宣传、一线接听、一站服务的人才公共服务平台，着力打造政策集成、资源集约、服务集中的人才服务综合体系。在区行政服务中心设立“616”人才“一站式”服务窗口，在“大丰人力资源和社会保障网”开设专栏，开通“616”人才服务热线电话，为各类人才提供政策咨询、求职创业、户口落地、项目申报、资金兑现等全过程服务，让人才引得进、留得住、用得好。6月16日，举行“616”人才绿卡首发仪式，区委常委、组织部部长袁冬青给10名人才发放人才绿卡。8月31日，举行“616计划”政策集中兑现活动，盐城市市委常委、大丰区区委书记倪峰，盐城人社局局长王娟现场为20名“616”人才代表发放补助金。

【人才特色品牌创建】2015年，大丰区以建成全省人才工作先进县（市）为契机，抓好人才工作创新，打响大丰人才特色工作品牌。推进“双招双引”工程，在区人社局举办的苏州、上海、深圳、台湾地区及韩国、德国招商推介会上，均安排招才引智内容，同步宣传推介大丰人才政策和人才需求信息，发放“616计划”宣传资料，组织镇、区园和重点企业在洽谈引进项目的同时，引进海内外各类高端人才，努力实现招商招才“一体化”。围绕“一县一品”人才品牌创建，以主攻海外人才智力为重点，大力实施“海智集聚工程”。依托省“海智工作基地”、大丰留学人员创业园和江苏沿海海外人才交流中心等平台，借助海外人才工作站、海外科技团体以及海外引才顾问的力量，加快建立接轨国际的招才引智体系。《党的生活》《党建与经济》《盐阜大众报》等媒体以“大丰海智集聚工程助推人才国际化”为题对此做法进行报道。

【第十三届中国国际人才交流大会】4月18日，大丰专门设置全国唯一的县级独立特装展位，组团参加在深圳举办的第十三届中国国际人才交流大会，通过视频短片、宣传手册等多种形式，推介大丰区“616计划”，招引海外高层人才项目，吸引了众多海外人才、项目前来参观洽谈。此次参会，大丰区提供200多个职位，涉及生物医药、电子信息、市场营销、财务、外贸等多个专业领域，达成意向合作项目28个。人社部副部长、国家外专局局长张建国专门到大丰展位，对大丰区“616计划”给予高度评价。

【组团赴高校招聘优秀毕业生】2015年，继续举办“优秀企业高校行”活动，组织兄弟维生素、腾龙生物药业、丰山集团、辉丰农化等港区重点规模企业赴山东大学、中国海洋大学、大连理工大学、东北大学、吉林大学、南昌航空大学、南昌大学等“985”“211”高校举办院校行专场招聘，宣传“616计划”优惠政策，发布人才需求信息135个，近300名优秀毕业生与用人单位达成初步就业意向。5月23日，大丰区组织高周波热炼、东方创意文化产业、海嘉诺药业、丰山集团等4个单位赴上海参加“2015上海春季人才交流会暨长三角地区高校毕业生就业招聘会”，近200名优秀毕业生与相关单位达成初步就业意向。10月9日，大丰区在上海成功举办2015年江苏大丰（上海）招才引智推介会，借助上海这一平台，展示大丰独特的生态环境、优惠的引才政策、一流的创业平台、完善的配套设施，吸引更多的高层次人才、紧缺专业技术人才落户大丰，会上集中签约80个项目，涉及政产学研全面合作、企业研发、高层次人才引进三大类。

【专门人才的引进】2015年，大丰区人社局组织人员到有关部门、园区，宣传专门人才引进的优惠政策，帮助园区、部门引进专门人才。大丰经济开发区、大丰高新技术区通过市场化运作，以年薪30万元面向全国招聘专业招商专门人才，以年薪10万元招聘项目服务专门人才。大丰电商产业园面向全国招聘电子商务专门人才。区外事办公室赴上海外国语大学、南师大招聘翻译专门人才。

【夏季人才智力交流大会】7月16日，大丰区人社局在大丰高级中学举行了“全区2015年高校毕业生就业暨夏季人才交流大会”，236个企事业单位为应届高校毕业生提供营销、设计、生产制造、商贸物流和科研工程等4700多个岗位，涵盖制造业、外贸物流、计算机、电子商务、文化旅游等多个行业，5000多名求职者到现场求职，3200多人与用人单位达成就业意向。

【全方位支持人才创业】2015年，大丰区坚持创新与创业“双轮”驱动，把人才创业作为集聚高层次人才的一个重要方式，通过鲜明的考核导向，带动全区上下形成重视人才创业的价值取向。依托大丰留学人员创业园、江苏沿海海外人才交流中心、江苏海洋产业研究院、“五区十八园”等一大批层次高、体量大、承载能力强的创新创业载体，为各类人才到大丰创业、施展才华提供广阔空间。2015年，北京师范大学博士张强盛投资8333万元创建的大丰和顺锂电有限责任公司、广州中山大学博士夏启明投资2000万元创建的江苏华峰通讯科技有限公司、英国谢菲尔德大学硕士匡文韬投资631万元创建的江苏科士灯业有限公司等18个项目成功落户。

【职称评聘服务水平提升】2015年，大丰区人社局严格执行国家和省市的职称政策，在单位的空岗限额内组织申报各类职称。指导材料整理，提高评审通过率，认真做好高级职称材料审核推荐工作，推荐上报卫生高级职称113人、其他专业高级职称131

2015年，大丰荷兰花海获“省引智示范推广基地”称号

人。及时发布初、中级职称申报通知和评审条件，全年通过审核申报中级职称121人、初级评审人员120人。建立初级职称认定“快速通道”，改变过去一年一次的做法，为企业专业技术人员提供方便、快捷、周到的服务，全年为348人认定了初级职称。推进专业技术人员全员继续教育，提升全区专技人员的素质和自身修养，全年完成继续教育12万多个学时。

【企业博士后工作站的申报和服务】 2015年，大丰区人社局深入园区和重点骨干企业，宣传博士后工作站及博士后创新实践基地的申报条件及程序，提供平台供企业引进国际人才。经过筛选，金风科技、森威精锻、盐城恒兴饲料公司申报省级博士后创新实践基地。指导江苏金色农业有限公司、江苏正大丰海制药有限公司申报2015年度国家级博士后工作站，其中江苏正大丰海制药有限公司获批国家级博士后工作站。至年底，大丰有博士后国家站3个、分站4个、省级博士后创新实践基地3个。

【专家服务】 2015年，大丰区人社局注重从生活上、精神上关心高层次人才，发挥高级专家服务发展的热情和潜能，2015年组织17名享受政府特殊津贴人员参加健康体检，为荷兰花海的尼可和高周波热处理的尾田和男办理外国专家证，为鼎晟阀门公司外专千人计划马丁上报江苏友谊奖，为外专千人计划马瑟协调补助资金，为在森威集团工作的博士张新洲上报省企业类博士后集聚计划。

【荷兰花海被授予江苏省国外引智示范基地】 至2015年年底，大丰荷兰花海引进以荷兰专家尼可为首的“郁金香”研发团队，填补中国郁金香种球繁育技术空白，实现中国郁金香种球的国产化，解决了中国郁金香种球长期依赖进口的问题。通过形成引智成果示范推广体系，促进生产力的发展，以实现引智工作为区域经济建设和社会发展服务的作用，成功评选为江苏省国外引智示范基地。大丰荷兰花海获得省引智示范推广基地称号的单位，在5年的有效期内，可以用江苏省引进国外智力成果示范推广基地的名义对被命名引智成果的相关产品或技术进行宣传，省外专局将对消化、吸收和发展引智成果所需聘请外国专家、派出培训项目予以优先安排和重点支持。

人事管理

【机关事业单位人事管理】 2015年，大丰区人社局推进公务员分类管理，完成公务员、参照公务员法管理事业单位及事业单位人员登记及备案工作。及时更新维护软件，动态掌握人员信息，适时完善公务员信息系统，实现公务员录用登记、职务任免、奖励惩戒、工资福利、辞职辞退等管理工作的信息化。宣传《事业单位管理条例》，推进事业单位岗位设置管理。探索引入服务对象评价机制，健全机关事业单位管理制度体系，推广实绩分析、定性与定量相结合等方法，做到日常性工作重在规范，探索性工作重在创新，具体性工作重在落实三合一，使各个环节实现有章可循、有法可依，增强考核工作的透明度。坚持行政奖励表彰对象立项申报审批制度，坚持民主推荐公开评选，坚持面向基层单位和一线工作人员，严控表彰周期、范围和数量，严格执行社会治安综合治理、计划生育等“一票否决制”，做到考核有根据，奖励有依据。

【公务员考录阳光品牌打造】 2015年，大丰区人社局加强公务员考录工作研究，加强考录政策法规的宣传，规范职位条件设置，完善相关制度，加强考官的培训和管理，大力实施考录政策、招录计划、资格条件、考试成绩、录用结果“五公开”制度，考录工作的透明度和公信力进一步提升。2015年，通过公开岗位，公平考试，公正选拔，大丰区公务员统一招录考试报名1986人，1794人通过资格初审参加笔试，255人参加面试，录用88人。坚持公开平等、竞争择优原则，全年组织实施事业单位招聘考试7场，为80多个事业单位招聘工作人员248人。

【事业单位人事改革】 2015年，大丰区人社局围绕建立权责清晰、分类科学、机制灵活、监管有力的人事管理制度总目标，结合事业单位人事改革的进程，以事业单位人事管理条例作为事业单位的基本管理制度，以岗位设置、聘用制度作为事业单位的基本用人制度，以公开招聘作为事业单位的基本进人制度，实现事业单位由固

2015年，大丰区人社局组织实施事业单位招聘考试7场，为80多个事业单位招聘工作人员248名

定用人向合同用人转变，由身份管理向岗位管理转变，增强事业单位的生机和活力，创造让各类优秀人才脱颖而出的用人机制，逐步实现事业单位人事管理的科学化、法治化。

【工资福利政策】 2015年，大丰区人社局核批事业单位一年一次正常晋升薪级工资1万多人，办理机关两年一次晋升级别和五年考核晋升级别工资核批600多人，办理机关事业单位工作人员跨年度变动工作津贴、岗位津贴1400多人，为部分新评聘专业技术职称的专业技术人员、新取得工人技术等级的技术工人、部分行政职务变动人员近500人办理职务（职称）变动后的工资调整手续；完成全区机关事业单位工作人员2013年度、2014年度应休未休年休假报酬审批工作；按照国家和省要求，完成机关减少津贴补贴、事业单位减少绩效工资的方案上报和实施工作；完成机关事业单位离退休人员增加生活费的审批工作；完成2015年度事业单位奖励性绩效工资总量的审核确定工作；完成撤市设区相关工资审批工作。完成2015年遗属生活困难补助的审批工作；完成1957年精简回乡干部年终一次性补助政策的落实工作；完成1950~1959年部分退职人员生活补贴标准调整工作。

【机关事业单位干部、职工退休管理服务】 2015年，大丰区人社局执行国家关于机关、事业单位干部（职工）各项退休政策，坚持“到龄即退”原则，全年为机关、事业单位426人办理退休审批手续。在退休干部（职工）管理方面，结合重阳、端午、国庆等节日，组织老干部（职工）参加乒乓球、棋牌等比赛活动，丰富老干部（职工）的晚年生活。组织退休干部编排文娱节目，多次组织参加各类文娱演出活动。春节前对384名特困退休干部进行慰问，将党和政府的温暖送到他们家中。

【各类主题培训】 2015年5月起，分3批对全区公务员进行轮训，参培1500多人。6月上旬，完成全区科级及以下公务员网络学习、考试1300多人。6月下旬，推选6名政治素质好、业务能力强、热爱岗位工作的科级干部分别赴无锡、镇江、盐城参加南北对口培训。8月，完成全区2015年江苏省新录用公务员初任培训88人。

【转业军官安置和培训】 2015年，大丰区安置转业军官6人，其中团职2人、营职4人，全部安置到党政机关工作，另有1名军转干部自主择业；安置1名军转干部随调配偶到事业单位工作，对4名随调配偶进行货币化安置。年初，组织9名2014年度转业军官参加由盐城市人社局举办的岗前培训班，就中共十八大精神、公文写作、岗位应知应会的知识和技能等方面进行培训。

【企业军转干部解困】 2015年退休职工调资，退休企业军转干部基本养老金营职及以下干部低于全区平均养老金120%、团职干部低于130%、抗美援朝和1953年12月31日前入伍的干部低于140%的，分别补足到120%、130%和140%。提高未退休企业军转干部的生活补助标准，通过财政供养、财政补贴、企业解决的途径使每月收入达到3934元。对退休企业军转干部继续发放1300元/月至1450元/月不等的固定补贴。继续帮助企业军转干部缴纳养老保险和医疗保险，两险缴费基数不低于生活补助标准；并适当增加企业军转干部门诊医疗费用，全年增加31万元。

【企业军转干部慰问】 2015年“八一”建军节期间，大丰区举行企业军转干部代表掼蛋比赛，邀请10多名企业军转干部代表召开座谈会，走访慰问家庭生活特别困难、身患严重疾病的企业军转干部，发放“八一”慰问金和补助款55万余元。对30多名患重病和特困企业军转干部登门慰问，发放个案解困金6万元。春节前，区委、区政府主要领导分别登门慰问企业军转干部代表，对16名团职企业军转干部进行重点慰问，发放特别慰问金。

劳动关系

【人力资源和社会保障政策法规宣传】 2015年，大丰区人社局宣传《中华人民共和国劳动法》《中华人民共和国劳动合同法》《中华人民共和国社会保险法》等法律法规，宣传与构建和谐劳动关系相关的法律法规和部门规章，消除宣传盲区。3月6日在盐阜人民商场门前广场开展社会保险扩面推进大型政策法规宣传咨询活动，现场接待1200多人次，发放宣传材料、政策法规知识3000多份。开展送法进企业、园区、社区咨询活动，在大丰港区、常州高新区、南阳镇、多为集团等地举办政策咨询讲座4场，发放政策宣传材料12000余份，通过区民营企业协会、浙江商会发放相关宣传材料、知识问答2000份。《江苏法制报》以《依法行政、惠及民生》为题刊登宣传文章和社会保险法宣传图片，介绍大丰人社局服务发展、惠及民生、促进和谐、维护稳定的好做法及典型经验。2015年，大丰区人社局获得盐城市政府授予的“法治建设先进单位”称号，被盐城市政府授予“2015~2016年盐城市级依法行政示范点”。

【人力资源社会保障工作规范化建设】 2015年，大丰区人社局审核各项规范性文件24件，行政复议、诉讼案件应诉、答复工作24件51起，维持率均达100%。规范化做好部分企业的综合计时和不定时工作制审批以及劳务派遣行政许可工作，全年审批综合计时和不定时工作申请36件，涉及职工人数4800余人，审核汇总上报省厅3个企业劳务派遣许可申报，全部获审发证。审核用人单位裁员备案方案9个，涉及人员1100余人。

【和谐劳动关系建设】 2015年，大丰区人社局完成劳动合同备案6.5万份，指导签订集体劳动合同1065份、工资协商协议299份。按照部、省要求完成内外收入分配调查和企业薪酬调查，调查7个区属国有企业和20个民营企业，完成省下达大丰区最低工资调整的调查任务。按照省人社厅的要求做好大丰区典型案例的分析和案例选送，入选数量名列盐城各县区之首。配合盐城市人社局、盐城协调劳动关系三方做好省、市和谐劳动关系模范企业评比申报，全区4个区园申报省级和谐劳动模范关系示范区园，16个企业申报盐城市级和谐劳动关系示范企业。

【劳动监察执法力度加大】 2015年，大丰区劳动监察大队坚持以构建和谐为根本，优化指导服务，强化维权维稳，保障用人单位和劳动者的合法权益。2015年，接待群众咨询4200多人次，主动监察和受理劳动举报、投诉案件418件，协调处理信访件189件。对存在劳动保障违法行为的16个用人单位责令限期整改，作出行政处罚2件，移交公安机关5件，协调处理或责令支付拖欠的工资、加班工资2021万元，督促用人单位办理社会保险登记2600人。全年检查用人单位670个次，涉及职工（农民工）3.7万人；开展劳动保障监察专项检查3次，处理突发性、群体性劳资矛盾事件9起；审查用人单位报送劳动保障书面审查材料2702份，监察网录入率100%。

【劳动监察源头预防】 2015年，大丰区人社局依托劳动保障监察一、二级网格，密切关注用人单位生产经营状况，主动到用人单位提供法律法规和政策指导，提高用人单位学法、用法、守法意识，规范用人单位用工行为。特别是对拖欠工资、不签订劳动合同、不缴纳社会保险等比较突出的违法问题，能够加强事前主动预防和事后高效处理；如有发现使用童工、欠薪逃匿等性质恶劣的违法行为，将通过集中整治和严厉惩处保持高压态势；如有因违法问题引发的群体性事件，可以做到及时介入、妥善处置，遏制突发性集体上访问题蔓延及其后果，维护社会稳定。

【劳动监察示范网格辐射面扩大】 2015年，大丰区劳动监察大队加强“两网化”管理，将监管范围由以城区为主向统筹城乡转变，监管方式从被动反应向防处结合转变。在南阳镇、西团镇、新丰镇、大中镇被省厅确定为省级劳动保障监察示范网格的基础上，认真总结经验，积极推广做法，继续按照要求构建网格化管理责任到人、网络化管理信息共享的新格局，充分发挥典型示范、以点带面的作用，实现对城乡用人单位的分类监管和动态监控。

【劳动监察网络】 2015年，大丰区人社局把劳动监察工作作为一项系统工程来抓，约一年时间，建成与公安、工商、住建等执法部门之间的联合治理机制，与工会、妇联等群团组织之间的社会监督机制，与法院、检察院之间的长效沟通机制，与外地劳动监察机构之间的执法协作机制，形成多方参与、共同治理的工作局面。建立劳动保障守法诚信、重大违法行为查处、跨地区案件协查等管理制度，保障执法活动的规范有序开展。畅通举报投诉和维权渠道，通过“12333”“12345”、网络平台、基层平台等，广开维权渠道，分类立案查处，限期办结反馈。对政风热线、领导接访或批件、网络反映影响较大的案件做到“快立案、快调查、快处理、快结案”。

【“以案说法”宣传教育活动】 年内，大丰区劳动人事争议仲裁院联合《大丰日报》以本区域内发生的典型的劳动人事争议作为教材，以“身边的案例教育身边的人”，通过贴近百姓、通俗易懂典型案例的剖析，对基本案情、处理结果、适用法律依据进行诠释，引导职工依法维权，指导企业依法管理，减少各类劳动人事争议的发生，维护社会的和谐稳定。2015年，宣传合同履行、派遣用工、三期保护、经济补偿、竞业限制等方面的典型案例60篇，宣传劳动仲裁办案规范、强化调解、促进和谐等方面的信息通信十余篇。

【基层仲裁调解组织建设】 2015年，大丰区劳动人事争议仲裁院组织人员深入企业，对已经设立基层劳动人事争议调解组织的镇、园区和企业，进一步明确工作职责，完善工作制度，规范调解流程；对尚未设立调解组织的，限期完成调解组织的组建工作，并要求将工作程序和当事人权利和义务、调解组织人员公示上墙。在全区农业、交通、水利、建设等系统和五区十八园、12个镇、6个驻丰农场成立工会的企业和300人以上的企业中建立劳动人事争议预防和调解委员会（中心）286个，聘用调解人员497人，初步建成企业劳动争议预防调解中心、村（社区）劳动争议预防调解工作室、镇（街道）劳动争议预防调解中心和区劳动人事争议仲裁院相结合的劳动争议调解网络体系。

【仲裁案件调解水平提升】 2015年，大丰区劳动人事争议仲裁院灵活运用“换位思考法”“多方磨合法”等方式，将各种形式的调解纳入案件处理的全过程，做到逢案必调，案结事了，区仲裁院全年处理各类劳动人事争议仲裁案件469件，涉及职工权益标的2000多万元，结案率为98.6%，调解率92.6%。

【接办衔接的信访案件处理秩序建立】 2015年，大丰区人社局实施领导大厅带班接访制度，接待群众来访，现场会办解决问题，简单案件现场办公解决，复杂的信访事项都明确办理人、稳控人、督查人，做到信访人、接访人、办访人、督查人四方见面，限期答复。强化领导下访、约访机制，先行研究案情，做到有备下访、周全约访。局系统科级干部参加“金桥行动”，化解信访积案10件；机关干部赴大桥镇开展“进村入户”活动，化解各类矛盾纠纷40余件。

（张晓龙　刘　波）

〖编辑　顾　锋〗

草堰镇

【概述】 草堰镇地处盐城市大丰区西南，南与东台市毗邻，西与兴化市接壤，国道204、新长铁路、沈海高速贯穿其中，交通便利，面积96.3平方千米，集镇建成区面积5.47平方千米，辖12个村委会、1个居委会，78个村民小组。2015年年末，耕地面积6066.67公顷，户籍总户数14586户，总人口38368人。草堰镇历史人文底蕴深厚，范仲淹、张士诚等历史名人曾留下足迹。旅游资源丰富，有江苏省、盐城市文保单位23处，非物质文化遗产7个。2001年被江苏省政府命名为“古盐运集散地保护区”。

2015年，草堰镇实现地区生产总值14.45亿元，是“十一五”期末的1.6倍，年均增长14.6%；一般预算收入6910.08万元，是“十一五”期末的3.4倍，年均增长27.6%；全口径开票销售收入5.53亿元，增长30%，是“十一五”期末的2.03倍，其中规模以上工业开票销售收入4.59亿元，是“十一五”期末的1.5倍；企业纳税总量相当于“十一五”期末的2.1倍；新培植规模以上企业数2个。随着项目建设和农业产业结构调整的步伐加快，草堰镇已形成机械、铸造、纺织、玩具、建材等支柱产业。产业结构不断优化。年末，三次产业比例由“十一五”期末的34∶37∶28调整为26.9∶40.3∶32.8，第二产业、第三产业占比大幅上升，传统产业加快升级，电子商务、物流等现代服务业发展不断提速，经济质效全面提升。在大丰区2015年度目标任务综合考核中获综合先进奖，科技创新、工业经济和转型升级、安全生产、旅游业发展等单项工作先进奖。

【项目建设】 2015年，草堰镇按照项目化、节点化、责任化、有形化的要求，实施重点项目建设工程，新开工1000万元以上项目8个，其中1亿元以上项目2个（大通模具、鑫国机械）。推进园区产业集聚，全民创业园区有标准厂房10000平方米，已落户华庆汽配、摩尔塑胶等项目10个，成为草堰镇重要的经济增长点。

【城乡建设】 2015年，草堰镇加快实施新型城镇化建设，调整集镇总体规划和控制性详细规划，启动编制三渣片区集镇规划。实施中心幼儿园、敬老院、镇居家养老服务中心、村居家养老服务站、市民休闲公园、文化广场等一批民生实事工程，年内全部竣工投入使用；苏州名邸、永宁小区、金润嘉园等房地产开发项目竣工，居民入住；完成永宁路、新街路改造提升及后街小巷硬化工程，打造宜居宜业新镇区。统筹城乡全面推进。实施城乡“七个一体化”（城乡规划、供水、垃圾处理、污水处理、公共交通、就业和社会保障、社会管理一体化）工程，新建农村水泥路14.6千米，实现水泥路组组通，新建和改造农桥15座。双河村、成文村被评为江苏省“新农村建设示范单位”。

实施通榆河沿线水陆环境综合整治，通榆河水源监测站投入使用，实施绿化“2211”工程（2条以上大沟河堤退耕还林、2000亩农田林网示范片、1个省级村庄绿化示范村、1条不少于5千米的县级道路绿色通道），林木覆盖率26.2%，开展秸秆“双禁”（禁烧、禁抛）、企业清洁生产达标整治、农村养殖污染治理、生态村创建等活动。

全面完成农村“3+1”工程（农村水环境整治、生活垃圾处理、生活污水处理和城乡供水一体化）。城乡供水实现一体化，集镇污水管网建设做到“十必接”（机关、学校、医院、集中居住区、非化工集中区、农贸市场、镇区垃圾中转站、宾馆饭店、浴室、屠宰厂等排放的污水全部接入污水管网），集镇污水管网覆盖率80%。改造提升10座公共厕所，新建公厕2座，主要街道、居民小区安放配齐垃圾收集装置，增设垃圾桶1489个。建有垃圾压缩中转站1座、垃圾池2342座，实行垃圾清运物业外包，做到日产日清。135条河道均落实专人管护。12个村通过“星级康居村”验收，村庄环境综合整治通过江苏省、盐城市、大丰区三级全域验收。

【旅游业发展】 2015年，草堰镇实施“旅游兴镇”战略，放大“古盐运集散地保护区”品牌优势，挖掘历史

2015年，大丰区草堰镇七彩花田接待游客近20万人次，成为大丰区乡村旅游新亮点

文化底蕴，发展特色旅游产业。古镇旅游彰显特色。按照“一廊六组团”的思路完善提升旅游总体规划，聘请北京同合旅游规划设计院进行古镇旅游策划和景点设计。完成古盐运河一期、二期驳岸及绿化亮化等配套工程，实现对外开放；新建旅游公厕3座；实施新街西路仿古改造提升工程；精心打造竹溪盐街、茶食铺子、义阡禅寺等一批特色景点。推进乡村旅游发展。七彩花田一期建成开放，精品化打造玫瑰剧场、梦田花圃、萌宠园、咖啡屋等特色景点，2015年接待游客近20万人次，成为大丰区乡村旅游新亮点。三元农庄、甘霖雨露农业生态园将休闲农业元素融入乡村旅游，农家乐、餐饮、住宿、娱乐等旅游配套功能逐步完善，与七彩花田融为一体，努力打造观光休闲乡村旅游目的地。塑造特色旅游品牌。围绕“中国传统村落”旅游名片，有序推进省级特色景观旅游名镇创建工作，七彩花田在三星级乡村旅游景点验收中排名第一，三元农庄纳入大丰区“蓝色旅游推荐线路”，拍摄宣传微电影《缘梦草堰》，旅游官方微博、“盐韵古镇、美丽草堰”APP平台上线运行，提升了草堰旅游的知名度和美誉度。

【现代农业发展】 2015年，草堰镇加快农业结构调整步伐。推动“三沿”（沿国道204、沿沈海高速、沿双草线）高效设施农业示范带建设，新增土地流转1000公顷，新增高效设施农业400公顷，新增“一户一棚”农户660户，新建规模养殖场36个，发展家庭农场15个，落实联耕联种面积2533.33公顷，农产品获“三品”（无公害农产品、绿色食品和有机农产品）认证12个，土地承包经营权确权颁证工作有序推进。现代农业园区建设取得突破，瑞林现代农业示范园项目全面启动，打造休闲农业特色，带动农民增收致富。农村基础设施显著改善。新建排涝站6座，防渗渠道18千米，疏浚河道13条、土方130万立方米，新建水利配套设施210个，农业排涝抗灾能力不断增强。合新村、双河村农业综合开发项目，三元村、西渣村农业综合开发项目，成文村、三渣村土地整理项目顺利实施，惠及村民1万多人。

【村级“四有一责”建设】 2015年，草堰镇加强村级“四有一责”（有持续稳定的集体收入，有功能齐全的活动阵地，有先进适用的信息网络，有群众拥护的双强带头人，强化村党组织领导责任）建设。村党群服务中心全面改观，新建村党群服务中心7个，改造提升3个，三元村党群服务中心被大丰区委组织部评为“五星级党群服务中心”。通过增收节支、资产盘活、土地流转等措施，村级经济逐步发展壮大，12个村集体经营年收入全部达到15万元，6个村超20万元。2015年，村级集体经营性收入比2014年增长13%，农村居民人均可支配收入增长9.2%。

【幸福草堰建设】 2015年，草堰镇

坚持发展惠民，建设幸福草堰，增强群众的幸福感和自豪感。社会保障体系不断健全。新增城镇就业3741人，新增城乡居民社会养老保险5500人，办理被征地农民社会养老保险860人，新型农村合作医疗覆盖率100%，新型农村社会养老保险扩面10700人，新增转移农村劳动力3809人，完成发放第一批社会保障卡1.4万张。健全民政优抚对象和困难群众救助体系，享受低保户数492户，五保户集中供养率70%，80岁以上老人享受尊老金待遇达100%。全面实行惠民殡葬政策。各项惠农政策得到全面落实。扎实推进民生工程。坚持每年兴办一批民生实事，镇便民服务中心和各村便民服务站实现规范化运行，中心幼儿园建成，校车线路开通运行，敬老院提档升级工程完成，镇居家养老服务中心建成运行，实现村村居家养老服务站全覆盖，12个村卫生室全面改造提升后均达到省定标准。公共事业全面进步。实施全民科技素质教育，被盐城市科协评为盐城市科普示范镇；教育、卫生事业取得长足发展，完成有线电视数字化整转和村组"大喇叭"工程，村文化室、农家书屋等文化基础工程建设通过大丰区文化广电新闻出版局达标验收；全面推进文明单位创建活动，竹园村被评为盐城市"文明村"；开展"全民健身月"活动，群众体育活动蓬勃发展。社会大局和谐稳定。推进"平安草堰""法治草堰"建设，组建专业巡防队伍，实施技防织密工程，增强人民群众的安全感。实施大调解、大巡防、大技防、大网评"四大工程"，信访稳定和安全生产工作形势总体平稳，社会大局保持和谐稳定，被盐城市依法治市领导小组评为盐城市法制建设先进镇。

【七彩花田】 12月，草堰镇七彩花田景区通过盐城市旅游局验收，达到省级三星级乡村旅游区质量等级标准，成功创建江苏省三星级乡村旅游区。七彩花田位于草堰镇三元村，总面积66.67公顷，是集观光、休闲、娱乐等功能为一体，以玫瑰为特色的现代观光农业花卉主题园。2015年七彩花田接待游客近20万人次。

2015年主要经济社会指标

表20

项　目	数　量	项　目	数　量	项　目	数　量
地区生产总值	14.45 亿元	规模以上工业利税总额	1.83亿元	固定电话	13791部
全口径财政收入	1.46亿元	固定资产净值	3.21亿元	小汽车拥有量	852辆
用电总量	4286万千瓦时	固定资产投资	3.96亿元	医院病床数	82张
农林牧渔业总产值	8.37亿元	工业技改投入	4.1亿元	自来水普及率	99.8%
粮食总产量	5.25万吨	进出口总额	400万美元	参加养老保险	14586人
棉花总产量	812 吨	学校	4所	参加合作医疗	30665 人
肉类总产量	5948吨	在校学生	2045人	农村居民人均可支配收入	17895元
水产品总产量	4848吨	在职教师	236人	农民人均住房	42.8平方米
规模以上工业企业	11个	有线电视用户	9638户	—	—
规模以上工业总产值	18.04亿元	互联网用户	2921户	—	—

2015年各村、居委会基本情况

表21

名　称	党总支（党支部）书记	主　任	户数（户）	人口（人）	经济总收入（万元）
丁溪村	孙玉祥	李桂祥	1208	3347	6890
界中村	袁　艳（女）	冯玉军	947	2720	6526
双河村	肖金存	黄红山	754	2089	4508
双垛村	景步国	孙桂文	1379	3842	9965
合新村	陈桂红（女）	陈桂红（女）	1360	3896	6500
草堰村	刘洪建	袁春龙	1085	2527	7458
三元村	陈学高	杨兴明	998	2851	10165
西渣村	许永明	许素芹（女）	850	2330	6877

续表21

名 称	党总支（党支部）书记	主 任	户数（户）	人口（人）	经济总收入（万元）
成文村	王龙祥	王龙祥	993	2809	6811
竹园村	宗汝刚	沈丹明	820	2331	9123
三新村	王 平	单云海	842	2314	7430
三渣村	丁 冬	邢俊青	1298	3113	11102
竹溪居委会	★钱 军	赵玉萍（女）	2052	4564	—

说明：“★”为党支部书记

2015年骨干企业基本情况

表22

单位：万元

企 业 名 称	销售收入	利税总额	法人代表
大丰区水泥制造有限公司	60	5.36	李长韬
盐城威尔斯工艺品公司	896	10.96	陈连芳
大丰区东华玩具公司	832	52.39	杨东明
大丰区长荣建材公司	1606	53.17	周 扬
大丰区翔鸿玩具公司	1066	49.42	刘小根
盐城春禹建材有限公司	528	10.5	杨忙英
大丰区蓝翔木业有限公司	1020	35.9	宗德宝
大丰禾丰粮油工业有限公司	25576	39.89	陈 杰

（周汉明）

白驹镇

【概述】 白驹镇位于大丰区的南部，东与西团镇、小海镇接壤，南与草堰镇为邻，西与兴化市的合陈镇、大营镇隔河相望，北与刘庄镇毗邻。总面积113平方千米，下辖16个村委会、1个居委会、100个村民小组。2015年年末，户籍总户数14470户，总人口39012人。2015年，实现地区生产总值20.58亿元，比2014年增长14%。实现财政总收入1.61亿元，其中，完成一般预算收入9213万元，增长10.45%。完成固定资产投资7.07亿元，增长20%，其中规模以上工业、服务业各完成投资4.6亿元、1.6亿元，分别增长6%、24%。规模以上工业企业实现工业总产值22.48亿元，规模以上服务业企业实现营业收入1.4亿元，社会消费品零售总额6亿元。农村居民人均可支配收入18408元，增长9.3%。在大丰区2015年度目标任务综合考核中获综合先进奖，开放型经济、农业现代化和统筹城乡发展、服务业发展、旅游业发展等单项工作先进奖。10月8日，被环境保护部命名为“国家级生态镇”。

【工业经济】 2015年，白驹镇实施“工业强镇、项目立镇”战略，以“稳增长”为目标，开展“深化两服务，发展保稳定”活动，助推企业发展。全年实现全口径工业开票销售收入8.8亿元，其中规模以上企业开票销售收入6.82亿元，外贸出口额2800万美元。开乐工艺品、景盛电子、丰鸿饲料等企业开票销售收入超2000万元，新增为规模以上工业企业。新招引1000万元以上项目5个。其中，1亿元以上项目2个，分别是投资1亿元占地3.33公顷的康柏斯机械项目和投资2亿元占地4公顷的奥升太阳能光伏空调一期项目。重组企业1个（超宇钢丸）。全民创业取得实效，新增个体工商户647个、私营企业205个，一般纳税人12个，新发展“个转企”5个。中小企业园区新建标房20000平方米，新入园创业主体8个。景盛电子、沪邦建材、兴发建材等重点项目正式投产。

【现代服务业】 2015年，白驹镇以旅游开发和电子商务为突破口，加快发展现代服务业。实现服务投入2.4亿元，服务业定报企业开票销售收入3.2亿元，规模以上服务业企业营业收入2.9亿元，限额以上批零住宿餐饮企业营业收入3300万元，新培植服务业定报企业2个，新开工服务业项目2个、竣工服务业项目3个。旅游开发持续推进。“中华水浒园”一期“三施”景区（施耐庵宗祠、施耐庵书院、施耐庵碑林）建成并对外开放。年底通过江苏省旅游局专家组AAA景区验收。中央电视台国际频道《走遍中国》栏目专程到白驹镇拍摄《施耐庵与水浒文化》专题片外景。会师主题文化园一期工程竣工。电子商务实现突破。建成1500平方米的电子商务中心，4个企业（个体私营）进驻中心创业。朱舍、唐西、新垛等10个村建成农村淘宝服务站。5月、6月朱舍村淘宝站取得全国村淘宝站月销售前十名的好成绩，月销售额超10万元。企业电商迅速发展。开乐玩具在美国新泽西州成立南京四方电子商务有限公司美国总部，实现跨境电商业务。鸿达玩具、嘉瑞玩具、四平机械、飞腾机械等10个企业建成电商平台。

【现代农业】 2015年，白驹镇以锦绣大地现代农业示范园区为龙头，以提升“三千三万”工程（以新鑫蔬菜合作社为龙头，在进步、汤舍、肖坳等村打造镇级千亩农业示范园；以新垛蚕桑为基础，打造千亩蚕桑基地特色村；以发展“一户一棚”政策为动力，新增蔬菜种植户千户以上；以宏丰米业为龙头，打造万亩优质水稻生产基地；以通榆河大闸蟹合作社、南浦渔歌小龙虾合作社为中心，以新草线和王港河、通榆河为轴线，打造万亩鱼蟹养殖基地；以唐西养猪专业村为起点，建设万头生态猪养殖基地）为载体，加快发展现代农业，建成高效农业面积4666.67公顷，覆盖率95%以上。新增高效设施农业面积173.33公顷，新增“一户一棚”农户700户，新增农产品“三品”（无公害农产品、绿色食品和有机农产品）3个（宏丰大米、四方大米、权麒甜瓜）。锦绣大地现代农业示范园区提档升级工程有序推进。启动区100公顷果蔬种植基地基本建成，园区建成盐城市级现代农业园区。农业适度规模经营不断推进，夏秋两季落实联耕联种面积2340公顷，新增家庭农场7家，新增合作社3家。农村基础设施不断改善，新疏浚大沟6条、中沟21条，总长78千米，完成土方109万立方米。新建（在建）农路42.1千米、农桥57座。投资1000万元的中央财政小型农田水利重点县工程和投资1430万元的新垛洋心农业综合开发项目全面竣工。

【城乡统筹】 2015年，白驹镇以统筹城乡示范点建设为重点，加快推进新型城镇化和城乡一体化进程。狮子口村、洋心村统筹城乡示范点各建成38套农民别墅，污水处理、道路路灯等配套设施竣工。开展“清洁乡村”和村庄环境整治提升活动。先后投入200多万元改善集镇基础设施建设和环境。新安装路灯74盏，维修路灯90盏。国道204两侧建筑物墙面刷新7000平方米。新建二类公厕1座，改建公厕6座。投入500多万元用于村庄环境整治提升，各村均达到整治要求。推进绿化造林建设，完成成片造林68.93公顷，新建和完善农田林网666.67公顷，新建和完善主干道边绿化带6.2千米，栽植女贞、意杨树及各类花卉苗木13.5万株。

【社会事业】 2015年，白驹镇统筹推进科技、教育、文化、卫生等各项社会事业，让改革发展的成果惠及于民。白驹初级中学小班化教育成为盐城市初中教育内涵建设现场会观摩点。白驹镇篆刻、烧饼成功申报大丰区级非物质文化遗产项目。投资300万元的影剧院改造提升工程竣工，投入使用。按照国家级文化站达标验收标准，全面实施白驹文化站改造提升工程，建成省二级文化站。肖坳村、马家村、民窑村、七里桥村、汤舍村建成“大丰区示范村（新区）文化室”。新建村卫生室5个，16个村卫生室提档升级工程全面竣工，达到江苏省定标准。建筑面积4650平方米的中心卫生院病房大楼主体封顶。完成进步、肖坳、唐西、新垛4个村1270户卫生改厕工程。五保户散养转集中供养3户，新增集中供养4户、低保户17户。建筑面积560平方米的AAA级标准居家养老服务中心建成并投入使用，各村居家养老服务站实现全覆盖。城乡居民社会养老保险参保人数10800人，新农合参保率100%。开展稳定工作十大专项整治（信访稳定专项整治、化解涉法涉诉信访积案专项整治、干部作风专项整治、涉稳舆情专项整治、建筑工地安全专项整治、社

2015年，大丰区白驹镇以统筹城乡示范点建设为重点，加快推进新型城镇化和城乡一体化进程

会治安专项整治、交通秩序专项整治、安全生产专项整治、环境保护专项整治、食品药品安全专项整治）百日行动，社会大局保持和谐稳定。实施技防织密工程，新安装15个技防织密监控点，加大社会治安防控面。

【从严治党】 2015年，白驹镇加强党员干部作风建设，开展“双学”（支部学老干部一支部、党员学李元祥）活动，组织“好党员”“最美党员”“优秀党员”评选活动。推荐上报“大丰好党员”10人、“最美党员”5人、“最美村官”5人。有2人入选大丰区“最满意村官”。强化制度建设，制定出台《中共白驹镇委员会议事规则》《中共白驹镇委员会关于进一步加强自身建设的意见》《关于全面落实从严治党规定的意见》《关于进一步规范村组干部行为的规定》《关于落实“两个责任”、整治“为官不为”的暂行办法（试行）》《关于进一步强化领导干部重点工作责任的考核意见》等文件。突出选贤任能，规范干部选拔任用，提拔使用10人，调岗使用7人。推进“作风建设年”活动，严肃查处违纪案件，推动党员干部守纪律、讲规矩。2015年党纪立案8件8人，对违反规定的相关责任人诫勉谈话16人次。

2015年主要经济社会指标

表23

项　目	数　量	项　目	数　量	项　目	数　量
地区生产总值	18.66亿元	水产品总产量	3561吨	互联网用户	4210户
财政总收入	1.61亿元	规模以上工业企业	24个	医院病床数	170张
一般预算收入	9213万元	规模以上工业总产值	22.48亿元	自来水普及率	100%
工业用电量	4193万千瓦时	规模以上工业利税总额	2.20亿元	参加养老保险	15020人
农林牧渔业总产值	9.06亿元	学校	4所	参加合作医疗	32499人
粮食总产量	7.87万吨	在校学生	1510人	农村居民人均可支配收入	18408元
棉花总产量	521吨	在职教师	213人	农民人均住房	42平方米
肉类总产量	3843吨	有线电视用户	9165户	—	—

2015年各村、居委会基本情况

表24

名　称	党总支书记	主　任	户数（户）	人口（人）	经济总收入（万元）
沿堤村	葛吉平	葛吉平	1075	3111	14392.84
马家村	陈竹传	陈相宽	872	2355	3895.1
民窑村	周正存	杨相平	1109	3082	9768
七里桥村	陈纪存	杨金华	655	1738	3288.78
团结村	张国庄	陈正余	760	2008	5498.24
三里树村	杨元富	杨元富	705	1846	3322
狮子口村	王正洪	王正洪（ ～2015–12） （▲）潘　婷（女，2015–12～ ）	1169	2939	38828.9
汤舍村	曹　映	单怀龙	616	1830	4798.78
唐西村	朱宏付	单德高	555	1679	4489.65
肖坳村	肖桂存	朱美华（女）	682	2013	4145.02
进步村	宗如红	刘庆平	646	1899	4282.41
新垛村	朱保美	周加乐	992	2831	6096.2
朱舍村	周生书	周生华	414	1164	3272.5
东窑村	周浦江	杨翠凤（女）	458	1357	2838
窑港村	单长虹	朱爱中	948	2819	8670.74
洋心村	唐亚武	陈维仁	1214	2914	3854.95
海宁居委会	董启荣	杨小春	—	—	240588.12

说明：“（▲）”为主持工作

2015年骨干企业基本情况

表25 单位：万元

企业名称	销售收入	利税总额	法人代表
盐城汇百实业有限公司	25518	1556	陈启俊
大丰区康盛纸业有限公司	5732	248	李康恩
盐城杉童玩具有限公司	23271	1465	李生祥
盐城杉童纺织品有限公司	15501	783	陈富传
盐城神龙玩具有限公司	16852	1193	卞九龙
大丰区环球工艺品有限公司	5201	285	陈红文
盐城开乐纺织工艺有限公司	8857	431	宗圣旺
大丰鸿达玩具有限公司	9386	515	葛中东
江苏焕鑫高新材料科技有限公司	22424	1560	钱建华
大丰区众信玩具有限公司	4894	176	严　明
大丰区宏丰米业有限公司	6811	180	朱俊逸
大丰区富邦邻耐磨材料有限公司	2531	92	徐根龙
大丰区华盛织造有限公司	1034	357	王超俊
大丰区荣达印染有限公司	4980	451	周慧杰
大丰区飞腾铸造机械有限公司	2911	143	潘绍兵
大丰区通力铸造厂	2687	94	王晋枫

（刘文泉）

刘庄镇

【概述】 刘庄镇位于大丰区西部，国道204、新长铁路穿境而过。总面积96平方千米，辖12个村委会、3个居委会，77个村民小组。2015年年末户籍总户数15274户，总人口42419人。全年实现地区生产总值22.5亿元，比2014年增长9.7%；全口径财政预算收入1.45亿元，其中一般预算收入9188万元；固定资产投资5.17亿元；农村居民人均可支配收入18428元。刘庄镇是住房和城乡建设部、国家发展和改革委员会、财政部、国土资源部、农业部、民政部、科学技术部确定的全国重点镇。在大丰区2015年度目标任务综合考核中获综合先进奖、新型城镇化和城市建设管理工作奖、信访稳定奖、党建创新奖、反腐倡廉和作风建设奖、财税贡献奖、全民创业和镇村经济发展工作奖、安全生产工作奖。

【招商引资】 刘庄镇将2015年定为招商引资突破年，创新招商举措，加大招商力度，实行专业招商、领导招商、以企招商、以商引商。2015年新招引1000万元以上项目7个，新开工1亿元以上项目2个，竣工1亿元以上项目1个。其中江苏源源山富数码喷绘复合材料项目总投资3亿元，占地面积10公顷，总建筑面积5.2万平方米。该项目于2015年1月开工，当年竣工投产达效。产品销售占国内市场50%的份额。

【城镇建设】 2015年，刘庄镇实施城镇建设四大类21项工程。总长度3.2千米的国道204沿路建筑立面改造工程顺利推进，已完成一期500米改造出新，新建创意游园、双丰游园，为镇区居民提供休闲、娱乐的场所。投资600万元对镇区内紫林路、中心路、竹园路、振兴路、万寿路等主要道路进行路基维修、路面出新。整治后街小巷道路，新修下水管道3800米。新增镇区路灯22盏、花箱40个。拆除违章建筑189户，面积5093平方米。

【服务业发展】 2015年，刘庄镇现代物流加快发展，瀚杰物流项目开工建设，紫云邦物流项目新引进物流企业58个，完善设施功能配套，区域物流中心建设初现成效。电子商务发展势头良好，推动企业电商应用，企业实现电商销售额1.55亿元。友谊村被江苏省商务厅确定为江苏省农村电子商务示范村。成立镇级电商中心，吸引项目入驻开展电商业务，发展村淘服务站7个。总部经济做大做强，实体化、规模化运作，不断加大对镇级财税的贡献份额。

【现代农业】 2015年，刘庄镇加快调整农业结构，大力发展现代农业，农

大丰区刘庄镇农贸集市

业完成总产值9.46亿元，实现增加值4.36亿元，农村居民人均可支配收入18428元。新增高效农业面积800公顷，其中设施农业面积200公顷，发展地膜洋葱333.33公顷，草莓园20公顷，西瓜40公顷。新建高效农业设施示范园5个，新增“一户一棚”农户126户面积21公顷。大力推广家庭农场。新建家庭农场7个。江苏金色农业发展有限公司流转土地666.67公顷，建成江苏省级万亩优质稻麦良种基地，为发展现代农业注入新的活力。刘庄镇累计流转土地2200公顷，涉及农户8013户，转移农村富余劳力从事二、三产业，增加农民工资性收入和资产性收入，村集体经营收入年增加210万元。投资6000多万元，实施建成良好村土地整治项目，东方、新桥村农发项目、农路项目、危桥改造等重点工程，改善农村基础设施条件，方便群众生产生活。

【改善民生】 2015年，刘庄镇党委政府把增加农民收入作为民生工程的重点。新增就业652人，城乡居民养老保险参保率、合作医疗参保率均100%，为1300名企业职工进行健康体检。办理发放社保卡1.2万份。新增低保户8户14人，为29名大病农民办理医疗救助17万元，帮扶6名贫困大学生，资助入学经费1.8万元。改造危房35户2100平方米。新建、改建公厕4座。投资350万元重建刘庄农贸市场，9月，2400平方米钢结构菜场大棚竣工投入使用。开展秸秆“双禁”（禁抛、禁烧）工作，大气环境、水环境有效保护。新建农村道路35千米、农桥92座，改善农民生产生活条件。实施12个村卫生室提升工程。植树25万株，村庄绿化覆盖率40%以上，美化村民居住环境。

【农村环境综合整治】 2015年，刘庄镇加强农村环境综合整治，改善农村人居环境。4月开展农村环境整治提升月活动。农村环境整治实行常态化管理，成立农庄点业主委员会，对农庄点范围内卫生保洁事业自行管理。拉网式清理河道109条；整治草堆3295个，清理杂物3240处；迁移主要河道两侧养禽场3个，家禽3万多羽；农户墙体刷白出新25万平方米；新增农村改厕1000户。新建垃圾池2008个，新增垃圾桶2230个，每3个农户配备1个垃圾池（桶）。提升垃圾处理能力，投入近100万元，新增1台双向卧式垃圾压缩机。垃圾全部实行日产日清，统一运送垃圾压缩站集中处理，统一运送。

2015年主要经济社会指标

表26

项　目	数　量	项　目	数　量	项　目	数　量
地区生产总值	22.5亿元	规模以上工业利税总额	2.37亿元	移动电话	29549户
全口径财政收入	1.45亿元	固定资产净值	9.98亿元	小汽车拥有量	1751辆
用电总量	9146万千瓦时	固定资产投资	5.17亿元	医院病床数	52张
农林牧渔业总产值	9.46亿元	工业技改投入	2.9亿元	自来水普及率	100%
粮食总产量	6.01万吨	学校	4所	参加养老保险	21670人
棉花总产量	635吨	在校学生	1778人	参加合作医疗	38824人
肉类总产量	3387吨	在职老师	265人	农村居民人均可支配收入	18428元
水产品总产量	4050吨	有线电视用户	8770户	农民人均住房	42平方米
规模以上工业企业	16个	互联网用户	8889户	—	—
规模以上工业总产值	38.27亿元	固定电话	7263部	—	—

2015年各村、居委会基本情况

表27

名　称	党总支（党支部）书记	主　任	户数（户）	人口（人）	经济总收入（万元）
光荣村	王相裕	王相裕	1157	3007	8637
龙心村	束长和	杨　卫	695	2009	5458
竞赛村	束长明	胡学银	866	2474	6554
新桥村	智翠玉（女）	束必川	1239	3063	8371
友谊村	杨世友	陈友云（女）	1206	3215	7104
东联村	丁明根	严华标	899	2740	6636
东方村	沈爱山	朱加保	729	2213	6215
良好村	葛中香	陈连珠	1009	2867	8289
民主村	季明俊	韦安元	1200	3241	8369
建成村	朱新全	季　新	828	2497	6925
润民村	韦林广	徐子杰	1182	3073	9303
胜利村	季自标	季自标	970	2933	8570
云溪居委会	蔡紫阳	李红明	514	1211	5272
紫林社区居委会	★束必高	束必高	—	—	—

说明：三圩居委会隶属于润民村委会，由润民村委会统一管理，实行两块牌子一套班子，因此本表未单独列出三圩居委会。“★”为党支部书记

2015年骨干企业基本情况

表28　　单位：万元

企　业　名　称	销售收入	利税总额	法人代表
大丰区天生药业有限公司	17739	395.41	陈隽楼
盐城恒昌汽车配件有限公司	1930	80.02	季顺中
盐城丰美羽绒制品有限公司	2458	12.79	杨世卿
大丰区众意海绵有限公司	1483	55.23	徐同松
大丰区龙虎经纬科技有限公司	1039	26.6	纪汉美
盐城市大丰创意工艺品有限公司	24225	141.62	王加森
大丰区龙凤塑料有限公司	602	13.18	毛念凤
大丰区宏大矿业机械厂	977	9.92	徐同达
盐城恒兴饲料有限公司	38720	254.49	刘兴旺
大丰区三川麦业有限公司	6893	28.71	朱　群
江苏澳太斯纺织品实业有限公司	6364	33.3	林　波
大丰区刘庄混凝土有限公司	233	9.82	林友发
江苏辉达建材有限公司	2103	85.44	周玉生
大丰区协和新型建材有限公司	747	23.58	张俭明
大丰区岷琪针织品有限公司	1722	10.56	李剑威
江苏源源山富数码喷绘科技有限公司	2820	6.34	陆本发

（徐东阳）

西团镇

【概述】 西团镇位于大丰区中南部，是与江苏省大丰经济开发区一体化管理的镇，总面积90平方千米。2015年年末，下辖11个村委会、2个居委会，69个村民小组，户籍总户数11302户，总人口28859人。拥有各类企业403个，涉及机械、纺织、建材等行业，先后获中国产业名镇、中国抛丸机产业基地、中国绿色名镇、江苏省卫生镇、国家级生态镇等称号。2015年，西团镇实现地区生产总值30.3亿元，比2014年增长9.7%。一般预算收入1.55亿元，增长8.08%，其中，国税完成一般预算收入4080.54万元，增长20.4%，增值税完成一般预算收入2989.89万元，增长8.7%；地税完成一般预算收入1.14亿元，增长4.26%。实际利用外资800万美元；完成固定资产投资7.44亿元；实现农村居民人均可支配收入18479元，增长9.2%。新发展个体工商户635户，私营企业218个。

【工业运行】 2015年，西团镇组织机关全体工作人员开展"一人一企"挂钩重点企业服务活动，定期到企业，掌握企业动态情况，及时帮助解决企业困难和问题，调处纠纷5起，组织"西团镇2015年新春用工招聘会"和"西团镇服务抛丸机产业用工招聘会"，组织15个企业参加大丰区新春劳企对接洽谈会，引进吸收各类劳动力1250人。完成全口径工业开票销售收入15.1亿元，规模以上企业开票销售收入11.3亿元；新培植4个规模以上企业。西团镇政府与江苏大学机械工程学院共同设立"产学研基地""研究生工作站"和金属表面处理技术研究院有限公司，丰特公司与山东大学合作研发抛丸机罩壳自动化焊接机器人。龙发除锈设备、丰特铸造机械、新金达机械3个企业通过国家高新技术企业复评。签约1亿元以上项目2个，分别是注册资本金2000万元，总投资1亿元的成越抛丸机展示中心和注册资本金2000万元，总投资1.1亿元万诱引力紧固件项目。新开工1个亿元以上项目1个（金龙环保），5000万元以上项目4个（成越抛丸机、龙源机械、赛龙机械、久昌二期），开工建设标准厂房6万平方米。金龙环保、国特机械、申丰塑业等项目竣工投产。赛龙铸造机械有限公司收购山川金属制品制造有限公司，盘活闲置土地1.33公顷。

【农业发展】 2015年，西团镇加快发展高效设施农业，"绿野新中"现代农业园区实施东进北拓工程，新增20公顷设施大棚、46.66公顷薄壳核桃示范果园，规模效应初步显现。沈海高速、通白路等主干道沿线，新增设施农业面积66.67公顷。积极推进联耕联种，落实联耕联种1000公顷。农业基础设施不断完善，新修农村道路3.5千米、新建农桥9座、疏浚大沟5条、中沟18条，北团村水利建设整村推进。九一村马港村农业开发项目、描花村新中村土地复垦项目开工建设。实施绿化造林"2211"工程（2条以上大沟河堤退耕还林、2000亩农田林网示范片、1个省级村庄绿化示范村、1条不少于5千米的县级道路绿色通道），完成成片造林65.33公顷，新建和完善农田林网733.33公顷，村庄绿化、四旁植树13万株，赵场村被江苏省林业局评为江苏省村庄绿化合格村。

【镇村建设】 2015年，西团镇投入近1000万元，组织开展"清洁乡村""厕所革命"等活动。新建6个公共停车

大丰区西团镇天边湖休闲公园

场，施划600个停车位，停车秩序明显改善。后街小巷硬化、绿化、亮化全部到位。新建天边湖公厕、改造6座公厕。加强镇农贸市场建设与管理，山海农贸市场整治一新。加大集镇管理力度，制定《西团镇集镇管理制度》《行政综合执法人员管理制度》等5项制度，成立行政综合执法大队、路灯绿化管理所，有效遏制违法用地和违法建设行为，集镇管理水平明显提升。

【民生福祉】 2015年，西团镇实施惠民工程，维护社会稳定，增进民生福祉。严格落实信访维稳“一岗双责”制度，开展“四项排查”“三解三促一加强”、稳定工作十大专项整治等活动，主动排查不稳定因素，认真接待群众来访，及时化解矛盾，成立苏北首家农民维权工作站、建成大丰区首家法治文化广场。举办分别以《中华人民共和国妇女权益保障法》《中华人民共和国道路交通安全法》《中华人民共和国社会保险法》为主要内容的专题讲座，提高公民法治意识。开展安全生产“雷霆行动”，与所有企业签订安全生产责任状。定期组织安全大检查和专项检查，实现安全检查常态化。举办2场招聘会（新春用工招聘会和服务抛丸机产业用工招聘会），开展技术培训2次，培训188人。组织机关事业单位工作人员结对帮扶困难群众178户。

2015年主要经济社会指标

表29

项　目	数　量	项　目	数　量	项　目	数　量
地区生产总值	30.3亿元	规模以上工业利税总额	7.31亿元	移动电话	18403部
全口径财政收入	2.65亿元	固定资产净值	30.84亿元	小汽车拥有量	1761辆
定报企业用电量	6580万千瓦时	规模固定资产净值	24.21亿元	医院病床数	66张
农林牧渔业总产值	6.82亿元	工业技改投入	85617万元	互联网用户	5997户
粮食总产量	4.17万吨	当年到账外资	800万美元	自来水普及率	100%
棉花总产量	1105吨	学校	3所	参加养老保险	18700人
肉类总产量	2569吨	在校学生	610人	参加合作医疗	27800人
水产品总产量	3852吨	在职教师	119人	农村居民人均可支配收入	18479元
规模以上工业企业	50个	有线电视用户	7887户	农民人均住房	45平方米
规模以上工业总产值	73.85亿元	固定电话	10894部	—	—

2015年各村、居委会基本情况

表30

名　称	党总支（党委）书记	主　任	户数（户）	人口（人）	经济总收入（万元）
西团村	★董玉荣	陈香泉	1045	2416	6017
北团村	刘春华	季通芳（女）	1264	3134	8503
九一村	吴兴华	陈红林	685	1812	5779
马港村	李晓发	陈保德	501	1398	12514
描花村	肖卫华（女）	董荣进	712	1746	3664
新中村	陈书华	练加干	635	1635	6545
西灵村	吴永明	吴根红	753	2019	3561
赵场村	赵　进	赵　俊	700	1826	5390
黄浦村	施国林	高永道	990	2438	7915
众心村	卢春涛	陈相涛	1045	3035	498131
龙窑村	顾　正	骆善炉	866	2240	18084
建设居委会	臧龙生	刘洪德	—	—	—
大龙居委会	喻山恒	喻　琦（女）	—	—	—

说明：“★”为党委书记

2015年骨干企业基本情况

表31 单位：万元

企 业 名 称	销售收入	利税总额	法人代表
江苏腾龙集团	69041	7668	肖建忠
江苏龙城铸造机械科技有限公司	29190	2778	江兴平
盐城市丰特铸造机械有限公司	29494	3159	乔圣兵
大丰市龙发铸造除锈设备有限公司	21269	3941	姜福前
江苏华天机电设备有限公司	29316	3739	陈玉华
盐城市久昌机械有限公司	28963	3311	陈九昌
大丰市永鑫机械制造有限公司	14677	1143	李生雨
江苏洲达铸造机械有限公司	16748	1526	杨华高
大丰市三星机械制造有限公司	13343	942	刘加存
盐城市华青机械有限公司	3542	290	刘连蔚
江苏南康钢结构有限公司	3478	201	黄惠浩

（杨安波）

小海镇

【概述】 小海镇位于大丰区中南部，总面积124平方千米，下辖15个村委会，95个村民小组。2015年年末，户籍总户数15043户，总人口38950人。2015年，小海镇实现地区生产总值15亿元，比2014年增长12%；全口径工业开票销售收入7.8亿元，增长16 %；新增规模以上工业企业2个；一般预算收入5212万元，增长13.2%。新招引1亿元以上项目2个，占全年目标任务的200%，竣工1亿元以上项目1个，占全年目标任务的100%。服务业发展迅速，实现规模以上服务业营业收入2623万元，比2014年增长177%；限额以上企业零售额2974万元，增长79%；服务业定报企业开票销售收入1400万元，占全年目标任务的100%；新培植限额以上服务业企业、规模以上服务业企业各1个，占全年目标任务的100%。在大丰区2015年度目标任务综合考核中获综合先进奖，招商引资和项目推进、工业经济和转型升级、新型城镇化和城市建设管理等16个单项工作先进奖。

大丰区小海镇化纤纺织产业园 （单位供图）

【重大项目】 2015年，小海镇坚持把项目建设和招商选资作为工作重点。新开工1亿元以上项目2个，1月总投资1.2亿元的大丰嘉海纺织科技有限公司开工建设，5月大丰区百项重点工程温氏扩繁场项目开工建设。竣工1亿元以上项目1个。签约1亿元以上项目6个，其中即将落户的项目2个，加快推进的项目4个。组织企业与大丰区金融部门举办银企对接活动。2015年，大丰区金融部门授信贷款3亿元，投放贷款2.2亿元。新增大丰区规模以上工业企业2个，分别是江苏新丝路纺织科技有限公司和大丰海俊铸造有限公司。

【农业基础设施建设】 2015年，小海镇加强农业基础设施建设，疏浚大中河道14条，完成水利土方65.3万立方米，修筑水泥公路25.8千米，提档升级农村道路40千米、斗渠3千米，新建桥梁26座。年末，总投资3409万元实施新窑村和北虹村高标准基本农田建设土地整治项目。

【农业发展】2015年，小海镇实施“田园居”千亩高效设施农业示范园区、温泉村与无泊村的千亩设施农业示范片工程。温氏投资落户新窑村占地10公顷的扩繁场项目，年底厂房封顶。温氏投资8000万元落户江北村占地13.33公顷的种鸡场项目，积极争取土地指标。推进适度规模经营。实施联耕联种1866.67公顷。完成成片造林面积71.53公顷，新建农田林网266.67公顷，完善466.67公顷。四旁植树12万株，林地流转43.33公顷。2015年年末小海镇绿化覆盖率20.6%，比2011年年末提高460%，绿化覆盖率列大丰区12个镇第三位。

【城镇化建设】2015年，小海镇实施“三路十桥”基础设施重点工程，投入近8000万元新建纺织产业园中心路、园海路、园业路及沿线王港大桥2座等。投入3800万元先后建成垃圾压缩站、污水处理厂、生活污水膜处理设施，铺设污水管网23千米。建设5处公共停车场，建成水冲式公厕6座。森海农贸市场和南团农贸市场完成提档升级。投入1700万元提升主要道路绿化，加强园区入口及交通要道口关键节点绿化建设，培植绿化苗圃，年末城镇绿化覆盖率33%。安装路灯800余盏。投入450万元实施后街巷道道路整治提升，实施南团人民路和中学桥南整治出新，实施王港大桥北和南团大桥两侧节点整治，实施门店招牌整治出新400多户。

【民生工程】2015年，小海镇15个村全部建成示范村卫生室，新改农户无害化卫生厕所7576个。依托小海镇慈善分会，慈善募捐总额近100万元。投资750万元实施敬老院提档升级工程建设，投资近300万元建设镇村居家养老服务中心。投入300万元新建和改造校舍6000平方米。实现农村居民人均可支配收入17818元，比2014年增长9.1%。

2015年主要经济社会指标

表32

项　目	数　量	项　目	数　量	项　目	数　量
地区生产总值	15亿元	规模以上工业利税总额	5394万元	固定电话	13800部
全口径财政收入	7716万元	固定资产净值	6.37亿元	移动电话	25000部
用电总量	1.51亿千瓦时	固定资产投资	6.37亿元	医院病床数	130张
农林牧渔业总产值	9.81亿元	工业技改投入	4.55亿元	自来水普及率	100%
粮食总产量	4.64万吨	进出口总额	125万美元	参加养老保险	25870人
棉花总产量	1095吨	学校	3所	参加合作医疗	29650人
肉类总产量	1.17万吨	在校学生	1251人	农村居民人均可支配收入	17818元
水产品总产量	4162吨	在职教师	189人	农民人均住房	48平方米
规模以上工业企业	14个	有线电视用户	9275户	—	—
规模以上工业总产值	10.86亿元	互联网用户	3900户	—	—

2015年各村基本情况

表33

名　称	党总支书记	主　任	户数（户）	人口（人）	经济总收入（万元）
温泉村	杨恒寿	吕永龙	1456	3580	11407
无泊村	刘进宽	刘进宽（兼）	1058	2680	11511
小洋村	沈　权	沈　权（兼）	661	1630	6805
徐南村	郑志平	郑志平（兼）	668	1475	5938
海团村	徐兴海	陆恒贵	952	2242	11586
江北村	董加旺	卢建国	1502	3752	8452
新圩村	吴德坤	周小兵	650	1715	5950
新村村	陈保祥	陈立凤（女）	685	1775	7116
新窑村	吴远宏	吴长好	632	1799	5042
北虹村	张庆楠	赵明全	1380	3442	10512

续表33

名　称	党总支书记	主　任	户数（户）	人口（人）	经济总收入（万元）
海西村	张绍华	刘天桂	589	1521	3370
唐中村	单春明	袁锦贵	870	2189	6212
杨树村	宗德祥	宗德祥（兼）	912	2274	7426
小海村	陆书正	陆书正（兼）	1543	3356	9224
南团村	吴志忠	吴洪生	1104	2323	10236

2015年骨干企业基本情况

表34　　单位：万元

企　业　名　称	销售收入	利税总额	法人代表
大丰鑫海纺织有限公司	4320	280	花英俊
江苏贝尔纺织有限公司	2366	162	胡慧红
盐城和乐工艺品公司	595	85	杨春喜
大丰海俊铸造有限公司	2033	135	周保存
大丰戈泰针织公司	765	82	戈金发
大丰嘉华机械公司	2981	156	高树海
大丰春喜兔毛加工厂	1743	98	潘春喜
江苏维迅纺织有限公司	6911	185	仲美妮
江苏宏垒化纤有限公司	14894	625	潘云龙
大丰区园丁纺织有限公司	3324	79	黄群峰
大丰汇康缘面粉厂	554	28	陈　军
大丰正明饲料厂	2236	45	顾正明
江苏金掌纺织有限公司	10869	362	王　掌
江苏今达纺织实业有限公司	19935	619	沈根发
江苏新丝路纺织科技有限公司	3956	115	杨永和

（丁荣喜）

大桥镇

【概述】 大桥镇位于大丰区东南部，是江苏省重点中心集镇之一，总面积102平方千米，下辖13个村委会，69个村民小组。2015年年末户籍总户数13030户，总人口32235人。2015年实现地区生产总值13.97亿元；财政总收入1.05亿元，其中一般预算收入6016万元；工业开票销售收入3.6亿元，其中规模以上工业开票销售收入2.1亿元；固定资产投资4.32亿元。新增规模以上企业2个。实现农村居民人均可支配收入17915元。

【招商引资和项目建设】 2015年，大桥镇新招引1000万元以上工业项目5个，其中1亿元以上项目3个，分别是总投资2亿元的柯林铝业项目、总投资1.2亿元的久诚新材料项目、总投资1.2亿元的浙江上峰包装项目。招引盐城力捷物流有限公司、大丰金鹿旅行社有限公司和大丰金桥物流有限公司等总部经济企业8个。开工1亿元以上项目1个，竣工1亿元以上项目1个。全年完成标准厂房建设13352平方米。新发展私营企业135个，个体工商户430个。大桥镇工业集中区有企业38个，其中铸造行业机械行业企业11个。金阳光、双达、建桥等公司投入3230万元实施技改项目。4个企业完成安全标准化创建。

【现代农业】 2015年，大桥镇推进现代农业园区建设和品牌创建。丰禾大地现代农业园区建成占地33.33公顷的高效设施油桃种植区、占地3.33公顷的农家大院、占地6.67公顷的台

2015年，大丰区大桥镇东方桃花洲创建为江苏省四星级乡村旅游景区，被江苏省旅游局评为最具特色乡村生态园区

湾泥鳅育苗基地、占地13.33公顷的露天观光采摘油桃园四大项目。丰禾大地现代农业园区成功挂牌中国设计农业（大桥）实验基地、江苏三农宣传协会（大桥）调研基地、南京农业大学园艺学院教学实践基地，南京农业大学大丰（大桥）果树专家工作站。2015年被评为盐城市级农业园区。大桥油桃成功申报国家绿色食品称号和国家地理标志。提升农村土地集约化、规模化经营水平。新增土地流转面积506.67公顷，累计土地流转面积2612.47公顷，占农民承包面积的52.3%，涉及农户7850户，占农户总数的62.3%。新建百亩以上钢架大棚连片示范园9个。新发展各类规模大户20户，其中千头山羊场1户，万头猪场1个，千头猪场2个，规模鸡场3个。

【东方桃花洲旅游景区】 2015年，东方桃花洲旅游景区投资近1亿元，建成小南湖康体公园、千亩桃园、桃花源农家大院、桃花岛休闲渔舍、工厂化育苗中心、“福、寿”露天桃园、特种浅水大棚养殖区、锦绣果品采摘区等。建立东方桃花洲微信平台，制作东方桃花洲景区宣传片。先后举办“丰禾大地首届油桃采摘季”“唱响大桥暨首届七夕情人节歌咏比赛”和“浪漫芳洲·结缘金秋暨首届东方桃花洲相亲盛典”3个大型活动，各类小型活动12个，吸引游客8万人。成功创建江苏省四星级乡村旅游景区，被江苏省旅游局评为江苏最具特色乡村生态园区，成为大丰旅游“七朵金花”之一。

【集镇建设】 2015年，大桥镇稳步推进集镇建设。投资50多万元对二中沟河道绿化进行改造，改造面积6660平方米；投资100多万元对幸福路东侧实施绿化工程，绿化面积4700平方米。投资近2600万元的龙桥东郡房地产开发二期工程完工，建成面积22200平方米。投资190万元的工商所地块的商住楼、投资400万元的原计生中心地块的商住楼全面完工。投资1500万元的民建街商业综合体主体投入使用。

【环境整治】 2015年，大桥镇投资300多万元，对居民家前屋后“三乱”进行整治清理。铺设硬质道路35千米，新建污水沉淀收集池95座，沼气池4座，在道路两侧栽植树木15万株。新增垃圾池323个，移动垃圾箱80个，分类式垃圾箱10个，农户粪坑加盖2760个，整治村庄河塘750个。开展“清洁乡村”行动。重点对桥南新街出店经营、车辆乱停乱放进行整治。整治沿河西路路肩1800米，摊铺沥青5000平方米，新增绿化面积4000平方米，安装栅栏1800米。新建4500平方米的停车场1处。改造公共厕所4座，新建AAA级旅游厕所1座。对镇区门店招牌、墙体进行统一整治出新。增加集镇保洁人员8名，建立长效管护机制。

【民生事业】 2015年，大桥镇救助困难群众1680户，2133人次。救助困境儿童12人，救助金额37万元。为336名优抚对象发放慰问金15.45万元。为5348名老龄人办理安康保险，保险金额10.7万元。启动镇居家养老服务中心的改造工程。大桥中心幼儿园和分园全部通过江苏省优质园验收，成为大丰区第二个实现江苏省优质园全覆盖的镇。新农合参合率96%，免费为65周岁以上老年人体检5000多人，居民医药费用减免约550万元。推进村卫生室提档升级工程，13个村卫生室全部完成提档升级。举办各类文化活动17次，开展送戏下乡活动29次。13个行政村全部建立文化室。

2015年主要经济社会指标

表35

项　目	数　量	项　目	数　量	项　目	数　量
地区生产总值	13.97 亿元	规模以上工业企业	5个	固定电话	6254部
全口径财政收入	1.05亿元	规模以上工业总产值	6.94亿元	移动电话	18411部
用电总量	5284万度	规模以上工业利税总额	1622万元	小汽车拥有量	1906辆
农林牧渔业总产值	8.30亿元	固定资产投资	3.3亿元	医院病床数	75 张
粮食总产量	6.37万吨	学校	4所	自来水普及率	100%
棉花总产量	45吨	在校学生	916人	参加农村社会养老保险	10026人
肉类总产量	1.06万吨	在职老师	161人	参加农村新型合作医疗	26021人
水产品产量	3388吨	有线电视用户	8155户	人均住房面积	49.5平方米

2015年各村基本情况

表36

名　称	党总支书记	主　任	户数（户）	人口（人）	经济总收入（万元）
大桥村	吕冬官	梅保才	1636	2908	16845
双丰村	景步乐	单卫明	1110	2418	10286
联丰村	储长明	蔡庆堂	1020	2089	9708
中港村	谢永静	吕俊男	1023	2417	15078
中业村	奚正进	谢永官	734	1573	9904
方向村	夏宏才	夏宏才	685	1690	8444
中合村	丁青松	于俊早	516	1101	6166
潘南村	陈益华	罗明华	824	1960	8690
潘鳅村	杨　勇	钱叶飞	866	1708	9536
江岸村	夏济明	张桂成	1096	2287	10071
东塔村	陈生龙	金竹勤	905	2303	9646
洋南村	施雨华	常银存	681	1389	7882
川南村	金彩荣	邵汝松	587	1660	8766

2015年骨干企业基本情况

表37　　单位：万元

企　业　名　称	销售收入	利税总额	法人代表
盐城海盟工贸有限公司	5278	258	李小兵
江苏金阳光粮油工业有限公司	10910	50	陈曙燕
江苏民博铸造有限公司	1602	81	王素定
盐城市大丰久盛茧丝绸有限公司	2318	102	沈井山
大丰市浩朋织造厂	1160	58	顾旭章
大丰市桥联织布厂	1243	72	方亚芹
盐城海昇绝缘材料有限公司	1240	30	徐海承
盐城市大丰双达织造有限公司	2101	94	张　杨
盐城市大丰区建桥包装制品有限公司	1585	120	徐建东

（张清儒）

草庙镇

【概述】 草庙镇位于黄海之滨，总面积123平方千米，辖14个行政村、2个社区居委会，87个村民小组。2015年年末，户籍总户数10521户，总人口27366人。有2个工业产业园：新特产业园和新能源产业园。1个农业产业园："希望的田野"现代农业产业园。2015年实现完成地区生产总值25.9亿元，比2014年增长15.6%；全口径工业开票销售收入14亿元，增长26.3%，其中规模以上工业开票销售收入11.63亿元，增长18.6%；一般预算收入7809万元，增长12.94%。新开工1亿元以上项目2个，竣工1亿元以上项目1个；完成固定资产投资8.5亿元，其中工业投资5.6亿元，分别比2014年增长20.2%、21.7%；完成规模以上服务业企业营业收入1925万元，限额以上批零企业营业收入750万元，分别占全年任务的128.3%、110%；新增规模以上工业企业3个，规模以上服务企业2个；实现农村居民人均可支配收入18344元，增长9.1%。

【招商引资和项目建设】 2015年，草庙镇通过驻点招商、产业招商、亲情招商、以商引商等形式，推进招商工作，广泛收集项目信息。收集各类有价值的项目信息31条，成功引进2个1亿元以上项目，分别是投资2亿元落户大丰区经济开发区的海力风电塔筒项目、上海客商投资3亿元的自驾游营地旅游项目。加大对在建项目的服务力度，力促项目早投产、早达效。落实人员，组建专门班子跟踪服务在建的大吉发电、志高新材料、兴惠光伏发电3个项目。2015年上半年，大吉发电、兴惠光伏发电一期工程并网发电。年底，志高项目进入设备安装阶段。加大全民创业推进力度，新增私营企业210个、个体工商户700户。

【城镇建设】 2015年，草庙镇政府成立专门班子，邀请专业机构修编集镇总体规划，集镇总体规划已通过专家组评审，同时着手完善行政村及村庄规划修编工作。以"生态文明旅游型小城镇"为总定位，提升镇建设规划水平。投入500多万元，全面整治集镇环境，主街道路面全部整修，拆除违章建筑，新增大型可移动垃圾箱15个，全面修复因自来水管网铺设破损的路面。全面完成719户危房调查登记工作，2015年完成156户的危房改造工作。推进土地增减挂钩工作，拆除零散老旧房屋56户，新增建设用地3.6公顷。

【旅游业发展】 2015年，草庙镇按照"景点为王、政府引导、市场运作"的发展思路，加大旅游产业的建设力度，促进旅游富民工程提速增效。完善"希望的田野"观光园建设，按照省四星级乡村旅游点的建设要求，推进园区内基础设施和配套设施的翻新和完善。引进优势农产品项目，建成一批特色农产品基地，提升园区旅游观赏功能。加快麋鹿生态度假村建设，游客接待中心、四合院农家乐、旅游超市10栋农家乐客栈宾馆，全面建成对外开放。度假村2期工程开工建设。自驾游基地建设全面推进，营地入口处景观、道路、绿化、房车营地、木屋营地、帐篷营地等工程均已完工，于2015年12月31日正式对外开营，旅游接待能力显著提升。

【现代农业】 2015年，草庙镇全力推进现代农业发展，加快农民增收和镇村经济发展步伐。以土地流转为重点，推进农业规模化经营，发挥草庙

2015年，大丰区草庙镇以"生态文明旅游型小城镇"为总定位，提升镇建设规划水平

镇土地流转交易中心的平台优势，推进土地流转工作有序进行，做好新流转土地的信息登记、地貌调查核实等工作，完成土地调查核实登记18宗面积733.33公顷。以提质增效为目标，发展现代设施农业。发挥希望的田野示范引领作用，加快川鹿高效生态农业园区建设，带动高效设施农业发展。土地规模流转后，高效设施农业面积不减反增。农技部门开展“三新”（新技术、新品种、新机械）高效设施农业试验示范基地建设，建成7个“三新”农业试验示范基地。以农业龙头企业为载体，推进现代养殖业规模化、集约化。充分发挥温氏、沁侬、罗南等农业龙头企业的带动作用，通过技术扶持、疾病防控、市场配置等方式，培植新型养殖企业和龙头大户，新增规模养殖企业和大户近200户。

【镇村集体经济】 2015年，草庙镇以盘活三资（农村集体资金、农村集体资产和农村集体资源）为重点，加大镇村集体经济发展力度。在资金使用上，将村集体投资建设的党群中心的门面房进行转租，让承租人按要求兴办农资、生活用品、文化娱乐等超市，实现集体个人“双赢”；将村拥有的圩堤、荒地、水面通过招标的方式，进行租赁承包，增加集体收入。发动落户企业和在村承包经营大户支持村级集体经济发展和公共事业建设。2015年村（居委会）级实现经营性总收入585万元，村（居委会）平均36.56万元。

【民生事业】 2015年，草庙镇党委政府践行“关注民生，保障民生，改善民生”的执政理念，加强各项民生事业建设，提升人民的幸福指数。推进农村基础设施建设，改善群众生产生活条件。新建水泥路20千米，新修农桥8座，修建渠道8千米，完成河道疏浚清淤和废河塘整治60条，总长15千米，土方152万立方米，兴建农村小型配套工程68座。居家养老服务中心建成使用。镇污水处理厂、垃圾压缩站正常运行，城乡垃圾正常清理，农村环境整洁。四灶、圩东等村的党群服务中心建设全面启动。加强基层群众文化体育工作，支持规范管理基层群众自发性健身活动，成立腰鼓队、健身舞蹈队。落实单独两孩政策，计划生育工作稳定健康发展。

2015年主要经济社会指标

表38

项　目	数　量	项　目	数　量	项　目	数　量
地区生产总值	25.9亿元	规模以上工业总产值	43.02亿元	小汽车拥有量	2940辆
财政总收入	1.29亿元	规模以上工业销售产值	42.88亿元	医院病房数	56间
一般预算收入	7809万元	规模以上工业利税总额	4.25亿元	自来水普及率	100%
用电总量	6449.7万千瓦时	规模以上工业利润总额	3.24亿元	农村居民人均可支配收入	18344元
农林牧渔业总产值	8.04亿元	固定资产投资	6.69亿元	参加养老保险数	13018人
粮食总产量	5.57万吨	工业技术投入	4.37亿元	参加农村新型合作医疗人数	20332人
棉花总产量	382吨	实际利用外资	900万美元	农民人均住房	34平方米
油料作物总产量	4055吨	有线电视用户	7437户	学校	2所
肉类总产量	6670吨	互联网用户	5840户	在校学生	535人
水产品产量	4269吨	固定电话	4865部	在职教师	107人
规模以上工业企业	12个	移动电话	26160部	—	—

2015年各村、居委会基本情况

表39

名　称	党总支（党委）书记	主　任	户数（户）	人口（人）	经济总收入（万元）
庆生村	高凤喜	丁春林	610	1597	5650
圩东村	陈书明	陈书明	450	1292	6707
沿河村	唐殿宏	冯　晖	370	1022	5092
新场村	陈春明	朱卫明	680	1560	6103
新东村	陈正松	冯　祥	430	1215	5559
川竹村	安根元	朱德元	665	1804	6452

续表39

名　称	党总支（党委）书记	主　任	户数（户）	人口（人）	经济总收入（万元）
东灶村	王志峰	王爱中	680	1752	6659
川洋村	罗旭升	杨玉华	658	1634	5030
竹港村	朱荣贵	张亚兰（女）	636	1556	5758
北灶村	卞红建	单根存	710	1744	6098
丁东村	王龙生	成爱兵	329	863	5008
四灶村	季汉东	李翠红	626	1608	6977
五总村	单　祥	单　祥	624	1650	5626
新海村	沈建华（女）	夏一忠	687	1723	5026
草庙居委会	杨海斌	陈学宽	1280	2696	16938
川东居委会	★杨应忠	陈益虎	1293	2945	17440

说明："★"为党委书记

2015年骨干企业基本情况

表40　　单位：万元

企　业　名　称	销售收入	利税总额	法人代表
江苏丰山集团股份有限公司	84787	23500	殷凤山
盐城市大丰区军成织布厂	886	108	孙朗军
大丰草庙机械有限公司	481	72	沈荣琴
大丰联华织造有限公司	601	89	丁连贵
江苏东越生物技术发展股份有限公司	3885	650	许占武
都市环保新能源开发大丰有限公司	9334	2250	胡文杰

（薛友龙）

万盈镇

【概述】 万盈镇位于大丰区中南部，总面积142平方千米，下辖18个村委会（居委会）/109个村民小组。2015年年末户籍总户数17686户，总人口46932人。2015年，完成财政总收入1.29亿元，其中一般预算收入8713万元。规模以上工业开票销售收入9.5亿元，规模以上工业开票销售收入企业增长面65%。新增工业定报企业5个，新增服务业定报企业6个，规模以上服务业企业营业收入3025万元，限额以上批零住餐企业零售额4365万元，企业电子商务销售额9500万元。新引进物流企业1个，新增物流服务站6个，新发展农村电子商务服务站8家。主要经济指标全部完成或超额完成全年目标任务，顺利通过国家卫生镇考评验收，被大丰区委、区政府评为综合先进单位。

【纺织企业转型升级】 2015年，万盈镇纺织企业在纺织品市场低迷的形势下基本保持稳定运行的态势。万盈镇政府出台激励政策，鼓励纺织企业技术改造，推进纺织企业转型升级。2015年，万盈镇纺织企业淘汰剑杆织机近500台，新上喷气织机162台。

【万丰绿茵现代农业示范园】 2015年，万丰绿茵现代农业示范园基础设施配套不断完善，引进种植樱桃、蓝莓、葡萄、猕猴桃等品种，形成200公顷高档精品水果种植基地。2015年2月，该示范园被盐城市政府认定为盐城市级现代农业园区。

【重大项目】 2015年，万盈镇招引重大项目落户万盈镇工业集中区。温岭客商总投资1.2亿元，注册资本金2000万元的盐城乐丰机械有限公司机械加工项目，总投资1.5亿元的江苏博彦纺织科技有限公司喷气织布项目，总投资1.2亿元的江苏富亿达纺织科技有限公司喷气织布项目相继开工建设。

【集镇建设】 2015年，万盈镇在完成集镇13条道路新建、提升工程的基础上，正阳路、朝阳西路铺设彩砖2000米，所有下水道全部进行疏通。在沿街道旁新栽植香樟、金边黄芽、红叶石楠等树种，新安装路灯400多

2015年，大丰区万盈镇鼓励纺织企业技术改造，推进纺织企业转型升级。图为万达纺织研发中心

崟。开工建设二排河风光带。河滨樱花公园一期工程建成开放。沈灶小街基础设施建设改造工程全面实施，沈灶菜市场建成投入使用。

【环境美化】 2015年，万盈镇在2014年建成江苏省卫生镇的基础上，提出创建国家卫生镇的目标。开展“清洁乡村”活动，拆除违章搭建，清理非法广告牌，整治出店经营。开展村庄环境整治行动，建成“两个循环”，即各村（居委会）内形成绿化硬化道路小循环，村与村之间形成绿化硬化道路大循环，美化农村环境。

【民生事业】 2015年，万盈镇就业再就业和城乡居民养老保险工作在大丰区率先完成目标任务。有序推进村党群服务中心及卫生室规范化建设，敬老院提档升级工程和居家养老服务体系建设工作顺利实施。广播宣传实现“大喇叭”“小广播”双覆盖，数字电视“整转率”86.1%。文化事业发展成绩喜人，编排的文艺节目多次在大丰区文艺调演中获奖。教育、科技、体育、卫生、红十字、残疾人等事业得到新发展。

2015年主要经济社会指标

表41

项　目	数　量	项　目	数　量	项　目	数　量
地区生产总值	17.27亿元	规模以上工业利税总额	1.28亿元	互联网用户	5328户
一般预算收入	8713万元	固定资产投资	4.61亿元	固定电话	8806部
用电总量	9507万千瓦时	工业技改投入	2.81亿元	移动电话	32446部
农林牧渔业总产值	10.48亿元	新批三资企业	—	小汽车拥有量	1028辆
粮食总产量	5.45万吨	当年到账外资	—	医院病床数	68张
棉花总产量	835吨	进出口总额	9849万美元	自来水普及率	100%
肉类总产量	1.07万吨	学校	4所	参加养老保险	26605人
水产品产量	2725吨	在校学生	1439人	参加合作医疗	35644人
规模以上工业企业	18个	在职教师	214人	农村居民人均可支配收入	18026元
规模以上工业总产值	13.74亿元	有线电视用户	10467户	农民人均住房	58平方米

2015年各村、居委会基本情况

表42

名　称	党总支（党委）书记	主　任	户数（户）	人口（人）	经济总收入（万元）
兆丰村	姚顺芹	景德明	1280	3022	8103
苗丰村	单龙英（女）	李和生	721	2066	5603
万盈村	肖　华	阮祥富	778	2023	3726
益民居委会	吴金云	吴金云	1302	3478	10252
三合村	陈　宝	丁静安	788	2165	3154
文达村	李兴祥	朱根旺	1163	3048	13176
六里村	李开银	李志平	1221	3212	8533
天池居委会	★孙加达	单　兵	1472	3557	11282
康宁村	朱明军	王桂芹	625	1780	5170
双灶村	冯国银	朱文干	916	2452	7740
双星村	骆　军	吴明安	1072	2608	6236
六川村	丁善香	丁春祥	1132	3012	7506
殷灶村	丁长江	杨兴官	685	2024	4240
顾灶村	葛旺官	顾益群	778	2079	4600
沈灶居委会	沈春龙	孙庆祝	1930	3580	3408
西灶村	杨永生	宋日升	873	2143	6477
金龙村	张建祥	—	846	2210	4835
双福村	蒋小东	王粉明	810	2032	3920

说明："★"为党委书记

2015年骨干企业基本情况

表43　　单位：万元

企　业　名　称	销售收入	利税总额	法人代表
大丰万达纺织有限公司	25451	2571	石万宇
大丰万盈纺织有限公司	8385	847	石万宇
大丰恒佳床上用品有限公司	3066	53	吴恒书
大丰海达纺织有限公司	10186	529	葛永红
大丰银富织捻厂	1541	56	何德富
大丰万隆工艺厂	1007	52	石万柏
盐城大丰创业纺织厂	2714	74	冷长华
盐城金悦纺织工艺有限公司	17812	499	鲁丽华
大丰万顺布业有限公司	3865	49	杨天祥
盐城大丰金鸿运纺织厂	2222	42	蒋广宏
大丰万盈天池布厂	2008	36	潘永全
大丰兴泰织造有限公司	2035	46	骆　进
江苏飞扬电子有限公司	2038	66	夏　正
大丰鹏程茧丝绸有限公司	2019	74	刘南峰
江苏盛世米兰纺织科技有限公司	15879	54	盛卫华
大丰万盈新文织布厂	978	39	彭银兵
大丰宏泰织造有限公司	1017	33	宗汝军
大丰万盈双富织布厂	2612	64	宗德富

（顾玉荣）

南阳镇

【概述】 南阳镇位于大丰区中东部，总面积94平方千米，耕地面积5182公顷，下辖11个村委会、2个居委会、74个村民小组。2015年年末户籍总户数15089户，总人口35864人。南阳镇是阀门生产特色产业镇、农业特色经济镇、国家级生态镇、江苏省城镇建设示范镇、江苏省文明镇。2015年实现地区生产总值20.58亿元，财政总收入1.63亿元，其中一般预算收入1.06亿元，农村居民人均可支配收入19542元。被江苏省民政厅评为江苏省和谐社区建设示范乡镇，被盐城市评为盐城市文明镇标兵。

【工业经济】 2015年，南阳镇完成全口径工业开票销售收入12.7亿元，实现规模以上工业开票销售收入7.1亿元，新增规模以上工业企业4个，分别为奥通铸业、圣阳阀门、新亮纺织和鹏飞铸钢。阀门产业发展迅速，实现阀门产业开票销售收入占工业企业开票销售收入的80%，产业特色更加鲜明。全年新开工1亿元以上项目2个，竣工1亿元以上项目2个，重组企业1个。坚持以全民创业为重点，大力扶持、推动各类主体投资兴业。新注册私营企业212个、个体工商户647户，新发展“个转企”6个。中小企业园区新建标房49604平方米，新入园创业主体18个。

2015年，大丰区南阳镇完成全口径工业开票销售收入12.7亿元，阀门产业开票销售收入占全镇工业企业开票销售收入的80%

【农业发展】 2015年，南阳镇大力发展高效设施农业，新增高效农业566.67公顷、设施农业176.67公顷，新发展“一户一棚”农户700户。加快培植新型经营主体，新增家庭农场7个、农民专业合作社3家。加快推进金色阳光农业园区建设。建成万亩“菜篮子”工程永久性蔬菜保护基地、善诚葡萄采摘园等项目。佑康汇健康养生基地项目开工建设。注重培植农业品牌，农业“三品”（无公害农产品、绿色食品和有机农产品）22个，“三品”产量占食用农产品比重61.28%，“大丰南阳韭菜”“大丰南阳辣根”“大丰南阳柿子”获得国家地理标志保护商标。大力建设特色基地，建立农丰农业发展有限公司、东欣农作物生产专业合作社2个盐城市级农产品示范准出基地，农丰农业发展有限公司成为直供上海超市的菜篮子基地；南翔食品公司、东欣合作社生产基地获批江苏省级农产品质量示范基地。

【镇村建设】 2015年，南阳镇以建设“苏北重点中心镇”为重点，实施城镇化建设“六个一”、镇区绿化“五个一”及“双新”重点工程。出新黄海路街道，美化建筑立面，规范店招店牌设置；新建、改建集镇公共厕所9座；补植绿化2000平方米；后街小巷硬化3375平方米；集镇主干道两侧施划停车泊位线10000米，集镇功能不断完善，环境显著提升。注重生态环保，淘汰镇区浴室燃煤锅炉6台，企业燃煤锅炉拆除工作有序进行，75家规模养殖户均签订畜禽粪便清运协议，农业规模养殖污染问题得到初步解决。全面落实镇村环境长效管理办法，农村环境整治、“清洁乡村”行动通过江苏省、盐城市考核验收。

【民生改善】 2015年，南阳镇积极落实上级资金、项目，加大财政投入，解决好农民最关心的基础设施建设问题。新建农村水泥路16.5千米，硬质化改造8个村（居委会）通往公墓的道路12千米，基本做到为民办实事不增加村级负债。全面推进社会保障建设，城乡居民养老保险、企业职工养老保险参保率均100%，农村合作医疗参合率100%。实施镇卫生院门诊大楼改造、村卫生室提档升级工程，有10个村的卫生室达到江苏省定规范化标准。2015年，南阳镇卫生院被江苏省卫生和计划生育委员会评为江苏省示范乡镇卫生院，祥北村卫生室被评为江苏省示范村卫生室。全面完成敬老院扩建工程，南阳镇居家养老服务中心、各村居家养老服务站建成并投入使用，建设规模和标准走在大丰区前列。加强镇村两级文化阵地建设，新建麦秆画非遗展示室、名人名家书画艺术展厅，创建村示范文化室6家。充分利用好镇文化礼堂，每月开展一次主题文艺活动。

【安全稳定】2015年，南阳镇创新社会治理模式，推进社会稳定风险评估，从源头上预防和减少矛盾纠纷，信访形势整体平稳。全年接待来信来访及各类矛盾纠纷156件，调解处理一般来信来访及纠纷142件，重大信访纠纷19件，化解信访积案8件。强化"12345"政府热线工单办理，接到群众诉求522条，及时处理与回复率100%，群众满意度95%以上。加强重点区域、重点行业、重点企业的安全生产监管，2015年安全生产综合监督管理站机构能力建设通过江苏省安全生产监督管理局评审验收。推进"法治南阳"建设，建成江苏省级"民主法治示范村"6个，盐城市级"民主法治示范村"13个。强化治安防范能力，新增社会治安探头65个。社会大局总体稳定，群众安全感有新提升。

2015年主要经济社会指标

表44

项　目	数　量	项　目	数　量	项　目	数　量
地区生产总值	20.58亿元	规模以上工业总产值	22.4亿元	固定电话	9644户
财政总收入	1.63亿元	规模以上工业利税总额	1.46亿元	互联网用户	5760户
一般预算收入	1.06亿元	固定资产投资	7.92亿元	移动电话	29750部
工业用电量	8405万千瓦时	工业技改投入	0.07亿元	小汽车保有量	910辆
农林牧渔业总产值	8.58亿元	进出口总额	3618万美元	医院病床数	73张
粮食总产量	2.55万吨	服务业定报企业开票销售	0.23亿元	参加养老保险	22400人
棉花总产量	432吨	学校	3所	参加合作医疗	28342人
肉类总产量	3752吨	在校学生	748人	农民人均住房	52平方米
水产品总产量	2085吨	在职教师	117人	农村居民人均可支配收入	19542元
规模以上工业企业	20个	有线电视用户	10738户	自来水普及率	100%

2015年各村、居委会基本情况

表45

名　称	党总支书记	主　任	户数（户）	人口（人）	经济总收入（万元）
沿海村	徐　雷	胡俊桃	739	1880	4208
裕海村	袁卫国	黄亚兰（女）	1055	2639	5631
民心村	俞建荣	姜干洪	881	2196	4580
东旺村	张长松	黄　琴（女）	1056	2653	5284
吉兴村	居建芳（女）	单军国	989	2351	4756
城乡村	潘克红（女）	吴　锡	1323	3439	8020
诚心村	—	秦　坤	831	2136	4320
广丰村	王　权	王　权	1158	2867	5689
祥北村	陈跃辉	张小虬	1029	2542	5066
祥南村	朱红东	陈锡飞	846	2118	4521
祥西村	李德胜	朱正艮	1280	3364	6683
南阳居委会	石建明（2015-10～ ）	姚　红（ ～2015-10） （▲）徐施风（2015-10～ ）	1716	3422	7939
通商居委会	石红兵（2015-03～ ）	（▲）沈学林（2015-10～ ）	2186	4249	9929

说明："（▲）"为主持工作

2015年骨干企业基本情况

表46　　单位：万元

企业名称	销售收入	利税总额	法人代表
盐城市大丰区精锻齿轮厂	11755	1100	吴玉平
盐城市大丰星达巾被有限责任公司	8827	614	楼永平
盐城奥克阀门有限公司	35227	4115	张　斌
盐城市大丰洪联铸钢有限责任公司	15825	1409	吴卫明
大丰市兴华铸钢有限责任公司	14155	1234	陆兴华
盐城法尔机械有限公司	16792	1316	董春景
盐城通商阀门有限公司	39531	1931	龚正林
大丰市庆荣锻造有限公司	6432	482	朱庆荣
盐城固威铸造有限公司	9000	532	顾海军
盐城耀升阀门有限公司	7199	761	林锦毅
江苏金谷食品有限公司	7204	491	丁红芳
大丰市南亚阀门有限公司	2921	99	王亚军
盐城市大丰区中大机械有限公司	2001	182	黄建斌
江苏绿州米面厂	9643	-118	陈影镜
江苏省大中合金耐磨铸件厂	3004	164	张　晖
江苏振中塑料厂	883	53	韩云林
大丰市丰阳纺织有限公司	3230	61	管翠萍
大丰市新亮纺织有限公司	4282	41	黄万权
盐城大丰新阳机械厂	2220	85	陈石新

（韦　波）

三龙镇

【概述】 三龙镇是盐城市50强重点镇。总面积154平方千米，辖19个村委会、3个居委会，114个村民小组。2015年年末，户籍总户数18878户，总人口54147人。以纺织、机械、建材、铝制品、农产品加工为支柱产业，有140个工业企业，其中定报企业7个。2015年实现地区生产总值20.05亿元，工业开票销售收入4.55亿元，其中规模以上企业开票销售收入4.08亿元，完成一般预算收入6146万元，农村居民人均可支配收入18142元。在大丰区2015年度目标任务综合考核中，获农业现代化和统筹城乡发展工作奖、“3+1”工程和村庄环境整治工作奖、服务业发展工作奖。

【两化建设】 2015年，三龙镇坚持“两化”（工业化、城镇化）联动发展。2015年新招引1000万元以上项目5个，其中1亿元以上项目2个。昊佳新材料一期3幢厂房竣工，迪美服饰主体工程在建，丰源塑料、鸿诚电子、富士禾电子等项目建成投产。城镇化建设步伐加快。春江花苑一期销售过半，二期主体工程封顶。渔家风情街一期建成，二期开工建设。新镇区框架拉开。12月，投入7000多万元的新镇区“三个一”工程（创业大厦、龙城大道、斗龙湾主题公园）全部建成，经一路、纬二路、环湖路全面通车，新镇区建成面积33.33公顷。开展“清洁乡村”行动。围绕七大类22项整治内容对集镇环境进行全面整治提升，集镇休闲广场、后街小巷整治、丰富街道安全标识提升等工程全部完成，健全长效管护机制，集镇形象进一步提升。

【城乡统筹】 2015年，三龙镇不断完善发展规划。先后对《集镇总体规划》《新镇区控制性详细规划》《统筹城乡发展规划》《旅游发展规划》等进行修编完善，并全部付诸实施。加强试点村建设。斗龙港村建成200公顷南美白对虾养殖基地，建成266.66公顷稻虾轮作基地，渔民新村二期工程入住率100%，渔家风情街一期主体竣工，A庄点建成江苏省三星级康居乡村庄点。龙东村建成面积33.33公顷的现代农业园，党群服务中心全面投入使用，基础设施条件不断完善。全面拉开渔港框架。码头工程、龙潭湖公园、渔港大道、渔政综合执法楼等全部建成，水产品交易市场、加油站等项目在办理前期手续。年末，水产品交易市场、加油站各完成主体建筑工程量30%、50%。

【转型发展】 2015年，三龙镇加快发展现代服务业。电子商务中心、便民创业服务中心、龙创空间等全部建成并投入使用，先后引进江苏元尚科技、江苏中凯创意科技、大丰高欣文化传媒等15个企业入驻三龙镇创业大厦，电商中心先后获得盐城市青年就业创业见习基地、巾帼电商孵化基地，盐城市电子商务示范园区等称号，龙创空间成功申报盐城市众创空间，镇建成省首批农村电子商务示范镇。持续推进特色旅游业。《斗龙港村专项旅游规划》编制完成，南美白对虾科普体验基地、游客接待中心、庄园大道等项目全部建成，渔家风情街、洋桥休闲庄园、欢乐渔家等项目抓紧建设。大力推进全民创业。2015年新增私营企业223个，个体工商户568户，发展农村电商315家，建成农村淘宝服务站11家，斗龙港村建成盐城市电商村、龙东村建成江苏省级和盐城市级电商示范村。三龙镇被江苏省商务厅评为首批"江苏省农村电子商务示范镇"。

2015年，大丰区三龙镇全面拉开斗龙渔港框架，建成渔港大道、渔政执法中心、码头及停泊护岸工程等

【农业农村】 2015年，三龙镇加快农业结构调整。新增土地流转1409.07公顷，新增高效特经种植面积400公顷，三龙镇农业示范园新建大棚100公顷，斗龙港村建成200公顷南美白对虾养殖基地。新增400平方米以上养猪大棚和600平方米以上养禽大棚36户、千只高架羊场1个、千头猪场5个，建成养殖特色村9个。成功向上申报农业项目3个（其中省级农业项目2个），争取农田水利项目4个（总投资8400万元）。农村基础设施建设力度加大。累计投入1000多万元，先后疏浚大中沟20条、清理条排沟123条、加固圩堤11千米，维修泵站10座、新建2座，累计完成土方120万立方米，占大丰区下达任务的158%。村级"四有一责"（有持续稳定的集体收入、有功能齐全的活动阵地、有先进适用的信息网络、有群众拥护的双强带头人，强化村党组织领导责任）建设不断加强。所有村建有功能齐全的党群服务中心，亮化工程和文化阵地实现全覆盖，各村集体经营收入达到15万元。累计化解村级债务400多万元。

【农村环境整治】 2015年，三龙镇开展秸秆"双禁"（禁烧、禁抛）、企业清洁生产达标整治、农村养殖污染治理等工作。对集镇"三角区"、后街小巷进行全面整治，新增绿化4.5万平方米，修整绿化5万平方米，新建公厕1座、改造水冲式公厕8座，铺设污水管网2200米。新建停车场3个，增加天眼探头12个，新增停车位268个，改造破损路面400余米。墙面粉刷出新1万平方米。对19个村123个村庄点进行全面整治，建成"三星级"村庄点1个、"二星级"村庄点10个、"一星级"村庄点34个、"环境整洁村"村庄点78个，通过江苏省级农村环境整治全域验收。

【民生福祉】 2015年，三龙镇投入1.31亿元，实施16件民生实事，群众生产生活条件得到明显改善。不断健全保障体系，推进社保扩面，城镇养老、医疗、失业三大保险覆盖率均达95%以上，新型农村合作医疗保险覆盖面99%。不断完善社会救助体系，镇村居家养老服务实现全覆盖。文化建设水平明显提升，完成有线电视数字化整转和村组"大喇叭"工程，村村建有"农家书屋"和文化广场。卫生和计划生育事业健康发展，村医签约服务工作被《新华日报》等媒体报道。计划生育率98%以上。

2015年主要经济社会指标

表47

项　目	数　量	项　目	数　量	项　目	数　量
地区生产总值	20.05亿元	猪当年出栏数	12.76万头	在职教师	252人
财政收入	9717万元	家禽当年出栏数	227.2万只	有线电视用户	13054户
用电总量	7589万千瓦时	羊当年出栏数	1.8万只	互联网用户	6650户
农林牧渔业总产值	17.69亿元	规模以上工业企业	7个	医院病床数	105张
粮食总产量	4.74万吨	规模以上工业总产值	5.04亿元	自来水普及率	100%
棉花总产量	932吨	规模以上工业利税总额	3808万元	燃气普及率	66%
肉类总产量	1.35万吨	固定资产投资	2.45亿元	参加合作医疗	44301人
油料作物总产量	3969吨	出口总额	2123.4万美元	农村居民人均可支配收入	18142元
蚕茧产量	13吨	学校	5所	农民人均住房	40平方米
水产品总量	9332吨	在校学生	2039人	—	—

2015年各村、居委会基本情况

表48

名　称	党总支（党委、党支部）书记	主　任	户数（户）	人口（人）	经济总收入（万元）
龙西村	吕红秀	高建东	697	1955	6701.18
前进村	刘兰根	马克轩	1269	3516	11715
丰余村	陈寿堂	王保龙	1158	3278	9263
龙南村	陈雨权	卞志钊	1269	3675	10512.9
龙东村	★赵建成	张汉香	1027	2980	11262.01
斗龙村	周　忠	周　忠	617	1616	9778.38
东红村	刘小荣（女）	陈国友	711	2596	7672.89
开明村	刘如学	刘如学	678	1929	5535.1
丰富村	丁步和	刘仲山	1234	3613	11277.94
新丰村	王中元	陈永发	1001	3071	11500.95
和平村	丁朝波	丁朝波	698	2269	5798.26
洋桥村	李开奇	李建良	861	2603	8782.89
持久村	杨立中	侍爱国	653	1968	8182
久丰村	陈圣祥	刘玉林	685	2274	7054.1
增产村	刘华芳（女）	陈金保	660	2069	6354.53
新坍村	柏桂祥	王凤华	735	2029	6070.43
富强村	丁旭明	唐春萍（女）	846	2298	8400.83
斗龙港村	唐林海	金正刚	2446	6386	36454.97
下坝村	李　萍（女）	蔡安清	556	1568	7581
三龙居委会	*张爱成	陈应株	—	—	—
丰富居委会	*王雨凤	张爱成	—	—	—

说明："★"为党委书记，"*"为党支部书记

2015年骨干企业基本情况

表49　　单位：万元

企　业　名　称	销售收入	利税总额	法人代表
江苏宝龙集团有限公司	14213	1428	王凤书
盐城市大丰区虹达丝绸有限责任公司	4886	465	倪同尧
盐城市大丰二良纺织有限责任公司	1954	263	卞玉良
大丰和合家纺有限公司	6564	485	李忠祥
盐城市耿氏新型建材有限公司	311	169	耿明飞
盐城亚欧海产有限公司	6280	765	王凤书
大丰市丰富铝制品厂	2300	266	王爱华

（鲍海燕）

新丰镇

【概述】 新丰镇位于大丰城区以北，东与上海市上海农场接壤，北与盐城经济开发区相连。国道204、省道226、新长铁路穿境而过，面积276平方千米。2015年年末户籍总户数40010户，总人口104089人。辖29个村委会、9个居委会、1个街道办事处，218个村民小组。以纺织、机械、化工、建材、电子为支柱产业，有300多个工业企业，其中规模以上工业企业32个，上市企业1个。2015年实现地区生产总值44.53亿元，财政总收入3.36亿元，其中一般预算收入2.19亿元。在大丰区2015年综合考核中被大丰区委、区政府评为综合先进，连续5年获此称号。荷兰花海作为盐城市城乡统筹项目通过国

家AAAA级旅游景区、江苏省四星级乡村旅游点验收并建成江苏省首批优秀智慧旅游项目。央视《新闻联播》、央视国际新闻频道等媒体先后6次对荷兰花海乡村旅游进行专题报道。

【经济发展】 2015年，新丰镇全面完成大丰区委、区政府年初下达的“3+3”（一般公共预算收入、规模以上企业开票销售收入、新增规模以上企业，实际利用外资、开工1亿元以上项目数、竣工1亿元以上项目数）主要经济任务，新招引1亿元以上项目3个，竣工1亿元以上项目2个；实现一般公共预算收入2.19亿元；入库增值税1600万元；规模以上企业开票销售收入39.5亿元。12月15日辉丰农化单笔入库税收5000万元，成为大丰区又一个纳税超1亿元企业。新增美派家纺等一批规模以上工业企业。江苏德洋精锻项目近1万平方米厂房竣工，2015年3月完成设备调试，正式投产。广东客商投资的能拉动产业链发展的索弗电子健身器材项目2万平方米厂房竣工并进入设备安装阶段。盘活闲置资产，33.33公顷健康产业园进入规划设计阶段。“农一网”电商平台发展势头强劲，销售额1.5亿元。全民创业新注册个体工商户1300户，新增私营企业415个。

【集镇建设】 2015年，新丰镇拆迁200多户，为新镇区功能配套和度假区拓展空间。郁金香客栈对外开放，建筑面积11万平方米郁金香花园一期工程全面封顶，建筑面积13万平方米的金域澜湾交付入住。按照“简洁、节约、生态、平民”的要求对新丰镇便民服务中心进行简易装修，年末工程竣工。核查新丰镇范围内近5年来农路农桥、建筑工程等账目，兑付工程款，兑付率90%。丰富完善融资体系。随着度假区区级融资平台的升级，各块融资产品顺利到位，探索出资源变资产、资产转资本、资本换资金的良性互动路径，为新丰新一轮经济社会发展提供金融支撑。抢抓“十三五”土地修编机遇，调整65公顷土地空间指标，为承载发展项目争得要素主动权。

【农业发展】 2015年，新丰镇全力推进农业现代化工程，以羊角村农场为带动，撬动亿元民间资本参与实施省道226沿线现代农业项目建设，齐贤村建成美国红枫基地，仁南村建成千亩苗木基地。万亩郁金香农园和郁金香球茎研培中心项目有序推进。荷兰花市带动农业调结构、农民增收入的做法2015年12月24日被中央电视台作为贯彻中央经济工作会议引领农民创新致富方式作了新闻报道。发展“农村淘宝”电商，建成农村淘宝店22家。加快推进基础设施建设，全面启动龙堤片车滩、赤旗、永跃等村土地整理，新建农桥和道路桥梁64座，新建苏排Ⅱ型泵站5座，对74座苏排Ⅱ型泵站进行保养检修，提高防洪抗灾能力。2015年8月成功抗御13号超强台风的侵袭。

【荷兰花海】 2015年，新丰镇加快盐城市城乡统筹发展试点镇示范项目荷兰花海建设速度，完善配套功能，建成郁金香联片种植面积最大、品种最多的特色花海，摸索总结出国内郁金香土壤露天种植的生产管理首创技术。花海院线、荷兰酒吧建成运营，1700米郁金香温泉井已出水。荷兰花海假日酒店12月31日正式开业，投资5亿元的荷兰风情街一期封顶，威尔士巧克力小镇桩基工程完成，千亩荷花岛水线造型基本完成。成功举办郁金香文化月、百合花文化月等活动，接待游客超200万人次，实现旅游经营收入近6000万元。荷兰花海与荷兰企业合作不断深化，2015年3月25日和10月28日，在荷兰首相马克·吕特和国王威廉·亚历山大亲自见证下荷兰花海分别与荷兰2家公司签署战略合作协议。荷兰籍郁金香种植专家尼可当选情动江苏·杰出国际友人。9月，盐城市人民政府批复成立大丰荷兰花海旅游度假区。

【环境整治】 2015年，新丰镇深入开展“清洁乡村”行动和环境整治工作，细化实施河道、路道、路桥接点等关键部位的整治方案，构建“1+2+1”管理模式，加大考核评比力度，明确1名班子成员、1个居委会、2个村负责一个集镇区环境整治。投入资金1500多万元，补植树木2300棵，种植白花三叶草3.2万平方米，划定车位1700个，清理乱贴乱画1500多处，拆除乱搭乱建近200处，拆除更换破旧商店招牌200个，修理路灯180盏，添置垃圾桶1800个。“清洁乡村”行动以大丰区第一名的成绩接受盐城市季度考核检查，环境整治以大丰区

2015年，大丰区新丰镇建筑面积11万平方米的郁金香花园一期工程封顶

第一名成绩代表盐城接受江苏省村庄环境整治办公室组织的考评。长坍村建成江苏省村庄绿化示范村，裕北村通过江苏省级生态村验收，太兴村“美丽乡村”规划通过盐城市城乡建设局评审。秸秆“双禁”（禁烧、禁抛）和综合利用进入常态化管理阶段。

【民生事业】2015年，新丰镇全面落实各项优抚政策，发放民政资金1400万元。5月在新丰镇召开大丰区慈善工作现场会。花海人家规划建成集镇居家养老中心，金东、时丰、裕南等村建成农村居家养老站试点。以创建国家级文明敬老院为目标，对敬老院消防设施进行整改更新，对农村80个分散供养五保户、1100个低保困难户正常生活保障到位，汛期来临之前安排专人逐户逐人进行排查，落实转移安置措施，做到全部安全渡汛。推进公共文化服务体系建设，村（居委会）文化室实现全覆盖。加大农村卫生室提升改造力度，23个村卫生室提档升级到位，并建成大团小团卫生站。

2015年主要经济社会指标

表50

项　　目	数　量	项　　目	数　量	项　　目	数　量
地区生产总值	44.53亿元	水果产量	4328吨	有线电视户	24314户
财政总收入	3.36亿元	规模以上工业企业	31个	参加合作医疗	85293人
一般预算收入	2.19亿元	规模以上工业总产值	48.15亿元	参加养老保险	64476人
农林牧渔业总产值	23.58亿元	规模以上工业利税总额	4.20亿元	自来水普及率	100%
农林牧渔业增加值	11.19亿元	规模以上工业利润总额	3.67亿元	医院病床数	158张
粮食总产量	6.32万吨	工业技改投入	10.27亿元	学校	7所
棉花总产量	1347吨	当年到账外资	1000万美元	在职教师	518人
肉类总产量	2.84万吨	小汽车拥有量	4952辆	在校学生	4024人
水产品产量	1.21万吨	移动电话	44639部	农村居民人均可支配收入	19484元
蚕茧产量	606吨	固定电话	34681部	农民人均住房	42平方米

2015年各村、居委会、街道基本情况

表51

名　称	党总支（党委、党支部）书记	主　任	户数（户）	人口（人）	经济总收入（万元）
鼎丰村	朱　勇	葛新建	2256	5720	14301
群乐村	朱红民	杨　峰	1764	4694	12728
时丰村	王亚芹（女）	夏　林	1156	3104	8004
裕南村	丁世祥	朱爱平（女）	1029	2510	14151
裕北村	★崔亚兵	伍网根	1875	4169	14863
仁南村	陆　震	赵金红（女）	806	2065	6899
仁北村	朱兆祥	王兴莲（女）	1385	3648	12583
金东村	陈安庆	丁德贵	1125	3065	12025
金西村	杨正权	陈学才	1392	3879	9257
同丰村	施永康	朱晓凤	1640	3863	6360
全心村	陈汉存	蔡建平	2188	5373	23747
沙港村	沈　娟（女）	张太琪	439	1173	3354
太兴村	王友宏	王炳生	916	2555	6040
赤旗村	洪以壮	陈红旗	1195	3376	13901
车滩村	季顺安	智恒华	886	2449	8700
永跃村	韦龙华	韦龙华	931	2728	4339

续表51

名　称	党总支（党委、党支部）书记	主　任	户数（户）	人口（人）	经济总收入（万元）
万众村	明昌安	倪红生	1033	2854	6918
小团村	韦兴吾	查永祥	560	1479	3044
大团村	王继龙	奚茂顺	970	2794	7452
引水村	夏金中	王茂东	772	2255	8749
圩中村	蔡忠江	陈友生	837	2586	6156
五丰村	刘　进	褚宏友	720	2283	5590
长坍村	严亚军	徐顺龙	1082	3193	8199
腰港村	蔡冬香	杨亚芹（女）	776	2258	9128
老墩村	孙志银	周凤林	1273	3733	7205
安龙村	柏丽华	王加明	732	2003	4500
三总村	陈斌和	李建平	1542	4767	9646
齐贤村	刘　舜	蔡林华	740	2242	4133
大明村	朱学军	程爱江	638	1879	6124
方强居委会	张卫东	石　芳	—	—	—
金墩居委会	*董干凤（女）	何春钊	—	—	—
四岔河居委会	*沈建标	吴洪爱	—	—	—
龙堤居委会	*倪加润	韩志才	—	—	—
新淮居委会	—	王玉兴	—	—	—
民主居委会	*朱秋萍	黄　美	—	—	—
团结居委会	*沈　琴（女）	徐忠龙	—	—	—
和平居委会	—	李海娟	—	—	—
新北居委会	*徐月婷（女）	卞小霞	—	—	—
街道办事处	沈　琴（女）	胡　勇	—	—	—

说明："★"为党委书记，"*"为党支部书记

2015年骨干企业基本情况

表52　　单位：万元

企　业　名　称	销售收入	利税总额	法人代表
江苏辉丰农化股份有限公司	208797	35106.7	仲汉根
江苏金丰纺织有限公司	5938	350.9	姚明祥
无锡庆丰（大丰）纺织有限公司	33413	2693.9	戴放鸣
江苏珍鹿纺织有限公司	14406	625.6	赵　勇
大丰区气流纺厂	13435	388.7	姚明祥
大丰区水泥制造有限公司	16014	273.5	吴　林
大丰区恒丰家纺有限公司	7243	216.7	谢俊海
大丰区华虹纺织有限公司	5735	305.1	姜正华
江苏大洋精锻有限公司	9018	436	宋银生
盐城丽居坊家纺有限公司	7057	349.9	秦永根
大丰区新永信服饰有限公司	2647	72.1	范春勇

（鲁　浩）

大中镇

【概述】 大中镇是大丰区委、区政府所在地，辖2个街道，25个社区居委会、28个村委会，153个村民小组，面积199平方千米，是国家级生态镇、国家新型城镇化综合试点镇、江苏省文明乡镇标兵、江苏省社会治安安全镇、江苏省环境优美镇、江苏省水美乡镇、盐城市镇村经济建设先进镇。2015年年末，户籍总户数7.11万户，总人口18.49万人。全年实现国内生产总值92.66亿元，比2014年增长9.9%；一般预算收入15.08亿元，增长21.23%；规模以上工业企业开票销售收入35.07亿元，增长0.7%；完成规模以上固定资产投资38.14亿元；实现实际到账外资2000万美元；农村集体积累3.71亿元。

【项目建设】 2015年，大中镇新开工金色工业炉、南方食品、闽丰科技、京东电子商务城4个1亿元以上项目；新竣工乐丰纸业、民力机械、丰尚国际商务中心和农村淘宝服务中心4个1亿元以上项目；新签约1亿元以上项目5个。

【创新驱动】 2015年，大中镇大中科技创业中心入选2015年度江苏省推荐上报国家级科技孵化器名单，人民社区被中国科学技术协会评为全国科普示范社区，中德精锻、燃气设备获国家级“高新技术企业”称号，多为集团获科技部中小企业技术创新基金项目资助。

【载体建设】 2015年，大中镇中小企业园被工业和信息化部评为国家首批小型微型企业创新创业示范基地，全民创业园20万平方米标准厂房加快建设，7万平方米大学生科技创业园一期建成。江苏万创科技发展有限公司万创智联项目被江苏省科学技术厅认定为2015年度江苏省级众创空间项目；丰收大地商标被评为江苏省级著名商标，丰收大地建成国家可持续发展实验区示范基地；服务业集聚区电商产业园建成盐城市电子商务示范基地，签约电商企业55个，入驻17个，城市商品物流园全面启动规划建设。

【村庄环境】 2015年，大中镇实施“清洁乡村”行动，开展村庄环境整治突击月活动，全面建立长效管理体系。村庄环境整治通过江苏省级全域验收。秸秆禁烧禁抛和综合利用成效显著。新团村建成江苏省级美丽乡村示范点，泰西村统筹城乡试点建设有力推进。

2015年12月，大丰区大中镇西郊生态风貌区梅苑开园

【旅游发展】 2015年，大中镇西郊生态风貌区梅苑开园，国际垂钓中心、南入口大道、游客接待中心基本建成；恒北村获“中国乡村旅游模范村”称号，中华恒北农耕文化园、果品苑等项目建成开放；九州生态农场获“中国特色农庄”称号，游客接待中心开放。精心组织恒北国际梨花季、丰收大地食用菌美食文化节、西郊生态风貌区系列旅游活动，接待游客超100万人次。

【民生事业】 2015年，大中镇城南幼儿园、泰西安置房、泰丰安置房、恒北新村二期、德惠花园小区全面竣工；建成农村公路40千米，新建农桥35座。引进智慧养老服务平台，建成AAA级居家养老中心1个，AA级居家养老服务站53个。建立低保边缘困难家庭救助制度。29个村卫生室全部达到江苏省级标准。恒北村建成江苏省首家社会保障便民点。大中镇社会治理和便民服务中心实现规范化、一站式服务。

【党的建设】 2015年，大中镇党委全面推进从严治党，建立健全基层党组织纪检委员队伍，出台《为官不为专项整治工作方案》。开展“强基工程”建设，村党群服务中心建设全部达标，“四有一责”（有持续稳定的集体收入，有功能齐全的活动阵地，有先进适用的信息网络，有群众拥护的双强带头人，强化村党组织领导责任）建设通过江苏省级检查验收。成立城南新区党委、丰收大地党总支、服务业集聚区党总支，城南新区党委家纺、机械、物资建材等特色行业党总支，推动非公企业党建和经济融合发展。开展作风建设深化年活动，推动作风建设，营造风清气正的良好环境。

2015年主要经济社会指标

表53

项　目	数　量	项　目	数　量	项　目	数　量
地区生产总值	92.66亿元	规模以上工业企业	65个	在职教师	306人
全口径财政收入	18.15亿元	规模以上工业总产值	66.87亿元	有线电视用户	23447户
工业用电总量	338966万千瓦时	规模以上工业利税总额	4.95亿元	医院病床数	209张
农林牧渔业总产值	19.88亿元	规模以上固定资产投资	38.14亿元	自来水普及率	100%
粮食总产量	4.98万吨	新增定报企业	18个	参加新型农村合作医疗	65302人
棉花总产量	356吨	当年到账外资	2000万美元	农村居民人均可支配收入	28752元
肉类总产量	6624吨	学校	6所	—	—
水产品产量	1.06万吨	在校学生	12372人	—	—

2015年各村、居委会基本情况

表54

名　称	党总支（党委）书记	主　任	户数（户）	人口（人）
恒南村	卢日干	葛峰高	604	1601
恒丰村	徐祥保	朱志宏	587	1409
恒北村	★李晓霞（女）	周正涛	710	2044
泰西村	王正龙（～2015-08） 邓翠华（女，2015-09～）	王正龙	1175	2682
泰丰村	施长华	胡日东	1034	2844
双喜村	卢军昌	卢军昌	860	2319
利民村	周井江	周井江	685	1700
阜南村	徐　俊	焦红霞（女）	1276	2525
阜丰村	沈建忠	沈建忠	1190	3291
阜北村	曾龙珠	朱金林	811	2260
红花村	施元忠	宋应涛	1284	3349
同德村	☆朱　标（～2015-08） ★吴　诚（2015-08～）	陆德法	1361	3267
大新村	彭怀龙	陈益兵	745	1519
德丰村	▲臧　顺（～2015-06） 臧　顺（2015-06～）	臧　顺	1291	3298
光明村	焦恒昌	蒋安群	901	2560
新团村	卢殿津	卢殿津	710	2076
老坝村	倪启芳（女，～2015-07） 陈进和（2015-08～）	周彩生	1041	2864
八灶村	卞友权	王荣才	713	2011
元丰村	董正江	吴宏庆	858	2220
晋丰村	马汝根	卢日义	1216	2846
晋北村	马艳玲（女）	鲍宏伟	806	2020

续表54

名　称	党总支（党委）书记	主　任	户数（户）	人口（人）
福丰村	花诗君	王培昌	1248	3228
万丰村	陈　星	陈　星	745	1965
海防村	陈卫华	顾绍兴	812	2365
朝荣村	钱国民	杨素斌	1410	3657
天祥村	赵汉斌	赵汉斌	667	1792
海丰村	卞俊富	顾永飞	1244	3385
丰裕居委会	邢祖华	邢祖华	1316	4191
裕华居委会	顾　华	顾　华	2506	5098

说明："★"为党委书记，"☆"为党委副书记主持工作，"▲"为副书记主持工作

2015年各街道、社区居委会基本情况

表55

名　称	党总支（党委）书记	主任
黄海街道办事处	★李凤玲（女）	李凤玲（女）
老街社区居委会	刘加林	刘加林
新街社区居委会	李晓平	韩巧英（女）
大华社区居委会	黄曼（女）	李　箭（女）
健东社区居委会	—	（▲）倪　萍（女）
康平社区居委会	郑文斌	郑文斌
城中社区居委会	（▲）王　玲（女，~2015-06） 朱　杰（2015-06~）	※王　玲（女，~2015-08） 王　玲（女,2015-08~）
大新社区居委会	卞耀涓（女）	卞耀涓（女）
飞达社区居委会	施连安	施连安
人民社区居委会	李怀根（~2015-05） 周　坚（2015-06~）	李怀根（~2015-05） 王秀琴（女，2015-12~）
东宁社区居委会	黄月娥（女）	黄月娥（女）
朝阳社区居委会	▲丁　燕（女，~2015-06） 丁　燕（女，2015-06~）	※丁　燕（女，~2015-06） 丁　燕（女，2015-06~）
新东苑社区居委会	▲刘文庆（~2015-06） 刘文庆（2015-06~）	※刘文庆（~2015-06） 刘文庆（2015-06~）
金丰街道办事处	—	—
大刘社区居委会	曹其林	姚惠惠（女）
新村社区居委会	朱德荣	夏兴国
育红社区居委会	▲刘　燕（女，~2015-06） 刘　燕（女，2015-06~）	刘　燕（女）
沿河社区居委会	茅彩虹（女）	※吴华茂（~2015.8） 吴华茂（2015.8~）
建业社区居委会	倪　伟	倪　伟
建西社区居委会	汤　静（女）	刘新平（女）

续表55

名　称	党总支（党委）书记	主任
西河口社区居委会	周兴宏（女）	陈银龙
新团社区居委会	周旭阜	柏龙群
新德社区居委会	汪　浩（2015-06～）	（▲）杨文秀（女，～2015-06） 陈　雯（女，2015-08～）
滨河社区居委会	季明德	徐良玉（女，～2015.4） 黄晶晶（女，2015.12～）
浦江社区居委会	李兴干	※黄占飞（～2015-12） 张　丽（女，2015-12～）
建丰社区居委会	▲龚秀兰（女，～2015-08） 龚秀兰（女，2015-08～）	※龚秀兰（女，～2015-08） 龚秀兰（女，2015-08～）

说明：“★”为党委书记，“▲”为副书记主持工作，“※”为副主任主持工作，“（▲）”为主持工作

2015年骨干企业基本情况

表56　　单位：万元

企　业　名　称	销售收入	利税总额	法人代表
大丰海聆梦家纺有限公司	89126	10675	邱建林
通威（大丰）饲料有限公司	114765	5530	吴胜利
盐城思达德民力阀门有限公司	35545	3273	陆志刚
盐城市乐丰纸业有限公司	19785	2370	陈永平
大丰市舒润床上用品有限公司	30558	2227	彭秀琴
江苏多为泵业股份有限公司	21839	2221	高　军
百威英博大富豪（盐城）啤酒有限公司	11089	2177	Michel Dimitrios Doukeris
大丰恒卫针织品有限公司	23330	1586	秦永根
江苏班德瑞不锈钢有限公司	19964	1493	项　翔
大丰百花纺织品有限公司	23406	1265	卞跃美
盐城贝贝工艺品有限公司	12880	1099	徐仲高
大丰市海悦纺织有限公司	14023	1089	杨晓东

（陈　怡）

〖编辑　周剑飞〗

上海市上海农场

【概述】 2015年，上海市上海农场区域占地303.12平方千米，其中耕地1.33万公顷、林地0.32万公顷、鱼塘0.53万公顷。农场总部设办公室（宣传部合署办公），安全保卫办公室，信息中心、组织部、产业发展部、财务部、人力资源部、法务部、审计部、群团工作部；下属二级单位：种植事业部、养殖事业部、上海黄海种业有限公司、上海光明渔业有限公司、大丰禽业有限公司、江苏东越生物技术发展股份有限公司、江苏庆丰林业发展有限公司、大丰市上海农场生活服务有限公司、大丰市沿海水利工程有限公司等。2015年上海农场实现营业收入27.31亿元，比2014年增加3.78亿元，同比增长16.08%，完成全年预算的109.14%；其中主营业务收入27.05亿元，比2014年增加3.78亿元，同比增长16.26%，完成全年预算的108.68%。利润总额1.89亿元，比2014年增加0.56亿元，同比增长42.17%，完成全年预算的110.04%；净利润完成1.79亿元，比2014年增加0.53亿元，同比增长41.99%，完成全年预算的112.28%；归属母公司净利润1.81亿元，比2014年增加0.51亿元，同比增长38.67%，完成全年预算的110.62%。

2015年，上海市上海农场加强生态环保建设，为打造高水平、可复制的“种养结合型生态循环农业”样板奠定基础

【农场产品质量提升】 2015年，上海农场实现大麦单产6.75吨/公顷，小麦单产6.80吨/公顷，稳定在每公顷产量6.75吨以上的较高水平；水稻单产8.76吨/公顷，比2014年增长0.51吨/公顷；白菜种单产1.48吨/公顷，比2014年增长0.21吨/公顷。水稻保种合格率50%，较往年大幅提升。全年种子、粮食销售24.5万吨，其中种子销售6.1万吨，大米销售2.18万吨。全年造林192公顷，植树13.66万棵，成活率87.5%（2014年87.3%）；栽种苗木50.26万株，成活率97.2%（2014年93.9%）。菌菇业单产提高到315克/瓶，报废率降低为2.61%，全年产销食用菌6856吨。生猪业全程成活率92.5%，每头经产母猪平均年提供上市商品猪22.4头，料肉比3.0∶1，斤（0.5千克）成本控制在6.5元以下，养殖技术参数在高水平上稳定提升。生猪养殖规模100万头，全年上市生猪62万头。禽蛋业全程破蛋率降至0.2%，死淘率7.7%，全年上市鲜蛋5256吨，同比增长123.4%。全年销售成鱼3.18万吨，比2014年增长117.8%。

【农场科技创新】 2015年，上海农场推进产品创新转型。自主研发水旱两用动力筑埂机，自主改进蔬菜播种机；水田旱作机插秧技术推广应用；自主知识产权品种“上农粳2号”，成为安徽省2015年唯一审定通过的水稻品种；大麦品种“上农啤3号”在上海通过审定；获江苏省2015年唯一审定通过的小麦品种“镇麦12”的独家自主经营权。完成上海市区域特色林下中药材项目一期，启动二期15公顷，试验种植地黄、益母草、车前草等品种；完成“中药材贝母林下种植探索研究”课题；探索生产蟹味菇（食用菌）取得成功。与国家家禽工程技术研究中心合作建立“上海光明蛋鸡产业技术示范基地”，与上海农科院合作建立“蛋鸡产业技术示范场”；光明种猪场创建为国家级核心育种场。黄颡鱼、生态甲鱼等特种养殖比例为7%；良种场首年投产即成功繁育苗种2亿尾。

【农场产品品牌建设】 2015年，上海农场携肉、米、鱼、蛋、菇等优质农产品参展由中国食品工业协会主办的“2015中国·上海国际食品博览会”。会上首次推出“光明渔业”生态甲鱼、“光明”鲜鸡蛋等品牌农产品。重点拓展“香而糯”“柔尔香”“香福米”等品牌优质米市场，全年销售7000吨。创新设计菌菇产品，推出“五福娃”、金针菇花束、金针菇栽培瓶等5种新产品，市场反响良好，获集团主题创意大赛第一名。

【循环农业】 2015年，农场进一步深耕循环农业，探索农作物秸秆、生猪养殖废弃物、菌菇生产废料的综合利用，开发了有机肥、奶牛饲料、生物燃料市场，实现了川东地区秸秆、菌渣等100%的综合利用。农场作为集团人力资源信息化（e-HR）试点单位，获光明食品集团“最佳应用实践奖”。光明渔业水产物联网系统初步调试成功，质量追溯系统建设逐步完善，获农业部农垦农产品质量追溯标识的使用权。为循环农业添置检测设备，促进循环农业工作落到实处。

【农场生态环保建设】 2015年，上海农场加强对“种养结合”和“三维循环”两种模式的研究和探索，以“测土配方施肥”“生态高效循环农业示范基地关键技术研究与示范”等课题项目为带动，在生猪匹配农田、粪污无害化处理、有机肥改良土壤、生态环境指标控制等技术、标准、模式上取得进展，为打造高水平、可复制的“种养结合型生态循环农业”样板奠定基础。贯彻落实“新环保法”“水十条”和集团农业生态环境保护与专项整治会议精神，成立领导小组，制订工作方案，开展专项排查整治，完善和修订《上海农场生猪养殖粪水还田管理办法》，签订《上海农场生猪养殖粪水还田管理责任书》，为循环农业建设工作提供制度和组织保障。加大硬件投入，完善新建猪场沼气发电基础设施，对个别猪场增加氧化塘。

（王　季）

江苏省大中农场

【概述】 2015年，江苏省大中农场（盐城监狱）注重监狱安全管理，落实防控措施，做好教育改造，深化监狱执法，连续17年实现“四无”（无罪犯脱逃、无重大狱内案件、无重大疫情、无重大安全生产事故）目标，连续10年未发生安全生产责任事故，连续18年无民警职务犯罪。监狱被江苏省委、省政府表彰为人民满意的政法单位（集体一等功）；被省委宣传部、省委省级机关工委、省司法厅联合表彰为省级机关法治文化建设示范点。

【监狱安全】 2015年，江苏省大中农场（盐城监狱）全面实施“零容忍”警务安全战略，严格落实各项安全防范措施。强化基础建设，扎实推进监区规范化建设三年行动计划，通过省监狱管理局监区规范化建设验收；升级物防技防设施，强化精细管理，严格落实司法部“六个一律”规定，规范监区大门管理；加强夜间管理，实行指挥长全程坐班指挥，实行监区轮岗坐班监控，备勤民警驻点备勤，确保夜间安全。强化机制建设，严格民警履职责任机制，完善隐患排查整治机制，深化“三共”（共建、共管、共保安全）活动机制，提升应急联动的能力。监狱被评为“三共”活动先进集体。

【教育改造】 2015年，江苏省大中农场（盐城监狱）认真落实“5+1+1”（每周5天劳动教育、1天课堂教育、1天休息）集中教育内容，开展抗战70周年主题教育、劳动教育和法制道德教育等。认真做好个别教育和心理矫治工作，加强罪犯危险性评估，建立新犯心理档案281份，入监评估面100%，重新犯罪危险性评估968人次，出监评估面100%；建立罪犯心理110预警机制，开展心理咨询345人次、心理宣泄63人次、危机干预17人次。深入推进“文化铸魂”工程，举办“春之声”“汇聚青春力量、传递高墙心声”“金秋文化月”等活动，深化监区文化建设。积极推进社会化协同，主动加强与地方司法部门的沟通与协调，邀请6个县（市、区）司法局开展帮教活动。注重亲情帮教，举办“真情永恒”“温馨五月、感恩母亲”“圆梦中秋”等亲情帮教活动。深化互帮共建，启动第二轮援建地方司法所工作，成立大丰市法律援助中心盐城监狱工作站，为罪犯提供法律咨询服务。为罪犯食堂添置炊具和空调，增设备餐区，调剂调优罪犯伙食，做好食品安全管理，改善罪犯就餐环境和伙食质量，增强罪犯生活保障力度。年内，罪犯餐厅被评为盐城市餐饮服务食品安全示范单位。

【监狱执法】 2015年，江苏省大中农场（盐城监狱）依法落实刑事政策，认真做好减刑假释，共办结994件减刑假释案件，依法办案率100%。认真做好罪犯特赦工作，3次对符合特赦的第二类、第四类共9名罪犯予以特赦释放。依法办理暂予监外执行案件，与检察院建立罪犯病情检查、确认文证审查机制，为3名病情危重罪犯适时快办保外就医，现场实地考察16名保外就医到期罪犯。深化狱务公开工作，成立深化狱务公开工作领导小组，出台《盐城监狱深化狱务公开实施意见》，在会见中心增设狱务咨询台，改版升级狱务公开查询系

2015年，江苏省大中农场（盐城监狱）加强社区环境整治和配套设施建设，社区面貌焕然一新

统，向罪犯亲属介绍监狱执法和罪犯一日改造生活情况。会见中心被省局命名为“文明执法窗口”。

【队伍建设】 2015年，江苏省大中农场（盐城监狱）领导班子开展“三严三实”专题教育活动，不断加强和改进班子作风建设，增强班子的整体合力。全面落实队伍教育管理责任，坚持警情廉情分析制度，做到抓小、抓细、抓长。坚持从严治警、科学管警、文化育警，积极实施民警队伍素质提升三年行动计划，开展各类主题教育、典型示范、分类培训和文化传承活动。出台《进一步压实各级领导“一岗双责”责任的通知》和《民警非执勤期间管理规定》，加强对民警8小时外的管理。加强党风廉政建设，研发并推广廉洁执法风险防控系统，与驻监狱检察院深化预防民警职务犯罪联席机制。监狱被表彰为人民满意的政法单位（集体一等功）、省级机关法治文化建设示范点。

【社区建设】 2015年，江苏省大中农场（盐城监狱）重视社区环境建设，加强环境整治和配套设施建设，将场区道路改造为黑色路面，改造平房120套，改善小区道路、路灯、排水系统；重视人文关怀，邀请南京专家医生到农场开展体检，落实困难帮扶制度；改造民警职工食堂。年内，民警职工食堂被省局命名为“规范化建设达标食堂”。

（赵少杰）

江苏省方强农场

【概述】 2015年，江苏省方强农场（江苏省方强强制隔离戒毒所）认真做好生产经营、场所安全管理、戒毒矫治、民生工程等主要工作，取得较好的成绩。全年实现主营收入2.1亿元、利润4599万元，分别比2014年增加259万元、1029万元。

【农场生产经营】 农业。2015年，方强农场占地50平方千米，其中可耕地3000公顷，下辖5个农业分场、1个林牧分场，主要从事常规稻麦育种、大米加工、林木生产、白鹅养殖等项目，直接从事农业生产的职工约270人。年内，农场大小麦每公顷产量7.0吨，总产20000吨；水稻每公顷产量9.5吨，比2014年增加15%。稻麦周年每公顷产量16.5吨，比历史最好年份高出1.4%。粮食总产47054吨，比历史最高纪录多4408吨。种子产业。全年销售常规稻麦种子17500吨，实现主营收入5538万元，含奖利润476万元。收储水稻8000吨、小麦11000吨，实现利润216万元。成功申报创建优质稻米基地项目1个，创建部省级稻麦万亩示范片4个，获国家及省级项目资金800多万元。工业。全年收购水稻15000多吨，销售大米10400吨，实现销售收入4900多万元，利润220多万元。销售汽缸盖62万个，实现销售收入

3620万元，增值税271万元。电子厂实现主营收入71万多元。劳务加工。扎实开展习艺劳动竞赛和双月冲刺活动，成立习艺技术指导工作站，提升劳务加工竞争力和信誉度，全年实现劳务加工产值1570万元，比2014年增长49.7%，人均增加1.9万元。安全生产。规范公司经营管理活动，全年303份物资采购及工程合同，履约率100%；加大应收账款清欠力度，应收账款余额比2014年同期下降24%，有效控制生产经营风险。定期组织安全生产教育和隐患排查整改活动，如期关停液化气站、加油站，年内未发生安全生产等级事故。2015年实现主营收入2.1亿元，利润4599万元。

【场所安全】 年内，农场修建管教中心大门安全缓冲区、车辆候检区，安装人行通道闸机，改造监控、会见系统，新增6套门禁系统、110个固定报警点，实行虚拟换证、人脸识别、全员安检、车辆安全信息跟踪卡等安全新措施，提升物防技防水平。坚持问题导向，落实戒毒所戒情定期分析制度，积极调处化解戒毒人员矛盾纠纷，组织开展行为规范整训、百日安全竞赛活动，从源头上减少戒毒所内不稳定因素。深化“违禁品、违规品”清查成果，建立完善“责任清单式、内容菜单式、要求账单式”隐患排查整改机制，推行走动式、网格化管理，挂屏监控戒毒所重点活动，有效控制安全敏感点，提升现场管控能力。组织7次关于消防、突发疾病、结伙斗殴、脱逃等不同主题的应急演练，增强应急处置能力。优化接诊室、抢救室、治疗室、药房等办公用房布局，配齐心电图、B超、X光机等医疗设备；加强与盐城市一院、四院和亭湖区人民医院的协作，建立“绿色通道”，筹建特殊病房；邀请医疗专家到戒毒所坐诊、会诊，提升戒毒医疗保障水平。开展戒毒人员饮食安全管理，检测蔬菜农药残留，规范烹饪流程，实行营养配餐制，增强戒毒人员体质。

【戒毒矫治】 2015年，戒毒所开展“戒毒典型现身说法”“所区开放日”等禁毒教育活动，强化戒毒人员的戒治意识。举办缝纫、烹饪、电脑等职业技能培训，戒毒人员通过初级缝纫工考核鉴定。按照“集体会诊、一人主攻、多人参与、合力攻坚”的要求，灵活运用心理干预、亲情帮教等手段，转化了13名难改重点人员。推行“互联网+”课堂教学新模式，录制道德、法治、文化、创业、健康、心理6类视频教学节目，利用晚间“每日讲堂”开展网络辅助教学，相关做法得到司法部和省司法厅的肯定。探索分类戒治，推动不同毒品成瘾类型人员、不同成瘾程度人员大队内分类编组，向全所范围分类编队过渡。加强与地方党委政府有关部门协作，在盐城和南通建立解除强制隔离戒毒人员后续照管工作指导站，有序开展后续照管工作。以“书香戒毒所”建设为载体，举办第九届“读书节”和“光明书香节”活动，举办读书报告会、读书征文、演讲比赛，营造学习氛围，

2015年，江苏省方强农场粮食总产47054吨，比历史最高纪录多4408吨　　张建生　摄

引导戒毒人员自律矫治，重塑人生。

【民生工程】 2015年，农场在职职工人均月增资200元。职工连续10年增资8%以上。开展爱老敬老活动，为124名80岁以上老人申报尊老金，全年发放尊老金近11万元。完善生活保障机制，帮扶困难职工生活，发放慰问金、困难救济金共20余万元，为18户21人申报领取低保金11.61万元；修订《职工补充医疗保险实施办法》，为100人次职工补充报销医疗费97万元。关心支持教育事业，向考取大专院校的职工子女发放助学金7.45万元。推进美丽家园建设，新建小区停车位膜结构车棚5处55个，栽植各类苗木1.5万余株。多方协调，开通省道316城乡区间公交，方便干部职工出行。定期开展排球、长跑、乒乓球等体育赛事，提升民警职工竞技水平和身体素质。年内，在大丰区第六届全民健身运动会中，农场获16个单项冠军和总分第一；包揽全省戒毒系统羽毛球比赛男女单打和双打5项冠军。

（戴鼎霖）

江苏省东坝头农场

【概述】 2015年，东坝头农场有7个农业大队、1个卫生所和8个企业，人口1500人，土地1300公顷，其中有898公顷无公害农产品生产基地。全年实现营业收入4298.5万元、利润1080万元，职工人均收入55251元，居民人均收入27015元。年内，农场被盐城市文明委和省文明委分别评为盐城市文明单位和江苏省文明单位。

2015年，江苏省东坝头农场被省文明委评为江苏省文明单位

【粮食产量提高】 2015年，农场调整种植模式，突破11年只种种稻、不种常规水稻的做法，组织人员赴垦区9个兄弟农场单位考察学习，着手种植常规稻；加强农业基础建设，投资480万元，为农业7个大队配备水稻育秧机械化流水线设备。同时加强各生产单位的内部管理，注重责任考核，强化田间管理。2015年，农场实现粮食总产16285吨，麦子平均每公顷产量7.6吨，水稻平均每公顷产量11吨，创历史新高，名列江苏农垦18个农场之首。

【林业生产】 2015年，农场认真谋划林业发展，对全场林地进行摸底调查，建立和完善林地档案资料，修订年度栽植计划和中长期发展规划。充分利用零星隙地扩增苗木，挖掘场内河边、沟边、渠边、路边、坡边，扩栽苗木6.67公顷，新植标准苗20多万株，做到见缝插绿，见空补绿，达到绿化、生态、效益于一体。扩增国有林地资源，对承包到期林带及时申报更新，新植意杨10公顷，国有新增苗木面积比2014年增长150%。

【农场基础设施建设】 2015年，农场投资500多万元，用于修建居住区道路、排水沟、公厕、浴室、道路亮化、饮水安全、环卫绿化、污水处理等10个方面的公共基础设施，提高职工生活质量，美化农场小城镇环境。

【职工外出承包】 2015年，农场继续引导骨干职工，以“骨干牵头、职工承包”的模拟股份制形式，到社会上承包土地。2015年，东坝头农场职工在大丰的华丰农场、沿海滩涂、射阳等地承包土地2000多公顷，参股承包职工200多人，最大的合作体承包面积400多公顷，促进职工增收，转移劳动力。

（朱红军）

〖编辑 刘洪芳〗

商明星

盐城市大丰区国土资源局局长、党委书记。江苏大丰人。男。1963年12月生。大学学历。中共党员。

自“六五”普法工作启动以来，商明星紧扣“法治国土”目标，带领干部职工积极投身普法工作，认真开展普法活动。商明星担任普法工作领导小组组长，明确分管领导具体抓、局法监科牵头抓、各部门配合抓的分工体系；各国土所、分局也组建普法联络员队伍，确保全系统“六五”普法工作的顺利开展。注重抓责任落实，“六五”普法之初，牵头制订大丰市国土资源局《法制宣传教育第六个五年规划（2011~2015）》，明确指导思想、工作目标和主要任务；每年年初均印发《法制宣传教育工作要点》《法治建设工作要点》《依法行政工作要点》，做到作为有范围、执法有依据、行政有约束；与各科室、各基层所负责人签订法治建设目标责任状，做到职责明确、责任到人、量化考核、奖惩兑现。

带头认真学习中央及省、市、区有关“六五”普法工作的文件，自觉领会精神实质和工作思路，大力推进领导干部法治教育制度化、规范化，完善党委中心组集体学法制度、班子成员带头学法讲法制度、法律知识考试考核制度，提高领导干部依法理政能力。突出加强系统公务员学法用法，提出“三个必看”（政策文件必看、领导讲话必看、电视新闻必看），把学习上级政策文件、法律法规作为首要学习任务；开展新进公务员轮岗学习、在岗公务员任职培训，举办公务员考试考核，以宪法和社会主义法治理念、维护社会稳定相关法律法规、普法干部学习读本、专业法律法规为重点，促进学法用法，提高了公务员依法行政能力。

坚持民主决策制度，做到重大事项内部会审、重大问题集体决策、重大政策专家咨询论证，提高了决策科学性和依法行政质量。坚持每周召开重要事项和重点工作协调会，通报情况；重大行政审批事项和重大违法案件处理等及时向上级请示报告，保证了法律法规的正确贯彻执行。

在他的领导推动下，“六五”普法期间，大丰国土资源局发放宣传资料12000多份，接受群众咨询300多次；向镇（区、园）领导宣传国土资源管理的法律法规和政策方针200多次，为法治国土建设营造了氛围，群众依法办事和依法维护自身合法权益的意识得到提高，全系统干部职工的法律素质以及运用法制思维解决问题的能力和水平增强，法制环境得到改善。大丰区国土资源局被国土资源部表彰为“六五”普法中期先进单位，被省国土厅表彰为推进依法行政工作先进单位等。2015年9月，商明星被国土资源部表彰为全国国土资源管理系统“六五”普法先进个人。

（仇杨华）

卞文乐

大丰区大中镇关工委主任。江苏大丰人。男。1947年2月生。大专。中共党员。

2001年4月，卞文乐从镇人大主席岗位上退下来后，谢绝多个薪水不低的企业邀请，任镇关工委主任。出任之初，面对7个村（居）关工委组织不健全、无专职主任的现状，多趟到村做工作。在他的努力下，全镇各村（居）都配备“五老”专职主任，加强了关心下一代工作队伍建设。2015年年底，全镇镇村两级关工委组成人员435人，“五老”志愿者队伍1787人。

多年来，卞文乐经常带领镇关工委办公室的工作人员，骑车深入基层，宣传政策，调查研究，了解情况，找品行不端、容易走上犯罪道路的青少年谈心。通过多次调查走访，发现失足青少年大多家庭教育存在问题，他针对这一情况，在全镇开展建设幸福家庭的专题教育活动，组织编写《争做负责家长，建设幸福家庭》宣讲稿，要求家长身体力行、树立良好家风，用良好的家风熏陶子女。此专题教育活动多年来一直坚持，收效较好。15年来，他身体力行，编写的领导讲话、宣讲材料、工作简介、基层单位先进事迹介绍等，累计50万字以上。

他倾心尽力地帮助特殊青少年，经常登门探望、资助钱物、交心谈心，使他们尽可能正常地学习、工作、生活，融入社会。2002年，市第五小学学生沈某因父母离婚，整日在外游荡。获悉这一情况后，卞文乐多方奔走，召集了沈某的相关亲人商定了沈某的生活、读书和监护事项，又为沈某联系学校，使其顺利转学。2004年，市第七中学的一对双胞胎学生的父母离异，作为抚养人的父亲又去世，双胞胎姐妹中途辍学。得知这一情况后，卞文乐与镇关工委的其他人员耐心说服已改嫁的双胞胎母亲继续当好监护人，后又协调公安局、民政局、学校，为姐妹俩迁户口、办低保、住校。姐妹俩初中毕业后，又为她们找到了工作。2005年，与民政局、镇拆迁办、砖瓦厂等单位联系，申请救济款，协调建房材料，帮助收养被遗弃女孩的龙福村倪姓困难家庭建起两间一厨的瓦房，并联系一企业资助他们日常用品。2005年，帮助无家可归的刑满释放青年陆某寄住在敬老院，助他考取电焊工上岗证；后又多次向市政府及房管局申请，帮他落实了一套46平方米的廉租房；2009年因陆某家庭成员增多，又帮他申请改换了面积较大点的廉租房。2014年，了解到因家庭原因随爷爷奶奶生活的新团初中学生周某有不良行为后，多次与周某谈心，与其爷爷奶奶沟通，并经常关注他的学习、生活，促使周某走上正道。近年来，像这样的问题青少年，卞文乐帮助了十多位，他们中的大多数都找到了工作，有的组建了家庭。2015年8月，卞文乐被中国关心下一代工作委员会、中央精神文明建设指导委员会办公室联合表彰为全国关心下一代工作先进工作者。

（区关工委供）

李　飞

大丰海港港口有限责任公司维修中心副主任。江苏大丰人。男。1983年4月出生。中专。

2001年，李飞从大丰广播电视大学港机专业毕业，2006年到大丰海港港口有限责任公司码头运转班实习。作为大丰港第一代门机操作手，10年来，李飞刻苦钻研业务，广泛搜集资料，参与制作码头作业工艺，确保安全快速地装卸货物，满足货主、码头作业要求。2011年8月8日，两艘6万吨以上印尼镍矿船舶靠泊大丰港，货主要求在10天内完成装卸。面对船期紧迫、气候变化大和12万吨的装卸任务，按期完成难度大。接到调度室的船舶信息后，李飞积极参与制订作业计划，认真进行作业分析，鼓励动员班组成员要按期完成。经过班组的努力，第一个班次作业就完成了近1.2万吨的装卸。在李飞班组的带动下，12万吨装卸任务10天内完成，创造了大丰港装卸史的第一次。2011年大丰港码头货物吞吐量1200万吨，其中二期码头货物吞吐量632.8万吨，李飞班组的作业量242万吨。

在做好本职工作的同时，李飞积极带动班组的其他成员向“星级班组”进军，把班组建设活动搞得有声有色。有些货主第一次到大丰港，对大丰港的装卸工艺、作业能力有所质疑。李飞就耐心地带领班组成员向货主解释，现场演示。很多货主因为亲眼看过李飞班组的现场作业，对大丰港产生信心，更有多个货主因为李飞班组慕名而来。经过班组成员的共同努力，李飞班组成为大丰港的一面旗帜，多次被评为公司先进班组。他本人也多次获得表彰：2012年，被大丰市委、市政府表彰为2011年度目标任务绩效考核先进个人，被省总工会授予江苏省五一劳动奖章；2013年3月，被省交通运输厅授予“江苏省交通技术能手”称号；2015年4月，被人力资源和社会保障部、交通运输部联合表彰为全国交通运输系统劳动模范。

（卞俊成　吴　荣）

顾　军

大丰区航道管理站政秘股副股长。江苏大丰人。男。1964年8月生。大专。中共党员。

顾军认真学习政治理论和业务知识，自觉践行社会主义核心价值观，严格以党员的标准要求自己，爱岗敬业；踏实做好宣传工作，挖掘航道建设发展中的新人新事，积极向新闻媒体投稿，大力宣传，年内有100

多篇报道被市级以上新闻媒体采用；认真做好航道管理站文明创建工作，台账资料收集整理质量较好，为航道管理站顺利通过盐城市2013~2014年文明单位的检查验收做好基础工作；所负责的办公室工作，井然有序，保障单位的良性运转。

顾军积极参加社会公益事业，乐于助人，关爱弱小。2007年8月开始第一次无偿献血，此后年年坚持无偿献血，10年来，共计无偿献血17次，累计献血5800毫升，超过一个成年人全身血液的总量。2015年3月，顾军被国家卫生和计划生育委员会、中国红十字会总会、中国人民解放军总后勤部卫生部联合授予“2012~2013年度全国无偿献血奉献奖铜奖”。

（柏红卫）

〖编辑　刘洪芳〗

新丰荷兰花海　　周古凯　摄

先进集体

国部级及所属机构

单　位	荣誉称号	授予单位
大丰区	2015年全国休闲农业与乡村旅游示范县	农业部、国家旅游局
大丰区大中镇恒北村社区	2015年度全国综合减灾示范社区	国家减灾委、民政部
江苏东方创意文化产业有限公司	2015年认定国家级工业设计企业	工业和信息化部
大丰区消费者协会	2014~2015年度全国消协组织先进集体	中国消费者协会
江苏煜衡律师事务所	2014年度服务无律师县活动突出贡献嘉奖	中华全国律师协会
大丰区	第二批全国信息进村入户试点县	农业部办公厅
大丰区市场监督管理局	2015年“书香质检”阅读活动先进集体	国家质量监督检验检疫总局办公厅
江苏东方创意文化产品有限公司	2015中国文化产业重点项目单位	文化部文化产业司

省及部门级

单　位	荣誉称号	授予单位
大丰市人民法院	人民满意的政法单位（集体一等功）	中共江苏省委、江苏省人民政府
江苏省盐城监狱	人民满意的政法单位（集体一等功）	中共江苏省委、江苏省人民政府

单　　位	荣誉称号	授予单位
大丰市	江苏省村级“四有一责”建设先进县（市、区）	中共江苏省委组织部、中共江苏省委农村工作领导小组办公室、江苏省经济和信息化委员会、江苏省财政厅、江苏省农业委员会
大丰市	第一批江苏省公共体育服务体系示范区	江苏省体育局
大丰区	2015年度现代民政示范县（市、区）	江苏省民政厅
大丰区	2015年度全省信访工作先进县（市、区）	江苏省信访工作联席会议
大丰市人民法院	2014年度全省预防青少年违法犯罪工作先进集体	省综治委预防青少年违法犯罪工作领导小组
大丰市财政局	全省法治财政标准化建设示范点	江苏省财政厅
江苏省盐城监狱	法治文化建设示范点	中共江苏省委宣传部、中共江苏省委省级机关工委、江苏省司法厅
江苏省盐城监狱	“共建共管共保安全活动”先进集体	江苏省人民检察院、中国人民武装警察部队江苏省总队、江苏省司法厅
大丰市档案局（馆）	2015年度档案宣传工作一等奖	江苏省档案局、江苏省档案学会
大丰区档案局（馆）	全省档案系统先进集体	江苏省档案局
大丰港经济开发区管委会	2015年度全省开发区信息工作先进单位	江苏省开发区协会
大丰经济开发区总工会	江苏省模范职工之家	江苏省总工会
大丰经济开发区司法所	2015年度“法网杯”社区矫正信息化应用竞赛优秀奖	江苏省司法厅
江苏正大丰海制药有限公司	全省厂务公开民主管理先进单位	江苏省厂务公开协调小组办公室
大丰区安全生产监督管理局	安全生产工作先进集体	江苏省安全生产监督管理局
大丰区安全生产监督管理局	2015年全省安全生产宣传工作先进单位	江苏省安全生产监督管理局
大丰区土地交易服务中心	青年文明号	共青团江苏省委
大丰区大中镇	2015年江苏省水美乡镇	江苏省水利厅
大丰区白驹镇人民调解委员会	2015年“法润江苏”系列专项活动先进集体	江苏省司法厅
大丰东方桃花洲	2015江苏最具特色乡村生态园区	江苏省旅游局、中国江苏网
大丰区大桥镇联丰村	江苏省新农村建设示范单位	江苏省广播电视总台（集团）

单　　位	荣誉称号	授予单位
大丰区白驹镇进步村	江苏省民主法治示范村	江苏省依法治省领导小组
大丰区大桥镇联丰村	江苏省民主法治示范村	江苏省依法治省领导小组
大丰区新丰镇长坍村	2015年度江苏省水美村庄	江苏省水利厅
大丰区新丰镇太兴村	2015年度江苏省水美村庄	江苏省水利厅
大丰区西团镇九一村	2015年度江苏省水美村庄	江苏省水利厅
大丰区大中镇光明村	2015年度江苏省水美村庄	江苏省水利厅
大丰区南阳镇广丰村	2015年度江苏省水美村庄	江苏省水利厅
大丰区白驹镇狮子口村	2015年度江苏省水美村庄	江苏省水利厅
大丰市麋鹿早酥梨专业合作社	2015年江苏省省级农民合作社示范社	江苏省农业委员会
大丰峰盛羊业专业合作社	2015年江苏省省级农民合作社示范社	江苏省农业委员会
大丰雪麋水稻专业合作社	2015年江苏省省级农民合作社示范社	江苏省农业委员会
大丰市鑫达蔬菜瓜果生产专业合作社	2015年江苏省省级农民合作社示范社	江苏省农业委员会
大丰市学萍粮棉专业合作社	2015年江苏省省级农民合作社示范社	江苏省农业委员会
大丰市三龙镇双富蔬菜专业合作社	2015年江苏省省级农民合作社示范社	江苏省农业委员会
大丰市森源苗木园艺家庭农场	2015年省级示范家庭农场	江苏省农业委员会
大丰市金红家庭农场	2015年省级示范家庭农场	江苏省农业委员会
大丰市鑫隆家庭农场	2015年省级示范家庭农场	江苏省农业委员会
大丰市万盈镇志富家庭农场	2015年省级示范家庭农场	江苏省农业委员会
大丰市佳丰油脂有限责任公司	江苏省省级农业产业化重点龙头企业	江苏省农业委员会
大丰虹达丝绸有限责任公司	江苏省省级农业产业化重点龙头企业	江苏省农业委员会
江苏神农大丰种业科技有限公司	江苏省省级农业产业化重点龙头企业	江苏省农业委员会
江苏金大丰种业有限公司	江苏省省级农业产业化重点龙头企业	江苏省农业委员会
江苏久禾生物科技发展有限公司	江苏省省级农业产业化重点龙头企业	江苏省农业委员会

单　　位	荣誉称号	授予单位
大丰市公安局斗龙港边防派出所	全省优秀公安派出所	江苏省公安厅
大丰区植保植检站	2015年度统防统治工作先进集体	江苏省植物保护站
大丰区农业机械技术推广站	2015年度江苏省农机推广工作先进单位	江苏省农业机械技术推广站
江苏省农业广播电视大学大丰分校	2015年度全省农民教育培训工作先进集体	江苏省农业广播电视学校、江苏省农民科技教育培训中心
大丰市航道管理站	2014年度全省航道系统创先争优活动先进单位	江苏省交通运输厅航道局
盐城大丰地方海事处	2015年度全省地方海事船检工作先进集体	江苏省地方海事局
大丰区国土资源局城南分局	巾帼文明岗	江苏省妇女联合会、江苏省城镇妇女“巾帼建功”活动领导小组
东方1号创意产业园	2015年度江苏省创业孵化示范基地	江苏省人力资源和社会保障厅
江苏东方创意文化产业有限公司	第二批省级众创空间备案名单	江苏省科学技术厅
东方1号创意产业园	第二届江苏省工业设计大赛优秀组织单位	江苏省经济和信息化委员会、江苏省工业设计协会
东方1号创意产业园	第二批江苏省重点文化产业园区	江苏省文化改革发展领导小组办公室
江苏东方创意文化产业有限公司	省级科技企业孵化器	江苏省科学技术厅
大丰创新设计有限公司	江苏省工业设计十佳创新型企业	江苏省经济和信息化委员会、江苏省工业设计协会
东方1号创意产业园	江苏省工业强省六大行动重点项目单位（生产性服务提速行动）	江苏省经济和信息化委员会
大丰区新能源淡化海水产业示范园区	2015年省工业旅游区（点）	江苏省旅游局
大丰区木材产业园	第三批省级农产品加工集中区	江苏省农业委员会
大丰东方桃花洲	2015年省四星级乡村旅游区	江苏省旅游局
大丰市农业委员会	优秀组织奖	2015长三角休闲农业与乡村旅游博览会组委会

盐城市级

单　　位	荣誉称号	授予单位
大丰区市场监督管理局	2013~2014年度盐城市文明单位标兵	中共盐城市委、盐城市人民政府
大丰市公安局侦破“2015·4·7”通榆河水污染案件联合专案组	集体二等功	盐城市人民政府

先进个人

国部级及所属机构

姓 名	单位职务	荣誉称号	授予单位
商明星	大丰市国土资源局局长	全国国土资源管理系统“六五”普法先进个人	国土资源部
卞文乐	大丰区大中镇关工委主任	全国关心下一代工作先进工作者	中国关心下一代工作委员会、中央精神文明建设指导委员会办公室
李　飞	大丰海港港口有限责任公司维修中心副主任	全国交通运输系统劳动模范	人力资源和社会保障部、交通运输部
顾　军	大丰区航道管理站副股长	2012~2013年度全国无偿献血奉献奖铜奖	国家卫生和计划生育委员会、中国红十字会总会、中国人民解放军总后勤部卫生部
宗永林	江苏煜衡律师事务所副主任	2014年度服务无律师县突出贡献奖	中华全国律师协会

省及部门级

姓 名	单位职务	荣誉称号	授予单位
王正洪	大丰区白驹镇狮子口村党总支书记	吴仁宝式优秀村书记	中共江苏省委组织部、中共江苏省委宣传部
李元祥	大丰区白驹镇老干部支部书记	全省离退休干部先进个人	中共江苏省委组织部、中共江苏省委老干部局
戚月兰	大丰区档案局局长	全省档案系统先进工作者	江苏省人力资源和社会保障厅、江苏省档案局
周　俊	大丰区城东新区管委会主任	江苏省工业设计十佳推进人物	江苏省经济和信息化委员会、江苏省工业设计协会
褚国栋	大丰市港口局局长、党组书记，大丰港经济开发区管委会主任	2014年度江苏省沿海开发工作先进个人	江苏沿海地区发展领导小组办公室
杨一峰	大丰市发改委副主任、沿海办副主任	2014年度江苏省沿海开发工作先进个人	江苏沿海地区发展领导小组办公室
练学娟	大丰市公安局指挥中心副主任	江苏杰出女警、江苏省三八红旗手、个人二等功	江苏省公安厅、江苏省妇女联合会
周正群	大丰区委农工办副主任	2015年度全省农工办系统先进工作者	中共江苏省委农村工作领导小组办公室、江苏省扶贫工作领导小组办公室
宋　双	大丰区港口管理局副局长	2012~2014年度全省交通运输行业精神文明建设先进工作者	中共江苏省交通运输厅党组、江苏省交通运输厅
刘文萍	大丰区档案局副局长	2015年度全省档案宣传工作先进个人	江苏省档案局、江苏省档案学会

姓 名	单位职务	荣誉称号	授予单位
柏红卫	大丰区航道管理站站长	2015年全省交通运输行政执法评议考核优秀执法人员	江苏省交通运输厅
蔡惠民	大丰区人防办副主任	民防宣传报道先进个人	江苏省民防局
顾洪涛	大丰区扶贫办科长	2015年度全省扶贫办系统先进工作者	中共江苏省委农村工作领导小组办公室、江苏省扶贫工作领导小组办公室
周刁才	盐城市大丰区公安局巡特警大队教导员	全省公安机关抗战胜利70周年纪念活动安保工作成绩突出个人	江苏省公安厅
徐建军	大丰市人民法院法警	天平奖章	江苏省高级人民法院政治部
孙 勇	大丰港经济开发区管委会办公室副主任	2015年度全省开发区信息工作先进个人二等奖	江苏省开发区协会
杨 彪	大丰经济开发区宣传干事	2015年度全省开发区信息工作先进个人三等奖	江苏省开发区协会

盐城市级

姓 名	单位职务	荣誉称号	授予单位
陈春慧	大丰区行政审批局社会审批科科长	2015年度全市"十佳服务明星"	中共盐城市委、盐城市人民政府
杨荣富	大丰市白驹镇党委书记	2015年全市优秀党务工作者	中共盐城市委
郑华金	大丰市公安局副局长	个人二等功	盐城市人民政府
卢定平	大丰市公安局治安管理大队大队长	个人二等功	盐城市人民政府

盐城市大丰区2015年度综合考核结果

一、综合先进

大中镇　新丰镇　万盈镇　白驹镇　刘庄镇　草堰镇
小海镇　经济开发区　大丰港经济开发区
常州高新区大丰工业园
光明食品工业园（沪苏大丰产业联动集聚区）
苏盐沿海合作开发园区　盐城经济开发区临港产业园
专业市场集聚区　木材产业园　高新技术区
华丰工业园（海洋生物医药产业园）
电子信息产业园　风电产业园
新能源淡化海水产业示范园区　科技局　住建局
发改委　商务局　安监局　财政局　经信委　审计局
环保局　旅游局　水利局　人社局　城管局　民政局
公安局　法院　检察院　编办　口岸委　档案局
信访局　国税局　地税局　国土局　供电公司
移动公司　消防大队
盐城出入境检验检疫局大丰港办事处　人行
农村商业银行　江苏银行　工行

二、单项工作先进

1. 招商引资和项目推进工作

大丰港经济开发区　经济开发区
常州高新区大丰工业园
光明食品工业园（沪苏大丰产业联动集聚区）
大中镇　新丰镇　刘庄镇　草庙镇　小海镇
专业市场集聚区　高新技术区　木材产业园
电子信息产业园　重型装备产业园　发改委
经信委　人社局　商务局　境外招商一局
海洋生物产业招商局　石化产业招商局

上海七站　上海十站　上海十三站

2. 工业经济和转型升级工作
经济开发区　大丰港经济开发区
常州高新区大丰工业园
新丰镇　大中镇　万盈镇　草庙镇　小海镇
草堰镇　风电产业园
盐土大地海洋生物产业科技园　高新技术区

3. 开放型经济工作
大中镇　经济开发区　大丰港经济开发区
高新技术区　常州高新区大丰工业园
新丰镇　西团镇　白驹镇

4. 载体建设工作
大丰港经济开发区　经济开发区
常州高新区大丰工业园　高新技术区
东方1号创意产业园　麋鹿生态旅游度假区
大中镇　新丰镇

5. 农业现代化和统筹城乡发展工作
大中镇　新丰镇　万盈镇　白驹镇　南阳镇
西团镇　草堰镇　三龙镇　大桥镇
大中镇恒北村　三龙镇斗龙港村　草庙镇东灶村
小海镇海团村　大桥镇洋南村　刘庄镇友谊村
★“3+1”工程和村庄环境整治工作
新丰镇　西团镇　大中镇　白驹镇　小海镇
三龙镇　南阳镇

6. 民生幸福和社会事业工作
万盈镇　草堰镇　大中镇
区职工医疗保险基金管理中心
区青少年活动中心　大丰人民医院
区烈士陵园管理处
区歌舞团　市场监管局新丰分局
区奥林匹克体育中心　民政局　财政局

7. 新型城镇化和城市建设管理工作
新丰镇　大中镇　万盈镇　刘庄镇　草庙镇
草堰镇　小海镇　经济开发区　高新技术区
大丰港经济开发区　环保局　公安局
市场监管局
★基础设施建设工作
大中镇　万盈镇　小海镇　大丰港经济开发区
经济开发区　城东新区　住建局

8. 生态文明建设工作
大中镇　新丰镇　白驹镇　小海镇　草堰镇
大丰港经济开发区　水利局　农委　卫计委
检察院

9. 政法综治工作
大中镇　草堰镇　万盈镇　草庙镇　住建局
人社局　公安局　安监局　法院　检察院

10. 信访稳定工作
白驹镇　刘庄镇　大中镇　南阳镇　西团镇
草堰镇　经济开发区　高新技术区　公安局
人社局　住建局

11. 党建创新工作
新丰镇　大中镇　刘庄镇　经济开发区
大丰港经济开发区　教育局　人社局　发改委
文广新局　科技局　市场监管局　财政局

12. 宣传思想和文化发展工作
大中镇　白驹镇　草堰镇　经济开发区
住建局　卫计委　教育局　民政局　人社局
审计局　安监局　供电公司

13. 反腐倡廉和作风建设工作
南阳镇　刘庄镇　白驹镇　小海镇　审计局
检察院　农委　公安局　文广新局　财政局
安监局　城管局　地税局

14. 服务发展创新创优和深化改革工作
农委　项目办　市场监管局　粮食局　海洋局
港口局　卫计委　统计局　供销总社
行政审批局　人防办　住房公积金管理部
司法局　体育局　科协　总工会　团区委　妇联
党校　统战部（侨联）　老干局　党史办
联通公司　浦发银行　盐城边防检查站
盐城海关驻大丰港办事处　大丰海事处
气象局　烟草局　电信公司
★区级机关十佳服务窗口
国土局窗口　住建局窗口　卫计委窗口
农委窗口　地税局窗口　市场监管局窗口
水利局窗口　发改委窗口　安监局窗口
环保局窗口

15. 百项重点工程推进工作
大丰港经济开发区　港口局　经济开发区
住建局　高新技术区　项目办　服务业办
农工办　旅游局
★“三重”推进工作
交通运输局　大丰港城　水利局　口岸委
环保局　旅游局
★沿海开发重点项目（工程）建设工作

木材产业园　大丰港城　港口局　沿海办
中汽中心盐城汽车试验场有限公司
大丰和顺电子有限公司
江苏明月海洋生物科技有限公司

16. 财税贡献奖
镇区:
大丰港经济开发区　经济开发区
常州高新区大丰工业园
大中镇　刘庄镇　草堰镇
部门:
港区财税分局
大中镇财政所
财政局国库科
大丰区国家税务局第一税务分局
大丰区国家税务局第三税务分局
大丰区国家税务局第五税务分局
大丰区地方税务局第一税务分局
大丰区地方税务局第三税务分局
大丰区地方税务局第四税务分局
中国人民银行大丰区支行国库会计股
★企业突出贡献奖
江苏辉丰农化股份有限公司
江苏正大丰海制药有限公司
江苏金风科技有限公司
江苏丰东热技术股份有限公司
大丰海聆梦家纺有限公司
江苏南车电机有限公司
江苏博汇集团
江苏金羚纸业有限公司
大丰丰泰流体机械科技有限公司
大丰海嘉诺药业有限公司
百威英博大富豪(盐城)啤酒有限公司
现代(盐城)工程塑料有限公司
江苏兄弟维生素有限公司
中电大丰风力发电有限公司
大丰广振汽车部件有限公司
大丰鑫源达化工有限公司

17. 国有企业贡献奖
江苏大丰海港控股集团有限公司
江苏大丰沿海开发集团有限公司
区城建国有资产经营有限公司

18. 全民创业和镇村经济发展工作
大中镇　白驹镇　小海镇　刘庄镇　草堰镇
大中镇泰西村　大中镇阜南村　新丰镇引水村
新丰镇大团村　三龙镇前进村　白驹镇狮子口村
小海镇江北村　万盈镇文达村　草堰镇西渣村
刘庄镇竞赛村　南阳镇城乡村　大桥镇洋南村
草庙镇川东居委会　西团镇大龙居委会

19. 科技创新工作
大中镇　西团镇　南阳镇　小海镇　草堰镇
白驹镇　经济开发区　大丰港经济开发区
高新技术区

20. 人才工作
小海镇　大中镇　经济开发区
大丰港经济开发区
高新技术区　江苏正大丰海制药有限公司
江苏辉丰农化股份有限公司
江苏金风科技有限公司

21. 安全生产工作
西团镇　小海镇　草堰镇　刘庄镇　大中镇
公安局　卫计委　教育局　文广新局

22. 服务业发展工作
大中镇　万盈镇　新丰镇　白驹镇　三龙镇
经济开发区　大丰港经济开发区　高新技术区
专业市场集聚区

23. 旅游业发展工作
新丰镇　大中镇　白驹镇　草堰镇　草庙镇
大桥镇　大丰港经济开发区
麋鹿生态旅游度假区　中华麋鹿园
荷兰花海度假区

24. 人民武装工作
新丰镇　大中镇　西团镇　南阳镇
大丰港经济开发区　大桥镇

25. 人口和计划生育工作
西团镇　白驹镇　万盈镇　大中镇　人社局
财政局　公安局　文广新局
三龙镇计生服务中心　小海镇计生服务中心
南阳镇计生服务中心　大桥镇计生服务中心

三、先进个人

1. 综合先进个人
镇：
草堰镇：夏红霞　商明华　王怀珠　钱　军　陈加勤
王　平　宗亚芹　杨　艳
白驹镇：杨荣富　王志建　葛余柏　胡　凯　董启荣
陈纪亚　曹　映　李康恩
刘庄镇：冯银芳　朱晓春　申友益　朱建鹏　王生平
束长云　陈　科　孙海华

西团镇：吴君祥　殷亚萍　陈长松　袁　元　施国林　乔圣兵
小海镇：骆　顺　陈杰峰　顾松平　纪国安　朱银丽　沈根法　刘天志　董加旺
大桥镇：周　瑾　金文存　陈长根　张清儒　施雨华　邹小燕
草庙镇：张　津　石　曙　王龙生　殷　平　陈书明　杨应忠
万盈镇：仇兆华　薛文杰　陈纪忠　苏爱群　沈苏珍　陈　勇　丁善香　李兴祥
南阳镇：周红霞　吴锦春　张长松　施　瑶　茅晓泉　潘克红
三龙镇：单宏祥　丁旭明　杨立忠　薛庆阳　刘　成　孙其林
新丰镇：李实业　仇　飞　徐　辉　徐同美　沈　娟　陈汉存　王友宏　黄卫东
大中镇：沈　刚　席　刚　许春华　蔡永连　朱永祥　赵海雯　卞友权　刘新平　邓翠华　朱红霞

区（园）：
钱　江　褚国栋　潘仁山　李国华　智　捷　陈　锋　管宏贵　张渊涛　陆卫红　王继勇　林　雁　陈雨晴　吴光辉　金桂华　程　功

区直部门：
陈苏萍　顾国华　曹建伟　陆　斌　严如鹏　陈良忠　刘桂先　卞松岭　程　维　沈明智　杨进达　夏恒林　陶　耸　季明珍　王亚东　成秋生　汤云庆　石永明　孟祥龙　王海涛　张　辉　朱　亮　张春山　唐亚标　张锦生　戚月兰　陈　林　王世华　周克标　商明星　金　海　葛华根　冯桂书　郭　雷　钱利民　钱　成　李　芸　卞玉叶　李纪荣　顾海燕　赵文辉　丁　扬　陈书岷　郭治中　姜正清　陈　茵　陆一川　陈　伟　曹锦平　黄海峰　任仕明　季祥华　吴　卫　陈　林　潘正忠　郑华金　郑　刚　朱梅芳　周雪晴　葛玉贵　顾龙林　杨照兵　周传邦　吴慧露　孟　宇　景　曙　周锐进　种修环　晁心华　陆怀军　束方平　印荣华　杨　波　徐新和　朱　辉　陈碧颖　韦　伟　丁虎翼　周海松　刘　蕾　吴　诚　宗晓荣　冯慧琴　陈　健　陆艳梅　徐汉文　杨红清　朱　坚　戚立国　刘晓生　王　波　朱司明　冯永生　肖龙山　陶益丰　朱晓萍　王婷婷　陈祚宏　仲　程　李平芳　唐春银　金海涛　周克平　杨进东　赵小蓉　夏晓林　黄九兵　徐耀之　刘桂生　奚志宏　沈剑峰　张才富　赵金龙　邹　进　王广洪　徐国臻　张　霞　刘龙斌　骆银凤　沈海燕　朱鹏远　朱国平　朱金瑜　朱晓东　王　艳　李慧娟　唐秀华　杨国栋　陈　白　沈金宏　陈剑华　冯嫣羚　曹金阳　陈　恺　卢逢刚　冯存珠　周雪梅　唐曙涛　赵晓颖　张明安　刘海滨　陆　周　丁楚兰　智月娟　房金钺　宋文贵　袁海兵　韦爱华　杨维平　刘国琴　顾卫东　杨　伟　施　斌　徐　荣　张才志　陈东岗　朱加国　何银喜　吴琛琛　吴　健　朱永进　戚荣亮　蔡　芹　张晓龙　杭晓燕　贺玉慧　张　彤

2. 项目推进招商引资先进个人
袁　宏　蔡　宁　施晓钟　顾剑辉　李　锋　石晓虎　陈惠娟　金钟宏　吕文斌　武　尚　徐仕林　杨　娟　陈云平　吴少平　姜小平　朱晓峰　宋金鑫　张建军　朱寿海　王志军　仲爱军　杨　俊　孔晓荣　密　云　黄典礼　袁　伟　郁　峰　臧鹏程　冯　赟　丁爱军　孙　平　李坤洋　韦　峰　吉　健　臧龙生　夏　冰　褚国东　沈韶霞　彭金明　景仰列　苏国存　黄永健　朱义平　朱爱祥　唐　军　朱国华　金干生　沈月飞　刘广金　马沈春　杨爱斌　吴红俊　夏存海　丁卫伟　张　卉　纪建军　周　青　杜国美　陆玉婷　聂青松　李凤琴　骆文喜　陈春芹　张　冰　龚　辉　董海霞　潘焕毅　陈金龙　黄　萍　黄晓巍　周　俊　朱广云　周　健　蔡晓翼　朱林康　周　航　高金荣　陈月华　葛　栋　李晓娟　沈　文　周立新　邱　鹏　董　慧　宣　蓉　许荣军　刘亚和　徐　刚　陈劲松　刘素芹　邓　鹂　刘汉权　蒋美萍　陆进红　周善余　胡晓荣　潘　勇　魏蓝蓝　黄　斌　袁兴平　王俊鸿　陈新中

3. 信访稳定先进个人
吴明甲　刘正昌　李宏斌　张英武　陈　兵　周利民　冯国才　谢　维　唐金鑫　杜正华　柏传卫　吴建卫　成　星　刘国林　何　宇　朱红斌　陈艳华　王天霞　胡德玉　吴啸波　戴子朋　陈晓兵　袁晓雪　陈国林　仇海峰　李小武　李立祥　马战华　陈金红　吴有进　顾建忠　陈　烨　宗建华　储冬生　徐远峰　韩志勇　柏汉山　陆永丰

〖编辑　丁彩前〗

中共盐城市大丰区委员会文件目录（摘要）

01-15 关于印发《大丰港经济开发区政企分开方案》的通知
01-21 关于全面推进依法治市的实施意见
01-23 关于加快新一轮大丰港发展的实施意见
01-27 中共大丰市委全委会工作规划（试行）
01-29 关于确定“大丰市第四批创新创业领军人才引进计划”资助对象的决定
01-29 关于表彰2014年度全市人才工作先进集体和先进个人的决定
01-29 关于表彰2013~2014年度大丰市全民科学素质工作先进集体和先进个人的决定
02-04 关于表彰“十佳政法单位”“十佳政法干警”的决定
02-11 关于进一步加强自身建设的意见
02-13 关于深化农村改革创新推动农业现代化工程建设迈上新台阶的意见
02-13 关于进一步深化平安大丰建设的意见
02-13 关于印发《盐城市党风廉政建设责任制检查反馈中有关意见和建议的整改措施》的通知
02-16 关于表彰2014年度全市综合考核先进集体和先进个人的决定
02-21 关于授予宋银生等30名同志大丰市“创业之星”的决定
02-25 印发《关于开展“作风建设深化年”活动的实施意见》的通知
02-26 印发《关于建立健全深化全国文明城市创建长效机制的意见》的通知
03-05 关于印发《大丰市政府职能转变和机构改革实施意见》的通知
03-24 关于切实帮扶暂时困难企业稳定发展的意见
03-30 关于明确市四套班子领导挂钩服务规模骨干企业的通知
03-30 关于实施大丰市“616”人才引进三年行动计划的意见
05-04 关于印发《大丰市各镇、大丰经济开发区、大丰港经济开发区党委党建工作责任清单》的通知
06-01 印发《关于策应“一带一路”战略，推动大丰沿海新一轮大发展的实施意见》的通知
06-26 关于表彰先进基层党组织、优秀共产党员和优秀党务工作者的决定
06-28 关于加快工业转型升级的实施意见
06-28 关于加快镇村经济发展的意见
07-17 关于全市2015年下半年主要经济指标目标任务分解的通知
08-13 关于促进全市园区转型发展的实施意见
08-13 关于颁发首届“麋鹿文化奖章”的决定
08-20 关于切实做好区划调整工作的实施意见
08-21 关于贯彻落实《中共盐城市纪委、盐城市监察局关于严明大丰撤市建区有关纪律的通知》的通知
08-21 关于大丰市相关部门行政许可事项（第一批）划转至市行政审批局的通知
08-27 关于区划调整机构更名的通知
09-08 关于表彰盐城市大丰区“十佳师德标兵”“十佳班主任”“十佳校长”的决定
09-11 印发《关于认真落实全面从严治党要求的规定》的通知
09-14 关于推动全区文化建设迈上新台阶的实施意见
09-18 关于聚精会神推进沿海发展实现沿海开发新跨越的实施意见
10-20 关于印发《盐城市大丰区委关爱道德典型实施办法（试行）》的通知
11-23 关于加强镇人大工作和建设的实施意见
12-18 关于进一步加强全区村党组织书记队伍建设的意见
12-22 关于大丰区相关部门行政许可事项（第二、三批）划转至区行政审批局的通知
12-31 关于制定大丰区国民经济和社会发展第十三个五年规划的建议

盐城市大丰区人大常委会文件目录（摘要）

01-30 关于印发《2015年工作要点》的通知
03-30 关于人才和就业工作情况报告的审议意见
03-30 关于我市新型农业经营主体发展工作情况报告的审议意见
06-02 关于对市人民政府贯彻实施《江苏省物业管理条例》情况报告的审议意见
06-02 关于通过《大丰市生态文明建设规划（2015~2021）》的决定
06-02 关于全市促进企业技术进步工作情况报告的审议意见
06-03 关于渎职侵权检察工作情况报告的审议意见
07-15 关于通过《大丰市人民政府关于提请建设新水源地的报告》的决议
07-25 关于批准2014年市本级财政决算的决议
07-25 关于批准调整全市“十二五”规划部分经济指标的决议
07-27 关于2014年市本级财政决算情况和审计工作报告的审议意见
07-27 关于上半年国民经济和社会发展计划执行情况报告的审议意见
08-20 关于大丰区划调整涉及相关事项的决定
10-20 关于供电公司专项工作的评议意见
10-30 关于区环保局专项工作评议的意见
11-26 关于争先创优表彰的决定
12-04 关于《农村畜禽养殖污染综合治理情况的汇报》的审议意见
12-10 关于对区人民政府贯彻实施《中华人民共和国农产品质量安全法》情况报告的审议意见

盐城市大丰区人民政府文件目录（摘要）

01-12 关于成立新王竹围垦项目建设工作领导小组的通知
01-16 关于表彰2014年度全市安全生产工作先进集体和先进个人的决定
01-19 关于表彰2014年度城建交通工作先进集体和先进个人的决定
01-20 关于进一步加强耕地占补平衡项目库建设工作的通知
01-20 关于进一步加强省以上投资土地整治项目管理工作的通知
01-20 关于强化工业项目用地管理切实提高节约集约用地水平的通知
01-20 关于表彰2014年度财税工作综合先进单位和先进个人的决定
01-22 关于表彰2014年度全市科技工作先进集体和先进个人的决定
01-22 关于表彰2014年度大丰市科技进步奖的决定
01-27 关于2015年为民办实事工程的通知
01-30 关于成立大丰市创建省级公共体育服务体系示范区领导小组的通知
02-09 关于表彰2014年度全市民政暨残疾人工作先进集体和先进个人的决定
02-10 关于促进全市现代服务业发展的意见
02-11 关于表彰2014年度全市卫生工作先进集体和先进个人的决定
02-11 关于表彰2014年度服务业项目推进先进集体和先进个人的决定
02-12 关于表彰2014年度全市体育工作先进集体和先进个人的决定
02-13 关于组建江苏大丰沿海开发集团的通知
02-13 关于表彰2014年度全市农业农村工作先进集体的决定
02-15 关于市政府领导成员工作分工的通知
02-17 关于加快电子商务发展的实施意见
02-26 关于表彰2014年度积案化解工作先进集体和先进个人的决定
02-26 关于成立大丰市土地利用总体规划调整完善工作领导小组的通知
02-27 关于表彰2014年政务公开工作先进集体和先进个人的决定
03-05 关于下达2015年就业创业、社会保险和劳动监察工作目标的通知
03-05 关于表彰2014年度全市人力资源和社会保障工作先进集体和先进个人的决定
03-12 关于成立大丰市道路交通事故社会救助基金工作协调领导小组的通知
03-13 关于表彰2014年度全市食品药品安全工作先进集体和先进个人的决定
03-18 关于深入推进依法行政加快建设法治政府的实施意见
03-21 关于表彰2014年度全市旅游工作先进集体和先进个人的决定
04-08 关于表彰2014年度市人大代表建议和政府提案办理工作先进集体和先进个人的决定
04-10 关于成立大丰市稻麦原种场改制工作领导小组的通知
04-13 关于成立大丰市绿色建筑工作领导小组的通知
04-14 关于成立市大数据产业发展领导小组的通知

04–16 关于成立建设群众满意的乡镇卫生院领导小组的通知
04–17 关于表彰2014年度全市文化广电新闻工作先进集体和先进个人的决定
05–07 关于成立全市涉农资金专项整治行动领导小组的通知
05–15 关于成立大丰市通榆河饮用水源地综合整治工作领导小组的通知
05–18 关于成立大丰市永久基本农田划定工作领导小组的通知
05–22 关于公布第二批市县级非物质文化遗产名录和代表性传承人名单的通知
05–25 关于2015年秸秆综合利用工作的实施意见
05–26 关于印发简政放权完善政务服务体系“5张清单”的通知
06–10 关于成立大丰市镇村公交发展工作领导小组的通知
06–15 关于鼓励和支持市高新技术区发展的若干改革意见
06–23 关于印发大丰市生态文明建设规划（2015~2021）的通知
06–23 关于成立市校车安全工程实施领导小组的通知
06–28 关于成立大丰市海洋生态文明建设示范区创建工作领导小组的通知
06–29 关于成立居家养老服务工作领导小组的通知
07–20 关于成立大丰市气象灾害防御工作领导小组的通知
07–24 关于加强畜禽屠宰行业监管管理工作的意见
08–03 关于成立大丰市“清洁乡村”行动领导小组的通知
08–07 关于成立江苏大丰港滩涂综合开发试验区筹建工作领导小组的通知
08–08 关于成立大丰市创建江苏省食品安全城市工作领导小组的通知
08–26 关于大丰市人民政府所属机构名称和干部职务名称变更的通知
09–10 关于成立大丰区全民参保登记工作领导小组的通知
09–12 关于成立大丰区“十三五”规划专家咨询委员会的通知
09–22 关于加强文化建设迈上新台阶政策扶持的若干意见
09–23 关于推进新型城镇化建设促进房地产市场转型发展的实施意见（试行）
09–24 关于成立盐城市大丰区行政审批局及戴珺等同志任职的通知
09–24 关于成立卫计委及丁扬等同志任职的通知
09–28 关于成立区农村危房改造工作领导小组的通知
09–28 关于成立区以船为家渔民上岸工作领导小组的通知
10–30 关于2015年秋播农业结构调整的工作意见
11–09 关于建立健全政府法律顾问制度的意见
11–14 关于对《2015年秸秆综合利用工作实施意见》部分内容进行调整完善的通知
11–16 关于印发盐城市大丰区城市生活垃圾处理费征收管理办法的通知
11–16 关于成立盐城市大丰区农村产权交易监督管理委员会的通知
11–16 关于公布城镇基准地价更新成果的通知
12–09 关于印发大丰区区级行政权力事项目录清单管理办法（试行）的通知
12–09 关于印发进一步深化行政审批制度改革加强事中事后监管的意见（试行）的通知
12–09 关于印发盐城市大丰区简政放权放管结合转变政府职能工作方案的通知
12–09 关于2016年度水利建设工作的意见
12–21 关于成立盐城市大丰区荷兰花海旅游度假区管理委员会及仇飞等同志任职的通知
12–21 关于成立未成年人社会保护和适度普惠型儿童福利制度工作领导小组的通知
12–23 关于设立“盐城市大丰区通达交通服务有限公司”的通知
12–23 关于促进工业经济稳增长的政策意见
12–30 关于印发《盐城市大丰区级依法行政示范点管理办法》的通知
12–30 关于加强城区禁（限）放烟花爆竹工作的通知
12–30 关于第一批清理规范25项行政审批中介服务事项的决定
12–31 关于2016年全区造林绿化工作的意见
12–31 关于全面建立住房公积金制度的实施意见

政协盐城市大丰区委员会文件目录（摘要）

01–14 关于表彰2014年度全市政协工作先进集体和先进个人的决定
05–14 关于加快推进转型升级、内涵发展、绿色增长的建议案
06–03 中共政协大丰市委员会党组关于成立市政协“三严三实”专题教育活动领导小组的通知
09–15 关于我区“十三五”规划编制工作的建议案

〔编辑　丁彩前〕

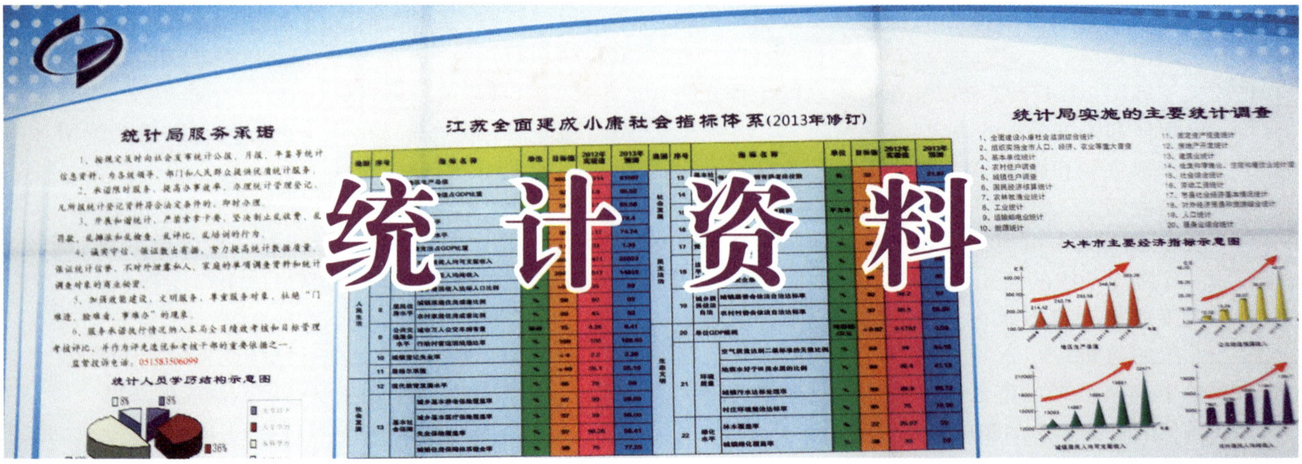

大丰主要经济指标在全省、苏中、苏北的位次

表57　（2015年）

指　标	在全省42个县（市）的位次	在苏中11个县（市）的位次	在苏北21个县（市）的位次
地区生产总值	21	9	5
第一产业增加值	8	2	7
第二产业增加值	24	10	5
第三产业增加值	20	9	4
人均地区生产总值	14	5	1
一般公共预算收入	12	4	3
人均一般公共预算收入	7	1	1
一般公共预算收入中的税收收入	12	4	3
固定资产投资	23	10	6
粮食产量	17	5	13
油料产量	5	3	3
棉花产量	5	3	3
工业用电量	11	2	2
社会消费品零售总额	22	8	7
出口总额	15	8	1
实际利用外资	16	8	2
全体居民人均可支配收入	20	9	2
城镇常住居民人均可支配收入	22	11	2
农村常住居民人均可支配收入	14	4	2

注：本表为大丰区在全省42个县（市）、苏中11个县（市）及苏北21个县（市）中的排名

国民经济与社会发展总量与速度指标

表58

指 标	总 量 指 标						环 比 速 度 指 标%					
	2010年	2011年	2012年	2013年	2014年	2015年	2010年	2011年	2012年	2013年	2014年	2015年
一、人口(万人)												
年末总人口	72.54	72.53	72.53	72.54	72.54	71.72	0.2	−0.01	–	0.01	–	−1.1
常住人口	70.67	70.33	70.12	70.17	70.19	70.32	1.8	−0.5	−0.3	0.07	0.03	0.2
二、就业(万人)												
单位从业人数	6.28	6.28	6.55	7.27	6.18	5.83	10.1	0.2	4.3	11.0	−15.0	−5.6
国有经济	2.28	2.26	2.23	2.34	2.26	2.20	2.3	−0.9	−1.3	4.9	−3.4	−2.4
城镇集体	0.23	0.23	0.23	0.15	0.15	0.14	0.9	4.5	0.0	−34.8	–	−7.8
其他经济	3.77	3.79	4.09	4.79	3.77	3.48	16.0	0.5	7.9	17.1	−21.3	−7.5
三、国民经济核算(亿元)												
地区生产总值	293.58	346.96	393.36	443.52	486.70	535.11	13.7	14.0	13.6	13.4	12.1	11.1
第一产业增加值	52.17	57.90	63.34	68.60	68.68	75.36	3.3	4.1	4.0	3.2	3.5	3.9
第二产业增加值	128.63	153.39	173.82	194.15	204.42	214.44	17.8	17.5	16.9	16.6	13.5	11.5
工业	110.03	131.51	151.25	168.43	175.65	184.49	18.1	18.0	18.4	17.9	13.9	10.7
第三产业增加值	112.78	135.67	156.20	180.77	213.60	245.31	14.0	14.8	13.9	13.5	12.0	13.0
人均地区生产总值(元)	41910	49217	56014	63229	69350	76167	13.5	13.9	13.8	13.3	12.1	11.0
四、工业(亿元)												
规模以上工业总产值	381.41	419.43	564.17	657.95	727.31	840.88	27.1	29.9	34.5	17.5	15.2	15.6
规模以上工业主营业务收入	378.83	416.95	557.02	689.06	741.08	785.93	26.8	30.3	33.6	20.5	9.0	6.1
规模以上工业增加值	97.80	105.24	130.55	157.95	176.48	209.79	16.2	15.8	17.8	17.4	13.9	11.8
工业用电量(亿千瓦时)	14.32	17.10	28.02	39.62	44.62	41.29	6.0	19.4	63.9	41.4	12.6	−7.5
五、主要工业产品产量(规模以上)												
合成氨(万吨)	9.90	13.59	14.07	13.89	13.30	1.80	−18.8	37.3	3.5	−1.3	−4.2	−86.5
尿素(万吨)	11.81	8.51	9.00	8.27	7.28	0.89	16.0	−27.9	5.8	−8.1	−12.0	−87.8
纱(万吨)	10.31	11.13	12.43	11.56	9.76	8.87	6.7	8.0	11.7	−7.0	−15.6	−9.1
布(万米)	17894	14903	15997	15867	12447	12623	−5.0	−16.7	7.3	−0.8	−21.6	1.4
丝织品(万米)	330	380	432	543	119	120	−2.9	15.2	13.7	25.7	−78.1	0.8
六、固定资产投资(亿元)												
固定资产投资	205.9	177.09	217.7	255.60	322.67	394.95	26.5	23.3	22.4	23.4	24.7	22.4
工业投资	118.12	117.89	143.24	163.98	194.91	237.55	25.6	20.7	21.4	17.5	21.6	20.6

续表58

指标	总量指标						环比速度指标%					
	2010年	2011年	2012年	2013年	2014年	2015年	2010年	2011年	2012年	2013年	2014年	2015年
七、农业（亿元）												
农林牧渔业总产值	124.51	135.09	145.54	155.41	162.02	166.79	8.0	8.5	7.7	6.8	4.3	2.9
农业	74.48	67.18	70.32	74.10	78.91	81.31	9.3	-9.8	4.7	5.4	6.5	3.0
林业	2.2	2.79	3.10	3.38	3.84	4.12	0.9	26.8	11.0	9.0	13.6	7.3
牧业	18.68	31.18	34.72	36.27	34.67	34.71	15.5	66.9	11.4	4.5	-4.4	0.1
渔业	20.87	24.81	27.84	31.15	33.88	35.61	0.3	18.9	12.2	11.9	8.8	5.1
农林牧渔业服务业	8.28	9.12	9.56	10.51	10.72	11.04	3.5	10.1	4.8	9.9	2.0	3.0
八、主要农产品产量												
粮食（万吨）	77.44	76.09	77.64	77.92	79.26	79.94	13.8	-1.7	2.0	0.4	1.7	0.9
棉花（万吨）	4.72	4.53	4.27	4.16	2.59	0.87	14.6	-4.0	-5.7	-2.6	-37.6	-66.4
油料（万吨）	6.24	5.2	7.11	6.19	5.84	5.19	-9.2	-16.6	36.6	-12.9	-5.6	-11.1
生猪年末存栏数（万头）	41.48	44.09	51.28	57.90	60.28	44.89	-1.5	6.3	16.3	12.9	4.1	-25.5
水产品（万吨）	15.05	16	16.52	16.91	17.41	17.50	2.9	6.3	3.3	2.4	3.0	0.5
肉类总产量（万吨）	10.73	12.28	13.12	13.73	13.77	11.66	7.7	14.4	6.8	4.6	0.3	-15.3
蚕茧（万吨）	0.2	0.17	0.18	0.10	0.12	0.09	5.3	-15.0	3.3	-44.4	19.0	-25.0
禽蛋（万吨）	6.96	8.15	9.14	8.12	7.07	7.29	7.1	17.1	12.1	-11.2	-13.0	3.1
九、运输和邮电												
客运量（万人）	786	884	913	958	990	961	1.3	12.5	3.2	4.9	3.3	-2.9
货运量（万吨）	1062	1215	1339	1483	1660	1046	36.5	14.4	10.2	10.8	11.9	5.3（新口径）
旅客周转量（万人千米）	49902	51884	51752	54340	56024	54344	1.9	4.0	-0.3	5.0	3.1	-3.0
货物周转量（万吨千米）	139912	159639	174472	192629	213566	248808	24.8	14.1	9.3	10.4	10.9	5.4（新口径）
邮政业务总量（万元）	9390	7833	7621	6594	6970	7839	1.5	口径调整	-2.7	-13.5	5.7	12.5
出口计费函件（万件）	307	334	343	231	175	68	-22.3	8.8	2.8	-32.7	-24.2	-61.1
订销报纸累计份数（万份）	1272	1396	1398	1432	1411	1336	-1.3	9.7	0.2	2.4	-1.5	-5.3
十、贸易												
社会消费品零售总额（亿元）	81.59	95.85	108.8	123.48	139.36	155.58	18.1	17.5	13.5	13.5	12.9	11.8
自营出口额（万美元）	31160	38810	46830	57138	77464	89450	18.3	24.4	20.7	22.0	35.6	15.5
实际利用外资（万美元）	23503	26500	31000	17639	20602	18720	21.0	12.8	17.0	-43.1	16.8	-9.1

续表58

指标	总量指标						环比速度指标%					
	2010年	2011年	2012年	2013年	2014年	2015年	2010年	2011年	2012年	2013年	2014年	2015年
十一、财政(亿元)												
财政收入	30.11	42.71	53.71	64.77	77.40	86.55	55.1	41.9	25.7	20.6	19.5	11.8
一般公共预算收入	20.67	30.07	40.01	50.07	60.02	69.33	55.5	45.5	33.1	25.1	19.9	15.5
一般公共预算支出	31.17	41.44	55.42	68.62	82.90	94.76	45.7	32.9	33.7	23.8	20.8	14.3
十二、金融(亿元)												
银行年末存款余额(本外币)	245.96	297.80	324.06	382.81	439.75	502.11	26.2	21.1	8.8	18.1	14.9	14.2
银行年末贷款余额(本外币)	131.62	166.18	205.39	242.00	286.22	335.03	24.6	26.3	23.6	17.8	18.3	17.1
城乡居民储蓄余额(本外币)	143.56	166.27	198.34	235.31	274.73	312.38	17.1	15.8	19.3	18.6	16.8	13.7
十三、物价(%)												
零售物价总指数	104.2	106.9	102.6	101.8	101.2	101.3	4.2	6.9	2.6	1.8	1.2	1.3
居民消费价格总指数	104	107.7	103.1	102.9	102.5	101.2	4.0	7.7	3.1	2.9	2.5	1.2
十四、教育(万人)												
各类在校学生	7.99	7.76	7.53	7.33	7.29	7.02	-3.0	-2.9	-3.0	-2.6	-0.5	-3.7
普通中学	3.02	2.87	2.78	2.56	2.42	2.30	-4.4	-5.0	-3.1	-8.0	-5.5	-5.0
小学	2.98	2.89	2.85	2.83	2.78	2.75	-3.6	-3.0	-1.4	-0.7	-1.8	-1.1
十五、卫生												
卫生机构数(个)	35	36	39	39	40	42	-	2.9	8.3	-	2.6	5.0
床位(张)	1695	2116	2492	2895	3216	3499	1.7	24.8	17.8	16.2	11.1	8.8
卫生技术人员(人)	2072	2257	2352	2443	2740	2894	2.4	8.9	4.2	3.9	12.2	5.6
十六、人民生活												
城镇居民人均可支配收入(老口径)(元)	16952	19851	22471	24707			13.9	17.1	13.2	10.0		
农村居民人均纯收入(老口径)(元)	10001	11941	13517	15166			14.3	19.4	13.2	12.2		
全体居民人均可支配收入(新口径)(元)				19382	21344	23291					10.1	9.1
城镇常住居民人均可支配收入(新口径)(元)				24134	26354	28752					9.2	9.1
农村常住居民人均可支配收入(新口径)(元)				14708	16414	17918					11.6	9.2

全区人口、户数及构成

表59

指　　标	2014年	2015年
全市总人口（万人）	72.54	71.72
按性别分：		
男（万人）	36.22	35.82
比重（%）	49.93	49.94
女（万人）	36.32	35.9
比重（%）	50.07	50.06
按城镇和乡村分：		
城镇人口（万人）	40.62	41.45
比重（%）	55.99	57.80
乡村人口（万人）	31.92	30.27
比重（%）	44.01	42.20
全市总户数（万户）	27.59	27.41
平均每户人口（人）	2.63	2.62
年平均人口（万人）	72.54	72.12
人口密度（人/平方千米）	241.17	238.43
出生人数（人）	6188	7586
#男	3199	4075
女	2989	3511
出生率（‰）	8.53	10.52
死亡人数（人）	5634	5591
#男	3024	3049
女	2610	2542
死亡率（‰）	7.77	7.75
自然增长（人）	554	1995
自然增长率（‰）	0.76	2.77

注：城镇和乡村人口数据以城镇化率推算

规模以上工业企业主要经济指标

表60 单位：万元

指　　标	2014年	2015年
企业单位数（个）	438	441
#亏损企业（个）	60	31
工业总产值（当年价）	7273106	8408794
工业销售产值	7247656	8215795
主营业务收入	7410764	7859332
利税总额	688980	865136
利润总额	428727	599904
亏损企业亏损额	21713	15356
工业增加值	1764800	2097900
工业产品销售率（%）	99.65	97.7
年平均从业人数（人）	76753	74458

固定资产投资

表61 单位：万元

指标及分类	2014年	2015年
规模以上固定资产投资	3226655	3949500
其中：规模工业投资	1949124	2375500
房地产开发投资	363292	368024

城镇居民家庭人均收支情况

表62　（2015年）　单位：元

指　标	数　量	指　标	数　量
可支配收入	28752.49	3.外来从业人员寄给家人的支出	
一、工资性收入	15718.18	4.赡养支出	37.90
（一）工资	13964.24	5.其他经常转移支出	67.78
（二）实物福利	110.68	生活消费支出	18002.6
（三）其他	1643.26	一、食品烟酒	4938.5
二、经营净收入	4443.50	（一）食品	3203.8
（一）第一产业净收入	1171.62	（二）烟酒	906.5
1.农业	1094.50	（三）饮料	80.6
2.林业	14.57	（四）饮食服务	747.6
3.牧业	40.99	二、衣着	1581.1
4.渔业	21.56	（一）衣类	1315.9
（二）第二产业净收入	1199.25	（二）鞋类	265.2
（三）第三产业净收入	2072.63	三、居住	2672.2
三、财产净收入	1802.50	（一）租赁房房租	26.6
（一）利息净收入	27.18	（二）住房维修及管理	361.9
（二）红利收入	245.02	（三）水电燃料及其他	591.9
（三）储蓄性保险净收益		（四）自有住房折算租金	1691.8
（四）转让承包土地经营权租金净收入	350.18	四、生活用品及服务	999.4
（五）出租房屋净收入	48.85	（一）家具及室内装饰品	71.7
（六）出租其他资产净收入		（二）家用器具	297.9
（七）自有住房折算净租金	2.08	（三）家用纺织品	116.2
（八）其他	1129.19	（四）家庭日用杂品	341.9
四、转移净收入	6788.31	（五）个人用品	123.1
（一）转移性收入	8054.66	（六）家庭服务	48.6
1.养老金或离退休金	6679.96	五、交通通信	3370.6
2.社会救济和补助	195.93	（一）交通	2683.6
3.惠农补贴		（二）通信	687.0
4.政策性生活补贴	460.20	六、教育文化娱乐	1832.3
5.报销医疗费		（一）教育	1123.8
6.外出从业人员寄回带回收入	575.11	（二）文化娱乐	708.5
7.赡养收入	34.20	七、医疗保健	2037.2
8.其他经常转移收入	1.39	（一）医疗器具及药品	282.8
9.现金政策性惠农补贴	107.86	（二）医疗服务	1754.4
（二）转移性支出	1266.35	八、其他用品及服务	571.2
1.个人所得税	34.52	（一）其他用品	339.2
2.社会保障支出	1126.15	（二）其他服务	231.9

分行业分类型城镇非私营单位从业人员平均工资

表63　　（2015年）　　单位：元/人

项　目	合计	国有经济	集体经济	其他经济
总计	53821	63777	29020	48461
农、林、牧、渔业	42619	42619		
制造业	47427	33082		48192
电力、热力、燃气及水生产和供应业	51016			51016
建筑业	40585	26431	37870	40841
批发和零售业	33224	43473	24767	32770
交通运输、仓储和邮政业	81283	31293		93251
住宿和餐饮业	31293			31293
信息传输、软件和信息技术服务业	46361	52464		32518
金融业	113981	88133		143483
房地产业	52316	66645		51171
租赁和商务服务业	28690	28654	58700	28512
科学研究、技术服务业	50744	53314	85473	42046
水利、环境和公共设施管理业	34583	56944	21709	33903
居民服务、修理和其他服务业	40865	54893	42615	33515
教育	77168	77606	81853	34891
卫生和社会工作	67241	68824	47708	51410
文化、体育和娱乐业	65172	54637	24946	80830
公共管理、社会保障和社会组织	68962	68962		

分经济类型总承包与专业承包建筑业主要生产指标

表64　　（2015年）

指标名称	总计	国有企业	集体企业	有限责任公司	股份有限公司	私营企业
企业个数	66	1	1	22	3	39
一、合同情况(千元)						
签订的合同额	10261290	343327	310526	2189832	132649	7284956
1.上年结转合同额	2860567	243263	17465	571003	8739	2020097
2.本年新签合同额	7400723	100064	293061	1618829	123910	5264859
二、承包工程完成情况(千元)						
1.直接从建设单位承揽工程完成的产值	8495754	287650	205382	1893110	124157	5985455
#自行完成施工产值	8474140	287650	205382	1872196	124157	5984755
#分包出去工程的产值	21614			20914		700
2.从建设单位以外承揽工程完成的产值	204254			138290		65964
三、建筑业总产值(千元)	8678394	287650	205382	2010486	124157	6050719
#装饰装修产值	206559			71785	2858	131916
#在外省完成的产值	2643515			172780		2470735
1.建筑工程产值	8504041	287650	205382	1892453	124157	5994399
2.安装工程产值	42695			16880		25815
3.其他产值	131658			101153		30505
四、竣工产值（千元）	4989483	421342	151482	1509842	120657	2786160
五、房屋建筑施工面积（平方米）	5850400			996855	110105	4743440
#本年新开工面积	3089640			492251	94140	2503249
#实行投标承包面积	5585440			944106	106105	4535229

分经济类型总承包与专业承包建筑业主要财务指标

表65　　（2015年）　　单位:千元

指标名称	总计	国有企业	集体企业	有限责任公司	股份有限公司	私营企业
一、年初存货	706947	55661	3392	418877	1262	227755
二、年末资产负债						
流动资产合计	5336415	1100507	379879	1613305	128717	2114007
应收工程款	1160816		83853	431459	83930	561574
其中:存货	811066	64252		351066	4194	391554
固定资产合计	595364	167218	29272	176903	14152	207819
固定资产原价	604025	5162	61694	279080	25977	232112
累计折旧	261859	2993	33231	118487	11825	95323
其中:本年折旧	26165		1531	8861	1737	14036
在建工程	194223	165049	808	238		28128
资产合计	6155036	1279501	409151	1837196	144938	2484250
流动负债合计	3429680	895369	302718	1081832	43191	1106570
应付账款	1383671	705372	85857	285005	6526	300911
非流动负债合计	44597	39171	4161	1265		
负债合计	3690757	934540	306879	1086799	53165	1309374
所有者权益合计	2464178	344961	102272	750296	91773	1174876
其中:实收资本	1308098	120000	30580	409149	69049	679320
三、损益						
营业收入	5156418	289349	204623	2348398	156408	2157640
主营业务收入	5148394	287650	204623	2343635	156408	2156078
营业成本	4604071	236338	187726	2092785	138691	1948531
主营业务成本	4602980	236338	187726	2092392	138691	1947833
营业税金及附加	174346	9257	7542	74741	7254	75552
主营业务税金及附加	173686	9257	7542	74102	7254	75531
其他业务利润	6698	1699		4152		847
销售费用	7720			674		7046
管理费用	125436	1052	3546	64675	5824	50339
其中:税金	8284	261	67	2907	173	4876
财务费用	43970	2923	219	19706	145	20977
利息收入	2564	1105		1226		233
利息支出	31895	1808	135	14052	134	15766
资产减值损失	-68			-68		
公允价值变动收益						
投资收益	9338	9338				
营业利润	200516	39779	5590	93992	4494	56661
营业外收入	2368	5	1925	284	131	23
其中:政府补助(千元)	8					8
营业外支出	9979	2193		2547	58	5181
利润总额	204472	46929	7515	92492	4567	52969
应交所得税	59332	11732	3508	29791	1413	12888
四、工资报酬						
应付职工薪酬	1291067	3391	14088	569795	65136	638657

利税总额前100名工业企业排名

表66 （2015年）

单位名称	名次	单位名称	名次	单位名称	名次
江苏南车电机有限公司	1	江苏久昌机械有限公司	35	大丰禾丰粮油工业有限公司	69
江苏金风科技有限公司	2	大丰海嘉诺药业有限公司	36	大丰华润燃气有限公司	70
大丰市明进机械有限责任公司	3	盐城思达德民力阀门有限公司	37	中再生盐城资源开发有限公司	71
大丰港鑫铜业有限公司	4	大丰华盛皮业有限公司	38	盐城神龙玩具有限公司	72
江苏博汇纸业有限公司	5	盐城市丰特铸造机械有限公司	39	大丰万盈纺织有限公司	73
江苏丰山集团股份有限公司	6	无锡庆丰（大丰）纺织有限公司	40	大丰市翔鸿玩具有限公司	74
盐城市联鑫钢铁有限公司	7	大丰市大龙铸造机械厂	41	盐城通商阀门有限公司	75
江苏海力化工有限公司	8	大丰市创意工艺品有限公司	42	盐城丰美羽绒制品有限公司	76
江苏北大荒油脂有限公司	9	江苏锐达机械制造有限公司	43	盐城威尔斯玩具有限公司	77
江苏辉丰农化股份有限公司	10	盐城科菲特生化技术有限公司	44	江苏辉达建材有限公司	78
江苏海兴化工有限公司	11	江苏龙城铸造机械科技有限公司	45	大丰跃龙化学有限公司	79
江苏正大丰海制药有限公司	12	盐城恒昌汽车配件有限公司	46	大丰广振汽车部件有限公司	80
龙源大丰风力发电有限公司	13	盐城彩虹纺织品有限公司	47	江苏和丰制铁新材料科技有限公司	81
大丰海聆梦家纺有限公司	14	盐城理研精密锻造有限公司	48	盐城市富先达机械有限公司	82
江苏兄弟维生素有限公司	15	大丰市橡塑制品有限公司	49	大丰市佳诣电力燃料有限公司	83
江苏金羚纸业有限公司	16	江苏省鑫磊铸造机械有限公司	50	盐城荣达印染有限公司	84
江苏丰东热技术股份有限公司	17	江苏金龙钢结构制造有限公司	51	都市环保新能源开发大丰有限公司	85
大丰丰泰流体机械科技有限公司	18	江苏盛川材料科技有限公司	52	大丰市龙虎经纬科技有限公司	86
江苏森威精锻有限公司	19	盐城汇百实业有限公司	53	大丰市中信机械制造有限公司	87
大丰市天生药业有限公司	20	盐城杉童玩具有限公司	54	大丰恒卫针织品有限公司	88
江苏腾龙生物药业有限公司	21	大丰市高昌蓝翔木业有限公司	55	江苏洲达铸造机械有限公司	89
大丰万达纺织有限公司	22	盐城春禹建材有限公司	56	江苏班德瑞不锈钢有限公司	90
通威（大丰）饲料有限公司	23	江苏鑫国机械铸造有限公司	57	大丰市长荣建材有限公司	91
盐城温氏畜牧有限公司	24	江苏宏兴铸机有限公司	58	纽威工业材料（大丰）有限公司	92
盐城盈德气体有限公司	25	江苏焕鑫新材料股份有限公司	59	江苏宝龙集团有限公司	93
大丰市佳丰油脂有限责任公司	26	江苏新金达机械制造有限公司	60	大丰市众意海绵有限公司	94
大丰港华燃气有限公司	27	现代（大丰）工程塑料有限公司	61	江苏凯嘉胶带有限公司	95
盐城奥克阀门有限公司	28	盐城市乐丰纸业有限公司	62	盐城杉童纺织品有限公司	96
江苏丰源热电有限公司	29	大丰市东华工艺品厂	63	大丰市洪联铸钢有限责任公司	97
大丰市龙发铸造除锈设备有限公司	30	江苏瑞达海洋食品有限公司	64	大丰市三川麦业有限公司	98
江苏省华天机电设备有限公司	31	大丰市舒润床上用品有限公司	65	盐城法尔机械有限公司	99
大丰市凌云海热电有限公司	32	百威英博大富豪（盐城）啤酒有限公司	66	盐城市双龙机械制造有限公司	100
大丰鑫源达化工有限公司	33	江苏多为泵业股份有限公司	67	—	—
迪皮埃风电叶片大丰有限公司	34	大丰正辉太阳能电力有限公司	68	—	—

对外经济基本情况

表67

指　　标	2014年	2015年
外贸		
自营进出口总额（万美元）	138192	151321
自营出口（万美元）	77464	89450
自营进口（万美元）	60728	61871
外资		
新签协议（合同）数（个）	15	19
协议（合同）外资金额（万美元）	18266	24249
实际利用外资金额（含境外借款）（万美元）	20602	18720
外经		
对外承包工程及劳务合同额（万美元）	0	0
实际营业额（万美元）	0	0
劳务输出（人）		

各镇（区、场）土地面积

表68　　（2015年）

镇（区、场）	土地面积（平方千米）	镇（区、场）	土地面积（平方千米）	镇（区、场）	土地面积（平方千米）
合　计	3008	大　桥	99	大中农场	79
大　中	199	草　庙	120	方强农场	27
草　堰	96	万　盈	142	东坝头农场	12
白　驹	113	南　阳	94	上海农场	98
刘　庄	96	新　丰	276	海丰农场	167
西　团	88	三　龙	153	川东农场	35
小　海	124	开发区	73	其　他	917

各镇户数与人口数

表69　　　　（2015年）　　　　单位：户、人

镇、场	总户数	总人口	男	女	性别比	出生人数合计	男	女	出生率（‰）	死亡人数合计	男	女	死亡率（‰）	自然增长人数合计	男	女	增长率（‰）
大丰区	274076	717202	358221	358981	99.79	7586	4075	3511	10.52	5591	3049	2542	7.75	1995	1026	969	2.77
大中镇	71098	184948	91401	93547	97.71	1897	980	917	10.24	1085	605	480	5.86	812	375	437	4.38
草堰镇	14586	38368	19283	19085	101.04	366	182	184	9.45	398	218	180	10.28	-32	-36	4	-0.83
白驹镇	14470	39012	19605	19407	101.02	404	208	196	10.24	315	177	138	7.98	89	31	58	2.26
刘庄镇	15274	42419	21499	20920	102.77	501	297	204	11.72	338	187	151	7.90	163	110	53	3.81
西团镇	11302	28859	14507	14352	101.08	358	186	172	12.32	266	127	139	9.16	92	59	33	3.17
小海镇	15043	38950	19342	19608	98.64	428	237	191	10.96	340	171	169	8.17	88	66	22	2.25
大桥镇	13030	32235	16062	16173	99.31	224	122	102	6.90	296	167	129	9.11	-72	-45	-27	-2.22
草庙镇	10521	27366	13593	13773	98.69	257	149	108	9.34	212	121	91	7.70	45	28	17	1.63
万盈镇	17686	46932	23433	23499	99.72	431	244	187	9.12	430	228	202	9.10	1	16	-15	0.02
南阳镇	15089	35864	17774	18090	98.25	349	161	188	9.64	314	189	125	8.67	35	-28	63	0.97
新丰镇	40010	104089	53260	52458	101.12	1185	657	528	11.29	867	470	397	8.26	318	187	131	3.03
三龙镇	18878	54147	27323	26824	101.86	671	381	290	12.30	430	221	209	7.88	241	160	81	4.42
经济开发区	8872	25772	12714	13058	97.37	363	193	170	14.09	204	117	87	7.91	159	76	83	6.18
大丰港经济区	3797	8870	3639	3602	101.03	103	51	52	11.61	35	19	16	3.94	68	32	36	7.67
大中农场	2316	4886	2510	2376	105.64	27	14	13	5.35	27	12	15	6.14	0	2	-2	-0.79
方强农场	1450	2930	1490	1440	103.47	15	9	6	5.06	25	15	10	8.43	-10	-6	-4	-3.37
东坝头农场	550	1416	703	713	98.60	7	4	3	4.92	5	2	3	3.51	2	2	0	1.40
海丰农场	104	139	83	56	148.21	0	0	0	0.00	4	3	1	28.77	-4	-3	-1	-28.77

各镇基本情况（一）

表70　　　　（2015年）　　　　单位：人

各镇	一、村组织情况		二、乡村户数、人口		三、乡村实有从业人员	1. 农业		2. 工业	3. 建筑业	4. 交通运输仓储业和邮电通讯业	5. 信息传输、计算机服务和软件业	6. 批发和零售业	7. 住宿和餐饮业
	村民委员会（个）	村民小组（个）	乡村总户数（户）	乡村总人口（人）			种植业						
合计	208	1296	210327	544935	307616	98014	79485	74153	27220	14012	1903	13700	4700
大中	28	153	29806	76386	47649	11783	10546	12317	4463	1893	439	2644	1161
草堰	12	78	13286	32158	18162	6389	4508	4592	1759	1568	25	951	235
白驹	16	100	12870	35585	19421	5807	3977	5133	2668	1087	265	1242	296
刘庄	12	77	12494	34543	20377	6012	4368	5652	2170	1181	107	958	337
西团	11	69	10402	25979	15136	4906	4244	6674	978	459	72	575	239
小海	15	95	14662	35753	20567	5822	4174	5680	1888	1230	188	1003	207
大桥	13	69	11765	25754	15675	4662	3297	1500	1173	828		820	154
草庙	14	87	10728	26661	16451	6327	5302	2799	985	452	111	676	232
万盈	18	109	18392	46491	24630	7678	6657	6267	1746	751	112	789	500
南阳	12	74	15089	35856	17548	7248	6452	4215	1614	491	57	504	179
新丰	29	218	32870	89208	45655	14519	11921	10033	3288	1741	199	1503	521
三龙	19	114	17801	51693	29426	9870	7674	5023	3193	1797	280	1635	474
开发区	8	49	7949	22152	14035	5459	5100	3502	1202	425	48	279	125
港区	1	4	2213	6716	2884	1532	1265	766	93	109	0	121	40

各镇基本情况（二）

表71　　　　（2015年）　　　　单位：人

各镇	8. 金融保险业	9. 房地产社会服务业	10. 卫生体育和社会福利业	11. 教育文化艺术和广播电视事业	12. 科学研究和综合技术服务事业	13. 乡村经济管理	14. 其他	其中：外出合同工临时工	在从业人员中：		当年到境外从业的
									男	女	
合计	1605	1166	1378	1451	420	1938	65956	60034	160614	147002	382
大中	255	303	283	386	68	212	11442	10092	24825	22824	27
草堰	58	14	49	38	12	96	2376	1896	9438	8724	14
白驹	112	79	101	80	29	180	2342	2098	10565	8856	25
刘庄	111	160	64	81	22	175	3347	2748	10997	9380	26
西团	93	28	55	64	23	97	873	728	7713	7423	4
小海	102	40	83	82	29	91	4122	3596	10672	9895	6
大桥	90		61	73		111	6203	6198	8150	7525	20
草庙	114	50	95	110	39	155	4306	3799	8563	7888	25
万盈	141	47	104	150	39	129	6177	5891	12656	11974	17
南阳	69	184	108	53	30	124	2672	2411	8742	8806	60
新丰	195	93	168	222	77	337	12759	11988	23636	22019	74
三龙	191	122	161	68	43	161	6408	6055	15808	13618	60
开发区	63	41	36	40	7	55	2753	2437	7327	6708	24
港区	11	5	10	4	2	15	176	97	1522	1362	0

各镇农村居民人均可支配收入

表72　　单位：元

各　镇	2014年	2015年	比上年（±%）	各　镇	2014年	2015年	比上年（±%）
合　计	16414	17918	9.2	草　庙	16814	18344	9.1
大　中	19030	20857	9.6	万　盈	16492	18026	9.3
草　堰	16387	17895	9.2	南　阳	17863	19542	9.4
白　驹	16842	18408	9.3	新　丰	17794	19484	9.5
刘　庄	16845	18428	9.4	三　龙	16583	18142	9.4
西　团	16922	18479	9.2	开发区	17049	18600	9.1
小　海	16332	17818	9.1	港　区	16838	18387	9.2
大　桥	16391	17915	9.3				

各镇农林牧渔业增加值

表73　　（2015年）　　单位：万元

各　镇	合　计	一、农业	二、林业	三、牧业	四、渔业	五、农林牧渔业服务业
合　计	788400	437500	24200	132800	159100	34800
#区属	778257	429207	23384	132391	158475	34800
大　中	95827	61990	3044	9124	15225	6444
草　堰	38991	21924	556	8482	6075	1954
白　驹	43060	25807	1372	7197	6520	2164
刘　庄	43643	20741	2670	9018	8211	3003
西　团	31737	18697	899	5552	3710	2879
小　海	45702	25834	1071	10411	5931	2455
大　桥	39684	25339	1081	6856	4501	1907
草　庙	38877	24591	1391	4765	6298	1832
万　盈	49672	29070	1739	9927	6993	1943
南　阳	41534	26997	979	4826	6777	1955
新　丰	111912	63504	3968	18687	21406	4347
三　龙	84430	46841	1808	11710	21651	2420
开发区	15699	7710	799	2863	3200	1127
港　区	53679	21699	649	826	30135	370
区属农场	43810	8463	1358	22147	11842	
省属农场	10143	8293	816	409	625	

各镇（区）居委会和村委会名称

表74 （2015年）

镇别	居、村委会数（个）	居委会数（个）	居委会名称	村委会数（个）	村委会名称
合计	262	55		207	
大中	53	25	大刘、新村、育红、老街、新街、东宁、大华、城中、康平、健东、大新、飞达、人民、建业、建西、沿河、西河口、新团、裕华、滨河、新德、新东苑、朝阳、建丰、浦江	28	红花、恒南、恒丰、恒北、泰西、泰丰、双喜、利民、阜南、阜丰、阜北、大新、同德、德丰、八灶、新团、光明、元丰、老坝、晋丰、晋北、福丰、万丰、海防、朝荣、天祥、海丰、丰裕
草堰	13	1	竹溪	12	丁溪、界中、双河、双垛、合新、草堰、三元、西渣、成文、竹园、三新、三渣
白驹	17	1	海宁	16	沿堤、马家、民窑、七里桥、团结、三里树、狮子口、汤舍、唐西、肖坳、进步、新垛、朱舍、东窑、窑港、洋心
刘庄	15	3	紫林、三圩、云溪	12	光荣、龙心、竞赛、新桥、友谊、东联、东方、良好、民主、建成、润民、胜利
西团	13	2	大龙、建设	11	新中、描花、北团、西团、西灵、赵场、九一、黄浦、马港、众心、龙窑
小海	15			15	温泉、无泊、小洋、徐南、海团、江北、新圩、新村、新窑、北虹、海西、唐中、杨树、小海、南团
大桥	13			13	大桥、双丰、联丰、中港、中业、方向、中合、潘南、潘丿、江岸、东塔、洋南、川南
草庙	16	2	草庙、川东	14	庆生、圩东、沿河、新场、新东、川竹、东灶、川洋、竹港、北灶、丁东、四灶、五总、新海
万盈	18			18	文达、六里、三合、益民、万盈、兆丰、苗丰、双福、双灶、康宁、金龙、六川、双星、殷灶、顾灶、西灶、天池、沈灶
南阳	13	2	通商、南阳	11	沿海、裕海、民心、东旺、吉兴、城乡、诚心、广丰、祥北、祥南、祥西、
新丰	38	9	民主、团结、和平、新淮、新北、金墩、四岔河、龙堤、方强	29	鼎丰、群乐、时丰、裕南、裕北、仁南、仁北、金东、金西、同丰、全心、沙港、太兴、赤旗、车滩、永跃、万众、小团、大团、引水、圩中、五丰、长坍、腰港、老墩、安龙、三总、齐贤、大明
三龙	22	3	龙王庙、丰富、斗龙	19	龙西、龙东、丰余、龙南、丰富、下坝、斗龙港、前进、斗龙、东红、开明、新丰、洋桥、持久、久丰、增产、新坍、富强、和平
开发区	12	4	新民、新城、上海花园、蝴蝶湾	8	和瑞、七灶河、灶圩、同圣、建设、龙福、长安、河口
港区	4	3	王港、海湾、海港	1	南新

（区统计局）

〖编辑　丁彩前〗

江苏大丰绿色发展演绎出城乡统筹新路径——

四月无处不飞花

《经济日报》 4月22日

魏永刚 张 伟 薛海燕

四月的苏北，最耀眼的是花。汽车行进在高速公路上，金灿灿的油菜花簇拥着平展展的公路，你走多远，这花的“飘带”就延展多远。

进入海滨城市江苏大丰市，花便演绎出更多色彩。五颜六色的郁金香花海、洁白如雪的梨花海，在这里都成为观光旅游的好去处。生态建设不仅改变了这片过去的盐碱地和滩涂，而且发展出新的产业，成就着人们的新生活。

更“好玩”的大丰

大丰旅游打出“好玩”品牌，乡村美丽了，大丰才能更“好玩”

“荷兰花海”是大丰一个乡村旅游点，位于大丰市北部新丰镇的一个村落。大丰市新丰镇党委书记李实业介绍，“荷兰花海”拥有中国连片种植郁金香面积最大、种类最多的“中国郁金香第一花海”。

走在这片花的海洋里，红、黄、蓝等各种颜色的郁金香，还有转动的风车、异国风情的古堡，营造出一种独特的氛围。据当地宣传部门介绍，2012年，大丰邀请同济大学编制了2.46平方公里的项目整体规划，先期以荷兰花海为核心区，融入荷兰乡村风格。

赏花之余，这里还可以买花。苏北首家1.5万平方米的国际化园艺中心就在此处。除了看花、买花，还有酒店式公寓、郁金香客栈、咖啡屋、西餐厅以及游艇、皮划艇、快艇、自平衡车等，既延伸了产业链条，也能够满足来自不同地域游客的吃、住、行等全方位需求。花开时节，这里每天有六七万游客，最多时一天接待过30多万人次。

如果说荷兰花海是“无中生有”，那么，恒北村的梨花季则是在原有生态基础上的升级版。

恒北村有着40多年种植早酥梨的历史。尽管这里的酥梨很出名，但仅靠种梨卖梨，农业价值和效益不高。大丰市提出，“打造休闲农业价值链，促进传统农业转型升级”。这个村重新规划成片的梨树林，开始打造四季旅游产业链条。

对准市场需求，恒北村逐步形成春有花、夏有荫、秋有果、冬有泉的四季旅游产业链条。今年4月8日，恒北至上海的旅游专线正式开通，每个周末都有大巴车往返。恒北村实现由单纯卖梨果到观赏梨花、提升文化、壮大休闲产业链的跨越发展，走出一条传统农业加快转型升级富民的新路。据统计，该村1330户农户中，收入与农业旅游服务业相关的有532户，占41%；2014年农民人均纯收入22750元，同比增长8.3%。

“美丽乡村建设不仅是产业发展，更是政治、经济、社会、文化等全方位的建设。”盐城市委常委、大丰市委书记倪峰说，“大丰旅游打出‘好玩’品牌，乡村美丽了，大丰才能更‘好玩’。”良好的生态环境给大丰旅游带来了新发展，去年，大丰吸引海内外游客590多万人次，实现旅游总收入55亿元。

城乡处处皆美丽

大丰的生态建设不仅是路边栽树，城里种花，更重要的是以生态文明建设思路统筹城乡

这几天，“洋眼看江苏”活动来到大丰。应邀参加这项活动的近30位外籍朋友被大丰的绿色所吸引。他们说，在这里获得了原生态的体验，感受到了大自然的美好。

大丰是麋鹿的故乡，素有“湿地之都”美称。今天，建设生态文明的思路让这里找到了发展新路。大丰的生态建设不仅仅是在路边栽树，在

城里种花，更重要的是他们以生态文明的思路统筹城乡，让乡村和城市一样美丽。

农村环境整治和基础设施投入，是大丰统筹城乡建设生态文明的重要抓手。市长陈平向记者介绍，2010年底，大丰在苏北率先启动农村饮用水和环境综合整治工程，已铺设区域供水主管道168公里，镇到村管网638公里，实现到村全覆盖。

今年以来，大丰按照“用三年时间将淤积严重的农村河道疏浚一遍”的总要求，推进农村河道连片治理。截至目前，已疏浚完成土方864.6万方。全市统筹城乡发展试点镇村实施新村庄、新产业、党群服务中心等项目113个。与乡村的美丽相匹配的是不断加速的现代农业发展。全市去年新增高效种植业面积11万亩、设施农业面积3万亩、“一户一棚”8250户，新办家庭农场55家，新办投资500万元以上农业龙头企业项目12个，其中亿元以上项目5个。

大丰市农村环境综合整治中，农村生活污水集中处理已经在各个村镇全面铺开。恒北村运用膜生物反应器（即膜工艺）来解决生活污水的处理问题。据介绍，这套投入89万元的系统能够解决216户村民的生活污水集中治理问题。正是有了农村基础设施的改善和公共服务水平的提高，大丰的乡村才更加美丽起来。

产业升级基础牢

风电装备制造、海洋生物、电子信息等战略性新兴产业悄然兴起

绿水青山就是金山银山。大丰有靠海的优势，港口和岸线、土地与滩涂、海洋与岛屿、风能与光能都是独特优势。他们大力发展新能源风电装备制造、海洋生物等战略性新兴产业，以金风科技、南车风电为核心，建成国内最大的海上风力发电机组研发、制造、出口基地；风光互补基地每年可节约标煤14.8万吨，减排二氧化碳41.4万吨、二氧化硫1.25万吨、氮氧化物0.62万吨。

在大丰的大数据产业园云计算中心，墙上的屏幕不仅显示着旅游景点的人流，还能即时分析客流动向。大数据产业园已经成为大丰市加快“智慧大丰”建设的平台。目前，大数据一期云计算数据中心已投入试运行，下一步将依托这个平台吸引网络销售、智慧城市、电子商务、海上风电等领域的大数据企业入驻。

东方一号创意产业园则是苏北地区首个创意产业园。产业园高级工程师李永波介绍说，园区围绕建设金融孵化、技术共享、市场对接、专利转化、人才培训、品牌推广六大公共服务平台，已经聚集了上海木马、创维集团、江苏东方旅游品牌研究院、江南大学等30余家设计企业和产学研合作基地。

大丰市的风电装备制造、海洋生物、电子信息等战略性新兴产业悄然兴起。一些科技含量高、装备水平高的重大产业项目建设风生水起。拥有的“风光互补”绿色能源基地优势，成功招引一批战略性新兴产业领军企业前来“安营扎寨”。目前，国内一流的风电、光伏产业基地及国内最大、国际领先的海上风电装备研发、制造和出口基地正迅速崛起。

提升民生“幸福指数”的辩证探求

——江苏省大丰市探索科学发展与文明治理良性互动纪闻

《农民日报》 1月9日

沈建华　周　昕　沈　文　李晓娟

全国首家县级社会发展综合实验区江苏省大丰市，近年来经济社会发展态势和成就引人瞩目，在全国百强县市中连连进位，在正确认识和处理民心与民生，民生与发展等有关群众“幸福指数”方面，作出许多可贵探索。近日，记者深入大丰城乡采访，思想和认识的收获犹新犹丰。

民心与民生：民心所忧民生所重

2014年9月21日，《大丰日报》采访部收到一封新丰镇群众写给市、镇党委、政府的感谢信，落款几页纸，按着千余枚红手印。感谢党委、政府近年来为民生投入10亿元，实施了10项民生工程，大大优化了民众生产生活环境质量。人民群众给地方党委、政府及部门送锦旗、感谢信，编歌词传唱民生环境好、幸福指数高的事儿，近年来，在大丰市已不新鲜。

地处黄海之滨的大丰市，土质盐碱性重，乡镇小水厂供水，质量难有保证；村庄、河道垃圾污染，农村环境和居民饮水质量，一直是民心所忧的大问题。“民心所忧，民生所重。”盐城市委常委、大丰市委书记倪峰说。

“要让群众喝上干净水，呼吸到新鲜空气，居住在舒适的环境里，国家级生态市创建要向农村延伸！”2010年底，大丰在苏北率先启动农村饮用水和环境综合整治“3+1”工程，市财政累计投入资金12.5亿元，共铺设区域供水主管道165.5公里，建成并运行16座加压站，镇到村管网638公里，实现到村全覆盖，不收百姓一分钱。

同时，全面疏浚、清杂和整治全市大中沟河、村庄河塘、条沟渠道1000多条遍；全面建立“组保洁、村收集、镇转运、市处理”的垃圾处理体系；全市实现农村生活污水处理镇区全覆盖，被表彰为“全国农村饮水安全工程示范县”。

随着城乡人民生活水平的提高，农民的健康意识和医疗需求也逐渐增强。但是乡村医疗资源的短缺和不平衡，导致群众大病小病都往上跑，县医院“人满为患”，村诊室“门可罗雀”。就医难、就医贵，一度成为农民忧心的大难题。

2013年9月，在认真调研筹划3个月后，大丰市正式实施乡村医生签约服务方案，创造了一种叫乡村医生“服务包”新形式，引发了省内外的关注，当年11月被国家卫生计生委确定为全国乡村医生签约服务15个重点联系县之一。

“服务包”里“包”什么？就是让群众掏明白钱，掏物有所值钱，享受乡村医生为他们提供的多类多层级的个性化服务套餐。倪峰说，就是要以优质的资源，优质的服务，创造让更多人民群众满意的三级优质医疗卫生服务网。

乡村医生工资低、没保障，导致人才缺失、技术差；特别是村卫生室设备陈旧、药品短缺，作为农村三级医疗卫生服务网的网底，村卫生室如何尽快改变听诊器、血压计、温度计满村转的“老三样”条件，完善“网底”，“兜”住群众？

为此，大丰市落实专项补助，将资金继续向医疗基层倾斜，加快改善卫生室环境和条件，提高基层医疗服务水平。2013年6月份前，将基层医疗卫生机构2009年前的2200万元债务全部化解，累计投入达1.5亿元。

市财政每年还安排基层医疗卫生机构设备购置更新经费300万元。在全市216个村卫生室全面达标的基础上，市政府启动了村卫生室提档升级工程，两年内新建90个面积达180~220平方米的村卫生室。

幸福是什么？对于困难家庭来说，幸福是最困难之时的及时援助。大丰市提出关注每一个困难家庭的柴米油盐，关心每一位困难对象的冷暖起居，以民生暖民心，以民生惠民利，打通社会救助的“最后一公里”。

仅2013年，全市医疗救助对象7320人次，资助15442人参加新型农村合作医疗保险，救助流浪乞讨人员206人，为252户危房户建房修房。

为缓解城乡低保边缘困难家庭的基本生活困难，2014年市政府专门安排了500万元专项生活救助资金。

市长陈平说，推进民生幸福，政府要发挥主导作用。在推进民生工程的同时，进一步完善社会保障政府兜底机制，织牢保基本、补短板、能兜底的民生安全网，2014年大丰市政府新增支出1亿元，实施提升民生保障水平12件实事。全市城乡居民社会养老保险参保人数219653人，城乡居民社会养老保险覆盖率99.8%。

民生与发展：民生之本发展之要

大丰的主要领导有个共识：重民生与重发展，二者不可偏废。民生是发展的目的，发展是民生的基础；既不可好高骛远，离根弃本抓发展，也不可竭泽而渔，寅吃卯粮抓民生。民生幸福，离不开科学发展；科学发展，是民生幸福的保障。

大丰是江苏沿海开发国家战略的重要节点。近年来，以海洋生物医药、生物能源、生物材料、生物食品等海洋生物产业为特色的“蓝色经济”发展迅猛。以海洋生物创新型产业集群为例，近三年，引进海洋生物产业企业70多家，规模以上企业30家。2013年仅临港现代物流服务业产值就突破60亿元。

2014年10月，大丰市2014金秋经贸恳谈会上，来自国内外的客商共与大丰签订37个项目协议，总投资299亿元，其中利用外资3.6亿美元，项目涉及汽车配件、装备制造、海洋生物、新材料、电子信息和现代服务等新兴高端产业。

“发展，必须是科学的发展，创新的发展，高质量的发展，才是人民需要的发展。”为此，大丰市专门成立重大项目招商引资办公室，优化投资结构，推动转型发展。2013年全市共有亿元以上在建项目181个，新开工86个，完成投资121.8亿元，重点工业竣工项目达26个，完成投资41.56亿元，其中新兴产业项目占80%以上。

金秋经贸，客商云集。他们很看重大丰势头正劲的“蓝色经济”和“绿色经济”。2013年大丰“蓝色经济”实现开票销售超百亿元，2014年发展势头更劲。

大丰经信委的数据显示：2013年全市战略性新兴产业实现规模以上工业企业主营业务收入73.91亿元，比上年增长38.0%；利税10.67亿元，比上年增长41.5%；新兴产业累计实现开票销售89.0亿元，同比增长52.3%。

2014年，世界首个兆瓦级非并网风电淡化海水示范项目在大丰成功调试出水；国内最大、国际领先的海上风电装备研发、制造和出口基地在大丰运营；全球最大的维生素H生产商，2013年在大丰企业实现销售4.15亿元。

云集的客商，更看重这里“绿色经济”和生态环境。大丰市是全国首批生态建设示范市之一。“既要金山银山，更要绿水青山。”大丰的招商人员把这句话印在自己的名片上。

大丰市是全国获得中国国际农博会金牌最多的县级市，但大丰人并不以此为满足。近年来，该市从产品、产业到产区、环境的优质生态设计，大力实施品牌农业战略，以“设计农业”的新理念，加快推进沿海现代农业发展进程。

近年来，该市先后投入10多亿元，探索出一条绿色规模化、生产监测全程化、生物保护多样化、经济生态一体化的生态农业模式。在国家生态农业县（市）建设综合考核验收中，该市居全国51个生态农业试点县（市）之首。

生态宜居，在大丰常常体现在一个个景况和细节之中：新丰镇荷兰花海的集体婚礼，大中镇乡村田头，错落有致的农民别墅群，西团镇绿树成荫的居民小区，大桥镇清澈见底的乡村河道……一幅幅生态文明乡村图，让人神清气爽。

“科学发展，是民生幸福的发展。”生态建设与旅游开发紧密结合，使大丰的风姿更加迷人。去年“十一”黄金周期间，全市景区、景点共接待游客约151.6万人次，同比增长145.6%。

近年来，大丰市充分发挥生态环境优势，大力发展乡村生态旅游。先后被评为苏北首个国家卫生城市、全国可持续发展先进示范市、中国优秀旅游城市。目前全市已有国家级景区8处。2013年大丰旅游行业收入达36亿元。

科学发展为重视民生提供坚实基础。2013年全市工业开票销售总量苏北第一、增幅全省第一，实现GDP440亿元，增长13.4%；财政总收入120.76亿元，公共财政预算收入50.06亿元，分别增长20.2%和25.2%。

管理与维权：管理有办法维权有渠道

2014年5月13日，对于大丰街道的居民们而言，是个意义非同寻常的日子，这一天，位于街道赵家社区，建筑面积约320平方米的全省首个“社区居民安全生活体验馆”正式对外开放。辖区居民兴致勃勃地前往体验馆“体验”。

体验馆集婴幼儿安全早教、老年人生活安全保健、居家安全知识、交通安全知识、防盗防骗安全知识、生产安全知识和防震减灾应急演练等体验培训于一体，力争做到“小事不出院落、大事不出社区、难事不出街道”。

居民赖先福说：“现在大丰商业楼盘多，居民也多，有了体验馆，生活更有情趣了。”一年前，大丰街道党工委广纳民意建此馆，不仅让更多居民群众有了一个社会安全体验馆，更建成了社区居民自治、群众参与社会建设的“连心桥”。

随着经济社会的发展，越来越多的社会管理和公共服务事项，越来越多的居民生产生活需求集中到街道、社区。大丰市为此转变传统基层工作模式，大力推进社会网格化管理，效果显著。

他们以“网格”为依托，整合社区资源，配备骨干工作人员，了解网格内的人、地、物、事、组织信息，对群众的诉求、社区中的不和谐因素进行“格内”处理，形成“社区有网、网中有格、格中定人、人负其责”的良好局面。

在大中镇社会服务中心的大屏幕上，各个社区分为若干个网格，每个网格都有一名网格管理员。任意点击一个网格，立即显示出其中详细的人口信息：人口总数、男女比例、年龄结构，指挥中心可随时通过“社区E通”实行多向互动。

为了营造良好的城乡社会管理环境，大丰市近年来整合各方资源，扎实推进“大调解、大巡防、大技防、大网评”四大工程建设。

大丰市“12345”政府信息网络中心平台，面对社会各阶层反映的各种热点、难点、重点问题，特别是人民群众维权问题等民生情况，都能准确记录，迅速传递，多方核实，全程督导解决。去年8月一个月：12345热线就接收群众来电2867个，呼出电话1545个，受理工单1218件。其中涉及群众维权的占43%。

网络舆情是现代社会民众心境的晴雨表。大丰市为此成立网络舆情中心，链接覆盖全市近70个政府职能部门。对群众在网上反映的情况，以电话交办、网上交办、书面交办等形式，要求涉情单位在1小时内给予知晓性回应，2小时内反馈初查事实，3小时内形成情况说明和新闻通稿，1天内处置完毕、3天内上报结果，有效推动了一批网民集中反映的合理诉求有效解决。近年来，该市已累计收集各类网情16000多件，交办涉情部门处理各类网民意见和建议9000多件，为网民解决实际问题1000多件。

曾有网民在网上反映草堰镇成文村有农户的水稻大面积歉收，农户怀疑使用了假农药。发现该情况后，市网情中心立即与市农委和有关镇联系，经核实情况是，由于农户对多地推广种植的水稻新品种特性了解不够，加之当年遭遇持续低温多雨等灾害性天气，导致这种现象的出现。

市网情中心一方面建议市农委对农户反映有问题的农药及水稻种子进行封存，送权威部门检验，并在网上进行适当引导，及时解决农户困难；另一方面，邀请主流媒体对水稻歉收情况进行正面报道，引导舆论，得到了农户的理解。

大丰市已经连续3年被评为全省社会管理综合治理先进县（市）、连续9年获评省平安县（市），维权为民理念深入法治各领域。大丰市检察院为此还向全国聘请了百名网络舆情监督员。

“一把古筝十三弦，根根筝弦紧相连。村里来了检察官，个个心中装农民……”新丰镇裕北村二组的三峡移民张学生，常常唱起一首自编的《检察谣》，感激人民政府和人民检察，为他们家维权解困，过上幸福的新生活。

面对富裕的日子，张学生显示出她当年“山歌王”的风采，她唱道：“千朵花，万朵花，比不上咱的幸福花……”

用创意牵引传统农业华丽转身

——大丰"荷兰花海"创意农业项目见闻

新华社《江苏领导参考》 4月27日

周国洪 董 俊 钱贺进

千万株郁金香竞相绽放。延绵的花海在春风中斑斓起伏。人流涌动，车如长河，4月4日开园以来，累计接待游客近100万人次、门票收入逾3000万元，4月11日单日入园人数突破35万，如非亲眼目睹、置身其中，很难想象这是发生在苏北一隅一个农业"景区"的火爆场景。大丰"荷兰花海"创意农业项目，在这个四月，迎来了属于自己的春天。

江苏传统农业如何加快转型？新兴创意农业如何引爆市场？"传统"农业与"创意"农业，如何两手相握？大丰"荷兰花海"项目，引发了"现象级"的关注。

新华社智库江苏中心认为，大丰市高起点规划与整合农村生产、生活、生态资源，以传统农业资源为基础，高效注入科技与创意元素，推动农业与二三产业加速融合，有效提高了当地的农业转型、农民增收与现代农业发展水平，值得各地借鉴。

让农业在创意的踏板上起跳

"荷兰花海"所在地大丰市，是全国十大产棉基地之一。近年来，大丰同全国其他棉产地一样，受国际经济与外贸市场起伏不定影响，半数工业棉纺织厂、轧花厂、供销机械厂举步维艰，棉农收入波动。引导农业结构调整，打造农业发展、农民增收的新支点，成为当地最大的民生。

"互联网时代，财富的增长、经济发展不仅取决于自然禀赋，更取决于知识与创意。要为传统农业注入创新、创意之魂，才能让农业站在更高的踏板上起跳。"盐城市委常委、大丰市委书记倪峰说。

上世纪90年代，欧洲一些村镇将科技与人文要素融入农业，运用创意产业的思维方式，探索全新的现代农业发展模式，创意农业逐渐兴起，受到世界各国重视。

2012年，大丰市明确提出，将创意农业作为农业转型的突破口，以自然农业生态为依托，以项目为抓手，大力发展创意农业，促进城乡间互动互融。

"创意不是凭空而来。创意首先根植于当地的自然资源禀赋特质，来源于当地的历史文化积淀。"倪峰说。

百余年前，大丰市新丰镇一带，一望无际的滩涂地，自然特征与土壤特性，与荷兰十分相似。当时，晚清实业家张謇来大丰整治滩涂地，力邀荷兰著名水利规划专家亨利克·特莱克规划河道，新丰被誉为"中华民国村镇规划第一镇"，目前大丰河道格局基本未变，仍在造福大丰人民。

"大丰滩涂地改造融入了荷兰专家的智慧，土壤特性与荷兰相似，而荷兰以郁金香闻名于世。"倪峰说，"大丰创意建设荷兰花海项目，就是要以当地百年来的自然、历史、文化、业态为依托，创造更新更美的业态，致富一方。"

近年来，国内一些创意农业观光区规划不到位，景观粗糙、成本巨大、浪费资源的情况并不鲜见。大丰市市长陈平说，大丰注重规划的严肃性，为不走弯路，坚持走精品路线，科学做好顶层设计，邀请国内设计界权威——同济大学城市规划设计研究院为"荷兰花海"担纲设计。

"荷兰花海"项目核心区2000亩，周边带动9.5平方公里互动服务区域，依托区内特有水系与自然风光，汇聚花海、曲水、花桥、古树、木屋、风车等荷兰风情元素，规划荷兰人家"洋家乐"和3个不同风格的百亩农家休闲庄园小岛。整个景区涵盖荷风半岛、多彩秀湖、水岸印象、智慧庄园等四大功能区。

"我们因地制宜，充挥发掘每一处地形地貌的亮点与价值。"新丰镇党委书记李实业说，"荷兰花海"的主体观光区在一块2000余亩贫瘠盐碱地上建成，贯穿花海的景观小河也由原有河渠和鱼塘改造而成，并不另行挖掘，大幅降低了建设投入。

同时，"荷兰花海"将临近的204国道、226省道、沿海高速等交通干线的"马路效应"最大化，利用盐丰高速大丰段取土坑建设千亩荷花岛，在226省道旁建设万亩花卉花果苗木交易集散地、百亩葡萄园，百亩草莓采摘园。"荷兰花海"仅用两年时间，出落成形。

构建多层次产业链和价值体系

李实业认为，在整个创意农业产业体系中，农业与二三产业互融互动，文化与科技密切融合，传统产业和现代产业有效嫁接，农业才能从单一的生产功能向多功能方向扩展，产业链与价值链向高端延伸。

为培育荷兰进口的万余种郁金香，"荷兰花海"与江苏省农研所合作改良土壤，为花农做专业技术培训，请来荷兰籍郁金香种球专家做技术指导，与荷兰科研机构共建郁金香种球研究中心，在全球范围内聚合一流的农业科研力量。

"荷兰花海"全面拓展创意营销。在郁金香的销售花卉中心，餐饮、儿童游乐场等休憩之地，构成一个可容纳巨大人流的室内花园，游客可以一边赏花，一边选购，体验式消费、场景式消费被做到极致。5000平方米的室内花卉中心日营业额平均超10万元，最高达30万余元。

"荷兰花海"以品牌闯市场，拓展批发业务。目前，上海荷兰领事馆专门选择在大丰不定期批量采购郁金香。“荷兰花海”与浙江虹越集团牵手合作，建成了苏北最大的国际化园艺中心荷兰花市，经营面积1.5万平方米，面向全国、全球提供花卉服务。

“荷兰花海”还用电子商务推动花卉产业发展。大丰与阿里巴巴天猫网站深度合作，开辟荷兰花市网络销售店铺，联手深圳嘉讯公司，投资700万元建设荷兰花海智慧旅游项目，以Web网站为载体，以微博、一卡通系统、微信公众平台为抓手，搭建可扩展的荷兰花海基础信息化框架，全面拥抱“互联网+”。

现代城市生活压力越来越大，空气污染日渐严重，城市人在闲暇之余越来越多地将目光投向农村，配套功能完善的“荷兰花海”精准地填补这一需求空白，为大丰源源不断吸引来各方游客。2014年，该地累计接待游客超过200万人次。

依靠巨大的观光人群，“荷兰花海”进一步布局“婚纱摄影、观光旅游、健康养年”三大产业与花卉产业，打造以花为主题的商业生态圈。

荷兰花海负责人潘勇说，“荷兰花海”正全力打造婚纱摄影产业。在荷兰郁金香、风车，流水小桥基础之上，投资仿建圣劳伦斯教堂，同时举办多届花博会、婚博会、集体婚典、千人相亲会等活动，培育婚庆产业。与婚庆公司合作，拍摄婚纱摄影。2014年签约40余家公司，接待8000对情侣，2015年目标签约300家，接待3万对情侣。

当地还与开发商联合开发了60余亩的婚纱产业基地，开展餐饮、住宿、拍照、化妆等婚庆产业一条龙服务，投资额达4.2亿。

“荷兰花海”的“郁金香文化月”已带来近3000万元门票收入，同时还配有游艇、皮划艇、快艇、自平衡车、餐饮等品类繁多的游玩与服务项目。

陈平说，我们坚持市场导向，增强旅游经济竞争力，提高游客满意度和美誉度，强化品牌宣传，延伸产业链条，促进旅游大发展。

潘勇说，下一步，“荷兰花海”将进一步摆脱单一门票经济，由观光赏花目的地向休闲度假目的地转型，开发旅游、餐饮、住宿、文娱等新增长点，做优大旅游产业链。

当地已在探索与日本、澳大利亚医院合作，共建国际体检中心，提供优质体检服务，并向客户提供专业的就医指导服务。下一步，“荷兰花海”将重点布局健康产业，打造“印象花海区”，依托长岛别墅、养老公寓建设“养年村”，精准定位养老人群，规划建设辐射长三角中产群体的轻奢养老宜居区。

创意农业牵引传统农业转型升级

新华社智库江苏中心分析认为，大丰市充分整合利用现有传统农业资源，在农业科技、生态呈现、服务创意和消费表达上系统创新，实现一产与三产融合，构建以创意、旅游为介质的现代农业形态，给当地带来了农业转型提升的多重效应：

助力农民增收，推动农业产业结构转型。

“荷兰花海”受到周边地区农民的普遍欢迎。65岁的新丰镇村民杨贵林说：“我这是‘老来得福’，年纪大了，不用下苦力种棉花，收入还能翻倍。”他原在大丰市三龙镇斗龙港村一片贫瘠地种棉花，丰年每亩净收入不到500元，赶上歉年更少。2012年，他的土地被“荷兰花海”流转后，每亩一年补贴900元。现在老两口都在“荷兰花海”培育郁金香，两人一年挣4万多元。

目前，“荷兰花海”共流转20余户的土地，为附近村民提供了数百个劳动岗位。而一些有生意头脑的村民，更是围绕“荷兰花海”做起了小生意。

“荷兰花海”采用“平台+市场+农户”模式，成立花卉种植销售专业合作社，已成功吸引周边8个村2000多户农户调整种植结构，进行花卉种植。随着新丰镇花卉苗木特色产业的兴起，郁金香农园等千亩连片种植基地已经建成。

辐射二三产业，产业溢出效应突出。

“荷兰花海”的成功，让更多国内外资本看到了合作前景。当地与辉丰股份联手打造的郁金香客栈、与南京奥悦酒店联手建设的假日公寓，近期将陆续开业。由广东客商投资建设的“荷兰风情一条街”项目，将于今年5月开工。一名荷兰客商在“荷兰花海”租赁500平方米阳光房，计划开张荷兰特色商品专卖店，一名泰国客商也将带着他的根雕艺术品来“荷兰花海”布展经营。

“荷兰花海”也带来了土地的增值，周边数个楼盘项目拔地而起。辉丰股份投资开发的郁金香花园楼盘项目，一期卖出120余套。

搭建干事致富大舞台，开放合作效应显现。

“‘荷兰花海’搭建了干部干事、百姓致富的舞台，把农业和旅游业等产业有机结合起来，突破传统农业的概念和模式，给农业增加文化内涵、生态内涵和创意内涵，对促进农业结构升级，提高农民收入见实效。”倪峰说，“基层干部有机会展示能力，赢得群众的认可，他们干事的激情被大大激发出来。”

创意农业为大丰市打开了一扇对外开放窗口，对外经贸、文化、科技交流活动更加活跃。2013年10月和2014年5月，荷兰的《北荷兰日报》两度专题报道“荷兰花海”，越来越多的荷兰朋友和荷兰企业家开始熟悉大丰与“荷兰花海”。

今年3月25日，荷兰国家电视台NOL专题报道了位于大丰的荷兰花海。郁金香文化月期间，荷兰大使馆将选派40名荷兰志愿者做志愿服务，一批荷兰民间木屐、花艺大师，还将现场展示才艺。

大丰市在一无山、二无水、三无名人资源的环境下，探索创意农业，短短三年时间取得不少可喜成果：“丰收大地”园区有效地将科技和人文要素融入农业生产，用“创意”给农副产品增值，把传统农业成长为融生产、生活、生态为一体的现代农业。“盐土大地”园区则利用海滨盐土的光、温、咸水资源，形成盐土农业研发、种养、盐土产品加工、销售、休闲观光为一体产业化经营。实践表明：

创意农业要“链接市场”，向市场汲取不竭动力。创意农业的特色及其优势在于形成多层次的全景产业链，借助创意把文化艺术活动、农业科技、特色农产品、农耕活动以及市场需求有机联接起来。创意农业如果单纯浮于创意本身，不关注市场的认可度，是没有生命力的。“荷兰花海”契合都市人休闲旅游，精神享受，而又交通便捷的需求，顺应了当地棉农产业转型的迫切愿望，高涨的人气又给开发企业增添了信心，真正做到了多方共赢。

创意农业“不能忘本”，要充分发掘地域特色资源。农村的生产生活、生态资源与历史底蕴是发展创意农业的基础。大丰市挖掘与荷兰的百年渊源，以文化创意提升农产业价值，善于利用当地的资源禀赋，在盐碱地上打造全国最大的郁金香花园、郁金香种球研究中心等特色的创意农业业态，提高了知名度以及消费者参与活动的意愿，构建出以生态休闲为介质的复合农业形态。

让专业的人做专业的事，创意团队与人才是关键。大丰市聘请同济大学城市规划设计院高起点规划，聘请荷兰专家做郁金香种球培育，邀请日本贝思机构开展商业策划，选拔优秀大学生村官负责管理运营，招聘熟悉当地气候土壤的棉农培育花种……大丰引入一个个“专业人做专业事”的精品团队，来确保“打造精品工程”的决策落到实处，使精品工程真正做到领先市场、引爆市场、赢得市场。

牵引产业链与价值链向高端延伸

转型发展，大丰玩转创意魔方

《新华日报》 9月28日

周　昕　李晓娟　刘宏奇　卞小燕

农田搬进现代化楼宇，“农民”来自国家科研机构；红掌种在橱壁上，番茄根部朝上倒着长；现代化育苗工厂里，铁皮石斛亩效益超20万元……9月23日，记者走进盐城市大丰区的“丰收大地”现代农业示范园，满目新奇。这些新奇特背后，闪烁着无数创意的火花。

“丰收大地”是全国首家农业创意产业园，大丰创意农业的集中展示区。在这里，农业不再是简单的种豆卖豆，而是嫁接了创意的翅膀。200多名国内知名专家、80多个创意团队，用科技和智慧助力园区走在国内农业创意的最前沿。

创意，让农业点土成金。创意，也让沉寂数百年的盐碱地开花结果。盐土能种菜，海水能灌溉。我们来到盐土大地农业科技园了解到，创意的神来之笔，为这里点染了更多鲜亮的色彩。海英菜、绿菊苣、秋葵、非洲冰草，各种海水蔬菜琳琅满目。海芦笋亩产2吨，纯收入突破2万元。曾经的“害草”菊芋，被提取出天然木糖醇……从其貌不扬的野草到高品质的新贵，海水蔬菜不仅端上餐桌，还填补了盐碱地种植业的空白。

劣势变优势，创意带来了全新的视野和效应。盐土大地不仅种出海水蔬菜，还衍生出海洋生物产业。在海洋生物产业园，螺旋藻深加工从无到有，耐盐苗木有了扩繁中心，而海洋生物医药产业园，目标锁定“省内高影响，国内高特色，邻国高关联”。

大布局、大写意无处不在。在沿海开发中，大丰以独特的创新思维，引领产业链与价值链不断向高端延伸。

金风科技、南车电机等国内风电装备制造龙头企业集聚的风电产业园，是中国新能源产业创新园区，去年销售153亿元。当快速发展的风力发电项目握手海水淡化技术，新能源淡化海水产业示范园应运而生。江苏丰海新能源淡化海水发展有限公司总经理杨宏勋说，在国航、东航的飞机上，都能喝到丰海产的“海露”。丰海公司不光卖水，还卖设备。今年5月，新能源海水淡化设备成功出口印尼，给“一带一路”沿线缺水岛国送去福音。如今，海水淡化基地已成为科普教育基地、工业旅游观光基地。

思路创意、空间创意、产业创意、产品创意，大丰18个特色产业园巧用科技与创意融合之妙，不断演绎产业的神奇变化。

空压机是大丰传统产业，市场份额占全国70%，但体积大，噪音强成为出口瓶颈。“通过我们的工业创意，老产品焕发新生机，体积缩小三分之一，功率提高30%，海外市场订单倍增。”东方1号创意产业园运营公司董事长李永波说。空压机，开启了创意园将工业设计服务从单个企业向整个行业领域扩展之路。

创意不是凭空而来，而是根植于地方的自然资源禀赋。在“东方1号”，一只普通水杯嵌入麋鹿、海浪等本土元素，价格从10多元飙升至280元。麋鹿、知青等系列纪念品，一举叫响台湾、上海等地市场。去年，东方1号24款自主研发的创意产品成为青奥会特许商品，不仅登上世界级展示平台，还带动销售1100万元。目前，已集聚40多家民营设计机构的东方1号，产生了投入设计经费1元带动地方经济产值20元的撬动效应。9月12日，大丰实验小学15名学生走进东方1号，用英语与美国老师视频互动，亲手设计并打印心中的众神形象，体验了一回国际小创客。潘多拉、丘比特、大力神，这些希腊罗马神话中的人物走进3D课堂。

国庆将至，荷兰花海内熏衣草、

百合花盛开摇曳。城市生活压力日增，城市人把目光投向农村，荷兰花海将创意与旅游有机融合，完善配套功能，精准地填补了这一需求空白。从一块撂荒地开始，新丰镇深挖与荷兰的历史渊源，建起中国第一花海。从无到有，从花海到花市，再到花博会、婚博会、集体婚礼，如今又衍生出意大利风情街、茶马古道，一连串的创意引爆旅游市场，今年郁金香旅游季开幕日，入园人数突破30万。

无限创意，已融入大丰产业发展转型的脉络中，生动地呈现在全产业链上，如一块神奇的魔方，给大丰带来精彩裂变。

梨花飞时“画”满村

——江苏省大丰市大中镇恒北村打造休闲农业价值链纪闻

《农民日报》 3月21日

沈建华　王小川　周　昕

“梨花风起正清明，游子寻春半出城。”花如雪，人如织，清明未至，远近游客，已“半入城”。数据显示：今年江苏省大丰市的“恒北国际梨花季”活动，仪式还未启动，游客已纷至，大小宾馆预订过半。恒北休闲农业价值链价值初显。

“微笑曲线”上的农民微笑

“柳色黄金嫩，梨花白雪香。”梨园之中，晃金披雪；梨园之外，别墅林立；别墅之间，曲溪清洄；各家门前，短桥一弯，矮石错落，芳草青青。走进数千亩果园环绕的恒北村庄，人与自然和谐之美，常显现在恒北人时时漾开的微笑之中。

些许年前，恒北农民脸上不总是满足的微笑。恒北村以盛产早酥梨而闻名，是全国最大的早酥梨商品生产基地，有着40多年种植历史。可是，传统农业生产环节所产生的价值和收益，总是低于产业的两头，农民收入单一，增长缓慢。

新经济学上有个“微笑曲线”的概念，该曲线显示：在产业链上游，随着技术研发等方面的投入和创新，产品附加价值呈现上升趋势；在产业链下游，随着品牌运作、销售渠道拓展、售后服务完善，附加价值也显著上升。

而劳动密集型部门则成为整个价值链条中附加值最低的部分，处于微笑曲线的最底端。恒北户户栽梨树，种植面积3800亩，占全村耕地的93%，90%的劳动力付出，全村人均果品收入也才7000多元，全村实现利润才140万元。

“要在打造休闲农业价值链中，促进传统农业转型升级！”市委、市政府现代农业发展战略的优化布局，村党委一班人的倾力实施，恒北村四季旅游产业链条很快形成，让农民不仅从生产中获得收入，更从产业两头获得更多收入和微笑。

梨树、柿树、女贞树、红叶石兰、紫薇枝繁叶茂；河流绕村而行，人们依着柳树，垂钓岸边，村妇坐在码头石板上洗衣服……80岁的曹兆珍，是恒北村修剪早酥梨的“七把刀”之一。他漾着微笑说：“想不到这住的干的景儿还能卖钱！”

村里统计：延伸梨园产业链条，打造休闲农业价值链，让全村从事梨树生产的劳动力，20%转移进入农业旅游服务业；1330户农户中，收入与农业旅游服务业相关的有532户，占41%；2014年农民人均纯收入22750元，同比增长8.3%。

2014年4月8日，恒北—上海旅游专线正式开通，以后每个周末，都有大巴车往返。恒北村实现由单纯卖梨果到观赏梨花、提升文化、壮大休闲产业链的跨越发展，正在走出一条传统农业加快转型升级富民的新路。

“体验经济”中的绿色溢价

“梨花雪压枝，莺啭柳如丝。”唐代温庭筠，见状融情，兴赋此诗时，决然想不到，这自然的季节风光，绿色的春天风采，后人居然还能开发出无限的经济、文化、社会消费、休闲的快乐享受的巨大发展空间。

在休闲农业领域，常规的发展思维是“我有什么资源做什么”。这固然是从“本地实际出发”，但地方性资源开发局限性很大，消费空间狭小单一。恒北村休闲农业价值链思维却是“消费者喜欢什么，需要什么，我们做大放大什么。”

村党委书记李晓霞说：“农业产业链的投入，休闲农业价值链的实现，最终还要市场消费链的逻辑检验。”为此，恒北村近两年来，瞄准长三角地区和近地城市居民休闲健康生活追求与消费，大力发展农业“体验经济”，效果凸显。

一只梨子，你到市场买回在家里削着吃，不过一两元钱，但你在梨花盛开的梨园采摘着吃，在鲜花装饰的走廊上，在优雅愉悦的音乐声中，字画美图装饰的木屋里慢慢品尝，一只梨的价格即使超过5元、10元，你也可能会乐意接受。

“这就是体验经济的溢价效应。”李晓霞说。不光是说，关键是做。乡村体验式旅游，这些年全国风生水起，但多数地方仅以吃农家饭、采摘果蔬、农事体验等简单经营模式为主。如何更好地利用市场资源，以有限的投入撬动更多资本？

恒北人在思考和行动。依靠梨园风光和水果采摘的乡村旅游，难免产生季节性波动。去年8月底，恒北村的美满壹号温泉酒店破土动工，为来访的游客提供生态温泉服务。人们来恒北，除了观赏梨花，还能放松，喝茶，疗养。

对准需求打造休闲农业价值链，恒北村开始形成春有花、夏有荫、秋有果、冬有泉的四季旅游产业链条。游客多了，农民增收水到渠成。农户顾飞出租闲置民房开发家庭休闲居，仅此一年收入5万元。“闻的看的都卖钱了！”他笑道。

恒北不仅果树丰美，更有河流穿村而过，沿河的农户房前屋后都安装了篱笆墙，既整洁优美又不失农家气息。恒北村又有新思路，合作租用村民闲置房子，利用房前屋后的梨园和围墙，打造梨园度假村，既满足城市人群享受慢生活的需求，村民又不仅可以收取房租，还可以继续在自家的房屋内参与经营工作。

去年8月，上海交通大学几名老教授组团，参加“来恒北做果农”活动。一进果园，顿变年轻，“像是一群老顽童！”一位来自北京的老爷子，优哉游哉地在梨园花海中住了几天，吃到亲手采摘的新鲜果子，嗅到难得的新鲜空气，笑言：“在恒北，今天一只鸡，明天一只鸭，后天一盘小龙虾，来到这儿真的不想走了！”

正在建设的农耕文化体验园，包括民俗馆、农耕体验园、儿童青少年活动中心和野外拓展基地四个部分。恒北村与市区数家中小学联合，组织孩子们对果树进行认养。来自城市的孩子到了果林中，像是被放生的“麋鹿”，欢声笑语荡漾果园。

随着恒北村乡村旅游开发日益红火，旅游商品的需求也在不断增加。以“乡村旅游、梨园风光”为特色，开发了运动水壶，手机壳、茶杯等一系列梨创意产品，在网络上得到了众多的关注和认可，拓宽农业休闲产业发展空间。

“幸福指数”下的生态增值

“千树梨花百壶酒，共君论饮莫论诗。”今年4月举行的“恒北国际梨花季”活动，一个重要内容，便是邀请有关方面专家学者、社会贤达，不饮酒，却论事：共论如何提升百姓幸福指数，探析城乡统筹背景下美丽乡村生态文明建设的新路。

上世纪50年代，恒北村土地瘠薄，交通闭塞，生活贫困，人们用“美满村”作为村名，渴望有一天能过上幸福美满的生活，渴望家乡能像花儿一样美丽。一部恒北村由穷弱丑变富强美的历程，就是大丰新农村建设的微缩史。

“美丽乡村建设，不仅是产业的，更是政治、经济、社会、文化等全方位的建设，要有美好样本。”盐城市委常委、大丰市委书记倪峰说。为此，大丰市近年来大力实施城乡发展“七个一体化”和农村“3+1”工程，影响巨大深远。

市长陈平介绍，2010年底，大丰在苏北率先启动农村饮用水和环境综合整治“3+1”工程，市财政累计投入资金12.5亿元，共铺设区域供水主管道165.5公里，建成并运行16座加压站，镇到村管网638公里，实现到村全覆盖。

同时，全面疏浚、清杂和整治全市大中沟河、村庄河塘、条沟渠道1000多条遍；全面建立“组保洁、村收集、镇转运、市处理”的垃圾处理体系；全市实现农村生活污水处理镇区全覆盖，被表彰为“全国农村饮水安全工程示范县”。

在市、镇大力支持下，恒北村总投资1.1亿元，建设双拼、独栋、联排、多层的恒北新村，并配套道路、管网、绿化、亮化、微动力污水处理等公共设施。村民们主动承担起“管护”责任，大家齐心协力，为净化和美化新村环境尽力。

在此基础上村里创建生态观光园，利用村生态特色，请上海规划设计部门设计了早酥梨生态观光园规划，形成新村庄、农家乐、垂钓中心、娱乐休闲会所、水果采摘庄园、果品展示中心、农民健身中心、娱乐休闲中心。

建设美丽村庄的农民，更加珍惜美丽的家乡。恒北村主要道路口，都有农民自己书写的宣传标语牌：“要想路好走，大家齐管好，门前不堆草，事故自然少，家前屋后扫，垃圾池里倒，河塘整治了，绿化同期搞，恒北新面貌，全靠党领导……”

“我们现在过得舒服呀，生活条件好了，房子也新，环境又好，城里人都羡慕得往我们村里来了，房租都一个劲儿地涨了！”村里的电工师傅胡启全说。说话神情中，那种满足的幸福感，还真让来自大城市的记者羡慕。

村美客自来。每年四月份，恒北村一年一度的梨花摄影节，吸引来大批的游客和摄影爱好者。特别是去年新开通了上海至恒北、南京至恒北的直通车，大量的游客和参观团体开始慕名而来。观赏美景，享受美食，摄录美好。

2012年12月和2013年7月，胡锦涛同志和张德江同志先后亲临恒北村视察。恒北村先后被授予国家级生态示范村、“全国文明村”、“全国休闲农业与乡村旅游示范点”、“全国科普惠农先进村”、江苏省“四星级乡村旅游景点”、江苏省“三星级康居乡村”、江苏省和谐示范村、江苏省新农村建设先进村等荣誉称号。

日头西斜，日照中的恒北新村连体别墅，青瓦白墙彩光耀眼；梨园清风徐来，碧水绕村而行，老人依柳垂钓；宽敞整洁的村道边，绿树新枝无限春意萌发。“黄昏的恒北像一幅浓墨重彩的画卷。”上海摄影爱好者者史维感慨道。

由村部向东行不到1公里，梨园生态长廊跃入眼帘：长廊全木结构，错落有致，又巧妙地将“梨”元素融入雕栏，由中国红勾勒出外形，伴以扇形、梨花花瓣形的镂空图样，古色古香，民族文化之韵味。

慢慢穿过生态长廊，踏上二层楼高的梨花亭，亭柱上题有宋代苏轼的诗句：“梨花淡白柳深青，柳絮飞时花满村”。记者吟咏环顾远近村景园色，禁不住将后句改为“梨花飞时画满村。”

其实，梨花未飞时，恒北也时刻置身在美丽的画中。夕阳西下，晚风轻拂。踏出恒北之际，再回首，但见那梨枝迭迭，梨花蝶蝶，树影憧憧，难状之美，深留心中。

点土成金 创意无限

大丰沿海现代农业走出新天地

《新民晚报》 8月3日

周 昕 李晓娟 梅璎迪

“南瓜藤上结西瓜，盐碱地上长蔬菜”。靠海吃海的江苏大丰，近年来将滩涂变为沿海现代农业的摇篮，高效设施农业、休闲观光农业、品牌农业、现代农业服务业在这里蓬勃兴起。

创意农业点土成金

走进丰收大地现代农业示范区，便足以让人领略到现代农业的绝妙神奇。在蔬果采摘园，黄皮、黑皮、方形等各类创意西瓜，居然是从一根根南瓜藤上结出来的，令人称奇；灵菇、红菇、金福菇、松茸、黑虎掌、黑松露……这些平时难得一见的菌菇品种，从天南地北汇聚一方，生机勃勃地呈现在眼前。在这里，“农”字被赋予了别样的色彩，“农民”不来自农庄，来自国家级科研机构和高等院校；“农田”不是露天泥泞，而是在现代化的楼宇里；“果实”不再挂在枝头，而是流通在无形的销售网络中……

丰收大地紧邻大丰市区，是农业创意产业的集聚区和示范区。作为全国首家农业创意产业园，丰收大地现代农业示范区不是简单的“种豆卖豆”，而是以农业创意产业集聚为支撑，将“创意”与“农业”进行“嫁接”，让贫瘠的盐碱地点土成金。开办短短几年间，超过80个国内知名的创意团队、200多名国内外知名专家相继入驻，将现代农业融智融资融为一体，一批新、奇、特产业蓬勃成长。

海水蔬菜吃出健康来

盐碱地里长蔬菜是大丰靠海吃海的真实写照。在盐土大地现代农业科技园里，一垄垄海水蔬菜青翠欲滴，水果黄瓜、拇指西瓜、五彩番茄等农作物长势喜人。园区技术员介绍说，这些都是海水直接浇灌的耐盐蔬菜，不仅口感细腻，营养价值也很高，胡萝卜素、微量元素等含量均高于普通蔬菜。同时，由于耐盐蔬菜含碱成分高，还可调节人体内的酸碱平衡。经后期提纯加工，海水蔬菜还可降低胆固醇、血脂，对高血压、糖尿病等均有好的疗效。

据介绍，盐土大地已成为全国最大的海水蔬菜生产基地。海芦笋、红菊苣等海水蔬菜实现规模化、标准化种植，番杏、菊苣被国家认定为绿色食品。盐土农产品深加工不断取得新突破，海水蔬菜饼干、天然纤维运动饮料相继投产上市，以菊芋粉为原料的膳食纤维系列产品将远销欧美等国家。

沿海农业打出有机牌

“因为获得了有机农产品认证证书，今年我们种植的100多亩有机小麦，全部被茅台酒厂收购了，价格比市场上的还要高。”金色农业科技发展有限公司总经理王宣山兴奋地说。

依托滩涂土地优势和毗邻国家级珍禽自然保护区缓冲区的生态优势，近年来大丰倾力打造有机农产品品牌。金色农业8000亩有机农业生产基地里水源充足、光照适宜，生态环境得天独厚，这里生长的小麦不仅品质上佳，更重要的是种植全程绿色无污染，即便价格稍贵于市场价，依然获得了茅台酒厂的青睐。借助优良的生态，基地还建成了3800米的有机葡萄长廊，形成集旅游、休闲、观光、采摘于一体的有机农产品体验基地。

大丰绿色有机农产品一路走俏上海大市场。据介绍，目前大丰在上海设立的直销窗口、直销门店超过80家，每年在沪销售农产品总量超50万吨，销售额近12亿元。大丰正是坚持走“生态优先、特色主导、园区带动、品牌引领、科技支撑”的沿海现代生态农业发展道路，为上海乃至长三角地区构建一个稳定安全的特色农产品生产供应基地。

（区委通讯站）

〖编辑 刘洪芳〗

说 明

1.本索引采用内容分析法编制，按汉语拼音顺序排列。

2.标引词后的数字表示内容所在页码，数字后的字母a、b、c分别表示左、中、右栏。

3.卷首、特载、大事记、荣誉栏、文件目录、附录等栏目内容未作索引。

4.本索引编有附见系统和参见系统。主款目下行空一格排列者为附见条目，标引词后的第二个页码起为参见页码。

5.栏目、分目标题用黑体字标示。表格均注明“(表)”字样。

6.索引标引词一般采用中心词或简称。“省”即江苏省，“盐”即盐城市，“市”或“区”即大丰市或大丰区。

A

阿里巴巴农村淘宝　78a
阿力山大·科赫　135a
爱国卫生运动　275c
爱心助学品牌　258b
安监荣誉　227c
安监行政执法　227b
安康关爱行动　284c
安全生产　31c
安全生产标准化建设　227a
安全生产大检查　227a
安全生产监督管理　226c
　概述　226c
安全生产培训　227b
安全生产事故隐患排查　227b
安全生产责任落实　226c
安全生产专项整治　227a
岸线　24c
奥体中心赛事承办　279c

B

巴厘岛温泉俱乐部　150b
白驹镇　306a
　概述　306a
　工业经济　306b
　现代服务业　306c
　现代农业　307a
　城乡统筹　307b
　社会事业　307c
　从严治党　308a
　主要经济社会指标（表）　308
　村、居委会（表）　308
　骨干企业（表）　309
白蚁防治监管　176a
百岁以上老人名单（表）　285
百姓星光大舞台　269a
办公用房长效管理　81b
办公用房清理整改　81b
半岛温泉酒店　153b
保护区工会会员大会　154c
保教水平　255b
保密　60a
　概述　60a
保密监管　60b
保密宣传　60a
保密组织领导　60a
保税仓库管理　117c
保险　206c
保障性住房覆盖面　178a
保障性住房工程　178a
报刊营销　214c
报纸内容　273c
报纸新闻宣传　273b
毕业生就业　259b

边防 240c
概述 240c
边防救助 240c
边防实战实训练兵 241a
便民服务网络建设 77a
博士后工作站 300a
部门预算管理 194b
部门预算执行审计 228c
部门志编修 80c

C

财政 191a
概述 191a
财政·税务 191
财政保障民生 192c
财政队伍建设 196b
财政服务 192a 193c
财政监督检查 195b
财政奖补政策 196a
财政经济工作委员会 70b
财政收入 30a
财政收入分项(表) 30
财政巷改造 183b
财政信息化建设 196a
财政预算执行 191a
财政支持发展 191c
财政支农惠农 193b
彩虹丝带志愿者品牌 87c
残疾儿童康复训练 289c
残疾评定 289a
残疾人补贴发放 290b
残疾人调查 289b
残疾人辅具适配 290a
残疾人就业 290a 290b
残疾人康复中心 290a
残疾人事业 289a
概述 289a
残疾人托养 290b
残疾人维权 289b
残疾人无障碍设施 290a
残疾人信访 289b
蚕桑科技入户项目 163a
蚕桑业 162c
概述 162c
草庙镇 319a
概述 319a
招商引资 319b
项目建设 319b
城镇建设 319b
旅游业 319c
现代农业 319c
镇村集体经济 320b
民生事业 320c
主要经济社会指标(表) 320
村、居委会(表) 320
骨干企业(表) 321
草堰镇 303a
概述 303a
项目建设 303b
城乡建设 303b
旅游发展 303c
现代农业 304b
村级“四有一责” 304c
民生实事 304c
主要经济社会指标(表) 305
村、居委会(表) 305
骨干企业(表) 306
测绘管理 222c
产业扶贫 291b
产业结构优化 99b
产业升级 99a
常州高新区大丰工业园 122c 115a
概述 122c
基础设施 122c
科技创新 122c
招商引资 123a
项目建设 123a
安全生产 123a
人大代表视察 123c
朝阳路改造 183a
车辆GPS监管 212b
陈慧娟 90b
陈亚平 227c
陈银付 93b
“成长护航工程”督查 247b
成都展销会 269c
诚信经营宣传 95c
城东新区拆迁征地 184a
城东新区城市管理 184a
城东新区创意产业 183c
城东新区党建 184b
城东新区建设 183b
概述 183b
城东新区项目资金筹集 184a
城管服务环境 185b
城建档案管理 173b
城建融资 182b
城市、村镇规划 180b
概述 180b
城市防汛措施 186b
城市房屋征收拆迁 182b
城市供水 170c
城市管理 184c
概述 184c
城市规划管理 181a
城市建设 182a
概述 182a
城市面貌 31b
城市污水处理管理 170c
城市专业规划编制 180c
城市总体规划 182a
城乡供水一体化工程 170b
城乡环境综合整治 189c 57b
城乡居民养老保险 297b
城乡水务一体化 170b
城乡一体化 158b
城镇建设·环境保护 180 47c
城镇建设综述 180a
城镇居民生活 280a
城镇社区教育形式 261a
出版市场净化 271b
出版物市场整治 270b
出口超500万美元企业(表) 112
出口货物报关单证明联取消 117b
出入境检验检疫 116a
概述 116a
产业服务 116b
队伍建设 116c

出入境检验检疫便利化 116b
出入境疫情疫病防控 116b
出租车司机服务培训 152a
初级救护员培训活动 152a
初中教育 256a
川东港工程 167b
传统型犯罪下降 243a
船舶吨税征收 117a
船员擅自离船入境 118a
创业服务中心 139a
创业培训中心 139a
创业品牌建设 296a
创业项目推介机制 139a
创业宣传 294c
创业园建设 295b
创业专题活动 295a
春季林业重点工作督查组 161a
春节文化活动 268c
春秋旅行社旅游联谊会 153a
春运水上交通安全监管 212c
瓷刻艺术精品展 93b
慈善工作 281c
COO集团 78b
崔振钟 79a
村级“四有一责”建设 157a
村级晨练示范点 279b
村务公开 156c
村镇规划编制 181a
村组干部报酬 157a

D

“大网评”工程 55b
大调解工作机制 292b
“大丰好玩呢”旅游峰会 152c
大丰人好呢 57b
“大丰招标采购网”手机版 225b
大丰职工之家 87b
《大丰年鉴（2014）》 80b
《大丰市城市综合交通规划》 181c
《大丰市文史资料》第17辑 85a
大丰春季房地产汽车博览会 176b
大丰大麦 160c
大丰大米 160b
大丰大桥油桃 160c
大丰电子信息产业园 125c
　概述 125c
　功能区块建立 126a
　招商引资 126a
　服务企业 126a
　平台建设 126b
大丰风电产业园 124c
　概述 124c
　招商引资 125a
　项目推进 125a
　企业运行 125b
　平台建设 125b
　科技创新 125c
　配套设施建设 125c
大丰概况 24
大丰港保税物流中心 118c
大丰港边防派出所 241b
大丰港产业园区 124b
　概述 124b
　园区规划设计 124b
　招商引资 124c
　基础设施 124c
　筹资融资 124c
大丰港动物园 149a
大丰港海晶创投中心 132a
　概述 132a
　机构入驻 132b
　交易信息共享 132b
　金融创新 132b
大丰港海上联合执法 108a
大丰港海外投资控股公司 207c
大丰港海洋世界 148c
大丰港和顺科技公司 122a 207c
大丰港集装箱码头 122b
大丰港口 107b
　概述 107b
大丰港粮食仓储项目 107c
大丰港深水航道开工 108c 79a
大丰港石化码头 108a
大丰港首届动漫节 131c
大丰港通用码头对外开放 107c
大丰港吞吐量 109a
大丰港引航站 107c
大丰海洋产业研究院 128c
　概述 128c
　产学研活动 139a
　高层次人才引进 129a
　平台建设 129a
　科技成果 129b
　企业对接 129b
　项目品牌申报 129c
大丰花车 153a
大丰籍人物资料征集 80c
大丰江南村镇银行 206a
大丰旅游专题推介会 153a
大丰麋鹿保护区 154a 155a
大丰麋鹿外迁 154c
大丰农村商业银行 204c
大丰汽车站管理 212a
大丰秋季房地产汽车博览会 176b
大丰区妇女联合会 88c
　概述 88c
　普法宣传 89b
大丰区高新技术区 135b
　概述 135b
　特色产业 135b
　招商引资 135c
　项目建设 135c
　品牌创建 135c
大丰区工商业联合会 94c
　概述 94c
　会员企业 95a
大丰区归侨侨眷联合会 93c
　概述 93c
　参政议政 93c
　为侨服务 94a
　联络工作 94c
　联谊活动 94c
大丰区国民经济和社会发展 26a
　概述 26a
大丰区海洋科教城 128a
　概述 128a
大丰区海洋生物医药产业园 127a
　概述 127a

项目推进 127b
经济工作 127b
园区综合治理 127b
大丰区华丰工业园 129c
概述 129c
基础设施 130a
招商引资 130a
项目推进 130b
安全监管属地责任 130b
环境综合整治 130c
大丰区科学技术协会 90a
概述 90a
大丰区麋鹿生态旅游度假区 136a
概述 136a
招商引资 136a
项目建设 136a
载体建设 136b
大丰区木材产业园 126b
概述 126b
发展规划修编 126c
招商引资 126c
项目建设 126c
基础设施 127a
平台建设 127a
大丰区石化产业园 127c
概述 127c
招商引资 127c
园区规划建设 127c
基础设施 128a
项目建设 128a
服务管理 128a
大丰区文学艺术界联合会 92a
概述 92a
策应经贸活动 92a
大丰区重型装备产业园 131c
概述 131c
招商引资 131c
项目推进 131c
基础设施 132a
大丰区总工会 86a
概述 86a
职工素质 86a
队伍建设 86b
大丰人保财险公司 206c
大丰人保寿险公司 207a
《大丰日报》 273b
概述 273b
作风建设 273c
大丰上海知青纪念馆 148b
大丰太平洋产险公司 207a
大丰太平洋寿险公司 207a
大丰文明网 57b
大丰英茂糖业 226a
大丰中华财险公司 207b
大丰专业市场服务业聚集区 133b
概述 133b
大桥镇 316a
概述 316a
招商引资 316b
项目建设 316b
现代农业 316c
集镇建设 317b
环境整治 317b
民生事业 317c
主要经济社会指标（表） 318
村、居委会（表） 318
骨干企业（表） 318
大事记 17
大数据产业发展 213c
大四河沿线建筑立面改造 182c
大中镇 332a
概述 332a
项目建设 332a
创新驱动 332b
载体建设 332b
村庄环境 332b
旅游发展 332c
民生事业 332c
党的建设 332c
主要经济社会指标（表） 333
村、居委会（表） 333
街道、社区居委会（表） 334
骨干企业（表） 335
大中镇中小企业园 332b
单体投资额最大项目招投标 226a
单位庭院环境整治 159c
党的建设 46b
党风廉政教育 50c
党管武装 48c
党史 64b
概述 64b
党史宣传片 64c
党史资料征编 64b
党外代表人士实践 58c
党外代表人士制度建设 58b
党外人士发挥作用 58c
党校 63b
概述 63b
党校调研成果 64a
党校科研成果 63c
党校人才建设 64a
党员发展工作 62b
党员干部培训 63c 52b
党员教育管理 53c
党组织党员统计（表） 54
档案 64c
概述 64c
服务农村 65c
服务企业 65c
档案进馆 65a
档案新馆搬迁 65a
档案业务建设 65b
导游职业技能大赛 152a
岛屿 24c
德育工作 257a
等级公路养护 209c
低碳产业 108b
“滴水筑梦”助学 291b
地方海事 212b
概述 212b
地方税收 197b
概述 197b
依法治税 198a
地方志、年鉴编纂 80a
概述 80a
地籍管理 222c
地理位置 24a
地税队伍建设 198c
地税风险管理 198a

地税纳税服务 198b
地税收入 197b
地税税种管理 197c
地下水资源保护 169c
地形地貌 24a
地震安全示范社区建设 252c
电商服务站启动 216a
电商企业 133c
电网安全监控 218c
电网建设 219a
电信 216a
　概述 316a
　业务发展 216a
　服务风貌 216c
　文明创建 217a
　科技创新 217a
电信成本管控 216c
电信服务网点 217a
电信内控机制 216c
电信通信质量 216b
电信网络 216a
电信效益 216a
电信装维效能 216b
电子招投标 224c
丁峰 210a
丁溪河段工程 167c
东方1号创意产业园 136b 269c 61b
　概述 136b
　发展规划 136c
　招商引智 137a
　创牌争优 137a
　宣传推介 137a
　二期项目 137a
东方1号驻台湾联络处 61a
东方1号自创品牌 269c
东方湿地 153c
　概述 153c
东方湿地公园 149a
东方桃花洲旅游景区 317a 149c
东沙岛 154a
《冬日暖阳》 266c
冬训冬学 54b
动物基础免疫 162b
斗龙港 109c
斗龙港边防派出所 241b
斗龙港鲫鱼 164a
斗龙垦区苇鱼渔业养殖园 109a
督查 49a
　概述 49a
督查反馈 49b
督查考核融合 49b
督查推进 49b
对内宣传 54b
对外经济技术合作 113c
　概述 113c
对外经济技术合作项目 114a
对外贸易 112a 29c
　概述 112a
对外宣传 55a
对外招商 113b

F

发展和改革 220a
　概述 220a
“法左情右”天平志愿服务队 247b
法国文学家 79a
法院 246a 247b
　概述 246a
　服务大局 246a
　保障民生 246b
　改革创新 246b
　队伍建设 246a
法院开放日 247b
法院立案登记 247a
法院座谈会 247c
法治宣传教育 248a
法治水利 170b
法治宣传载体创新 242c
法治政府建设 79a 75c
　概述 79a
返乡农民工服务 294a
防空警报网络建设 238a
防汛防旱 168b
防汛清障 170b
防汛物资储备 169a
防汛预案修订 169a
防汛责任制 169a
防震减灾 252a
　概述 252a
防震减灾知识宣传 252c
房产测绘服务 176a
房产产权产籍管理 175b
房产档案管理 176b
房产评估 176a
房地产管理 174c
　概述 174c
房地产市场管理 175a
房地产业发展 175a 30a
房屋征收宣传 183b
纺织行业 99c
　概述 99c
纺织重点企业 99c
飞天奖 266c
非并网风电淡化海水项目 122b
非公有制经济人士教育实践 94c
非公有制经济人士培训 58a
非税收入管理 194c
丰东大酒店 153c
丰收大地农业服务第一站 133a
丰收大地食用菌展销馆建成 151b
丰收大地 132c 149b
　概述 132c
　招商引资 132c
　项目推进 132c
　平台建设 133a
　产业发展 133a
丰收大地现代农业示范区 149b
丰收大地游客中心 151b
丰中污水截流 182c
风能 24c
扶贫济困 291c
扶贫开发 157c
扶贫网络体系建设 291c
扶贫宣传 291c
服务业 29a
服务业创业载体建设 295c
妇儿实事工程 89c
妇联自身建设 90a

妇女创业 89a
妇女维权 89b
妇幼保健 275b
附录 372
副省长 134b
富奥电梯 123b

G

干部管理 52a
干部考察 52b
干部人事档案 52b
干部人事制度改革 52a
港澳台侨委员会 85b
港城功能配套 107a
港城规划管理 107a
港城建设 107a 121b
　概述 107a
港城旅游发展 107b
港城日常管护 107a
港口 24c
港口对外贸易 106c
港口对外投资 106c
港口规模 106a
港口码头建设 121a
港口市场开拓 108a
港口转型升级 107b
港口综合一体化信息平台 109a
高端人才招引 298c
高考期间噪音整治 270c
高危企业应急管理平台 227b
高危企业在线监控平台 227b
高校招聘会 299a
高新技术产业 249c
革命老区开发促进工作 290b
　概述 290b
葛启发 78a
葛晓明 247a
个体创业载体 140a
个体工商户 140a
　概述 140a
个体户转型升级 140a
个体私营企业 139b
　概述 139b
各镇概况 303
工程建设管理 172c
　概述 172c
工会财务改革 87b
工会服务保障阵地建设 87a
工会基层建设部 87b
工会维权监督网 87a
工会文化体育阵地建设 87a
工会职工服务部 87b
工会综合办公室 87b
工会组织阵地建设 86c
工伤保险政策 297a
工商队伍建设 231c
工商服务经济发展 230c
工商联参政议政 95b
工商联创建 95b
工商联调查研究 95b
工商联对外联络 95c
工商维权 231b
工商行政管理 230c
　概述 230c
工行大丰支行 201a
工业 96 28b
　综述 96a
　信用工作 98b
　平台创建 98b
　活动组织 98c
　服务企业 99b
工业经济 96a
工业开票销售 28c 96c
工业绿色发展 98c
工业投资 97a
工业新增长点 97c
工业园区环境整治 190a
工业重点企业 96b
工资协商 87a
公安 243a
　概述 243a
公安安保 243a
公安服务民生 244a
公安荣誉 243a
公安文化建设 244a
公安文联成立大会 93b
公安执法质量 244a
公车管理 81b
公共安全监督 241c
公共产品价格管理 233a
公共机构节能 81c
公共设施建设 185c
　概述 185c
公共卫生管理 275b
公共文化服务 31a 265a
公共文化及设施建设 267c
　概述 267c
公交发展 211a
公立医院改革 275a
公民道德建设 55c 56b
公务员考录 300c
公务员培训 301a
公正司法 245a
公租房消防应急救援演练 176c
供电 218c
　概述 218c
　党建工作 219b
　精神文明建设 219b
供电服务 219b
供电经济技术指标 218c
供电企业管理 219a
供销合作 142b
　概述 142b
　综合改革 142c
　“三服务”工作 143a
　电子商务平台创建 143a
　档案移交 143a
共青团大丰区委员会 87c
　概述 87c
固定资产投资 29c
关爱贫困大学生 57a
关心下一代 288a
　概述 288a
　结对帮教 288b
　宣传工作 288c
“关员大讲堂”活动 117b
“管家式”导游培训 152a
光能 24c

广播电视 272b
概述 272b
依法行政 273a
广播电视传播力 272b
广播电视对外宣传 272c
广播电视发展 265c
广播电视引导力 272b
广电产业经营 273a
广电数字化建设 273a
广电智能化建设 273a
归园田居乡村名宿 88a
规范性文件管理 79b
规划建设执法 181b
规模企业 101c
概述 101c
规模企业贡献 101c
规模以上主导行业 28c
规模以上行业开票销售（表） 28
郭氢 78a
国华中学 291a
国际篮球明星挑战赛 279c
国际人才交流大会 299a
国际市场开拓 113a
国际竹藤组织 78c
国家5A级景区 155a 151c 148a
国家4A级景区 151c 148b 148c
国家3A级景区 149a 149b
国家蚕桑产业技术体系 163a
国家发改委 108b
国家高新技术企业 250a
国家海洋局 78c
国家环保模范城市 190c
国家级生态区 190c
国家级野生动物保护 241a
国家可持续发展实验区 154c
国家可持续发展先进示范区 251c
概述 251c
国家林业局 161c
国家旅游局 152b 154c 78b
国家少年足球队 278c
国家税收 196b
概述 196b
依法治税 197a
国家统一考试 60b
国库管理 194b
国企退休教师待遇 224a
国企幼教教师待遇 224a
国企职教教师待遇 224a
国税队伍建设 197b
国税纳税服务 197a
国税收入 196c
国土资源管理 222a
概述 222a
国有控股企业资产管理 223b
国有企业改革 223c
国有企业资产管理 223b
国有资本经营预算 191c
国有资源管理 223a
概述 223a
果树生产 161c

H

海盗王国开园 122a
海堤绿化 169b
海防史迹研讨会 64c
海港新城 106b
海关监管 116c
概述 116c
服务创优 118a
海关监管场所巡查 118a
海关简政放权 117c
海关准军事化部队建设 117a
海嘉诺药业公司 101b
海监与海洋综合管理 110a
概述 110a
服务大项目 110c
海聆梦纺织品集团 100a
海上恶劣天气安全防范 111b
海上险情处置 111b
海事安全监管 111a
海事安全指导 111a
海事管理 110c
概述 110c
作风建设 111c
海事隐患排查 111c
海水淡化园区建成 137b
海外台商江苏行 60c
海洋 24c
海洋监测预报 107c
海洋生物产业 101b
概述 101b
海洋生物重点企业 101b
海洋渔业 109b
概述 109b
海洋执法检查 110a
海域动态监管 110b
海智大会 91a
行风建设 276b
韩国三美集团 135a
韩国威客汽车滚装航运公司 79a
韩佩舟 88a
合作共建园区建设 115a
河姆渡项目签约 123b
荷兰花海 151c 269a 300a
荷兰贸易促进委员会 78c
恒北村梨园风光 149c
红色革命遗址保护 267b
红十字会 286a
概述 286a
红十字募捐筹资 286a
红十字送温暖活动 286a
红十字新闻宣传 286c
红十字志愿服务 287a
后勤装备保障 236c
“互联网+工会”探索 87b
沪丰产业合作新形态 116a
沪丰干部互派 116a
沪苏大丰产业联动集聚区 134a
概述 134a
公司揭牌 134a
沪苏大丰集聚区合作协议 134b
华东森林资源检测中心 161c
华泰证券大丰营业部 207b
化工行业 100b
概述 100b
化工园区整治 187b
化工重点企业 100c
淮安市 78b

环保部生态司 78b
环保队伍管理 188b
环保项目服务 187c
环保知识宣传 188a
环保执法 188a
环境保护 187a 31c
概述 187a
环境治理 189b
环境资源城乡建设工作委员会 72b
环卫保洁 159b
黄信 152b
辉丰农化股份公司 100c
回乡创业交流会 295a
回族群众帮扶 283b

J

机构编制 59a
概述 59a
机构编制管理 59c
“机关+农村”党组织联建 62a
机关党建 61c
概述 61c
机关党组织换届 62b
机关服务保障 81a
机关事务管理 81a
概述 81a
机关事业单位干部退休管理 301a
机关事业单位人事管理 300b
机关事业单位人员缴费落实 296c
机关事业单位职工退休管理 301a
机关文化建设 62b
机关信息调研宣传 62b
机关作风建设 50b
机械行业 100a
概述 100a
机械重点企业 100b
基层安监机构能力建设 227b
基层残联组织建设 289a
基层党组织建设 53b
基层调解实战能力 292c
基层关工委建设 288c
基层关工委交流会 289a
基层人防信息化试点 237c
基层统战工作 59a
基层团建 88b
基层卫生工作 275b
基层文明创建 57a
基层仲裁调解组织 302c
基础教育 255c
概述 255c
基础养老保障 284b
急救医疗 276b
疾病预防控制 275b
集贸市场 141a
集邮文化宣传 214c
计生“两非”整治 282c
计生基础管理 282b
计生民生服务 282c
计生双评工作 282b
纪红 85b
纪检队伍建设 51a
纪检“两个责任”落实 50a
纪检监察 49c
概述 49c
专项整治 50b
纪检监察“三转”工作 51a
纪律规矩严明 50a
纪律审查 50c
纪念抗战胜利70周年晚会 269b
技防织密 242c
家庭文化建设 88c
家政服务业队伍建设 294b
价格成本监审 233b
价格诚信建设 233a
价格管理 232a
概述 232a
价格监测预警 232c
价格鉴证 233a
价格执法监督 233a
价格指数 27a
驾培智能培训 212a
监狱安全 337b
监狱执法 337c
检察 244b
概述 244b
服务沿海开发 244b
队伍建设 245b
内外监督 245c
社会矛盾化解 245a
建丰国际宾馆 153c
建湖县党政代表团 78a
建设工程造价管理 173c
建设工程质量安全观摩会 174c
建设职工教育培训 173c
建行大丰支行 202c
建制沿革 26a
建筑产业结构转型 171c
建筑工程安全管理 173b
建筑工程款拖欠化解 172a
建筑工程质量管理 173a
建筑节能 172b
建筑施工安全检查 174c
建筑施工监理人员安全培训 174b
建筑施工新规范培训 174b
建筑市场 171a
概述 171a
建筑市场整顿 172a
建筑行业“安全生产月”活动 174a
建筑业·房地产业 171 28c
戒毒矫治 339c
健康小区截污控源 183a
江苏北大荒米业有限公司 101a
江苏大丰港经济开发区 120c
概述 120c
金融创新 121b
科技创新 121b
民生福祉 121c
党建工作 122a
江苏大丰经济开发区 119a
概述 119a
企业运行 119b
企业科技创新 119c
基础设施建设 120a
社会建设 120b
党建工作 120c
江苏大丰盐土大地 130c
概述 130c
特色产业发展 130c

项目推进　130c
招商引资　131a
项目申报　131b
政产学研结合　131b
江苏南车电机公司　101b
江苏省大中农场　337b
概述　337b
教育改造　337c
队伍建设　338a
社区建设　338b
江苏省东坝头农场　340a
概述　340a
粮食产量　340b
林业生产　340b
基础设施建设　340c
职工外出承包　340c
江苏省方强农场　338b
概述　338b
生产经营　338c
场所安全　339a
民生工程　340a
江苏省国信资产管理集团　78c
江苏省健身交谊舞大赛　279c
江苏银行大丰支行　205b
江泽慧　78c
姜尚公园　150b
交通·邮电·供电　208
交通安全监管　243a
交通工程建设　208a
交通管理　211a
概述　211a
交通稽查　211c
交通建设　209b
概述　209b
交通行业监管　208c
交通运输　210c　30a
概述　210c
交通秩序整治　57b
交通综述　208a
交行大丰支行　203a
教师发展平台　263b
教师交流　263a
教师交流机制　262c
教师考录　263b
教师素质　257a
教师专业素养　262b
教师综合素质　262a
教育　254a
综述　254a
教育财政投入　263c
教育后勤保障　263c
概述　263c
教育事业　30c
教育现代化建设　264c
教育资源配置　264c
秸秆机械化还田　164a
秸秆综合利用　164a
节假日安全运输　210c
节能降耗　98a　31c
节水型社会建设　170a
金风科技全球监控中心　125c
金秋经贸恳谈会　78c
金融　199
综述　199a
金融机构本外币存贷款（表）　30
金融市场　30b
金融网点安全演练　215c
金融支撑　295c
金色麦道企业发展有限公司　135a
近海养殖　109c
进出口企业减负　117c
进口木材检验检疫除害中心　108b
经济管理与监督　220
经济结构优化　221c
经济体制改革　221c
经济委员会　85a
经济运行监控　220b
经济责任审计　228b
经贸合作组织　116a
《惊梦》　198c
精神文明建设　56b
概述　56b
景点周边价格整治　232a
警务新模式探索　241a
竞技体育　278b
概述　278b
“敬老文明号”创建　285a
就业创业　293a
概述　293a
“三送”服务工作　293c
就业困难人员再就业　294a
就业形势　26c
就业招聘　293c
居家养老服务补贴制度　284c
居家养老服务站　284c
居民消费价格指数（表）　232
俱乐部活动　277c
卷烟销售　145b
军事斗争　236b

K

开放区·特色园区　119
开放型经济　112
综述　112a
康复训练　260b
康平路截污控源改造　183a
抗战研究成果发布会　64c
科级干部服务企业　62a
科技部　122b
科技成果　250c
科技创牌　97b
科技创新　30b　249c　250c
科技扶贫　291b
科技计划实施　249a
科技计划项目申报　249a
科技减税政策　249b
科技思想库　91a
科技项目人才对接　91a
科教文卫工作委员会　70c
科教文卫体委员会　85a
科普基础设施建设　91b
科普品牌活动　90b
科普资源建设　91b
科协项目申报　91c
科协学术交流　90c
科学技术　249　30b
综述　249a
科研型教师队伍　263a

客运监管 212a
客运统筹 211a
课程基地拓展 257c
课堂效益 262a
口岸服务 118c
口岸管理 118b 118c
概述 118b
跨境电商产业中心 108c 122b
会计管理服务 194a
宽带提速 213c
困难青少年群体帮扶 88b

L

垃圾处理价格监管 232c
垃圾收运体系建立 159c
拉文大学商学院 128c
蓝色旅游开发有限公司 163c
“劳动关系状况季季清”活动 87b
劳动关系 301c
政策宣传 301c
劳动监察示范网格 302b
劳动监察网络 302b
劳动监察源头预防 302a
劳动监察执法力度 302a
劳动竞赛 86a
劳动力转移 27c
劳动争议调解 87a
劳模精神 86b
劳模协会 86b
老川东港工程 167c
老促会“两带”活动 290c
老促会调查研究 290c
老促会抗战胜利纪念 291a
老促会荣誉 291a
老促会送医下乡 290c
老促会兴办实事 290c
老干部“两个待遇”落实 63a
老干部“两个阵地”建设 63b
老干部“两项建设” 62c
老干部党支部建设 62c
老干部管理 62c
概述 62c
老干部活动中心 63b
老干部生活待遇 63a
老干部思想政治建设 62c
老干部政治待遇 63a
老旧小区整治 57b
老龄事业 284b
概述 284b
老年大学 63b
老年活动 285a
老年救助标准 284c
老年人权益维护 285a
老年人体育节活动 277c
老年人优待工作 285a
老年医疗保障待遇 284c
勒克莱齐奥 79a
理论普及创新 54b
理论武装 54a
利用外资及港澳台资 113a
概述 113a
联通 217a
概述 217a
业务发展 217b
服务质量 217b
联通网络质量 217b
联通信息化建设 217b
廉政警示教育展示馆 215c
粮库维修 143c
粮棉油生产 27c
粮食安全生产 144b
粮食产量 160a
粮食经营 143b
概述 143b
作风建设 144b
粮食流通监督检查 144a
粮食生产规划田间工程 168b
两岸企业家紫金山峰会 61c
两岸文创产业交流 61b
林果业 160c
概述 160c
林业资源 24c
临港产业发展 121a 106b
临海高等级公路管护 210a
聆聪行动 290a
领导干部挂钩服务企业 99c
领导干部接访 77b
领导干部下访 77b
领导干部约访 77b
领海基点巡查 110a
刘春笋 135a
刘家平 134c
刘建琳 78b
刘志勇 78b
刘庄净土院 150b
刘庄镇 309a
概述 309a
招商引资 309b
城镇建设 309b
服务业 309c
现代农业 309c
民生改善 310b
农村环境整治 310c
主要经济社会指标（表） 310
村、居委会（表） 311
骨干企业（表） 311
刘庄镇“橘子事件” 55a
“6·26”禁毒宣传教育 247b
“616”人才引进 52c
《鹿王争霸》瓷刻作品 266c
鹿王争霸赛 152c 154c 272c
路桥工程 182a
旅游·麋鹿保护 148
旅游厕所建设 151a
旅游发展讲座 151c
旅游饭店 153b
旅游管理 151c
旅游基础设施建设 150c
旅游集散中心建设 151a
旅游景点 148a
概述 148a
旅游年卡发行 151c
旅游设施建设 150c
旅游水域安全监管 213a
旅游推介 152c
旅游推介会 153a
旅游业 29b
旅游直通车开通 151b

绿地行动　159a
绿化造林投入机制　161a
绿色建筑　172b
绿色生态建设　188c　48a
绿色食品A级产品　160c
罗兰特　78c
洛杉矶天津文化交流协会　128c

M

马秋林　78c
码头吞吐量　118c
慢性病管理　275a
媒体采风团　152c
媒体融合发展　273a
《魅力大丰》 85a
麋鹿保护　154b
　概述　154b
麋鹿种群管理科学研讨会　155a
棉花种植新技术推广　166a
免费网络建设　213c
灭火救援　239b
民办教育管理　261c
民兵组织建设　236b
民警“进村入户”　243c
“民生检察”打造　245b
民生档案服务　65c
民生改善　48b
民生价费管理　232c
民营经济·市场体系建设　138
　综述　138a
民政公共服务　282a
民政事务　280b
　概述　280b
民族人口　25c
民族事务　283b
　概述　283b
民族团结宣传　283c
明进机械公司　100b
《蓦然回首却惊秋》 266c

N

内河港口码头监管　211c
内务司法工作委员会　70a
南通市农业系统　161b
南通市张謇研究中心　85c
南阳镇　324a
　概述　324a
　工业经济　324a
　农业发展　324b
　镇村经济　324c
　民生改善　324c
　安全稳定　325a
　主要经济社会指标（表） 325
　村、居委会（表） 325
　骨干企业（表） 326
倪峰　61a　260a
年鉴编校质量　80b
年鉴框架调整　80b
农产品播种面积及产量（表） 27
农产品检测　141a　72a
农村　27c
农村财务　157c
农村扶贫开发　291a
　概述　291a
　结对帮扶　291c
农村工作委员会　71b
农村公路管养　209c
农村河道疏浚整治工程　168b
农村环境质量　187c
农村环境综合整治　158c
　概述　158c
　项目建设　159a
农村经贸　166a
　概述　166a
农村经营管理　156b
　概述　156b
农村民居抗震　252c
农村居民生活　280a
农村青年电商创业　88a
农村淘宝大丰服务中心　78a
农村土地流转　156c
农村演出市场整治　270b
农村应急广播　273a
农村政策落实　156c
农村支付服务环境　199c
农机安全生产管理　164c
农机服务　164b
农机购置补贴　164a
农机化作业水平　164c
农机新技术推广　164b
农家书屋建设　271a
农林牧渔业增加值（表） 27
农贸市场监督台　141a
农贸市场整治　141b
农民工工资拖欠化解　172a
农民合作组织运行　157b
农民培训　64a
农民收入增长　156b
农商行职工运动会　278a
农行大丰支行　201c
农业　156　27c
　综述　156a
农业产业化经营　166c
农业电子商务发展　160a
农业发展银行大丰支行　203c
农业工程推进　166b
农业机械　164a
　概述　164a
农业机械保有量　164c
农业科学技术研究　165c
　概述　165c
农业招商引资　166b
农业资源综合开发　164c
　概述　164c
农业综合开发产业化经营　165b
农业综合开发土地治理　165c
农业综合开发项目　165a
农作物新品种引进　166a
诺贝尔奖获得者　79a

P

拍客大赛　122a
贫困白内障患者复明工程　290a

贫困精神病患者免费给药 289c
贫困学生资助工作 291a
“平安渔业示范县”创建 110b
平安辖区建设 240c
平安校园建设 264a
朴志万 135a
浦东银行大丰支行 204a
浦江巷改造 183a
普高教育 256a

Q

七彩花田 150a 305c
企业帮扶 99b
企业关工委建设 288c
企业军转干部解困 301b
企业军转干部慰问 301b
企业上市 207c
企业退休人员待遇 297a
企业效益 28c
企业用工 293b
气候特征 25a
气象服务 253b
气象事业 253a
　概述 253a
气象行政管理 253c
气象要素分析 25b
气象业务 253b
气象资料（表） 25
汽车试验场应用技术研讨会 122b
器官捐献 286b
前期物业招投标 177a
抢险队伍建设 169a
侨联服务 94b
《桥》 267a 56a
桥梁安全管护 209c
秦景安 152b
青年创业 88a
青年创业贷款 88b
青年涉农产业创业创富大赛 88a
青少年教育活动 288a
青少年科学教育 91b
青少年思想引领 87c
青少年消费文化 287c
青少年阳光体育运动 278c
邱启文 78b
秋粮收购 143b
区编办 59c
区划调整 48c
区科协换届选举 91c
区情调研 49a
区情简介 24a
区人大常委会会议 67c
区人大常委会主任会议 68c
区人大研究室 73a
区市场监管局成立 59b
区委十一届六次全体会议 46a
区委重要会议 46a
区委重要决策和工作部署 46b
区行政审批局成立 59b 76c
区域合作及接轨上海 114c 115c
　概述 114c
区域协作 221b
区镇人大工作和建设会议 69b
区镇人大建设 67a
区政府机构改革 59b
区政府重要会议 74a
区政协常委会议 83c
区政协各专门委员会 84c
区政协重要会议与活动 83b
区政协主席会议 84a
区总工会大部室改革 87b
取水认可制度 169c
全国科普教育基地 131c
全国城市体育舞蹈公开赛 279c
全国科普示范县（市、区） 90b
全国男子排球冠军赛 279c
全国青年创客工作营 295a
全国政协 60c
全国政协常委 78b
全国政协人资环委 78c
全媒体全业务平台建设 272c
全民创业服务环境 140b
全民创业服务能力 139a
全民创业宣传活动 138b
全民创业银行 139b
全民创业载体打造 138b
全民健身日 278a
全民健身运动会 278b
全民健身志愿服务队伍 277c
全民科学素质 90b
全民阅读 55a
群众路线教育活动 52a
群众体育 277b
　概述 277b
群众文化 268b
　概述 268b
群众文艺调演 267a

R

燃气安全管理 186a
燃气安全检查 186c
燃气供气工程 185c
燃气价格成本核算 232c
燃气行业安全管理培训 186c
让·马克 78b
人才创业支持 299c
人才服务环境 298c
人才工作 298b
人才强区 52c
人才特色品牌创建 298c
人才引进 52c 298b
人才招聘 293b
人大代表履职 66c
人大各工作委员会 69c
人大重要会议与活动 67b
人防服务站试点 238b
人防工程建设 237b
人防机动指挥所建设 237c
人防教育基地建设 238a
人防进农村 238b
人防荣誉 237a
人防行政审批权 238c
人防宣传教育 238a
人防依法行政 238b
人防易地建设费管理 238c
人防专业队整组 237b
人防作风建设 238c

人口抽样调查 229b
人口与计划生育 282b 26b
概述 282b
人力资源·社会保障 293
综述 293a
人力资源服务载体建设 293a
人力资源中介机构管理 294c
人民防空 237a
概述 237a
人民生活 280a 31c
概述 280a
人民团体 86
人民武装 236a
概述 236a
人民消防 239a
概述 239a
人事代表联络工作委员会 69c
人事管理 300b
人武安全管理 236c
人武队伍建设 237a
人武后备力量建设 236b
人武荣誉 236a
人武思想政治建设 236a
人物 341
人行大丰支行 200a
荣誉栏 344
瑞奇咨询公司 85b
弱势青少年关爱行动 288b

S

“3+1”工程 190a
“三严三实”专题教育 51c 63c
三里闸拆建工程 167c
三龙镇 326a
概述 326a
工业化建设 326b
城镇化建设 326b
城乡统筹 326b
转型发展 326c
农业农村 327a
农村环境整治 327b
民生福祉 327c
主要经济社会指标（表） 327
村、居委会（表） 328
骨干企业（表） 328
森林资源年度监测 161c
森林资源清查 161b
商标注册 231a
商会会员队伍建设 58a
商会活动 95c
商会经济 58a
商贸服务业 142
商贸流通 142a
概述 142a
依法行政 142a
商品交易市场 140c
概述 140c
商事登记改革 231a
上海海丰米业 225c
上海海阳集团 281a
上海临港集团 134c
上海农场海丰社区 93b
上海评标专家联动 225c
上海浦东德国工业园 135a
上海申源投资有限公司 134c
上海市 134b
上海市上海农场 336a
概述 336a
产品质量 336c
科技创新 336c
产品品牌建设 337a
循环农业 337a
生态环保建设 337a
少儿书画考级 92b
少数民族帮扶 283b
少数民族政策 283b
邵琪伟 78b 152a 154c
社保待遇 296b
社保费 296c
社保基金联网审计 228c
社保基金收入 296b
社保基金预算 191b
社保卡功能 298a
社保综合业务 296c
社会保险全民参保计划 296a
社会保障 296a 32c
社会法制委员会 60c 84c
社会福利 281b
社会救助 280b
社会矛盾纠纷大调解 292a
概述 292a
社会生活 280
社会事业 30c
社会体育指导员培训班 279b
社会行风监督 178b
社会养老服务体系 284c
社会治理 245b 242b
社区党建管理 53c
社区教育 260c
概述 260c
教师队伍建设 261b
信息化建设 261b
社区教育创新 261a
社区培训 261b
社区网络化管理 242c
社区再就业培训 261c
社区治理 281a
射击世界杯 278c
涉药械单位信用等级评定 234a
摄影作品获奖 266b
审计调查 228b
审计绩效考核 229a
审计监督 227c
概述 227c
审判管理 246b
“生态检察”构建 245b
生态建设 187a 31c
生态结构优化 188b
生态文明建设 188b 76a 190b
概述 188b
生物资源 24b
省“四个不出村”总结现场会 298a
省档案文化精品奖 85b
省高新技术产品 250a
省高院 247a
省观摩活动 122b
省广电总台 152b
省国外引智示范基地 300a

省环保厅 78b
省级科技思想库基地 91a
省级农产品质量安全示范县 160a
省级水利工程管理单位创建 169b
省交通运输厅 210a
省科协 90b
省林业局 161a
省旅游局 152b
省名牌产品（表） 102
省台办 60c
省五星级审计档案 229a
省渔业互助保险协会办事处 110c
省政府办公厅 152b
省著名商标（表） 103
省作家协会采风团 93b
失业职工审核 294b
师资建设 261c
　概述 261c
《施耐庵研究论文集粹》 85b
施耐庵公园 150a
施耐庵纪念馆 267b 268a
湿地管理计划编制培训 155a
湿地信息更新培训 155a
“十三五”规划编制 220a
十八届四中全会精神学习 61c
十八届五中全会精神学习 61c
石油经营 145c
　概述 145c
　公司运营 146a
　经营质量 146a
　网点建设 146a
　管理水平 146a
　企业改革 146b
　党建工作 146b
时光辉 134b
实际到账外资及港澳台资（表） 113
实体经济支持 199b
实验小学污水截流工程 182c
食品安全 233b 233c
食品安全城市建设 234c
食品安全监督考核 233c
食品监管 233c
食品行业 100c
　概述 100c
食品药品监督管理 233b
　概述 233b
食品药品专项整治 234b
食品重点企业 100c
食盐专营职责 144c
市场监管体制“三合一”改革 59b
市场秩序整治 57b
市纪委五次全会 49c
市区工程建设 185b
市区环境卫生 184c
市区景观亮化 185a
市区园林绿化 185a
市容秩序 184c
市十四届人大四次会议 67b
市委工作会议 46a
市委十一届六次全体会议 46c
市政府十四届三次全体会议 74a
市政工程质量技术讲座 186b
市政设施管养 185c
市政协十三届四次会议 83b
事业单位工资福利 301a
事业单位人事改革 300c
“书香大丰”阅读活动 271b
暑期文化市场整治 270b
数字档案馆建设 65b
数字化城市建设 218b
“双招双引”工程 53a
双拥共建 239c
双拥优抚安置 282a
水产品服务业 163c
水产品加工业 163c
水产养殖 27c
水利 167
　综述 167a
水利安全工作 169b
水利工程管理 169b
水利建设 167b
水路运输整治 212c
水情 168b
水事纠纷行政调解 170a
水行政执法 170a
水政法制宣传 170a
水政执法 170a
水资源管理 169c 24b
税收改革 196c
税收征管质量调查 229a
税收政策解读 197a
司法公开 246c
司法规范化建设 245c
司法行政 247c
　概述 247c
　基层基础设施建设 248a
　便民服务 248a
　执法能力 248b
　服务大局 248c
　队伍建设 248c
　社会矛盾纠纷化解 248b
私营企业电子商务 139c
私营企业管理指导 139c
私营企业规模增长 139b
私营企业行政绿色通道 139c
4G网络建设 214a
“四个不出村”标准化建设 297c
四卯酉闸下牵项目 169b
《松鹤迎春》 266c
宋勇 61b
苏农国际市场投运 142c
苏盐协调对接 124a
苏州盐城沿海合作开发园区 123c
　概述 123c
　基础设施 123c
　招商引资 124a
苏州银行大丰支行 205c
“诉讼服务暖民心”发布会 247c
素质教育 256b
孙建坤 161b

T

台风 168c
台湾工商企业联合会 61a
台湾经贸 61a
台湾两地旅游合作 61b
台湾农渔业合作交流 61b
台湾屏东县农业参访团 60c

台湾事务 60b
概述 60b
台湾亚太文创产业协会 269c
台湾芝柏集团 61b
太仓农村商业银行 206c
滩涂风光 150a
滩涂资源管理 224a
滩涂资源开发利用 109a
概述 109a
《碳·素》 108b
汤永林 152b
特产商会 95c
特教教学内容 260a
特色旅游产业 134a
特殊教育 259c
概述 259c
特殊教育办学条件 260a
特殊教育办学质量 260c
特殊教育体艺课程 260b
特殊人群掌控 241c
特载 1
提案委员会 84c
调解员业务水平 292c
体艺科技推进 258a
体育 277
综述 277a
体育比赛参与 279a
体育比赛承办 278c
体育工作会议 277a
体育健身设施 279a
体育人才建设 278c
体育设施 279a
概述 279a
体育事业 31b
体育协会活动 277c
天然海上博物馆 154a
停车秩序 159b
通信建设 215b
通榆河白驹大桥 210c
统筹城乡发展和新农村建设 158a
概述 158a
项目建设 158a
镇村特色 158a
督查指导 158c
统计服务 230a
统计改革 230a
统计管理 229b
概述 229b
依法统计 230b
统计监测 230a
统计行风建设 230c
统战 57c
概述 57c
服务非公有制企业 57c
“条例”学习 57c
图书馆新馆建设 267c
图书馆总分馆建设 268a
图书销售 272a
土地项目管理 222c
土地征收储备 222c
土地执法检查 223a
土地综合整治 222c
团干部培训 88c
退役士兵安置 282a

W

外埠建筑市场 171b
外贸进出口 113a
外商投资 29c
外事、接待 78a
概述 78a
外资项目 113b
万丰绿茵现代农业示范园 321b
万钢 122b 241a
万盈镇 321a
概述 321a
纺织企业转型 321b
重大项目 321c
集镇建设 321c
环境美化 322a
民生事业 322b
主要经济社会指标（表） 322
村、居委会（表） 323
骨干企业（表） 323
王德平 161a
王飞 78c
王港闸下移工程 167c
王宏 78c
王世华 247c
王旭东 60c
王竹垦区华丰渔业养殖园 109b
网络创业 295b
网站约谈制度 55c
危房鉴定 176a
危化品运输监管 212c
“为青少年成长护航”发布会 247b
为民办实事工程 75a
为农服务工作 143a
为农服务社联合社 143a
韦稳元 85b
韦新 85b
违法建筑拆除 182a
维尔纳·科赫 135a
维修市场管理 211b
维也纳节日交响乐团 268c
委员联络委员会 85b
卫生 274
综述 274a
卫生队伍建设 276c
卫生改革 274c
卫生计生内涵建设 283a
卫生计生融合 276b
卫生监督 275b
卫生系统廉政建设 276c
卫生系统运动会 278a
卫生应急品牌 274c
未成年人道德建设 56c
文化 265a
综述 265a
文化产品激励机制 93a
文化产品评价机制 93a
文化产业 269b
概述 269b
文化产业集聚 265c
文化产业商会 270a 95c
文化会展中心 267c
文化惠民工程 265b
文化活动 92a 265b

文化基础设施 265a
文化建设 56a
文化市场管理 270a 266a
概述 270a
文件目录 353
文联迎新春送书画活动 93b
文明城市建设 57a
文明旅游 57b
文物保护 267a
概述 267a
文物网络平台建设 267b
文物展览 267a
文艺创作成果 92c
文艺讲座展览 92b
文艺平台服务 93a
文艺作品创作 265b
“我为景区添光彩”活动 215c
污染减排 187b
污水处理价格监管 232c
无偿献血 286b
无线数字电视覆盖 272c
无线网络建设 213c
吴建国 134c
吴克非 79a
“510自警教育”活动 225c 247a
武警 240a
概述 240a
武警军事训练 240a
武警荣誉 240a
武警思想政治建设 240b
武警执勤 240a
武警中队管理 240b
武装·法治 236
物流市场 211a
物流运输 147b
物业管理 176c
概述 176c
物业管理观摩活动 177b
物业管理规范化 177a
物业职工技能比赛 177c 294b

X

西郊梅园 150b
西郊生态风貌区 134a
西团法庭 247a
西团镇 312a
概述 312a
工业运行 312a
农业发展 312c
镇村建设 312c
民生福祉 313b
主要经济社会指标（表） 313
村、居委会（表） 313
骨干企业（表） 314
希望的田野 149c
夏季人才智力交流会 299b
夏粮收购 143b
夏宜萍 79a
现代服务业 146c 47c 75b
概述 146c
产业发展 146c
招商引资 147a
电子商务 147c
现代物流布局 133c
现行案件破案率 243b
乡村医生签约服务 274b
乡约·中国恒北国际梨花季 269a
香港资本市场 122a
项目建设 220c 119b
消防队伍建设 239b
消防荣誉 239a
消防思想政治建设 239a
消防宣传培训 239b
消费品市场 29c
消费维权 287c
消费者权益保护 287b
概述 287b
消费者权益日活动 287b
小蚕人工饲料育试验 163b
小海镇 314a
概述 314a
重大项目 314c
农业基础设施 314c
农业发展 315a
城镇化建设 315b
民生工程 315c
主要经济社会指标（表） 315
村、居委会（表） 315
骨干企业（表） 316
小型农田水利重点县工程 168a
小型农田水利重点县奖补工程 168a
小学教育 255c
校长管理 262c
校舍安全工程 264b
校外教育辅导站 288a
校园周边文化市场检查 271a
谢润盛 152b
新兵运输 211a
新词大酒店 153b
新丰荷兰花海 148c 329b
新丰镇 328a
概述 328a
经济发展 329a
集镇建设 329a
农业发展 329b
环境整治 329c
民生事业 330b
主要经济社会指标（表） 330
村、居委会、街道（表） 330
骨干企业（表） 331
新华书店 271c
概述 271c
突破创新 271c
党风廉政建设 272a
结对帮扶 272a
图书销售 272a
新疆维吾尔自治区 78b
新能源淡化海水示范项目 122b
新能源及装备产业 101a
概述 101a
新能源及装备重点企业 101a
新闻出版管理 266a
新闻出版市场 271a
概述 271a
新闻舆论宣传 265c

新竹海堤修复工程 169b
信访 77a
　概述 77a
信访案件处理 302c
信访工作责任 77b
信访积案化解 77c
信访稳定 77c
信访制度改革 77c
信访秩序 77c
信息 48c
　概述 48c
　服务党委 49a
信息报送 48c
信息化建设 213b 242a
　概述 213b
信息基础设施 213c
信息平台建设 57b 214a
“星期六”党校 62a
行政复议 79c
行政区划 25a
行政权力清单建立 79c
行政审批 76b
　概述 76b
　廉政建设 77a
行政审批服务机制 77a
行政审批改革 76c 79b 59a
行政事业单位资产管理 223a
行政执法体制改革 80a
行知互动剧场 56c
刑事犯罪惩治 244c
刑事犯罪破案率 243b
刑事技术新机制 243c
“幸福家庭”建设品牌 283a
畜牧业 162a
　概述 162a
畜牧业生产（表） 28
畜禽粪污综合利用 162a
畜禽规模养殖示范创建 162a
畜禽检疫监督 162b
畜禽屠宰管理 162c
畜禽养殖 27c
徐鸣 134b
许铁良 135b
宣传 54a
　概述 54a
学雷锋志愿服务 56c
学前教育 254b
　概述 254b
学前教育布局 254c
学前教育管理数字化 255b
学前教育环境 254c
学前教育投入 255a
学生接送安全 211a
学生社会实践 258c
学习文史委员会 85c
学习型教师队伍 263a
学校办学质量 262c
学校管理 256c
学校特色品牌效应 257b
汛前检查 169a

Y

烟草专卖 145b
　概述 145b
　基础管理 145c
　队伍建设 145c
沿海港道观测 169b
沿海开发 106 221a
　综述 106a
　创新驱动 106c
沿海开放开发 47b
盐城汽车试验场 128b 122b
《盐城市志·人物卷》 80c
盐城市大丰区人民代表大会 66
　综述 66a
　服务经济 66a
　关注民生 66b
　维护公平 66c
　促进法治 66c
　优化服务 66c
盐城市大丰区人民政府 74
盐城市清洁能源产业联盟 125c
盐城市艺术节 267a
盐城市政府文艺奖 85a
盐城新能源淡化海水产业园 137b
　概述 137b
　规划编制 137b
　招商引资 137b
　项目建设 137c
　政产学研 137c
盐城中级人民法院 247c
盐丰工业园 115a
盐名牌产品（表） 102
盐业市场监管 145a
盐业专营 144c
　概述 144c
盐业专营经济效益 145a
盐知名商标（表） 104
阎珂 128c
“阳光司法伴你行”活动 246c
养蚕布局新模式 163a
养老服务 281a
养殖用海使用金征收 110b
养殖用海资源配置 110c
姚晓东 78b
药品安全 234a
药品电子监管 234b
叶辛 78a 93a
一般公共预算收支执行（表） 192
一类口岸建设 118b
医保“双定”机构监督 298a
医保定点医疗资源 298b
医保实地勘察 298a
医保指定药店 298b
医保指定医疗机构 298b
医疗保障 274c
医疗卫生 31a
医疗卫生体系建设 275c
医疗质量服务管理 276a
医政管理 276a
依法行政 75c
移动4G网络建设 218a
移动企业运营 217c
移动通信 217c
　概述 217c
　客户服务 217c
　公益创建 218b
　文明创建 218b

移动志愿者服务 218b
“以案说法”宣传教育 302b
艺术创作及演出 266a
　概述 266a
银都大酒店 153c
银企合作 199a
银行 200a
银杏湖公园 150a
饮用水水源地达标建设 169c
饮用水源保护 188a
印刷复制业管理 271b
应急救护培训 286c
用地保障 222b
邮政 214a
　概述 214a
　业务发展 214b
　企业管理 215a
　通信建设 215b
　文明创建 215b
　廉政建设 215b
邮政储蓄银行大丰支行 203a
邮政电信业 30a
邮政应急机制 214b
幼儿教师队伍 255a
《于无声处》 266c 56a
於秀敏 278c
娱乐场所监控 270a
渔业 163b
　概述 163b
渔业船舶管理 110a
渔业科技进村入户工程 163c
渔业执法 163c
舆论安全 55b
“与你同行”法制宣传 247a
雨情 168c
育红东路改造 183a
预算执行审计 228a
元宵文艺晚会 268c
原蚕人工饲料育试验 163b
袁国萍 61b
粤强电子材料项目开工 123b
云计算数据中心 135c
运动员输送 279a
运输市场综合管理 211a

Z

灾害性天气事件 25c
灾情速报网络建设 252b
造林绿化 76a
造血干细胞捐献 286b
责任督学挂牌上岗 256c
债券融资 199a
张程 79a
张謇垦殖史文史座谈会 85c
张霖 79a
张明军 85b
张同胜 79a
张为 60c
张永连 151c
招标采购标识启用 225a
招标采购管理 224b
　概述 224b
招标代理机构管理 224c
招才引智体系 53a
招才引智推介 52c
招商地点拓展 114b
招商督查机制 114b
招商方式创新 114a
招商激励机制 114b
招商项目督查 114c
招商引资 119a 114c
招商引资和项目建设 114a
　概述 114a
招生工作 258a
招投标动态考核 224c
招投标法律法规知识竞赛 226a
招投标评委培训会 226b
招投标市场监管 224b
招投标信息公开 225a
招投标制度创新 224c
赵守博 61a
镇村工业经济 97c
镇村供水管理 170c
镇村建设 181a
镇村经济 48a
镇村文化阵地建设 268a
镇级财政 195c
镇区绿化 159c
镇志编修 80c
震情监测网络 252b
震灾防御 252b
征地补偿 223a
征地农民参保 297a
征地农民社保工作示范县 297c
征税业务汇总 118a
正版正货示范店 271c
正版正货宣传 95c
证券 207b
政策性农业保险推进 157c
政产学研合作 250c
政法工作会议 244b
政法委及综治 241b
　概述 241b
　矛盾纠纷化解 241c
政法综治荣誉 241b
政府采购管理 195a
政府常务会议 74a
政府决策听证 79b
政府投资审计 228b
政府信息公开 80a
政府性基金预算 191b
政协文史工作座谈会 85b
政协盐城市大丰区委员会 82
　综述 82a
　聚焦发展大局 82a
　促进社会和谐 82b
　强化监督 82c
　汇聚各界力量 83a
　作风建设 83a
知识产权保护 251a
知识产权成效 251b
知识产权发布会 247a
知识产权培训 251a
知识产权宣传 117a 251a
直管公房管理 175c
职称评聘服务 299c
职教教师队伍建设 259b
职教校园文化 259c

职务犯罪查办 245a
职务犯罪预防 245a
职业技能培训 294c
职业教育 258c
概述 258c
职业教育办学条件 259c
职业教育教科研 259a
职业教育教学质量 259a
职业教育培训 258c
职业教育招生 258c
植树护绿活动 87c
志宏电缆材料项目开工 123b
志愿服务品牌 87c
质量安全监管 235c
质量技术监督 235a
概述 235a
质量监督服务 235b
质量监管纪律 235c
质量品牌创建 235a
致公党中央主席 241a
智慧大丰大数据平台 135c
智慧大丰建设 213b
智慧港口战略合作 108c
智慧旅游项目 218a
智慧医疗 274c
智能车间改造 97b
智能制造 99a
中港疏浚有限公司 79a
中共盐城市大丰区委员会 46
中国驰名商标（表） 103
中国大丰麋鹿文化旅游季 152c
中国好人榜 227c
中国花卉协会 78c
中国科学技术协会 131c
中国量产车性能大赛 122b
中国摄影家协会 79a
中国铁路总公司 79a
中国园艺学会 78c
中国园艺学会柿分会 161c
中国作家协会 78a 93a
中华两岸企业发展协进会 61a
中华麋鹿园 148a 151c 150b
中华水浒园 149b 267b
中交上海航道局有限公司 79a
中考期间噪音整治 270c
中行大丰支行 201c
中央电视台科教节目 108b
中医药事业 276a
中油燃气集团 135b
中油中泰燃气投资集团 135a
中组部干部教育局 79a
种植业 159c
概述 159c
仲裁案件调解 302c
重要施政 75a
周保银 135a
朱克江 210b
朱亮 247b
住房公积金服务 178b
住房公积金管理 178b
概述 178b
住房公积金归集扩面 178c
住房公积金内部防控 179a
住房公积金行政执法 178c
住房公积金资金运行 178c
住房制度改革 178a
概述 178a
住宅专项维修资金归集 177b
“助残日”活动 289b
助残扶残公益活动 289b
驻丰农场 336
驻台经贸联络处 61a
专家服务 300a
专利突破 251c
专门人才引进 299b
专项审计 228b
专业市场 134a
转型发展 26a
转型升级 47a
转业军官安置 301b
转业军官培训 301b
资本市场 207c
概述 207c
“自邮一族”会员活动 215c
自然资源 24a
宗教工作法治化 283c
宗教沟通协作机制 283c
宗教教职人员素质 284a
宗教界学法 284a
宗教领域和谐稳定 284a
宗教事务 283c
概述 283c
综合治税 197c
综治基层队伍建设 242c
组织 51b
概述 51b
组织机构及其领导人 32a

〖编辑 刘洪芳 谢竹青〗

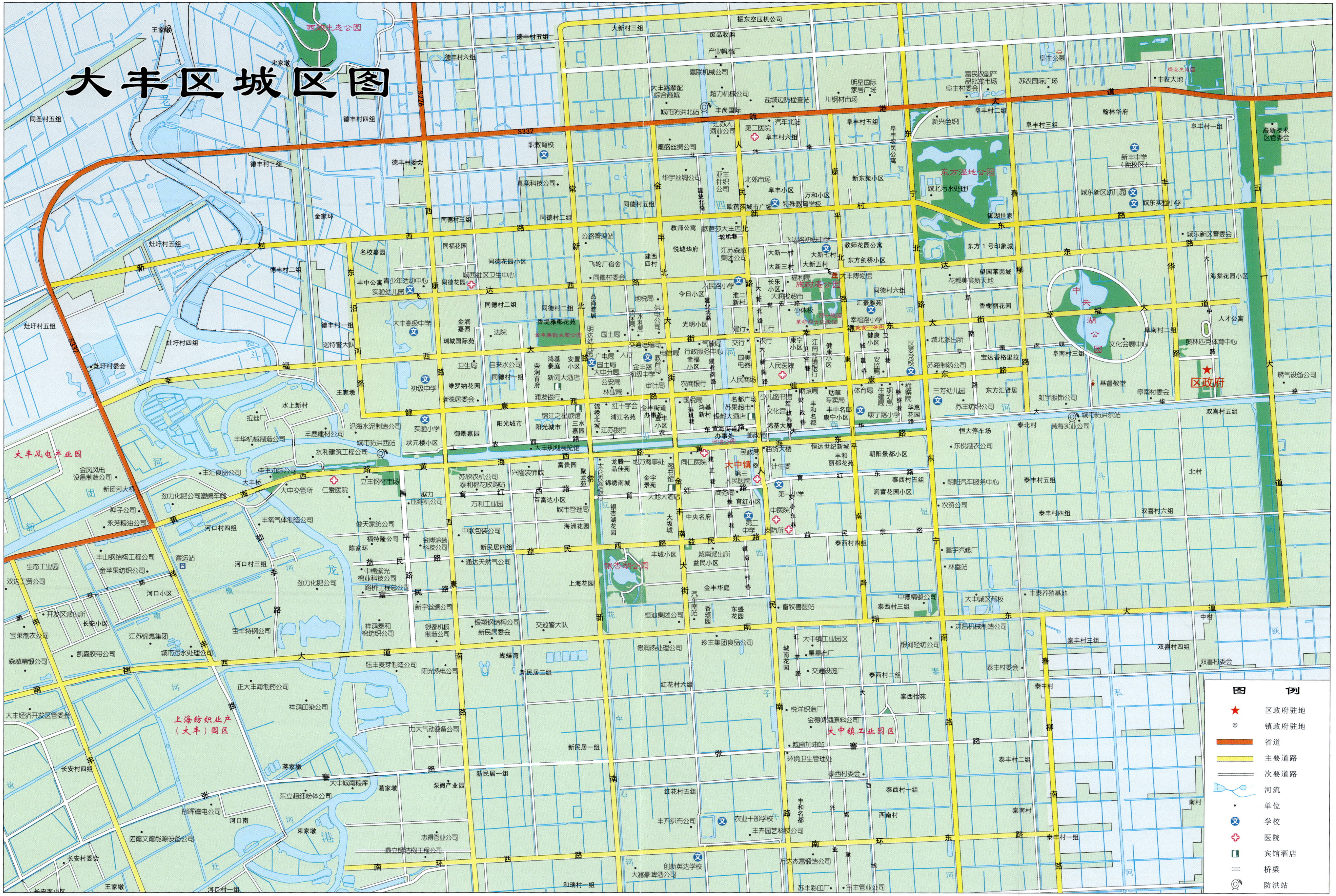

南京星光测绘科技有限公司 编制　　编辑调绘 顾鸿　　审图号 苏S(2014)130号

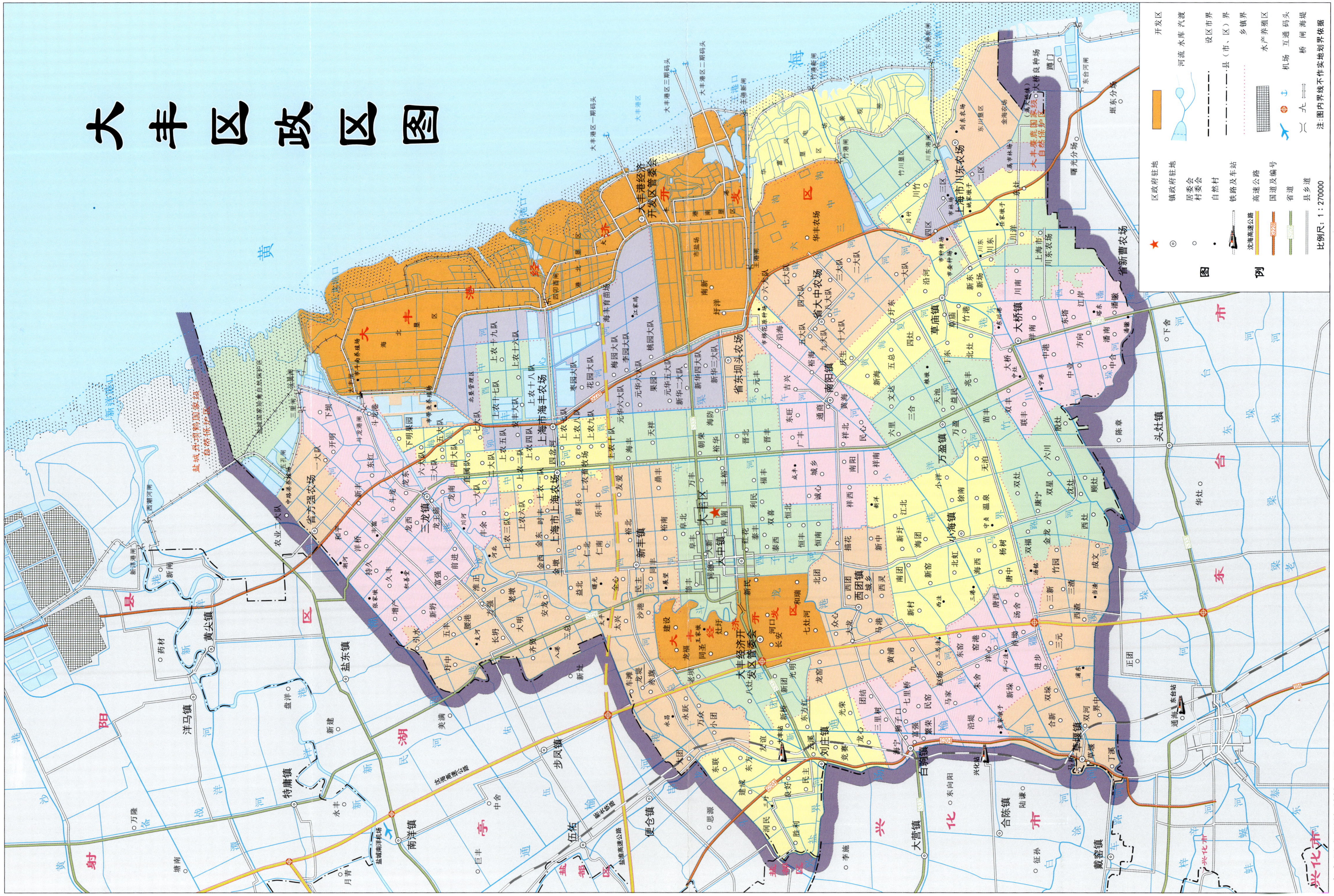

审图号 苏S(2014)130号

编辑调绘 顾鸿

南京星光测绘科技有限公司 编制